Erhard Gorys

Tschechoslowakei

Kunst, Kultur und Geschichte
im Herzen Europas

DuMont Buchverlag Köln

Umschlagvorderseite: Burg Vranov (Frain) über der Thaya

Umschlaginnenklappe: Prag, Wandmalerei im Repräsentationshaus

Umschlagrückseite: Bardejovské Kúpele (Bad Bartfeld), Holzkirche aus der oberen Šariš (Scharosch)

Frontispiz S. 2: Wirtshausschild aus Südböhmen, um 1850

3. Auflage 1991

Satz, Druck und buchbinderische Verarbeitung: Boss-Druck, Kleve

Printed in Germany ISBN 3-7701-2252-6

Kunst-Reiseführer in der Reihe DuMont Dokumente

Zur schnellen Orientierung – die wichtigsten Orte und Sehenswürdigkeiten auf einen Blick:

(Auszug aus dem ausführlichen Ortsregister S. 396)

In der vorderen Klappe: Übersichtskarte Tschechoslowakei (Westteil)

In der hinteren Klappe: Übersichtskarte Tschechoslowakei (Ostteil)

Zu drei böhmischen Bauern
U třech českéch Sedláky

Inhalt

Vorwort

Die Tschechoslowakei, das Land Smetanas und Dvořáks, aber auch Stifters und Rilkes, als Böhmen einst das Herz Europas, über Jahrhunderte das Kernland des Heiligen Römischen Reiches mit der altehrwürdigen, doch zugleich jung gebliebenen Kapitale Prag, bewahrt mit ihren Bauten und Kunstwerken eine mehr als tausendjährige Geschichte, die deutsche Siedler über 800 Jahre lang mitprägten. Gemeinsam mit Italienern und Flamen schufen Tschechen, Mähren und Slowaken, vor allem aber deutsche Kaufleute, Handwerker und Künstler eine Kultur, die noch heute durch eindrucksvolle Zeugnisse baulichen und künstlerischen Schaffens belegt ist. Wohl in keinem anderen Land überdauerte der Glanz reicher Städte, mächtiger Burgen und prächtiger Schlösser die Jahrhunderte besser als in der Tschechoslowakei. Und nirgendwo sonst wird das ererbte oder übernommene Kulturgut liebevoller gepflegt.

Allen, die eine Reise in die Tschechoslowakei planen oder sich an einen früheren Aufenthalt erinnern, will der vorliegende Kunst-Reiseführer eine Hilfe sein. Verfasser und Verlag waren sich darüber im klaren, daß es der Umfang eines Kunst-Reiseführers nicht zuläßt, sämtliche Städte und Stätten zu beschreiben, wenn nicht die Ausführlichkeit darunter leiden sollte. Immerhin wurden bis heute rund 300 Burgen und Schlösser sowie 30 000 weitere Bauwerke aller Stilrichtungen restauriert und mehr als 70 historisch wertvolle Stadtkerne unter Denkmalschutz gestellt. Eine Auswahl war also erforderlich.

Der auf das einleitende Geschichtskapitel folgende Hauptteil beginnt mit der »Goldenen Stadt« Prag und setzt sich fort in Reisen durch die zehn Bezirke des Landes, ausgehend jeweils von der Bezirkshauptstadt. Neben kunstgeschichtlichen Hinweisen lernt der Leser auch die landschaftlichen Reize der Tschechoslowakei kennen, die fischreichen Teiche und Seen Südböhmens, den wildromantischen Böhmerwald des Dichters Adalbert Stifter, die mondänen Weltbäder Karlsbad, Marienbad und Franzensbad, in denen sich Kaiser und Könige trafen und die Johann Wolfgang von Goethe zur zweiten Heimat wurden, die eigentümlichen Vulkankegel und üppigen Weinberge an Elbe und Moldau, das Riesengebirge des Rübezahl, den bizarren, höhlenreichen Mährischen Karst, das romantische Slowakische Paradies mit seinen Wasserfällen und Eishöhlen, die gewaltigen Gipfel und geheimnisvollen Meeraugen der Hohen Tatra.

Für die Orts- und Straßennamen wählt der Kunst-Reiseführer die offizielle tschechische oder slowakische Schreibweise, damit sich der Reisende an Ort und Stelle zurechtfindet und Autokarten wie Stadtpläne nutzbringend verwenden kann. Die alten deutschen Namen bzw. die Übersetzung neuer Namen folgen in Klammern. (Es steht jedoch zu erwarten, daß die politischen Entwicklungen in der Tschechoslowakei zu einigen Namensänderungen führen.)

Bei Flüssen und Gebirgen stehen die deutschen Namen an erster Stelle, weil sie dem deutschsprachigen Reisenden im allgemeinen geläufiger sind, zum Beispiel: Elbe (Labe), Moldau (Vltava), Donau (Dunaj), Riesengebirge (Krkonoše), Böhmerwald (Šumava), Hohe Tatra (Vysoké Tatry).

Allen, die meine Arbeit mit Rat und Tat unterstützten, sei an dieser Stelle gedankt, den stets hilfsbereiten Tschechen und Slowaken, den freundlichen Damen des staatlichen Reisebüros Čedok, der Prager Presseagentur Orbis für ihre detaillierten Auskünfte und nicht zuletzt meiner Frau Christel, die auch diesmal wieder die Reisen sachkundig mitgestaltete und auswertete.

Wenn dieser Kunst-Reiseführer ein wenig dazu beiträgt, daß die Tschechoslowakei als eines der schönsten, interessantesten und abwechslungsreichsten Länder Europas bei uns bekannter wird und daß die prächtigen Städte und herrlichen Landschaften für den Leser keine ›böhmischen Dörfer‹ mehr sind, hat er seine Aufgabe erfüllt.

Geschichtlicher Überblick

Vorgeschichte

Die ältesten menschlichen Spuren auf dem Gebiet der heutigen Tschechoslowakei finden sich im nordslowakischen Gánovce. Zu diesen Spuren gehört der Schädelabdruck eines Prä-Neandertalers, dessen Sippe hier vor etwa 120 000 Jahren, also in der *Eem-Warmzeit,* der Periode vor der Würm-Kaltzeit, jagte und sammelte. (Das Original des Abdrucks bewahrt das Nationalmuseum in Prag.) In der Kulturstufe des *Moustérien,* die bis in die Würm-Kaltzeit hineinreichte, tauchte der Neandertaler auf; von ihm wurden zahlreiche Skelettreste in Mähren entdeckt, so etwa in der Šipkahöhle bei Štramberk und in der Schwedenstuhlhöhle bei Ochoz (etwa 60 000 v. Chr.).

Mit einer Klimaverbesserung innerhalb der Würm-Kaltzeit, im sogenannten *Aurignacien,* erschien vor etwa 30 000 Jahren der Cromagnon-Mensch. Er war wohl der erste Menschentypus, der eine Kultur pflegte, der in dorfähnlichen Siedlungen lebte und sich Fruchtbarkeitsidole schuf. In Dolní Věstonice (Unterwisternitz), Kreis Mikulov/Südmähren, war ein Mammutjägerlager über etliche Generationen bewohnt; zwischen den Knochen erlegter Mammuts entdeckten Archäologen reizvolle sogenannte »Venusstatuetten« aus Elfenbein, darunter die berühmte 25 000 Jahre alte »Venus von Věstonice« aus feuergehärtetem Ton, die älteste Keramik der Welt übrigens (Abb. S. 12).

Fast 23 000 Jahre alt ist die außerordentlich naturalistisch aus einem Mammutstoßzahn geschnitzte, 7,5 cm hohe »Venus von Moravany«, die bislang älteste künstlerische Äußerung aus slowakischer Urzeit (Abb. S. 323); nicht weit davon legte man ein altsteinzeitliches Lager mit Hütten, Steinwerkzeugen und Knochen von jungen Mammuts, Rentieren, Höhlenbären, Polarfüchsen, Löwen und Vögeln frei.

Die »Neolithische Revolution«, der Übergang vom Jagen und Sammeln zum Ackerbau und zur Viehzucht, fand in Mitteleuropa im 6. Jahrtausend v. Chr. statt. Siedlungen mit dauerhafteren Wohnstätten und das Spezialisieren auf Handwerke waren die Folge. Als erste Ackerbaukultur entwickelte sich im 5. Jahrtausend v. Chr. die *Donaukultur* mit Brandrodung im Lößgebiet, hölzernen Langhäusern und Bandkeramik. Ausgrabungen beim Dorf Bylani bei Kutná Hora (Kuttenberg) brachten eine 65 000 qm große Siedlung der Donauleute mit mehreren Besiedlungsschichten zum Vorschein.

Um 3000 v. Chr. kam die Töpferscheibe aus dem Vorderen Orient in den Balkan und in das Gebiet der heutigen Slowakei, schließlich nach Mähren und Böhmen. Noch immer stellten weibliche Tonidole eine Fruchtbarkeit gewährende Muttergottheit dar, doch die neolithischen

Die »Venus von Věstonice« (Aurignacien-Zeit) und ein Tonschälchen auf menschlichen Füßen (um 700 v. Chr.)

Figürchen wurden nun stark stilisiert, mit winzigen Brüsten, betonten Hüften und Oberschenkeln ausgestattet, das Gesicht nur knapp angedeutet. Das Moravské muzeum in Brno (Brünn) zeigt mehr als hundert solcher Statuetten aus einer 5000 Jahre alten Siedlung bei Střelice, Kreis Znojmo (Znaim). Tiergestaltige Tongefäße, zum Teil mit trichterförmiger Öffnung, dienten religiösem Zeremoniell. Man fand sie in Kroměříž (Kremsier), in Hrubčice, Kreis Prostějo (Proßnitz), beides Mähren, und im slowakischen Abraham.

Eine Kupferlagerstätte bei Únětice (Aunjetitz) unweit von Prag bildete den Ausgangspunkt für eine der wichtigsten frühbronzezeitlichen Kulturgruppen Mitteleuropas, für die *Aunjetitzer Kultur.* Gewandnadeln, Halsringe, Nietendolche waren die bevorzugten Sujets dieser Periode, die etwa von 1900 bis 1500 v. Chr. währte. In der späten Únětice-Zeit bestanden rege Handelsverbindungen über die »Bernsteinstraße« zur mykenischen Welt. Schließlich spaltete sich die Kultur von Aunjetitz in die »Veterov-Kultur« Mährens und die »Mad'Arovče-Kultur« der Slowakei.

Kelten und Germanen

Die *Hallstattzeit* (etwa 750–500 v. Chr.) unterschied einen keltischen Westkreis und einen thrakisch-illyrischen Ostkreis. Beide Kulturkreise trafen sich auf dem Boden der heutigen Tschechoslowakei: Kelten besiedelten Böhmen und Mähren, die Slowakei war illyrisches Einflußgebiet. Zu den interessantesten Funden dieser Zeit gehört ein kleiner Bronzestier, den man auf dem Opferplatz der Býčí-skála-Höhle bei Adamov in Mähren fand (etwa 700 v. Chr.). Ähnliche Votivgaben, etwa ein Bronzepferdchen aus Obřany bei Brno und ein tönernes Schälchen auf menschlichen Füßen aus Lednice, Kreis Mikulov (Nikolsburg), entstanden ebenfalls um 700 v. Chr. und sind im Moravské muzeum, Brno, ausgestellt.

Auf die Hallstattzeit folgte im 5. Jh. v. Chr. die *Latène-Zeit* (etwa 500 v. Chr. bis Christi Geburt), die Hauptblütezeit der keltischen Kultur, die mediterrane Einflüsse verarbeitete und nichtkeltische Nachbarvölker prägte. Töpferscheibe, Pflug, Sichel und Sense hatten die Kelten mitgebracht; sie kannten den Erzbergbau und die Eisenverarbeitung. Aus dem kriegerischen Bauernvolk ging ein Adelsstand hervor, der in großem Wohlstand hinter schweren Ringwällen residierte und den Fernhandel beaufsichtigte. Um 400 v. Chr. kamen die keltischen *Boier* (Bojer) aus Südwestdeutschland und kultivierten unter klugen Fürsten bald vier Jahrhunderte lang die Gebiete zwischen Eger und Theiß. Sie lebten zum Teil in *Oppida,* befestigten stadtähnlichen Siedlungen, und schlugen eigene Goldmünzen (»Regenbogenschüsselchen«). Solche Oppida fanden die Archäologen z.B. in Závist/Prag-West (170 ha), in Stradonice, Kreis Beroun (80 ha), und in Staré Hradisko bei Prostějov. Nach den Boiern erhielt das Land Böhmen seinen Namen (von *Boiohaemum* = Boienheim, Boierland).

Markante Beispiele der Boierkunst sind eine überaus naturalistische Schafkopffibel aus Panenský Týnec in Böhmen (um 400 v. Chr.), ein Männerkopf aus Schiefer mit Halsring (um 300 v. Chr., wohl ein Gott oder Priester) aus Mšecké Zehrovice bei Slaný, eine bronzene Gürtelplatte mit plastischem Maskenkopf aus Stupava in der Slowakei (um 300 v. Chr.) und die Bronzestatuette eines Mannes mit geschulterter Waffe aus dem Oppidum auf dem Hradischt bei Stradonice in Böhmen (um 100 v. Chr.).

Im Jahr 60 v. Chr. vertrieben die Daker unter ihrem König Burebista die Boier und Illyrer aus dem Gebiet der heutigen Slowakei, 58 v. Chr. unterlagen die böhmischen Boier den römischen Legionen Caesars. Im Jahr 9 v. Chr. führte Marbod, Herzog der *Markomannen,* sein Volk nach einer Niederlage gegen die Römer vom Main nach Böhmen. Damit begann die germanische Besiedlung des Landes: *Quaden* ließen sich in Mähren nieder, *Langobarden* besetzten die Slowakei. Als Gegengewicht zum mächtigen Rom vereinigte Marbod die durch gemeinsamen Kult verbundenen Stämme der Markomannen, Quaden, Langobarden, Lugier, Hermunduren und Semnonen zum ersten Reich der Germanen. Nach keltischer Sitte erhob der germanische Adel Marbod vom Herzog zum König.

In den folgenden Jahrhunderten stießen die Markomannen und Quaden immer wieder in die römisch besetzten Donauprovinzen vor und zwangen die Römer schließlich zur Aufgabe der Gebiete nördlich der Donau. Die Zerschlagung weiterer Vorstöße der Quaden in den Jahren

375 und 395 führte letztendlich zum Untergang des Quadenvolkes. Die Markomannen nahmen unter ihrer Fürstin Fritigil das Christentum an und wurden 395 von Stilicho, dem wandalischen Reichsverweser des Weströmischen Imperiums, in dem Gebiet südlich der Donau angesiedelt.

Das Großmährische Reich

Mit dem Abzug der Germanen Anfang des 6. Jh. begann die Landnahme durch slawische Stämme, die sich über mehrere Jahrhunderte hinzog. Diese Stämme bildeten keinen Staat, sondern nur kleinere und größere territoriale Gemeinschaften. In dieser Zeit entwickelte sich die soziale Gliederung in Adlige, Freie und Sklaven als Vorläufer des Feudalsystems. Im Schutz der Adelsburgen an den Handelswegen zum westlichen Frankenreich und in den Orient entstanden Märkte und Siedlungen von Kaufleuten und Handwerkern. In der zweiten Hälfte des 6. Jh. fielen die *Awaren,* ein gefürchtetes asiatisches Nomadenvolk, gemeinsam mit anderen Volksgruppen (Pseudawaren) in Europa ein, gründeten auf dem Gebiet des heutigen Ungarn ein Reich und machten die umwohnenden slawischen Völker tributpflichtig.

Um 623 (624) vereinigte der fränkische Kaufmann *Samo,* der seine Handelskarawanen unter dem Schutz einer eigenen, äußerst schlagkräftigen Truppe auf Reisen schickte, mehrere slawische Stämme, löste Böhmen und Mähren aus dem Herrschaftsbereich der Awaren, indem er die Tributzahlungen einstellte, und gründete das erste Slawenreich, dessen Territorium bis an die Grenzen Thüringens und zum Obermain reichte. Die Slawen erhoben Samo zu ihrem König. Unterdes hatten sich die Awaren auf das reiche Konstantinopel konzentriert, dessen Mauern sie 626 vergeblich berannten; dafür griffen die Franken an, die das neue Reich vor ihrer Haustür störte. Bei der Wogastisburg, in der Samo residierte, kam es 631 (632) zur Schlacht, in der Samos Slawenheer über das Expeditionskorps des Frankenkönigs siegte. (Bis heute konnte die Wogastisburg nicht lokalisiert werden, man vermutet sie irgendwo in Nordböhmen.) Nach Samos Tod im Jahr 658 zerfiel das Reich und kam wieder unter die Herrschaft der Awaren, später an die Franken unter Karl dem Großen.

833 einigte der mährische Fürst Mojmir I. die Fürstentümer Mährens und der Westslowakei unter seiner Herrschaft und stellte die Tributzahlungen an die Franken ein. Als Mojmir auch die böhmischen Fürsten in sein Reich einbeziehen wollte, zogen 14 von ihnen im Jahr 845 nach Regensburg, um dem Ostfrankenkönig, Ludwig dem Deutschen, zu huldigen und ihn um Hilfe zu bitten. Ludwig der Deutsche setzte Fürst Mojmir ab und inthronisierte dessen Neffen Rastislav, von dem er sich größere Gefolgstreue erhoffte. Dieser aber setzte die Unabhängigkeitspolitik seines Onkels fort, indem er die inneren Streitigkeiten des Ostfrankenreiches nutzte. Sein Reich, dessen Kerngebiet mit dem Hauptort Nitra (Neutra) die westliche Slowakei und das östliche Mähren umfaßte, entwickelte sich als Großmährisches Reich zur führenden Macht unter den Westslawen. 855 schlug er einen Angriff Ludwigs des Deutschen, der seine ›personelle Fehlentscheidung‹ korrigieren wollte, zurück und verwüstete bei der Verfolgung der fränkischen Truppen große Gebiete der Ostmark (Österreich).

861 (862) bat Rastislav die römische Kurie, die großmährische Kirche von der ostfränkischen zu trennen; Rom lehnte ab. Daraufhin wandte er sich an den byzantinischen Kaiser Michael III., der eine Mission unter Konstantinos dem Philosophen (später Kyrillos) und seinem Bruder Methodios entsandte. Die beiden »Slawenapostel« brachten eine Übersetzung der liturgischen und pastoralen Texte nach Mähren und schufen in Abwandlung der griechischen *Majuskel* die slawische Schrift *Glagoliza.* 867 ließen sich Kyrillos und Methodios ihr Werk in Rom legitimieren: Nach vorausgehender lateinischer Lesung durfte im Gottesdienst fortan in slawischer Sprache gepredigt werden. Wichtiger aber war, daß sich die großmährische Kirche nun dem fränkischen Einfluß entziehen konnte. Nach dem Tod des Kyrillos ernannte Papst Hadrian II. im Jahr 869 Methodios zum Erzbischof von Mähren und Pannonien (dem Land um Wien), was die bayerisch-ostfränkischen Bischöfe dermaßen erzürnte, daß sie ihn in den Kerker warfen, aus dem ihn erst 873 Papst Johannes VIII. befreien konnte.

870 zog Karlmann, der älteste Sohn Ludwigs des Deutschen, mit einem fränkischen Heer plündernd und brandschatzend durch das Territorium des Mährenfürsten Svatopluk. Der wußte sich keinen anderen Rat, als zu den Franken überzulaufen und ihnen seinen Onkel Rastislav auszuliefern, was ihm die Möglichkeit gab, sich selbst auf den Thron des Großmährischen Reiches zu setzen. Doch Karlmann mißtraute ihm und nahm auch ihn gefangen, was einen blutigen Aufstand der Mährer auslöste und zur Vertreibung aller fränkischen Geistlichen führte. Svatopluk kam frei, vernichtete ein ostfränkisches Okkupationsheer und fiel in die Ostmark ein. Daraufhin mußte Ludwig der Deutsche im Frieden zu Forchheim (874) eine gewisse Autonomie Großmährens bestätigen. Das Reich wurde um große Teile von Schlesien und Ungarn sowie um Gebiete an der Lausitz und an der oberen Weichsel bis Krakau erweitert; auch die böhmischen Fürstentümer hatten sich – mehr oder weniger freiwillig – dem Reich angeschlossen. Dafür mußte Svatopluk dem ostfränkischen König huldigen und gewisse Tributverpflichtungen eingehen. Zwangsläufig wuchs damit der Einfluß der fränkischen Kirche wieder: 880 setzte sie den Schwaben Wiching als Bischof von Nitra ein, und als Methodios 885 starb, ließ Svatopluk alle Anhänger des Slawenapostels des Landes verweisen. 894 starb König Svatopluk. Schon wenige Monate später huldigten die böhmischen Fürsten in Regensburg Arnulf von Kärnten (s. S. 16), der inzwischen König der Ostfranken geworden war. Mit dem Abfall der Böhmen brach das Großmährische Reich auseinander.

Zu Beginn des 10. Jh. fielen bayerische und böhmische Heere in Mähren ein. Unter dem Eindruck der Ungarngefahr – die Uralnomaden (Magyaren) hatten sich im späten 9. Jh. im mittleren Donautiefland niedergelassen und bedrohten von hier aus die benachbarten Völker – schlossen Mähren und Bayern Frieden. 902 gelang es den Mährern zum letzten Mal, die Ungarn zu schlagen, fünf Jahre später, am 4. Juli 907, erlitt das verbündete bayerisch-mährische Heer in der Schlacht bei Bratislava gegen die Ungarn eine vernichtende Niederlage. Noch um 949 sprach der byzantinische Kaiser Konstantin VII. Porphyrogennetos vom »großen Mähren«, doch das Reich war längst untergegangen: Mähren geriet mehr und mehr in die Abhängigkeit böhmischer Fürsten, die Ungarn hatten sich die Slowakei einverleibt und behielten sie – zuletzt als »Oberungarn« – bis 1918.

Die Přemysliden

Im 9. Jh. begannen sich die slawischen Stämme Böhmens zusammenzuschließen, wobei drei Stämme um die Führung stritten: die *Lutschanen* an der mittleren Eger, die *Slavniken* an der Oberelbe und die *Tschechen* im Gebiet der Moldau. Als gegen Ende des 9. Jh. die Macht des Großmährischen Reiches schwand und die Gefahr eines Einfalls der Ungarn immer größer wurde, übernahm die tschechische Dynastie der *Přemysliden* mehr oder weniger gewaltsam die Führung. Nach der Legende begann diese Dynastie mit der Richterin Libussa (Libuše), die Přemysl, das bäuerliche Oberhaupt eines angeschlossenen Stammes, ehelichte. Historisch belegt aber wurde die Dynastie erstmals durch den Herzog Bořivoj, der sich und seine Frau Ludmila von Pšov (später die Heilige) vom Slawenapostel Methodios taufen ließ und seine Residenz von Levý Hrádec nach Prag verlegte. Nach dem Tod Bořivojs 895 übernahm sein Sohn Spitihněv (895–905) die Herzogswürde. Er löste Böhmen aus dem zusammenbrechenden Großmähren und zog noch im selben Jahr (895) mit seinen Stammesfürsten nach Regensburg, um dem Ostfrankenkönig Arnulf zu huldigen, sich also unter den Schutz des Frankenreichs zu stellen. Auf Spitihněv folgte sein Bruder Vratislav I. (905–921), der mehrere Ungarneinfälle abwehrte und den böhmischen Staat festigte.

921 bestieg Vratislavs Sohn Wenzel I. (Václav), später der Heilige, den böhmischen Herzogsthron. Er christianisierte das Land und strebte die kirchliche Emanzipation Böhmens an. Doch dann wurde Wenzel im Jahr 929 von seinem Bruder Boleslav aus politischen Motiven ermordet. Der Mord war sinnlos, denn Wenzel hatte seinen Bruder bitten wollen, die Herrschaft zu übernehmen, um in Rom die Weihen zu empfangen und als erster Bischof von Böhmen zurückzukehren. Noch im 10. Jh. wurde Wenzel I. heiliggesprochen.

Das Herzogtum, das Boleslav nun in Besitz nahm, umfaßte große Teile von Schlesien und erstreckte sich bis nach Krakau. Als er sich jedoch Otto dem Großen widersetzte, nahm der deutsche König dies im Jahr 950 zum Anlaß, einen Heereszug nach Böhmen zu führen. Boleslav unterwarf sich und leistete den Lehnseid, der zur Heeresfolge und zum Besuch der Hoftage (»Heerfahrt und Hoffahrt«) verpflichtete. Damit war Böhmen ein den anderen Herzogtümern gleichgestelltes Glied des Heiligen Römischen Reiches geworden.

Boleslav II. (972–999) erfüllte den Wunsch seines Onkels Wenzel, in Prag ein Bistum einzurichten. Erster Bischof wurde 973 der sächsische Benediktiner Thietmar. Auf ihn folgte 983 der slavnikische Fürstenspross Vojtěch (Adalbert von Prag), der später als Missionar zu den Prussen ging und 997 am Frischen Haff den Märtyrertod fand. Mit ihm endete die Dynastie der Slavniken und damit die letzte Konkurrenz für die tschechischen Přemysliden.

Um das Jahr 990 eroberte Boleslaw I. Chrobry, Herzog von Polen, die Gebiete um Krakau und Lublin sowie das gesamte Mähren, zwischen 1002 und 1004 hielt er sogar Böhmen besetzt. Er wollte ein großes westslawisches Reich errichten, aber der deutsche König Heinrich II. zwang die Polen zur Unterwerfung und führte die Přemysliden auf ihren Prager Thron zurück. Schlesien und Mähren aber behielten die Polen, bis Herzog Břetislav I. (1034–1055) um das Jahr 1029 Mähren für immer mit Böhmen vereinigte. Als er aber auch Schlesien zurückgewinnen wollte und tief in Polen eindrang, zwang ihn König Heinrich III. 1041 zur Unterwerfung. Im Büßergewand mußte Břetislav zu Regensburg sein Herzogtum als Lehen empfangen. Erst 1154 fiel durch den Quedlinburger Vertrag auch Schlesien an Böhmen.

Mit Vratislav II. (1061–1092) nahm in Böhmen das Königtum seinen Anfang. Kaiser Heinrich IV., dem er 1075 bei der Niederwerfung des Sachsenaufstandes geholfen hatte, krönte ihn für seine Dienste in Mainz zum König. Auch Vratislavs Nachfolgern gelang es, trotz Thronwirren und häufigem Regentenwechsel im 12. Jh., die Königskrone zu erlangen, bis schließlich im Jahr 1212 Kaiser Friedrich II. mit der »Goldenen Bulle Böhmens« König Ottokar eine Reihe von Privilegien erteilte, darunter die Zuerkennung des Erbkönigtums für Böhmen.

Bereits Vratislav II. hatte deutschen Kaufleuten in Prag Sonderrechte gewährt. Herzog Soběslav II. (1173–1179) bestimmte 1173 im sogenannten »Sobislavum«: *Novesites, quod Theutonici liberi homines sunt* (»Ihr sollt wissen, daß die Deutschen freie Leute sind«). Ottokar I. Přemysl (1197–1230), der böhmische »Städtegründer«, rief deutsche Handwerker und Bauern ins Land. Die neuen Gemeinwesen formten sich nach deutschem Recht, meist nach Nürnberger oder Magdeburger Stadtrecht. Die Bergbaustädte Iglau und Kuttenberg stärkten durch ihre Silbergewinnung die Machtposition der böhmischen Herrscher. Auch die Klöster und der tschechische Adel zogen Deutsche ins Land. Während des 12. Jh. und nach dem Mongolenvorstoß des Jahres 1241 folgten Bauern, Handwerker und Bergleute aus Schlesien, Sachsen und Bayern auch dem Ruf der ungarischen Könige und gründeten in der slowakischen Zips eine blühende Städtegemeinschaft mit Selbstverwaltung und eigenem Recht.

Zu europäischer Geltung gelangte Böhmen durch Ottokar II. Přemysl (1253–1278). Er nahm das Babenberger Erbe in Besitz, annektierte 1251 die Ostmark, 1260 die Steiermark und 1260 Teile der Slowakei, 1266 das Egerland, 1269 Krain und Kärnten. Er unterstützte den Deutschen Orden gegen die Preußen (Prussen); ihm zu Ehren erhielt die 1255 neugegründete Stadt am Pregel den Namen »Königsberg« (heute Kaliningrad). 1273 unterlag er bei der Wahl zum deutschen König gegen Rudolf von Habsburg. Er verweigerte dem neuen König die Huldigung und die Herausgabe der eigenmächtig besetzten Reichslehen. Ottokar wurde daher geächtet und verlor 1278 die Schlacht auf dem Marchfeld gegen Rudolf; auf der Flucht wurde er erschlagen. Sein Sohn Wenzel II. konnte noch eine Reihe polnischer Gebiete erobern und sich im Jahr 1300 in Gnesen zum polnischen König krönen, doch mit seinem Enkel Wenzel III. (Václav; 1305–1306), der – knapp 17 Jahre alt – auf dem Marsch nach Polen ermordet wurde, starb die Dynastie der Přemysliden in der männlichen Linie aus. Der Habsburger Albrecht I. zog Böhmen als Reichslehen ein und übertrug es seinem Sohn Rudolf, der aber schon nach wenigen Monaten starb. Drei Jahre, 1307–1310, hielt sich Heinrich von Kärnten als Gemahl der älteren Tochter Wenzels II., auf dem böhmischen Thron, bis er durch Reichsfürstenurteil abgesetzt wurde. Nun bahnte Peter Aspelt, Erzbischof von Mainz und unter König Wenzel II. Kanzler, die Ehe zwischen Johann von Luxemburg, Sohn des deutschen Königs und künftigen Kaisers Heinrich VII., und Elisabeth, der jüngeren Tochter Wenzels II., an. Johann wurde König von Böhmen (1311–1346). 1335 verzichtete er auf die Krone Polens, behielt dafür das Herzogtum Breslau, mehrere schlesische Fürstentümer und Masowien (die Landschaft um Warschau) und erwarb das Egerland. Mit seinem Sohn Karl kämpfte er im französischen Ritterheer gegen die Engländer und fiel 1346 in der berühmten Schlacht bei Crécy-en-Ponthieu.

Karl IV.

Karl IV., Skulptur von Peter Parler im Triforium des Prager St.-Veits-Domes

Karl IV. (1346–1378) wurde am 14. Mai 1316 in Prag geboren. Seine Kindheit verbrachte er bei seinen Eltern Johann von Luxemburg und der Přemyslidenprinzessin Elisabeth am böhmischen Hof. Nach dem Tod seiner Mutter kam er als Siebenjähriger zu seiner Tante Johanna, der Frau des französischen Königs Karl IV. des Schönen. In Paris legte er seinen Taufnamen Wenzel ab und nannte sich – seinem Idol, Kaiser Karl dem Großen, nacheifernd – Karl. 1329 heiratete er Blanche von Valois, die Schwester des späteren französischen Königs Philip VI. Zwei Jahre später begleitete er seinen Vater auf einem Kriegszug nach Florenz, geriet nach der Rückkehr mit ihm in Streit, floh nach Italien und verdingte sich bei den Venezianern als Condottiere (Söldnerführer). Nach der Aussöhnung mit dem Vater übernahm er 1333 die Statthalterschaft über Böhmen und Mähren. Damit begann für diese beiden Länder das »Goldene Zeitalter«. Noch vor seinem Tod hatte König Johann die Wahl seines Sohnes zum deutschen König vorbereitet, und so wurde Karl am 11. Juli 1346 in Rhens am Rhein, dem üblichen Versammlungsort der deutschen Kurfürsten, zum König des Heiligen Römischen Reiches gewählt und im darauffolgenden November, nach dem Tod seines Vaters, gekrönt. Im folgenden Jahr ließ er sich auch zum König von Böhmen krönen. 1355 zog Karl IV. nach Italien, setzte sich in Mailand die Krone der lombardischen Könige auf und empfing in Rom von Papst Innozenz VI. die Kaiserkrone; schließlich nahm er als erster Kaiser nach Barbarossa 1365 in Arles auch die Krone des Königreichs Burgund.

Karl IV. trat seine umfangreiche Herrschaft als erfahrener Regent an, mit umfassender Bildung, selbstbewußt, großzügig und zugleich sparsam. Er sprach fließend tschechisch, deutsch, lateinisch, französisch und italienisch und umgab sich mit den besten Männern des Reiches. Während sich England und Frankreich im Hundertjährigen Krieg zerfleischten und Italien zerstückelt darniederlag, erlebte Mitteleuropa unter Karl IV. Jahrzehnte des Friedens und relativen Wohlstands. Starke Burgen, befestigte Städte und ein geschultes Heer schützten Staat und Volk. Mit der »Goldenen Bulle« erließ Kaiser Karl IV. 1356 ein Reichsgrundgesetz, das wichtigste Verfassungsgesetz des Deutschen Reiches bis 1806. Das Gesetz bestätigte die sieben Kurfürsten als Wähler des deutschen Königs, setzte die Unteilbarkeit der Kurlande sowie die Primogenitur (Thron- und Erbfolgerecht des Erst- oder Ältestgeborenen) fest und gab den Kurfürsten die unbeschränkte Gerichtsbarkeit auf ihren Territorien.

Wirtschaft und Handel florierten. Karl ließ das Netz der großen Handelsstraßen erweitern (von Venedig nach Danzig, Riga und Nowgorod, von Flandern nach Kiew und Konstantinopel), baute den Wasserweg über die Moldau und die Elbe zur Nordsee aus, sorgte für eine enge Bindung Böhmens an das Reich, pflegte lebhafte Beziehungen zur süddeutschen Metropole Nürnberg und zur Hanse in Lübeck, förderte die Kultivierung bis dahin ungenutzter Ländereien, den Bergbau und Manufakturen aller Art. Die Reichspolitik orientierte er nach Osten, während sie sich bis dahin seit Jahrhunderten vorwiegend nach Süden gerichtet hatte. Seine Geburtsstadt Prag erhob Kaiser Karl IV. zur Hauptstadt des Heiligen Römischen Reiches, zum politischen, geistigen und wirtschaftlichen Zentrum Europas. Er schmückte sie mit prachtvollen Bauten und machte sie zur drittgrößten Stadt nach Rom und Konstantinopel. 1348 gründete er in Prag die erste Universität Mitteleuropas. Seine Architekten bauten in Nürnberg, in Aachen, in Breslau, in Brandenburg und an unzähligen anderen Orten.

Schließlich galt er als größter Sammler von Kunstgegenständen seit der Antike. Besonders den Reliquien widmete er sich, denn er teilte den zeitgenössischen Glauben an die übernatürliche Kraft der materiellen Andenken an das irdische Leben und Leiden Christi und seiner Heiligen. So erwarb er 1355 in Italien das Skelett des hl. Veit, der im Bereich der Prager Burg gewirkt hatte. Der byzantinische Kaiser Johannes V. Palaiologos sandte ihm vermeintliche Knochen der Patriarchen Abraham, Isaak und Jakob, vom ungarischen König Ludwig dem Großen erhielt er das Tafeltuch des heiligen Abendmahls, vom französischen Dauphin und späteren König Karl V. zwei Dornen aus der Krone Christi, von Papst Urban VI. ein Stück des Lendentuches Christi.

Um die Unterstützung der katholischen Kirche bei der Verwirklichung seiner ehrgeizigen Pläne zu erhalten, stärkte er ihre Macht und vermehrte ihren Reichtum. Doch gerade diese Stärkung der Kirche sollte schließlich zu der gesellschaftlichen Krise führen, die in die Hussitenkriege mündete.

Auch territorial wußte Karl seine Macht zu sichern und auszubauen: 1335 erwarb er das restliche Schlesien, 1368 die Niederlausitz, 1374 auch Brandenburg. 1362 heiratete er in vierter Ehe Elisabeth von Pommern. Mit Habsburg schloß er 1364 einen Erbvertrag, und seinen Sohn Sigismund verehelichte er mit der Tochter des Königs Ludwig I. von Ungarn und Polen. Auch seine Nachfolge ordnete er rechtzeitig: 1363 ließ er seinen ältesten Sohn Wenzel IV. als 2jähriges Kind zum König von Böhmen und 1376 zum deutschen König krönen. Am 29. November 1378 starb Kaiser Karl IV., der letzte bedeutende Herrscher des mittelalterlichen Europas und zugleich der erste weitblickende Herrscher der Neuzeit, in seiner Heimatstadt Prag.

Die Hussitenkriege (1419–1435)

Wenzel IV. (Václav; 1378–1419), Karls IV. Sohn, war eine zu schwache Persönlichkeit im Zeitalter religiöser und nationaler Umwälzungen. Mit der Macht schwand sein Ansehen, so daß ihn im Jahr 1400 die vier rheinischen Kurfürsten als König des Heiligen Römischen Reiches absetzten; er blieb jedoch König von Böhmen. 1382 hatte Wenzel seine Schwester Anna mit

Jan Hus, Buchillustration von 1565

Richard II. von England verheiratet, was zu intensiven Kontakten zwischen der böhmischen und englischen Geisteswelt führte. Angesichts der sittlichen Verfallserscheinungen beim Klerus forderte der Theologe John Wycliffe in England eine radikale Reform: die Abkehr der Kirche von Besitz und weltlichem Machtstreben. Der Tscheche Jan Hus (Johann Huß), Lehrer an der Prager Universität, griff die Ideen Wycliffes auf, verband aber die kirchlichen Reformpläne mit tschechischem Nationalstreben. Er schuf eine tschechische Schriftsprache, predigte tschechisch und bekämpfte den Einfluß der Deutschen.

1411 wurde Hus exkommuniziert. 1414 erschien er vor dem Konzil in Konstanz; König Sigismund, der Nachfolger Wenzels IV. auf dem römischen Thron, hatte ihm freies Geleit zugesichert. Doch das Kardinalskollegium mißachtete den Freibrief, da Hus ihn durch sein Beharren auf der »Irrlehre« verwirkt habe, ließ ihn verhaften und 1415 als Ketzer auf dem Scheiterhaufen verbrennen. Der schwache Protest des Königs Sigismund blieb unbeachtet.

Als Wenzel IV. 1419 starb, trat König Sigismund dessen Nachfolge als König von Böhmen an. Zwar hatte er sich auf dem Hradschin krönen lassen, doch die Prager hielten ihre Stadttore verschlossen. Der Landtag in Čáslav (Tschaslau/Mittelböhmen) erklärte Sigismund wegen seines »Mordes« an Hus zum Feind der böhmischen Nation. 1419 brach mit dem ersten Prager Fenstersturz im Neustädter Rathaus (s. S. 108) der Aufstand gegen die Deutschen aus, sie mußten das Land verlassen, ihr Besitz wurde konfisziert. Getragen wurde der Aufstand von den Hussiten, den Anhängern des Jan Hus. Sie forderten vor allem die Armut des Klerus, die Freiheit der Predigt, die Austeilung von Brot und Wein (während der Messe) auch an Laien (Laienkelch) und – wohl am wichtigsten – einen Nationalstaat der Tschechen. Ihre Truppen zogen sengend und mordend durch Böhmen und Mähren, durch Österreich, Ungarn, Bayern, Sachsen, Schlesien und Brandenburg; mehrmals gelang es ihnen, die Reichsheere vernichtend zu schlagen.

Inzwischen verhandelte das Konzil in Basel mit den Hussitenführern, wobei sich die Tschechen in zwei Lager spalteten: in die vom Adel unterstützten gemäßigten *Utraquisten* (von *sub utraque specie,* unter beiderlei Gestalt, also Brot und Wein) und die radikalen bäuerlichen *Taboriten.* 1433 gestand die Kirche den Utraquisten in den »Prager Kompaktaten« den Laienkelch zu; ihr Gegensatz zum Katholizismus war damit weitgehend beseitigt. Die Taboriten kämpften unter ihren Feldherren Prokop dem Großen und Prokop dem Kleinen weiter, bis sie 1434 bei Lipany (Lipan) von den vereinigten Katholiken und Utraquisten besiegt wurden. Die volle Anerkennung der Utraquisten in den »Basler Kompaktaten« im Jahr 1435 beendete die Hussitenkriege.

Die Hussitenkriege hatten die Macht der katholischen Kirche in Böhmen gebrochen, die Deutschen wurden in die Randzonen des Landes gedrängt, die Bauern blieben arm und hörig, nur der Adel und das Bürgertum vermochten ihren Besitz und ihren Einfluß ungeheuer zu mehren. Der Nationalstaat blieb unverwirklicht, aber das Nationalbewußtsein war gestärkt.

1437 wurde der Habsburger Albrecht II. als Schwiegersohn Sigismunds König von Böhmen und Ungarn. Er starb schon zwei Jahre darauf und hinterließ seinen unmündigen Sohn Ladislaus Postumus, für den der Führer der Utraquisten, Georg von Poděbrad und Kunštát (Jiří Poděbradský; 1458–1471), als Reichsverweser regierte. Nach dem Tod des Ladislaus wurde er 1458 zum König gewählt. Vor der Krönung aber forderten die Stände seinen Übertritt zum katholischen Glauben, den er angeblich heimlich vollzog. Nach seinem Tod im Jahr 1471 wählten die böhmischen Stände Vladislav II. Jagiello (Wladyslaw; 1471–1516), einen Sohn des Königs Kasimir IV. von Polen, zum König von Böhmen. Im »Frieden von Olmütz« (1479) trat er dem Ungarnkönig Matthias I. Corvinus Mähren, Schlesien und die Lausitz ab. Nach dessen Tod (1490) erbte er die ungarische Königswürde und mußte dafür dem Haus Habsburg im »Frieden zu Preßburg« (1491) die Erbfolge in Böhmen und Ungarn zusichern. Bereits sein Sohn Ludwig starb kinderlos – er ertrank nach der verlorenen Schlacht bei Mohács/Südungarn (1526) gegen die Türken in der Donau –, und so fielen Böhmen und Ungarn entsprechend dem Erbvertrag an Habsburg und waren bis 1918 mit Österreich vereint.

Der Dreißigjährige Krieg (1618–1648)

Erster böhmischer König aus der Habsburger Dynastie war Ferdinand I. (1526–1564), ein jüngerer Bruder Kaiser Karls V. 1531 wurde der begabte Staatsmann zum römischen König gewählt, 1556, nach der Abdankung Karls V., zum Kaiser des Heiligen Römischen Reiches gekrönt. Zwischen Katholiken und Protestanten suchte er einen möglichst dauerhaften Ausgleich und holte die Jesuiten nach Prag, deren Collegium Clementinum die alte, ebenfalls katholische Universität (Collegium Carolinum) bald an Bedeutung übertraf.

Seinem Sohn Maximilian II. (1562–1576), seit 1562 römischer und böhmischer König, seit 1564 Kaiser, gelang es nicht, die in Deutschland immer schärfer hervorgetretenen religiösen und politischen Gegensätze auszugleichen. Fast 70% der Bevölkerung waren inzwischen lutherisch, der Kaiser sympathisierte mit den Protestanten und wäre am liebsten konvertiert, hätte die katholische Kirche nicht mit Enterbung gedroht. In Böhmen soll es Ende des 16. Jh. etwa 200 katholische, 200 utraquistische und 1200 evangelische Gemeinden gegeben haben. Der evangelische und utraquistische Adel schickte seine Söhne an die Universität Wittenberg, der katholische Adel ließ sie im Prager Jesuitenkolleg studieren.

Der zweite Kaiser, der Prag zum Mittelpunkt des Heiligen Römischen Reiches erkor, war *Rudolf II.* (1576–1612), 1552 als Sohn Maximilians II. in Wien geboren. 1572 wurde er König von Ungarn, 1575 König von Böhmen und 1576 Kaiser des Heiligen Römischen Reiches. In Prag fühlte Rudolf sich wohl, und so verlegte er 1583 seine Residenz von Wien an die Moldau. Bis 1593 währte der Waffenstillstand mit den Türken; dann griffen sie erneut an. 13 Jahre tobte der Krieg mit wechselndem Schlachtenglück. 1605 riß Rudolfs Bruder Matthias die militärische Führung an sich und schloß im folgenden Jahr mit den Türken Frieden.

1608 übernahm Matthias von dem körperlich und psychisch kranken Kaiser die Herrschaft über Ungarn, Mähren und Österreich. 1609 zwangen die böhmischen Stände Rudolf II. zum Erlaß eines Majestätsbriefes, mit dem er ihnen volle Religionsfreiheit und ihre ständischen Privilegien zusicherte. 1611 wurde Matthias auch König von Böhmen, und kurz bevor die Kurfürsten die Aberkennung seines Kaisertitels beschlossen, starb Rudolf im Jahr 1612, der letzte Kaiser, der seine Residenz in Prag hatte und für den das Herz Europas in Böhmen schlug. Rudolf war keine überragende Herrscherpersönlichkeit gewesen, sein Desinteresse an politischen Dingen, aber auch seine zunehmende geistige und körperliche Gebrechlichkeit hatten die Familie bewogen, ihn zum Verzicht auf seine Königswürde zu bewegen. Dafür verstand er es, die bedeutendsten Künstler und Gelehrten Europas an seinen Hof zu ziehen, Prag zur künstlerischen Schatzkammer Europas zu machen.

Doch auch Matthias (1611–1619), der die Nachfolge seines Bruders Rudolf als Kaiser antrat, war nicht imstande, die wachsenden Spannungen zwischen Katholiken und Protestanten bzw. Utraquisten zu mildern. Beide Seiten suchten Verbündete: die protestantischen Fürsten in der *Union,* die katholischen in der *Liga.* Der zweite Prager Fenstersturz am 23. Mai 1618 (s. S. 75 f.) löste den Böhmischen Krieg aus, der schließlich zum 30jährigen europäischen Konflikt eskalierte.

Auf Matthias folgte Ferdinand II. (1619–1637), ein Enkel Ferdinands I. 1617 wurde er König von Böhmen, 1618 von Ungarn und erhielt 1619 die Kaiserkrone. In diesem Jahr proklamierten die protestantischen böhmischen Stände Böhmen zum ständischen Wahlreich, setzten Ferdinand II. ab und wählten im August 1619 den Kurfürsten Friedrich von der Pfalz, den Führer der Union, zum Gegenkönig. Noch im selben Jahr beauftragte die Liga den Feldherrn Tilly mit der Aufstellung eines Heeres, mit dem er die Truppen der Union 1620 am Weißen

Berg bei Prag vernichtend schlug. Friedrich, der »Winterkönig« (weil er nur ein knappes Jahr regierte), floh in die Niederlande und verlor seine Kurwürde, die an Maximilian I. von Bayern, den Führer der Liga, fiel. Vor dem Altstädter Rathaus in Prag wurden 27 protestantische Führer hingerichtet.

Rudolf II., zeitgenössisches Portrait

Albrecht von Waldstein (Wallenstein; 1583–1634), aus protestantischer böhmischer Adelsfamilie, seit 1606 katholisch und als Offizier in kaiserlichen Diensten zu Rang und zu ausgedehntem Landbesitz gekommen, erfocht unter Tilly die Siege von Wimpfen (1622), Höchst (1622) und Stadtlohn (1623). 1625 zum Herzog von Friedland ernannt, stellte Waldstein noch im selben Jahr ein eigenes Heer auf, mit dem er die Union mehrmals schlug und dem Kaiser einen ungeheuren Machtzuwachs verschaffte. 1630 setzte Kaiser Ferdinand II. seinen erfolgreichen Feldherrn auf Drängen der neidischen Reichsstände ab, mußte ihn aber im Jahr darauf erneut berufen, als Gustav II. Adolf von Schweden in den Krieg eingriff und Tilly bei Breitenfeld schlug. 1632 erhielt »der Friedländer« den Oberbefehl »in absolutissima forma« (mit weitestgehenden Vollmachten) über die kaiserlichen Heere. Noch im selben Jahr traf er in der Schlacht bei Lützen auf die Schweden: Gustav Adolf fiel. Als Waldstein jedoch eine eigene Außenpolitik zu betreiben begann, setzte ihn der Kaiser ab, klagte ihn des Hochverrats an und ließ ihn 1634 in Eger ermorden, bevor er zu schwedischen Truppen überlaufen konnte. Ob Waldstein den Frieden erzwingen wollte oder die böhmische Krone erstrebte, blieb bis heute ungeklärt.

Eine schwere Niederlage der Schweden bei Nördlingen führte am 30. Mai 1635 zum »Frieden von Prag« zwischen dem Kaiser und den meisten protestantischen Ständen. Damit setzte die Rekatholisierung in Böhmen und Mähren ein. Der Krieg allerdings war noch lange nicht beendet, denn nun schaltete sich Frankreich ein, um der Übermacht Habsburgs im europäischen Raum zu begegnen. Das Schlachtenglück schwankte zwischen Kaiserlichen und den verbündeten Franzosen und Schweden, bis die seit 1644 geführten Verhandlungen am 24. Oktober 1648 zum Abschluß des »Westfälischen Friedens« führten.

Rekatholisierung und Barock gingen in Böhmen seit den Siegen der Kaiserlichen Hand in Hand. Die staatliche Selbständigkeit des Landes war verloren, das tschechische Nationalbewußtsein unterdrückt. Mit der Macht des katholischen Klerus wuchs auch der Einfluß der Deutschen, die die Wirtschaft kontrollierten und die Verwaltung stützten. Seit 1763 erfolgten die Vorlesungen an der Prager Universität zum großen Teil in deutscher Sprache (vorher war Latein die Vorlesungssprache). Ab 1773 setzte sich auch an Gymnasien Deutsch als Unterrichtssprache durch.

18. und 19. Jahrhundert

Die Habsburger Kaiser des Heiligen Römischen Reiches Deutscher Nation waren weiterhin zugleich Könige von Böhmen: Ferdinand III. (1637–1657), Leopold I. (1658–1705), Joseph I. (1705–1711), Karl VI. (1711–1740). Mit der »Pragmatischen Sanktion« von 1713 setzte Karl VI. die Unteilbarkeit der habsburgischen Länder und die Erbfolge auch im weiblichen Stamm fest. Dennoch mußte seine Tochter Maria Theresia (1740–1780) im Österreichischen Erbfolgekrieg (1740–1748) und in den Schlesischen Kriegen (1740–1742, 1744/45) ihr Erbe mühsam verteidigen. Bayerns Ansprüche auf Böhmen konnte sie dabei zurückweisen. Am 12. Mai 1743 ließ sich Maria Theresia in Prag zur Königin von Böhmen krönen.

Kaiser Joseph II. (1765–1790), ältester Sohn der Maria Theresia, regierte gemeinsam mit seiner Mutter bis zu ihrem Tod (1780). 1781 hob er die Leibeigenschaft auf, 1782 erließ er das »Toleranzedikt«, das die Glaubensfreiheit gewährte (daraufhin meldeten sich in Böhmen 80 000 Personen zum protestantischen Glauben), die Juden durften die Ghettos verlassen. Im Zuge rücksichtsloser Säkularisierungsmaßnahmen hob er mehr als 700 Klöster auf. Amtssprache im gesamten Habsburgerreich wurde Deutsch. Joseph war auch König von Böhmen, aber die Krönung im Prager Veitsdom lehnte er im Gegensatz zu seiner Mutter als entbehrlich ab. Leopold II. (1790–1792) wiederum verzichtete nicht auf den feierlichen Akt der Krönung auf dem Hradschin. Dabei soll der geladene böhmische Adel aus Protest gegen die Sprachpolitik der Habsburger nur tschechisch gesprochen haben. 1791 wurde an der Prager Universität der erste Lehrstuhl für tschechische Sprache geschaffen.

Leopolds Sohn Franz (1792–1835) war zweifacher Kaiser: 1804 begründete er als Franz I. das Kaisertum Österreich, 1806 verzichtete er als Franz II. auf die römisch-deutsche Kaiserwürde und erklärte das Heilige Römische Reich für erloschen. In den napoleonischen Kriegen blieben Böhmen und Mähren nahezu unbehelligt. Lediglich die »Dreikaiserschlacht« bei Austerlitz (1805), in der Napoleon Bonaparte die Truppen des russischen Kaisers Alexander I. und des österreichischen Kaisers Franz I. schlug, fand auf südmährischem Gebiet statt. Böhmen und Mähren dienten vorzugsweise als Zufluchtsstätte und als Ausgangsstellung für den Widerstand gegen Napoleon.

Seitdem Böhmen mit Mähren zum Habsburger Reich gehörte, stimmte seine Geschichte im wesentlichen mit derjenigen Österreichs überein. Wirtschaftlich war Böhmen ein »Diamant in der Krone der Habsburger«. Schon Ende des 18. Jh., besonders aber im 19. Jh., entwickelten sich in den Städten wie auf dem Lande gewerbliche Kleinbetriebe zu Großbetrieben. Die Glasindustrie erreichte europäische Dimensionen, 1792 entstand bei Karlsbad die erste böhmische Porzellanfabrik. 1796 wurde im nördlichen Böhmen die erste englische Spinnmaschine aufgestellt, 1804 begann in Reichenberg die erste Dampfmaschine zu arbeiten. 1806 erhielt

Maria Theresia, Gemälde von Martin von Meytens

Prag eine polytechnische Hochschule. Mit der Entwicklung der Industrie erwachte das tschechische Nationalbewußtsein aufs neue.

Der Weg zum Nationalstaat

In der revolutionären Bewegung von 1848/49, die von Frankreich auf Deutschland und Österreich übergriff, wurden die sozialen und nationalen Spannungen kaum beseitigt. Immerhin lautete ein kaiserliches Handschreiben (unterzeichnet von Kaiser Ferdinand I.) vom 8. April 1848: »Die böhmische Nationalität hat durch vollkommene Gleichstellung der böhmischen Sprache mit der deutschen in allen Zweigen der Staatsverwaltung und des öffentlichen Unterrichts als Grundsatz zu gelten.« Und in der Verfassungsurkunde für alle österreichischen Provinzen vom 26. April 1848 heißt es: »Allen Volksstämmen ist die Unverletzlichkeit ihrer Nationalität und Sprache gewährleistet.« Als am 18. Mai 1848 in der Paulskirche zu Frankfurt am Main die Deutsche Nationalversammlung zusammentrat, kamen nur die tschechischen Abgeordneten aus Mähren, die tschechischen Abgeordneten aus böhmischen Wahlkreisen fehlten. Der Historiker František Palacký hatte die Einladung zur Teilnahme mit der Begründung abgelehnt, daß er kein Deutscher sei. Daraufhin proklamierte der mährische Landtag, der sich aus 123 deutschen und 124 tschechischen Abgeordneten zusammensetzte, die Loslösung Mährens von Böhmen.

Auf dem »Slawenkongreß« in Prag im Juni 1848 forderte Palacký die Umwandlung des österreichischen Kaiserreichs in einen »Bund von gleichberechtigten Völkern«. Den danach in Prag auflodernden tschechischen Aufstand unterdrückten Truppen des Generalkommandanten in Böhmen, Fürst zu Windischgrätz. Barrikadenkämpfe in Wien (Oktober 1848) bewogen Kaiser Ferdinand zur Flucht nach Olmütz in Nordmähren; der österreichische Reichstag, in dem Palacký die Slawenpartei führte, wich nach Kremsier in Mähren aus.

1866 eskalierten die preußisch-österreichischen Auseinandersetzungen in der Schleswig-Holsteinischen Frage zu einem Krieg, in den auch alle anderen deutschen Staaten hineingezogen wurden. Die militärische Entscheidung fiel bei Königgrätz in Ostböhmen (3. Juli 1866), wo die Preußen unter Helmuth von Moltke siegten. Im südmährischen Nikolsburg schlossen beide Gegner einen Vorfrieden, der keinerlei territoriale Forderungen an Österreich und die angeschlossenen süddeutschen Staaten vorsah. Der »Frieden von Prag« beendete den »Deutschen Krieg von 1866« endgültig.

1867 gab Österreich den Forderungen der Magyaren nach und bildete die Doppelmonarchie Österreich-Ungarn, in der nur die Außenpolitik und das Kriegswesen von Wien aus geleitet wurden. Gleichlautende Ansprüche der Tschechen lehnte die Wiener Regierung ab. Kaiser Franz Joseph I., Nachfolger des bereits 1848 abgedankten Ferdinand I., hatte sich in Budapest zum König von Ungarn krönen lassen, aber die Krönung zum König von Böhmen entschieden abgelehnt.

In den 80er Jahren ging die Mehrheit im böhmischen Landtag von den Deutschen auf die Tschechen über. Der Streit zwischen deutschen und tschechischen Abgeordneten im Reichsrat und im Landtag verschärfte sich, 1882 wurde die Universität Prag in eine deutsche und eine tschechische geteilt. 1890 stiftete der Kaiser eine Tschechische Akademie der Wissenschaften und der Künste in Prag. Um die Jahrhundertwende forderten deutsche Volksgruppen erstmals die Angliederung der deutschsprachigen Gebiete an das Deutsche Reich, die Tschechen dagegen, vor allem die radikalen »Jungtschechen« unter ihrem Führer Karel Kamář, forderten einen tschechischen Staat innerhalb einer österreichisch-ungarischen Föderation und die Vereinigung mit der zu Ungarn gehörenden Slowakei.

Nach dem Ausbruch des Ersten Weltkriegs emigrierte Tomáš Garrigue Masaryk (1850–1937), Professor an der Karlsuniversität Prag und Mitglied des österreichischen Reichsrates, um vom Ausland aus den Kampf um die Unabhängigkeit seines Landes zu führen. Masaryk, in Südmähren geboren, hatte das deutsche Gymnasium in Brünn besucht, in Wien und Leipzig Philologie und Philosophie studiert und in Leipzig die amerikanische Studentin Charlotte Garrigue kennengelernt, die später seine Frau wurde. (Nach ihrem Tod im Jahr 1923 übernahm er ihren Mädchennahmen als zweiten Vornamen.) 1882 erhielt er eine Dozentur an der neuen tschechischen Universität in Prag. Im Dezember 1914 ging er nach Rom, dann

Tomáš Garrigue Masaryk

nach Genf, schließlich nach Paris, wo er 1916 mit Edvard Beneš einen tschechoslowakischen Nationalrat als vorläufige Regierung gründete und 1917 die »Tschechische Legion« aufstellte, die gegen Deutschland und Österreich-Ungarn kämpfte. Am 30. Mai 1918 schloß Masaryk in den USA mit slowakischen Organisationen den »Pittsburgher Vertrag« über den Zusammenschluß von Tschechen und Slowaken in einem gemeinsamen Staat.

Als sich so das Ausbrechen der Tschechoslowakei aus der Doppelmonarchie abzeichnete, gab Karl I., Kaiser von Österreich, am 16. Oktober 1918 bekannt, daß er die Monarchie in einen Bund freier Nationen umwandeln wolle. Doch für diese Lösung war es bereits zu spät. Mitte Oktober hatte der tschechoslowakische Nationalrat in Paris eine provisorische Regierung gebildet, am 28. Oktober wurde in Prag die *Tschechoslowakische Republik (ČSR)* ausgerufen, am 14. November wählte die Prager Nationalversammlung Masaryk zum ersten Staatspräsidenten, Beneš wurde Außenminister. Die Slowaken und die Karpato-Ukrainer hatten sich gegen das Versprechen einer autonomen Verwaltung ihrer Gebiete angeschlossen.

Nach dem Rücktritt des Kaisers am 11. November beschloß die österreichische Nationalversammlung, daß die deutschsprachigen Gebiete der ehemaligen Donaumonarchie unter der Bezeichnung »Deutsch-Österreich« ein Bestandteil des Deutschen Reiches seien. Daraufhin erklärten sich die deutschbesiedelten Gebiete von Böhmen, Mähren und Österreichisch-Schlesien am 13. November zu Provinzen Deutsch-Österreichs. Das Streben zum Deutschen Reich beantwortete die Prager Regierung mit dem Einmarsch tschechischer Truppen und der Auflösung der deutschen Gemeinde- und Provinzverwaltungen. Am 16. November 1918 wurde die ungarische Volksrepublik ausgerufen, und tschechische Truppen besetzten Oberungarn, also die Slowakei. Der Friedensvertrag von Trianon (4. Juni 1920) bestätigte den Übergang der 17 oberungarischen Komitate an die Tschechoslowakische Republik. Der Friedensvertrag von Saint-Germain-en-Laye (10. September 1919) bestätigte die Tschechoslowakische Republik. Zugleich verboten die Siegermächte den Staatsnamen »Deutsch-Österreich« und den Anschluß der deutschsprachigen Gebiete an das Deutsche Reich.

In der jungen Republik lebten nun nach der Volkszählung des Jahres 1921 8,76 Mio. Tschechen und Slowaken, 3,12 Mio. Deutsche, 750 000 Ungarn, 460 000 Ukrainer (Ruthenen),

180 000 Juden, 70 000 Polen und 20 000 Bewohner anderer Volkszugehörigkeit, insgesamt 13,36 Mio. Menschen. Eine zentralisierte Verfassung (von 1920) und das langjährige Wirken des Staatspräsidenten Masaryk (1918–1935) gewährleisteten eine ruhige und kontinuierliche Entwicklung. Die Minderheiten wurden an der Regierungsarbeit beteiligt, den Slowaken und Karpato-Ukrainern blieb allerdings die zugesagte Autonomie versagt. Als der Slowakenführer Vojtěch Tuka sehr deutlich an das Versprechen erinnerte und mit der Verselbständigung seines Landes drohte, wurde er 1929 wegen »Vorbereitung eines Komplotts gegen die Republik« zu 15 Jahren Zuchthaus verurteilt.

1933 gründete der Bankbeamte Konrad Henlein durch den Zusammenschluß deutscher Vereinigungen die »Sudetendeutsche Heimatfront«. Als die deutsche Universität in Prag 1934 ihre Insignien an die tschechische Universität aushändigen mußte, faktisch also aufgelöst wurde, brachen Studentenunruhen aus. Vor den Parlamentswahlen im Mai 1935 mußte die Sudetendeutsche Heimatfront ihren Namen ändern; sie hieß daraufhin »Sudetendeutsche Partei« und erhielt 68% der deutschen Stimmen; nach der Zahl der Stimmen war sie zugleich die stärkste Partei der Tschechoslowakei. Der 85jährige Masaryk trat zurück, sein Nachfolger als Staatspräsident wurde Edvard Beneš. Der Slowake Milan Hodža, ein engagierter Förderer des tschechoslowakischen Zusammengehens, übernahm den Vorsitz der Regierung.

Protektorat Böhmen und Mähren

Im Herbst 1937 forderte Konrad Henlein im Namen der Sudetendeutschen Partei die Autonomie für die deutschen Siedlungsgebiete in Böhmen und Mähren. Am 24. April 1938 legte er das »Karlsbader Programm« vor, mit dem er auf Weisung Hitlers bewußt mehr verlangte, als die Tschechen zu geben bereit waren: autonome Selbstverwaltung, Wiedergutmachung, freies Bekenntnis zum deutschen Volkstum, Gleichberechtigung. Bei den Gemeindewahlen im Mai erhielt die Sudetendeutsche Partei 92% der deutschen Stimmen. Die Zugeständnisse der Regierung Hodža beantwortete Henlein mit der Forderung nach Anschluß an das Reich. Im Spätsommer führte der Viscount Runciman of Oxford im Auftrag der britischen Regierung in Prag Vermittlungsgespräche und empfahl in seinem Schlußbericht die Abtretung der sudetendeutschen Gebiete an das Deutsche Reich. Nach Verhandlungen mit Chamberlain setzte Hitler den 1. Oktober als Termin für die Übergabe der sudetendeutschen Gebiete fest. Chamberlain und der französische Ministerpräsident Edouard Daladier drängten die tschechoslowakische Regierung, zur Erhaltung des Friedens in Europa nachzugeben, doch Prag lehnte ab. Darauf bat Chamberlain Benito Mussolini um Vermittlung. Am 29. September trafen sich Hitler, Chamberlain, Daladier und Mussolini in München und beschlossen, daß die ČSR die deutschbesiedelten Randgebiete an das Deutsche Reich abzutreten habe (Münchener Abkommen). Die Sowjetunion mißbilligte das Abkommen, war aber nicht bereit, einen Krieg zu riskieren. So blieb Prag nichts anderes mehr, als den Vertrag anzunehmen.

Am 1. Oktober 1938 marschierten deutsche Truppen in die sudetendeutschen Gebiete ein. Diese Territorien umfaßten als »Reichsgau Sudetenland« (22 603 qkm, 2 943 187 Einwohner) mit der Hauptstadt Reichenberg die drei Regierungsbezirke Eger, Aussig und Troppau. Gauleiter und Reichsstatthalter wurde Konrad Henlein. Am 2. Oktober 1938 besetzten polnische Truppen das überwiegend von Polen bewohnte Olsa-Gebiet, einen Teil des alten Herzogtums Teschen im heutigen Nordmähren, Ungarn annektierte am 4. November Randgebiete der Slowakei. Am 5. Oktober trat Staatspräsident Beneš zurück und ging ins Ausland.

Inzwischen drängten die Slowaken unter dem katholischen Priester Jozef Tiso auf Verselbständigung ihres Landes. Am 6. Oktober 1938 (formell am 19. November) wurde die Slowakei zum autonomen Teilstaat der »Tschecho-Slowakei« erklärt, mit Tiso als Ministerpräsident. Somit entsprach die politische Lage im tschechoslowakischen Raum weitgehend den Wünschen der einzelnen Volksgruppen, der Frieden schien gerettet, Europa atmete erleichtert auf. Doch Hitler wollte die »Erledigung der Rest-Tschechei« (geheime Kommandosache vom 21. Oktober 1938). Im Vorfrühling des Jahres 1939 forderte Tiso die volle Souveränität der Slowakei. Am 13. März erhielt er in Berlin die Zustimmung Hitlers, der nicht nur die slowakischen Sezessionsbestrebungen, sondern auch weitere polnische und ungarische Gebietsansprüche unterstützte. Am 14. März proklamierte die Slowakei ihre volle Autonomie; Jozef Tiso wurde Staatspräsident. Ungarische Truppen besetzten die Karpato-Ukraine.

Unter dem Eindruck der militärischen Überlegenheit Deutschlands unterzeichnete der tschechoslowakische Staatspräsident Emil Hácha, Nachfolger von Beneš, am 15. März 1939 in Berlin den Vertrag über die Schaffung des *Reichsprotektorats Böhmen und Mähren.* Das Protektorat mit 49 000 qkm Fläche und 7,3 Mio. Einwohnern wurde ein »Schutzstaat des Deutschen Reiches« mit autonomer Verwaltung, Rechtsprechung und Kultur, aber ohne eigene Außenpolitik und Landesverteidigung.

Am 23. März stellte sich die Slowakei unter den Schutz des Deutschen Reiches. Dabei garantierte das Deutsche Reich ihr formell die politische Unabhängigkeit, forderte jedoch ein enges Zusammengehen in Außen-, Wehr- und Wirtschaftspolitik im Rahmen eines »Schutzfreundschafts«-Verhältnisses. Die rund 150 000 deutschen Bürger der Slowakei erhielten volle kulturelle Autonomie und waren sowohl im Landtag als auch durch einen eigenen Staatssekretär vertreten. Dagegen wurden die über 110 000 slowakischen Juden zunehmend verfolgt und in Vernichtungslager deportiert.

Im Protektorat entstand im Zweiten Weltkrieg ein großer Teil der Rüstungsgüter, hier wurden Textilien, Nahrungsmittel, Chemikalien, optische Geräte usw. produziert. Die Arbeiterschaft war durch Vollbeschäftigung, gute Löhne und relativ hohe Lebensmittelzuteilungen kaum zum Widerstand bereit. Unterdrückungsmaßnahmen der Protektoratsführung richteten sich vor allem gegen die Intelligenz, von der Schließung der tschechischen Hochschulen im Herbst 1939 bis zur Deportation von Professoren und Journalisten ab 1941.

1941 übernahm Reinhard Heydrich, Chef des Reichssicherheitshauptamtes, das Amt des stellvertretenden Reichsprotektors. Am 26. Mai 1942 verübten tschechische Emigranten ein Attentat auf ihn, an dessen Folgen er am 4. Juni starb. Zur Vergeltung und Abschreckung liquidierte die SS am 10. Juni das Dorf Lidice mit dem größten Teil seiner Bewohner (s. S. 122).

Edvard Beneš bildete im Herbst 1939 in London ein »Tschechoslowakisches Nationalkomitee«, das von den Alliierten als provisorische Regierung anerkannt wurde. 1943 schloß diese

Regierung mit der UdSSR einen Freundschafts- und Beistandspakt. Sie forderte die Annullierung des »Münchener Abkommens« und die Vertreibung der Sudetendeutschen. Am 18. August 1944 überschritten sowjetische Truppen die slowakische Grenze. Zugleich entflammte im Industriegebiet von Neusohl ein Aufstand gegen die Tiso-Regierung. Auf Tisos Ersuchen rückten deutsche Truppen in die Slowakei ein und schlugen die Erhebung bis Ende Oktober blutig nieder. Am 4. April 1945 zog die Rote Armee in Bratislava ein. Nach dem Rückzug der Deutschen Wehrmacht proklamierte der Tschechoslowakische Nationalrat am 5. April 1945 die Zusammengehörigkeit des tschechischen und slowakischen Volkes sowie die Verstaatlichung der Grundindustrien, Banken und Versicherungen (»Kaschauer Programm«).

Am 5. Mai 1945, drei Tage vor Kriegsende, brach in Prag ein allgemeiner Aufstand gegen die Deutschen aus. 2,9 Mio. Sudetendeutsche wurden des Landes verwiesen; davon fanden 1,9 Mio. in der Bundesrepublik Deutschland, 800 000 in der DDR und 140 000 in Österreich eine neue Heimat. Etwa 200 000 Deutsche durften in der Tschechoslowakei bleiben. Am 29. Juni übernahm die UdSSR die Karpato-Ukraine als Teilgebiet der Ukrainischen SSR. Henlein beging in alliierter Haft Selbstmord, den Reichsprotektor Frick verurteilte das Internationale Militärtribunal in Nürnberg zum Tode, der ehemalige Staatspräsident der Slowakei Tiso wurde am 18. April 1947 hingerichtet.

Die Sozialistische Republik

Noch im Mai 1945 nahm die Regierung der Tschechoslowakischen Republik (ČSR) unter Ministerpräsident Zdeněk Fierlinger in Prag ihre Arbeit auf. Beneš war wiederum das Amt des Staatspräsidenten übertragen worden. Bei der Wahl im Jahr 1946 setzte sich die »Kommunistische Partei der Tschechoslowakei« (KPČ) mit 37,9% der Stimmen an die Spitze sämtlicher Parteien; der Kommunist Klement Gottwald löste Fierlinger als Ministerpräsident ab.

Nach dem »Siegreichen Februar« des Jahres 1948 erlangte die KPČ politisches Übergewicht, die nichtkommunistischen Minister traten zurück. Die neue Verfassung vom 9. Mai 1948 gab der ČSR den Status einer einheitsstaatlichen volksdemokratischen Republik. Bei den Wahlen am 30. Mai entfielen auf die von der KPČ gelenkte Nationale Front 89,3% der Stimmen. Beneš sah die Rolle der Tschechoslowakei als Brücke zwischen Ost und West schwinden und trat im Juni zurück. Klement Gottwald wurde Staatspräsident, Antonin Zápotocký Ministerpräsident. 1949 trat die ČSR dem Rat für gegenseitige Wirtschaftshilfe (RGW, COMECON) bei. Nach Gottwalds Tod am 14. März 1953 folgte Zápotocký im höchsten Staatsamt, während Antonin Nóvotný die Parteiführung und der Slowake Villem Široky die Regierung übernahm. Nóvotný wiederum wurde nach dem Tod Zápotockýs im Jahr 1957 Staatspräsident.

Die Verfassung vom 11. Juli 1960 verwandelte die Volksrepublik in eine Sozialistische Republik – aus der ČSR wurde die ČSSR. Den Slowaken blieb die Selbstverwaltung weiterhin versagt. Die einseitige Förderung der Schwerindustrie führte zu wirtschaftlichen Schwierigkeiten, die parteiinterne Auseinandersetzungen zwischen »Orthodoxen« und »Reformern« zur Folge hatten. Im Januar 1968 setzten sich die Reformer durch: Nóvotný mußte von seinen Ämtern zurücktreten, Alexander Dubček wurde Parteichef, Ludvík Svoboda Staatspräsident, und der Wirtschaftsspezialist Oldřich Černik übernahm den Vorsitz der Regierung. Mit weitgehenden Wirtschaftsreformen, der Garantie der Bürgerrechte, der Föderalisierung der Republik und der Schaffung von Minderheitenrechten suchte die Partei das Vertrauen der Bevölkerung zurückzugewinnen. Das neue Aktionsprogramm der KPČ versprach einen »Sozialismus mit menschlichem Antlitz«. Das Volk erwartete einen »Prager Frühling«. Die Sowjetunion indes befürchtete ein Ausbrechen der Tschechoslowakei aus dem sozialistischen Staatensystem. In Berlin und Warschau fühlten sich die kommunistischen Staats- und Parteiführungen durch die Veränderungen in der ČSSR bedroht und verlangten von der Sowjetunion ein Eingreifen. Leonid Iljitsch Breschnew, Generalsekretär der KPdSU, stellte die These von der beschränkten Souveränität der Staaten des sozialistischen Lagers auf (»Breschnew-Doktrin«) und ließ in der Nacht vom 20. zum 21. August 1968 Truppen des Warschauer Paktes (UdSSR, DDR, Polen, Bulgarien, Ungarn) in die ČSSR einmarschieren. In Moskau brachte die Sowjetführung Staatspräsident Svoboda, Generalsekretär Dubček, den Regierungsvorsitzenden Černik und Außenminister Smrkovský dazu, sämtliche Reformen wieder rückgängig zu machen.

Von den Reformplänen des »Prager Frühlings«, die keineswegs eine Absage an den Sozialismus bedeutet hatten, ließ sich nur die Föderalisierung des Staates verwirklichen: Nach der Verfassungsänderung vom 1. Januar 1969 bildeten die Tschechische und die Slowakische Sozialistische Republik den *Bundesstaat ČSSR* mit gemeinsamem Staatsoberhaupt und Bundes-

Der Wenzelsplatz in Prag

parlament. Im April 1969 löste der Slowake Gustav Husák Dubček in der Parteiführung ab; vierzehn Monate später wurde Dubček aus der Partei ausgeschlossen. Černik mußte im Januar 1970 den Regierungsvorsitz an Lubomir Štrougal abtreten. Der Vertrag mit der Sowjetunion vom 6. Mai 1970 gewährleistete die Wiederaufnahme des sowjetischen Kurses. Wachsende wirtschaftliche Schwierigkeiten führten zur Unzufriedenheit der Bevölkerung; mit einer Modernisierung der Industrie versuchte man, der Schwierigkeiten Herr zu werden.

Die Wende

1977 veröffentlichten tschechoslowakische Bürgerrechtler wie der ehemalige Außenminister Jiří Hájek, der Dramatiker Václav Havel und der Philosoph Jan Patočka die »Charta 77«, ein Programm für die Demokratisierung der Tschechoslowakei, dem bis 1988 trotz aller Repressionsversuche durch den Staat rund 50 weitere Dokumente folgten.

1988 übernahm Ladislav Adamec den Regierungsvorsitz für den zurückgetretenen Štrougal. Seitdem folgte die ČSSR mit zaghaften Wirtschaftsreformen den Zielsetzungen des sowjetischen Staatschefs Gorbatschow. Zugleich drängte die Regierungsopposition an die Öffentlichkeit. So demonstrierten am 20. Jahrestag des Einmarsches der Warschauer-Pakt-Truppen im August 1988 auf dem Wenzelsplatz zu Prag 10 000 Studenten. Hauptsächlich Studenten waren es auch, die am 17. November 1989 an jenem genehmigten friedlichen Umzug zum Gedenken an die Novemberereignisse von 1939 teilnahmen, bei denen neun Studenten von den Faschisten füsiliert, 1200 in das KZ Sachsenhausen gebracht und sämtliche tschechischen Hochschulen geschlossen worden waren; die Prager Polizei jedoch löste die Demonstration mit äußerster Härte auf. Zwei Tage später, am 19. November, gründeten Mitglieder der Bürgerrechtsbewegung »Charta 77«, voran Václav Havel, und anderer Widerstandsgruppen das *Bürgerforum* als Sprachrohr der tschechoslowakischen Demokratiebewegung. In täglichen Großkundgebungen in Prag, Bratislava und anderen Städten des Landes vollzog sich die politische Veränderung der Tschechoslowakei, eine friedliche Revolution des Volkes. Am 24. November trat der KP-Generalsekretär Miloš Jakeš zurück, wenige Tage später gab auch Ministerpräsident Adamec auf. Der Vizepremier Marián Čalfa bildete eine neue Regierung, in der die KPČ nicht mehr die Mehrheit besaß. Am 9. Dezember stellte Staatspräsident Husák sein Amt zur Verfügung, zum neuen Staatsoberhaupt wählte die Nationalversammlung am 29. Dezember Václav Havel. Am 27. März 1990 beschloß das Parlament als neue Staatsbezeichnung den Namen *Tschecho-Slowakische Republik* (ČSR); dieser Name wurde am 20. April 1990 nochmals geändert und lautet nun *Tschechische und Slowakische Föderative Republik* (ČSFR).

Am 8. und 9. Juni 1990 wurden das tschechische Bürgerforum und die slowakische *Öffentlichkeit gegen Gewalt* in den ersten Wahlen zur *Föderativen Versammlung* und zum *Nationalrat* als stärkste Parteigruppierungen bestätigt. Mit der Bildung der Bundesregierung beauftragte Staatspräsident Havel daraufhin den Slowaken Marián Čalfa. Alexander Dubček, einer der Initiatoren des »Prager Frühlings«, wurde Parlamentspräsident. Am 5. Juli erneuerte die Föderative Versammlung die Präsidentschaft Václav Havels.

Prag (Praha)

Prag (tschechisch Praha) ist die Hauptstadt der Tschechoslowakei, die Hauptstadt des Landesteils Tschechei, Verwaltungssitz des Bezirkes Mittelböhmen und kreisfreie Stadt mit 1,186 Mio. Einwohnern. Das Stadtgebiet von 185 qkm nimmt einen großen Teil des Beckens an der Einmündung der Beraun (Berunka) in die Moldau (Vltava) ein. Prag ist der größte Verkehrsknotenpunkt und das industrielle und wirtschaftliche Zentrum des gesamten Landes.

Das »Hunderttürmige Prag«, die »Goldene Stadt«, das »Böhmische Rom«, war immer das Hauptziel von Reisenden, denn in keiner anderen Stadt findet man so wohlerhaltene Bauwerke aus allen Stilepochen, besonders der Spätgotik und des Barock. Seine prächtigen Bauten und seine einzigartige Lage in der Hügellandschaft zu beiden Seiten des Flusses machen Prag zu einer der schönsten Städte der Welt. Und wo läßt es sich gemütlicher in alten Bier- und Weinstuben, gepflegten Restaurants und Kaffeehäusern plaudern als in Prag?

Der Kern von Prag ist seine *Altstadt (Staré město)*, neben der die *Kleinseite (Malá strana)*, der *Hradschin (Hradčany)* und die *Neustadt (Nové město)* bis zu ihrer Vereinigung im Jahr 1784 als selbständige Städte heranwuchsen. 1786 zählte Prag 73 000 Einwohner, 1890 bereits 183 000, 1930 nach der Eingemeindung zahlreicher Vororte 849 000.

Stadtgeschichte

Die Höhenzüge rings um Prag waren schon im Neolithikum, also im 6. Jahrtausend v. Chr., bewohnt. Vom 3. Jahrtausend v. Chr. an entwickelte sich an der Moldaufurt, wo sich die Bernstein- und die Salzstraße kreuzten, eine Handelsniederlassung.

Wohl um das Jahr 700 lebte auf Levý Hrádek, wenige Meilen stromabwärts vom heutigen Prag, die sagenhafte Richterin Libussa (Libuše); sie prophezeite das Werden einer großen Stadt an jener Moldaufurt: »Ich sehe eine Stadt, deren Ruhm bis zu den Sternen reicht ...« Diese Stadt erhielt den Namen *Praha*, weil eine »Schwelle« *(prah)* im Flußbett als Furt diente. Fürst Bořivoj (850–895) und seine Frau Ludmila, die sich in Mähren von dem Slawenapostel Methodios hatten taufen lassen, gründeten auf der Anhöhe westlich der Furt eine Burg, den »Hradschin«, verlegten schließlich auch ihre Residenz dorthin und errichteten im Burgareal über der heidnischen Opfer- und Leichenverbrennungsstätte Žiži eine Kirche zu Ehren der Jungfrau Maria. Ihr Sohn Vratislav I. baute um 920 die Georgsbasilika, 925 stiftete Herzog Wenzel, später der Heilige, die St.-Veits-Rotunde. Wenzel wollte zugunsten seines Bruders Boleslav I. als Herzog zurücktreten, um erster Bischof von Prag zu werden, doch seine Ermordung durch Boleslav zerstörte diesen Plan (929). Erst 973 nahm Milada (Mlada), die Schwester Boleslavs II.,

Ansicht von Prag um 1493 aus Schedels Weltchronik

in Rom die Gründungsurkunde des Prager Bistums von Papst Johannes XIII. entgegen und gründete später auf dem Hradschin neben der Georgskirche das erste Kloster Böhmens. Anfang des 13. Jh. gab es in Prag bereits über 50 Kirchen.

Im 10. Jh. ließen sich immer mehr jüdische und auch deutsche Kaufleute in Prag nieder. 1267 legte König Ottokar II. Přemysl für deutsche Kolonisten die *Kleinseite* an. Gegen 1300 begann die königliche Münze mit der Prägung des Prager Groschens, eines im ganzen Römischen Reich geschätzten Zahlungsmittels.

Unter Karl IV. erlebte Prag als Hauptstadt Böhmens und – seit 1355 – des Heiligen Römischen Reiches seine höchste kulturelle und wirtschaftliche Blüte. Schon 1344 war das Prager Bistum zum Erzbistum erhoben worden. 1348 hatte Karl das *Carolinum,* die erste Universität in Mitteleuropa, gegründet. Er plante und baute die Prager *Neustadt.* Mit 40 000 Einwohnern war Prag nach Rom und Konstantinopel die drittgrößte Stadt des Kontinents. Seit 1353 baute Peter Parler am Veitsdom, gegen 1380 begann er mit dem Bau der Karlsbrücke.

Karls Sohn Wenzel IV. verlegte seine Residenz vom Hradschin in die Altstadt (Königshof). Der Theologe Jan Hus und seine Anhänger prangerten in ihren Predigten das Macht- und Besitzstreben des Klerus sowie die Privilegien und Bevorzugungen der Deutschen an. Unter seinem Druck mußte Wenzel IV. 1409 das Stimmrecht an der Prager Universität zugunsten der Tschechen ändern (»Kuttenberger Dekret«), woraufhin es zum Auszug der deutschen Studenten und Professoren kam. Am 30. Juli 1419 löste der erste Prager Fenstersturz, bei dem katholische Ratsherren von einer aufgebrachten Menge unter Führung des hussitischen Predigers Johann Želivský aus dem Fenster des Neustädter Rathauses geworfen wurden (s. S. 108), die Hussitenkriege aus, die schwere Zerstörungen hervorriefen, alle Bauarbeiten zum Erliegen brachten und erst 1434 mit einem Sieg der gemäßigten Hussiten (Utraquisten) bei Lipany nahe Prag endeten. Mit Georg von Poděbrad zogen wieder Ruhe und Ordnung ein, und die Bautätigkeiten in Prag begannen erneut.

1556 holte Ferdinand I. die Jesuiten nach Prag und stärkte damit die Position der katholischen Kirche. Sein Nachfolger, Kaiser Rudolf II. (1576–1612), machte Prag noch einmal zur glanzvollen Metropole des Heiligen Römischen Reiches. Künstler und Wissenschaftler aus vielen Ländern wirkten an seinem Hof. Doch am 23. Mai 1618 lösten protestantische Adlige mit dem zweiten Prager Fenstersturz, bei dem sie zwei Kaiserliche Räte und ihren Geheimschreiber aus einem Fenster des Hradschin in den Burggraben warfen, den Böhmischen Krieg aus, der in den Dreißigjährigen Krieg mündete. In der »Schlacht am Weißen Berg« bei Prag (8. November 1620) besiegten die Kaiserlichen das Ständeheer, die protestantischen Anführer wurden am 21. Juni 1621 auf dem Altstädter Ring hingerichtet.

Im Österreichischen Erbfolgekrieg (1740–1748) und im Siebenjährigen Krieg (1756–1763) wurde Prag mehrmals zum Schauplatz schwerer Kämpfe. 1741 belagerten Sachsen, Bayern und Franzosen fast zwei Monate lang die Hauptstadt Böhmens, bis sie in der Nacht zum 26. November im Sturm genommen wurde. Auch 1744 war Prag zwei Wochen lang dem Beschuß preußischer Artillerie ausgesetzt. Der Übergabe folgten Plünderungen. Am 6. Mai 1757 besiegte Friedrich der Große in der »Schlacht bei Prag« die Österreicher und belagerte die Stadt erneut, bis ihn die Niederlage von Kolin am 18. Juni 1757 zum Rückzug zwang.

Unter Maria Theresia verwandelten viele Kirchen, Paläste und Bürgerhäuser ihr Antlitz zum Klassizismus hin; die Prager Burg wurde erneuert und ausgebaut. 1784 ließ Joseph II. die vier selbständigen Prager Städte zu einer einzigen Stadt vereinigen. Die Aufhebung der Leibeigenschaft veranlaßte viele Tschechen, ihr Glück in Prag zu suchen. Fabriken und Mietshäuser bestimmten nun das Bild Prags. Mit dem Wachsen des Anteils der tschechischen Einwohnerschaft verstärkte sich auch das Nationalbewußtsein der Tschechen. So entstanden im 18. und 19. Jh. wichtige tschechische Institutionen: die Gelehrtengesellschaft (1771), die Gemäldegalerie patriotischer Kunstfreunde (1796), die Akademie der Künste (1816), das Nationalmuseum (1818), die erste öffentliche tschechische Bibliothek (1835). Doch noch 1857 war jeder zweite

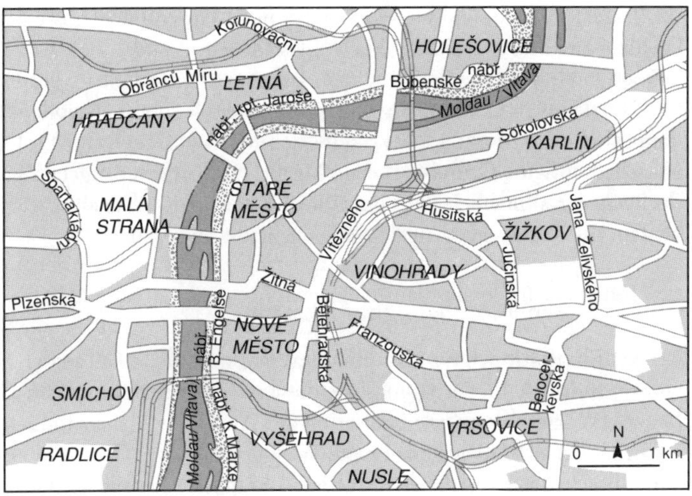

Prag, Innenstadt

Prager Einwohner ein Deutscher. 1861 verloren die Deutschen im Stadtparlament erstmals die Mehrheit. 1882 wurde die Karlsuniversität in eine deutsche und eine tschechische Hochschule gespalten.

Nach dem Zusammenbruch der Monarchie Österreich-Ungarn am Ende des Ersten Weltkrieges gründete Tomáš Garrigue Masaryk am 28. Oktober 1918 in Prag die Tschechoslowakische Republik. Weder ihm noch seinem Nachfolger Edvard Beneš gelang es aber, das Nationalitätenproblem zu lösen. 1938 ging das Sudetenland als Folge des Münchener Abkommens an das Deutsche Reich. Am 15. März 1939 besetzten deutsche Wehrmachtsverbände Prag, das für sechs Jahre Hauptstadt des »Protektorats Böhmen und Mähren« wurde. Von den 40 000 Prager Juden blieben 36 000 in den Gaskammern von Auschwitz. Am 9. Mai 1945 marschierte die Sowjetarmee in Prag ein.

Wirtschaftliche Schwierigkeiten brachten der Sozialistischen Republik 1968 den »Prager Frühling«, der jedoch nach wenigen Monaten von Truppen des Warschauer Paktes beendet wurde. Die einzige Reform, die weiterwirkte, war die föderalistische Stellung von Slowakei und Tschechei (1. Januar 1969). Prag hatte nun neben seiner Position als Hauptstadt der ČSSR (seit 1990 ČSFR) den Verwaltungssitz der tschechischen Teilrepublik inne.

Altstadt (Staré město)

Zwischen dem Moldauknie im Norden und der Moldaufurt im Westen vereinigten sich im 10. Jh. mehrere Kaufmanns- und Handwerkerniederlassungen zu einer Siedlung, der Prager Altstadt. 973 kam der jüdische Kaufmann Ibrahim ibn Jakub aus dem arabischen Spanien nach Prag und rühmte den größten Markt der slawischen Länder: »In der Stadt Prag macht man Sättel, Zäume und Schilde ... Dünne, wie Netze gewebte Tüchlein ... verwenden sie (die Prager) als Geld, und sie besitzen davon Kisten voll. Die kostbarsten Sachen sind für diese Tüchlein zu kaufen: Weizen, Sklaven, Pferde, Gold und Silber ...«

Noch unterstand die Siedlung dem Burgherrn unmittelbar, des Herzogs Richter saß über die Marktleute zu Gericht. Im 12. Jh. wuchs der Verkehr erheblich, Kirchen entstanden, zur Hauptkirche des Marktes entwickelte sich Maria am Teyn. Im 13. Jh. erwarben immer mehr deutsche Kaufleute Grundstücke am Markt. Die Turkmenengefahr zwang zur Befestigung des Fleckens, der allmählich die Funktionen einer Stadt übernahm. 1338 gab König Johann der Altstadt das Recht, ihre Angelegenheiten selbst zu regeln.

Vom Repräsentationshaus zum Altstädter Ring

Das **Repräsentationshaus** (Obecní dům) markiert die Stelle, an der sich vom Ende des 14. bis zum Ende des 15. Jh. der Königshof, die Residenz der böhmischen Herrscher, befand. König Wenzel IV. erwarb mehrere Häuser an der Altstädter Mauer und setzte an deren Stelle einen Palast, in den er 1383 aus der Prager Burg übersiedelte. Der wohl berühmteste Hausherr des Königshofes war Georg von Poděbrad. Vladislav Jagiello ließ den verfallenen Hradschin

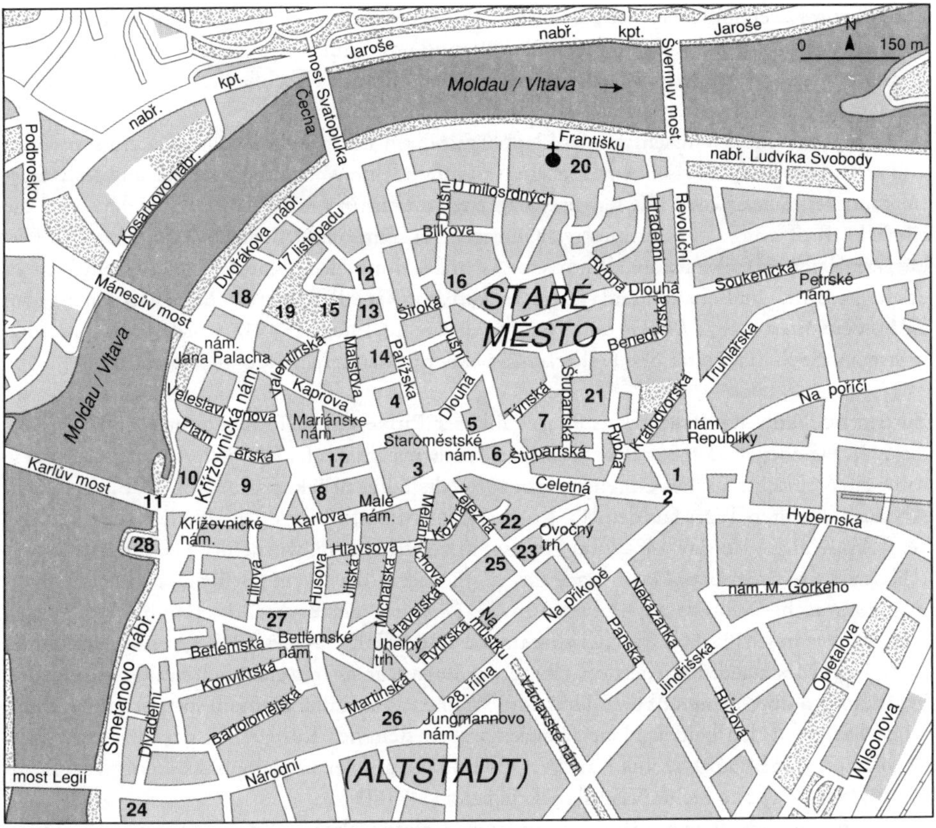

Altstadt (Staré město)
1 Repräsentationshaus 2 Pulverturm 3 Rathaus 4 St.-Niklas-Kirche 5 Palais Kinsky 6 Teynkirche 7 Teynhof 8 Clam-Gallas-Palais 9 Clementinum 10 St.-Franziskus-Kirche (Kreuzherrenkirche) 11 Altstädter Brückenturm 12 Altneusynagoge 13 Jüdisches Rathaus und Hohe Synagoge 14 Maiselsynagoge 15 Klausensynagoge und Alter Jüdischer Friedhof 16 Spanische Synagoge 17 Neues Rathaus 18 Künstlerhaus 19 Kunstgewerbemuseum 20 Agneskloster 21 Jakobskirche 22 Carolinum 23 Tyltheater 24 Nationaltheater 25 St.-Gallus-Kirche 26 St. Martin in der Mauer 27 Bethlehemkapelle 28 Smetanamuseum

wieder herrichten und kehrte 1484 in die sichere Burg zurück. 1631 richtete Erzbischof Ernst Harrach im Königshof ein erzbischöfliches Seminar ein, nach 1777 diente das Areal als Kaserne, schließlich als Kadettenschule.

1906–1912 setzten die bedeutendsten Architekten und Künstler der Tschechoslowakei an die Stelle der mittelalterlichen Gebäude das Repräsentationshaus (Gemeindehaus), ein großartiges Beispiel des Sezessionsstils. Osvald Polívka und Antonín Balšánek entwarfen den Bau. Ein

Karton von Karel Špillar bildete die Vorlage für das Mosaik über dem Haupteingang »Huldigung an Prag«. Die Statuengruppen »Demütigung und Auferstehung der Nation« gestaltete Ladislav Šaloun. Karel Novák fertigte den Fassadenschmuck einschließlich der Lampenträger auf dem Balkon.

Die Innenräume (s. Umschlaginnenklappe) mit ihren stilistisch reizvollen Details sind liebevoll restauriert und umfassen ein Café, ein Restaurant, eine Weinstube, eine Bar und sechs Säle. Im zentralen *Smetanasaal* mit seiner einzigartigen Akustik finden Konzerte, Bälle sowie die jährliche Eröffnung des Musikfestivals »Prager Frühling« statt. Den *Primatorensaal* (Oberbürgermeistersaal) schmücken allegorische Gemälde von Alfons Maria Mucha, einem Meister des Jugendstils. Landschaften und nationale Motive sowie Allegorien erscheinen in den übrigen Sälen, dem *Sladkovský-*, *Rieger-* und *Grégr-Saal.* Am 28. Oktober 1918 wurde im Repräsentationshaus die Souveränität der Tschechoslowakei proklamiert.

Zu den markantesten Bauwerken Prags zählt der **Pulverturm** (Prašná brána; Abb. 14). Vladislav II. Jagiello gab den Bau des prächtigen Torturms um das Jahr 1475 in Auftrag. Der Turm sollte ein architektonisches Gegengewicht zum Altstädter Brückenturm (s. S. 47) bilden. Nach Abbruch des alten Tores aus dem 13. Jh. errichtete Matouš Rejsek den »Neuen Turm« (Nová věž). Als König Vladislav 1484 zum Hradschin zurückkehrte, wurde der Bau eingestellt und erhielt ein provisorisches Dach. Ende des 17. Jh. diente der Turm vorübergehend als Pulvermagazin und hieß von da an »Pulverturm«. 1757 wurde der Bau bei der preußischen Belagerung schwer beschädigt und verfiel allmählich. In den Jahren 1875–1886 verband der Restaurator Josef Mocker die Wiederherstellung des Pulverturms mit glücklich nachempfundenen Ergänzungen durch einen oberen Umgang, Walmdach und Bauschmuck spätgotisch-jagellinischen Stils. Auf den beiden Hauptfassaden zeigen sich vier Könige: auf der Westseite links Ottokar II. (1253–1278), rechts Karl IV. (1346–1378), auf der Ostseite links Georg von Poděbrad (1458–1471) und rechts Vladislav II. Jagiello (1471–1516).

Pulverturm und Altstädter Ring verbindet die **Celetná ulice** (Zeltnergasse), eine der ältesten Straßen Prags, dem uralten Handelsweg folgend. Ihren Namen hat sie von den Zeltnern, jenen Bäckern, die hier ihre »Zelten« (kleine, flache Kuchen) backten. Ursprünglich war die Celetná eine Straße der kleinen Kaufleute und Handwerker, später bauten hier Ratsherren und königliche Beamte. Seit dem 15. Jh., als die böhmischen Herrscher im Königshof residierten, aber auch in den Jahrhunderten danach unterhielt der hohe Adel in der Celetná seine repräsentativen Stadtvillen. Da ist z. B. das **Pachtovský-Palais** (Nr. 31/585) an der Einmündung der Králodvorská ul., deren Name an den Königshof erinnert. 1689 errichtete Graf Seeberg an der Stelle von vier niedergebrannten Häusern ein kleines Palais, das Baron Josef Langer 1737–1740 von dem großen Barockbaumeister Kilian Ignaz Dientzenhofer umbauen ließ. Stuckbüsten Maria Theresias und ihres Gemahls, des Kaisers Franz I., füllen die Medaillons über den Fenstern des ersten Stockwerks. – Das große Eckgebäude zum alten Obstmarkt (Ovočný trh) hin war die **Münze** (Mincovna; Nr. 36/587), erbaut 1755. Die Bergarbeiter, die den Fassadenbalkon tragen, gestaltete Ignaz Platzer. Geld wurde an dieser Stelle schon 1420 geprägt, davor residierte hier seit Ende des 14. Jh. die böhmische Königin. Seit 1850 beherbergt die Mincovna verschiedene Justizbehörden.

Das Haus **Zum goldenen Geier** (U zlatého supa; Nr. 22/563) stammt in seinen Grundmauern aus dem 14. Jh. Damals war in dem großräumigen Erdgeschoß eine Brauerei untergebracht. Im 18. Jh. erwarb die Universität das Haus, 1804 erhielt es sein klassizistisches Aussehen, nur das Hauptportal blieb barock. Im Erdgeschoß befindet sich ein gemütliches Bierlokal. Romanisches Mauerwerk aus dem 12. Jh. entdeckten Restauratoren im Keller des **Caretto-Millesimo-Palais** (Nr. 13/597). Gotisch sind die Gebäudeflügel um den Innenhof und die beiden Backsteingiebel, doch insgesamt präsentiert sich der Bau seit 1750 in barockem Stil. Graf Johann Caretto de Millesimo vermachte das Haus einer Stiftung für verarmte Adlige. Das Palais beherbergt heute eine Bibliothek. Jenseits der Einmündung der Štupartská ul. stehen zwei schöne, alte Häuser: die **Teynpfarre** (Týnská fara; Nr. 5/601) und das Haus **Zu den drei Königen** (U tří králů; Nr. 3/602). Die Teynpfarre war im 12. Jh. ein Spital für ausländische Kaufleute, ab 1365 gehörte das Haus der Teynkirche. 1424–1471 residierte hier Jan Rokycana, das religiöse Oberhaupt der Hussiten, und noch im 16. Jh. hatte das oberste Verwaltungsorgan der hussitischen Kirche in der Teynpfarre seinen Sitz. Das Dreikönigenhaus blieb gotisch vom Keller bis zum Dach; nicht nur die beiden Giebel, auch der Fichtenholzdachstuhl stammen aus dem 14. Jh. Das letzte Haus vor dem Altstädter Ring ist das **Sixt-Haus** (Nr. 2/553), ein romanisches Haus aus der Zeit um 1200 mit frühgotischen Zubauten, 1523 spätgotisch erneuert. 1567 erwarb Sixt von Ottersdorf, ein führender utraquistischer Politiker, das Haus für seine Bibliothek und Gemäldesammlung. Die Imperatoren-Skulpturen auf der Attika stammen aus der Werkstatt des Bernhard von Braun.

Altstädter Ring

Alle Handelsstraßen, die in Prag die Moldau querten, trafen sich auf dem Altstädter Ring (Staroměstské nám.), dem Herzen Prags (s. Farbt. 6). Hier boten Kaufleute aus nah und fern ihre Waren an, und rings um den Marktplatz ließen sich im 10. Jh. erste Siedler nieder. Bald diente der Platz auch als Versammlungsort und als Gerichtsstätte. Der Adel veranstaltete auf ihm Ritterturniere (bei einem wurde König Johann von Luxemburg verletzt), und jeder Krönungszug führte über den Ring. In seiner Mitte wuchs das Rathaus, und die Fassaden gotischer Häuser, im Barock lustvoll verwandelt, begrenzen noch heute den über 9000 qm großen Platz.

1338 erhielt die »alte Stadt Prag« (Altstadt) von König Johann von Luxemburg das Privileg, die städtischen Angelegenheiten in eigener Zuständigkeit zu bearbeiten. Dazu brauchte man ein Rathaus, aber für einen Neubau stand kein Geld zur Verfügung. Also kaufte die Gemeinde das in den Marktplatz hineinragende frühgotische Wohnhaus des Wölflin vom Steine und setzte ein zweites Stockwerk darauf. Als Karl IV. 1355 Prag zur Hauptstadt des Römischen Reiches erhob, war das **Altstädter Rathaus** (Staroměstská radnice) bald zu klein. Nachbargrundstücke, auf denen Tuchmacherläden standen, wurden hinzugekauft, um einen zweistöckigen Anbau zu errichten. Bis 1364 entstand der mächtige Eckturm mit östlichem Anbau (s. Farbt. 1). Um die Wende vom 15. zum 16. Jh. gab der Baumeister Matouš Rejsek dem Rathauskomplex ein einheitliches spätgotisches Aussehen. 1835 kam das ursprünglich romanische

Auf dem Altstädter Ring

Haus Zum Hahn hinzu und 1896 auch das weit vor die Rathausfassade springende Haus Zur Minute (U minuty; Abb. 13). Eindrucksvolle Sgraffiti nach antiken und biblischen Motiven sowie Allegorien der Tugenden bedecken die weißen Wände zwischen den Fenstern. Die Sgraffiti entstanden in der ersten Hälfte des 17. Jh., das Haus selbst stammt aus dem 14. Jh. Der steinerne Löwe an der Hausecke war seit dem Ende des 18. Jh. das Zeichen der Apotheke Zum weißen Löwen (U bílého lva). Ein Laubengang verbindet den Rathausvorplatz mit dem Kleinen Ring (s. S. 44).

Den 59,5 m hohen Rathausturm schmückt eine *astronomische Uhr* (s. Farbt. 3), die Nikolaus von Kaaden (Mikuláš z Kadaně), genannt Magister Hanuš, Lehrer an der Prager Universität, um 1490 einbaute. Die obere Scheibe, die sogenannte »Sphäre«, zeigt die Uhrzeit in 24 arabischen Ziffern (Zählung von Sonnenuntergang zu Sonnenuntergang = altböhmische Zeit) und in zweimal 12 römischen Ziffern, dazu durch Tierkreiszeichen den Monat sowie die Phase des Mondes; sogar die Stellung der Planeten läßt sich anhand der gebogenen Linien feststellen. Vier kleine Figuren stehen zu beiden Seiten der Sphäre: der Eitle (mit dem Spiegel), der Geizige (mit dem Beutel), der Tod (mit der Sanduhr und dem Sterbeglöckchen) und ein Türke mit seinem Turban. Die untere Scheibe ist ein »Kalendarium« mit dem Altstädter Wappen in der Mitte, umgeben von den Tierkreiszeichen und diesen entsprechenden ländlichen Szenen. Der große tschechische Maler Josef Mánes schuf 1865 das Öl-Kupfer-Blatt (die Uhr zeigt eine

Kopie, das Original bewahrt das Museum der Hauptstadt Prag). Zu jeder vollen Stunde beginnt das berühmte *Puppenspiel:* Der Tod hebt die Sanduhr, das Symbol der Vergänglichkeit; mit der anderen Hand schwingt er das Sterbeglöckchen. Dann ziehen die zwölf Apostel an zwei schmalen Fenstern vorüber, an jedem Fenster verharren sie und blicken nachdenklich zu den Menschen hinab. Daraufhin kräht der Hahn, der Türke schüttelt den Kopf, denn noch lange war die osmanische Gefahr nicht gebannt. Abschließend ertönt der Stundenschlag. Die Figuren wurden 1945 zerstört, jedoch schon wenige Jahre danach von dem tschechischen Bildhauer Vojta Sucharda durch Neuschöpfungen ersetzt.

An die Ostseite des Rathausturmes lehnt sich seit 1381 eine der Jungfrau Maria geweihte *Kapelle.* Ihr Chor tritt als zierlicher Erker fünfseitig aus der Fassade hervor, die Fenster sind mit edlem Maßwerk und Ziergiebel geschmückt, das Ganze ist ein Juwel der Prager Gotik, entworfen vielleicht von Peter Parler. Die Kapelle wurde nach dem Ersten Weltkrieg in eine Gedenkstätte für Gefallene umgewandelt. Eine Bronzetafel unter dem Erker erinnert an das Prager Blutgericht, an jene 27 protestantischen Anführer, 17 Tschechen und 10 Deutsche, die am 21. Juni 1621 vor dem Rathaus als »Rebellen« hingerichtet wurden, weil sie gegen das katholische Habsburg aufbegehrten. Pflastersteine kennzeichnen die Stelle, an der das Schafott stand. Eine Büste erinnert an den Hussitenprediger Jan Želivský, dem 1422 im Rathaus der Kopf abgeschlagen wurde.

Das *Hauptportal* des Rathauses links von der astronomischen Uhr stammt aus der zweiten Hälfte des 15. Jh., in der die Klarheit der gotischen Linien einem raffinierten Formenreichtum zu weichen begann. Im gleichen Stil ist das daneben liegende Doppelfenster der Eingangshalle gehalten. Das prächtige Renaissancefenster des Mittelbaus trägt das Wappen der Altstadt mit der stolzen Inschrift *Praga caput regni* (»Prag, die Hauptstadt des Reiches«).

Wandmosaiken (1934–1939) nach Motiven des tschechischen Malers Mikoláš Aleš (1852–1913) schmücken die *Eingangshalle:* »Die slawischen Stämme huldigen Prag«; »Libussa prophezeit den Aufstieg Prags«; »Der hl. Wenzel«. Besonders sehenswert ist die spätgotische *Ratsstube* mit ihrer großartigen Balkendecke, den kostbaren Holztüren und den 42 Prager Innungszeichen an den getäfelten Wänden. Gezeigt werden auch eine *Gemeindestube* aus dem 17. Jh. und der *Sitzungssaal* von 1879 mit Werken des Historienmalers Václac Brožik: »Hus vor dem Konzil in Konstanz«; »Georg von Poděbrad wird zum König von Böhmen gewählt«. Das Altstädter Rathaus stellt heute den Rahmen für herausragende städtische Ereignisse, es ist Standesamt, Museum und Kunstgalerie mit wechselnden Ausstellungen.

Monumental wirkt das **Jan-Hus-Denkmal** in der Nordostecke des Altstädter Rings (Abb. 21). Zum 500. Todestag des tschechischen Reformators und Nationalheros wurde das Denkmal am 6. Juli 1915 enthüllt. Der Bildhauer Ladislav Šaloun versuchte mit Stilmitteln des Impressionismus und des Jugendstils, den Weg vom Niedergang eines Volkes zum Aufbegehren gegen alles Unterdrückende zu zeigen. Zwischen den Gruppen steht die hohe Gestalt des Jan Hus.

Die Bürgerhäuser am Rande des Altstädter Ringes gehen auf romanische oder frühgotische Bauten zurück. Sie wurden im Laufe ihrer Geschichte mehrmals erneuert bzw. verändert und zeigen heute fast ausnahmslos frühbarocke Fassaden (17. Jh.). Von dem jüngst restaurierten Häuserkranz seien hier einige Häuser kurz vorgestellt: Das Haus an der Einmündung der Celetná in den Ring ist das **Štorch-Haus** (Nr. 16/552), ein ursprünglich gotisches Bürgerhaus aus der Zeit um 1400, erneuert 1897 im Stil der Neorenaissance. Mikoláš Aleš entwarf das Fassadenbild des hl. Wenzel zu Pferde. Das Patrizierhaus **Zum goldenen Einhorn** (U zlatého jednorožce; Nr. 20/548) an der Ecke zur Železná ul. (Eisengasse) entstand im 12. Jh. Im 14. Jh. wurde es gotisch, im 15. Jh. spätgotisch erneuert. Im 18. Jh. erhielt das Haus sein heutiges hochbarockes Aussehen. 1848 eröffnete hier Bedřich Smetana seine erste Musikschule. Die berühmte Weinstube U Bindrů im Haus **Zum blauen Stern** (U modré hvězdy; Nr. 25/479) existierte schon im 16. Jh. Von den romanischen Anfängen zeugt die Vorhalle, der Laubengang enthält gotische Bestandteile, die Fassade aus dem 17. Jh. ist frühbarock.

In der Nordwest-Ecke des Platzes steht die **St.-Niklas-Kirche** (Kostel sv. Mikuláš; Abb. 9). Die erste St.-Niklas-Kirche hatten deutsche Kaufleute zu Beginn des 13. Jh. an dieser Stelle gegründet. Im 14. Jh. wurde sie vergrößert und erhielt einen Turm. Ab 1414 diente sie zunächst über 200 Jahre lang dem hussitischen Ritus, nach der Schlacht am Weißen Berg übernahmen im Jahr 1635 Benediktiner das Gotteshaus und ergänzten es durch ein Kloster. 1732–1737 erstand der heutige Barockbau, doch schon 1785 hob Joseph II. das Kloster auf, die Stadt Prag kaufte die Gebäude und verwendete sie zunächst als Magazin und Archiv, ab 1865 als Konzert- und Theatersaal. 1871–1914 stand die Kirche der russisch-orthodoxen Gemeinde zur Verfügung und gehört seit 1920 der im selben Jahr gegründeten Tschechoslowakischen Kirchengemeinschaft, der größten nicht-katholischen Glaubensgemeinschaft in der ČSSR.

Die St.-Niklas-Kirche ist ein Werk des großen Barockbaumeisters Kilian Ignaz Dientzenhofer, der diesen Bau 1732–1737, also unmittelbar vor seiner größten Schöpfung, der St.-Niklas-Kirche auf der Kleinseite (s. S. 61), erstellte. Die dem Altstädter Ring zugewandte Hauptfassade mit dem hohen Portal und den zwei Türmen schmücken Statuen von Anton Braun. Die reichen Stukkaturen im Innern schuf Bernardo Spinetti. Der bayerische Maler Peter Asam d. Ä. schmückte das Presbyterium, die Seitenkapellen und die Kuppel (leider wurden die Kuppelgemälde 1914 verfälschend restauriert). Den prächtigen Lüster im Hauptschiff ließ die russisch-orthodoxe Gemeinde Ende des 19. Jh. in der böhmischen Glashütte von Harrachsdorf (Harrachov) anfertigen. – In dem Haus links von der Kirche wurde am 3. Juli 1883 der Schriftsteller Franz Kafka geboren (Gedenktafel).

Prag, St. Niklas in der Altstadt, Grundriß

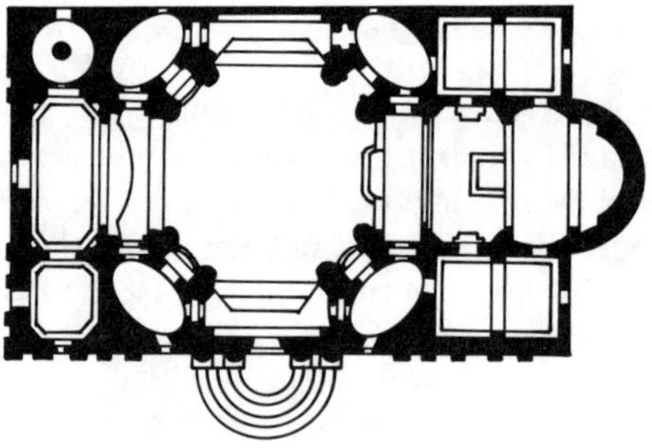

Das spätbarocke **Palais Kinsky** (Abb. 12) stellte Kilian Ignaz Dientzenhofer auf die Kellerräume eines romanischen und eines frühgotischen Wohnhauses. Bauherr war Johann Ernst Graf Golz. 1786 ging das Palais an Fürst Rudolf Kinsky über, dessen Familie es bis 1945 besaß. Die Schriftstellerin und Friedensnobelpreisträgerin Bertha von Suttner (1843–1914), eine geborene Gräfin Kinsky, verlebte in dem Gebäude ihre Kindheit. Im späten 19. Jh. beherbergte das Palais das »Altstädter Deutsche Staatsgymnasium«. Heute bewahrt es die *Graphischen Sammlungen* der Nationalgalerie mit einem Bestand von über 100 000 Werken. Das dreigeschossige Palais, heute klassizistisch umgestaltet, wird zu den schönsten Bauwerken Prags gerechnet.

Das sich rechts anschließende, zurückgesetzte Haus **Zur steinernen Glocke** (U kamenného zvonu; Nr. 13/605) wurde im 14. Jh. zu einem Stadtpalast für König Johann von Luxemburg umgebaut. Seine Fassade war dicht mit Statuen besetzt, die aber bei der Barockisierung im 17. Jh. leider verschwanden. An der Gebäudeecke ist noch das Hauszeichen, eine steinerne Glocke, zu sehen. 1973–1987 gaben die Restauratoren dem Haus sein gotisches Aussehen zurück.

Zwei Häuser sind der Teynkirche am Altstädter Ring vorgelagert: die **Teynschule** (Týnská škola) und das Haus **Zum weißen Einhorn** (U bílého jednorožce). Romanische Kellergewölbe bezeugen das hohe Alter dieser beiden Häuser, die ursprünglich wohl vier Häuser waren, wie aus der Größe der Arkaden, der Fenstergruppierung und der Form der Giebel hervorgeht. Die gotischen Laubengänge kamen im 14. Jh. hinzu. Im 16. Jh. erfolgte der Umbau im Stil der venezianischen Renaissance. Das Haus Zum weißen Einhorn erhielt im 18. Jh. spätbarocke Zutaten und wurde im 19. Jh. um ein Stockwerk erhöht, wobei die beiden Giebel verschwanden. Im nördlichen Gebäude war vom Ende des 14. bis zur Mitte des 19. Jh. die Teynschule untergebracht, eine Pfarrschule, die im 15. Jh. zu hohem Ansehen gelangte.

Zu den Wahrzeichen Prags gehören die mittelalterlichen Türme der **Teynkirche** (Týnský chrám; Abb. 2), der »Kirche der Jungfrau Maria vor dem Teyn«, die sich unmittelbar hinter der Teynschule erhebt. Die erste Kirche an dieser Stelle war die 1135 erwähnte *ecclesiae S. Mariae de hospitali,* eine Spitalkirche für fremde Kaufleute, die im benachbarten Teynhof wohnten. Im 13. Jh. ersetzte eine dreischiffige frühgotische Kirche die romanische. 1339 begannen die Architekten Peter Schmelzer und Otto Scheuffler mit dem Bau des heutigen gotischen Gotteshauses, ab 1390 vermutlich unter Mitwirkung der Bauhütte Peter Parlers, der auf jeden Fall das prunkvolle *Portal* an der Nordseite der Kirche zugeschrieben wird (zwischen 1400 und 1410). Es ist mit Konsolen und Baldachinen reich ausgestattet; das Tympanon zeigt Szenen des Leidens Christi: Geißelung, Dornenkrönung, Kreuzigung. Die Türme fehlten noch, als 1419 die Hussitenkriege ausbrachen. Erst unter Georg von Poděbrad (1458–1471) wurden die Arbeiten am Westgiebel und an den beiden für die Prager Hochgotik typischen Türmen mit den kleinen, versetzt angeordneten Erkertürmchen, die der Kirche ein fortifikatorisches Aussehen geben, wieder aufgenommen und unter Vladislav II.

Prag, Teynkirche, Grundriß

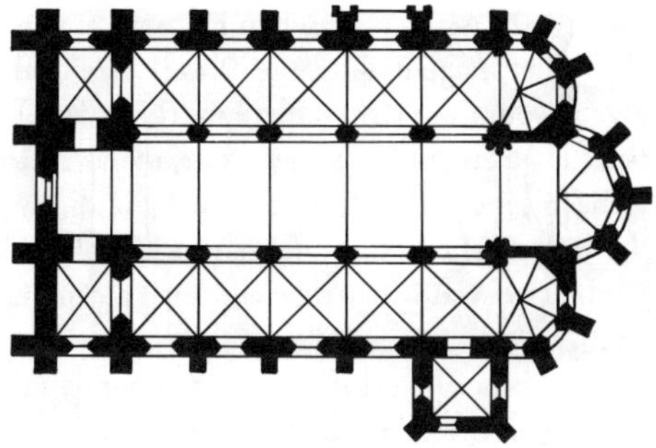

(1471–1516) abgeschlossen. Nach dem Brand von 1679 erhielt das Hauptschiff ein frühbarockes Gewölbe.

Im Innern dominiert die barocke Ausstattung. Den Hauptaltar schmücken zwei Gemälde von Karel Škréta (1610–1674): Mariä Himmelfahrt und die Heilige Dreifaltigkeit (1649). Werke des italienischen Malers Girolamo di Romano, genannt Romanino (um 1484–nach 1559), bedecken die Chorwände. Die Nebenaltäre an den Pfeilern (Verkündigungsaltar, Barbara-Altar, Josefsaltar) gestaltete ebenfalls Škréta. An einem Pfeiler steht das marmorne Grabmal des dänischen Astronomen Tycho Brahe (1546–1601). Bemerkenswert ist der spätgotische Baldachin des Matouš Rejsek (1493) über dem Grab des utraquistischen Weihbischofs Lukian Augustin. Die gotische Madonna im rechten Seitenschiff entstand um 1400.

Östlich der Teynkirche erstreckt sich der großräumige Komplex des **Teynhofes** (Ungelt, Týn), der von der Týnská, der Štupartská und der Malá Štupartská ul. umschlossen wird. Der *Teyn* (eingezäunte Fläche) wurde im 11. Jh., vielleicht noch früher, als Herberge und Warenlager für fremde Kaufleute eingerichtet. Bald kamen Werkstätten, ein Hospital und eine Kirche hinzu. Im 14. Jh. entwickelte sich der Teynhof zu einer gewinnbringenden Zollstation, die ihm den Namen *Ungelt* (Zoll) einbrachte. Nach Abschaffung der Zollpflicht ging der Hof an den ehemaligen Zollpächter Jakob Granovský von Granov über, der die Baulichkeiten um das Jahr 1560 in ein Renaissancepalais mit Arkadenhof toskanischer Prägung umwandelte. Freskofragmente über den Arkaden zeigen biblische Motive. Der Teynhof wird gegenwärtig zu einem komfortablen Hotel ausgebaut.

Vom Altstädter Ring zur Karlsbrücke

Der Königsweg setzt sich über den **Kleinen Ring** (Malé náměstí) zur Karlova hin fort. Die Mitte des intimen Platzes nimmt ein Brunnen mit schmiedeeisernem Renaissancegitter aus dem Jahr 1560 ein. Die Häuser am Rande des dreieckigen Platzes, auf dem seit dem 14. Jh. Obst verkauft wird, stehen durchweg auf romanischen Fundamenten, zum Teil sind noch die Kellergewölbe des 12. Jh. erhalten. In den Laubengängen der Ostseite hatten die »Kränzler«, die Hersteller von Kopfschmuck für Frauen, ihre Verkaufsstände. Das **Pezold-Haus** (Nr. 10/4), gegen 1600 im Stil der Spätrenaissance umgestaltet, bewahrt Reste eines romanischen Portals und Treppenhauses. Das **Richtersche Haus** (Nr. 11/459) schräg gegenüber erwuchs um das Jahr 1760 aus zwei gotischen Häusern. 1353, zur Zeit Karls IV. also, eröffnete hier ein Florentiner Pharmazeut die erste Prager Apotheke. Das auffallendste Haus am Kleinen Ring ist zweifelsohne das **Rottsche Haus** (Nr. 3/142). Zwei Stockwerke tief reichen romanische Raumteile, etwa ein zweischiffiger Saal, in das Erdreich hinab. 1488 druckte hier Jan Pytlik die erste tschechische Bibel. 1897 entstand für die Eisenwarenhandlung Rott der heutige Bau im Stil der böhmischen Neorenaissance; Mikoláš Aleš entwarf die Wandmalereien. Das Zeichen am Giebel weist auf den eigentlichen Hausnamen hin: Zu den drei weißen Rosen (U tří bílých růží).

Die Jilská ul. verbindet den Kleinen Ring mit der Karlova ul. (Karlsgasse). Doch zunächst sollte man einige Meter nach rechts in die Husova ul. (Husgasse) hineingehen. Hier fallen die

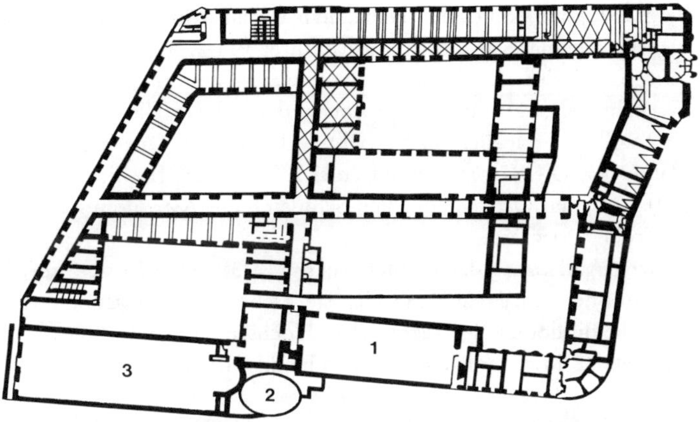

Prag, Clementinum, Grundriß
1 St.-Klemens-Kirche
2 Welsche Kapelle
3 Salvatorkirche

Herkules-Atlanten an den beiden Portalen des **Clam-Gallas-Palais** auf. Johann Wenzel Graf Gallas, Feldmarschall, kaiserlicher Gesandter in London und Rom, später Vizekönig von Neapel, beauftragte 1713 den Wiener Barockbaumeister Johann Bernhard Fischer von Erlach mit dem Bau des Palais. Dieser verwendete in seinem mehrflügeligen Bau Teile des gotischen Palastes, den Markgraf Johann Heinrich im 14. Jh. bewohnte. Die prächtigen Portal-Atlanten sowie die Götterstatuen auf der Attika schuf Matthias Bernhard Braun (die ursprünglich 17 Originale befinden sich heute in der Nationalgalerie). Das prächtige Treppenhaus gestaltete ebenfalls Fischer von Erlach, von M. B. Braun stammt der plastische Schmuck, das Deckenfresko »Apoll im Sonnenwagen« schuf Carlo Carlone. Der Bau beherbergt heute das Archiv der Stadt Prag.

Das in die Einmündung der Seminářská ul. (Seminargasse) schwungvoll vorspringende Haus **Zum goldenen Brunnen** (U zlaté studně; Nr. 3/175) zählt zu den schönsten Bürgerhäusern Prags. Zum Dank für die überstandene Pestepidemie ließ der Besitzer des Renaissancehauses von Johann Ulrich Mayer Reliefs der böhmischen Landespatrone und der Pestheiligen an die schmale Fassade bringen. Das untere Doppelfenster flankieren die Heiligen Sebastian und Rochus, darüber erkennt man das Gnadenbild Unserer Lieben Frau von Altbunzlau. Neben dem Doppelfenster des mittleren Stockwerks wachen die Landespatrone Wenzel und Johann von Nepomuk, neben dem oberen die Jesuitenheiligen Ignatius von Loyola und Franziskus Xaverius, darüber ruht die hl. Rosalie.

Der gewaltige Gebäudekomplex nördlich der Karlova ist das **Clementinum** (Klementinum), einst Jesuitenkolleg und geistiges Zentrum der Gegenreformation. Ab 1232 unterhielten hier die Dominikaner neben der romanischen St.-Klemens-Pfarrkirche ein kleines Kloster, das in den Hussitenkriegen fast völlig zerstört und später notdürftig wiederhergestellt wurde. 1556 übernahmen die von Ferdinand I. ins Land gerufenen Jesuiten das Kloster, um mit päpstlicher Erlaubnis ein – zunächst bescheidenes – Kolleg einzurichten. Nach der Schlacht am Weißen

Berg (1620) stellten sich die Jesuiten in Böhmen an die Spitze der Gegenreformation und begannen mit einem beispiellosen Ausbau ihrer Prager Wirkungsstätte. 1653–1660 erstellte Carlo Lurago nach Entwürfen von Francesco Caratti den ersten Gebäudetrakt in der Křižovnická ul. (Kreuzherrengasse), 1660–1664 entstand an der Stelle der romanischen St.-Martin-Kirche die St.-Eligius-Kapelle, 1679 errichtete Domenico Orsi den Nordflügel des Kollegs an der Platnéřská. Die Bauarbeiten zogen sich bis ins 18. Jh. hin, als František Maximilián Kaňka 1721–1727 den Osttrakt mit den Schulen, dem Astronomischen Turm und der berühmten Bibliothek errichtete.

Nach Aufhebung des Jesuitenordens (1773) richteten sich im Clementinum verschiedene Institutionen ein. Heute sind hier die Tschechische Staatsbibliothek, die Universitätsbibliothek, die Bibliothek der Technischen Hochschule und die Slawische Bibliothek mit insgesamt mehr als 5,5 Mio. Druckwerken und Handschriften untergebracht.

Die romanische *St.-Klemens-Kirche* (Kostel sv. Kliment) ersetzte Kilian Ignaz Dientzenhofer 1711–1713 durch einen Barockbau. Die Statuen der Kirchenväter und Evangelisten sowie die Holzarbeiten an Kanzel, Beichtstuhl und Seitenaltären stammen aus der Werkstatt des Prager Bildhauers Matthias Bernhard Braun, das Gemälde über dem St.-Linhart-Altar schuf Peter Johann Brandl. Die vor wenigen Jahren restaurierte Kirche steht heute der griechisch-katholischen Gemeinschaft zur Verfügung. An die St.-Klemens-Kirche schließt sich die *Welsche Kapelle* an, die 1590–1600 für die italienische Kolonie erbaut und der Himmelfahrt Mariä geweiht wurde. Das Kirchlein über ovalem Grundriß war der erste barocke Zentralbau Prags. Portikus und Gitterwerk vor dem Kapellenportal entwarf František Maximilián Kaňka.

Die **Salvatorkirche** am Ende der Karlova entstand vor dem Ausbau des Kollegs. Sie ist die älteste Jesuitenkirche Prags und zugleich der größte und bedeutendste kirchliche Renaissancebau in Böhmen. Unter Rudolf II. wurde das dreischiffige Gebäude an der Stelle der kleinen gotischen St.-Bartholomäus-Kirche errichtet (1578–1602). 1620 begann man mit dem barocken Innenausbau, 1638 fügte Carlo Lurago die Emporen ein, 1653 setzte Francesco Caratti den großartigen Portikus als Triumphbogen vor die Fassade, den Sieg der katholischen Kirche und vor allem der Jesuiten symbolisierend. Die Steinskulpturen entwarf Johann Georg Bendl: Christus als Welterlöser inmitten der vier Evangelisten auf dem Giebel. Beiderseits des Giebels wachen die Jesuitenheiligen Ignatius von Loyola (1491–1556) und Franziskus Xaverius (1506–1552). In der Mittelnische steht die Immaculata, die unbefleckte Maria. Die Balustrade des Portikus krönen die vier Kirchenväter Augustinus, Gregor der Große, Ambrosius und Hieronymus sowie – jeweils außen – der hl. Klemens und der hl. Adalbert von Prag.

Die Salvatorkirche öffnet sich auf den **Kreuzherrenplatz** (Křižovnické nám.), einen der architektonisch interessantesten und zugleich reizvollsten Plätze Prags, umgeben von Salvatorkirche, St.-Franziskus-Kirche und Altstädter Brückenturm, mit herrlicher Aussicht auf Karlsbrücke, Kleinseite und Hradschin.

1252 gründete Agnes von Böhmen, eine Schwester König Wenzels I., den Spitalorden der »Kreuzherren mit dem Roten Stern« und baute für ihn am Brückentor der damaligen Judithbrücke ein Spital mit Kirche. Zugleich übertrug der König den Kreuzherren den Wach- und

Pflegedienst für die Brücke und die Erhebung von Zoll- und Benutzungsgebühren. Im 16. und 17. Jh., als seine Großmeister fast anderthalb Jahrhunderte hindurch (1561–1694) zugleich Erzbischöfe von Prag waren, erlangte der Orden seine größte Bedeutung.

Über dem Mauerwerk der frühgotischen Kreuzherrenkirche errichtete Giovanni Domenico Canevale nach Plänen von Jean Baptiste Mathey 1679–1689 die **St.-Franziskus-Kirche** (Kostel sv. Františka), einen eindrucksvollen Bau mit der ältesten Kuppel Prags. Teile des frühgotischen Mauerwerks bilden die grottenartige Krypta der höher gelegenen Barockkirche. Fünf Engel von Matthäus Wenzel Jäckel krönen die hohe Attika. Die Statuen der Heiligen Agnes, Veit, Franziskus, Wenzel und Ludmila in Fassadennischen werden Peter Prachner zugeschrieben, von dem auch die beiden Portalstatuen der Immaculata (1756) und des Johann von Nepomuk (1758) stammen. An der Ecke zur Křižovnická ul. (Kreuzherrengasse) steht die *Winzersäule* mit St.-Wenzel-Statue von Johann Georg Bendl (1676). Der Hauptaltar mit plastischem Schmuck von Matthäus Wenzel Jäckel und dem Gemälde der »Stigmatisierung des hl. Franziskus« (1700/01) von Johann Christoph Lischka zählt zu den großen Schöpfungen des Hochbarock.

Das neugotische **Denkmal Karls IV.**, entworfen von dem Dresdner Bildhauer Ernst Julius Hähnel (1811–1891), wurde 1848 zum 500. Jahrestag der Gründung der Karlsuniversität auf dem Kreuzherrenplatz aufgestellt. Zu Füßen des Kaisers, des Gründers der Universität, schmücken figürliche Darstellungen der vier ersten Fakultäten den Sockel.

Der **Altstädter Brückenturm,** der schönste und künstlerisch bedeutendste Wehrturm Europas, wurde im ausgehenden 14. Jh. (etwa 1370–1400) nach einem Entwurf Peter Parlers erbaut. Der Torturm sollte die neue Brücke über die Moldau und den Königsweg schmücken, zugleich aber ein wirksamer Bestandteil der Stadtbefestigung sein. Wuchtig und doch fast schwerelos steht der elegante Turm auf einem Brückenpfeiler (die Erdaufschüttung erfolgte erst im 19. Jh.); die besonders breite und hohe Tordurchfahrt läßt das Bauwerk zerbrechlich erscheinen, dennoch hielt es 1648 einer zweiwöchigen Beschießung durch die Schweden stand.

Von dezenter Eleganz zeigt sich der Fassadenschmuck der Ostseite (die Westfassade wurde 1648 zerstört). Peter Parler soll die bildhauerischen Arbeiten seiner Werkstatt selbst entworfen haben. Ganz oben sind in einer Maßwerkgalerie die beiden Landespatrone und Heiligen Adalbert und Prokop zu erkennen. Darunter thronen Karl IV. (links mit Schwert) und sein Sohn und Nachfolger Wenzel IV. (rechts mit Zepter), zwischen ihnen steht, auf dem Mittelpfeiler der stilisierten Karlsbrücke, der hl. Veit. Auf weitere Pfeiler stützen sich die Wappen des Heiligen Römischen Reiches (Adler) und der Luxemburger Erblande (böhmischer Löwe). An verschiedenen Stellen des Turms erscheint das Symbol Wenzels IV.: ein Eisvogel, umrahmt von einem Schleier, einem »Liebesknoten«. Der Schlußstein im Netzgewölbe über der Durchfahrt hat die Form der böhmischen Königskrone. Josef Mocker hat den Altstädter Brückenturm 1874–1878 einfühlsam restauriert und ihm sein heutiges, der Gotik vollendet nachempfundenes Dach gegeben.

In den Anfangszeiten der Stadt mußten die an- und durchreisenden Kaufleute eine Moldaufurt durchfahren, die man in Höhe der heutigen Mánesbrücke vermutet. Der im 11. Jh. stark

Der Altstädter Brückenturm

anwachsende Handelsverkehr machte den Bau einer Brücke erforderlich, die, 1118 erstmals erwähnt, ungefähr 200 m nördlich der Karlsbrücke den Fluß überspannte. Als 1157 ein Hochwasser diese Holzbrücke vernichtete, ließ Vladislav II. 1158–1172 eine Steinbrücke erbauen, die er nach seiner Frau, einer thüringischen Prinzessin, »Judithbrücke« nannte, die jedoch 1342 ebenfalls einem Hochwasser zum Opfer fiel. 1357 beauftragte Kaiser Karl IV. Peter Parler mit dem Bau einer neuen Steinbrücke, die seit 1870 **Karlsbrücke** (Karlův most) genannt wird und bis 1836 der einzige Übergang über die Moldau war (s. Farbt. 7). Zusammen mit den Brückentürmen und der Statuengalerie zählt sie zu den schönsten Brücken Europas. Auf einer Länge von 520 m überspannt sie mit 16 Bogen die Moldau. (Der S-förmig gekurvte Brückenverlauf entstand zwangsläufig durch die Weiterverwendung von Teilen der Judithbrücke.) Ihre außergewöhnliche Breite von 10 m machte es möglich, daß bis zu vier Wagen nebeneinander Platz fanden. Bis in die Zeit des Barock wirkte die Brücke allein durch ihre Gediegenheit. 1683 stellten die Prager am mittleren Pfeiler der Nordseite eine erste Plastik auf: *die Statue des hl. Johannes von Nepomuk.* Nepomuk (um 1350–1393) war Generalvikar des Prager Erzbischofs Johann von Jenzenstein und wurde während eines Streites zwischen Erzbischof und König Wenzel IV. um die Abtwahl in Kladrau vom König gefoltert und anschließend in der Moldau ertränkt. (Nach der Legende erlitt Johannes von Nepomuk jedoch den Märtyrertod deshalb, weil er sich weigerte, König Wenzel IV. die Beichte seiner Gattin zu offenbaren.) Schöpfer des wohl schönsten und bekanntesten »Brückenheiligen« war der Bildhauer Matthias Rauchmüller (1645–1686). Nach seinem Terrakotta-Entwurf (heute in der Nationalgalerie Prag) schnitzte Johann Brokoff das hölzerne Gußmodell (heute in der Kirche St. Johann von Nepomuk am Felsen), das der Gießmeister Wolff Hieronymus Heroldt zu Nürnberg in Bronze umsetzte. Im 18. und 19. Jh. entstanden dann die weiteren 30 Skulpturen, geschaffen von den bedeutendsten Prager Meistern wie Matthias Bernhard Braun, Ferdinand Maximilian Brokoff und anderen.

In Höhe der Statuengruppe des hl. Vinzenz steht auf dem Brückenpfeiler ein *Roland* (Bruncvik) mit dem Wappen der Prager Altstadt als Symbol ihrer bis zur Kampa reichenden Stadtrechte. Die ursprüngliche Rolandssäule stammt aus dem 16. Jh. und wurde 1884 durch eine Kopie ersetzt.

Die Karlsbrücke endet vor den beiden **Kleinseitner Brückentürmen** (Farbt. 7). Der niedrigere Südturm bewachte bereits die Holzbrücke und danach die steinerne Judithbrücke; 1591 wurde er im Stil der Renaissance erneuert. Den höheren Nordturm ließ erst König Georg von Poděbrad im Jahr 1464 anstelle eines baufälligen romanischen Turms als architektonische Ergänzung zum Altstädter Brückenturm errichten. Das Zinnentor zwischen beiden Türmen hat seit dem 15. Jh. keine fortifikatorische Bedeutung mehr.

Die Karlsbrücke und die Türme der Altstadt

Statuen der Karlsbrücke

Kleinseite

Hl. Wenzel; J. K. Böhm, 1858	Hl. Salvator, hl. Cosmas und hl. Damian; J. Mayer, 1709
Hl. Johannes von Matha, hl. Felix von Valois und hl. Iwan; F. M. Brokoff, 1714	Hl. Veit; F. M. Brokoff, 1714
Hl. Adalbert; J. M. Brokoff (?), 1709	Hl. Philippus Benitius; M. B. Mandl, 1714
Hl. Luitgard; M. B. Braun, 1710	Hl. Kajetan; F. M. Brokoff, 1709
Hl. Nikolaus von Tolentino; J. F. Kohl, 1708	Hl. Augustinus; J. F. Kohl, 1708
Hl. Vinzenz Ferrer und hl. Prokop; F. M. Brokoff, 1712	Hl. Judas Thaddäus; J. Mayer, 1708
Hl. Franziskus Seraphikus; E. Max, 1855	Hl. Antonius von Padua; J. Mayer, 1707
Hl. Ludmila und hl. Wenzel; Werkstatt B. Braun, um 1720	Hl. Johannes von Nepomuk; M. Rauchmüller, J. M. Brokoff, 1683
Hl. Franziskus von Borgia; F. M. Brokoff, 1710	Hl. Wenzel, hl. Norbert, hl. Sigismund; J. Max, 1853
Hl. Christophorus; E. Max, 1857	Hl. Johannes der Täufer; J. Max, 1857
Hl. Franziskus Xaverius; F. M. Brokoff, 1711 (Kopie 1913)	Hl. Cyrillus und hl. Methodius; K. Dvořák, 1938
Hl. Josef; J. Max, 1854	Hl. Anna mit Jesuskind; M. W. Jäckel, 1707
Pietá; E. Max, 1859	Kruzifix, 1629; Figuren: E. Max, 1861
Hl. Barbara, hl. Margarete und hl. Elisabeth; F. M. Brokoff, 1707	Madonna mit hl. Dominikus und hl. Thomas von Aquin; M. W. Jäckel, 1708 (Kopie 1961)
Hl. Ivo; M. B. Braun, 1711 (Kopie 1908)	Madonna mit hl. Bernhard; M. W. Jäckel, 1709

Altstädter Seite

Josephstadt (Josefov)

Seit mehr als tausend Jahren leben Juden in Prag. Sie sahen das Erwachen der Stadt und förderten ihre wirtschaftliche und kulturelle Entwicklung. 965 besuchte der jüdische Kaufmann Ibrahim ibn Jakub aus dem arabischen Sevilla den Markt und die jüdischen Siedlungen am Fuß des Hradschin und des Vyšehrad, 1091 wohnten jüdische Geschäftsleute bereits im Umkreis der späteren Altneusynagoge. Doch als Papst Urban II. 1095 die Christen zum Kreuzzug aufrief, zogen Kreuzfahrerscharen durch Prag und zwangen die dortigen Juden zur Taufe. Herzog Břetislav II. (1092–1100) ließ die Judenquartiere plündern und die »Judenstadt«, das spätere »Ghetto«, nördlich des Altstädter Ringes mit einer Mauer umschließen (1098). Am 18. April 1389 forderte der größte mittelalterliche Pogrom in Prag über 4000 Tote. Unter Rudolf II. (1575–1612) ließ Mordechai Maisel, der reiche Vorsteher der Judenstadt, aus eigenen Mitteln die Gassen der Judenstadt pflastern, er gründete ein Krankenhaus mit öffentlichem Bad sowie eine Talmud-Hochschule und erbaute das jüdische Rathaus.

Im 17. und 18. Jh. brachten kaiserliche Erlasse Schikanen und Demütigungen mit sich. Das Toleranzpatent Josephs II. von 1781 verbesserte zwar die Rechtsstellung der Juden, doch erst Franz Joseph I. beseitigte 1849 den »Numerus clausus«, der bestimmte, wie viele jüdische Familien in einer Region leben durften (8600 in Böhmen, 5400 in Mähren), und hob das Ghetto auf; die »Judenstadt« hieß fortan »Josephstadt«. Innerhalb von zehn Jahren stieg der Anteil der jüdischen Bevölkerung in Prag von 7,2% auf 11%.

Um die Jahrhundertwende wurde das ehemalige Ghetto »assaniert«, d. h. aus hygienischen Gründen abgerissen und neu bebaut. Nur das jüdische Rathaus, sechs Synagogen und ein Teil des alten Friedhofs blieben erhalten. Hohe Mietshäuser im historisierenden Stil der Jahrhundertwende beherrschen heute den Stadtteil. Eine breite Prachtstraße, die Pařížská třída (Pariser Straße), führt vom Altstädter Ring zur Moldau quer hindurch.

Als 1939 das Protektorat Böhmen und Mähren proklamiert wurde, blieb der Alltag für die meisten Prager Juden zunächst unverändert, bis die Nationalsozialisten 1941 das Ghetto Theresienstadt einrichteten. Nach der Wannsee-Konferenz von 1942, auf der die obersten deutschen Reichs- und Parteibehörden die »Endlösung der Judenfrage« beschlossen, wurden sämtliche Synagogen innerhalb des Protektorats aufgehoben. Die jüdische Selbstverwaltung holte alle synagogalen Gegenstände nach Prag, um sie vor Vandalismus zu schützen. Die Nationalsozialisten beschlossen daraufhin, in Prag ein jüdisches Museum einzurichten, das »nicht durch sensationelle Raritäten beeindrucken, sondern durch eine vollständige und durchdachte Sammlung von Material einen Überblick über die soziale, ökonomische und kulturelle Entwicklung des Judentums vermitteln« sollte. Ein »Museum einer ausgerotteten ethnischen Gruppe« sollte es werden. So entstand das »Jüdische Zentralmuseum« mit mehr als 100 000 Exponaten (Thorarollen, Thoramäntel, Leuchter, Tempelvorhänge, Archivalien), das größte und vollständigste jüdische Museum der Welt. Prager Juden richteten das Museum ein, die Josephstädter Synagogen wurden hierfür sorgsam restauriert. Nach 1945 übernahm es die Tschechoslowakei als »Staatliches Jüdisches Museum«.

Die **Altneusynagoge** (Staronová synagoga; Abb. 15) an der Pařížská třída (Eingang von der Červená ul. aus) ist die älteste erhalten gebliebene Synagoge Europas und zugleich eines der

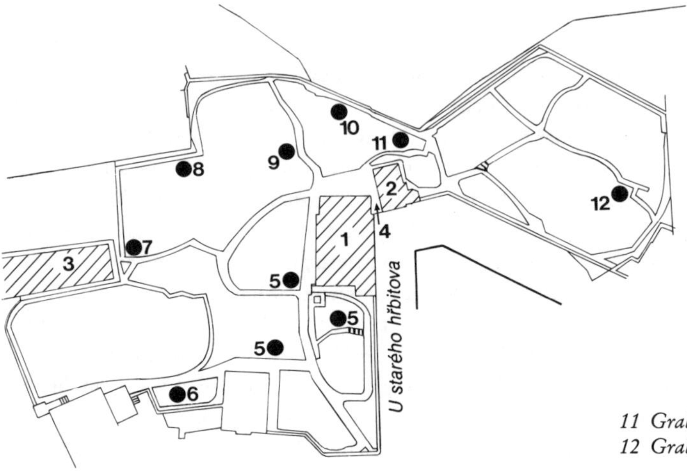

Prag, Alter Jüdischer Friedhof
1 Klausensynagoge
2 Zeremonienhalle
3 Pinkassynagoge
4 Eingang zum Friedhof
5 Grabsteine aus dem 14. Jh.
6 Grab des Selicha Abigdor Karo
7 Grab des David Gans
8 Grab des David Oppenheim
9 Grab des Mordechai Maisel
10 Grab des Rabbi Löw
11 Grab des Hindel Baschewi
12 Grab des Josef Salomo Delmedigo

ersten frühgotischen Bauwerke Prags. Sie wurde vermutlich unter Ottokar II. Přemysl (1230–1278) erbaut, der den Juden wesentliche Privilegien zugestand, Baumeister waren jedoch nicht Juden, sondern Zisterzienser. Ihr seltsamer Name könnte darauf hinweisen, daß die Synagoge auf den Fundamenten eines Vorgängerbaus ruht. Der längliche, mit spitzbogigem Tonnengewölbe versehene Vorraum stammt aus der Entstehungszeit (Mitte 13. Jh.), der zweischiffige Gebetssaal wurde Ende des 13. Jh. angebaut. Die Meister der Zisterzienserbauhütte mußten zum gotischen Kreuzrippengewölbe jeweils eine fünfte Rippe hinzufügen, um damit die Form des christlichen Kreuzes zu vermeiden. Schmale Fensteröffnungen, die sich nach außen verbreitern, lassen nur wenig Licht herein, denn »das Licht soll aus der Synagoge in die Welt hinausdringen«. In der Mitte des Saales steht der von einem schmiedeeisernen Gitter umgebene »Almemor«, eine Art Kanzel, von der die Thora (5 Bücher Mose) verlesen wird. Der Heilige Schrein (Thoraschrein) an der Ostwand bewahrt die Thorarolle. Die rote Fahne mit dem gelben Davidstern erhielt die jüdische Gemeinde von Prag 1648 von Kaiser Ferdinand III. für ihre Verdienste im Dreißigjährigen Krieg. Der sogenannte »Schwedenhelm« auf der Fahne stellt den Hut dar, den die Juden damals tragen mußten. Die Fahne war bei allen festlichen Stadtumzügen dabei; 13 Männer trugen sie an der Spitze der jüdischen Zünfte. Bei Krönungszügen saß ein junger Mann auf der Fahnenstange und brachte Hochrufe auf den neuen Herrscher aus.

Der Altneusynagoge gegenüber steht das **Jüdische Rathaus,** das Mordechai Maisel Ende des 16. Jh. von dem italienischen Architekten Panacius Rodero (Pankraz Roders) erbauen ließ. Es ist das einzige jüdische Rathaus außerhalb Israels. 1763 erhielt das Rathaus einen Turm mit Uhr und Glocke. (Eine zweite Uhr mit hebräischem Ziffernblatt geht linksherum.) Das Rathaus mit seinen Versammlungs- und Verwaltungsräumen dient auch heute der Prager Judengemeinde. An das Rathaus schließt sich die **Hohe Synagoge** (Rathaussynagoge; Eingang von der Červená ul.) an, die ebenfalls Ende des 16. Jh. von Panacius Rodero entworfen wurde. In den Räumen sind synagogale Textilien ausgestellt. Die **Maiselsynagoge** an der Maislova ul. stiftete Mordechai Maisel. Nach einem Brand im Jahr 1689 wiederaufgebaut, gab Alfred Grotte dem Bau 1892–1905 sein heutiges neogotisches Aussehen. Die Synagoge zeigt jüdische Kultgegenstände: Leuchter, Schilde, Schalen, Pokale.

Die Červená ul. setzt sich jenseits der Maislova in der Gasse U starého hřbitova (Zum alten Friedhof) fort und endet vor der **Klausensynagoge,** die 1694 an der Stelle von drei kleinen Gebäuden (Gebets-, Schul- und Krankenhaus) entstand. 1884 wurde der Barockbau umgestaltet und enthält heute eine Sammlung alter hebräischer Handschriften und Drucke. 1906 entstand hier an der Stelle eines Vorgängerbaus aus dem 16. Jh. eine **Zeremonienhalle** im romantisierenden Stil. In dem kleinen Gebäude sind erschütternde Kinderzeichnungen aus dem KZ Theresienstadt (Terezín) ausgestellt.

Zwischen Klausensynagoge und Zeremonienhalle betritt man den **Alten Jüdischen Friedhof** (Abb. 17, 18), der zu den wichtigsten Sehenswürdigkeiten der Stadt zählt. Vom 15. Jh. bis 1787 fanden hier alle Prager Juden ihre letzte Ruhestätte. Der älteste der rund 11000 Grabsteine trägt den Namen des Dichters Selicha Abigdor Karo und den Sterbetag 23. April 1439. Das bekannteste Grab gehört Jehuda ben Bezalel, dem Hohen Rabbi Löw, gestorben 1609 (Abb. 16). Mit seiner Person verknüpft sich die Sage vom Golem, einem künstlichen Menschen aus Lehm, der dem Rabbi als Gehilfe diente. Der große Schauspieler Paul Wegener hat die

Auf dem Alten Jüdischen Friedhof

seelenlose Sagengestalt 1914 in seinem Stummfilm »Der Golem« dargestellt, im Jahr darauf erschien Gustav Meyrinks Roman mit gleichem Titel. Besuchenswert sind auch die Gräber des Primas der Judenstadt, Mordechai Maisel († 1601), des Historikers David Gans († 1613), des Arztes, Astronomen und Philosophen Josef Salomo Delmedigo († 1655) sowie des Sammlers und Landesrabbiners von Böhmen, David Oppenheim († 1736). Da der Friedhof nicht erweitert und an eine Exhumierung aus religiösen Gründen nicht gedacht werden durfte, wuchsen die Gräber durch Erd- und Sandaufschüttungen in die Höhe: Bis zu zwölf Gräberschichten hat man gezählt. Die wertvollsten Grabsteine kamen jeweils nach oben. Insgesamt schätzt man die Zahl der hier Bestatteten auf über 100 000. 1903 mußte die jüdische Gemeinde im Zuge der Assanierungsmaßnahmen 1900 qm Friedhofsfläche abgeben. Die Gebeine wurden umgebettet, so daß ein kleiner Hügel *(Nefele)* entstand; die Steinplatten kamen auf den verbliebenen Teil.

Die **Pinkassynagoge** zwischen Friedhof und Široká ul. (Breite Gasse) geht in ihren Fundamenten bis ins 11. Jh. zurück, als sich an dieser Stelle auch ein *Mikwe,* ein Ritualbad, befand. Ihren Namen erhielt sie nach dem »Hofjuden« Pinkas, dem Finanzier König Ottokars II. Přemysl (1252–1278). 1950–1958 wurde die Synagoge in eine Gedenkstätte für die jüdischen Opfer der nationalsozialistischen Herrschaft in der Tschechoslowakei umgewandelt; 77 297 Namen der Toten und Verschollenen bedecken die Innenwände des Bethauses. Die **Spanische Synagoge** in der Dušni ul. (Geistgasse) entstand 1822–1893 in pseudomaurischem Stil. Ihre Grundmauern stammen von einer Synagoge aus dem Anfang des 12. Jh. Juden, die im 15. Jh. vor der christlichen Reconquista aus Spanien geflüchtet waren, gaben dieser Synagoge den Namen. F. J. Škroup, der Komponist der tschechoslowakischen Nationalhymne »Wo ist mein Heim, mein Vaterland«, wirkte hier als Chorleiter.

Nördliche Altstadt

Auf seinen Streifzügen durch die Prager Altstadt betritt der Besucher auch den Mariánské nám. (Marienplatz) mit dem **Neuen Rathaus** (Nová radnice), das Osvald Polívka, der Schöpfer des Repräsentationshauses (s. S. 36 ff.), 1908–1911 im späten Jugendstil erbaute. Stanislav Sucharda und Josef Mařatka entwarfen den plastischen Schmuck, Ladislav Šaloun schuf die Eckskulpturen »Eiserner Ritter« und »Rabbi Löw«. Die Nordseite des Platzes beherrscht die **Städtische Volksbücherei** (Městská lidová knihovna), ein 1930 entstandener Bau im Stil repräsentativer Sachlichkeit. Die Ostseite des Platzes nimmt das Clementinum (s. S. 45 f.) ein, und an die Mauer des Clam-Gallas-Palais (s. S. 45) im Süden lehnt sich der **Moldau-Brunnen** mit einer reizvollen Allegorie der Moldau von Václav Prachner aus dem Jahr 1812. Das Original der »Terezka« (Thereschen) – so nennen die Prager das schöne Mädchen – befindet sich in der Nationalgalerie.

Ungefähr in Höhe der **Mánesbrücke** (Mánesov most) befand sich einst die Furt, durch die in den Anfangszeiten Prags die Kaufmannswagen rollten. Der Name der 1911–1914 errichteten Brücke und das daneben stehende Denkmal erinnern an Josef Mánes, einen der größten tschechischen Maler, geboren und gestorben in Prag (1820–1871). Mánes, ein Schüler des Düsseldorfer Malers Peter Cornelius, verarbeitete in seinen Werken Einflüsse der deutschen

Spätromantik und der belgischen Historienmalerei. Er wählte Themen aus der Geschichte und aus dem Volksleben Böhmens und schuf Landschaften und Porträts. Einen Großteil seiner Werke zeigt das Agneskloster (s. u.). Die Mánesbrücke mündet in der Altstadt auf den nám. Jana Palacha (früher Smetanaplatz), den das **Künstlerhaus** (Dům unmělců; Rudolfinum) beherrscht. Das neben dem Nationaltheater (s. S. 103) bedeutendste Bauwerk der Neorenaissance wurde 1876–1884 von den Architekten Josef Zítek und Josef Schulz entworfen. Zwischen 1918 und 1938 sowie 1945/46 tagte hier die tschechoslowakische Nationalversammlung. Der große Konzertsaal (Dvořáksaal) ist Mittelpunkt des alljährlichen Musikfestes »Prager Frühling«.

Gegenüber dem Künstlerhaus, nur durch die breite ul. 17. listopadu (Straße des 17. Novembers) getrennt, steht das **Kunstgewerbemuseum** (Uměleckoprůmyslové muzeum), erbaut 1897–1901 von Josef Schulz. Einen Besuch lohnt dieses Museum wegen der größten und berühmtesten Glassammlung der Welt.

Das **Agneskloster** (Anežský klášter) im Norden der Altstadt am Ufer der Moldau war das erste gotische Gebäudeensemble Böhmens. Die Přemyslidenprinzessin Agnes (Anežka, 1211–1282), Schwester des Königs Wenzel I., hatte die Hand des Kaisers Friedrich II. ausgeschlagen, um der hl. Elisabeth von Thüringen († 1231) nachzueifern. Sie verehrte Franz von Assisi, korrespondierte mit seiner Schwester Klara und veranlaßte den König, 1233 in Prag ein Kloster für den Franziskaner-Frauenorden der Klarissinnen zu gründen, deren erste Äbtissin sie wurde. Schon wenige Jahre später ließen sich Minoriten, also Franziskaner des Ersten Ordens, in unmittelbarer Nachbarschaft nieder. Am 12. November 1989 wurde Agnes von Papst Johannes Paul II. heiliggesprochen.

Kern des Klosters ist die 1240 vollendete doppelschiffige *St.-Franziskus-Kirche,* etwa 1275–1280 kam die *Salvatorkirche,* das bedeutendste Beispiel der frühen böhmischen Gotik, hinzu. Bis 1350 entstand das Presbyterium, bis 1360 der quadratische Kreuzgang. Das Verbindungsportal zwischen Salvatorkirche und Kapitelsaal zeigt an den Kapitellen fünf Köpfe böhmischer Königinnen. Vermutlich diente das Kloster seit Wenzel I. als Grablege der Přemysliden, denn außer dem Grab des Königs kamen Grabplatten von Guta II., der Tochter Wenzels II., und von Kunhuta, der Gemahlin Ottokars II., zum Vorschein. Nach dem Grab der hl. Agnes wird noch immer gesucht, denn erst, wenn man ihren Leib gefunden hat – so eine alte Prophezeihung –, wird Böhmen ein goldenes Zeitalter erleben.

1782 hob Joseph II. das Agneskloster neben mehr als 700 anderen »unnützen« Klöstern auf; es wurde Erziehungsheim, Lagerhaus und schließlich, halb verfallen, Schlupfwinkel für Obdachlose. 1892 begann die Wiederherstellung der Anlage, die mit Unterbrechungen bis heute andauert. Seit 1980 zeigt die *Nationalgalerie* in dem rekonstruierten Teil des Klosters die eindrucksvolle Sammlung »Tschechische Malerei des 19. Jh.« mit Arbeiten von Josef Navratil (1798–1865), Josef Mánes (1820–1871), Mikoláš Aleš (1852–1913), Antonin Slavíček (1870–1910) und vielen anderen. Im Manés-Saal finden Kammermusikabende statt. Beim Gang durch das Museum sollte der Besucher nicht nur die Exponate betrachten, sondern auch einen Blick auf die einzigartigen Räumlichkeiten werfen.

Östlich des Teynhofes, an der Jakubská ul., steht die **Jakobskirche** (Kostel sv. Jakuba). Wenzel I. (1230–1253) stiftete das Kloster St. Jakob mit einer kleinen romanischen Kirche für die Minoriten. 1318 begannen diese mit dem Bau einer größeren gotischen Kirche, die 1374 geweiht wurde. 1689 brannte sie ab, 1690–1702 erneuerte Jan Simon Pánek (Panetius) sie im Stil des Barock. Dabei erhielt das Bauwerk ein um 5 m abgesenktes neues Tonnengewölbe und über den beiden Seitenschiffen Emporen. Die erhaltene gotische Hauptfassade schmückte der italienische Bildhauer Ottavio Mosto mit vollplastischen Reliefs: hl. Jakobus, flankiert von den Heiligen Franziskus und Antonius von Padua. Im Innern beeindruckt vor allem die barocke Pracht des Hauptschiffs: die gewaltigen Pilaster von Christian Schatzmann, die Stuckarbeiten von Abondio Bolla, die Deckengemälde von Franz Guido Voget, der mächtige Hauptaltar von Matthias Schönherr. Wenzel Lorenz Reiner malte das monumentale Altarbild »Martyrium des hl. Jakobus«. Das Grabmal des Graven Jan Václav Vratislav von Mitrowitz, Oberkanzler des Königreichs Böhmen, im linken Seitenschiff zählt zu den schönsten Barockgrabmälern Böhmens. Wegen ihrer einzigartigen Akustik dient die Jakobskirche heute auch als Konzertsaal.

Südliche Altstadt

Vom Altstädter Rathaus (s. S. 39ff.) führt die Melantrichova ul. (Melantrichgasse) südwärts in das ehemalige Galliviertel. Der Buchdrucker und Verleger Georg Melantrich von Aventin (16. Jh.) gab dieser Gasse den Namen. Zwei Schwibbogen markieren den Eingang zu dieser kürzesten Verbindung zwischen Altstädter Ring und Wenzelsplatz. Gleich zu Beginn beherbergt das Haus **Zum goldenen Krug** (U zlaté konvice; Nr. 20/477) eine typische Altprager Weinstube in gotischen Kellerräumen. Um die Ecke zur Kožná ul. (Ledergasse) steht das Haus **Zu den zwei goldenen Bären** (U dvou zlatých medvědů; Nr. 1/475; Abb. 8), die Geburtsstätte des Schriftstellers Egon Erwin Kisch (1885–1948), des »rasenden Reporters«. Das ursprünglich gotische Haus wurde im späten 16. Jh. im Stil der Renaissance umgebaut und erhielt gegen 1800 eine Empirefassade. Die beiden Bären gehören zum kunstvoll behauenen Renaissanceportal der Zeit um 1590.

Eine Besonderheit Prags sind seine »Durchhäuser«, Verbindungen durch Häuser hindurch, ein nicht-öffentliches Verkehrssystem gewissermaßen. Im Umkreis der Melantrichova, aber auch in der Nähe des Teynhofes gibt es zahlreiche solche Durchhäuser, die der eilige Besucher kaum erkennt. So führen Durchhäuser z. B. von der Kožná zur Melantrichova und weiter zur Michalská und zur Jilská, vom Kleinen Ring (Malé nám.) zur Hlavsova.

Am 7. April 1348 gründete Karl IV. das nach ihm benannte **Carolinum** (Karolinum), als *Collegium Carolinum* die erste Universität Mitteleuropas. Ein besonderes Lehrgebäude stand zunächst nicht zur Verfügung, Magister und Studenten trafen sich in Klöstern und Privatwohnungen. Erst 1383 erwarb Wenzel IV. das Palais des Münzmeisters Johlin Rotlöw in der Železná ul. (Eisengasse), das um 1370 erbaut worden war. Als František Maximilián Kaňka 1718 das Carolinum barockisierte, beließ er den alten Erker in seiner hochgotischen Reinheit.

Siegel der Karlsuniversität

Im Rahmen umfangreicher Restaurierungsarbeiten regotisierte Josef Mocker 1881/82 das Gebäude. 1946–1950 führte Jaroslav Fragner den gesamten Komplex des Carolinums, auch die Innenräume, auf seine ursprüngliche Bausubstanz zurück.

Sehenswert ist die *Aula* mit dem großen Gobelin von Vladimir Sychra (1947); dargestellt wird die Übergabe der Universität durch Karl IV. an den hl. Wenzel. Die überlebensgroße Bronzestatue des Kaisers schuf Karel Pokorny, das Standbild des Jan Hus im Hof des Carolinums gestaltete Karel Lidický (1959).

Die Železná, eine der ältesten Straßen Prags, zieht auch am **Tyltheater** (Tylovo divadlo) vorbei, einem klassizistischen Gebäude, das Anton Haffenecker 1781–1783 erbaute. Am 21. April 1783 wurde das Haus mit Lessings »Emilia Galotti« eröffnet. 1786 erwarb sich Wolfgang Amadeus Mozart mit seiner von den Wienern mit kühler Zurückhaltung aufgenommenen Opera buffa »Le nozze di Figaro« (»Figaros Hochzeit«) die stürmische Zuneigung des Prager Publikums. »Meine Prager verstehen mich«, schwärmte Mozart damals. Seine nächste Oper, »Don Giovanni«, ließ er hier am 29. Oktober 1787 uraufführen und traf damit auf die gleiche Begeisterung. 1834 erlebte das Haus die Uraufführung der Komödie »Fidlovačka« (»Frühlingsfest«) von Josef Kajetán Tyl (1808–1856); das Lied »Kde domov můj?« (»Wo ist mein Heim?«) aus diesem Stück wurde 1918 die tschechische Nationalhymne.

Das wuchtige Gebäude Rytířská 29 im Stil der Neorenaissance errichteten 1892–1894 die beiden Architekten Antonin Wiehl und Osvald Polivka für die Prager **Sparkasse.** Die bedeutendsten tschechischen Künstler schmückten den Bau aus. An dieser Stelle stand einst das erste Prager Theater, das von 1738 bis zur Eröffnung des Tyltheaters deutsche Komödien und italienische Opern aufführte.

Nach dem großen Judenpogrom des Jahres 1098 erstarkte die Kaufmannsgemeinde der Deutschen. Herzog Soběslav II. gewährte ihr 1173 große Freiheiten und stellte ihr das Stadtviertel südlich des Altstädter Ringes zur Verfügung. Mittelpunkt des deutschen Viertels wurde die romanische **St.-Gallus-Kirche** (Kostel sv. Havel). Als um die Mitte des 14. Jh. das Haupt des hl. Gallus aus dem Schweizer Kloster Sankt Gallen nach Prag kam, baute man die Galluskirche hochgotisch um. In St. Gallus wirkten die größten Prediger ihrer Zeit: Konrad Waldhauser (1358–1369), Jan Milič von Kremsier (1369–1373) und schließlich Jan Hus (1404). 1627 zogen die Beschuhten Karmeliter in die Kirche ein, die das Gebäude im ausgehenden 17. Jh. von Giovanni Domenico Orsi barock umbauen ließen. Die Fassade veränderte schließlich 1723–1738 Johann Blasius Santin-Aichel.

Die St.-Gallus-Kirche beherrschte noch zur Zeit Karls IV. den großen, langgestreckten **Gallimarkt,** der damals vom Ovočný trh (Obstmarkt) bis zum Uhelný trh (Kohlenmarkt) reichte. 1372 entstand auf dem Platz westlich der Kirche eine etwa 200 m lange Markthalle, *Kotce* (Marktbuden) genannt, mit Läden zu beiden Seiten eines breiten Ganges. 1795 wurde die Halle abgebrochen, an die Stelle der Läden traten Bürgerhäuser, so daß der Gallimarkt nunmehr aus drei Straßen bestand: Havelská ul. (Gallusgasse), V kotcich (Zu den Marktbuden) und Rytířská ul. (Rittergasse). In der Havelská findet noch heute ein Gemüse- und Blumenmarkt statt, in der Gasse V kotcich werden Textilien verkauft, der Eiermarkt in der Rytířská jedoch verschwand Ende des 19. Jh. Schöne Laubengänge in der Havelská vor den ursprünglich gotischen Häusern Nr. 3/511, 5/510, 7/509 und 9/508 versetzen den Betrachter in das ausgehende 14. und beginnende 15. Jh.

Die Kirche **St. Martin in der Mauer** (Kostel sv. Martina ve zdi) zählt zu den ältesten romanischen Bauwerken Prags. Sie wurde wohl um 1130 von Adelheid, der Gemahlin des Fürsten Soběslav I., gestiftet. Das einschiffige Gotteshaus grenzte den tschechischen Martinssprengel (Újezd sv. Martina) vom deutschen Galliviertel ab. Beim Bau der Altstädter Stadtmauer um die Mitte des 13. Jh. wurde die Kirche in die Umwallung einbezogen. Im 14. Jh. erfolgte der gotische Um- und Erweiterungsbau, bis 1488 kamen die beiden Seitenschiffe hinzu. Nach dem Brand von 1678 erhielt der Turm sein heutiges Aussehen. 1784 wurde die Kirche in ein Lagerhaus mit Wohnungen und Geschäften umgewandelt, heute gehört St. Martin in der Mauer der Evangelischen Brüderkirche. Übrigens wurde in dieser Kirche im Jahr 1414 zum ersten Mal das Abendmahl unter beiderlei Gestalt, d. h. als Hostie *und* Wein, gereicht.

Nordwestlich von St. Martin liegt der Betlémské nám. (Bethlehemsplatz) mit der **Bethlehemskapelle** (Betlémská kaple), einem hohen zweigiebligen Gotteshaus, das Johann Ritter von Mühlheim, ein Günstling Wenzels IV., 1391 gestiftet hatte, damit darin Predigten in tschechischer Sprache gehalten werden konnten. 1402–1413 machte Jan Hus die Kapelle zum Zentrum der Reformationsbewegung. 1521, vier Jahre vor seiner Hinrichtung, predigte der protestantische Theologe Thomas Müntzer in der Bethlehemskapelle und verfaßte hier sein »Prager Manifest«, das erste Zeugnis seiner Lehre. Im 17. und 18. Jh. gehörte die Kapelle den Jesuiten. Nach der Auflösung des Ordens 1773 wurde sie geschlossen und 13 Jahre später abgebrochen. Im 19. Jh. erstand über den Grundmauern ein Wohnhaus, 1948–1954 baute man die Bethlehemskapelle nach alten Plänen und Stichen wieder auf. Im angrenzenden, inzwischen restaurierten Predigerhaus sind Erinnerungen an Jan Hus und sein Werk sowie Siedlungsreste aus dem 11. Jh. zu sehen.

Der Smetanova nábřeží (Smetanakai) bietet die schönste Aussicht auf die Kleinseite mit dem Hradschin, auf die Karlsbrücke und auch auf die ehemaligen **Altstädter Mühlen.** Die reizvolle Gebäudegruppe tritt am Novotného lávka (Novotnysteg) weit in die Moldau hinaus. Die Mühlen entstanden im 14. Jh., der spätgotische Wasserturm (s. Farbt. 5) um 1489, das Gebäude am Ende des Steges baute Antonin Wiehl 1885 im Stil der Neorenaissance als Verwaltungszentrale der Prager Wasserwerke. Seit 1936 ist hier das *Bedřich-Smetana-Museum* untergebracht. Bedřich (Friedrich) Smetana (1824–1884), der Komponist der Oper »Die verkaufte Braut« und der sinfonischen Dichtung »Mein Vaterland«, leitete 1848–1856 eine Musikschule in Prag und war 1866–1874 Dirigent am tschechischen Landestheater. 1874 mußte er seine Arbeit wegen Taubheit aufgeben und verfiel 1882 in einen Zustand geistiger Umnachtung. Fassaden-Sgraffiti von František Ženíšek und Mikólaš Aleš zeigen den Kampf der Prager gegen die Schweden auf der Karlsbrücke im Jahr 1648. Unmittelbar an der Moldau steht das Denkmal des Komponisten, ein Werk des Bildhauers Josef Malejovský aus dem Jahr 1984.

Kleinseite (Malá strana)

Die Karlsbrücke verbindet die Altstadt mit der Kleinseite, dem wohl reizvollsten Stadtteil Prags. Besiedelt war das Ufergebiet westlich der Moldau schon seit dem 9. Jh., aber zur zweiten Prager Stadt (nächst der Altstadt) machte sie erst König Ottokar II. Přemysl im Jahr 1257. Die Stadt hieß anfangs *Nova civitas sub castro Pragensi* (Neustadt unter der Prager Burg), seit dem 14. Jh. nannte sie sich *Minor civitas Pragensis* (Kleinere Prager Stadt), woraus sich der Name »Kleinseite« (Malá strana) ableitete. Die Kleinseite war von einer Mauer umgeben und vorwiegend von deutschen Kaufleuten und Handwerkern bewohnt, die der königliche Lokator Pitrolf ins Land geholt hatte. 1360–1362 vergrößerte Karl IV. die Stadt durch den Bau eines neuen Mauerrings. Im 16. Jh. schließlich begann sich der Adel für die Grundstücke in der Nähe des Herrschersitzes zu interessieren: Herrliche Renaissancepaläste entstanden. Nach dem Dreißigjährigen Krieg erhielt die Kleinseite mit prunkvollen Kirchen und Adelsresidenzen ihr barockes Aussehen. 1784 verlor sie ihre Selbständigkeit als Stadt und wurde mit Altstadt, Neustadt und Hradschin vereinigt. Seit 1918 übernahmen Behörden und ausländische Botschaften die Kleinseitner Paläste und bewahrten so das historische Aussehen des Stadtteils zwischen Moldau und Burg.

Die Mostecká ul. (Brückengasse) folgt dem alten Königsweg zwischen Karlsbrücke und Kleinseitner Ring. Am Ende der Brücke lehnt sich das ehemalige **Zollhaus** (Nr. 1/56), ein Renaissancebau aus dem Jahr 1591, an den kleineren Brückenturm. In Höhe des ersten Stockwerks des Zollhauses befindet sich ein spätromanisches Relief (1254), welches die Versöhnung König Wenzels I. mit seinem Sohn Ottokar II. Přemysl nach dessen mißlungenem Staatsstreich im Jahr 1249 zeigt.

Der **Kleinseitner Ring** (Malostranské nám.) war seit der Stadtgründung im Jahr 1257 der politische und wirtschaftliche Mittelpunkt der Kleinseite. Auf diesem Platz stand die romanische Wenzelsrotunde als Teil der stark befestigten Vorburg des Hradschin; 1283 kam die gotische St.-Niklas-Kirche hinzu, die zusammen mit mehreren Bürgerhäusern den großen Platz in zwei Hälften teilte: den tiefer gelegenen Unteren Ring und den höher gelegenen Oberen Ring. Diese Zweiteilung blieb bestehen, als die Jesuiten die Nikolauskirche vergrößerten und barock erneuerten.

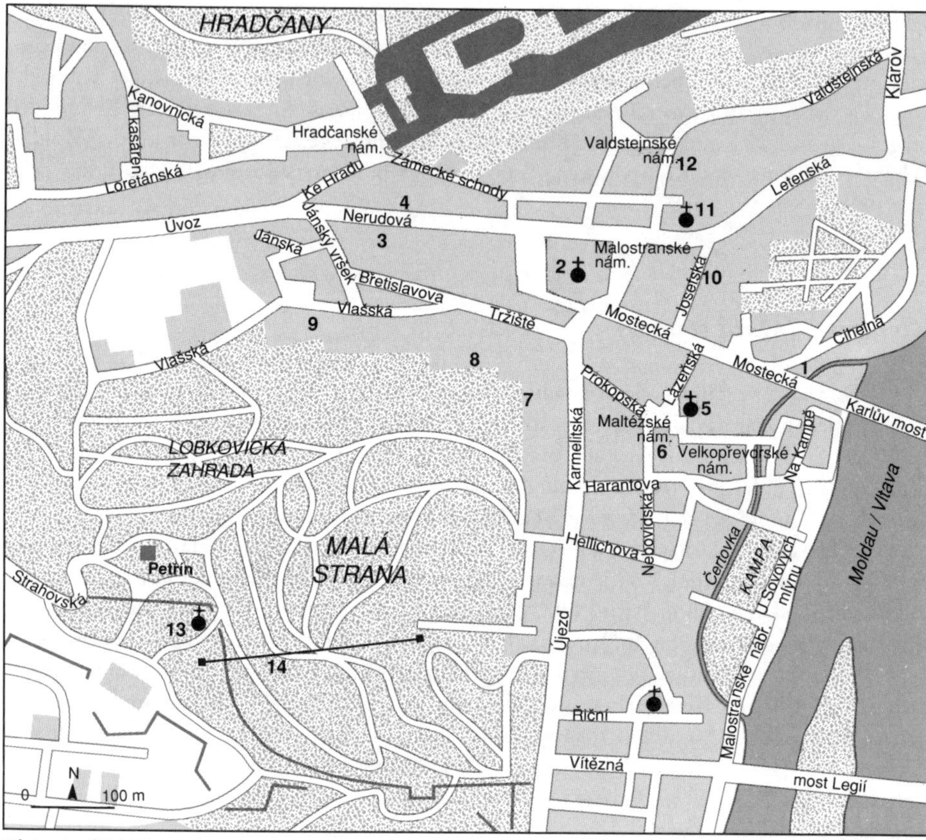

Kleinseite (Malá Strana)
1 Zollhaus und Kleinseitner Brückentürme 2 St.-Niklas-Kirche 3 Palais Morzin 4 Palais Thun-Hohenstein 5 St. Maria unter der Kette 6 Palais Nostitz 7 St. Maria de Victoria 8 Vrtba-Garten 9 Palais Lobkowitz 10 St. Josef 11 St. Thomas 12 Palais Waldstein 13 St.-Laurentius-Kirche 14 Standseilbahn

Die Bürgerhäuser gotischen Ursprungs, heute fast alle mit klassizistischen Fassaden versehen, blieben allein auf der Südseite des Ringes erhalten. In den alten Kellergewölben etablierten sich gemütliche Wein- und Bierstuben, z. B. *U mecenáše* (Zum Mäzen) im Haus Nr. 9/262 und *U Glaubiců* (Zum [Bürgermeister] Globic) im Haus Nr. 5/266. Die Grundstücke an den anderen Seiten des Ringes kaufte der Adel auf und verwandelte jeweils mehrere von ihnen in stattliche Palais. Da ist etwa das **Lichtenstein-Palais** (Nr. 13/258) des brutalen Habsburger Statthalters Karl von Lichtenstein, das **Smiřický-Palais** (Nr. 18/6), in dem am 22. Mai 1618 die böhmischen Stände die Erhebung gegen die Habsburger beschlossen, das **Sternberg-Palais** (Nr. 19/7), in dem die tschechische Gesellschaft der Wissenschaften gegründet wurde.

Das **Kleinseitner Rathaus** (Malostranská beseda; Nr. 21/35) war von 1478 bis 1784 das Zentrum des politischen, wirtschaftlichen und kulturellen Lebens der Kleinseite. Berühmt wurde es, als Vertreter der protestantischen Religionsgemeinschaften im Jahr 1575 hier die »Böhmische Konfession« beschlossen (Gedenktafel an der Fassade).

In der Mitte des unteren Ringes steht das **Grömling-Palais** mit zwei Bürgerhäusern, entstanden im 16. Jh. aus einer Gruppe von Marktbuden der Fleischer. 1874 wurde in ihm das »Radetzky-Café« eröffnet, benannt nach dem österreichischen Feldmarschall böhmischer Herkunft, Joseph Graf Radetzky von Radetz (1766–1858), dessen Denkmal bis 1918 vor dem Kaffeehaus stand. In den 20er Jahren traf sich im »Malostranská kavárna« (Kleinseitner Kaffeehaus), wie das Radetzky-Café nun hieß, der Kreis der Prager deutsch-jüdischen Literaten: Franz Kafka, Max Brod, Franz Werfel, Willy Haas und andere. Das ehemalige **Jesuitenkolleg,** ein Profeßhaus für die Novizen, ließ der Orden 1674–1691 von Giovanni Domenico Orsi an der Stelle von 20 Bürgerhäusern errichten; die romanische Wenzelsrotunde in der Nordwestecke des Kollegs ersetzten die Jesuiten durch eine neue Wenzelskirche.

Strahlender Mittelpunkt des Kleinseitner Ringes und nächst dem Veitsdom schönster Sakralbau Prags ist die **St.-Niklas-Kirche auf der Kleinseite** (Kostel sv. Mikuláše; Abb. 19, 20). Die erste dem hl. Nikolaus geweihte Kirche entstand 1283 als Pfarrkirche der Kleinseitner Stadt. 1625 übernahmen die Jesuiten den dreischiffigen gotischen Bau und erbauten daneben ihr Kolleg. 1703–1711 errichtete Christoph Dientzenhofer das neue Kirchenschiff mit der Westfassade, sein Sohn Kilian Ignaz Dientzenhofer, einer der größten Barockbaumeister Europas, baute 1737–1752 den Chor und die Kuppel. Beide Dientzenhofers, Vater und Sohn, schufen mit der Nikolauskirche eine der prächtigsten Barockkirchen überhaupt, ein verwirrendes Spiel der Kurven und der sich gegenseitig durchdringenden Ovale, ein außerordentlich bewegtes Gewölbe über kompliziertem Grundriß. Anselmo Lurago fügte 1755 den Glockenturm hinzu. 1760/61 malte der Wiener Johann Lukas Kracker das eindrucksvolle Deckenfresko im Langhaus, die »Verherrlichung des hl. Nikolaus«, mit 1500 qm eines der größten Gemälde in Europa. Der plastische Schmuck, so etwa die Statue des hl. Nikolaus auf dem Hauptaltar, stammt fast ausschließlich von Ignaz Platzer. Die gotische Marienskulptur auf dem linken

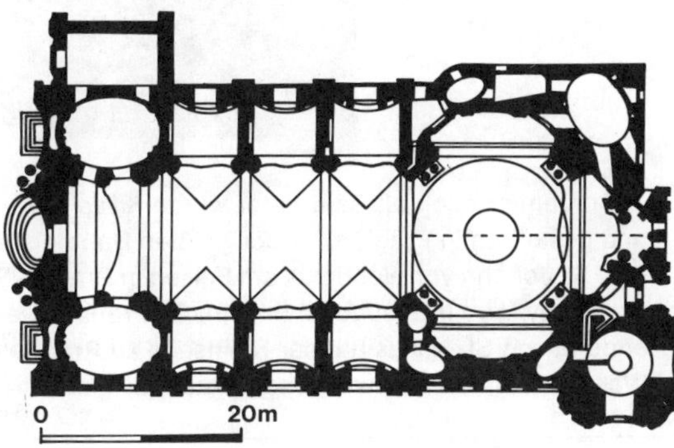

Prag, St. Niklas auf der Kleinseite, Grundriß

Die Baumeisterfamilie Dientzenhofer

Aus der Umgebung des oberbayerischen Aibling stammen die Dientzenhofers, die bedeutendsten Meister des deutschen Spätbarock. Fünf Söhne des Bergbauern Georg Dientzenhofer zogen nach Prag, um in den Bauhütten von Abraham Leuthner und Carlo Lurago die Kunst des Bauens zu erlernen. Vier von ihnen kehrten nach Süddeutschland zurück und errichteten dort bekannte Klöster und Kirchen: *Georg* (1643–1689) schuf die großartige Dreifaltigkeitskirche Kappel, die Kirche der Zisterzienserabtei in Waldsassen und St. Martin in Bamberg; *Wolfgang* (1648–1706) wirkte in Amberg und baute die Klöster von Speinshart und Michelfeld; von *Leonhard* (1660–1707) stammen die Neue Residenz in Bamberg und das Kloster Ebrach; *Johann* (1663–1726) errichtete Dom und Schloß von Fulda, das Kloster Pommersfelden und die berühmte Klosterkirche von Banz.

Christoph Dientzenhofer (1655–1727) blieb als einziger der Brüder in Prag und vervollkommnete Guarinis geniales Konzept der Gewölbedurchschneidungen. Gemeinsam mit seinem Sohn Kilian Ignaz prägte er das Stadtbild von Prag und schuf im südlichen und westlichen Böhmen Kleinodien der Architektur. In der Zeit von 1689 bis 1751 errichteten beide mehr als 120 Bauwerke, meist Kirchen und Klöster, aber auch Schlösser, Paläste, Festungsbauten, Tore, Wohnhäuser und Gutshöfe. Zu den Hauptwerken Christophs zählen die Klosterkirche St. Klara in Cheb (Eger, s. S. 192), die Wallfahrtskirche Maria Kulm bei Eger, das Kloster Tepl bei Mariánské Lázně (Marienbad), Langhaus und Fassade von St. Niklas auf der Kleinseite in Prag sowie die Klosterkirchen in Obořiště und Břevnov (Prag; s. S. 113).

Berühmter noch als sein Vater wurde *Kilian Ignaz Dientzenhofer* (1689–1751, geboren und gestorben in Prag), einer der größten Baumeister des Spätbarock. Von ihm stammen u. a. St. Johann von Nepomuk am Felsen in Prag (s. S. 110), die Maria-Magdalenen-Kirche in Karlovy Vary (Karlsbad; s. S. 199), St. Franz Xaver in Oparany und schließlich die Vollendung von St. Niklas auf der Kleinseite zu Prag, eine der schönsten Barockkirchen der Welt, eine Sinfonie schwingender Räume.

Seitenaltar brachten die Jesuiten 1629 aus dem belgischen Marienwallfahrtsort Foyen nach Prag.

Die Pestsäule auf dem oberen Ring entwarf 1715 der Architekt Giovanni Battista Alliprandi als Zeichen der Dankbarkeit für das Ende der Seuche; die bildhauerische Gestaltung der Skulpturengruppe »Dreifaltigkeit« übernahmen Johann Ulrich Mayer und Ferdinand Geiger.

Vom oberen Teil des Kleinseitner Ringes führt die **Nerudová ulice** (Nerudagasse) ziemlich steil zum Hradschin hinauf. Sie wurde nach dem tschechischen Schriftsteller Jan Neruda (1834–1891), dem Schilderer des Kleinseitner Milieus, benannt. Ihre schmucken Bürgerhäuser machen sie zu einer der schönsten Straßen Prags. Als die Häuser noch keine Nummern hatten, sondern einen Namen, trugen sie zur besseren Unterscheidung ein deutlich sichtbares Hauszeichen. Solche reizvollen ›Namensschilder‹ hat in der Nerudagasse fast jedes Haus, z.B. Zum roten Adler (U červeného orla; Nr. 6/207), Zu den drei kleinen Geigen (U tří housliček; Nr. 12/210; Abb. 7), Zum goldenen Pokal (U zlaté číše; Nr. 16/212), Zum hl. Johannes von Nepomuk (U sv. Jana Nepomuckého; Nr. 18/213), Zum goldenen Schlüssel (U zlatého klíče; Nr. 27/243), Zum goldenen Hufeisen (U zlaté podkovy; Nr. 34/220), Zum roten Löwen (U červeného lva; Nr. 41/236), Zum grünen Krebs (U zeleného raka; Nr. 43/235), Zu den zwei Sonnen (U dvou slunců; Nr. 47/233) und Zum weißen Schwan (U bílé labutě; Nr. 49/232). Betrachtenswert ist auch das Haus Sommer und Frühling (Nr. 33/240), ein barockes Haus mit Rokokofassade, in dem Wolfgang Amadeus Mozart und Giovanni Casanova 1787 zu Gast waren. Casanova, seit 1785 Bibliothekar beim Grafen Waldstein im böhmischen Dux (Duchcov; s. S. 218f.), war zur Uraufführung des »Don Giovanni« nach Prag gekommen.

Zwei einander fast gegenüberliegende Paläste unterbrechen die Reihe der Bürgerhäuser. Sie wurden vom selben Baumeister entworfen, dem gebürtigen Prager Giovanni Santini (1677–1723), auch Johann Blasius Santin-Aichel genannt, dem Meister der sogenannten »Barockgotik«: das **Palais Morzin** (Nr. 5/256; 1713/14), heute die rumänische Botschaft, und das **Palais Thun-Hohenstein** (Nr. 20/214; um 1720), heute die italienische Botschaft. Ferdinand Maximilian Brokoff schuf den Fassadenschmuck des Morzin-Palastes: die den Balkon tragenden *Moros* (Mauren), die Allegorien des Tages und der Nacht beiderseits des Balkons und die vier Weltteile auf der Attika. Matthias Bernhard Braun gestaltete das Portal des Thun-Palais mit den beiden gewaltigen Adlern.

Die Nerudagasse endet vor der Burgrampe Ke Hradu (Zur Burg), die steil zum Hradschin hinaufstrebt. Geradeaus mündet die Nerudova in den Úvoz (Hohlweg). Parallel zur Nerudagasse zieht seit dem 16. Jh. die **Neue Schloßstiege** (Zámecké schody) zur Burg empor. Ein steiler Pfad bestand hier schon im 13. Jh., im 15. Jh. kamen Treppenstufen hinzu, im 16. und 17. Jh. hatten Handwerker und Künstler beiderseits der Stiege ihre Läden.

Unmittelbar vor dem größeren Kleinseitner Brückenturm steht das berühmte Haus **Zu den drei Straußen** (U tří pštrosů; Nr. 1/76). Im Jahr 1606 ließ sein Besitzer Jan Fux das 1585 errichtete Renaissancehaus umbauen und Straußenmotive auf die Fassade malen; Fux handelte nämlich mit Straußenfedern, die damals in Mode kamen. 1657 wurde das Haus barockisiert. 1714 gründete der Armenier Deodat Damajan hier das erste Kaffeehaus von Prag.

Der Moldauarm Čertovka (Teufelsbach) trennt die Insel **Kampa** von der Kleinseite. Die früher häufig unter Wasser stehende Insel wurde erst seit dem 15. Jh. bebaut, und dann auch nur im Umkreis der Karlsbrücke. Der südliche Teil blieb Gartenland und ist heute ein beliebter Park. Der Teufelsbach trieb seit dem 13. Jh. mehrere Mühlen an, von denen noch die Mühlräder der Großprioratsmühle und der Mühle Hut' südlich der Karlsbrücke halbwegs erhalten sind. Nördlich der Brücke haben die unmittelbar aus dem Wasser aufsteigenden Häuser das reizvolle »Prager Venedig« geschaffen.

Die Kirche **St. Maria unter der Kette** an der Einmündung der Lázeňská in den Maltézské nám. (Malteserplatz) erinnert an den Johanniterorden (den späteren Malteserorden), für den König Vladislav II. im Jahr 1160 ein Kloster gründete. Zur Kommende gehörte alles Land im Umkreis, das über Jahrhunderte auch einer eigenen Rechtsprechung unterstand. Die 1169–1182 erbaute dreischiffige Kirche war wesentlich größer als der heutige Bau, der im 13. und 14. Jh. gotisiert und in der Mitte des 17. Jh. von Carlo Lurago sein barockes Aussehen erhielt. Karel Škréta schuf gegen 1660 das Hochaltarbild, das den Sieg der Malteserritter in der Seeschlacht bei Lepanto (1571) gegen die Türken mit Hilfe der Gottesmutter und Johannes' des Täufers zeigt. Die Kirche wurde 1965–1985 restauriert.

Der **Maltézské náměstí** (Malteserplatz) gehört zu den lauschigen kleinen Plätzen, die für Prag, besonders aber für die Kleinseite so typisch sind. Ferdinand Maximilian Brokoff gestaltete 1715 in der Mitte des Platzes die Statuengruppe Johannes' des Täufers, die ursprünglich zu einem Brunnen gehörte. In dem Haus **Zu den Malern** (U malířů; Nr. 11/291), 1531 über den Resten der Kleinseitner Stadtmauer erbaut, befindet sich heute eine gemütliche Altprager Weinstube. Der Barockbau **Stará pošta** (Alte Post; Nr. 8/481) nahm Ende des 15. Jh. die erste Prager Poststation auf. Das **Palais Nostitz** an der Südseite des Malteserplatzes entstand 1658–1660, vermutlich nach einem Entwurf von Francesco Caratti. 1765 gab Anton Haffenecker dem Gebäude das Rokokoportal. In den großen Palast teilen sich heute die niederländische Botschaft und die Dobrovský-Bibliothek. Josef Dobrovský (1753–1829), der Begründer der slawischen Philologie, förderte mit seinen sprach- und literaturgeschichtlichen Werken das Nationalbewußtsein der Tschechen.

Auch der östlich vom Malteserplatz gelegene Velkopřevorské náměstí (Großprioratsplatz) ist von Palästen umgeben: vom **Hrzán-Palais** (Nr. 1/490), in dem der tschechische Komponist Josef Bohuslav Foerster (1859–1951) geboren wurde (er schrieb die Opern »Deborah«, »Jessika« und »Der Dudelsackpfeifer aus Strakonitz«), vom **Buquoy-Palais** (Nr. 2/486) mit der französischen Botschaft und vom **Großprioratspalais** (Nr. 4/485), das der Großprior Johann von Rosenberg 1516–1532 errichten ließ. Sein barockes Aussehen erhielt das Großprioratspalais 1725–1727 von Bartholomäus Scotti. Heute zeigt es die umfangreiche Sammlung alter Musikinstrumente und das Musikarchiv des Nationalmuseums. Die **Großprioratsmühle** (Nr. 7/489) arbeitete vom 13. Jh. bis zum Jahr 1936.

Paläste säumen seit dem 17. Jh. auch die **Karmelitská ulice** (Karmelitergasse), einen der wichtigsten Kleinseitner Verkehrswege. Schon seit Anfang des 14. Jh. stand hier ein Kloster der Magdalenerinnen, des deutschen »Ordens zur hl. Maria Magdalena von der Buße«; 1604 kamen die Dominikaner hierher. Das **Palais Rohan** (Nr. 8/386) präsentiert sich im Stil des Empire;

in barockem Gewand zeigt sich das **Palais Sporck** (Nr. 14/382). Barock und Klassizismus vereinigen sich im **Muscon-Palais** (Nr. 16/380), das zu Beginn des 17. Jh. zunächst als Renaissancebau entstanden war.

Über der Karmelitská erhebt sich **St. Maria de Victoria** (Maria vom Siege; Kostel P. Marie Vitežné), der erste Barockbau Prags. Als »Dreifaltigkeitskirche« wurde das Gotteshaus 1611–1613 von dem Architekten Giovanni Maria Filippi aus dem norditalienischen Trentino für deutsche Lutheraner erbaut. Im Zuge der Gegenreformation fiel die Kirche 1624 dem katholischen Orden der Unbeschuhten Karmeliter zu und wurde im Gedenken an den Sieg auf dem Weißen Berg der »Gottesmutter vom Siege« geweiht. Umfangreiche Umbaumaßnahmen in den Jahren 1636–1644 gaben der Kirche eine neue Orientierung.

Bemerkenswert ist die hohe Fassade mit der siegreichen Gottesmutter in der Rundbogennische über dem Portal, dargestellt als Himmelskönigin mit Krone, Zepter und Strahlenkranz. Diese Statue wurde zum Vorbild für unzählige Marienstatuen in Böhmen und Mähren. Das Innere der einschiffigen, tonnengewölbten Kirche ist schlicht und wird nur von kunstvoll ausgestatteten Seitennischen unterbrochen. Der Hauptaltar in Form eines römischen Triumphbogens ist ein Werk von Johann Ferdinand Schor (1723), die Altarbilder (»Hl. Josef«, »Hl. Joachim mit hl. Anna« und »Hl. Simon«) schuf Peter Johann Brandl. Die moderne Madonna gestaltete der Maler und Schriftsteller Josef Čapek (1887–1945, KZ Bergen-Belsen).

Als besondere Sehenswürdigkeit dieser Kirche und Ziel unzähliger Gläubiger aus aller Welt gilt das *Prager Jesulein,* das als wundertätig verehrte »Bambino di Praga«, eine 60 cm große, kostbar bekleidete Wachspuppe in silbernem Schrein. Als die Spanierin Maria Manriques de Lara in der zweiten Hälfte des 16. Jh. den böhmischen Adligen Vratislav von Pernstein heiratete, brachte sie die Puppe mit nach Prag. Sie schenkte das Familienkleinod ihrer Tochter Polyxeno zu deren Hochzeit mit dem Obersten Hofkanzler Zdenek Popel von Lobkowitz. Als Polyxeno von Lobkowitz 1628 verwitwete, stiftete sie das Jesulein den Karmelitern für ihre Kirche Maria vom Siege. 1784 hob Joseph II. das Kloster auf, die Kirche ging an den Malteserorden. Heute untersteht sie unmittelbar dem Prager Erzbistum.

Das **Palais Vrtba** (Karmelitská Nr. 25/373) ging aus zwei Renaissancehäusern hervor, die Graf Vrtba 1631 verbinden ließ. Das Besondere an dem Anwesen ist sein Garten (Vrtbovská zahrada), der terrassenförmig den Hang hinaufsteigt und zu den schönsten Gärten Mitteleuropas zählt. Der Oberstburggraf Johann Josef von Vrtba gab ihn in Auftrag, František Maximilián Kaňka lieferte den Entwurf, die Plastiken schuf die Werkstatt Matthias Bernhard Braun, die Wandmalereien stammen von Wenzel Lorenz Reiner. Die Arbeiten an diesem italienischen Garten dauerten von 1715 bis 1720. Auf der untersten der vier Terrassen verbindet ein *Giardinetto* (Gärtchen) mit kleiner Fontäne die Sala terrena mit dem Palais. Zwei Portale führen zur nächsthöheren Terrasse empor. Von dort steigt eine Doppeltreppe zur dritten Terrasse mit Statuen des olympischen Pantheon auf. Die oberste Terrasse bietet eine wundervolle Aussicht auf die Prager Burg und die Dächer der Kleinseite.

In der Vlašská ul. (Welsche Gasse; Nr. 19/347) befindet sich das **Palais Lobkowitz** mit der Botschaft der Bundesrepublik Deutschland. Das Palais wurde 1702–1705 von Giovanni Battista Alliprandi erbaut und besticht durch seine großartige Gartenfront. 1753 erwarb die Familie Lobkowitz das Grundstück mit dem riesigen Garten, der sich bis auf den Petřín (Laurenziberg) hinauf erstreckt. Zwei Statuengruppen krönen die beiden Pfeiler des Garten-

Ansicht von Prag

tors: »Hades entführt Persephone, die Tochter des Zeus und der Demeter« und »Boreas, der Nordwind, entführt Oreithyia, die Tochter des Erechtheus, des Königs von Athen«. Beachtenswert ist auch die prunkvolle Einfahrt mit dem Deckenmedaillon »Schwebender Chronos«.

In der Josefská ul. (Josefsgasse) findet der Besucher ein besonders interessantes Beispiel des Prager Barock: die **St.-Josefs-Kirche.** Im Auftrag der Unbeschuhten Karmeliterinnen bauten Jean Baptiste Mathey und Abraham Paris 1687–1692 das Gotteshaus als frühbarocken Zentralbau auf elliptischem Grundriß. Die großartige Fassade entwarf Johann Raas von Tirol (Pater Ignatius à Jesu).

Biegt man vom Kleinseitner Ring in die Letenská ul. ein, trifft man gleich am Anfang auf die **St.-Thomas-Kirche** (Kostel sv. Tomáse), die zusammen mit dem Kloster der Augustiner-Eremiten 1285 von König Wenzel II. gegründet wurde. Innerhalb von 90 Jahren entstand in

zwei Bauabschnitten eine gotische Basilika. Gegen 1600 wurde sie im Stil der Renaissance erneuert, 1727–1731 von Kilian Ignaz Dientzenhofer barock umgestaltet. Die Originale der Altarbilder »Hl. Augustin« und »Folterung des hl. Thomas«, 1639 von Peter Paul Rubens gemalt, befinden sich heute in der Nationalgalerie. Berühmt ist das dunkle Bier der 1358 gegründeten **St.-Thomas-Brauerei** mit gemütlichem Keller- und Gartenlokal gleich nebenan in der Letenská.

Bekannte Bierstuben gibt es auch in der Tomášská ul. (Thomasgasse), z. B. im Haus U Schnellů (Nr. 2/27) und im Haus Zu den drei Störchen (U tří čápů). Einen Blick sollte der Besucher unbedingt auf das Haus **Zum goldenen Hirsch** (U zlatého jelena; Nr. 4/26) werfen. Kilian Ignaz Dientzenhofer entwarf 1725/26 die großartige Barockfassade. Den hl. Hubertus mit dem Hirsch, wohl das schönste Hauszeichen Prags, gestaltete der Bildhauer Ferdinand Maximilian Brokoff.

Den Valdštejnské nám. (Waldsteinplatz) beherrscht das **Palais Waldstein** (Valdštejnsky Palác), der früheste Barockbau Prags. 1621 erwarb Albrecht Wenzel Eusebius von Waldstein (Wallenstein), damals noch Graf und Obrist im kaiserlich-katholischen Heer, aber durch den Kauf konfiszierter Güter des protestantischen Adels bereits zu unermeßlichem Reichtum gelangt (s. S. 227f.), ein Renaissance-Herrenhaus sowie 23 umliegende Häuser am Fuß der Prager Burg. 1623 begann eine Gruppe italienischer Architekten unter Andrea Spezza mit den Bauarbeiten an dem Palast, der größer und prunkvoller als der Palast der Könige auf dem Hradschin werden sollte. 1630 – Kaiser Ferdinand II. hatte Albrecht von Waldstein inzwischen zum Herzog von Friedland, Fürst von Sagan und Herzog von Mecklenburg ernannt – war der Monumentalbau mit fünf Höfen und einem riesigen Garten fertiggestellt.

Das Äußere des Palastes wirkt unauffällig, bescheiden, fast ein wenig eintönig, weil jegliche Belebung der gewaltigen Fassade fehlt. Das Innere dagegen zeigt sich in seltener Pracht, vor allem der zentral gelegene zweistöckige *Rittersaal* mit dem stuckgerahmten Deckenfresko von Baccio Bianco, das den Hausherrn als triumphierenden Kriegsgott Mars darstellt (1630). Eine Kapelle im Nordteil des Palastes beansprucht die ganze Höhe des Gebäudes und zeigt Fresken mit Szenen aus dem Leben des hl. Wenzel, ebenfalls von Baccio Bianco.

Im Gegensatz zum Palast, in dem das Kultusministerium und das Comenius-Museum untergebracht sind, ist der zugehörige *Waldsteingarten* (Eingang in der Letenská ul.) der Öffentlichkeit regelmäßig zugänglich. Als Höhepunkt des Gartens stellt sich die monumentale *Sala terrena* mit ihren drei hohen Arkaden dar, eine Schöpfung Giovanni Pieronis nach dem Vorbild der ligurischen Architektur. Die Deckengemälde von Baccio Bianco zeigen Szenen aus dem Trojanischen Krieg. Den zierlichen Brunnen vor der Sala krönt eine Kopie jener Venus, die der Nürnberger Benedikt Wurzelbauer 1599 für den Garten des Lobkowitzpalastes auf dem Hradschin gegossen hatte. Das Original kam 1630 in den Waldsteingarten, wurde 1648 von den Schweden entführt, 1889 zurückgekauft und wird seitdem in der Burggalerie verwahrt. Kopien von Schöpfungen des Holländers Adrian de Vries, der bereits unter Rudolf II. als kaiserlicher Kammerbildhauer tätig war, flankieren den Weg, der sich von der Sala terrena durch den Garten zieht. Die Originale kamen 1648 nach Schweden, wo sie sich noch heute in Drottningholm, dem Sommerschloß der schwedischen Könige, befinden: eine »Ringergruppe«, »Venus und Adonis«, »Laokoon«, »Neptun«, »Bacchus« und »Apollo«. Auch die Skulpturen in dem Wasserbecken, »Herkules und Najaden«, sowie eine nicht genau zu deutende allegorische Gruppe stammen von de Vries.

Hradschin (Hradčany)

Die Prager Burg

Die Prager Burg (s. Farbt. 2) war im Laufe ihrer über 1000jährigen Geschichte Sitz von Fürsten, Herzögen, Königen, Bischöfen und Erzbischöfen und Mittelpunkt des Heiligen Römischen Reiches. Noch heute bildet sie das Zentrum des tschechoslowakischen Staates und genießt das Ansehen eines nationalen Kulturdenkmals.

Etwa um das Jahr 890 verlegte der Přemyslide Bořivoj die Residenz seines Fürstentums von Levý Hrádec nach Prag, das sich in jener Zeit zu einem lebhaften Handelsplatz zu entwickeln begann. Auf dem Hügel über der Moldau errichtete er seinen Palast und eine der Gottesmutter geweihte Holzkirche, das zweite christliche Heiligtum in Böhmen (die erste, dem hl. Klemens geweihte Kirche hatte Bořivoj in seiner bisherigen Residenz erbaut). Seine Söhne Spitihněv und Vratislav I. umgaben das riesige Burgareal mit einer starken Umwallung aus Baumstämmen und Steinen, die Holzkirche ersetzten sie durch ein steinernes Gotteshaus. Gegen 915 stiftete Vratislav I. eine zweite Kirche, eine Kirche zu Ehren des hl. Georg. Um 925 begann Fürst Wenzel, später der Heilige, mit dem Bau der mächtigen St.-Veits-Rotunde.

973, als Prag zum Bistum erhoben wurde, entstand neben der St.-Georgs-Basilika das erste Kloster Böhmens. Nach 1041 erhielt die Burg eine massive Mauer aus Steinquadern; Türme schützten die Tore und Ecken. 1096 weihte der Prager Bischof die neue St.-Veits-Basilika, die an die Stelle der Rotunde getreten war. Soběslav I. erneuerte ab 1135 das gesamte Befestigungssystem, das sich danach fast 500 Jahre bewähren sollte.

Den Höhepunkt seiner Prachtentfaltung erreichte der Hradschin unter Kaiser Karl IV., der die Burg zum repräsentativen Zentrum seines Römischen Reiches erhob. Unter seiner Herrschaft wuchs die St.-Veits-Kathedrale zu einem der schönsten Sakralbauten Europas empor. Doch von 1382 an verödete die Burg. Wenzel IV. residierte lieber in der Altstadt, sofern er überhaupt in Prag war, die Hussiten vertrieben den Klerus und verwüsteten Kirchen und Klöster. Erst König Vladislav II. Jagiello zog 1484 wieder in die Burg ein. Im Zeitalter der Renaissance stellten Herrscher höhere Ansprüche an ihre Residenzen, und so ließen die Habsburger Ferdinand I. und sein Sohn Erzherzog Ferdinand von Tirol, Statthalter von Böhmen, von 1526 an die Burg großzügig umbauen. Ihr Werk setzte Kaiser Rudolf II. fort, der Prag zu einer Hauptstadt der Künste und der Wissenschaften erhob.

Nach dem Sieg der Kaiserlichen in der Schlacht auf dem Weißen Berg (1620) kamen die Habsburger nur noch gelegentlich nach Prag. Maria Theresia, die sich 1743 mit großem Pomp die böhmische Königskrone aufsetzte, veranlaßte 1753 eine umfassende Neugestaltung der Burg. Später jedoch verödeten die Bauten mehr und mehr. Nach der Gründung der tschechoslowakischen Republik am 28. Oktober 1918 wurde die Prager Burg Sitz des Staatsoberhauptes.

Die Prager Burg hat drei offizielle Zugänge: vom Norden her über die Pulverbrücke, vom Osten über die Alte Schloßstiege und vom Hradschiner Platz im Westen durch den Haupteingang in den ersten Burghof. Der **erste Burghof** entstand 1763–1771 im Zuge der Neu- und Umbaumaßnahmen unter Kaiserin Maria Theresia. Die Entwürfe lieferte der Hofarchitekt Nikolaus Freiherr von Pacassi, den Bau leiteten Anselmo Lurago, Anton Kurz und Anton Haffenecker. Ein hoher Gitterzaun trennt den Hof vom Hradschiner Platz, »Kämpfende Giganten« von Ignaz Platzer (1768) krönen die Pfeiler des Haupttores (heute Kopien). Das den Hof umgebende Gebäude enthält die Repräsentationsräume des Staatspräsidenten. In den klassizistischen Bau ist das **Matthiastor** aus dem Jahr 1614 integriert; es stand ursprünglich frei auf einem der Wälle, die sich damals schützend vor der besonders gefährdeten Westseite der

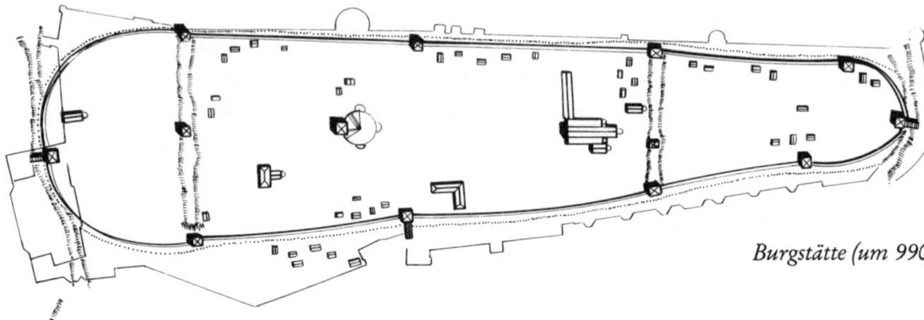

Burgstätte (um 990)

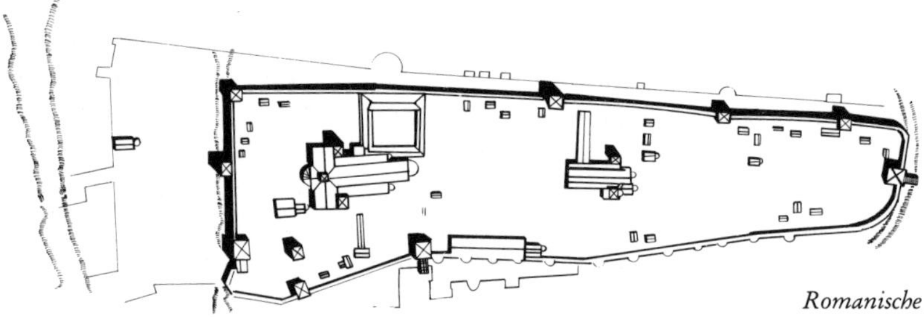

Romanische Burg (um 1240)

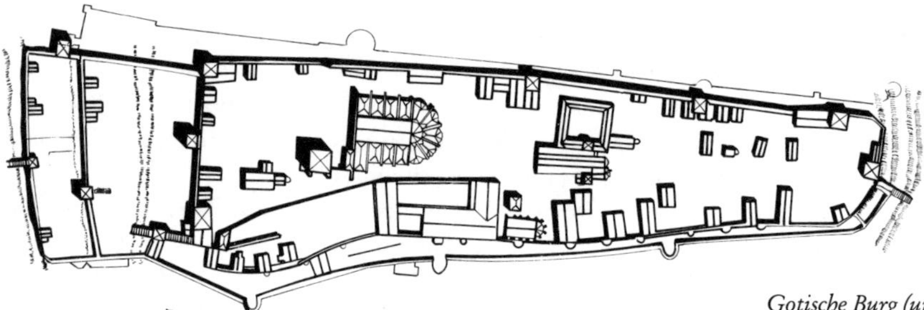

Gotische Burg (um 1420)

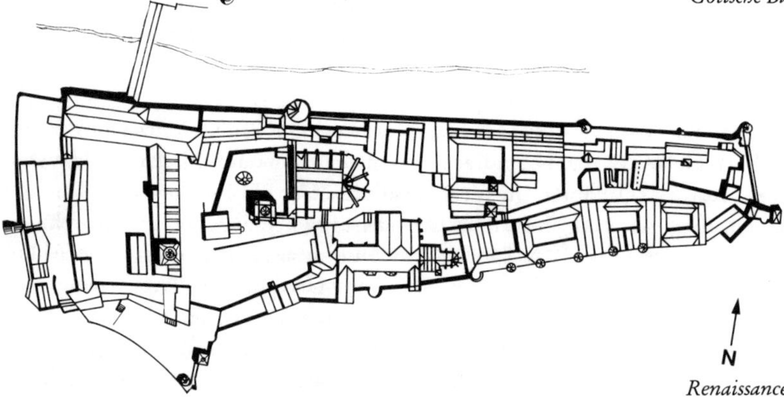

Renaissanceburg (um 1620)

Die Entwicklung der Prager Burg

Burg erhoben. Unter dem Torsims erscheinen die Wappen der zum Reich des Kaisers Matthias gehörenden Länder; im Giebel sieht man das kaiserliche Wappen und eine Ruhmesinschrift.

Das Matthiastor führt in den **zweiten Burghof,** der im späten 16. Jh. vor der romanischen Westmauer entstand und von der **Heilig-Kreuz-Kapelle** beherrscht wird. Anselmo Lurago erbaute sie nach einem Entwurf von Pacassi (1756–1763), 1855 wurde das Innere neobarock umgestaltet. Seit 1961 bewahrt die Kapelle den St.-Veits-Domschatz, eine Sammlung von liturgischem Gerät, Reliquienschreinen und Meßgewändern des 8. bis 19. Jh.

Die Nordseite des zweiten Burghofes nehmen der Spanische Saal und die ehemalige Rudolfsgalerie ein. Der 48 m lange, 24 m breite und 12 m hohe **Spanische Saal,** erbaut 1601–1606, umgestaltet 1748–1750 von Kilian Ignaz Dientzenhofer, wurde 1865–1868 für die Krönung des Kaisers Franz Joseph I. zum böhmischen König modernisiert, auf die er jedoch schließlich verzichtete. Die **Rudolfsgalerie** entstand 1586–1598. Beide Säle dienen heute der Repräsentation.

Im Nordtor befindet sich der Eingang zur **Gemäldegalerie** der Prager Burg, die seit 1965 in einem Teil des Westtraktes und im Erdgeschoß des Nordtraktes ihre einzigartige Sammlung präsentiert. Die Exponate stammen fast ausschließlich aus der Regierungszeit Rudolfs II. und Ferdinands II. und umfassen vorwiegend Werke der Künstler Tizian (um 1488–1576), Tintoretto (1518–1594), Giuseppe Arcimboldo (um 1527–1593), Paolo Veronese (1528–1588), Adrian de Vries (um 1544–1626), Bartholomäus Spranger (1546–1611), Benedikt Wurzelbauer (1548–1620), Hans von Aachen (1552–1615), Peter Paul Rubens (1577–1640). Die Gemäldesammlung besteht heute nur noch aus einem Bruchteil der einst weltberühmten rudolfinischen Sammlung, da die meisten Werke nach Dresden verkauft, nach Wien verschoben oder bei der berüchtigten »josephinischen Versteigerung« im Jahr 1782 veräußert wurden.

Eine Durchfahrt verbindet den zweiten mit dem **dritten Burghof,** dem Kern der Burg. Das romanische Gebäude vor der Südwestecke des Doms ist der **Bischofspalast** aus dem 11. Jh., der im 17. Jh. sein barockes Äußeres mit Portal und Wenzelstatue von Johann Georg Bendl erhielt. Der fast 18 m hohe monolithe Obelisk wurde 1928, am 10. Jahrestag der Gründung der tschechoslowakischen Republik, aufgestellt. Das **Reiterstandbild des hl. Georg** gestalteten die Brüder Georg und Martin von Klausenburg im Jahr 1373. Dieses Standbild zählt zu den schönsten und lebendigsten Reiterdarstellungen des Mittelalters (das Original befindet sich im nahen Georgskloster).

Das beeindruckendste Baudenkmal der Burganlage ist zweifellos der **St.-Veits-Dom** (Katedrála sv. Vita; Abb. 1). Herzog Wenzel I., später der Heilige, stiftete um das Jahr 925 die vorromanische St.-Veits-Rotunde als Hofkirche der Přemysliden. Der hl. Veit war um 313 in Sizilien als Märtyrer gestorben. Seit 836 galt die fränkische Benediktinerabtei Corvey an der Weser als Hauptzentrum seiner Verehrung, von dort kam der Kult nach Prag. 1355 erwarb Karl IV. in Pavia das Skelett des hl. Veit und machte Prag damit zum Mittelpunkt der Verehrung dieses Heiligen. Mit der Gründung des Bistums im Jahr 973 wurde die bisherige Hofkirche zur Hauptkirche der Prager Bischöfe. 1060–1096 trat eine dreischiffige romanische Basilika an die Stelle der fränkischen Rotunde. Nachdem das Bistum Prag auf Drängen des Markgrafen Karl, des späteren Kaisers Karl IV., 1344 von Papst Klemens VI. zum Erzbistum erhoben wurde,

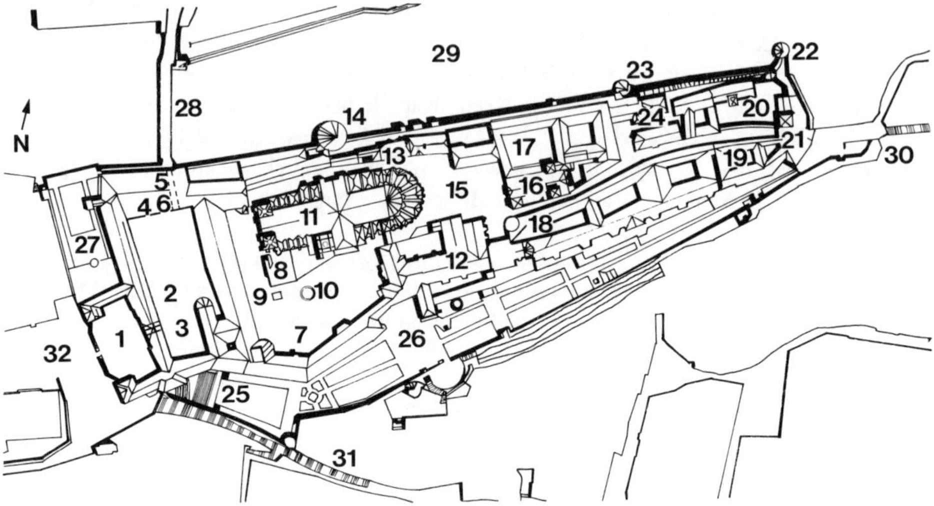

Die Prager Burg
1 Erster Burghof 2 Zweiter Burghof 3 Heiligkreuzkapelle 4 Spanischer Saal 5 Rudolfsgalerie 6 Gemäldegalerie 7 Dritter Burghof 8 Bischofspalast 9 Obelisk 10 Reiterstandbild des hl. Georg 11 St.-Veits-Dom 12 Königspalast 13 Altes Dekanat 14 Mihulka-Turm 15 Georgsplatz 16 St.-Georgs-Basilika 17 St.-Georgs-Kloster 18 Rosenberg-Palais 19 Lobkowitz-Palais 20 Burggrafenamt 21 Schwarzer Turm 22 Daliborka-Turm 23 Neuer Weißer Turm 24 Goldenes Gäßchen 25 Paradiesgarten 26 Wallgarten 27 Basteigarten 28 Pulverbrücke 29 Hirschgraben 30 Alte Schloßstiege 31 Neue Schloßstiege 32 Hradschiner Platz

legten Karl und sein Vater Johann am 21. November 1344 den Grundstein zu einer mächtigen gotischen Kathedrale. Der Franzose Matthias von Arras, bis 1344 im Dienst des päpstlichen Hofes in Avignon, entwarf den Bau nach dem Vorbild der südfranzösischen Kathedralen. Er baute den Chorabschluß mit Umgang und den östlichen Teil des Langchores. Nach Matthias' Tod im Jahr 1352 setzte Peter Parler (um 1330–1399) das Werk fort, vollendete den Chor und baute in eigenem Entwurf den Südarm des Querschiffs mit Vorhalle, das Erdgeschoß des Hauptturms und Teile des Langhauses. Bis 1420 setzten Parlers Söhne Johann, Wenzel und Paul die Arbeit am Hauptturm fort, doch dann unterbrachen die Hussitenkriege die Arbeit, und der fertige Ostteil mußte mit einer provisorischen Mauer abgeschlossen werden. Unter König Vladislav II. Jagiello entstand gegen 1500 das Königliche Oratorium. 1560–1562 gab der Renaissancebaumeister Bonifaz Wohlmut dem Hauptturm den äußeren Umgang und eine Zwiebelkuppel, Nikolaus Freiherr von Pacassi veränderte später die Turmspitze im Stil des Barock. Vollendet wurde der Bau erst 1873–1929 (mit Unterbrechungen) unter den Dombaumeistern Josef Kranner, Josef Mocker und Kamil Hilbert.

Äußeres: Die Statuen der Westfront (Heilige, Karl IV. und andere bedeutende Männer; Stanislav Sucharda), die Bronzereliefs an den Westportalen (Szenen aus dem Leben des hl. Adalbert, links, und des hl. Wenzel, rechts, aus der Baugeschichte des Doms, Mitte; Otakar Španiel nach Entwürfen des Malers Vratislav Hugo Brunner) und die Glasmalerei der Rosette (»Erschaffung der Welt«; František Kysela) wurden erst in den Jahren 1927–1929 geschaffen. Die berühmte *Goldene Pforte,* den Festeingang an der Südseite des Doms (Abb. 3, 4), gestaltete jedoch bereits 1367 Peter Parler selbst. Das Mosaik aus dem Jahr 1370/71 zeigt das Jüngste Gericht mit den böhmischen Schutzheiligen, Karl IV. und seiner Gemahlin Elisabeth von Pommern.

Der 96,6 m hohe *Hauptturm* links der Goldenen Pforte wirkt durch sein Zwiebeldach wie ein Fremdkörper, doch unterscheidet gerade dieser ›Stilbruch‹ den Veitsdom von anderen gotischen Kathedralen Europas. Gotische Bauweise zeigt der Turm bis zu einer Höhe von 58 m, dann beginnt das barocke Ziegelwerk. Im ersten Stock hängt die 18 Tonnen schwere Glocke Zikmund, die größte Glocke Böhmens, eine Schöpfung des Jahres 1549. Im zweiten Stock hängen die Glocken Wenzel (1542), Johannes der Täufer (1546) und Joseph (1602).

Rundgang durch den Dom (entgegen dem Uhrzeigersinn; s. Farbt. 4): *St.-Ludmila-Kapelle* mit barockem Taufbecken (17. Jh.), auf dem neugotischen Altar ein Standbild der hl. Ludmila (Emanuel Max, 1845), Glasfenster »Sendung des Heiligen Geistes« (Max Švabinský); *Heilig-Grab-Kapelle* mit Farbfenster »Werke der Barmherzigkeit« (Karel Svolinský, 1932); Thunsche Kapelle mit Glasfenster »Wer unter Tränen sät, wird mit Freuden ernten« (František Kysela, 1928/29); die meist verschlossene *Hasenburgkapelle* im Hauptturm enthält den Aufgang zu den Glocken, zur Turmuhr und zur Außengalerie. Von Cyril Bouda stammt das Fenster »Grundsteinlegung des neugotischen Kirchenschiffs« (1934).

Die bedeutendste Sehenswürdigkeit des Doms ist die *St.-Wenzels-Kapelle,* 1362–1367 von Peter Parler an der Stelle der Südapsis der Veitsrotunde erbaut, in der Boleslav I. seinen von ihm selbst ermordeten Bruder, den hl. Wenzel, beisetzte. Mehr als 1300 Halbedelsteine aus den böhmischen Bergen, Amethyste, Chalzedone, Jaspise, Chrysoprase und Achate, schmücken die Wände (darüber Fresken der »Leiden Christi« des Meisters von Leitmeritz; 1372/73). Den »Wenzelsleuchter«, ein Werk des Nürnberger Bronzegießers Hans Vischer, stiftete 1534 die Prager Mälzerinnung. Das Tafelbild des unbekannten Malers (Initialen »I.W.«) am Eingangspfeiler stellt die Ermordung des hl. Wenzel in Stará Boleslav (Altbunzlau) dar. Heinrich Parler schuf 1373 die eindrucksvolle Kalksteinstatue des Heiligen. Über der St.-Wenzels-Kapelle befindet sich die *Kronkammer* mit den Krönungsinsignien der böhmischen Könige: die Wenzelskrone (14. Jh.), die Karl IV. aus der alten Přemyslidenkrone arbeiten ließ, das Krönungsschwert (14. Jh.), das Zepter und der Reichsapfel (16. Jh.), Krönungsmantel und Stola (18. Jh.). Die Krönungsinsignien werden nur bei besonderen Anlässen gezeigt. An die Wenzels-

Peter Parler, Selbstporträt im Triforium des Prager Veitsdomes

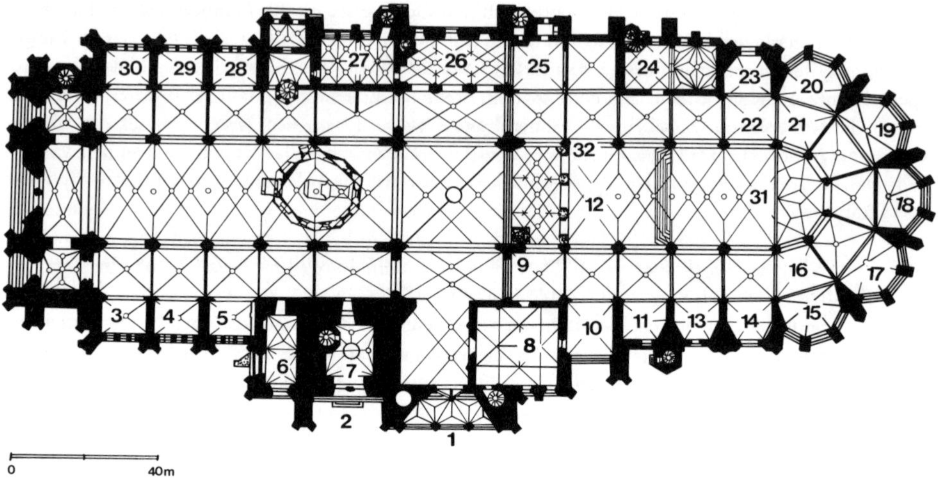

Prag, St.-Veits-Dom, Grundriß
1 Goldene Pforte 2 Hauptturm (Südturm) 3 St.-Ludmilla-Kapelle 4 Heiliggrabkapelle 5 Thunsche Kapelle 6 Kapitelbibliothek 7 Hasenburgkapelle 8 St.-Wenzels-Kapelle 9 Epitaph des Grafen Leopold Schlick 10 St.-Andreas-Kapelle (Martinitzkapelle) 11 Heiligkreuzkapelle mit Eingang zur Königsgruft 12 Königsmausoleum 13 Königliches Oratorium 14 Waldsteinkapelle der hl. Maria Magdalena 15 Kapelle des hl. Johannes von Nepomuk 16 Grabmal des hl. Johannes von Nepomuk 17 Reliquienkapelle (Sächsische Kapelle) 18 Marienkapelle 19 Kapelle Johannes' des Täufers 20 Alte Erzbischöfliche Kapelle 21 Denkmal des Kardinals F. J. Schwarzenberg 22 Holzrelief »Flucht des Winterkönigs« 23 St.-Anna-Kapelle 24 Alte Sakristei (St.-Michaels-Kapelle) 25 St.-Sigismund-Kapelle 26 Chorkapelle 27 Neue Sakristei 28 Neue Erzbischöfliche Kapelle 29 Schwarzenbergkapelle 30 Bartoň-Dobeninsche Kapelle 31 Chor mit Hauptaltar 32 Kanzel

kapelle grenzt die *St.-Andreas-Kapelle* (Martinitz-Kapelle) mit der Grabplatte des Georg von Martinitz, Statthalter von Böhmen, der am 23. Mai 1618 aus dem Fenster seiner Kanzlei gestürzt wurde, aber nahezu unversehrt entkam; weiter die *Heilig-Kreuz-Kapelle* mit dem Eingang zur *Königsgruft* (Sarkophage Karls IV., seines Sohnes Wenzel IV., seiner vier Ehefrauen in gemeinsamem Sarg, des Ladislav Postumus und des Georg von Poděbrad, Empiresarg der Maria Amalie, Tochter der Kaiserin Maria Theresia, Zinnsarg Rudolfs II. u. a.). In unmittelbarer Nähe der Königsgruft wurden Grundmauern der Rotunde und der Basilika freigelegt. Genau über der Königsgruft ragt das marmorne *Königsmausoleum* mit den sterblichen Überresten des Kaisers Ferdinand I., seiner Gemahlin Anna Jagiello und seines Sohnes Maximilian II. in den Chor hinauf. Das *Königliche Oratorium* mit seinem wirr verästelten Dekor gestaltete 1493 Hans Spiess aus Frankfurt. Stilistisch zeigt sich hier eine Parallele zum Altstädter Pulverturm, der zur selben Zeit entstand.

In der *Waldsteinkapelle* erinnern zwei Grabplatten an die Erbauer der St.-Veits-Kathedrale: Matthias von Arras († 1352) und Peter Parler († 1399). Zwei Holzreliefs von Kasper Bechteller (1631) am Chor stellen die Plünderung der Kathedrale und des Grabes des hl. Johannes von Nepomuk durch die Calvinisten im Jahr 1619 dar. Es folgt die *Kapelle des hl. Johannes von Nepomuk* mit dem Reliquienschrein des hl. Adalbert, vor der Kapelle das silberne Grabmal des hl. Nepomuk (um 1736); die *Reliquienkapelle* mit

Gräbern der beiden Přemyslidenkönige Ottokar I. und Ottokar II.; die *Marienkapelle* im Chorabschluß mit zwei gotischen Grabmälern der Fürsten Břetislav I. und Spitihněv II.; die *Kapelle Johannes des Täufers* mit Gräbern der böhmischen Fürsten Břetislav II. und Bořivoj II. (der bronzene »Jerusalemleuchter« ist ein Meisterwerk romanischer Gießereikunst; böhmische Soldaten sollen ihn 1158 in Mailand erbeutet haben); die *Erzbischöfliche Kapelle* als Begräbnisstätte der Prager Erzbischöfe (Abb. 5); beachtenswert das Renaissancegrabmal für den Obersten Kanzler Vratislav von Pernštejn (Vredeman de Vries; 1582); vor der Kapelle die Plastik des Erzbischofs und Kardinals Friedrich Josef Schwarzenberg (Josef Václav Myslbek; 1895); Kasper Bechteller schnitzte um 1631 das eindrucksvolle Holzrelief »Flucht des Winterkönigs nach der Schlacht am Weißen Berg«; die *St.-Anna-Kapelle* mit frühgotischer Reliquienplatte aus der Martinskirche zu Trier (1266) im neugotischen Altar; die *St.-Sigismund-Kapelle* mit Reliquien des Heiligen, die Karl IV. im Jahr 1365 nach Prag holte, weiter die *Chorkapelle,* die *Neue Sakristei* und schließlich die *Neue Erzbischöfliche Kapelle,* in der die Erzbischöfe unseres Jahrhunderts beigesetzt werden. Das auffallend schöne Fenster mit Szenen aus dem Leben und Wirken der Landesheiligen entwarf Alfons Mucha (1931). Das Altar-Triptychon »Anbetung der Hl. Drei Könige« entstand um das Jahr 1500.

Unter den Fenstern des Hochchors zieht sich ein Laufgang um das Mittelschiff der Kathedrale: das *Triforium.* Peter Parler stellte hier Porträtbüsten von Mitgliedern der Königsfamilie und von Persönlichkeiten auf, die sich um den Bau der Kathedrale verdient gemacht hatten. Die 21 Büsten, Werke der Parlerschen Bauhütte aus den Jahren 1374–1385, sind von einem glutvollen Realismus, wie er im 14. Jh. anderswo nicht anzutreffen ist. Zu den Abgebildeten gehören u. a. Karl IV., seine vier Frauen, sein Vater Johann von Luxemburg, sein Sohn Wenzel IV., die drei ersten Erzbischöfe Prags (Ernst von Pardubitz, Johann von Wlaschim, Johann von Jenzenstein) und die beiden Baumeister Matthias von Arras und Peter Parler. Die Büsten im neugotischen Teil des Triforiums zeigen Vollender des Dombaus aus dem 19. und 20. Jh., Werke von Ladislav Kofránek, Bohumil Kafka und anderen tschechischen Bildhauern.

Der **Alte Königspalast** (Královsky palác) diente vom 11. bis zum 16. Jh. als Residenz der böhmischen Könige. Vom 16. bis 18. Jh. war er Sitz der obersten Behörden Böhmens, danach wurden die Baulichkeiten nur noch zu besonderen Anlässen, z. B. Landtagssitzungen, in Anspruch genommen. 1924 begann die Rekonstruktion des Königspalastes.

Vor dem Eingang zum Königspalast steht der *Adlerbrunnen,* entworfen 1664 von Francesco Caratti. Links vom Vorraum befindet sich die *Grüne Stube,* in der unter Karl IV. Gericht gehalten wurde und seit 1512 das Kammer- und Hofgericht tagte. Dahinter liegt die *Vladislav-Schlafstube,* ein spätgotischer Raum mit einem großartigen mehrfarbigen Gewölbe. Die Initiale »W« über dem Fenster weist auf Vladislav Jagiello hin (ältere Schreibweise: »Wladislaw«), an den auch der prächtige *Vladislav-Saal* erinnert. Benedikt Ried formte den unter Karl IV. entstandenen gotischen Saal um, gab ihm das wunderbar geflochtene Rippengewölbe und machte ihn damit zu einem der schönsten Säle des Zeitalters der Renaissance. In dem 62 m langen, 16 m breiten und 13 m hohen Saal fanden Krönungsfeierlichkeiten und wichtige Sitzungen, Ritterturniere und Bälle statt, noch heute wird hier der Staatspräsident gewählt, werden Verfassungsänderungen verabschiedet.

Nach Süden schließen sich an den Vladislav-Saal die Räume der *Böhmischen Kanzlei* an (Benedikt Ried, 1502–1509). Aus dem Ostfenster des hintersten Raumes stürzten die Ständi-

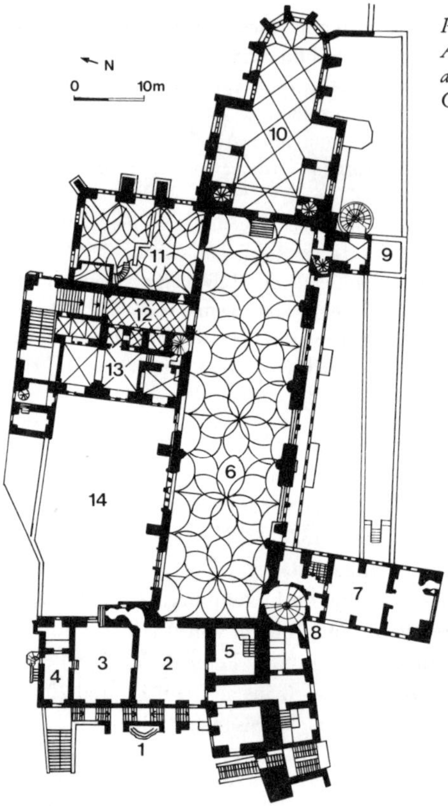

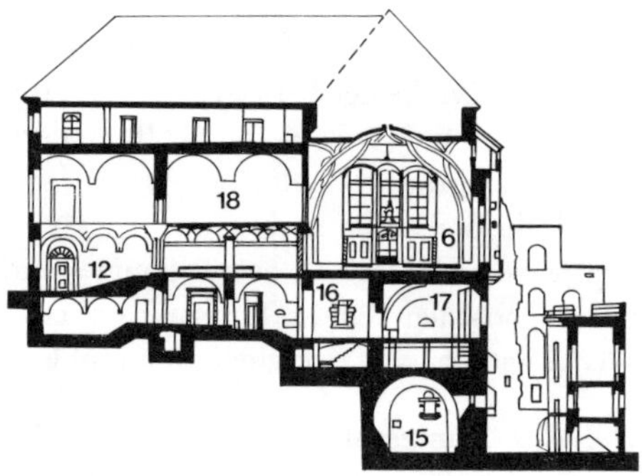

Prag, Alter Königspalast auf dem Hradschin, Grundriß, Aufriß

1 *Adlerbrunnen*
2 *Vorraum*
3 *Grüne Stube*
4 *Vladislav-Schlafstube*
5 *Romanischer Turm*
6 *Vladislavsaal*
7 *Böhmische Kanzlei*
8 *Reichshofratsstube*
9 *Aussichtsterrasse*
10 *Allerheiligenkapelle*
11 *Landtagssaal*
12 *Reitertreppe*
13 *Neues Appellationsgericht*
14 *Palasthof*
15 *Saal des romanischen Palastes*
16 *Alte Landtafel*
17 *Karlspalast*
18 *Kanzleien der Neuen Landtafeln*

schen am 23. Mai 1618 die Statthalter des Kaisers, Georg von Martinitz und Wilhelm Slavata von Chlum sowie ihren Sekretär Philipp Fabricius, was schließlich den Dreißigjährigen Krieg auslöste. Alle drei überlebten übrigens den 16 m tiefen Sturz, weil sie auf dichtes Buschwerk fielen. Eine Wendeltreppe führt zur *Reichshofratsstube* hinauf, in der die 27 Rädelsführer ihr Todesurteil hörten, das am 21. Juni 1621 auf dem Altstädter Ring vollstreckt wurde.

Einige Stufen führen vom Vladislav-Saal auf die Empore der *Allerheiligenkapelle* hinauf, die Peter Parler nach 1370 erbaute (1579/80 erneuert). Das Allerheiligenbild auf dem barocken Hauptaltar malte Wenzel Lorenz Reiner (1732). Der Altar auf der Nordseite der Kapelle enthält die Reliquien des hl. Prokop (um 1004–1053), der im Tal der Sázawa unweit von Prag ein Kloster gründete.

In der Nordostecke des Vladislav-Saals öffnet sich eine Tür auf den *Landtagssaal,* der schon zum Palast Karls IV. gehört hatte, 1541 jedoch abbrannte und 1559–1563 von Bonifaz Wohlmut in spätgotischem Stil rekonstruiert wurde. Hier tagte das Oberste Landesgericht, später berieten hier die böhmischen Stände. Neben dem Landtagssaal führt die Reitertreppe mit spätgotischem Rippengewölbe (Benedikt Ried, um 1500) zum Georgsplatz hinab.

Die unteren Stockwerke enthalten die mittelalterlichen Palasträume. Vom Palasthof führt eine Treppe zum *Saal des romanischen Palastes* der Fürsten Soběslav I. und Vladislav II. hinab (erste Hälfte des 12. Jh.). Im Vorraum sieht der Besucher Reste der vermutlich ersten slawischen Burg. Über dem romanischen Palast erstrecken sich die Räumlichkeiten des gotischen Palastes. Da ist zuerst die *Alte Landtafel*, ein großer Raum aus der Zeit Ottokars II., dessen frühgotisches Gewölbe über zwei gedrungenen Rundpfeilern aufsteigt. Hier verwahrte man die »Landtafeln«, Bücher, in denen wichtige Landtagsbeschlüsse sowie Änderungen in den Besitzverhältnissen des Hochadels, des Klerus und der Städte aufgezeichnet wurden. Zwei *Säle des Karlspalastes* aus der ersten Hälfte des 14. Jh. liegen unmittelbar unter dem Vladislav-Saal. Es folgen die alte Registratur und schließlich der *Säulensaal Wenzels IV.*, dessen asymmetrisches Rippengewölbe auf zwei schlanken, runden Pfeilern ruht.

Die Vikářská ul. (Vikargasse) verbindet nördlich des St.-Veits-Domes den dritten Burghof mit dem Georgsplatz (Jiřské nám.). An der Vikářská steht das hochbarocke **Alte Dekanat** (Nr. 2/37), seit 1483

Der Vladislavsaal um 1607

der Sitz des Dechanten vom St.-Veits-Kapitel. Hier ragt auch der runde **Mihulka-Turm** weit in den Hirschgraben hinaus. König Vladislav Jagiello ließ den Turm gegen Ende des 15. Jh. als Artilleriestellung errichten. Die Alte und die Neue Vikarei (Nr. 1, 4/38, 39) wurden 1969 vereinigt und unter dem Namen »Vikárka« als Restaurant und Weinstube eröffnet.

Um das Jahr 915 gründete Fürst Vratislav I. die dem hl. Georg geweihte **St.-Georgs-Basilika.** Als 973 daneben ein Kloster entstand, wurde die Basilika dreischiffig erweitert. Nach dem Brand des Jahres 1142 kamen die beiden Türme hinzu, 1657–1680 erhielt die Kirche ihr frühbarockes Äußeres, 1717–1722 entstand die benachbarte Kapelle des hl. Johannes von Nepomuk. Heute dient die Georgsbasilika als Konzertsaal.

Die Westfassade zeigt ein Georgsrelief im Giebel und Statuen von Vratislav I. und der Fürstin Milada über den beiden Seitenpilastern. Die Statue des hl. Nepomuk über dem Portal der Kapelle schuf Ferdinand Maximilian Brokoff (um 1720). Wie der St.-Veits-Dom erhielt auch die Georgsbasilika ein prächtiges Südportal, das im frühen 16. Jh. die Bauhütte von Benedikt Ried errichtete. Außergewöhnlich lebendig wirkt das Drachentöterrelief, dessen Original sich heute im Georgskloster befindet. Das Innere der Basilika hat seine schlichte romanische Schönheit bewahrt. Die Arkaden stammen aus dem 10. und 11. Jh., die Tribünenfenster aus dem 12. Jh. Archäologen fanden zwischen 1958 und 1962 die Grabtumben früher Přemyslidenfürsten: Vratislav I. († 921) in einer hölzernen Tumba aus dem 15. Jh. und Boleslav II. († 999) mit einem Grabmal aus der Zeit um 1730. Die *Kapelle der hl. Ludmila,* der ersten Märtyrerin Böhmens und »Mutter des tschechischen Volkes«, stammt aus dem beginnenden 13. Jh. Sie enthält Grab und Reliquien der Heiligen; das eindrucksvolle Grabmal fertigte die Parlersche Bauhütte um 1380.

Das **St.-Georgs-Kloster** gründete Milada (Mlada), die Schwester des Fürsten Boleslav II. des Frommen, im Jahr 973 als erstes Kloster in Böhmen. Milada hatte Papst Johannes XIII. in Rom davon überzeugt, daß Böhmen einen eigenen Bischof brauchte, um den christlichen Glauben durchzusetzen und zu festigen. Prag bekam seinen Bischof, und Milada wurde erste Äbtissin des Benediktinerinnenklosters zum hl. Georg. Das Kloster wurde im Laufe der Jahrhunderte mehrmals umgebaut und vergrößert. 1782 hob es Kaiser Joseph II. auf und machte eine Kaserne daraus, seit 1976 zeigt das Kloster als Teil der Nationalgalerie böhmische Kunst aus Gotik, Renaissance, Manierismus und Barock, darunter zahlreiche Tafelbilder, die Meister Theodoricus zwischen 1357 und 1367 für die Kreuzkapelle der Burg Karlstein (s. S. 117f.) gemalt hat. Die zum Kloster gehörende *St.-Anna-Kapelle* erstand über dem Grab der seligen Milada († 994).

Im 16. Jh. kaufte das einflußreiche Adelsgeschlecht der Rosenbergs neben dem Königspalast mehrere alte Häuser und ersetzte sie durch einen prunkvollen Palast. Dieses **Rosenberg-Palais** wurde zum Mittelpunkt des politischen und gesellschaftlichen Lebens in Prag. Im Jahr 1600 übernahm Kaiser Rudolf II. das luxuriöse Anwesen, Maria Theresia richtete hier im 18. Jh. ein »Adeliges Damenstift« ein. Nikolaus Freiherr von Pacassi und Anselmo Lurago gaben dem Palais 1754/55 seine heutige Gestalt und bezogen die Allerheiligenkapelle des Königspalastes mit in das Stift ein.

Das **Lobkowitz-Palais** in der Südostecke der Burg ließ sich gegen 1570 der Oberste Kanzler Vratislav von Pernštejn bauen. 1602 erwarb Wilhelm Popel von Lobkowitz das Anwesen. Wenzel Eusebius von Lobkowitz, Minister unter Kaiser Leopold I., beauftragte 1651 den Architekten Carlo Lurago mit dem Umbau in frühbarockem Stil. Sein jetziges Aussehen erhielt der Palast 1791. Heute zeigt das Lobkowitz-Palais als Nebenstelle des Nationalmuseums »Denkwürdigkeiten der nationalen Vergangenheit«.

Der **Schwarze Turm** war im 12. Jh. das Osttor der Burg. Wenzel I. ließ das Tor zumauern und südlich davon ein neues Osttor in die Mauer setzen. Vor diesem Tor befindet sich eine Aussichtsterrasse, die aus einer Artilleriestellung des 16. Jh. hervorging. Die »Alte Schloßstiege« verbindet die Burg mit der Kleinseite. Die nordöstliche Burgmauer verstärken zwei Artillerietürme: der Daliborka und der Neue Weiße Turm. Der **Daliborka-Turm** wurde 1496 zusammen mit den neuen Befestigungen von Benedikt Ried, dem großen Baumeister der Spätgotik, errichtet. Sein Name erinnert an den ersten Gefangenen, der in dem fensterlosen Turmverließ bis zu seiner Hinrichtung schmachtete, den Ritter Dalibor, der auf seiner Burg bei Leitmeritz aufständischen Bauern Schutz gewährt hatte. Der **Neue Weiße Turm,** im Jahr 1584 ebenfalls als Geschützturm konzipiert, diente vor allem als Staatsgefängnis. Hier warteten die Führer des Ständeaufstandes (1618) auf ihre Hinrichtung. Zwischen beiden Türmen liegt längs der Mauer das **Goldene Gäßchen** (Zlatá ulička). In den kleinen bunten Häuschen wohnten im 16. Jh. die Burgschützen, im 17. Jh. die Goldschmiede. Alchimisten jedoch, die angeblich im Auftrag Kaiser Rudolfs II. den »Stein der Weisen« suchten, haben hier nie gewirkt. Im 18. und 19. Jh. war das Goldene Gäßchen ein Quartier für arme Leute, Künstler und Literaten. 1917 wohnte im Haus Nr. 22 Franz Kafka, in den 20er Jahren der tschechische Dichter Jaroslav Seifert, der 1984 den Nobelpreis für Literatur erhielt (das Haus wurde inzwischen abgerissen).

1562 ließ Erzherzog Ferdinand von Tirol, Statthalter von Böhmen, die Gräben und Wälle vor den Südmauern der Burg einebnen und in Gärten verwandeln, die der Gartenarchitekt Josip Plečnik zwischen 1920 und 1930 neu gestaltete.

Außerhalb des Nordtors überquert die **Pulverbrücke** (Prašný most) den tiefen **Hirschgraben** (Jelení příkop), in dem vom 16. bis 18. Jh. Hochwild gehalten wurde. 1769 ersetzte ein Damm die Holzbrücke. Jenseits des Grabens liegt linker Hand die **Reitschule** Kaiser Leopolds I. (Jean Baptiste Mathey, um 1694), seit 1949 eine Ausstellungshalle. Die Ostseite des Weges U Prašného mostů (Zur Pulverbrücke) nehmen die **Ferdinands-Marställe** aus dem Jahr 1534 ein. Hier befindet sich auch der **Löwenhof,** den Rudolf II. 1581–1583 von Ulrich Avostalis bauen ließ. In dem Hof hielt der Kaiser Löwen, Tiger, Bären, Wölfe und andere exotische Tiere. Heute ist der »Lví dvůr« eine Gaststätte. Vom Löwenhof bis zum Lustschloß Belvedere erstreckt sich längs des Hirschgrabens der **Königsgarten** mit dem Großen Ballhaus, das 1567–1569 nach einem Entwurf von Bonifaz Wohlmut entstand. Heute dient es als repräsentativer Treffpunkt.

Im Osten schließt das **Belvedere** den Königsgarten ab. Das Lustschloß, 1535–1564 nach einem Entwurf von Paolo della Stella erbaut und von Bonifaz Wohlmut vollendet, gilt als das stilechteste Bauwerk der italienischen Renaissance nördlich der Alpen. In der Mitte des hübschen Renaissance-Giardinettos steht der *Singende Brunnen* von Francesco Terzio, 1564 von Tomáš Jaroš in Bronze gegossen. Die in die beiden Becken fallenden Wasserstrahlen erzeugen ein klingendes Vibrieren, das dem Brunnen seinen Namen gab.

Die Burgstadt (Hradčany)

Schon früh entstand westlich der Burg eine Siedlung, in der hauptsächlich Burgbedienstete wohnten. Um 1320 erhob der Burggraf Hynek Berka diese Siedlung, die bis zur heutigen Gasse U kasáren reichte, zur burggräflichen Stadt. Schon wenige Jahrzehnte später, 1360–1362, ließ Karl IV. mit der »Hungermauer« ein gewaltiges Terrain, das den Berg Petřín und das Kloster Strahov mit einbezog, umschließen. Die Hussitenkämpfe um 1420 und der große Brand von 1541 zerstörten die gotische Burgstadt, die sich mit schmucken Bürgerhäusern und Palästen im Stil der Renaissance wieder aus der Asche erhob. 1598–1784 war Hradčany königliche Stadt, danach ein Stadtviertel Prags.

Der **Hradčanské náměstí** (Hradschiner Platz) war der repräsentative Mittelpunkt der Burgstadt, seit 1541 von Palästen des Adels und des Klerus umgeben. In der Grünanlage des Platzes steht eine Mariensäule mit den acht Landespatronen, eine Arbeit von Ferdinand Maximilian Brokoff aus dem Jahr 1726. Das Empirepalais an der Südseite des Platzes (Nr. 1/186) ließ 1800–1810 der Prager Erzbischof Wilhelm Florentin von Salm errichten. 1813 erwarb Karl Philipp Fürst zu Schwarzenberg, Oberbefehlshaber der böhmischen Armee und Chef der gegen Napoleon verbündeten Streitkräfte, das **Salm-Palais** und ließ es mit dem benachbarten Palast seiner Familie verbinden. Dieses **Schwarzenberg-Palais** (Nr. 2/185) hatte Augustin Vlach 1545–1563 für Johann von Lobkowitz an der Stelle mehrerer beim Brand eingeäscherter Bürgerhäuser errichtet. Ornamentale Sgraffiti, die an florentinische Palastarchitektur erinnern, schmücken die Fassaden des auffallenden Renaissancebauwerks. Heute beherbergt das Palais ein Militärmuseum.

Die **St.-Benedikts-Kirche** war bereits 1353 Pfarrkirche der Burgstadt. Sie wurde mehrmals umgebaut, zuletzt um das Jahr 1720. 1626 ging die Kirche in den Besitz des Barnabitenordens über, 1792 übernahmen die Unbeschuhten Karmeliterinnen die Kirche und das anschließende kleine Kloster (Nr. 3/184). Seit 1960 dient der Klosterbau als Unterkunft für Staatsgäste.

Michael Oswald Graf Thun-Hohenstein ließ sich 1689–1691 von Jean-Baptiste Mathey jenes barocke Palais errichten, das 1718 an die Großherzogin Maria Anna von der Toskana überging und seitdem **Toskanisches Palais** heißt. Zwei markante Portale geben der breiten Fassade eine angenehme Symmetrie, die durch die Dachpavillons noch betont wird. Johann Brokoff schuf die sieben allegorischen Statuen auf der Attika, die beiden mächtigen Wappen über den Portalen und die Neptunstatue im Hof (1689–1691). Der hl. Michael an der Gebäudeecke ist ein Werk des Italieners Ottavio Mosto aus der Zeit um 1694. Im Uhrzeigersinn folgen nun die **Domherrenhäuser** (Nr. 6/65 und Nr. 7/68), deren Grundrisse an mittelalterliche Gehöfte erinnern, und an der Ecke zur Kanovnická ul. (Domherrengasse) das **Martinitz-Palais** (Nr. 8/67) mit seinen reizvollen Sgraffiti aus dem späten 16. und frühen 17. Jh. (Joseph

1 Prag, St.-Veits-Dom

2 Prag, Blick auf die Altstadt mit Teynkirche und Hradschin ▷

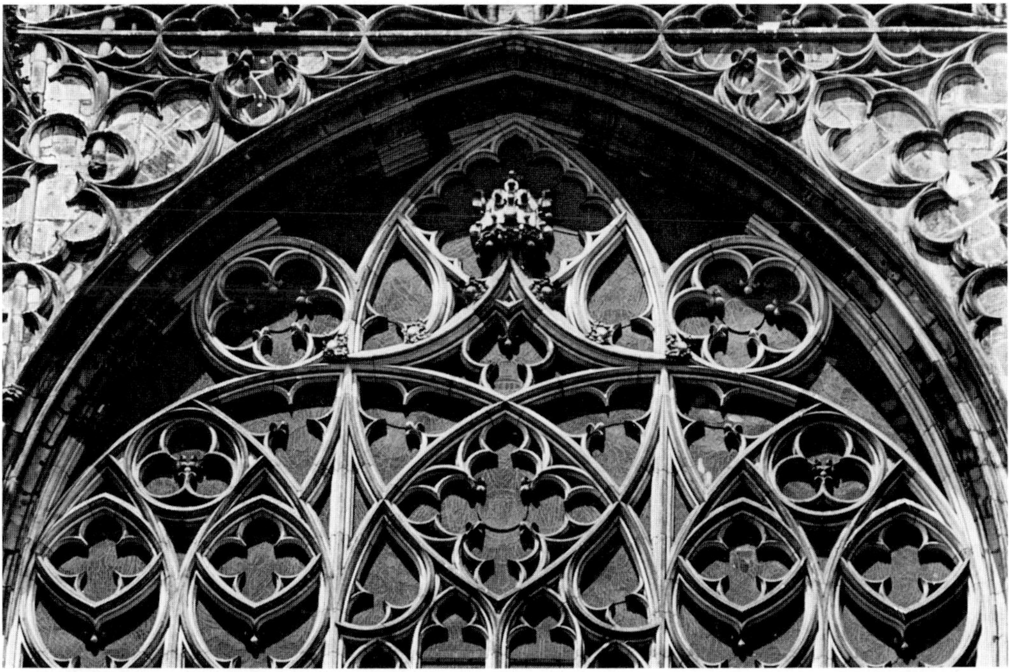

4 PRAG, St.-Veits-Dom, Maßwerk am Südportal

◁ 3 PRAG, St.-Veits-Dom, Südportal

5 PRAG, St.-Veits-Dom, Erzbischöfliche Kapelle

6 PRAG, Hauszeichen Zum springenden Roß

7 PRAG, Hauszeichen Zu den drei kleinen Geigen

8 PRAG, Portal des Hauses Zu den zwei goldenen Bären

9 Prag, St. Niklas in der Altstadt

10 Prag, Nationaltheater

11 PRAG, Loretoheiligtum

12 PRAG, Palais Kinsky

13 PRAG, Haus Zur Minute am Altstädter Ring

14 PRAG, Pulverturm ▷

15 Prag, Altneusynagoge und Jüdisches Rathaus

16 Prag, Grab des Rabbi Löw auf dem Alten Jüdischen Friedhof

17, 18 Prag, Gräber auf dem Alten Jüdischen Friedhof

20 PRAG, St.-Niklas-Kirche vom Vrtba-Garten aus

◁ 19 PRAG, St.-Niklas-Kirche auf der Kleinseite

21 PRAG, Jan-Hus-Denkmal vor der Teynkirche ▷

flieht vor Potiphars Frau, die ihn zu verführen versucht). Heute residiert hier der Stadtarchitekt von Prag. Hinter dem Erzbischöflichen Palais steht das **Sternberg-Palais** (Nr. 15/57), das sich Wenzel Adalbert Graf Sternberg 1698–1707 von Giovanni Battista Alliprandi bauen ließ. Seit 1950 hat die Nationalgalerie in dem Palais ihren Sitz, hier befinden sich einzigartige Werke der bedeutendsten europäischen Künstler, darunter Tilman Riemenschneider, Albrecht Dürer, Hans Holbein d. Ä., Albrecht Altdorfer, Tintoretto, Lucas Cranach, El Greco, Rembrandt, Canaletto, Francisco de Goya, Théodore Rousseau, Eugène Delacroix, Jean Baptiste Corot, Auguste Renoir, Auguste Rodin, Claude Monet, Alfred Sisley, Camille Jacob Pissarro, Paul Cézanne, Vincent van Gogh, Paul Gauguin, Henri Matisse, Georges Braque, Maurice Utrillo, Pablo Picasso, Marc Chagall.

Das **Erzbischöfliche Palais,** seit 1989 in restaurierter Schönheit erstrahlend, geht in seinem Kern auf das »Griespecksche Haus« zurück. 1562–1564 baute es Ulrich Avostalis de Sala für Erzbischof Antonin Brus zu einem Renaissancepalast aus, der bereits 1599 erweitert werden mußte. Nach 1675 veränderte Francesco Lurago den Palast nach einem Entwurf von Jean-Baptiste Mathey im Stil des Barock. Seine jetzige Rokokofassade gab ihm 1764/65 Johann Joseph Wirch. Vom Interieur sind neun Gobelins mit der Flora und Fauna des alten und des neuen Indiens erwähnenswert, gewirkt in der Pariser Manufaktur Jacques Neilson.

Wer der Kanovnická ul. folgt, stößt auf die **St.-Johannes-von-Nepomuk-Kirche,** die Kilian Ignaz Dientzenhofer 1720–1729 baute, die erste Kirche, die der berühmte Barockbaumeister entwarf. 1737 fügte er ein Klosterhaus (Nr. 5/72) für den Orden der Ursulinerinnen hinzu. 1784 wurde das Kloster in eine Kaserne, die Kirche in ein Lagerhaus umgewandelt. Ab 1861 war St. Nepomuk eine evangelische, von 1902 an eine katholische Armeekirche.

Gleich hinter St. Nepomuk beginnt **Nový Svět,** die »Neue Welt«. Das malerische Viertel entstand im 14. Jh. und war von Anfang an ein Quartier für arme Leute. Heute bevorzugen Künstler und Literaten die kleinen, bunten Häuschen, von denen einige sehr schöne Namen tragen: Zur goldenen Birne (U zlaté hrušky; Nr. 3/77), heute eine beliebte Weinstube, Zur blauen Traube (U modrého hroznu; Nr. 5/78), Zum goldenen Greif (U zlatého noha; Nr. 1/76), wo der Astronom Johannes Kepler eine Zeitlang wohnte, Zum goldenen Pflug (U zlatého pluhu; Nr. 25/90) usw.

Den Hradschiner Platz mit dem Loretoplatz verbindet die Loretánská ul. (Loretogasse), an der das ehemalige **Rathaus** der Stadt Hradčany steht (Nr. 1/173). Im 15. Jh. hatte noch die Pfarre der St.-Benedikts-Kirche als Tagungsort des Rates genügt; als Hradčany 1598 jedoch zur königlichen Stadt erhoben wurde, brauchte es ein eigenes Rathaus, das der Sachse Kaspar von Oemlichen 1601–1604 erbaute. An der Loretánská liegen auch drei kleinere Paläste: das **Martinitz-Palais** (Nr. 4/181), 1700–1705 für Georg Adam von Martinitz, kaiserlicher Gesandter in Rom, erbaut, das **Trauttmansdorff-Palais** (Nr. 6/180) aus dem 16. Jh., im späten 18. Jh. klassizistisch erneuert, und das **Hrzán-Palais** (Nr. 9/177) aus gotischer Zeit, das Peter Parler gehörte und im Laufe der Jahrhunderte fast sämtliche Baustile aufnahm.

Zu den ungewöhnlichsten Plätzen Prags zählt der **Loretoplatz** (Loretánské nám.), gesäumt von dem gigantischen Baukörper des Černín-Palastes, dem tief gelegenen Loretoheiligtum und dem unscheinbaren Kapuzinerkloster. Johann Humprecht Graf Czernin von Chudenitz,

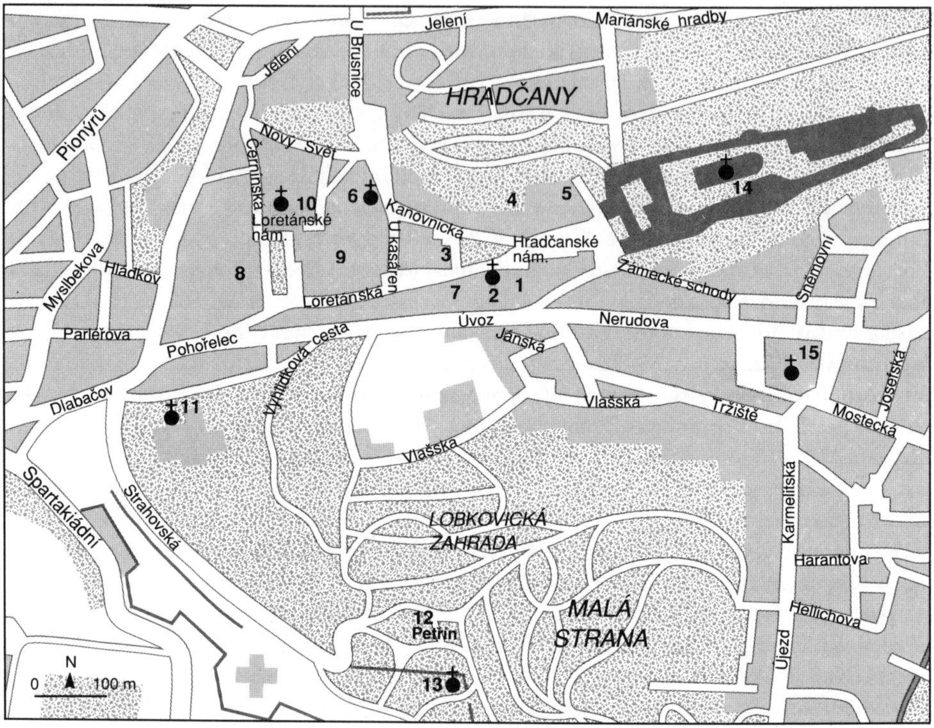

Hradčany
1 Schwarzenberg-Palais 2 St.-Benedikts-Kirche 3 Toskanisches Palais 4 Sternberg-Palais (Nationalgalerie) 5 Erzbischöfliches Palais 6 St.-Johannes-von-Nepomuk-Kirche 7 Altes Rathaus 8 Palais Černín 9 Loretoheiligtum 10 Kapuzinerkloster 11 Kloster Strahov 12 Aussichtsturm 13 St.-Laurentius-Kirche 14 St.-Veits-Dom 15 St.-Niklas-Kirche

kaiserlicher Gesandter in Venedig, ließ sich 1669–1692 das nach ihm benannte **Palais Černín** erbauen. Einen Vorentwurf soll Gian Lorenzo Bernini, der große Baumeister und Bildhauer des barocken Rom, gezeichnet haben, die Detailplanung oblag Francesco Caratti. Von den Wand- und Deckengemälden des böhmischen Malers Wenzel Lorenz Reiner (1689–1743) ist nur der »Sturz der Giganten« (1718) im Treppenhaus erhalten geblieben. Alle anderen Fresken sowie die Skulpturen von Matthias Bernhard Braun wurden 1742 von französischen Truppen zerstört. Fünf Jahre darauf stellte Anselmo Lurago den Palast wieder her und ergänzte den Bau durch einen Balkon, der sich oberhalb der drei Portale über die gesamte Gebäudefront erstreckt. Über dem hohen Sockelgeschoß aus Diamantquadern gliedern 30 Halbsäulen mit Fratzenkapitellen sowie 29 Fensterachsen mit Dreiecks- und Segmentgiebeln die 150 m lange Fassade. 1851 wurde das Palais in eine Kaserne umgewandelt, 1928–1934 erweiterte Pavel Janák das Gebäude um einen Nebentrakt; seither ist hier das Außenministerium.

Als nach der Schlacht am Weißen Berg (1620) die Gegenreformation einsetzte, als die römische Kirche mit vielerlei Mitteln die vorwiegend protestantische Bevölkerung wieder zum alten Glauben zu bringen versuchte, besann man sich des Marienkults von Loreto. Nach einer alten Legende sollen im Jahr 1295 Engel das Wohnhaus der Heiligen Familie von Nazareth in die mittelitalienische Provinz Ancona getragen und in einem Lorbeerhain aufgestellt haben. Die *Casa Santa* (Heiliges Haus) im Lorbeerhain (lat. *lauretum,* davon Loreto) wurde zu einer der berühmtesten Pilgerstätten der Christenheit. So entstanden im 17. Jh. in ganz Böhmen rund 50 Loretoheiligtümer, von denen das Prager **Loreto** mit Abstand die größte Bedeutung erlangte (Abb. 11). Die Fürstin Benigna Katharina Lobkowitz stiftete im Jahr 1626 auf dem Areal des Kapuzinerklosters eine *Casa Santa.* Giovanni Battista Orsi aus Como baute das Haus, das 1631 seine Weihe empfing. Ebenfalls Italiener schmückten ab 1664 die Außenwände mit Stukkaturen, deren künstlerische Qualität allerdings nicht an das Vorbild im italienischen Loreto heranreicht. Szenen aus dem Marienleben malte František Kunz 1695 an die Innenwände. Die Marienfigur in einer Nische schuf 1671 der Prager Goldschmied Markus Hrbek.

Um die Pilger vor den Unbilden des Wetters zu schützen, entstanden 1634–1640 die um die Casa Santa laufenden Wandelgänge. 1661–1696 errichtete Christoph Dientzenhofer den Hauptturm und zwei Kapellen. Das berühmte Glockenspiel, das zu jeder vollen Stunde erklingt, schuf 1694 der Prager Uhrmacher Peter Naumann.

Die herrliche *Christi-Geburts-Kirche* an der Ostseite des Umgangs gestaltete Christoph Dientzenhofer ab 1717 aus der vorhandenen St.-Anna-Kapelle. Nach seinem Tod im Jahr 1722

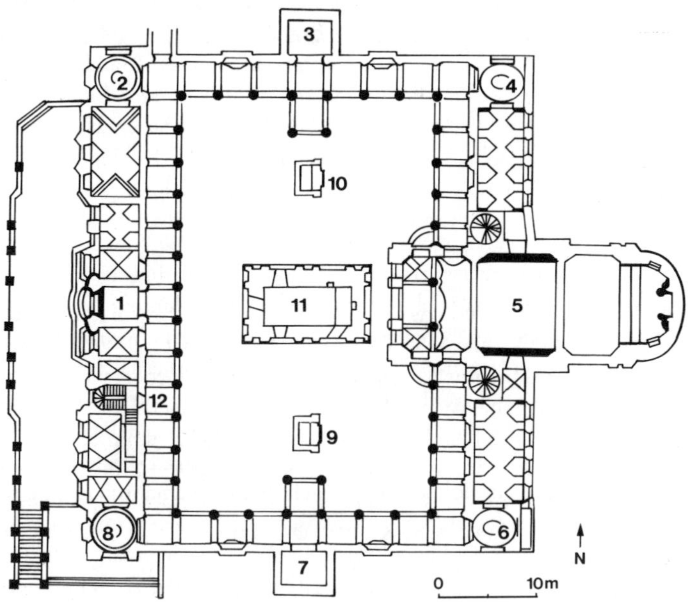

Loretoheiligtum, Grundriß
1 *Eingang*
2 *St.-Anna-Kapelle*
3 *Kapelle des hl. Franz Seraph (Franz von Assisi)*
4 *St.-Josephs-Kapelle*
5 *Christi-Geburts-Kirche*
6 *Kapelle des Heiligen Kreuzes*
7 *Kapelle des hl. Antonius von Padua*
8 *Kapelle der schmerzhaften Gottesmutter*
9 *Brunnen »Mariä Himmelfahrt«*
10 *Brunnen »Christi Auferstehung«*
11 *Casa Santa*
12 *Treppe zur Schatzkammer*

setzten sein Sohn Kilian Ignaz und sein Stiefsohn Johann Georg Aichbauer die Arbeiten fort. Die Deckenmalereien stammen von Wenzel Lorenz Reiner und Johann Anton Schöpf (1735). 1746/47 gab Kilian Ignaz Dientzenhofer dem Arkadenumgang ein Obergeschoß und erneuerte die Fassade.

Einen tiefen Eindruck hinterläßt die *Schatzkammer* des Heiligtums im Obergeschoß des Umgangs. Über 300 Pretiosen, meist liturgische Gegenstände, aus dem 16. bis 18. Jh. sind dort vereint, z. B. die berühmte »Diamantenmonstranz«, ein 90 cm hohes, 12 kg schweres Hostiengefäß aus vergoldetem Silber, mit 6222 Diamanten besetzt. Nach einem Entwurf von Johann Bernhard Fischer von Erlach erstellten die Wiener Hofjuweliere Matthias Stegner und Johann Känischbauer 1699 diese Votivgabe.

Das **Kapuzinerkloster** mit dem unscheinbaren Kirchlein wurde im Jahr 1602 von dem später heiliggesprochenen Ordensgeneral und Kirchenlehrer Laurentius von Brindisi (1559–1619) als erstes Kloster des Kapuzinerordens in Böhmen gegründet. Die Marienstatue in der Kapelle links vom Eingang soll um 1602 in Rottenburg am Neckar entstanden sein. Wer zur Weihnachtszeit in Prag weilt, sehe sich die eindrucksvolle Barockkrippe aus Neapel an.

Der Weg vom Hradschin zum Kloster Strahov führt über den **Pohořelec** (Brandplatz), eine langgestreckte Platzanlage mit schönen alten Häusern, die heute fast durchweg ein barockes Äußeres zeigen. 1375 legte der stellvertretende Burggraf Aleš von Malkowitz diesen Ortsteil innerhalb der im Jahr 1362 fertiggestellten neuen Stadtmauer, der »Hungermauer«, an. »Brandplatz« nannte sich das Viertel erst später, nachdem die Wohnhäuser mehrmals in Flammen aufgegangen waren: zum ersten Mal im Jahr 1420 bei den Kämpfen zwischen Hussiten und Kaisertreuen, dann bei dem großen Brand von 1541, der fast die ganze Kleinseite und ganz Hradčany zerstörte. Die meisten heutigen Häuser am Brandplatz entstanden im 16. bzw. zu Beginn des 17. Jh., so auch das in reinstem Rokoko erstrahlende **Kučera-Palais** (Nr. 22/114).

An der Ecke zur Parleřova und Keplerova ul. (Parlergasse und Keplergasse), unweit der Straßenbahnhaltestelle, zieht das originelle **Brahe-Kepler-Denkmal** des Bildhauers Josef Vajce aus dem Jahr 1984 die Aufmerksamkeit auf sich. An dieser Stelle stand einst das Renaissanceschlößchen des Jakob Kurz von Senftenau, in dem der dänische Astronom Tycho Brahe bis zu seinem Tod im Jahr 1601 lebte.

Vom Pohořelec bzw. von der anschließenden Dlabačov ul. her betritt man durch ein barockes Tor das **Kloster Strahov** (Strahovský klášter; s. Farbt. 8). Die Statue des hl. Norbert, die das Tor krönt, schuf Johann Anton Quittainer 1755. Norbert von Xanten (um 1082–1134), Stiftsherr in der niederrheinischen Heimat des Sagenhelden Siegfried, Erzbischof von Magdeburg, Kanzler des Heiligen Römischen Reiches, hatte 1120 im französischen Prémontré bei Laon den großen Kolonisationsorden der Prämonstratenser gegründet. Gegen 1140 kamen Mönche aus dem Prämonstratenserkloster Steinfeld in der Eifel nach Prag und bauten auf dem »Berg Zion« eine dreischiffige romanische Kirche Mariä Himmelfahrt sowie klösterliche Wohn- und Wirtschaftsgebäude. 1258 brannte die gesamte Anlage nieder, wurde jedoch innerhalb weniger Jahre wiederaufgebaut. Abt Kaspar Questenberg ließ das Kloster 1614–1629 im Stil der Renaissance

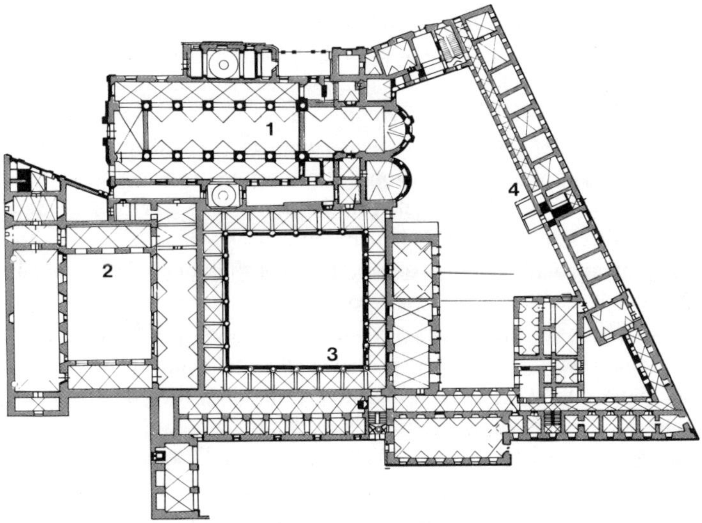

Prag, Kloster Strahov, Grundriß
1 Abteikirche
2 Bibliothek
3 Konvent
4 Prälatur

erneuern, 1682–1698 gestaltete Jean-Baptiste Mathey die Abtei im Barockstil völlig um. Während der Belagerung Prags durch die Franzosen 1741 trug sie schwere Schäden davon. Im letzten Viertel des 18. Jh. erhielt das Kloster Strahov seine berühmte Bibliothek. Seit ihrer Restaurierung 1950–1953 beherbergt die ehemalige Abtei das »Museum des tschechischen Schrifttums«.

Im Vorhof hinter dem Tor steht die kleine *St.-Rochus-Kirche* (Kostel sv. Rocha), die Abt Jan Lohelius 1603–1612 erbauen ließ. Kaiser Rudolf II. stiftete den gotischen Zentralbau mit Elementen der Renaissance dem Schutzpatron gegen die Pest als Dank für die Verschonung vor der furchtbaren Seuche des Jahres 1599. St. Rochus war bis 1784 die Pfarrkirche des Stadtteils Strahov, danach verfiel der Bau, bis er in den 70er Jahren unseres Jahrhunderts restauriert wurde und seitdem als Ausstellungssaal dient.

Die *Mariä-Himmelfahrts-Kirche* (Kostel Nanebevzeti Panny Marie) aus dem Jahr 1148 ist trotz aller Umbauten im wesentlichen eine romanische Basilika geblieben. 1258–1263 erhielt der dreischiffige Kirchenraum eine frühgotische Einwölbung, ein Querschiff und zwei Seitenkapellen. Etwa 1601–1606 wurde die Kirche im Renaissancestil umgebaut und im ausgehenden 17. Jh. von Jean-Baptiste Mathey barock verändert. Nach dem Artilleriebeschuß des Jahres 1742 erhielten Fassade, Türme und auch der Innenraum das heutige Aussehen. Die Fresken des Innenraums stammen von Georg Wilhelm Neunherz (1743/44), Johann Anton Quittainer schuf den Skulpturenschmuck der Seitenaltäre (1750–1764). Den Hauptaltar gestalteten Josef Lauermann und Ignaz Franz Platzer (1763).

Die *Strahover Bibliothek,* heute das Museum des tschechischen Schrifttums, ein großartiges Beispiel des Übergangs vom Barock zum Klassizismus, errichtete Ignaz Johann Palliardi in den Jahren 1783–1790. Den Fassadenschmuck gestaltete Ignaz Michael Platzer, ein Sohn des Ignaz Franz Platzer. Den »Theologischen Saal« baute bereits 1671–1679 der Italiener Giovanni

Domenico Orsi. Der Saal war ursprünglich kürzer und wurde erst 1721 um zwei Joche erweitert. Zunächst enthielt er die gesamte Klosterbibliothek, blieb aber nach dem Neubau den theologischen Werken vorbehalten. Die Säkularisierung des Prämonstratenserstiftes Klosterbruck (Louka) bei Znaim (Znojmo) zog die Vereinigung der Bibliotheksbestände nach sich. So entstand bis 1790 durch Erweiterung des 1783 begonnenen Bibliotheksbaus ein großer, zweistöckiger Saal, der sogenannte »Philosophische Saal«, dessen Ausmaße dem Mobiliar der Klosterbruckschen Bibliothek gerecht wurden. Nicht nur die Bücher und Handschriften kamen also mit kaiserlicher Genehmigung nach Strahov, auch die kostbaren Regale des Tischlers Johann Lachhofer, die Fenster, sogar der Fußboden. Das Deckenfresko, eine Allegorie der Wissenschaften, schuf 1794 der große Wiener Barockmaler Franz Anton Maulpertsch.

Nach dem Zweiten Weltkrieg wurden fast alle Klosterbibliotheken der ČSR aufgelöst und in Strahov vereinigt, so daß der offizielle Bestand heute über 500000 Werke umfaßt, von denen allerdings nur 130 000 in der Bibliothek enthalten sind, darunter zahlreiche Unikate, Inkunabeln (Drucke bis zum Jahr 1500) und Handschriften. (Der Rest ist zur Zeit ausgelagert und nur im Leihverkehr erreichbar.) Zu den größten Kostbarkeiten der Bibliothek zählt das Evangeliar von Strahov, eine Handschrift aus dem 9./10. Jh. Weitere Ausstellungsräume des Museums des tschechischen Schrifttums befinden sich im Kreuzgang und in den anschließenden Räumen des ehemaligen Klosters. Hier werden etwa 50 000 Exponate aus der tschechischen Frühzeit bis zur Gegenwart gezeigt, darunter Urkunden der Přemysliden, Faksimiles des »Vyšehrader Evangeliars« und der »Cosmas-Chronik« sowie Schriftstücke aus hussitischer Zeit.

Vom Strahov-Kloster empfiehlt sich ein Spaziergang entlang der **Hungermauer** über den Berg Petřín (Laurenziberg). Karl IV. ließ 1360–1362 die gotische Stadtmauer errichten, um eine Notzeit zu überbrücken und den Armen Prags einen Broterwerb zu bieten. Die zinnenbekrönte Mauer steht an vielen Stellen noch bis zur vollen Höhe. Der **Petřín,** ein Ausläufer des Weißen Berges, ist heute ein riesiger öffentlicher Obstgarten. Sein Wahrzeichen, ein 60 m hoher, eiserner Aussichtsturm (Rozhledna), wurde anläßlich der Prager Industrieausstellung des Jahres 1891 aufgestellt. Seine Galerie (384 m ü. M.) bietet einen unvergleichlichen Rundblick auf Prag und die nähere Umgebung.

Der Aussichtsturm steht neben der **St.-Laurentius-Kirche** (Kostel sv. Vavřince), die dem Petřín den früheren Namen »Laurenziberg« gab. Das schon 1135 erwähnte einschiffige Kirchlein bezog Ignaz Johannes Palliardi 1735–1770 als Chor in eine neue Barockkirche ein. Gleich nebenan zeigt die *Kalvarienkapelle* an ihrer Fassade ein Sgraffito der Auferstehung Christi nach einer Zeichnung von Mikoláš Aleš. Die Kapelle enthält eine barocke Kreuzigungsgruppe. Die *Heilig-Grab-Kapelle* aus dem Jahr 1732 ist der Grabkapelle in der Jerusalemer Grabeskirche nachempfunden und bildet den Endpunkt eines Kreuzweges, der von der Kleinseite zum Petřín hinaufführt. Eine Standseilbahn verbindet den Újezd mit dem Gipfel des Petřín.

Neustadt (Nové město)

1348–1350 umschloß Karl IV. ein über 2 qkm großes Gebiet südlich der Altstadt bis zum Vyšehrad mit einer langen Mauer. Hier entstand eine Reißbrettstadt, deren Straßenzüge und Marktplätze, Kirchen und Klöster, auch die Privatgrundstücke, selbst die Höhe der Häuser, das Baumaterial und die Bauzeit genau festgelegt waren. In dieser »Neustadt« ließen sich vorwiegend Handwerker nieder, die aus allen Teilen Böhmens herbeiströmten, um die Vorteile einer Reichshauptstadt zu nutzen. Bis 1784 war *Nové město* eine selbständige Stadt mit eigenem Rat, dann wurde sie mit den drei anderen Prager Städten vereinigt.

Mit der Anlage der Neustadt verlor die Altstadtmauer in ihrem südlichen Bereich an Bedeutung und wurde beseitigt. Die Stelle des Grabens nahmen breite Straßen ein, die heutigen Geschäftsstraßen Na příkopě (Am Graben), 28. října (28. Oktober) und Národní třída (Nationalstraße). Die Häuser, die die drei Straßen heute säumen, entstammen vorwiegend der ausklingenden Habsburgerzeit. Es sind durchweg Banken, Versicherungen, Kaufhäuser, so etwa die Nationalbank am Graben Nr. 14/854 (1930), Dům elegance, das älteste Prager Kaufhaus, am Graben Nr. 4/847 (1871), das Haus Rapid in der 28. října Nr. 13/377 (1902) oder das Kaufhaus Máj in der Národní Nr. 26/63 (1975). Eine ausgiebigere Betrachtung verdienen die beiden Jugendstilhäuser in der Národní Nr. 7/1011 und Nr. 9/1010: Das Haus der ehemaligen Versicherungsgesellschaft Praha baute Osvald Polívka 1907/08, die Fassadenreliefs entwarf Ladislav Šaloun; gleichzeitig entstand das Nachbarhaus des ehemaligen Verlags Topič, ebenfalls nach den Planungen Polívkas.

Am Moldauufer steht das **Nationaltheater** (Národní divadlo; Abb. 10), das Josef Zítek 1868–1881 mit Spenden des tschechischen Volkes errichtete. Bedřich Smetanas Oper »Libuše« weihte das Theater am 15. Juni 1881 ein, doch schon am 12. August desselben Jahres fiel der imposante Bau einem Brand zum Opfer. Die Stadt und sogar der Kaiser stellten beträchtliche Mittel zur Verfügung, so daß das Haus bereits 1883 wiedereröffnet werden konnte. Der Bildhauer Bohuslav Schnirch schuf die Statuen Apolls und der neun Musen auf der Attika der Loggia sowie die beiden bronzenen Dreigespanne. Josef Václav Myslbek entwarf die beiden Statuen »Oper« und »Schauspiel« am Seitenportal zur Moldau. 1977–1983 ergänzte der Architekt K. Prager das Nationaltheater durch die **Neue Szene,** eine Gruppe von drei miteinander verbundenen Stahlskelettbauten, die ein Theater, einen Verwaltungs- und Betriebsbau sowie ein Restaurationsgebäude umfassen. Den umschlossenen Platz schmückt eine Mädchenskulptur von J. Malejovský (1983). In dem stillen Garten zwischen der Neuen Szene und dem Ursulinerinnenkloster findet der Besucher die eindrucksvolle Skulpturengruppe »Rozhovor« (»Gespräch«) von Stanislav Hanzik.

Die Národní třída endet vor der Most Legií (Legionsbrücke), die seit 1901 mit einem Auflagepunkt auf der **Střelecký ostrov** (Schützeninsel) die Moldau überspannt. Schon 1472 übten auf der Moldauinsel die Altstädter Schützen. 1890 veranstalteten die Prager Arbeiter auf der Schützeninsel die erste Maifeier in Böhmen. Eine andere Brücke verbindet den Masarykovo nábřežní (Masarykkai) mit der **Slovanský ostrov** (Slawische Insel). Im 19. Jh. entstand auf der Insel der »Sophiensaal«, in dem Hector Berlioz, Franz Liszt, Richard Wagner und Jan Kubelík

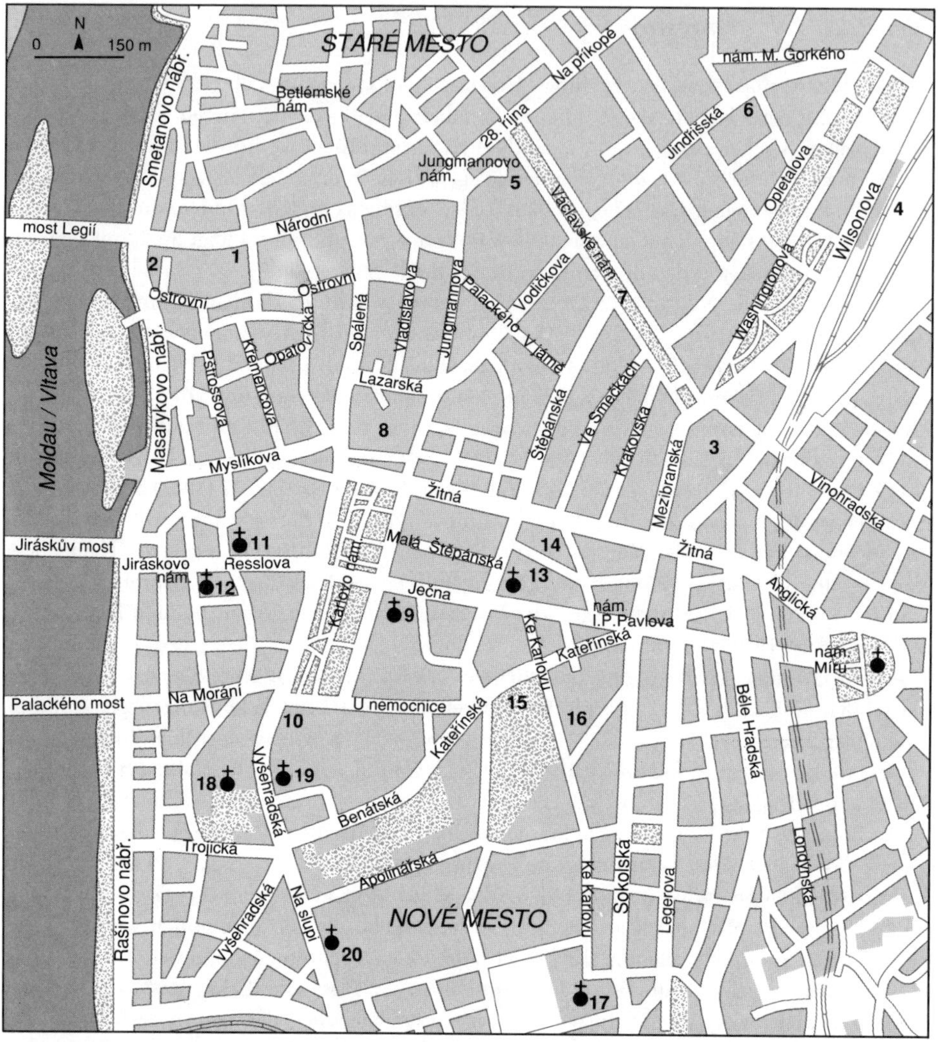

Neustadt (Nové město)
1 St.-Ursula-Kirche und Kloster 2 Nationaltheater 3 Nationalmuseum 4 Hauptbahnhof 5 Kirche Maria Schnee 6 St.-Heinrichs-Kirche 7 Wenzelsplatz 8 Neustädter Rathaus 9 St.-Ignatius-Kirche 10 Fausthaus 11 St.-Kyrill-und-Method-Kirche 12 St.-Wenzels-Kirche 13 St.-Stephans-Kirche 14 St.-Longinus-Rotunde 15 St.-Katharinen-Kirche 16 Villa Amerika (A.-Dvořák-Museum) 17 Karlshof 18 Emmaus-Kloster 19 St. Johann von Nepomuk am Felsen 20 Marienkirche »Na slupi«

Konzerte gaben. An die Wassermühlen neben der Slawischen Insel erinnert der **Šitkovský-Wasserturm** aus dem Jahr 1495; Ende des 18. Jh. bekam er sein barockes Zwiebeldach. Die Stelle der Mühlen nimmt seit 1930 das **Haus Mánes** ein, Sitz des Verbandes bildender Künstler mit Aussichtsrestaurant.

Vor der Altstadtmauer ließ Karl IV. im Jahr 1348 den »Roßmarkt« anlegen, der den Mittelpunkt der Prager Innenstadt bilden sollte und seit 1848 **Wenzelsplatz** (Václavské nám.) heißt. Mit einer Länge von 750 m und einer Breite von 60 m zählt er zu den größten und auch schönsten Plätzen der Welt; eigentlich ist er mehr ein Boulevard. Hotels, Restaurants, Cafés, Kinos und Geschäfte reihen sich hier wie in keiner anderen Straße der Stadt, nirgendwo anders drängen sich so viele Menschen, um zu flanieren, zu diskutieren, manchmal auch zu demonstrieren. Ein Denkmal des hl. Wenzel stand schon um 1680 auf dem Roßmarkt; 1879 kam das steinerne Standbild auf den Vyšehrad. Das heutige **Wenzelsdenkmal,** ein monumentales Reiterstandbild, schuf Josef Václav Myslbek im Jahr 1888; aufgestellt wurde es 1912 am oberen Ende des Platzes. Von all den großen Geschäfts- und Bürohäusern, Hotels und Wohnhäusern, die fast ausschließlich in den letzten hundert Jahren entstanden, sei hier nur das Hotel Evropa erwähnt, das 1903–1905 in reinem Jugendstil erbaut wurde. Das älteste Haus am Wenzelsplatz ist das barocke Hotel Adria aus der Zeit um 1789.

Den repräsentativen oberen Abschluß des Wenzelsplatzes bildet das **Nationalmuseum** (Národní muzeum) mit seinen vorwiegend naturwissenschaftlichen Sammlungen, erbaut 1885–1890 von Josef Schulz. Anton Wagner entwarf die allegorischen Figuren der Rampe, die Reliefs der über 100 m langen Gebäudefront (»Gründung des Klosters Königssaal«, »Gründung der Karlsuniversität«, »Rudolf II. empfängt Gelehrte und Künstler«) und gemeinsam mit anderen Künstlern die Allegorien der Wissenschaften an den Seitentürmen. Eingangshalle und Treppenhaus schmücken Bronzestatuen des Münchner Bildhauers Ludwig Schwanthaler aus den 40er Jahren des 19. Jh.: Libussa, Přemysl, Ottokar II., Wenzel II., Georg von Poděbrad, Erzbischof Ernst von Pardubitz und andere. Der Festsaal des Museums ist das *Pantheon* mit Wandmalereien von František Ženíšek und Václav Brožík.

Vor dem Nationalmuseum durchquert die Wilsonova als Hauptverkehrsader die Prager Innenstadt. Sie passiert das monumentale **Gebäude der Föderalversammlung** (Nr. 6/52) aus dem Jahr 1973, Sitz der obersten gesetzgebenden Institution mit der Volkskammer und der Kammer der Nationen, und das **Smetanatheater.** Ein Stück weiter hat das Prager Architektenehepaar Jan Šramek und Alena Šrámková 1980 eine Kostbarkeit des Jugendstils wiederhergestellt und harmonisch mit einer modernen Schalterhalle verbunden: den **Hauptbahnhof** (Hlavní nádraží), erbaut 1901–1909 von J. Fantas.

1348 stiftete Karl IV. anläßlich des Todes seiner ersten Frau Blanche de Valois die **Kirche Maria Schnee** (Kostel Panny Marie Sněžné) als Wahrzeichen der Neustadt. Noch im 19. Jh. beherrschte ihr riesiger Baukörper – das Schiff ist 35 m hoch – den Wenzelsplatz. Die Kirche sollte ursprünglich über 100 m lang und damit sogar größer als der Veitsdom werden, aber nachdem der Chor vollendet war, brachten die Hussitenkriege die Arbeiten zum Erliegen.

Die Prager Neustadt um 1606

In Maria Schnee predigte Jan Želivský, ehemaliger Prämonstratenser und einer der radikalsten Verfechter der hussitischen Lehre. 1419 veranlaßte eine Massendemonstration unter seiner Führung den ersten Prager Fenstersturz (s. S. 108). Am 9. März 1422 wurde er auf dem Altstädter Ring hingerichtet und in seiner Kirche beigesetzt. Ab dem 15. Jh. verfiel der Bau, Anfang des 17. Jh. stellten ihn Franziskaner wieder her.

Das hohe Gebäude der »Maria im Schnee« mit dem winzigen Turm darauf sieht man am besten vom südlich anschließenden Franziskanergarten, in dem noch einige alte Klosterbauten stehen, der Eingang zur Kirche liegt jedoch am Jungmannova nám. (Jungmannplatz). Josef Jungmann (1773–1847) – sein Denkmal steht hier seit 1878 – gilt als der Begründer der neutschechischen Literatursprache. Der seltsame Name »Maria Schnee« geht auf eine alte Marienlegende zurück. Nach dieser Legende erschien einem reichen römischen Christen im Jahr 352 die Gottesmutter im Traum und gebot ihm, an jener Stelle eine Kirche zu bauen, an der am nächsten Morgen Schnee liegen würde. Es war im August, und der erwachende Römer zweifelte an der Erscheinung. Als er aber aus dem Fenster sah, lag der Hügel Esquilin unter einer dichten Schneedecke. So errichtete der fromme Mann auf diesem Hügel eine Kirche, die man dem Wunder des hochsommerlichen Schneefalls weihte. Im Lauf der Jahrhunderte entstanden auch an anderen Orten Kirchen zum Gedenken an »Maria im Schnee«.

Das Nordportal der Kirche krönt ein gotisches Tympanon aus dem 14. Jh. mit Maria, Karl IV. und seiner Gemahlin Blanche de Valois. Beeindruckend ist die Höhe des Innenraumes. Den Hauptaltar schmückt das Gemälde »Mariä Verkündigung« von Wenzel Lorenz Reiner (1724).

Der **Karlsplatz** (Karlovo nám.) ging aus dem zweiten großen Marktplatz der Prager Neustadt hervor, aus dem »Viehmarkt« (Dobytčí trh). Karl IV. bestimmte seine Lage und Ausdehnung und stellte einen Holzturm in die Mitte des Platzes, um darin an bestimmten Festtagen dem Volk die Krönungsinsignien zu zeigen. Seit 1848 heißt der Platz, der zwischen 1843 und 1863 als Park gestaltet wurde, »Karlsplatz«.

Die Nordseite des Platzes nimmt das **Neustädter Rathaus** (Novoměstská radnice) ein. Es wurde erstmals 1377 erwähnt, dürfte aber bereits kurz nach 1348 entstanden sein. Es hatte zwei Flügel; im Flügel zum Karlsplatz befanden sich die Repräsentations- und Beratungsräume, der Flügel zur Vodičkova enthielt die Amtsstuben und das Gefängnis. 1411–1418 wurde das Rathaus von Martin Friček zu einem vierflügeligen Gebäude mit Arkadenhof erweitert, 1452–1456 kam der wuchtige Eckturm hinzu, 1559 wurde es im Stil der Renaissance umgestaltet. Nach der Vereinigung der vier Prager Städte im Jahr 1784 diente das Gebäude als Strafgericht und Gefängnis, heute beherbergt es Dienststellen der Stadtverwaltung, vor allem das Standesamt.

Das **Jan-Želivský-Denkmal** vor dem Rathaus, 1960 von J. Lukešová geschaffen, erinnert an den 30. Juli 1419, als mehrere tausend Prager unter Führung des Predigers Jan Želivský (Johann von Seelau) von der Kirche Maria Schnee zum Neustädter Rathaus zogen, um die Freilassung eingesperrter Hussiten zu verlangen. Auf eine provokative Antwort der vorwiegend deutschen Ratsherren hin stürmte die Menge das Rathaus und warf die Herren zum Fenster hinaus; unten wurden diese sämtlich erschlagen. Das war der erste Prager Fenstersturz.

Die **St.-Ignatius-Kirche** (Kostel sv. Ignáce) beim Neustädter Hauptsitz des Jesuitenordens erbaute Carlo Lurago 1665–1687 nach Plänen von Giovanni Domenico Orsi. Ende des 17. Jh. errichtete Paul Ignaz Bayer den Turm und setzte einen Portikus vor die Westfassade. Tommaso Soldati versah das Kircheninnere mit reichen Stuckdekorationen. Das Gemälde am Hochaltar zeigt die »Apotheose des hl. Ignatius« von Johann Georg Heinsch (1688). Nur wenige Jahre vor Baubeginn der Kirche war nach dem Abbruch von 23 Bürgerhäusern das frühbarocke Jesuitenkolleg entstanden, das nach der Auflösung des Jesuitenordens im Jahr 1773 in ein Krankenhaus umgewandelt wurde. Heute gehört der riesige Gebäudetrakt der medizinischen Fakultät der Karlsuniversität.

Das **Fausthaus** (Faustův dům) an der Südseite des Karlsplatzes (Nr. 40/502) geht auf ein gotisches Palais des 14. Jh. zurück. Das Haus wurde mehrmals verändert, zuletzt um die Mitte des 18. Jh. in spätbarockem Stil. Schon früh haben es die Neustädter mit der Faustsage in Verbindung gebracht, denn in den Jahren, in denen das Gebäude bewohnt war, diente es auch als Laboratorium. Gegen 1600 z. B. wirkte hier Edward Kelley, ein englischer Alchimist, der von Kaiser Rudolf II. in den Ritterstand erhoben wurde, unter Kaiser Matthias aber im Kerker der Prager Burg endete.

An der Resslova ul., die in den Jiráskovo nám. am Moldauufer mündet, hat die **St.-Kyrill-und-Method-Kirche** (Kostel sv. Cyrila a Metoděje) im Zweiten Weltkrieg traurige Berühmtheit erlangt: 1942 hatten sich die Heydrich-Attentäter in der Krypta der Kirche versteckt; das Versteck war jedoch verraten worden, alle Attentäter fielen im Kampf.

Vom Wenzelsplatz führt die Štěpánská ul. (Stephansgasse) südwärts, quert die breite Žitná und erreicht die **St.-Stephans-Kirche** (Kostel sv. Štěpána), eine gotische Basilika, die 1351–1394 als Pfarrkirche der oberen Neustadt entstand. Trotz mehrerer Umbauten hat die Stephanskirche außen wie innen ihren gotischen Charakter im wesentlichen bewahren können. Beachtenswert sind das zinnerne Taufbecken (1462) und mehrere Gemälde des Barockmeisters Karel Škréta (»Taufe Christi«, »Hl. Wenzel«, »Hl. Rosalia«, alle Mitte 17. Jh.). In der Stephanskirche fand der große Barockbildhauer Matthias Bernhard Braun (1684–1738) seine letzte Ruhestätte. Im Garten hinter der Kirche steht die **St.-Longinus-Rotunde,** ein rundes

Pfarrkirchlein aus dem 12. Jh. für den Weiler Rybníček (»Fischteiche«). Bis zum Bau der St.-Stephans-Kirche war die Rotunde dem hl. Stephan geweiht, danach dem hl. Longinus, jenem römischen Hauptmann, der dem Gekreuzigten in die Seite stach, schließlich ein frommer Christ wurde und im kleinasiatischen Kappadokien als Märtyrer starb.

Das nahegelegene Kloster der Augustinerinnen mit der **St.-Katharinen-Kirche** (Kostel sv. Kateřiny) stiftete Karl IV. 1354 aus Dankbarkeit für seinen ersten, 1332 bei San Felice in Italien errungenen Sieg. Die Hussiten zerstörten Kloster und Kirche, beides wurde 1518–1522 wiederaufgebaut. 1737–1741 ersetzten Kilian Ignaz Dientzenhofer und František Maximilián Kaňka die gotische durch eine barocke Kirche. An die gotische Zeit erinnert noch der achteckige Turm. Fast alle Wandmalereien in der Katharinenkirche, vorwiegend Szenen aus dem Leben der heiligen Frau, stammen von dem Barockmaler Wenzel Lorenz Reiner. Das Kloster ist heute eine psychiatrische Klinik.

Für den Grafen Johann Wenzel Michna von Weizenhofen baute Kilian Ignaz Dientzenhofer zwischen 1717 und 1720 an der Straße Ke Karlovu (Zum Karlshof) auch jenes anmutige Sommerschlößchen, das im 19. Jh. nach einer Gaststätte den Namen *Villa Amerika* erhielt. Damals lag es inmitten von Gärten und Parks, heute ist es von Kliniken umgeben. Den kleinen Garten hinter dem Haus schmücken Steinskulpturen der vier Jahreszeiten aus der Werkstatt von Anton Braun (1735). Das Schlößchen ist heute ein **Antonin-Dvořák-Museum.** Ke Karlovu endet im Süden beim **Karlshof** (Karlov). Karl IV. stiftete 1351 diese aus Kirche und Kloster bestehende Einrichtung und weihte sie 1377 seinem Namenspatron, dem 1165 heiliggesprochenen Kaiser Karl dem Großen und der Himmelfahrt Mariä. Die achteckige Kirche hatte die um das Jahr 800 geweihte Aachener Pfalzkapelle Karls des Großen als Vorbild.

1347 gründete Karl IV. bei der alten Kosmas-und-Damianus-Kirche, der Pfarrkirche des Dorfes Podskalí, das **Emmauskloster** (Klášter na Slovanech), dessen Aufgabe die Pflege des Slawentums innerhalb des Reiches war. Kroatische Benediktiner sollten hier die slawische Liturgie bewahren und die glagolitische Schrift, die Kyrillos und Methodios ein halbes Jahrtausend zuvor geschaffen hatten, lebendig erhalten. Am Ostermontag (also am dritten Tag nach der Kreuzigung Christi) des Jahres 1372 wurde die neue Klosterkirche der Jungfrau Maria und den slawischen Schutzheiligen geweiht. Daher war die Begegnung mit dem Auferstandenen auf dem Weg nach Emmaus (Lukas 24, 13–35) das Thema des Weihegottesdienstes, und so kamen Kirche und Kloster zu ihrem zweiten und unter Deutschen bald bekannteren Namen »Emmaus«, während die Tschechen die Namensvariante *na Slovanech* (bei den Slawen) bevorzugen. Nach 1636 zogen Benediktiner vom spanischen Kloster Nuestra Señora de Montserrat ein und wandelten die Gebäude im Barockstil um, 1880 erschienen Benediktiner vom Kloster Beuron, die alles im Sinne der »Beuroner Kunstschule« regotisierten. Im Februar 1945 wurde das Kloster bei der Bombardierung Prags durch amerikanische Flugzeugverbände zerstört.

Seit 1950 entstanden auf dem Klosterareal mehrere Forschungsinstitute der Tschechoslowakischen Akademie der Wissenschaften. Beim Wiederaufbau der Kirche verzichtete man bewußt auf die Erneuerung der beiden Türme und gab der Westfassade eine ausdrucksstarke

Verbindung zwischen Gotik und Moderne: zwei sich durchdringende Betonflügel weisen himmelwärts (Architekt František M. Černý, 1967). Beachtenswert sind die gotischen Wandmalereien im Kreuzgang des Klosters, übrigens die kostbarsten in ganz Böhmen. Nikolaus Wurmser, der Meister des Emmaus-Zyklus und der Meister Oswald schufen die Szenen aus dem Alten und dem Neuen Testament im Stil einer *Biblia pauperum* (Armenbibel).

Hoch über der Vyšehradská třída (Wyschehrader Straße), dem alten Weg von der Burg Vyšehrad zum Hradschin, dem Emmauskloster gegenüber, steht die Kirche **St. Johann von Nepomuk am Felsen** (Kostel sv. Jana na Skalce), einer der reizvollsten Sakralbauten von Kilian Ignaz Dientzenhofer (1730–1739). Eine doppelläufige Treppe führt von der Straße zur Kirche empor. Zwei schräg stehende, mit hohen Hauben versehene Türme flankieren das Portal, das sich auf einen achteckigen Raum mit konkaven Wänden öffnet. Auf dem Hauptaltar steht das 1682 von Johann Brokoff geschaffene Holzmodell für die Nepomuk-Bronzestatue auf der Karlsbrücke (s. S. 48 f.).

Die Vyšehradská třída setzt sich schon kurz hinter der Nepomukkirche unter dem Namen Na slupi fort. Nach der Legende soll dort in heidnischer Zeit eine Säule (sloup) mit dem Gott Svatovit gestanden haben. Die Christen ersetzten den Heidengott durch die Jungfrau Maria. Als 1360–1365 die Serviten hier ihr Kloster errichteten, bestimmten sie die Svatovit- bzw. Mariensäule zur zentralen Mittelstütze der gotischen **Marienkirche »Na slupi«.** Man darf allerdings bezweifeln, daß die heutige Stütze mit der heidnischen Säule identisch ist. In dem mehrfach umgebauten Kloster ist jetzt ein Forschungsinstitut der Karlsuniversität untergebracht.

Der Vyšehrad

Nach der Legende sollen die Richterin Libussa und die ersten Přemyslidenherrscher auf dem Vyšehrad, dem mächtigen Felsen an der Moldau, gewohnt haben. Historiker und Archäologen aber fanden heraus, daß die »Hohe Burg« nicht vor der ersten Hälfte des 10. Jh. einen Wall erhielt, daß die Prager Burg, der Hradschin, demnach älter ist und die ersten Přemysliden folglich dort residierten, bevor sie zum Vyšehrad übersiedelten.

Im 11. Jh. gründete Vratislav II. mit Zustimmung des Papstes Gregor VII. auf dem Felsen eine Peter-und-Paul-Kirche, und bald erhob sich daneben ein Königspalast.

Seit Vladislav II. (1140–1172) regierten die böhmischen Herrscher wieder vom Hradschin aus; die »Hohe Burg« verfiel. Nach der Krönungsordnung Karls IV. jedoch hatten die Krönungsformalitäten jeweils auf dem Vyšehrad zu beginnen, was eine Erneuerung aller Bauten einschließlich der Befestigungen zur Folge hatte. Von hier aus folgte der Krönungszug dem alten Weg über den Karlsplatz zum Altstädter Ring, über die Karlsbrücke und zum Hradschin hinauf. 1420 eroberten die Hussiten die Vyšehrader Burg. In den Jahrzehnten danach entstanden auf dem Felsen zahlreiche Bürgerhäuser, und schon 1476 sprach man von einer »Stadt des Berges Vyšehrad«. Um die Mitte des 17. Jh. wurde die strategisch wichtige Stadtburg in eine starke Barockfestung mit hohen Ziegelschanzen und schweren Eckbasteien umgewandelt und

Der Vyšehrad um 1606

blieb als solche bis 1866 bestehen. Seither arbeiten auf dem steilen Felshügel, der sich inzwischen in eine gepflegte Grünanlage verwandelt hat, die Archäologen.

Das **Tábor-Tor** im Südosten entstand um das Jahr 1655 im Stil des Frühbarock. Knapp 100 m dahinter erinnern Mauerreste an das **Špička-Tor** (1348–1350) aus der Zeit Karls IV. Auch ein etwa 140 m langes Teilstück der gotischen Burgmauer ist erhalten. Das **Leopoldstor** bildet den inneren Eingang zur Festung; Carlo Lurago erbaute es um 1678. Die ursprüngliche Zugbrücke wurde 1842 durch einen Wall ersetzt.

Die **St.-Martins-Rotunde,** das älteste noch vorhandene Bauwerk auf dem Vyšehrad, entstand unter Vratislav II. im letzten Drittel des 11. Jh. 1878–1880 mauerte man den Eingang auf der Westseite zu und schuf im Süden ein neues, neogotisches Portal. Motive aus dem Vyšehrader Kodex schmücken Tor und Innenwände. Um die Mitte des 18. Jh. wurde die benachbarte **Kapelle Maria in den Schanzen** errichtet. An der **Neuen Dekanei** (1877–1879) mit einer Ausstellung zur Geschichte des Vyšehrad vorbei führt der Weg zur **St.-Laurentius-Basilika,** unter der die Archäologen einen vorromanischen Sakralbau aus dem späten 10. Jh. entdeckten. Im 15. Jh. wurde die Basilika in ein Domherrenhaus, später in die Kapiteldekanei umgewandelt.

Die **St.-Peter-und-Paul-Kirche** (Kostel sv. Petra a Pavla) ließ Vratislav II. zwischen 1070 und 1080 als dreischiffige Basilika errichten. Die Kapitelkirche wurde mehrmals erneuert, zuletzt 1885–1903 von Josef Mocker und František Mikš. Fassadenschmuck und Innenausstattung stammen fast ausschließlich aus der Jahrhundertwende. Ein romanischer Steinsarkophag, der wohl die sterblichen Überreste eines Přemysliden enthielt, verweist auf die Zeit um 1100; bestattet wurden hier der Überlieferung nach nämlich Vratislav II. († 1092), Konrad I. Otto († 1092) und Sobeslav I. († 1140). Karl IV. stiftete ein Tafelbild der Jungfrau Maria, die berühmte »Vyšehrader Madonna«, oft auch »Regenmadonna« genannt, weil die böhmischen Bauern zu ihr in Dürrezeiten um Regen beteten.

Einen Besuch lohnt der **Ehrenfriedhof** mit dem »Slavin« neben der Peter-Paul-Kirche. In den 70er Jahren des vergangenen Jahrhunderts wurde der Pfarrfriedhof des Vyšehrader Kapitels in eine nationale Begräbnisstätte umgewandelt. Alle Persönlichkeiten von Rang und Namen wurden fortan auf diesem Friedhof bestattet, die bedeutendsten tschechischen Bildhauer schufen ihre Grabmäler. So ruhen hier die Schriftsteller Karel Čapek und Jan Neruda, der Maler Mikoláš Aleš, die Bildhauer Václav Levý und Otakar Španiel, die Komponisten Antonín Dvořák, Bedřich Smetana und Zdeněk Fibich. Im »Slavin«, der gemeinsamen Grabstätte der größten Tschechen, sind der Maler Alfons Mucha, die Bildhauer Josef Václav Myslbek, Bohumil Kafka und Ladislav Šaloun, der Architekt Jaroslav Fragner, der Geigenvirtuose Jan Kubelík und etwa 50 weitere Große der Nation bestattet.

Den Ort, an dem der Königspalast stand, markiert seit 1927 ein gepflegter Park südlich vom Friedhof. Hier stehen die monumentalen Skulpturen von Josef Václav Myslbek, die bis 1948 die Palacký-Brücke (Palackého most) schmückten; ihre Themen entstammen dem tschechischen Sagenkreis und stellen »Lumír und das Lied«, »Ctirad und Šárka«, »Záboj und Slavoj«, »Libuše und Přemysl« dar. Empfehlenswert ist der Gang über die ehemaligen Wehranlagen am Rande des Steilabfalls zur Moldau mit großartiger Aussicht. Eine gotische Ruine in der Felswand wird seit dem Zeitalter der Romantik als »Libussas Bad« gedeutet.

Bei der Metro-Station Vyšehrad schließlich findet der Besucher zwei großartige Beispiele moderner Architektur: den **Kulturpalast** (1981) und das **Hotel Forum** (1988).

Andere Stadtteile

Eine großartige Aussicht auf die Altstadt, den Hradschin und auf die Moldaubrücken bietet sich vom **Letná-Plateau.** Nordöstlich davon erstreckt sich ein riesiger **Kultur- und Erholungspark** (Park kultury a oddechu), der 1955 aus einem Ausstellungsgelände hervorgegangen ist. Der eiserne **Kongreßpalast** stammt von 1891. Im selben Jahr entstand der **Pavillon der Hauptstadt Prag,** der heute das Lapidarium des Nationalmuseums verwahrt, eine Sammlung bildhauerischer und architektonischer Besonderheiten aus dem 11. bis 19. Jh. Der kreisrunde **Panoramapavillon** aus dem Jahr 1908 zeigt die Darstellung der Schlacht bei Lipany zwischen Hussiten und Kaiserlichen am 30. Mai 1434. Schließlich gehören noch ein Planetarium, eine Sporthalle, eine Schwimmhalle (1976), mehrere Freilichttheater und ein Panoramakino zum Kulturpark.

Jenseits der Moldau, die sich nach einer großen Schleife wieder westwärts wendet, befindet sich der Prager **Zoologische Garten** (Zoologická zahrada), zu dessen besonderen Sehenswürdigkeiten eine Herde Przewalskipferde gehört, jener nur 135 cm großen, rückgezüchteten Urpferde (Equus przewalskii). Östlich des Zoos steht das 1977–1989 restaurierte **Schloß Troja** (Trojský zámek), ein Barockschloß im Stil einer römischen Landvilla, das sich Wenzel Adalbert Graf Sternberg, Hofmarschall und Oberhaupt einer der einflußreichsten böhmischen Adelsfamilien, 1679–1685 von Jean-Baptiste Mathey am Fuß der Moldauhöhen, vis-à-vis der Prager Burg errichten ließ. Den Kern des langgestreckten rot-weißen Hauptbaus bildet ein 22 m × 12 m großer zweigeschossiger Festsaal mit dem Deckenfresko »Sieg Kaiser Leopolds I. über die Türken« von Francesco Marchetti und den Brüdern Abraham und Isaak Godyn. Niedrigere Seitenflügel mit je einem Treppenturm schließen sich an. In großem Oval schwingt die doppelläufige Freitreppe vom französischen Garten zum Festsaal empor, begleitet von einer Gigantomachie des Dresdner Hofbildhauers Johann Georg Heermann und seines Neffen Paul (1685–1703).

Die Staatsstraße Nr. 7 nach Karlovy Vary (Karlsbad) umzieht den Hradschin und erreicht im Prager Vorort Břevnov das **Kloster Břevnov.** Adalbert (Vojtěch), zweiter Bischof von Prag, und Fürst Boleslav II. gründeten 993 diese Abtei des Benediktinerordens. Gegen 1040 wurde die Klosterkirche der hl. Margarete geweiht. Im beginnenden 18. Jh. erhielt sie von Christoph Dientzenhofer ihr heutiges barockes Gewand; sein Sohn Kilian Ignaz widmete sich der inneren Ausgestaltung. Johann Jakob Steinfels schmückte das Gewölbe, Johann Peter Brandl den Altar.

Westlich davon liegt der **Weiße Berg** (Bílá Hora), mit 381 m eher ein Hügel. Architektonisch wird er vom **Lustschloß Stern** (Letohrádek Hvězda) innerhalb eines weiträumigen ummauerten Wildgeheges (Obora) beherrscht. Erzherzog Ferdinand von Tirol, Sohn des Kaisers Ferdinand I. und Statthalter von Böhmen, ließ das sternförmige Renaissanceschlößchen 1555/56 errichten. Der Erzherzog selbst lieferte den Rohentwurf, Juan Maria del Pambio und Giovanni Lucchese leiteten die Bauarbeiten. Aber nicht allein der außergewöhnliche Grundriß in Form eines sechszackigen Sterns lohnt den Besuch des liebevoll restaurierten Schlößchens, sondern ebenso die einzigartigen Stukkaturen, Szenen aus der antiken

Prag, Schloß Stern, Grundriß

Geschichte und Mythologie, an den Gewölben des Erdgeschosses, Arbeiten der Italiener Giovanni Campion und Andrea Avostalis del Pambio. Das Schloß ist heute ein Museum für Leben und Werk des Schriftstellers Alois Jirásek (1851–1930) und des Malers Mikoláš Aleš (1852–1913), die mit ihren Werken das Nationalbewußtsein des tschechischen Volkes stärkten.

Südwestlich des Wildgeheges fand am 8. November 1620 die *Schlacht am Weißen Berg* statt. Der Zusammenprall der katholisch-kaiserlichen mit der protestantisch-ständischen Armee währte nur eine Stunde, dann wandten sich die Ständischen zur Flucht; die Chance, schon im 17. Jh. einen tschechischen Nationalstaat schaffen zu können, war vertan. Die Schlacht beendete den »Böhmischen Krieg«, die erste Phase des Dreißigjährigen Krieges. Die danach einsetzende Gegenreformation führte zum Teil zu einer Rekatholisierung, vor allem aber zu einer Stärkung der Habsburger Macht. Gleich nach der Schlacht auf dem Weißen Berg errichteten die Kaiserlichen auf dem Schlachtfeld eine Kapelle des Dankes, die sie der siegreichen Jungfrau Maria weihten. 1704–1730 wurde die Kapelle zu einer Kirche erweitert und mit einem Kreuzgang zu einer Marien-Wallfahrtsstätte umgebaut. Cosmas Damian Asam, Wenzel Lorenz Reiner und Johann Anton Schöpf gestalteten die Deckenfresken.

Im Stadtteil Smíchov findet der Besucher die **Villa Bertramka,** ein Gutshaus aus der 2. Hälfte des 17. Jh., in dem Mozart 1787 seine Oper »Don Giovanni« vollendete. Das Haus beherbergt heute das **Mozart-Museum;** im Garten finden im Sommer Kammerkonzerte statt.

Der Weg zur **Nationalen Gedenkstätte auf dem Berg Žižkov** (Národní památník na vrchu Žižkově) führt vom Hauptbahnhof aus über die Husitská und die U památníku (etwa 2 km). Am 14. Juli 1420 besiegte der Hussitenfeldherr Jan Žižka von Trocnov (Tratzenau) an dieser Stelle das überlegene Heer des Königs Sigismund. Damals hieß der Berg, besser Hügel, Vitkov (= Veitsberg). Die Gedenkstätte entstand 1929–1932, wurde inzwischen mehrmals vergrößert und erhielt 1955 das Grab des Unbekannten Soldaten. 1950 wurde hier das 9 m hohe Reiterstandbild des Jan Žižka von Bohumil Kafka aufgestellt. Die Terrasse bietet eine großartige Aussicht auf Prag.

Mittelböhmen (Střední Čechy)

Karlštejn (Karlstein)

Nur 25 km südwestlich von Prag versteckt sich zwischen fünf Hügeln die schönste Burg Böhmens, vielleicht gar Europas: **Karlštejn** (Karlstein; Abb. 23). Karl IV., König des Heiligen Römischen Reiches, ließ sich hier inmitten undurchdringlicher Wälder von dem französischen Baumeister Matthias von Arras eine Festung als Stätte der Entspannung und der inneren Einkehr, aber auch als Hort für die Reichskleinodien und Reliquien bauen. Dem nüchternen Äußeren der Burganlage stand die Pracht der Innenräume gegenüber. Sieben Kirchen und Kapellen betonten die religiöse Macht des Königs und späteren Kaisers.

Am 10. Juni 1348, knapp vier Jahre nach Baubeginn der St.-Veits-Kathedrale, legte Erzbischof Ernst von Pardubitz, des Königs engster Freund, den Grundstein. Schon im November 1355 bezog Karl IV. den gerade vollendeten Palas, am 27. März 1357 wurde die Kreuzkapelle, das Herz der Burg, in seiner Anwesenheit geweiht. Dabei gab der Kaiser der prächtigen Burg seinen Namen: Karlstein. Die Ausschmückungsarbeiten zogen sich bis 1367 hin. 1587–1596 baute Udalrico Aostali die Burg im Stil der Renaissance um. 1887–1899 gab Josef Mocker der Burg ihr ursprüngliches gotisches Aussehen zurück und ergänzte die Türme.

Steil zieht der Weg vom Dorf Budňany (heute Ortsteil der Gemeinde Karlštejn) zum ersten Burgtor im Norden der Anlage hinauf. Heute betritt man die Burg durch den *Voršila-Turm* (Ursula-Turm), den wehrhaften Eckturm der unteren Vorburg; das ursprüngliche Tor lag östlich davon. Etwa 100 m weiter endet der Weg hinter dem zweiten Burgtor auf dem Burggrafenhof (Purkrabský dvůr) der oberen Vorburg mit dem langgestreckten spätgotischen *Haus des Burggrafen.* Von hier aus erreicht man den *Brunnenturm* in der äußersten Westecke der Anlage. Mit einem großen hölzernen Tretrad holten die Burgbewohner das Wasser aus 79 m Tiefe. Im Burggrafenhof beginnen die Führungen, hier finden an Sommerabenden auch Theateraufführungen statt.

Ein großes Tor führt zum Burghof mit dem 46 m langen und 12,5 m breiten *Kaiserpalast* (Císařský palác), einem dreistöckigen Bau. Über den Stallungen des Erdgeschosses liegt der *Vasallensaal,* ein Festsaal, den der Besucher über eine Freitreppe erreicht. Die Nikolauskapelle mit einer gotischen Heiligenfigur aus dem späten 14. Jh. reicht östlich des Saales in einen halbrunden Turm hinein. Das zweite Obergeschoß enthält die Repräsentations- und Wohnräume des Kaisers, z. B. sein Arbeitszimmer und das Schlafzimmer mit dem kleinen Oratorium, der Privatkapelle, in der der Kaiser das Früh- und Abendgebet verrichtete. In diesem Stockwerk lag auch ein Saal, »wo das Geschlecht des Kaisers gemalt war«. Ein unbekannter »Meister des Stammbaums« hatte hier im 14. Jh. eine Ahnengalerie Karls IV. geschaffen, die leider verlorenging. Das dritte Geschoß war der Kaiserin zugedacht; ihr Schlafraum enthält ein tragbares Diptychon von Tomaso da Modena (um 1370) und eine gotische Marienstatue (um 1350).

Eine Holzbrücke verbindet den Palas mit dem *Marienturm* (Mariánská věž). Ganz unten befindet sich ein Verließ, das Stockwerk darüber nimmt die kleine *Marienkirche* ein. Balkendecke wie Wände sind mit Malereien versehen, die vermutlich der Hofmaler Karls IV., Nikolaus Wurmser von Straßburg, entwarf. Die Südwand zeigt Reliquienszenen, die Ostwand den Zyklus »Apokalypse«. Auf dem neugotischen Altar steht die gotische Holzstatue der

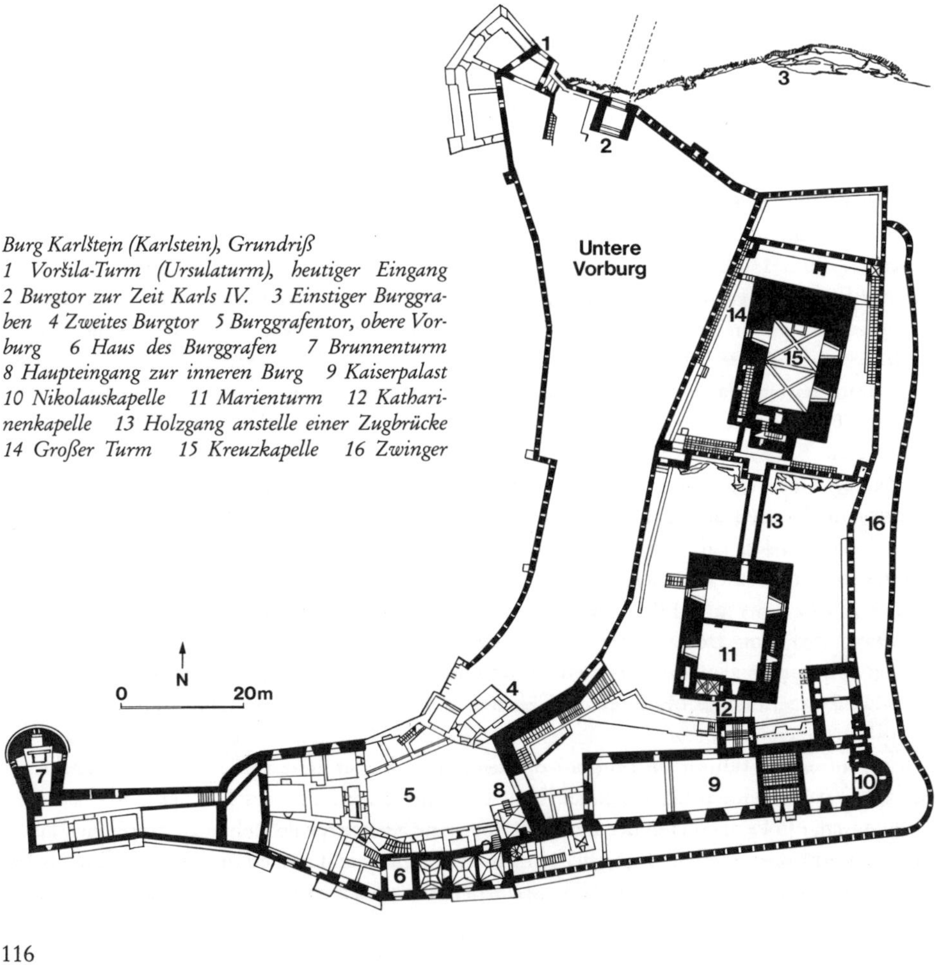

Burg Karlštejn (Karlstein), Grundriß
1 Voršila-Turm (Ursulaturm), heutiger Eingang 2 Burgtor zur Zeit Karls IV. 3 Einstiger Burggraben 4 Zweites Burgtor 5 Burggrafentor, obere Vorburg 6 Haus des Burggrafen 7 Brunnenturm 8 Haupteingang zur inneren Burg 9 Kaiserpalast 10 Nikolauskapelle 11 Marienturm 12 Katharinenkapelle 13 Holzgang anstelle einer Zugbrücke 14 Großer Turm 15 Kreuzkapelle 16 Zwinger

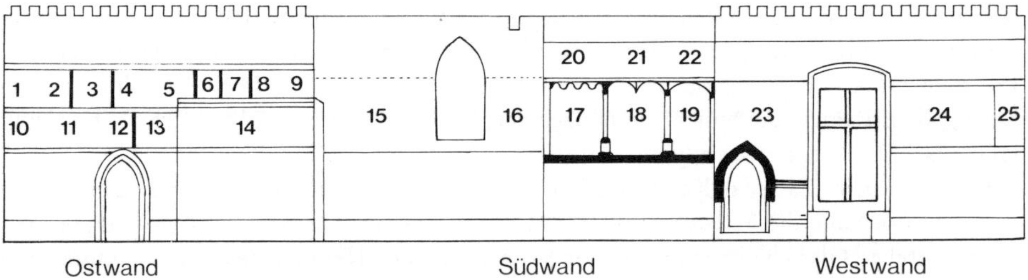

Burg Karlštejn (Karlstein), Marienkirche
Ostwand: 1 Die vier Engel am Ufer des Euphrat 2 Die Reiter 3 Der starke Engel gibt Johannes das Buch zum Verschlingen 4 Johannes mißt den Tempel mit dem Rohr 5 Die Propheten Enoch und Elias predigen den Menschen 6 u. 7 Die Tiere erwürgen Enoch und Elias, die unbegraben auf dem Stadtplatz liegen 8 Enoch und Elias werden zum Himmel emporgehoben 9 Stadt, durch Erdbeben vernichtet 10 Die siebte Posaune 11 Der im Himmel geöffnete Tempel Gottes 12 Erdbeben 13 Der Drache bedroht das Weib, das gebären will 14 Die Schlacht der Engel mit den Teufeln
Südwand: 15 Die vier apokalyptischen Reiter 16 Seelen der Märtyrer unter dem Altar 17 Karl IV. mit dem Dauphin 18 Karl IV. mit dem König von Jerusalem 19 Karl IV. mit Reliquienkreuz 20–22 Karl IV. und Blanche de Valois beten die Dreifaltigkeit an
Westwand: 23 Die sieben Engelschöre 24 Der Drache verfolgt das in die Wüste fliehende Weib 25 Das mit der Sonne bekleidete Weib

hl. Katharina (nach 1400). Durch das Spitzbogenportal in der Südwestecke des Kirchenraums tritt man in einen engen Gang, das sogenannte »Grab Christi«. Am Ende des Ganges öffnet sich ein weiteres Portal auf die winzige *Katharinenkapelle,* die ganz in die Südmauer des Marienturms eingelassen ist. Zwei kleine Wandöffnungen verbinden die Kapelle mit der Kirche. Durch die obere wurde wohl die Öllampe geschoben, die untere diente dem Austausch von Nachrichten und Befehlen, denn Kaiser Karl IV. pflegte nächtelang in der kleinen Kapelle zu meditieren und staatspolitische Maßnahmen zu überdenken. Um 1365 ließ er die Wandgemälde der Kapelle mit Halbedelsteinen bedecken. Über dem Eingang erscheinen der Kaiser und seine dritte Gemahlin, Anna von Schweidnitz, mit dem Reliquienkreuz. Ein spätrömisches Medusenhaupt aus der ersten Hälfte des 4. Jh. bildet den Schlußstein des Gewölbes.

Durch den Vorraum der Sakristei verläßt man den Marienturm und erreicht über einen Holzgang, der eine frühere Zugbrücke ersetzt, den gewaltigen Bergfried, den 37 m hohen, vierstöckigen *Großen Turm* (Velka věž) auf der obersten Burgterrasse. Dieser Turm mit seinen bis zu 6 m dicken Mauern war einst eine selbständige Festung, eine Burg in der Burg. Eine Wendeltreppe mit Wandmalereien aus der Wenzels- und der Ludmila-Legende (um 1360, im 19. Jh. von Restauratoren verändert) steigt zur *Kreuzkapelle* (Kaple sv. Kříže; Kapelle des hl. Kreuzes, auch Kapelle der Leiden Christi genannt) empor, dem weltlichen und geistlichen Zentrum der Burg, dem ›Tresor‹, der die Reichskleinodien und die Reliquien hinter vier Türen mit 19 Schlössern verwahrte. Zu dem bestgehüteten Schatz der Welt, der sich in einer Nische über dem Altar verbarg, gehörten die goldene Krone Kaiser Ottos des Großen, der goldene

Reichsapfel, das silberne Reichszepter, Ringe, Sporen, ein Weihrauchfaß, Zeremonialgewänder usw. Die Kreuzkapelle verwahrte außerdem höchst wertvolle Reliquien, darunter ein mit Edelsteinen geschmücktes goldenes Zeremonialkreuz, das einen Nagel und einen Splitter vom Kreuz Christi sowie die Spitze der Lanze, mit der ein römischer Soldat dem gekreuzigten Christus in die Seite stieß, enthielt.

Ein vergoldetes Gitter teilt den länglichen Raum in zwei Hälften; den Altarraum durften nur der Kaiser und die Priester betreten. Das Kreuzgewölbe der Kapelle ist mit vergoldeten venezianischen Glasscheiben in Form von Sonne, Mond und Sternen belegt. Den unteren Teil der Wände bedeckt ein breiter Streifen mit 2200 inkrustierten Halbedelsteinen, vorwiegend Jaspis, Chalzedon, Amethyst, Onyx, Karneol und Achat, in vergoldetem Stuck. Darüber hingen in drei Reihen 128 (133) Tafelgemälde des Meisters Theoderich von Prag (Magister Theodoricus), des Begründers der Böhmischen Malerschule und ersten Meisters der Gilde des hl. Lukas zu Prag. Patriarchen, Propheten, Apostel, Märtyrer, Ritter, Könige und Herzöge, Jungfrauen und Witwen sowie der leidende Heiland stellen das »Himmlische Jerusalem« dar. (Die Tafeln befinden sich heute im Georgskloster auf dem Prager Hradschin.)

Das Altartriptychon »Madonna mit dem hl. Wenzel und dem hl. Palmatius« schuf Tomaso da Modena im dritten Viertel des 14. Jh. (1355 hatte sich Karl IV. auf seinem Italienzug auch die eiserne Krone der lombardischen Könige aufgesetzt; St. Palmatius ist Nationalheiliger der Lombardei). 1330 Kerzen brachten Edelsteine und Glasscheiben zu einem unvorstellbaren Leuchten und versetzten den Meditierenden in tiefste Frömmigkeit.

Auch nach Abschluß der Restauration wird die Kreuzkapelle nicht zu besichtigen sein, weil die Anwesenheit von vielen tausend Besuchern täglich bleibende Schäden hervorruft. Dafür werden Videogeräte alle Einzelheiten der Kapelle zeigen und mehrsprachig erläutern.

Die Burg Karlstein war mit der mittelalterlichen Kriegstechnik uneinnehmbar, und 1422 mußten die Hussiten nach vergeblicher Belagerung daher wieder abziehen. Dennoch schien das Vertrauen der böhmischen Herrscher in die Unbezwingbarkeit der Feste erschüttert zu sein, denn 1427, also noch während der Hussitenkriege, brachte man die Reichskleinodien nach Ungarn. Sie kamen nie wieder nach Karlstein zurück und werden heute in der Schatzkammer der Wiener Hofburg verwahrt; der böhmische Kronschatz befindet sich im Prager Veitsdom.

Příbram, 62 km südwestlich von Prag, war schon im 14. Jh. ein bedeutendes Bergbauzentrum. Damals gewann man hier Silber, und so verwundert es nicht, daß der Ort seit 1348 bis in die Hussitenkriege hinein den Prager Erzbischöfen gehörte. Um das geförderte Silbererz zu schützen, ließ Ernst von Pardubitz, der erste Erzbischof von Prag, eine Burg errichten, die in ihrem Kern noch immer besteht (ul. na příkopech). Die Dekanatskirche St. Jakobus d. Ä. stammt bereits aus dem 13. Jh.; größere Umbaumaßnahmen wurden 1795 und 1869 beendet. 1579 erhob Rudolf II. Příbram zur königlichen Bergstadt. Die 1849 gegründete Bergakademie bestand fast hundert Jahre und setzt ihre Tätigkeit in der Hochschule für Bergbau der nordmährischen Stadt Ostrava (Ostrau) fort. 1875 erreichte der Adalbertschacht (Vojtěšská šachta) erstmals in der Welt eine Tiefe von 1000 m. Heute werden in Příbram Blei-, Zink- und Uranerze gefördert und verarbeitet.

Burg Karlštejn um 1840

Am Südostrand der Stadt Příbram erhebt sich der **Svatá Hora** mit der ältesten und berühmtesten Marien-Wallfahrtsstätte Böhmens. Das Marienheiligtum (s. Farbt. 11) auf dem 586 m hohen »Heiligen Berg« geht auf eine kleine gotische Kirche des 14. Jh. zurück. Um die Mitte des 17. Jh. übernahm der Jesuitenorden das Kirchlein und ließ es 1661–1687 nach einem Entwurf des Italieners Carlo Lurago umbauen. Das erweiterte Heiligtum stand fortan auf einer hohen Terrasse aus Steinquadern, umgeben von einem festungsartigen Arkadenumgang für die Pilgergruppen. Seit 1658 führt von Příbram eine gedeckte »Heilige Stiege« (Scala santa) empor, die Kilian Ignaz Dientzenhofer 1727/28 veränderte.

Der reich mit plastischem Schmuck versehene *Arkadenumgang* enthält vier achtseitige Eckkapellen, acht nischenförmige Kapellen und einen Glockenturm. Zwei Tore führen in das Heiligtum: das *Prager Portal* im Osten gestaltete 1702–1705 Johann Brokoff, das *Březnicer Portal* im Süden 1707 Andreas Philipp Quittainer. Die (frisch restaurierten) Deckenmalereien mit Szenen aus der Marienlegende und der Geschichte des Heiligen Berges stammen von Josef Mathauser (1880–1890). An die Nordseite des Umgangs grenzt das Residenzhaus der Jesuiten, die auch heute die Wallfahrtsstätte betreuen.

An der *Marienkirche* fallen die drei Arkadenkapellen der Ostseite auf. (Die entsprechenden Kapellen der Westseite wurden um die Mitte des 18. Jh. zugemauert.) Die linke Kapelle ist der hl. Anna, die rechte dem hl. Josef, die mittlere der Heimsuchung Mariä geweiht. Die Terrassenbalustrade schmücken zahlreiche Statuen und Statuengruppen von Engeln und Heiligen. Die Kirche selbst besteht aus dem rechteckigen Presbyterium mit der Sakristei (Franz-Xaver-Kapelle) im Norden und der Ignatiuskapelle im Süden. Im Vorraum ist eine spätgotische Statue der hl. Anna (nach 1500) zu beachten.

Křivoklát (Pürglitz)

Etwa 50 km westlich von Prag erhebt sich am linken Ufer der Beraun (Berounka) inmitten eines dicht bewaldeten Hügellandes die prächtige Burg **Křivoklát,** früher **Pürglitz** (oder Bürglitz) genannt. Diese Burg zählt zu den ältesten, schönsten und interessantesten Befestigungen Böhmens. Sie wurde sorgfältig restauriert und liebevoll ausgestattet (Abb. 24).

Die riesigen Wälder im Gebiet von Rakovník (Rakonitz) waren schon im 9. und 10. Jh. ein beliebtes Jagdgebiet der Přemyslidenherrscher. Einer ihrer Jagdsitze war Křivoklát, im 11. Jh. noch ein befestigtes Gehöft, zu Beginn des 12. Jh. von Vladislav I. in eine wehrhafte Burg verwandelt, in der der Fürst drei Jahre lang seinen aufsässigen Vetter Otto II. von Mähren in Kerkerhaft hielt. König Ottokar I. Přemysl (1197–1230) weilte gern auf Křivoklát. Sein Sohn Wenzel I. ersetzte die Holzbauten um die Mitte des 13. Jh. durch eine steinerne Burg, die von 1241 an den deutschen Namen *Burglin,* später *Burgleis* trug. Fortan erlebte der königliche Jagdsitz üppige Festlichkeiten und kunstvolle Darbietungen der Minnesänger. Ottokar II. Přemysl richtete im Südflügel die einzigartige Burgkapelle ein.

1316–1323 verlebte der spätere Kaiser Karl IV. auf Burglin seine Kindheit; nach dem Tod seiner Mutter holte Johann von Luxemburg den siebenjährigen Knaben nach Frankreich. 1334 kehrte Karl IV., damals noch Statthalter von Böhmen und Mähren, mit seiner jungen Frau Blanche de Valois nach Burglin zurück, worüber sie berichtete: »A.D. 1334 im vollen Frühling ist es gewesen, als mich mein Herr Gemahl nach Beheim (Böhmen) gebracht. Gar anmutig war das Land, und die Menschen allenthalben frohen und rechtschaffenen Sinns. Sie mochten Uns in der Tat geliebt haben und ich habe mich beflissen, sie mit Wohltätigkeit heimzuzahlen. Im Lanzmond des darauffolgenden Jahres wurde ich meiner Tochter Margarethe entbunden. Mein Gemahl ließ damals im ganzen Land die Nachtigallen einfangen und in der Dickung am Fuß der Burg aussetzen, auf daß mich ihr Gesang erfreuen möge. Auch sie gehorchten seinem Willen, nisteten alsbald und ihr Schlagen erfüllte die Lüfte sowie die Herzen der Menschen.«

Die Hussitenkriege nutzte der deutsche König Sigmund, um die reich ausgestatteten böhmischen Burgen, vor allem Křivoklát, zu plündern. Ende des 15. Jh. und Anfang des 16. Jh. ließen die beiden Jagiellonen Vladislav II. und Ludwig (Ludvík) II. die Burg in spätgotischem Stil umbauen. 1548–1564 schmachteten Jan Augusta, der Bischof der Böhmischen Brüdergemeinde, und sein Gefährte Jakub Bílek in den Kerkern der Burg. Zur gleichen Zeit, 1559–1564, verbargen sich auf Burglitz der Erzherzog Ferdinand von Tirol und Philippine Welser, die schöne Tochter eines Augsburger Kaufmanns, bis Kaiser Ferdinand I. von Habsburg der heimlich geschlossenen morganatischen Ehe zustimmte; Philippine gebar ihrem Gemahl hier drei Kinder. Schließlich weilte auch Kaiser Rudolf II. gern auf Pürglitz.

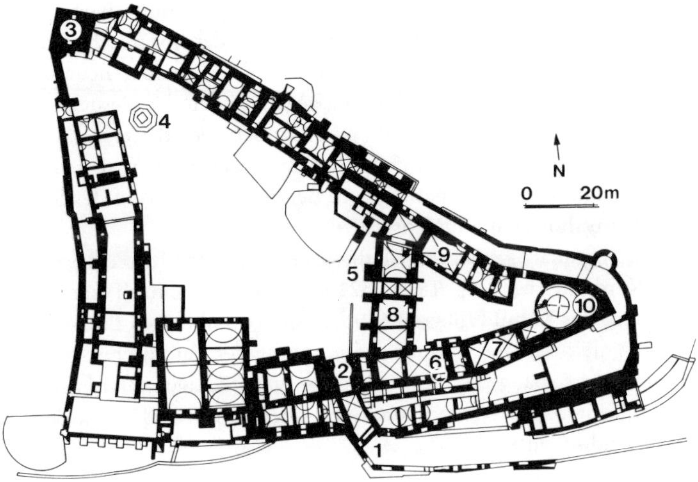

Křivoklát (Pürglitz), Grundriß
1 Torvorbau
2 Durchgangsturm
3 Huderka-Turm
4 Brunnen
5 Wachloggia
6 Palas des Königs
7 Burgkapelle
8 Königssaal (Rittersaal)
9 Palas der Königin
10 Rundturm

1597 und 1643 ging Bürglitz in Flammen auf und schien zu verfallen, zumal die Habsburger nur noch in Wien residierten. 1685 verkaufte die kaiserliche Kammer die Burg an den Grafen von Waldstein, durch Heirat kam sie schließlich in den Besitz der Fürsten zu Fürstenberg, die sie 1826 erneuerten und zwischen 1882 und 1923 von Josef Mocker, Humbert Walcher von Moltheim und Kamil Hilbert im Stil der Jagiellonenzeit rekonstruieren und restaurieren ließen. 1929 ging die Burg Křivoklát in tschechoslowakischen Staatsbesitz über.

Der Besucher betritt die Burg durch einen Torvorbau mit einer Wappentafel Vladislavs II. über dem Portal und durch den sogenannten *Durchgangsturm,* einen stattlichen quadratischen Torturm. Sein Gegenstück ist der *Huderka-Turm* in der Nordwestecke der Vorburg. Die Gebäude im Süden, Westen und Norden der Vorburg (Küche, Truppenunterkünfte, Burggrafenamt, Hauptmannshaus und Brauerei) entstanden fast ausschließlich unter den Jagiellonen. Die Ostseite des ummauerten Areals nimmt die *Hauptburg* ein. Eine Wachloggia flankiert den frühgotischen Eingang zum Burghof. An der oberen Ecke der Loggia halten Engel zwei Wappen mit dem großen »W«, dem Symbol des Königs Vladislav II. Jagiello. Über dem Tor tritt der reizvolle Erker des Königssaals im ersten Stockwerk aus der Fassade; unter dem Erkerfenster zeigen Reliefs die Büsten Vladislavs II. und seines Sohnes Ludwigs II. Ein prächtiger Balkon verbindet den Königssaal mit dem Durchgangsturm, auf seiner Innenseite wird der Westflügel der Hauptburg von einer Holzgalerie auf hohen Arkaden gekrönt. Der Südflügel besteht aus dem Palas des Königs und der *Burgkapelle,* die Meister Hans Spieß 1499–1516 erbaute. Steinkonsolen, die mit eigenwillig geschnitzten und farbig bemalten Köpfen geschmückt sind, tragen das Netzgewölbe. Der großartige Flügelaltar im Presbyterium, eine spätgotische Schnitzarbeit (um 1490), zeigt die Krönung Mariä und Szenen aus der Marienlegende. Beachtenswert sind auch die Glasmalereien der Fenster, die um 1500 entstanden sind und den hl. Georg und den hl. Wenzel darstellen. Unter der Kapelle befindet sich der düstere *Augusta-Kerker,* dessen Name an den Bischof der böhmischen Brüdergemeinde erinnert, der hier sechzehn Jahre lang eingesperrt war und in dem noch heute eine Auswahl von raffinierten Folterwerkzeugen und Hinrichtungsgegenständen den Besucher zum Gruseln bringt.

Im dreischiffigen Königssaal (auch Großer oder Rittersaal) mit hohem Sterngewölbe und reizvollen, unterschiedlich gestalteten Figuralkonsolen ist heute eine Ausstellung gotischer Malerei und Plastik zu besichtigen. Bei der Restauration des Saales kamen Bauelemente aus der Přemyslidenzeit zum Vorschein.

Ein filigranartig gewölbter Balkon verbindet den Rittersaal mit dem Palas der Königin auf der Nordseite der Burg. 1516–1522 wurde der Palas nach einem Brand erneuert. Das heutige Gebäude hat Kamil Hilbert 1921 dem spätgotischen Stil nachempfunden, ein Teil der Räume enthält die originale Wohnungseinrichtung der Familie Fürstenberg vom Anfang des 20. Jh. Das höchste Bauwerk, ein mächtiger vierstöckiger *Rundturm,* bewacht die Ostseite der Burg. Teile seiner Mauern stammen noch aus dem 13. Jh., der romanischen Frühzeit des přemyslidischen Jagdsitzes.

Am 10. Juni 1942 erschossen SS-Einheiten sämtliche 184 männlichen Einwohner des Bergarbeiterdorfes **Lidice,** die 198 Frauen wurden in das KZ Ravensbrück verschleppt, die 98 Kinder zur »Eindeutschung« in SS-Familien oder in ein Vernichtungslager gebracht, das Dorf brannte die SS nieder und ebnete es ein. Nur 143 Frauen und 16 Kinder kehrten nach dem Krieg zurück.

Anlaß für dieses Massaker der SS war das Attentat auf den stellvertretenden Reichsprotektor von Böhmen und Mähren, Reinhard Heydrich, am 27. Mai, an dessen Folgen er am 4. Juni gestorben war. Sieben Mitglieder der Freien Tschechoslowakischen Armee waren auf Weisung der Exilregierung mit dem Fallschirm bei Prag abgesprungen; zwei von ihnen hatten eine Bombe in Heydrichs Kabriolett geworfen. Eine daraufhin eingeleitete Großfahndung förderte eine Spur zutage, die nach Lidice führte.

Ein großes, schlichtes Kreuz mit Stacheldrahtkranz kennzeichnet heute den Mittelpunkt des einstigen Dorfes, Mauerfundamente markieren die Lage einzelner Häuser. Jugendliche aus vielen Ländern pflanzten auf dem Terrain neben dem kleinen Museum 3000 Rosenstöcke. Ein neues Dorf entstand ein Stück weiter im Norden. Lidice ist heute Nationale Gedenkstätte, ein Ort des internationalen Verständnisses, eine Mahnung an alle Völker, Widerstand gegen jede Art von Unterdrückung zu leisten.

Mělník (Melnik)

Nördlich von Prag, an der Mündung der Moldau (Vltava) in die Elbe (Labe), steht auf einem hohen Weinberg das schöne alte Schloß **Mělník** (Melnik) mit einer kleinen Stadt von etwa 22 000 Einwohnern dahinter. Schon im 9. Jh. erhob sich auf der strategisch vorteilhaften Anhöhe am Nordufer der Elbe ein Fürstensitz der Pšovanen, die zur Burg gehörende Siedlung hieß *Pšov.* Gegen Ende des 9. Jh. verheiratete der Pšovanenfürst Slavibor seine Tochter Ludmila (die spätere hl. Ludmilla) mit dem Přemyslidenfürsten Bořivoj. Nach Slavibors Tod fielen die Gebiete der Pšovanen an die Přemysliden, ein erster Schritt zur Vereinigung Böhmens. Ludmila hielt sich gern in der Pšovanenburg auf und erzog hier auch ihren Enkelsohn Václav, den späteren hl. Wenzel. Im 10. Jh. entwickelte sich Pšov zur Witwenresidenz böhmischer Fürstinnen, die Siedlung wurde zur Stadt und erhielt den Namen *Melnik*. Um das Jahr 1000 ließ die Fürstin Hemma, Witwe Boleslavs II., in ihrer Melniker Residenz sogar Silbermünzen prägen. Die hölzerne Feste wich einer romanischen Steinburg, zugleich entstand eine kleine, dem hl. Peter geweihte Burgkirche. Gegen 1126 wuchs die Burgkirche zu einer dreischiffigen Domkapitelkirche heran, die der Verehrung der Apostel Peter und Paul zugedacht war.

Zu Anfang des 13. Jh. umgaben hohe Mauern die Stadt, die Burg wurde frühgotisch umgebaut (Westtrakt). 1274 erhob König Ottokar II. Přemysl Melnik zur Königsstadt, der er das Magdeburger Recht verlieh. Die Burg blieb Witwenresidenz, nach Ottokars Tod lebte seine Frau Kunhuta auf der Feste. Karl IV. erklärte Melnik zu einer königlichen »Heiratsgut-Stadt«, die niemals veräußert, im Notfall nur verpfändet werden dürfe.

Als Karl IV. im Jahr 1365 in Arles zum König von Burgund gekrönt worden war, brachte er von dort Winzer mit an die Elbe, um an den warmen, windgeschützten Südlagen des Hügellandes den Weinbau einzuführen. Heute wird der rote Burgunder von Mělník auch außerhalb der Tschechoslowakei geschätzt. In den Hussitenkriegen (1419–1435) stand Mělník, dessen Einwohner nunmehr überwiegend Tschechen waren, unbeirrt auf Seiten der Reformer. 1438, 1439 und 1442 fanden auf der Burg Kongresse der utraquistischen Partei statt. Unter Georg von Poděbrad und den Jagiellonen erlebte die Stadt einen wirtschaftlichen Aufschwung, die Winzer erzielten gute Gewinne. 1475 starb auf Burg Mělník Johanka von Rožmital, die Witwe Georgs von Poděbrad. Mit ihr endete die fast 600jährige Tradition des königlichen Witwensitzes. Fortan wechselte die Burg ihre Besitzer, die Stadt löste sich von der Burgherrschaft, es kam sogar zu derartigen Spannungen, daß gegen Ende des 15. Jh. zwischen Burg und Stadt Befestigungen errichtet wurden. 1542 ließ Zdislav Berka von Dubá den Nordflügel errichten, aus der spätgotischen Burg wurde ein Renaissanceschloß. 1646 erwarb der im Dreißigjährigen Krieg zu unermeßlichem Reichtum gelangte Heřman Černín von Chudenice das inzwischen verwahrloste Schloß und erneuerte es, in den 90er Jahren kam der barocke Südflügel hinzu. 1753 gingen Schloß und zugehörige Güter durch Heirat in das Eigentum der Lobkowitzer Fürsten über, die aber in Prag residierten, so daß das Schloß in seiner stilistischen Entwicklung erstarrte. Es wurde von da an nur noch für die Weinwirtschaft genutzt, 1895 verwandelte man sogar den Schloßhügel in einen vielfach terrassierten Weinberg.

Das *Schloß* betritt der Besucher durch das unscheinbare Haupttor (Hlavní brána) in der Südostecke des Komplexes, das von außen wie ein großes Wohnhaus wirkt. Dieses Tor erhielt sein heutiges Aussehen in den 90er Jahren des 17. Jh. Damals wurde der Holzaufbau über dem spätgotischen Erdgeschoß entfernt und das Mauerwerk bis zur Höhe des benachbarten Südflügels emporgezogen.

Im Schloßhof wirken drei Baustile auf den Besucher: Der langgestreckte *Westtrakt* präsentiert sich im wesentlichen gotisch mit barocken Veränderungen des späten 17. Jh., der *Nord-*

flügel bewahrte in schöner Reinheit die Merkmale der Renaissance (Loggias mit Arkaden in beiden Stockwerken sowie eine feine Sgraffitoverzierung auf der ganzen Fassade), barock zeigt sich der *Südflügel* des Schlosses, auch wenn hier mächtige Arkaden im Erdgeschoß und im ersten Obergeschoß eine gewisse Parallele zum Nordflügel herstellen. Die Nordseite schließt eine Mauer mit Wehrgang ab. Im Innern des Schlosses befinden sich ein *Museum* mit interessanten, den Weinbau und die Folklore betreffenden Exponaten und eine Galerie der tschechischen Barockmalerei, ferner ein Terrassenrestaurant mit herrlicher Aussicht auf Elbe, Moldau und die umliegenden Weinberge sowie eine Weinstube.

Die *Propsteikirche St. Peter und Paul* (Kostel sv. Petra a Pavla) entwickelte sich aus der Burgkapelle des 11. Jh. Der viereckige Turm an der Südwestseite der heutigen Kirche ist noch rein romanisch. Der Bau der Kirche begann in der ersten Hälfte des 14. Jh., um 1380 folgte ein gotisches Presbyterium, nach 1480 die dreischiffige Halle. 1485 bis 1488 errichtete Hans Spieß aus Frankfurt am Main den großen Fassadenturm, der 1681 seine Haube erhielt. Der kostbarste Schatz der Kirche ist eine spätgotische Monstranz aus vergoldetem Silber, eine Prager Arbeit vom Ende des 15. Jh. mit Statuetten der Madonna, der hl. Katharina und hl. Dorothea, des hl. Wenzel und hl. Veit.

Sehr sehenswert ist der weite Marktplatz (s. Farbt. 18) mit den schmucken Laubenhäusern und dem *Rathaus* aus dem Jahr 1398, barock verändert 1765–1793, das sich nur durch seinen Uhrturm und die beiden geschwungenen Giebel von den umstehenden Bürgerhäusern abhebt. Zu erwähnen sind noch das *Prager Tor* (Pražská brána) im Osten der Altstadt und Reste der Stadtbefestigungen aus dem 13. Jh.

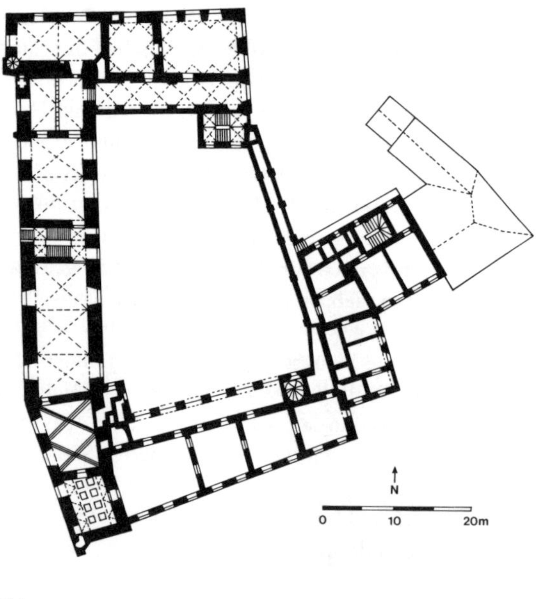

Mělník (Melnik), Schloß, Grundriß 1. Geschoß

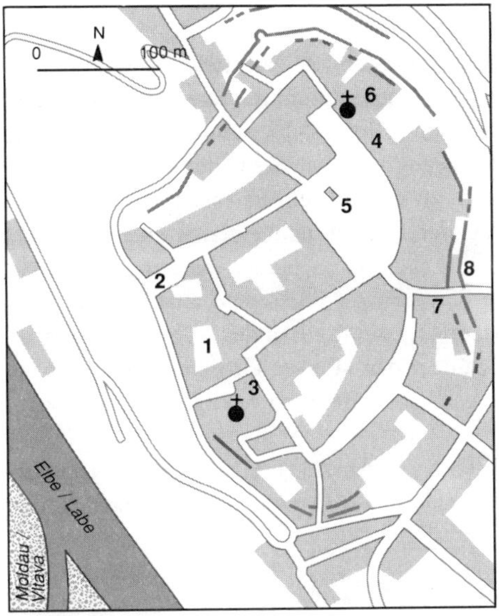

Mělník (Melnik)
1 Schloß 2 Denkmal Karls IV. 3 Propsteikirche St. Peter und Paul 4 Rathaus 5 Brunnen der Weinlese 6 Kapuzinerkloster mit Kirche der 14 Nothelfer 7 Prager Tor 8 Stadtbefestigungen

7 km nordwestlich von Mělník liegt, ebenfalls am rechten Elbufer, der von Weinbergen umgebene Ort **Liběchov** (Liboch) mit dem sorgsam restaurierten gleichnamigen Schloß aus dem 16. Jh. Anfang des 18. Jh. wurde das Renaissanceschloß, vermutlich von František Maximilián Kaňka, zum Park hin um einen barocken Trakt erweitert. In der ersten Hälfte des 19. Jh. sammelte Baron Veith in Schloß Liběchov einen patriotischen Kreis von Gelehrten und Künstlern um sich, der von den Lehren des Priesters und Begründers der slawischen Philologie, Josef Dobrovský (1753–1829), geprägt war. Der Philosoph und Mathematiker Bernhard Bolzano (1781–1848) gehörte ebenso dazu wie der Maler Josef Navrátil (1798–1865), der das Schloß 1838–1843 mit Szenen aus dem tschechischen Nationalepos *Vlasta* (Vaterland) von Karl Egon Ebert schmückte. Das Schloß veranstaltet heute wechselnde Kunstausstellungen.

17 km nordöstlich von Mělník hat die Pšovka ein wild zerklüftetes Felsental geschaffen, das **Kokořín-Tal** (Kokořínský důl), ein Naturschutzgebiet und beliebtes Ausflugsziel. Es wird vom ebenso trutzigen wie malerischen **Kokořín** (Kokorschin) beherrscht, einer gotischen Burg aus der ersten Hälfte des 14. Jh. In den Hussitenkriegen wurde die Burg beschädigt und verfiel. 1911–1918 restaurierte der Architekt Eduard Sochor die Feste für den Industriellen Špaček von Starburg, 1975–1977 erfuhr Kokořín eine erneute Restauration. Heute zeigt die Burg Erinnerungsstücke an den tschechischen Romantiker Karl Hynek Mácha (1810–1836).

15 km westlich von Mělník erhebt sich einsam inmitten fruchtbarer Äcker ein 459 m hoher Basaltberg: der **Říp** (Georgsberg). Der Sage nach soll Čech, der Stammvater aller Tschechen, im Jahr 644 von hier aus das Land Böhmen in Besitz genommen und ihm seinen Namen gegeben haben. Auf dem Berg steht seit 1126 die romanische *St.-Georgs-Rotunde,* die an den Sieg des Böhmenherzogs Soběslav I. über das Heer Kaiser Lothars bei Chlumec (Kulm) im Jahr 1126 erinnert.

Kutná Hora (Kuttenberg)

Abgesehen von Prag ist **Kutná Hora** wegen seiner reizvollen Lage am tief eingeschnittenen Tal des Flüßchens Vrchlice und seiner kostbaren alten Bauten wohl die sehenswerteste Stadt Böhmens. Ihre reichen Silbergruben ließen die Siedlung im 14. Jh. schnell zur nach Prag größten Stadt Böhmens aufsteigen. Kaiser Karl IV. bezog von hier das Geld, das er brauchte, um die Metropole des Heiligen Römischen Reiches zu schmücken. Erstmals wurde Kuttenberg im Jahr 1276 erwähnt, als die Ausbeutung der Silberminen einen immer größeren Umfang annahm. Nach Silbererz schürfte man hier aber schon früher, bereits gegen Ende des 10. Jh. ist an der Vrchlice eine Münzstätte der Slavnikinger Fürstendynastie bezeugt. Um das Jahr 1300, elf Jahre nach der Erhebung zur Stadt, begann der Bau des Welschen Hofes als königliche Münze. Hier prägten florentinische Münzer den »Prager Groschen«, ein im ganzen mittelalterlichen Europa anerkanntes und wegen seiner Reinheit hochgeschätztes Silberstück.

Die böhmischen Könige residierten oft in Kuttenberg. Am 18. Januar 1409 unterschrieb Wenzel IV. auf Veranlassung des Jan Hus das »Kuttenberger Dekret«, das die Verfassung der

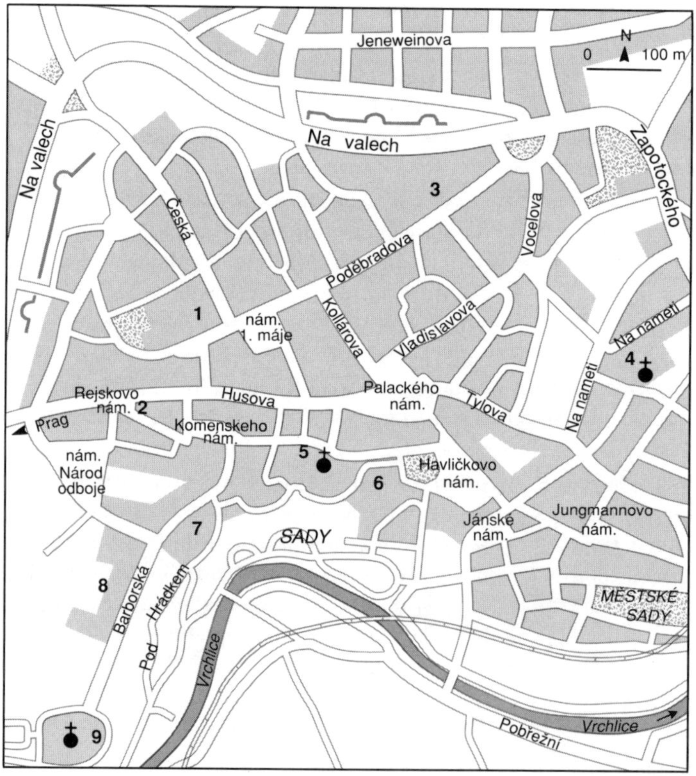

Kutná Hora (Kuttenberg)
1 Steinernes Haus
2 Steinbrunnen
3 Ursulinenkloster
4 Marienkirche auf der Erzhalde
5 St.-Jakobs-Kirche
6 Welscher Hof
7 Kastell
8 Jesuitenkolleg
9 St.-Barbara-Kathedrale

Prager Karlsuniversität zugunsten der Tschechen änderte und den Auszug der deutschen Professoren und Studenten bewirkte, die daraufhin in Leipzig eine neue Universität gründeten. 1471 wählten die böhmischen Stände im Welschen Hof den polnischen Königssohn Vladislav Jagiello zum König von Böhmen. Im 16. Jh. ging die Silbererzförderung in Kuttenberg zurück. Zwar arbeitete die Münze noch bis in das 18. Jh. hinein (1726), die Bedeutung der Stadt aber schwand mehr und mehr.

Mittelpunkt von Kutná Hora ist der Hauptplatz (Palackého nám., Palackýplatz), den schöne Renaissancehäuser, darunter das Alte Rathaus, säumen. Die große *Mariensäule* auf dem Šultysovo nám. (Šultysplatz) erinnert an die Pest von 1713; F. Baugut gestaltete das Monument der Dankbarkeit 1713–1715. Der Kuttenberger Bürgermeister Jan Šultys war einer der 27 protestantischen Anführer, die am 21. Juni 1621 vor dem Altstädter Rathaus zu Prag hingerichtet wurden (s. S. 76). Auf dem nám. 1. máje (Platz des 1. Mai) steht das spätgotische *Steinerne Haus* (Kamenný dům), das 1485–1495 von einem unbekannten Baumeister mit Laube, Erker und hohem Giebel errichtet wurde. Die bildhauerischen Arbeiten schreibt man dem Breslauer Steinmetz Brixi zu; die böhmischen Landespatrone am Erker, die Marienstatue am Giebel und Adam und Eva fügten die Restauratoren Jan Kastner und František Hnátek 1900–1902 hinzu. Das Steinerne Haus ist heute Stadtmuseum (Městské muzeum).

In der Husova třída (Husstraße) erbaute František Maximilián Kaňka 1734–1754 die schöne Barockkirche *St. Johann von Nepomuk* (Kostel sv. Jana Nepomuckého). Auf dem Rejskovo nám. (Rejsekplatz) steht der spätgotische *Steinbrunnen* (Kamenná kašna), vermutlich ein Werk des großen Baumeisters und Bildhauers Matthias Rejsek, nach dem auch der Platz benannt wurde. Der mit reichen Blendarkaden versehene zwölfeckige Brunnen entstand 1493–1495. In der Südwestecke des Platzes zeigt das *Marmorhaus* (U Marmorů) ein schönes Renaissanceportal.

Das ehemalige *Ursulinenkloster* (Klášter uršulinek) in der Poděbradova (Poděbradstraße) erbaute Kilian Ignaz Dientzenhofer 1733–1743 im Auftrag der Gräfin Eleonora Trauttmansdorff. Den Barockbau schmücken Heiligenstatuen von Jan Brázda, eine Kuppel krönt das ovale Treppenhaus in der Ecke zwischen den beiden Flügeln des Komplexes. Die Klosterkirche in neobarockem Stil errichtete der Wiener Architekt Friedrich Ohmann 1898–1901. An der Straße Na náměti (Zur Erzhalde) im Osten der Altstadt bewahrt die gotische *Marienkirche auf der Erzhalde* (Panny Marie Na náměti) das Grab des Malers Peter Johann Brandl.

Oberhalb des Flüßchens Vrchlice liegt der Platz U Vlašského dvora (Am Welschen Hof) mit der gotischen *St.-Jakobs-Kirche* (Chrám sv. Jakuba; 1330–1420). Ihre Maßwerkfenster deuten auf die Mitwirkung der Parlerschen Bauhütte hin. Meister Augustin errichtete 1567 den fünfstöckigen, 82 m hohen Nordturm, der seine barocke Zwiebelhaube erst um 1737 erhielt, der Südturm blieb unvollendet. Der Innenraum der Kirche beeindruckt durch seine reiche Ausstattung. Georg Riedl gestaltete 1678 den prächtigen Hauptaltar; die Gemälde »Hl. Jakobus« (1752) und »Heilige Dreifaltigkeit« (1734) stammen von Franz Xaver Balko und Peter Brandl. Karel Škréta kopierte 1673 Annibale Carraccis »Pietà«. Von Hans Efeldar stammt das »Abendmahl« (1515), Kaspar Eigler schnitzte 1678 die frühbarocke Gruppe »Christus und die Brüder Zebedäus«.

Weinstube in Kutná Hora, (Kuttenberg) Wirtshausschild

Ende des 13. Jh. hatte König Wenzel II. Münzpräger aus Florenz nach Kuttenberg berufen, die im *Welschen Hof* (Vlašský dvůr) die berühmten Silbergroschen schlugen. Reste der ersten Münzstätte sind noch im Mauerwerk des Nord- und Westflügels zu erkennen. Der Welsche Hof veränderte ständig sein Gesicht, der letzte Umbau erfolgte 1898. Die interessantesten Teile des Komplexes, der später zeitweise auch als königliche Residenz diente, entstanden unter Wenzel IV., der zwischen 1390 und 1400 den Ostflügel mit dem Palas, den vorderen Turm und eine Kapelle errichten ließ. Diese *Wenzelskapelle* erreicht der Besucher über eine äußere Wendeltreppe. Ein Mittelpfeiler stützt die vier Kreuzrippengewölbe des quadratischen Raumes, der sich um einen polygonalen Chorerker erweitert. Die Wände zeigen die »Wenzelslegende« des Jugendstilmalers František Urban (1900). Die drei gotischen Flügelaltäre entstanden um das Jahr 1500 und zeigen den Tod der Gottesmutter. Der *Ratssaal* des Palas enthält eine spätgotische Statue des »Ecce homo« (Jesus mit Dornenkrone) sowie eine prachtvoll geschnitzte Bank (beides Anfang 16. Jh.). Die *Kellerräume* zeigen Darstellungen und Gerätschaften der mittelalterlichen Münzer.

Das *Kastell* (Hrádek) an der Barborská ul. (Barbaragasse) geht auf eine Holzfestung des 14. Jh. zurück. Im 15. Jh. wurde diese durch einen Steinbau ersetzt, der eigentlich als Königsburg dienen sollte, aber dann als zweite Münze genutzt wurde; die Könige zogen es vor, im Welschen Hof zu residieren. An der Barbaragasse liegt auch das einstige *Jesuitenkolleg* (Jezuitska kolej), ein monumentales Gebäude von Domenico Orsi (1626–1667), das vom späten 18. Jh. bis frühen 19. Jh. als Kaserne diente. F. Baugut schuf 1703–1716 die dreizehn Barockstatuen auf der Balustrade, die sich bis zur Barbarakirche hinzieht.

Die der Schutzpatronin der Bergleute geweihte fünfschiffige *St.-Barbara-Kathedrale* (Chrám sv. Barbory; Abb. 25) gaben die Kuttenberger Minenbesitzer in Auftrag. Peter Parler erstellte den Entwurf und begann 1388 mit dem Bau. Nach der Unterbrechung durch die Hussitenkriege nahm Meister Hans (Hanuš) 1481–1489 die Arbeiten wieder auf, 1489–1506 wirkte Matthias Rejsek an der Kathedrale, 1512–1547 Benedikt Rieth. 1558 war das Werk vollendet. Letzte Veränderungen erfuhr die Kirche bei der Restauration der Jahre 1884–1893 durch Josef Mocker und Ludvík Lábler.

Das auffallende dreiteilige Zeltdach setzte Meister Vaněk 1532 über Halle und Chor. Im Innern der Kathedrale beeindruckt das Schleifensterngewölbe der dreischiffigen Halle von Benedikt Rieth. Das Netzgewölbe über dem Chor entwarf Matthias Rejsek; in die einzelnen Gewölbefelder setzte er die Wappen der zum böhmischen Jagiellonenreich gehörenden Länder und die der Kuttenberger Handwerkszünfte.

Der Hauptaltar mit der hl. Barbara auf seinem linken Flügel ist eine Nachbildung des ursprünglichen Barockaltars. Kostbare Wandmalereien enthält die Smíšek-Kapelle: »Cumäische

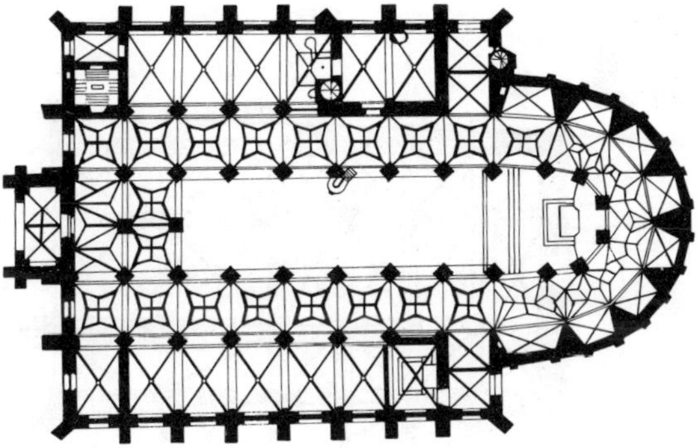

Kutná Hora (Kuttenberg), St.-Barbara-Kathedrale, Grundriß

Sibylle«, »Ankunft der Königin von Saba« und eine Kreuzigungsszene (vor 1490). Ein Triptychon zeigt die von Heiligen umgebene Gottesmutter. Kulturhistorisch interessant ist die Wandstatue eines Bergknappen aus der Zeit um 1700 in seiner damaligen Tracht mit Grubenlampe, Werkzeug und Tasche sowie, an der Westwand des Südschiffes über den Passionsszenen, mehrere Münzer an ihren Prägestühlen (drittes Viertel 15. Jh.). Ebenfalls beachtenswert ist die gotische Holzstatue einer thronenden Madonna mit Jesuskind im nördlichen Teil des Chorumgangs; sie entstand um das Jahr 1380 und wurde im 18. Jh. barock verändert (Zepter, Reichsapfel, Polychromie).

Das ehemalige Zisterzienserkloster *Sedlec* (Sedletz) am nordöstlichen Stadtrand geht auf das Jahr 1142 zurück. 1784 wurde es aufgehoben und 1812 in eine Tabakfabrik umgewandelt. Zu dem Kloster gehörte die gotische *Marienkirche* (Chrám Panny Marie), ein fünfschiffiger Bau aus der Zeit zwischen 1290 und 1304, 1699–1707 von Johann Santin-Aichel in gotisch-barockem Mischstil erneuert. Auf dem Klosterfriedhof steht – etwa 400 m nördlich der Kirche – eine gotische Kapelle aus dem 12. Jh., die nach der großen Pest des Jahres 1318 als Beinhaus diente. Im unteren Teil der Doppelkapelle besteht die gesamte Einrichtung (Altar, Leuchter, Wappen usw.) aus Menschenknochen.

Kolín (Kolin), die kleine Stadt an der Elbe, wurde vor allem durch eine Schlacht des Siebenjährigen Krieges bekannt, in der die Österreicher am 18. Juni 1757 die Preußen besiegten. Deutsche Kolonisten, die der böhmische König Ottokar I. Přemysl ins Land gerufen hatte, gründeten sie im frühen 13. Jh. an der Stelle einer slawischen Burgsiedlung. Bereits 1261 begann man mit dem Bau der dreischiffigen Bartholomäuskirche, die Peter Parler im 14. Jh. mit einem hochgotischen Chor zu einem der schönsten Sakralbauwerke Böhmens erweiterte. 1421 kam die Stadt unter hussitische Herrschaft und verlor die deutsche Mehrheit im Rat.

Die Altstadt besitzt mit ihrem rechtwinkligen Straßensystem eines der typischen Merkmale der deutschen Kolonialstädte. Den großen Marktplatz rahmen barocke Bürgerhäuser, die größtenteils der einheimische Baumeister Josef Jedlička nach dem großen Stadtbrand des Jahres 1734 entwarf. Als besonders schönes Beispiel gilt das Haus Nr. 46. Das Rathaus im Stil der Neorenaissance entstand 1887.

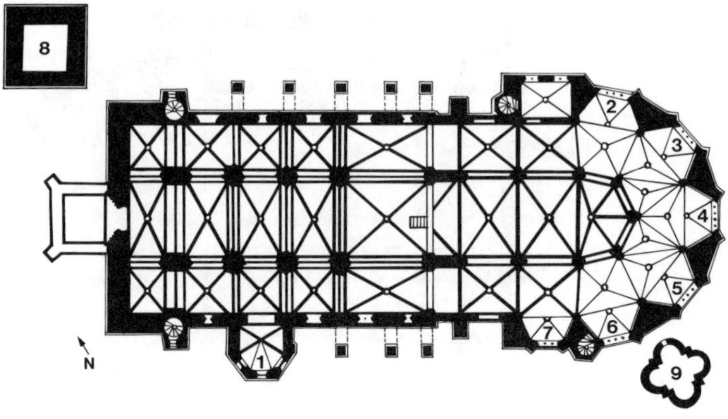

Kolín (Kolin), Bartholomäuskathedrale
1 Kokov-Kapelle
2 Bäckerkapelle
3 Brauerkapelle
4 Metzgerkapelle
5 Sperlinkov-Kapelle
6 Johanneskapelle
7 Wenzelskapelle
8 Glockenturm
9 Beinhaus

Das bedeutendste Bauwerk von Kolín steht auf dem höchsten Punkt der Altstadt: die *Bartholomäuskathedrale* (Chrám sv. Bartoloměje). 1261–1300 wurde die dreischiffige Hallenkirche mit zwei 70 m hohen, achteckigen Türmen an der Stelle der slawischen Wallburg errichtet. Romanische Relikte wie etwa eine Gruft lassen den Schluß zu, daß hier schon vor dem frühgotischen Bau ein Gotteshaus stand. 1349 tobte eine Feuersbrunst in der Stadt und beschädigte auch die Kathedrale. Zehn Jahre später beauftragte Kaiser Karl IV. seinen Hofbaumeister Peter Parler, der seit 1352 am Veitsdom und seit 1357 an der Karlsbrücke in Prag arbeitete, mit der Wiederherstellung der Koliner Hauptkirche. Parler riß das alte Presbyterium nieder und baute einen neuen Chor mit sieben Kapellen und reichem Maßwerk an den Fenstern. 1378 wurde St. Bartholomäus geweiht. 1504 entstand der mächtige, einzeln stehende Glockenturm, 1733 das barocke Beinhaus vor der Südostseite der Kirche. 1796 vernichtete ein Brand den gotischen Hauptaltar, mehrere Nebenaltäre, die Orgel und zahlreiche Gemälde und Skulpturen. 1797 erhielt die Kathedrale ein provisorisches Dach, das erst 1904–1910 durch eine stilgerechte Konstruktion ersetzt wurde. Aus dem Jahr 1910 stammt auch der neogotische Hauptaltar. Das Gemälde »Martyrium des hl. Bartholomäus« in der Šperlinkov-Kapelle schuf Peter Brandl (1734).

In der Brandlova ul. 35 neben der Kathedrale – die kleine Gasse erinnert an den böhmischen Barockmaler Peter Brandl (1668–1735) – findet der Besucher das *Museum* von Kolín, das u. a. eine der bedeutendsten prähistorischen Sammlungen Böhmens zeigt. Diese Sammlung begründete der Kolíner Arzt Dr. František Dvořák (1896–1943), der wegen seiner Tätigkeit in einer Widerstandsgruppe in Dresden hingerichtet wurde. Zu sehen sind Fundstücke von der Altsteinzeit bis zum Mittelalter: paläolithische Steinwerkzeuge, neolithische Trichterbecherkeramik, Bronzewaffen der Bylaner Kultur, keltische Münzen, Schmuck der Markomannen, Grabbeigaben aus frühslawischer Zeit. Eine besondere Abteilung des Museums erinnert an Jean Gaspard Debureau (1796–1846), den berühmtesten Pantomimen des 19. Jh., den »König der Pierrots«. Sein Vater, der Franzose Philippe Germain Debureau, kam 1793 als Soldat der österreichischen Armee nach Kolín und heiratete hier. Nach Jean Gaspards Geburt arbeitete Philippe als Barbier und zog schließlich als Akrobat durch die Welt. 1813 stellte das Pariser »Théâtre des Funambules« die ganze Familie als Seiltänzergruppe ein. Jean Gaspard mimte den Bajazzo, viele andere Figuren und schließlich den Pierrot, der seine Lebensrolle wurde. Er entwickelte die Pantomime zu einem anspruchsvollen Zweig des Balletts und bereitete so den Weg für Jean Louis Barrault und Marcel Marceau.

Die Nationalstr. 12/E15 nach Prag durchquert bald hinter der Stadt das *Schlachtfeld von Kolín*. Im Mai 1757 begann Friedrich der Große mit der Belagerung und Beschießung von Prag. Um den Preußenkönig zum Abbruch der Belagerung zu zwingen, stieß der österreichische Feldmarschall Leopold Josef Graf von Daun mit seiner Armee östlich an Prag vorbei, um den Preußen in den Rücken zu fallen. Am frühen Morgen des 18. Juni prallten beide Heere westlich von Kolín aufeinander, Friedrich der Große verlor die Schlacht, mußte die Belagerung von Prag aufgeben und die böhmischen Länder räumen. Aus Dankbarkeit für den Sieg stiftete die österreichische Kaiserin den Maria-Theresien-Orden. An die Schlacht erinnern Denkmäler bei den Dörfern Krečhoř und Vítězov sowie auf dem Berg Vysoká.

5 km westlich von Plaňany zweigt eine Nebenstraße in südlicher Richtung zu dem 6 km entfernten Städtchen **Kouřim** ab, dem man seine lange Geschichte kaum ansieht, das aber bereits 1260 als königliche Stadt gegründet wurde. Aus dieser Zeit stammen Reste der Stadtmauern, die Erzdekanatskirche St. Stephan und das Prager Tor. Vor der Stadt entdeckten Archäologen

Kolín, Stadtansicht aus der Merian-Topographie

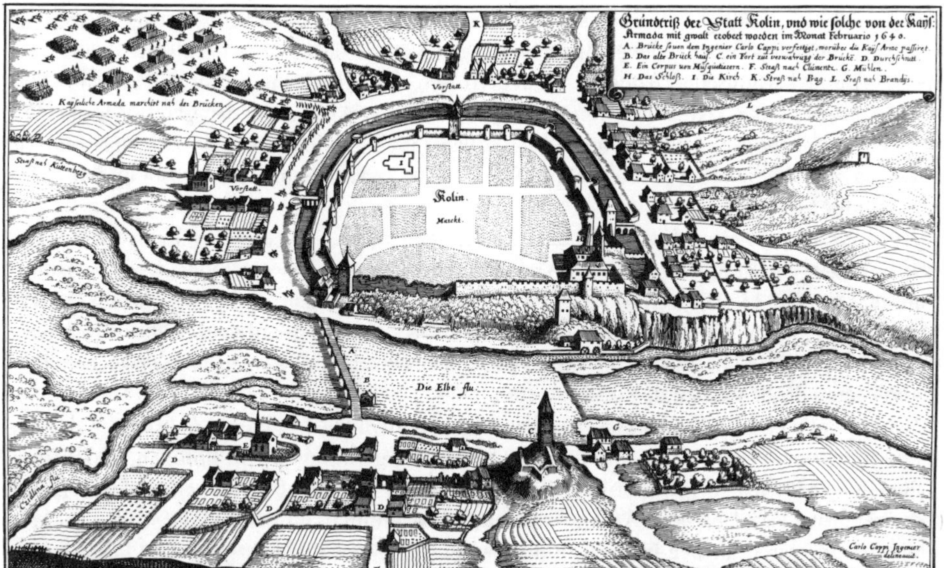

einen altslawischen Burgwall, der ein Terrain von 40 ha (!) umschloß. Sehenswert ist das Stadtmuseum auf dem großen Marktplatz und das 1972 eröffnete *Museum des Dorfes,* ein Freilichtmuseum mit ländlichen Gebäuden aus dem 17. und 18. Jh.

Konopiště (Konopischt)

Zu den schönsten Schlössern Böhmens zählt **Konopiště** (Konopischt; s. Farbt. 17), die ehemalige Sommerresidenz des Erzherzogs und österreichischen Thronfolgers Franz Ferdinand, der am 28. Juni 1914 mit seiner Gemahlin Sophie in Sarajewo einem Attentat serbischer Nationalisten zum Opfer fiel. Das Schloß mit seinem kostbaren Inventar, den interessanten Sammlungen und den herrlichen Parkanlagen atmet noch heute die Gegenwart des Erzherzogs und läßt die Spannung der Wochen vor dem Ausbruch des Ersten Weltkrieges spüren.

In den 80er Jahren des 13. Jh. erbaute das Adelsgeschlecht Beneschau (Benešov) die Burg Konopiště, was soviel wie »Hanffeld« heißt. Die Familie gehörte damals zu den einflußreichsten Geschlechtern Böhmens; ein Familienmitglied, Tobias von Beneschau, war sogar Bischof von Prag. Die weitreichenden Verbindungen sorgten dafür, daß die Burg den neuesten fortifikatorischen Erkenntnissen entsprach, wie sie zu damaliger Zeit in Frankreich gewonnen wurden. 1327 ging Konopiště durch Schenkung an das Geschlecht Sternberg (Šternberk), das in den Hussitenkriegen auf seiten der Katholiken stand. Als Peter von Sternberg 1420 in der Schlacht auf dem Vítkov bei Prag fiel, schlug sich seine Witwe Perchta von Kravaře auf die Seite der Hussiten, um den Familienbesitz zu retten. Am 24. Juni 1423 verhandelten auf Konopiště die gemäßigten Utraquisten mit den radikalen Taboriten über strittige Fragen der Liturgie. 1465 erhob sich Zdeněk Sternberg gegen König Poděbrad und gründete den »Grünberger Bund katholischer Adliger«. Poděbrad ließ daraufhin Konopiště ab Frühjahr 1467 belagern, aber seine Truppen konnten die Burg nicht erstürmen. Es dauerte 18 Monate, bis sich die vom Hunger geschwächten Verteidiger ergaben. Die Burg ging an Fürst Hynek von Münsterberg als Pfand, erst unter König Vladislav II. Jagiello kehrte Konopiště in den Besitz der Familie Sternberg zurück.

Im Jahr 1600 brannte Konopiště aus. Die Kosten für die Wiederherstellung überstiegen die Finanzen des Burgherrn, der das Anwesen daher 1603 an Dorota Hodějovská verkaufen mußte. Die neue Herrin wandelte die gotische Feste in ein prächtiges Renaissanceschloß um, doch als die Söhne der Dorota im Aufstand der böhmischen Stände gegen die Habsburger kämpften (1618–1620), wurde das Schloß nach der Schlacht am Weißen Berg enteignet. 1648 verwüsteten die Schweden den Besitz.

Konopiště wechselte seinen Herrn noch mehrmals, denn die Instandhaltungskosten des großen Schlosses waren immens. Erst Jan Josef Vrtba, Oberstburggraf von Böhmen, ließ die verfallenen Gebäude ab 1716 im Stil des Barock erneuern und schuf sich eine komfortable und repräsentative Residenz. Der Architekt František Maximilián Kaňka und der Bildhauer Matthias Braun waren an der Neugestaltung beteiligt. 1830 schließlich ging Konopiště an die Adelsfamilie Lobkowitz über, die sich aber nur um die wirtschaftlichen Belange der zugehörigen Güter und Manufakturen kümmerte und das Schloß vernachlässigte. Ein neuer Abschnitt in der Geschichte von Konopiště begann 1887, als Erzherzog Franz Ferdinand die Herrschaft erwarb. Nachdem er Thronfolger geworden war, sollte Konopiště das repräsentative Stammschloß des künftigen Monarchen werden, der private Mittelpunkt des Reiches gewissermaßen. Die prunkvolle Ausstattung des Schlosses sollte auch die ständigen Angriffe seitens der kaiserlichen Familie und des Hochadels gegen seine unstandesgemäße Frau Sophie Gräfin Chotek zum Schweigen bringen.

Der große Restaurator Professor Josef Mocker, der alle wichtigen Bauwerke Böhmens einfühlsam und mit historischer Akribie erneuerte, gab auch Schloß Konopiště – zumindest teilweise – sein ursprüngliches gotisches Aussehen zurück, die Innenräume gestaltete der Architekt Franz Schmoranz. Als Grundlage für die reichen Sammlungen des Erzherzogs diente die kostbare Kollektion d'Este, ein italienisches Erbe. Die wertvollsten Stücke befinden sich heute in der Nationalgalerie und im militärhistorischen Museum zu Prag.

10 Minuten etwa steigt man die Allee vom Parkplatz neben dem großen, modernen Restaurant zum Schloß empor. Ein prächtiges *Barocktor* steht einsam vor der Brücke über den Wehrgraben; František Maximilián Kaňka hat es 1725 entworfen. Das eigentliche Schloßtor flankieren Statuen der Bellona und des Mars von Matthias Braun. Die Bronzegruppe eines Hundeführers entstand um das Jahr 1900.

Die sieben mehr oder weniger weit aus der Mauer springenden, gleichhohen Rundtürme der französisch-gotischen Burg sind nur noch zum Teil in ihrer ursprünglichen Gestalt erhalten; sie wurden in den Schloßkomplex integriert, im Oberbau eckig verändert oder stark überhöht (Ostturm). Der einzige runde Eckturm ist der *Václavka,* dessen Name an König Wenzel (Václav) IV. erinnert, der gegen Ende des 14. Jh. vom tschechischen Adel in diesem Turm gefangengehalten wurde. Über dem Westportal blieben die beiden Wappen des Přech Hodějovský und seiner Gemahlin Dorothea von Harrachsdorf (Dorota von Harrachov) erhalten; das Wappen des Hausherrn ziert ein goldener Karpfen auf blauem Feld. Die Jahreszahl 1605 über Portalen und Fenstersimsen verweist auf das Jahr, in dem die Umbaumaßnahmen der Hodějovský beendet wurden.

Im Innern des Schlosses zeugen kostbar eingerichtete Räume vom luxuriösen Lebensstil des Erzherzogs, z. B. der Säulensalon, der *Große Speisesaal* (Lobkowitz-Saal) mit zwei Wandteppichen der königlichen Gobelin-Manufaktur zu Paris (1774) mit Themen aus Cervantes' »Don Quichotte«, der Tirpitz-Salon, das Schlafzimmer Wilhelms II., der Vrtba-Salon und der Rauchsalon. Die *Schloßkapelle* von Konopiště war ursprünglich dem hl. Ägidius geweiht, seit dem Barock wurde hier der hl. Hubert, der Schutzpatron der Jäger, verehrt. Im Treppenhaus und in den Gängen bedecken Tausende von Jagdtrophäen und naturkundlichen Stichen mit deutscher Inschrift die Wände. Die *Waffen- oder Rüstkammer* zeigt historische Rüstungen und Waffen vom 15. bis zum 19. Jh.

Aus verwilderten Wäldern und fruchtbaren Äckern zauberten berühmte Gartenarchitekten wie der Wiener Mössmer, der Engländer Marchan und der Prager Rozínek Ende des 19. Jh. wundervolle *Parkanlagen,* die heute mit Teichen, Seen und Wildgehegen eine Fläche von über

Konopiště (Konopischt), Radierung von V. A. Berger, 1802–1804

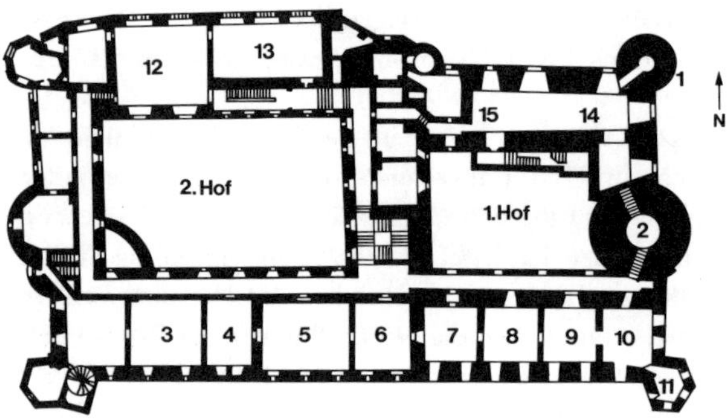

Konopiště (Konopischt), Burg, Grundriß
1 Václavka 2 Ostturm
1. Stockwerk: 3 Säulensalon 4 Empfangssalon 5 Großer Speisesaal (Lobkowitz-Saal) 6 Anrichte 7 Tirpitz-Salon 8 Schlafzimmer des Großadmirals Tirpitz 9 Schlafzimmer Kaiser Wilhelms II. 10 Vrtba-Salon 11 Turmgemach
2. Stockwerk: 12 Rauchersalon 13 Bibliothek 14 Schloßkapelle
3. Stockwerk: 15 Waffen- bzw. Rüstkammer (über der Schloßkapelle)

225 ha umfassen. Der Terrassengarten an der Südseite des Schlosses entstand schon im 18. Jh., als man an dieser Stelle den Graben zuschüttete. Gleich vor dem Barocktor blitzen weiße Götterstatuen aus dem Grün der Anlagen. Höhepunkt des Schloßparks ist der *Rosengarten*, der 1906–1913 entstand. Mehr als 200 Rosenarten erfreuen den Besucher, der nicht weiß, ob er die Statuen aus Modena mehr bewundern soll als die venezianischen Vasen, die originellen Faunsbüsten oder die Obelisken. Die Mitte des Rosengartens markiert eine klassizistische Säule mit der Statue der Kleopatra. Die Statuengruppe des Poseidon im Osten des Parks schmückte einst den Schloßpark von Catajo bei Padua. Zum Gedenken an die im Jahr 1775 bei einem Aufstand tödlich verwundeten sieben Leibeigenen ließ die Gräfin O'Kelly (geb. Vrtbová) bald nach der Tragödie einen Kreuzweg anlegen.

Südböhmen (Jižní Čechy)

České Budějovice (Budweis)

České Budějovice, die Metropole des Bezirks Südböhmen mit knapp 100000 Einwohnern, besticht durch seinen großen, quadratischen Marktplatz, der von alten Laubenhäusern und dem prächtigen Barockrathaus umgeben ist und zu den schönsten Plätzen Europas zählt. Viele interessante Gebäude und Stadtbefestigungen des Mittelalters, aber auch die ehemaligen »Fleischbänke«, in denen freundliche Kellner ein köstliches *Budvar* servieren, lohnen einen ausgiebigen Besuch.

1265 verlieh König Ottokar II. Přemysl der deutschen Kolonistensiedlung Budweis an der Mündung der Maltsch (Malše) in die Moldau das Stadtrecht. Zugleich gründete er hier ein Kloster des Dominikanerordens. Im 14. Jh. entwickelte sich die Stadt zum Handelszentrum Südböhmens und erhielt 1358 von Kaiser Karl IV. neben anderen Privilegien auch das Stapelrecht, d. h., alle vorbeiziehenden Kaufleute hatten ihre Waren für eine bestimmte Zeit in Budweis zum Verkauf auszustellen, bevor sie ihre Reise fortsetzen durften. Im 16. Jh. führten ergiebige Silberfunde zur Einrichtung einer königlichen Münzstätte und eines Bergamtes. In dieser Zeit war Budweis nach Prag und Pilsen die drittgrößte Stadt Böhmens und der größte Getreide- und Holzmarkt des Südens. 1631, während des Dreißigjährigen Krieges also, brachten die Kaiserlichen die Königskrone und die Landtafeln (s. S. 77) hinter den Mauern von Budweis in Sicherheit. Seit 1785 residiert in der Stadt ein Bischof, dessen Sprengel ganz Südböhmen umfaßt. 1827 nahm zwischen Budweis und Linz (Österreich) die erste Pferdeeisenbahn Europas den Betrieb auf. Die Industrialisierung zog im 19. Jh. immer mehr Tschechen in die Stadt, so daß die deutsche Bevölkerungsmehrheit bis zur Jahrhundertwende schwand. Heute ist České Budějovice (Böhmisch-Budweis, zur Unterscheidung von der kleinen Stadt Moravské Budějovice, Mährisch-Budweis oder Budwitz) eine lebhafte Industriestadt mit dem Elektrowerk Tesla und einer Metallgießerei der Škoda-Werke.

Die unter Denkmalschutz stehende Altstadt ist im Schachbrettmuster angelegt. Parkanlagen (Sady) lösten im Norden und Osten der Stadt Wall und Graben ab. Einen Rest des Grabens bildet der Mlýnská stoka (Mühlenkanal). Der **nám. Přemysla Otakara II.** (Platz des Ottokar II. Přemysl) ist der Haupt-, Markt- und Ringplatz des alten Budweis. Bei einer Seitenlänge von 130 m überschreitet der Platz die Größe jedes Häuserblocks der Stadt. In seiner Mitte plätschert der achteckige **Samsunbrunnen** (Samsonova kašna), den Josef Dietrich 1727 entwarf, der größte steinerne Brunnen der Tschechoslowakei (17 m Durchmesser).

Den ganzen Ringplatz säumen liebevoll restaurierte Laubenhäuser, zum Teil aus dem 13. Jh., deren Fassaden später jeweils dem Stil der Zeit angepaßt wurden (Renaissance, Empire, Klassi-

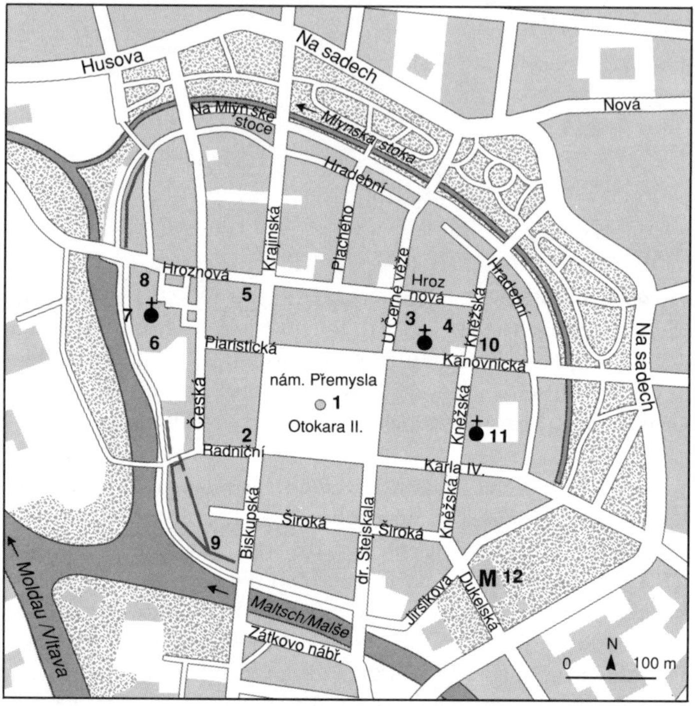

České Budějovice (Budweis)
1 Samsunbrunnen
2 Rathaus
3 »Schwarzer Turm«
4 St.-Nikolaus-Kathedrale
5 Ehemalige Fleischbänke
6 Dominikanerkloster
7 Marienkirche
8 Salzhaus
9 Stadtbefestigungen
10 Kneislhaus
11 St.-Anna-Kirche
12 Südböhmisches Museum

zismus). Das **Rathaus** in der Südwestecke des Platzes trat 1727–1731 an die Stelle eines Renaissancebauwerks; der Wiener Hofarchitekt Anton Erhard Martinelli war der Schöpfer des dreitürmigen Barockgebäudes. Der Komplex des **Bischöflichen Palais** (Biskupská rezidence), ebenfalls im 18. Jh. erbaut, beherrscht die benachbarte Biskupská ul. (Bischofsgasse).

Hinter den Häusern in der Nordostecke des Marktplatzes erhebt sich der **Schwarze Turm** (Černá věž), der freistehende Glockenturm der Bischofskirche. Auf die Säulengalerie des 72 m hohen Renaissanceturms (1550–1577) führen 360 Stufen; von oben hat man einen großartigen Ausblick auf die Stadt und die Umgebung, an klaren Tagen bis zu den Alpen. Die barocke **St.-Nikolaus-Kathedrale** (Katedrála sv. Mikuláše) ersetzte 1649 die gotische Stadtkirche aus der Zeit nach 1265. Vom ursprünglichen Bau stammt noch ein Teil des Presbyteriums. Hinter der Kathedrale findet man die *Kapelle der Todesangst Christi* (Kaple Smrtelných úzkosti Páně).

Die aus dem 16. Jh. stammenden **Fleischbänke** (Masné krámy) an der Krajinská (Provinzgasse), Ecke Hroznova ul. (Traubengasse), beherbergen heute die urig eingerichtete und gut besuchte Gaststätte »Masné krámy«.

Am toten Moldauarm (slepé rameno Vltavy) im Westen der Altstadt liegt das ehemalige **Dominikanerkloster** (Dominikánský klášter), eine Stiftung Ottokars II. Přemysl aus dem

Jahr 1265. Den gegenwärtigen Bau errichtete die Parlerhütte zwischen 1340 und 1370. Obwohl das Kloster heute als Lehranstalt dient, besteht die Möglichkeit, den schönen Kreuzgang zu besichtigen, eine vierflügelige gotische Anlage mit einem Kreuzrippengewölbe, das auf Maskaronen-Konsolen und mehreckigen Pfeilern ruht. Im Hof steht ein polygonales Brunnenhaus. An den Nordflügel des Kreuzganges grenzt die gotische Marienkirche (Kostel Obětování Panny Marie, Kirche Mariä Opferung). Der Chor entstand im ausgehenden 13. Jh.; der Bau der dreischiffigen Halle wurde im späten 14. Jh. abgeschlossen.

Nahe der Marienkirche steht das **Salzhaus** (Solnice) aus dem Jahr 1531, das zeitweise auch als städtisches Zeughaus (Zbrojnice) diente. Auffallend sind sein Treppengiebel und die in den Fassadenputz eingelassenen Masken.

Im Südwesten der Altstadt, am Ufer der Maltsch, überdauerten Reste der mittelalterlichen **Stadtbefestigungen:** die Schwalbenschwanzbastei (Otakarova bašta) mit dem Turm Eiserne Jungfrau (Železná panna). In der Nordwestecke am Mühlenkanal wacht noch immer der wuchtige Rabensteinturm (Rabenštejnská věž), ebenfalls aus der zweiten Hälfte des 14. Jh.

Ein Bummel durch die malerischen Gassen lohnt immer, denn überall trifft man auf schöne alte Häuser, z. B. in der Kanovnická ul. (Domherrengasse) neben dem Dom auf das sgraffitogeschmückte **Kneisl-Haus** (Kneislův dům; 16. Jh.). In der Kněžská ul. (Pfarrgasse) weist die frisch restaurierte ehemalige **St.-Anna-Kirche** (Kostel sv. Anny), deren Entstehung in den

Budweis, Stadtplatz, 2. Hälfte des 17. Jh.

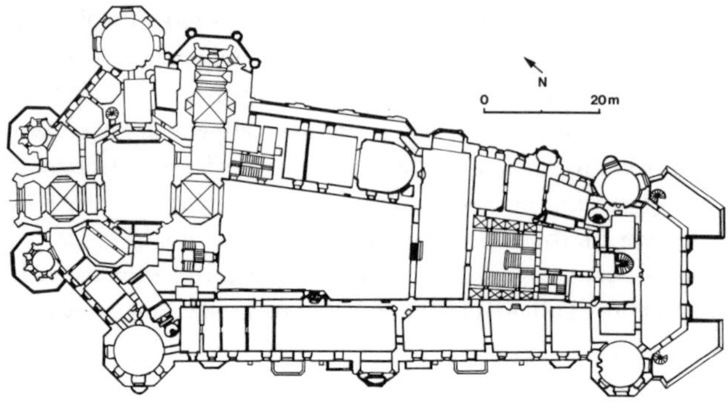

Schloß Hluboká (Frauenberg), Grundriß

Böhmischen Krieg hineinreichte (1615–1621), auf den Standort des Kapuzinerklosters hin, das heute eine pädagogische Hochschule ist. An der Dukelská im Südostbereich der Wallanlagen zeigt das modern eingerichtete **Südböhmische Museum** (Jihočeské muzeum) einzigartige Sammlungen aus Natur, Geschichte und Gegenwart Südböhmens.

Hluboká nad Vltavou (Frauenberg)

8 km nördlich von České Budějovice thront auf einem Felsen 83 m über der Moldau das Märchenschloß **Hluboká** (s. Farbt. 12), das meistbesuchte Schloß der Tschechoslowakei mit einer wundervoll erhaltenen kostbaren Inneneinrichtung und erlesenen Kunstschätzen.

Um die Mitte des 13. Jh. baute König Wenzel I. an der Stelle des heutigen Schlosses eine königliche Burg, die nach dem Tod Ottokars II. Přemysl im Jahr 1278 dessen ärgster Feind Záviš (Zawisch) von Falkenstein erwarb. Záviš heiratete die Königinwitwe Kunhuta, avancierte zum wichtigsten Mann Böhmens und versuchte, König Wenzel II. zu verdrängen. 1290 konnte der König die Macht zurückgewinnen und ließ Záviš am Fuß der *Fronburg* (Vroburc, Herrenburg, so hieß Hluboká damals) hinrichten.

Ab 1450 wechselten die Besitzer in schneller Folge, bis die Burg an Wilhelm von Pernstein fiel. Wilhelm widmete sich intensiv der Forstwirtschaft und legte zahlreiche Fischteiche an, die noch heute das Landschaftsbild um Hluboká prägen. Wieder wechselten die Besitzer. Die Herren von Hradec bauten die Burg im Stil der Renaissance um und gaben ihr den heutigen Grundriß. 1598 verkauften sie die Herrschaft an die Herren Malovec, deren Besitzungen aber 1622 wegen ihrer Teilnahme am böhmischen Ständeaufstand von den Habsburgern konfisziert wurden.

Im Jahr 1661 erwarb Johann Adolph von Schwarzenberg, 1670 in den Reichsfürstenstand erhoben, die »Frowenburg« (aus »Fronburg« abgeleitet). Fast drei Jahrhunderte blieb »Frowenburg« bzw. »Frauenburg«, schließlich »Frauenberg«, im Besitz dieses Adelsgeschlechts, dessen Angehörige am Habsburger Hof hohe staatliche, diplomatische und militärische Ämter bekleideten und bereits zahlreiche Güter in Südböhmen, Krain und der Steiermark besaßen. Frauenberg sollte das Herrschaftszentrum, der repräsentative Stammsitz der Schwarzenbergs werden, die auch in Wien und Prag luxuriöse Stadtpaläste unterhielten. 1702 trat der kaiserliche Festungsbaumeister Paul Ignaz Bayer in die Dienste der Schwarzenbergs; er barockisierte 1707–1728 das Schloß, erneuerte die Schloßkapelle und schuf den zweigeschossigen Festsaal, den Georg Werle mit Malereien ausschmückte.

Den wesentlichen Umbau im Stil der romantisierenden Neogotik veranlaßte in der ersten Hälfte des 19. Jh. Eleonore Schwarzenberg. 1839–1871 bauten die Architekten Franz Beer und Ferdinand Damian Deworetzky Schloß Frauenberg vollständig um und gaben ihm das historisierende Aussehen von Windsor Castle, dem Stammschloß der englischen Könige – nachempfundener Tudorstil in Böhmen. Das Interieur dagegen bewahrte den Charakter der niederländischen Renaissance.

Die Schwarzenbergs bewohnten ihr Schloß, das seit 1918 den tschechischen Namen Hluboká (von *hluboký,* tief) trägt, bis zum Ende des Zweiten Weltkrieges. Sein letzter Eigentümer, Dr. Adolph II. Fürst zu Schwarzenberg, wurde 1940 von der Gestapo verhaftet. 1945 kam Schloß Hluboká unter staatliche Verwaltung und ging 1950 in den Besitz des tschechoslowakischen Staates über. Seitdem sind Schloß und Park der Öffentlichkeit zugänglich und werden jährlich von über 300 000 Menschen besucht.

Schloß Hluboká zeigt dem Besucher in 41 Räumen (von insgesamt über 140) mehr als 36 000 Exponate, die rund 12 000 Bücher der umfangreichen Bibliothek nicht eingerechnet. Die meisten Räume sind überaus kostbar ausgestattet, vor allem der Empfangssalon, der große Speisesaal, der Marmorsaal, der Morgensalon mit der Ahnengalerie, das Lesezimmer, die Bibliothek und der Theatersaal. Eine hölzerne Renaissancedecke aus dem Schloß von Český Krumlov, das ebenfalls den Schwarzenbergs gehörte, schmückt heute den großen Speisesaal. Viele kostbare Möbel, darunter die spätbarocken Regale der Schloßbibliothek, stammen aus dem fränkisch-bayerischen Stammschloß bei Scheinfeld. Zu den besonders sehenswerten Objekten zählt eine Kollektion von 57 Wandteppichen aus der Mitte des 17. Jh., die vorwiegend in den berühmten Brüsseler Werkstätten entstanden. Alte und zeitgenössische Möbel, darunter der intarsierte Delphinenschrank, den Adalbert Stifter in seinem Roman »Nachsommer« beschreibt und den seine Witwe 1868 an die Schwarzenbergs verkaufte, Kunstwerke aller Art, auch Gegenstände der angewandten Kunst wie böhmisches Glas, italienische Fayencen, chinesisches Porzellan und sächsisches Silber, ferner orientalische Antiquitäten, Waffen und Rüstungen ergänzen die Einrichtung der einzelnen Räumlichkeiten. Von den vielen Gemälden seien nur die »Anbetung des Jesuskindes« vom Meister des Wittingauer Altars (um 1380) und eine »Madonna mit dem hl. Bartholomäus und der hl. Margareta« (südböhmische Schule, um 1400) erwähnt.

Manchen Besucher wird auch die Zentralheizung des Schlosses interessieren, die seit 1855 ohne wesentliche Reparaturen in Betrieb ist. Geheizt wird nur mit Holz, die Raumtemperaturen regeln kleine Messingtüren. Wasserleitung und Baderäume bestehen sogar schon seit dem Jahr 1735.

Bei seiner Umgestaltung erhielt das Schloß einen kunstvollen Anbau aus Eisen und Glas als *Wintergarten*. Dieser Anbau verbindet das eigentliche Schloß mit der neogotischen Reithalle und dem Marstall. Hier wurde 1955 die nach dem tschechischen Maler Mikuláš Aleš (1852–1913) benannte *Südböhmische Galerie* mit Gemälden und Plastiken südböhmischer Künstler vom Mittelalter bis zur Gegenwart eingerichtet. Die Galerie ist nächst der Prager Nationalgalerie die größte Kunstsammlung Böhmens.

Die Umgebung des Schlosses verwandelten die Schwarzenbergs in einen englischen *Naturpark* mit zahlreichen Fischteichen, bewaldeten Hügeln und Fasanengehegen, exotischen Bäumen und Sträuchern, hundertjährigen Eichen und Bronzestatuen.

2 km südwestlich von Hluboká errichtete der fürstliche Baumeister Paul Ignaz Bayer zwischen 1703 und 1713 das barocke **Jagdschloß Ohrada** (Zwinger) inmitten eines Wildparks am Südufer des Teiches Munický rybník. In dem Jagdschloß ist heute ein Fischerei-, Jagd- und Forstmuseum untergebracht.

Český Krumlov (Krumau)

Zu beiden Seiten einer engen Moldauschleife drängt sich am Rand des Plansker Waldes (Blanský les) das mittelalterliche Krumau, links des jungen Flusses auf felsiger Höhe das zweitgrößte Schloß Böhmens (nach dem Prager Hradschin) und rechts davon die fast allseits umflossene Stadt. Für drei deutsche Adelsgeschlechter war Krumau die Hauptresidenz, die Zentrale ihres böhmischen Wirtschaftsimperiums: für die Rosenbergs (1302–1611), die Eggenbergs (1622–1717) und die Schwarzenbergs (1717–1945).

»Er hatte in späten Jahren noch eine große Freude, als sein Sohn Witiko auf dem Fels der Krummen Au, die nun zu Witikos Stamme gehörte, eine Burg zu bauen begann.« So endet der Roman »Witiko« von Adalbert Stifter (1805–1868), und so beginnt die Geschichte von Schloß und Stadt Krumau. Um das Jahr 1240 gründete das Adelsgeschlecht der Witigonen (Witkowitzer) über einer Moldauschleife, einer »krummen Au« (daher »Krumau«), die Burg, die 1253 erstmals urkundlich erwähnt wurde. Deutsche Kolonisten aus Bayern und Österreich siedelten zu Füßen der Burg und ihr gegenüber innerhalb der schützenden Flußwindung; 1274 war die Siedlung bereits eine Stadt. Im Jahr 1302 übernahm Heinrich von Rosenberg aus dem damals mächtigsten Adelsgeschlecht in Böhmen Schloß und Stadt Krumau. 1497 schufen die Rosenbergs eine Bauhütte und schürften in den umliegenden Höhen des Böhmerwaldes nach Silber. 1526 verlieh der Jagiellonenkönig Ludwig II. der Stadt Wappen und Siegel und den Rosenbergs das Recht, in Krumau eine eigene Münzstätte einzurichten. Die Burg bauten die Rosenbergs zu einer glänzenden Renaissanceresidenz aus. Als sich die Silberminen gegen Ende des 16. Jh. erschöpften, geriet die Dynastie in finanzielle Schwierigkeiten; 1611 mußte Peter Wok von Rosenberg die Herrschaft Krumau an Kaiser Rudolf II. verkaufen.

1622 schenkte Kaiser Ferdinand II. Krumau samt den dazugehörigen Gütern an Johann Ulrich Freiherr von Eggenberg als Dank für die im Dreißigjährigen Krieg geleistete Hilfe. 1717 starb der letzte Fürst Eggenberg, seine Gemahlin Maria Ernestine Fürstin zu Schwarzen-

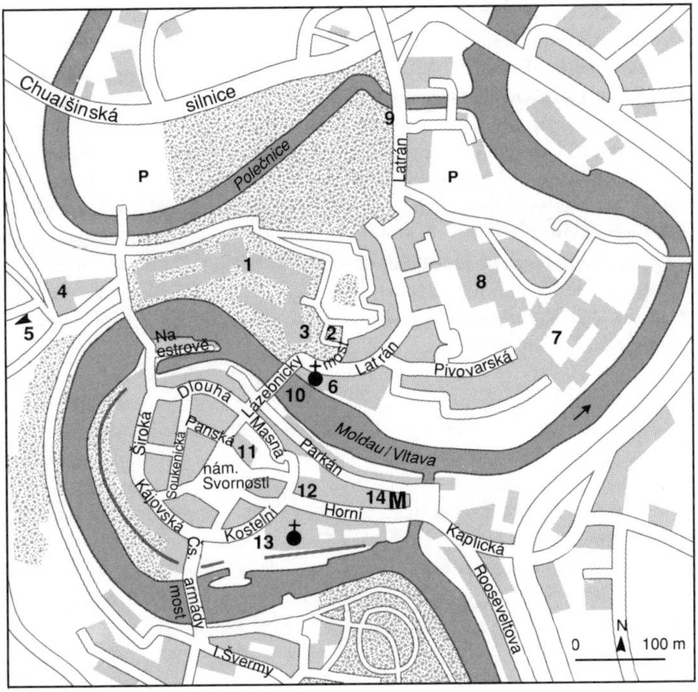

Český Krumlov (Krumau)
1 Schloß
2 Latrontor
3 Schloßturm
4 Schloßtheater
5 Schloßpark
6 St.-Jost-Kirche
7 Brauerei
8 Minoriten- und Klarissinnenkloster
9 Budweiser Tor
10 Moldaubrücke
11 Rathaus
12 Kaplanei
13 St.-Veits-Kirche
14 Museum

berg trat das Erbe an. Von dieser Zeit an herrschte in Krumau die Dynastie der Schwarzenbergs. 1947 wurde das Schloß in Staatseigentum übergeführt und dient seitdem als Museum und staatliches Archiv.

Das **Schloß** mit seinem prächtigen Turm, den viele als den schönsten Burgturm Europas preisen, beherrscht hoch über der Moldau die Stadt. Der ausgedehnte Komplex, dessen Bauten im 13. und 14. Jh. entstanden und im 16. Jh. unter Wilhelm von Rosenberg im Renaissancestil verändert wurden, besteht aus der Vorburg, der Unter- und der Oberburg. Das *Latrontor* bildet den Eingang zum Schloß; in dem tiefen Graben davor tummeln sich Bären. Das *Burggrafenamt,* ein zweiflügeliger Renaissancebau von 1578, fällt durch die Chiaroscuro-Malerei an seinen Fassaden auf. Das Gebäude der *Münze* entwarf Anton Erhard Martinelli in der ersten Hälfte des 18. Jh. Die Mitte des Hofes nimmt ein dreigeschossiger Renaissancebau ein, die sogenannte *Kleine Burg* (Hrádek); sie ging aus dem ursprünglichen Palas hervor und diente später als Wohn- und Verwaltungstrakt. Der mächtige runde *Schloßturm* stammt aus der Mitte des 13. Jh. und erhielt 1588–1590 den Helm und den Arkadenumgang im Stil der Renaissance. Dieser Umgang bietet eine großartige Aussicht auf die Stadt und das reizvolle Vorland des Böhmerwaldes.

Eine Brücke aus dem späten 16. Jh. verbindet die Unter- mit der *Oberburg*, die aus einem langgestreckten Gebäude mit zwei Höfen besteht. Den aus dem 14. Jh. stammenden Bau veränderten Antonio Eritzer und anschließend Baldassare Maggi da Arogno im Stil der Renaissance. Die Wandmalereien im hinteren Hof stellen die Planeten, die Tugenden und die Metamorphosen Ovids dar (1588). Die Oberburg war die prächtige Residenz der Schloßherren. Hier befinden sich noch heute ihre kostbar eingerichteten Wohn- und Festsäle, Arbeitsräume und Kapellen: der von Josef Lederer prächtig ausgemalte *Maskensaal* (1748), der Rainer Maria Rilke zu einer Szene in seiner Novelle »Die Geschwister« anregte, dann das *Chinesische Kabinett* mit erlesenem Porzellan aus der K'ang-hsi-Zeit (um 1700), die Gemäldegalerie, der Vitrinensaal. Die über die prachtvollsten Räume der Oberburg verteilten 28 Wandteppiche stellen vorwiegend Brüsseler Arbeiten aus dem 16.–18. Jh. dar; besonders bemerkenswert ist der Zyklus mit Szenen aus Vergils »Aeneis«. Die *Große Schloßkapelle* (Georgskapelle) aus gotischer Zeit wurde zwischen 1750 und 1755 von Matthias André barockisiert. Die *Kleine Schloßkapelle* bewahrte ihr spätgotisches Aussehen mit Netzgewölbe und einem Flügelaltar (nach 1500).

Statuen der drei Heiligen Johann von Nepomuk, Wenzel und Antonius von Johann Anton Zinner zieren die 1764 erbaute Brücke, die von der Oberburg zum *Schloßtheater*, einer der ältesten erhaltenen barocken Bühnen, führt. Die erste Hausbühne erbaute bereits 1675–1682 der Salzburger Theaterarchitekt Johann M. Schaumberger. 1766/67 errichtete der Wiener Architekt Laurenz Makh für Joseph Adam Fürst zu Schwarzenberg einen neuen Holzbau, der noch die Dekorationen der Wiener Bühnenbildner Johann Wetschel und Leo Merkel enthält; in ihrem Deckengemälde krönt Zeus die von seinem Sohn Apollon angeführten Musen (1766).

Vom obersten Gang der Schloßbrücke aus erreicht man den prächtigen *Schloßpark* mit dem 1706–1708 erbauten Lustschlößchen »Bellaria«, das heute im Gewand des Rokoko erscheint. Andrea Altomonte und Johann Anton Zinner gestalteten zwischen 1745 und 1765 die großartige Neptunfontäne. Erwähnt sei schließlich noch das Freilichttheater mit einem drehbaren Zuschauerraum für 500 Personen und der Fischteich am Südwestende des Schloßgartens.

Zu Füßen des Schlosses breitet sich der alte Stadtteil **Latron** (Latrán) aus. Die Mönche des 14. Jh. sahen in der ummauerten Siedlung vermutlich ein *Castellum Boni Latronis*, ein »Kastell des guten Diebes«, womit sie an den reuigen Straßenräuber erinnerten, der neben Jesus am Kreuz starb (Lukas 23, 40). Zu den Sehenswürdigkeiten dieses Stadtteils gehören die ehemalige St.-Jost-Kirche (Kostel sv. Jost) aus dem 14. Jh., erneuert im 16. Jh., die Brauerei (Pivovar) in einem Zeughaus des 16. Jh., das sgraffitogeschmückte ehemalige Latroner Rathaus, das 1350 gegründete Minoritenkloster, das benachbarte Klarissinnenkloster, die beiden gemeinsame Fronleichnamskirche aus dem 14. Jh., im 17. Jh. barock umgebaut, und schließlich das Budweiser Tor, die einzige Zufahrt für Kraftfahrzeuge zum bewachten Parkplatz (Parkoviště).

Die Moldaubrücke verbindet den Stadtteil Latron mit der **Altstadt.** Durch die Radniční ul. (Rathausgasse) gelangt der Besucher auf den von schönen Renaissancehäusern gesäumten ehemaligen *Ringplatz* (heute nám. Svornosti, Platz der Einigkeit) mit der *Mariensäule* (Pestsäule). Das *Rathaus* an der Nordseite des Platzes ist mit einem gotischen Laubengang versehen; ein Renaissancefries und große Wappen von Böhmen, Krumau und den Geschlechtern Eggenberg und Schwarzenberg schmücken die Fassade.

Vom Ringplatz führt die Horní ul. (Obere Gasse) nach Osten und passiert die Kaplanei mit dem schönen Erker (1514–1520), die Prälatur mit einer Rokokotreppe im Hof, das 1586–1588 errichtete Jesuitenkolleg, das heute als Hotel dient, das 1613 erbaute Theater (ursprünglich

Český Krumlov (Krumau), Radierung von K. Postl nach einer Zeichnung von L. Janscha

Jesuitentheater), ferner das Stadtmuseum mit einer interessanten Sammlung gotischer Kunst und Erinnerungen an Adalbert Stifter (vor dem Eingang Grabsteine mit deutscher Inschrift). 1650–1662 wurde das Haus als Jesuitenseminar erbaut.

Südlich der Kaplanei steht die *St.-Veits-Kirche,* die Erzdekanatskirche von Krumau. 1407–1439 trat diese Kirche an die Stelle eines gotischen Gotteshauses, das Peter von Rosenberg im Jahr 1309 gestiftet hatte. Meister Linhart von Aldeberg war der Schöpfer des heutigen dreischiffigen Hallenbaus mit dem hohen, schlanken Turm an seiner Westseite. Zweimal vier Pfeiler tragen das Netzgewölbe des Mittelschiffs, die spätgotische Empore ruht auf vier Arkaden und Sternrippengewölben. Von den Wandfresken seien die gotischen Werke »Kreuzigung«, »Hl. Veronika«, »Hl. Elisabeth«, »Maria Magdalena mit Stifter« und »Hl. Bartholomäus« (um 1430) am nördlichen Seitenschiff erwähnt. Den frühbarocken Hauptaltar gestaltete Johann Worath zwischen 1673 und 1683.

Die Straße nach České Budějovice (Budweis) führt am Zisterzienserkloster **Zlatá Koruna** (Goldenkron) vorbei, das König Ottokar II. Přemysl 1263 gegründet hatte. Den Holzbauten folgte gegen Ende des 13. Jh. unter Wenzel II. ein großzügiger Steinbau. 1420 wurde das Kloster von Hussiten eingeäschert und blieb über 200 Jahre als Ruine stehen. Erst ab 1663 wurde es wieder instand gesetzt und dem barocken Stil angepaßt. 1785 ließ Kaiser Joseph II. das

Kloster aufheben, später diente es als Manufaktur und Wohnstätte. 1909 und 1938 unterzog man Goldenkron einer gewissenhaften Restauration, aber als Ordensresidenz wurde es nie mehr benutzt. Seit 1945 ist Zlatá Koruna nationales Kulturdenkmal.

Den Mittelpunkt des Klosters bildet die Marienkirche, eine dreischiffige (ursprünglich vierschiffige) Basilika aus dem 14. Jh. Am Bau der Kirche war die Parlerhütte beteiligt. Der dreijochige Chor wurde im 17. Jh. barockisiert und im 18. Jh. erneuert. Auf dem klassizistischen Hauptaltar stehen die spätbarocken Statuen der Ordensheiligen von Jakob Eberle und das Gemälde »Mariä Himmelfahrt« von Karl Philippot. Im Chor erinnert ein Kenotaph an den Gründer Ottokar II. Přemysl.

Das befestigte Zisterzienserkloster **Vyšší Brod** (Hohenfurth) geht auf eine Stiftung des Peter Wok von Rosenberg zurück (1259), der hier die Grabstätte seiner Familie einzurichten gedachte. Alle Gebäude des Klosters drängen sich innerhalb der Mauern auf engstem Raum: der Torturm, die der Jungfrau Maria geweihte Klosterkirche, der Kreuzgang, zwei Konventsgebäude, die Prälatur, das Noviziat und das Krankenhaus. Die Marienkirche wurde zwischen 1360 und 1380 erbaut. Polygonale Pfeiler tragen die dreimal fünf Kreuzrippengewölbe. Der Hauptaltar ist frühbarock, in den beiden Seitenkapellen des hl. Rochus und der hl. Barbara stehen spätgotische Flügelaltäre (1524/25). Zwei Epitaphe gedenken Peter Wok von Rosenbergs und Jan Zrinskýs, des ersten Abtes von Hohenfurth. An das südliche Seitenschiff grenzt der gotische Kreuzgang, an dessen Ostseite wiederum der frühgotische *Kapitelsaal* stößt: Ein Bündelpfeiler mit Kapitell trägt die vier Kreuzrippengewölbe des quadratischen Saales; spätgotisches Maßwerk prägt die Fenster. Das ehemalige Kloster beherbergt eine Gemäldesammlung und ein Postmuseum.

Alle Kostbarkeiten des Klosters, wie die berühmte »Hohenfurther Madonna« (um 1420), die neun Tafeln vom Meister des Hohenfurther Altars (Szenen aus dem Leben Christi, um 1350) und das Záviš-Kreuz, eine Goldschmiedearbeit aus der ersten Hälfte des 13. Jh., befinden sich seit 1945 in der Nationalgalerie bzw. im Veitsdom zu Prag.

Am Ostabhang des 1314 m hohen Černá hora (Schwarzberg) entspringt die Moldau (Vltava) und wird am Fuß des Böhmerwaldes (Šumava) in der größten Moldautalsperre, der **Údolní nádrž Lipno** (Lipenská přehradní nádrž; Lippener Stausee) zur Energiegewinnung aufgestaut. Die Talsperre bedeckt eine Fläche von fast 49 qkm; an ihrem Nordufer entstanden zahlreiche Sommerfrischen mit Campingplätzen, Badeanstalten und Bootshäfen.

Am oberen Ende des Lippener Stausees liegt **Horní Planá** (Oberplan), ein altes Städtchen, das 1349 das Marktrecht erhielt und dessen Magdalenenkirche bereits aus dem 13. Jh. stammt. In Oberplan wurde am 23. Oktober 1805 der Dichter und Maler Adalbert Stifter geboren. Sein Geburtshaus ist heute eine Gedenkstätte; im Stadtpark steht ein Bronzedenkmal des Dichters.

1 Prag, Altstädter Rathaus ▷

2 Prag, Blick auf den Hradschin ▷▷

3 PRAG, Astronomische Uhr am Altstädter Rathaus

4 PRAG, St.-Veits-Dom ▷

5 Prag, »Altstädter Mühlen« und Wasserturm

6 Prag, Altstädter Ring

7 Prag, Karlsbrücke und Kleinseitner Brückentürme

9 Burg Loket (Elbogen) ▷

8 Prag, Kloster Strahov

10 Mariánské Lázně (Marienbad), Hauptkolonnade

12 Schloß Hluboká (Frauenberg) ▷

11 Příbram, Marien-Wallfahrtsstätte Svatá Hora

13 Pardubice (Pardubitz), Pernsteinplatz

15 Litoměřice (Leitmeritz), Kelchhaus ▷

14 Telč (Teltsch), Marktplatz

17 Burg Konopiště (Konopischt)

◁ 16 Adersbacher Felsenstadt

18 Mělník, Hauptplatz mit Rathaus ▷

20 Wasserburg Blatná (Platten)

◁ 19 Bratislava (Preßburg), Michaelertor

22 Levoča (Leutschau), Thurzohaus

◁ 21 Levoča (Leutschau), Rathaus

23 Hohe Tatra, Popradské pleso (Poppersee) ▷

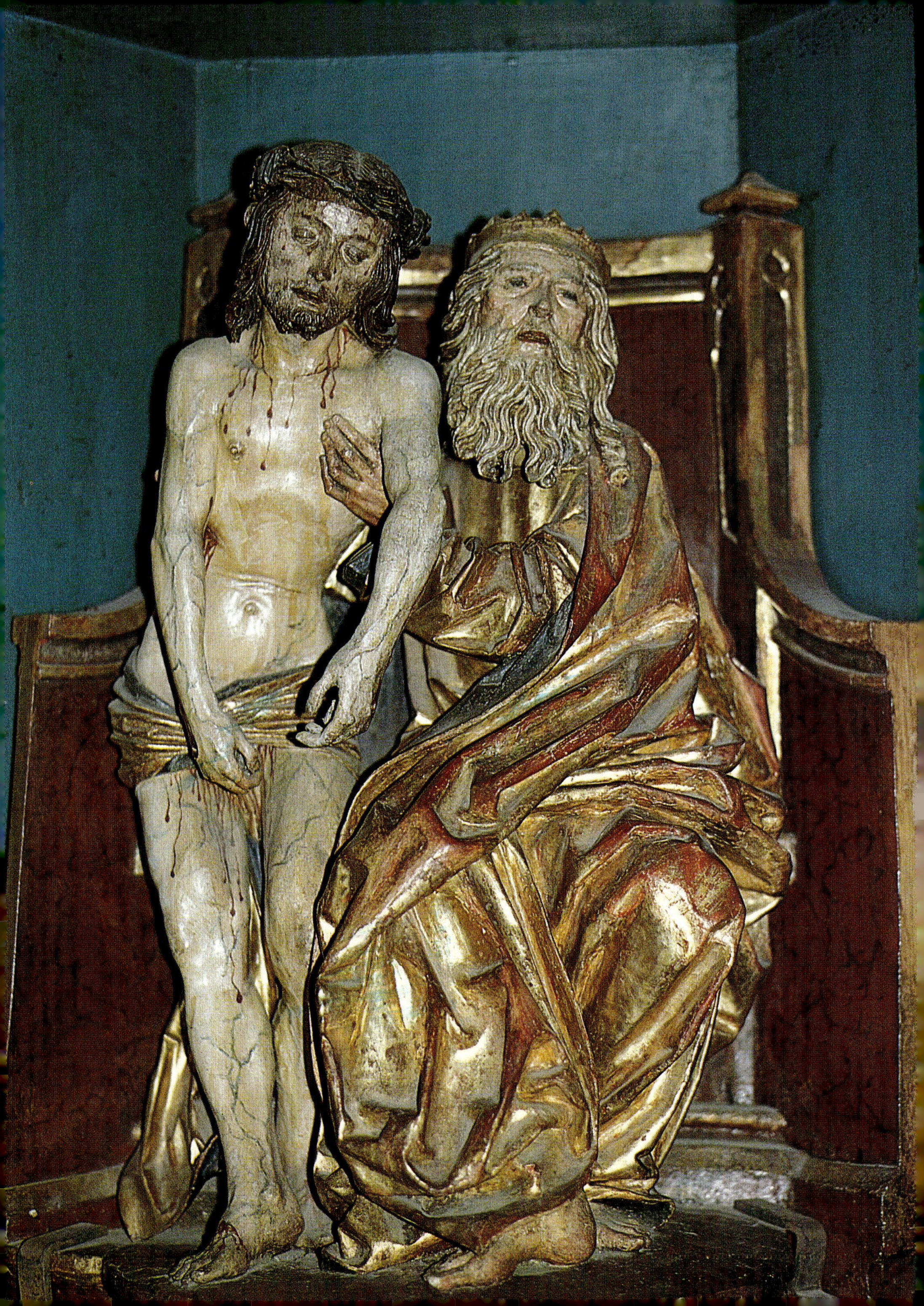

In einem von Wäldern umgebenen Talkessel, am Fuß des 1091 m hohen Berges Libín, liegt das malerische Städtchen **Prachatice** (Prachatitz), im Mittelalter das blühende Salzhandelszentrum Böhmens. Schon im Jahr 1010 erwähnten fränkische Urkunden den »Goldenen Steig«, jene alte Handelsstraße, die Bayern mit Böhmen verband und quer durch den Böhmerwald führte. Diese *Via aurea* oder *Via bohemica* begann in Passau und endete in Prachatitz. Feine Stoffe, Gewürze, Weine und Waffen kamen nach Böhmen, Getreide, Butter, Honig, Wachs und Häute gingen in den Westen. Haupthandelsgut aber war das begehrte Salz, und so entwickelte sich Prachatitz zum alleinigen Salzstapelplatz für ganz Böhmen. 1323 erhielt Prachatitz die Stadtrechte und kam bald darauf unter die Herrschaft der mächtigen Rosenbergs, was sich für die Entwicklung des Gemeinwesens recht vorteilhaft auswirkte. 1608 erkauften sich die Bürger den Titel einer freien königlichen Stadt. Weil Prachatitz bei Ausbruch des Dreißigjährigen Krieges die böhmischen Stände unterstützt hatte, mußte es eine Strafaktion des Generals Buquoy über sich ergehen lassen. Doch Salz wurde nach wie vor gebraucht, und die Stadt blühte weiter, bis Leopold I. im Jahr 1692 das kaiserliche Salzmonopol einführte und das für Böhmen bestimmte Salz fortan den Weg von Gmunden in Oberösterreich nach Budweis nahm. Von da an sank Prachatitz zur Bedeutungslosigkeit herab. Die »Säumerglocke« (Säumer: Lasttiertreiber) jedoch, die einst verirrten Kaufleuten den Weg in die Stadt wies, soll auch in Zukunft wieder allabendlich um zehn Uhr läuten und damit an die große Vergangenheit der kleinen Stadt erinnern.

Daß Prachatice früher eine reiche Stadt war, sieht der Besucher noch heute, denn nirgendwo sonst zeigen sich Bürgerhäuser am zentralen Marktplatz und in den umliegenden Gassen üppiger mit Sgraffiti und Fresken geschmückt. Über den Hauptgesimsen der Häuser erheben sich stolze Attikas; Bogenmotive nach venezianischem Vorbild oder volutenartige Formen nach lombardischen Mustern zieren die Fassaden. 1507 war der gotische Stadtkern niedergebrannt, im Stil der Renaissance erhob sich Prachatitz wieder aus der Asche.

Am leicht abfallenden Marktplatz stehen sie dicht beieinander: die Lateinschule, die der junge Jan Hus besuchte (am 6. Juli 1369 [?] wurde er in dem Nachbarstädtchen Husinec geboren; sein Geburtshaus ist heute eine Gedenkstätte), das Salzamt, später Rumpál-Haus genannt, das Brauhaus, das Žd'árský-Haus, heute ein Volkskundemuseum, und das alte Rathaus aus dem Jahr 1571. Bis zum beginnenden 17. Jh. diente es als Stadtpalast der Rosenbergs. Figürliche, von Inschriften begleitete Sgraffiti bedecken seine Fassade: unter dem Dachrand die acht Tugenden, darunter antike und biblische Szenen. Recht sarkastisch klingt der Spruch:

Das Recht, es gleicht dem Netz der Spinnen,
der Käfer sprengt's, die Fliegen hängen drinnen.

Die gotische *Dekanatskirche zu St. Jakob* ist ein dreischiffiger Hallenbau, der – mit Unterbrechungen – von 1410 bis 1513 errichtet wurde. Zwischen die beiden Türme – der nördliche blieb unvollendet – zwängt sich die Vorhalle mit einem prächtigen Stern- und Netzgewölbe

◁ 24 Bardejov (Bartfeld), Ägidienkirche, Virdolorium (Schmerzensmann)

Der Böhmerwald (Šumava)

Der Böhmerwald ist anders als das wilde, rauhe Riesengebirge oder das sanfte Erzgebirge. Er ist von herber Schönheit, unendlich weit und paradiesisch unberührt, von dichten Wäldern und Hochmooren bedeckt, ein Gebirge zum Wandern in allen Jahreszeiten, besonders im Spätsommer und Herbst, wenn die Sonne beständiger scheint und die Luft glasklar ist.

Der Name »Böhmerwald« ist als »Behaime Walt« seit Anfang des 12. Jh. belegt. Die Tschechen nennen ihn seit dem 16. Jh. *Šumava* (von *šumeti,* rauschen), weil der Wanderer auf den weiten Hochflächen nur das Rauschen des Windes in den Wipfeln der Bäume vernimmt. Genau genommen bezeichnet Šumava nur den größeren und urwüchsigeren Südostteil des Böhmerwaldes, die Heimat Adalbert Stifters. Der Nordwestteil heißt *Český les* (Tschechischer Wald).

Seit 1963 bildet die Šumava mit einer Fläche von 1630 qkm das größte Landschaftsschutzgebiet der Tschechoslowakei. Von diesen 1630 qkm besteht rund ein Viertel aus Hochebenen zwischen 1000 und 1100 m Höhe ü. M. Über diesen von Sümpfen, Torfgründen und Mooren durchsetzten, waldreichen Pláně (Hochflächen) erheben sich unauffällige Kuppen wie der Plechý (Böhmischer Plöckenstein; 1378 m). Besonderen Schutz genießen die sechs Naturreservate Lipka, Jezerní slať (von *slatina,* Moor), Buková slať, Boubínský prales (*prales,* Urwald), Mrtvý luh (Tote Wiese), ein Niedermoor am Zusammenfluß von Warmer und Kalter Moldau (Teplá Vltava, Studená Vltava), und Trojmezná hora (*hora,* Berg).

(Ende 15. Jh.). Eine kunstvoll geschnitzte spätgotische Eichentür öffnet sich auf das Mittelschiff. Das Presbyterium geht auf den Vorgängerbau, eine Basilika des frühen 14. Jh., zurück. Die Einrichtung der Kirche ist im wesentlichen barock, Teile des Hauptaltars, wie etwa das Schnitzwerk der Marienlegende vom Meister der Klingenberger (Zvíkover) Beweinung (um 1520), stammen aus spätgotischer Zeit.

Noch immer beeindrucken die umfangreichen Reste der gotischen *Stadtbefestigungen* aus dem 14. und 16. Jh. Am Piseker Tor, einem Doppeltor im Norden der Stadt, stellt ein Fresko Wilhelm von Rosenberg hoch zu Roß dar.

Der bekannteste Höhenluftkurort des südlichen Böhmerwaldes ist **Volary** (Wallern, 750 m ü. M.). Kolonisten aus Tirol gründeten es im 15. Jh. als Rastplatz am »Goldenen Steig« und prägten den Ort durch ihre alpenländischen Holzhäuser mit niedrigen, steinbeschwerten Dächern und malerischen Galerien, wovon einige bis heute überdauert haben. Mit königlichem Privileg zwangen die Wallinger die durchziehenden Kaufleute, in ihrer Gemeinde zu nächtigen. Dafür hatten sie für Herberge, Stall und Nahrung zu sorgen. Wer sich vorbeischlich und dabei ertappt wurde, zahlte eine saftige Strafe, von der Stadt und Landesherr je die Hälfte erhielten.

Im Dreiländereck (Bundesrepublik Deutschland, Österreich, Tschechoslowakei) steigt der Plechý (Böhmischer Plöckenstein) bis zur Höhe von 1378 m auf. Südöstlich davon glitzert der Plešné jezero (Plöckensteinsee), der durch die Erzählungen Adalbert Stifters bekannt wurde. Auf einem Felsen über dem See steht ein Denkmal des Dichters.

Adalbert Stifter

Eine der vielen Burgen, die den »Goldenen Steig« und seine Nebenwege bewachten, war **Vimperk** (Winterberg), 1264 von Ottokar II. Přemysl im wildromantischen Tal der Wolinka (Volyňka) erbaut. Der König gab sie seinem treuen Mitstreiter Burkhart von Janowitz zu Lehen. Die Burgsiedlung entwickelte sich zu einer kleinen Stadt, in der sich 1484 – schon wenige Jahrzehnte nach Gutenbergs Erfindung – eine der ersten Buchdruckereien Böhmens etablierte. Johannes Alagrav druckte hier Kalender und christliche Schriften. Diese Tradition führte später die Druckerei Steinbrenner fort, und noch heute gehen Gebetsbücher fast aller Religionen von Vimperk in die ganze Welt. 1554 übernahm das Adelsgeschlecht der Rosenbergs die Herrschaft Winterberg und verwandelte die gotische Burg in ein Renaissanceschloß. Später fiel

Winterberg den Schwarzenbergs zu, die das Anwesen 1728–1734 barock modernisierten. 1857 brannte das Schloß ab; Johann Adolf Fürst zu Schwarzenberg ließ es bald darauf nach alten Plänen wiederaufbauen, 1947 übernahm der Staat Schloß Vimperk.

Das Städtchen Vimperk, Hauptort der Šumava, des südlichen Böhmerwaldes, ist heute eine beliebte Sommerfrische und ein gut besuchtes Wintersportzentrum (696 m ü. M.)

Strakonice (Strakonitz)

Im ersten Viertel des 13. Jh. gründete Bavor I. auf einem Bergsporn an der Mündung der Wolinka (Volyňka) in die Wottawa (Otava) eine Burg, die er schon bald darauf, 1243, dem Johanniterorden übereignete. Die Johanniter richteten hier Konvent und Kommende (Ordenshaus) ein und bestimmten die Burg zum Hauptsitz des Ordens in Böhmen, was er bis 1694 blieb. Mit der Burg entwickelte sich die Stadt.

Die *Burg* beansprucht ein großräumiges dreieckiges Areal, dessen Mitte der romanische Alte Palas, die spätere Johanniterkommende, einnimmt. Der einstöckige Bau enthält den Kapitelsaal mit Wandmalereien aus der ersten Hälfte des 14. Jh. Daneben erhebt sich die einschiffige St.-Prokop-Kirche, ein romanischer Bau, der um 1300 gotisch erneuert wurde. Die Sakristei ragt in einen Wohnturm der Burgmauer hinein. Den Annenaltar der Prokopkirche schnitzte um 1520 der Meister der Klingenberger (Zvíkover) Beweinung. Zwischen Kirche und Palas entstand um 1280 ein Kreuzgang, dessen Wände zu Beginn des 14. Jh. mit Malereien versehen wurden. Ein romanisches Säulenportal führt vom Kreuzgang in den Kapitelsaal des Palas.

In der Südwestecke des Burgareals steht der zweistöckige Neue Palas, erbaut etwa 1260–1280. Er ist hervorragend erhalten und dient seit 1930 als Museum für Archäologie und Kunst. Weitere Abteilungen behandeln die Geschichte des Motorrades und der Herstellung des Fes, jener ursprünglich arabischen Kopfbedeckung. (Diese ungewöhnliche Zusammenstellung rührt daher, daß in Strakonice das Motorradwerk ČZM und die exportorientierte Textilfabrik Fezko beheimatet sind.) Den Alten und den Neuen Palas verbindet seit 1421 die Komturei (Verwaltung) des Ordens. Ebenfalls im Südwesten der Burg erhebt sich ihr wuchtiger, runder Hauptturm aus der Zeit um 1300; sein Name *Rumpál* weist darauf hin, daß in ihm früher eine Winde Lasten hob. Das Burggrafenamt mit spätgotischem Giebel steht seit 1500 auf einem romanischen Fundament. Über den Burggraben ragt der viereckige, mit Erkern besetzte Turm *Jelenka* (Stinkmorchel). 1936 wurde die Feste Strakonitz als typisches Beispiel einer mittelalterlichen Burganlage restauriert.

In der königlichen Stadt **Písek** überquert die älteste Steinbrücke Böhmens im Zuge der mittelalterlichen Handelsstraße von Passau nach Prag die Wottawa (Otava). Den goldhaltigen Sand, den die Otava seit jeher aus dem Böhmerwald spült, wuschen schon die Kelten, um an das begehrte Edelmetall zu gelangen. Irgendwann erhielt die kleine Goldwäschersiedlung den lateinischen Namen *Arena,* was nichts anderes als »Sand« bedeutet. Auch die Slawen nannten den Ort später, im 8. Jh., *Písek,* »Sand«. Und als deutsche Kolonisten im 13. Jh. hierher kamen,

Písek, Lithographie von Č. V. Gottmann nach einer Zeichnung von J. Rattay um 1820

fiel ihnen auch kein anderer Name ein als eben »Sand«. Doch nicht das Gold, das im 13. Jh. nur noch spärlich gewonnen wurde, bewog Ottokar II. Přemysl im Jahr 1254, die Siedlung zur königlichen Stadt zu erheben, sondern die wichtige Straßenverbindung zwischen der Salzmetropole Prachatitz und der Hauptstadt Böhmens. Über die gefährliche Furt schlug er eine steinerne Brücke. Zugleich baute er eine wehrhafte Burg zur Sicherung der Brücke und des Warenverkehrs. Daß in Písek allerdings noch immer nach Gold geschürft wurde, beweist eine Golderzmühle aus dem 13. Jh., deren Reste vor einigen Jahrzehnten zum Vorschein kamen.

Mehrere schöne alte Bürgerhäuser mit gotischem Kern und Renaissance-, Barock- oder Empiregiebeln rahmen den Hauptplatz von Písek. Das zweitürmige *Rathaus* entstand 1737–1766 im Stil des Barock. In seinem Hof versteckt sich der gotische *Palas*, das letzte Relikt der einstigen Königsburg aus dem 13. Jh. Im Jahr 1532 brannte die Burg nieder, nur der Palas überdauerte. In ihm ist heute das Stadtmuseum untergebracht.

Zu den interessantesten Bauten von Písek zählt die *Marienkirche*, die Pfarrkirche der Stadt. Die Bauarbeiten leitete die königliche Bauhütte von Klingenberg, die gleichzeitig die Burg und die Steinbrücke erstellte. Der dreischiffigen Pseudobasilika gaben die Architekten ein Presbyterium mit polygonalem Abschluß. 1489 mauerte Meister Mikuláš den 74 m hohen Turm, der nach dem Brand von 1555 umgebaut wurde. 1741–1746 schloß sich an das Südschiff die barocke Johann-von-Nepomuk-Kapelle an. Zu den Kostbarkeiten des Innenraums zählt die

»Madonna von Písek«, ein gotisches Tafelbild vom Ende des 14. Jh., und ein zinnernes Taufbecken aus dem Jahr 1587. An den Mittelpfeilern konnte der große Restaurator Josef Mocker einen frühgotischen Bilderzyklus aus dem Ende des 13. Jh. aufdecken.

Die größte Sehenswürdigkeit von Písek ist zweifellos die mittelalterliche *Steinbrücke*. Sie spannt sich seit der Mitte des 13. Jh. mit sechs halbkreisförmigen Bogen über den Fluß. Den siebenten Bogen erhielt sie erst nach dem Hochwasser des Jahres 1768, als die Flut den ursprünglichen Brückenturm fortspülte. Der Figurenschmuck der Brücke stammt aus dem 17. Jh.

24 km nördlich von Písek thront hoch auf einem Felsen zwischen Wottawa und Moldau die Burg **Zvíkov** (Klingenberg), wegen ihrer majestätischen Lage einst die »Königin der böhmischen Burgen« genannt. Heute hat die mächtige Worliker Talsperre (Orlická přehradní nádrž) die tiefen Täler gefüllt und der Burg den Reiz des Romantischen genommen.

Schon in prähistorischer Zeit haben Menschen an der Stelle der gegenwärtigen Bauten einen Burgwall geschaffen, von dem aus sie den Warenverkehr auf den beiden Flüssen kontrollierten. 1234 ließ König Wenzel I. eine frühgotische Burg errichten, die die Bauhütte des Königs Ottokar II. Přemysl 1255–1270 erweiterte. Um die Mitte des 16. Jh. paßte der Renaissancebaumeister Hans Vlach die Burganlage dem Stil der Zeit an, 1759 wurde Klingenberg durch Feuer so schwer beschädigt, daß die Burg über hundert Jahre unbewohnt blieb und verfiel. 1880 begann Marchetti im Auftrag der Schwarzenbergs mit dem Wiederaufbau, 1947 wurde Zvíkov verstaatlicht und steht jetzt unter Denkmalschutz.

Eine Brücke überspannt den tiefen Burggraben und führt zum Píseker Tor mit einem runden Wachturm darüber (Ende 13. Jh.); seinen spitzen Helm erhielt der Turm 1554. Das Zentrum der Burganlage beherrscht der fünfflügelige Palas (Mitte 13. Jh.), der zum Hof hin zweigeschossige Arkaden bildet, die unteren offen, die oberen durch Maßwerk geschlossen. Der *Hochzeitssaal* im Obergeschoß des Westflügels zeigt eine zeitgenössische Tanzszene (um 1500). Nach dem herrlichen spätgotischen Relief »Beweinung Christi« (nach 1500) auf dem Altar der *Wenzelskapelle* im Südflügel erhielt der unbekannte Schöpfer seinen Namen: »Meister der Klingenberger (Zvíkover) Beweinung«. – An den Südflügel des Palas ist der hohe Bergfried (Hlizová věž, Beulenturm) angebaut, ebenfalls aus dem 13. Jh.

Auf einer kleinen Insel des Flüßchens Lomnitz (Lomnice) inmitten verwilderter Parks erhebt sich wie ein Märchenschloß die mittelalterliche Wasserburg **Blatná** (Platten; s. Farbt. 20). Im 13. Jh. stand an der Stelle der heutigen Wasserburg ein befestigter Gutshof der Herren Bavor von Strakonitz. Zu dem Gutshof gehörte eine romanische Kapelle, deren Fundamente 1926 ausgegraben wurden. Als der Besitz im Jahr 1391 an die Familie Rožmitál überging, war aus dem Gutshof bereits eine Burg geworden. Die neuen Herren bauten den langgestreckten gotischen Palas, eine Kapelle und den mächtigen Torturm. Alle Gebäude wurden in den folgenden Jahrhunderten mehrmals umgebaut und mit Wandmalereien geschmückt. In der ersten Hälfte des 16. Jh. verstärkte der berühmte Baumeister Benedikt Ried die Befestigungen und errichtete einen neuen Palas im Stil der Renaissance. Einen dritten Palas gaben die Herren von Rozdražov in Auftrag, denen Blatná seit 1579 gehörte.

Zur Zeit ist die Burg nicht zugänglich und harrt der Restauration. Sobald diese abgeschlossen ist, wird der Besucher im oberen Teil des Torturms die ältesten böhmischen Stadtdarstellungen sehen (1480). In dem *Alten Palas* zeigen spätgotische Fresken eine bunte Vielfalt von Themen: Gestalten der Antike wie des Alten und Neuen Testaments, ein Ritterturnier, den Garten der Liebe, Samson und Dalila, eine Darstellung der Burg usw.

Das Städtchen Blatná ist von Fischteichen umgeben und bekannt für seine duftenden Rosen, die es in alle Welt exportiert. Am Marktplatz steht die gotische Marienkirche, die Bavor von Strakonitz zwischen 1290 und 1300 an die Stelle eines romanischen Vorgängerbaus setzte. Die heutige spätgotische Pfarrkirche entstand 1414–1444. Das lange Presbyterium mit einem Rippengewölbe im Parlerschen Stil schließt polygonal ab. Aus der Zeit um 1500 stammt ein Kruzifix mit einer Madonna zu Füßen des Kreuzes und eine Marienstatue.

Tábor (Tabor)

Rund 90 km südlich von Prag liegt auf einer Anhöhe zwischen Jordán und Lužnice die alte Hussitenstadt **Tábor.** Alles erinnert hier an die radikalen Reformer des 15. Jh., an den Magister Jan Hus wie an den Heerführer Jan Žižka. 1420, fünf Jahre nach der Hinrichtung des Jan Hus und wenige Monate nach dem Neustädter Fenstersturz (s. S. 108), versammelten sich bei der Burg Kotnov unter der Fahne mit dem Kelch einige tausend Männer mit ihren Familien, um von hier aus gegen Kaiser und Kirche vorzugehen. Aus dem Zeltlager entwickelte sich eine Festung, aus der Festung eine Stadt, die die Anhänger des Hus nach dem neutestamentlichen Berg der Verklärung Jesu (Matthäus 17, 1–9) »Tabor« nannten. Von Tabor aus führte Jan Žižka von Trocnov das Hussitenheer kreuz und quer durch Böhmen und besiegte die Kaiserlichen 1420 am Vítkov bei Prag und 1422 bei Deutsch-Brod (Havlíčkův Brod). Nachdem der große Žižka im Jahr 1424 gefallen war, traten andere Führer an seine Stelle und kämpften gegen Katholizismus und Deutschtum, zuletzt sogar gegen ihre gemäßigten Mitstreiter, die Utraquisten, bis die Niederlage bei Lipany (1434) das Ende der Erhebung einläutete.

Der Hussitenführer Jan Žižka

Nach den Hussitenkriegen begann in Tabor eine rege Bautätigkeit. Die meisten seiner Einwohner blieben als »Böhmische Brüder« oder

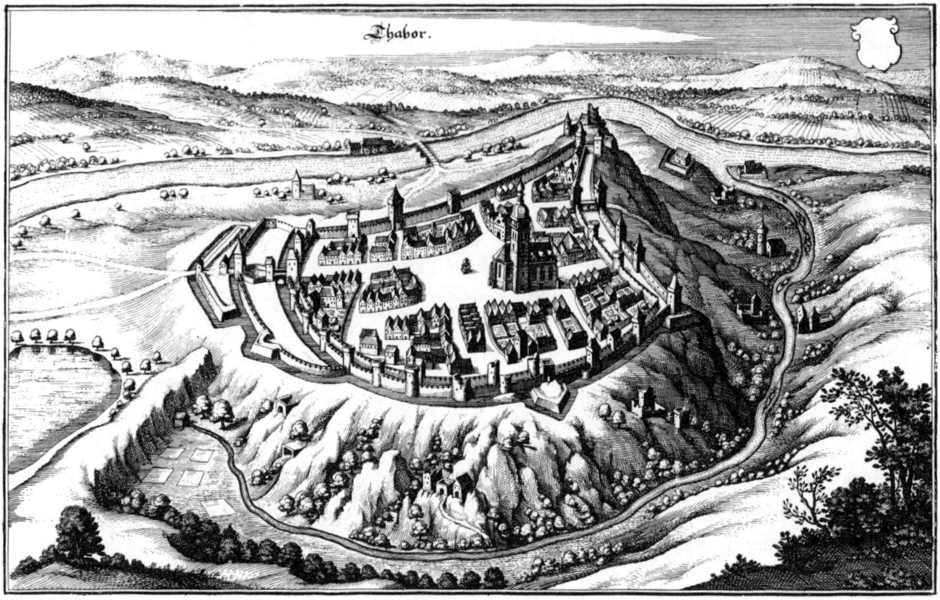

Tábor, Stadtansicht aus der Merian-Topographie

gemäßigte Utraquisten der katholischen Kirche fern. Auch als »Nikolaiten«, »Arianer«, »Manichäer«, »Nestorianer«, »Waldenser«, »Arme von Lyon« suchten sie die Wahrheit im Glauben. Jede Religion war hier geduldet, nur die katholische nicht. Und wenn sich im 16. und 17. Jh. irgendwo in Böhmen leibeigene Bauern gegen ihre Herren erhoben, waren auch die Einwohner von Tabor dabei und ließen die schwarzen Fahnen mit dem roten Kelch wehen.

Nach dem zweiten Prager Fenstersturz des Jahres 1618 erhob sich natürlich auch die Stadt Tabor gegen die Habsburger, und nach der Schlacht auf dem Weißen Berg war sie die letzte Stadt, die den Siegern in die Hände fiel (1621). Obwohl der katholische Klerus alles tat, um ihre Bewohner wieder dem rechten Glauben zuzuführen, blieb sein Bemühen letztlich erfolglos. Noch heute weist Tabor prozentual die geringste Anzahl von Katholiken auf.

Mittelpunkt der Altstadt ist der *Žižkaplatz* (Žižkovo nám.), der frühere Ringplatz, mit dem monumentalen Bronzestandbild des Hussitenführers, ein Werk des Bildhauers Strachovski aus dem Jahr 1877. Auf dem Platz stehen auch zwei Steintische, der eine vor dem Rathaus, der andere vor dem Ctibor-Haus (Nr. 6), an denen das hussitische Abendmahl ausgeteilt worden sein soll. Ein Rolandsbrunnen schmückt das von alten, wohlrestaurierten Bürgerhäusern umgebene Geviert. Unter diesem Platz und unter der ganzen Altstadt erstreckt sich ein Labyrinth von Gängen, die in der Hussitenzeit als Magazine, Arsenale und Zuflucht dienten. Einige Gänge kann man besichtigen.

An der Westseite des Žižkaplatzes steht das ehemalige *Rathaus* (1440–1521). Später hat man das Rathaus mehrmals umgebaut, zuletzt 1878 in neogotischem Stil. In dem Gebäude ist heute ein Museum der hussitischen Bewegung eingerichtet. Statuetten von Jan Hus, Jan Žižka, Prokop dem Großen und Hieronymus von Prag sowie eine Adamitengruppe (hussitische Sekte) rahmen das prächtige Stadtwappen. Besonders beeindruckt der zweigeschossige Ratssaal mit einem Netzgewölbe über achteckigen Pfeilern; die Schlußsteine bilden menschen- und tierähnliche Figuren.

Die Nordwestecke des Žižkaplatzes beherrscht die *Kirche der Verklärung Christi* (Chrám Proměnění Krista Pána) mit ihrem 77 m hohen Turm. Die 1440 begonnene Kirche wurde im Jahr 1516 geweiht. – Hinter dem Rathaus weist eine Barockkirche aus dem Jahr 1662 auf das zugehörige Kloster hin.

An der Pražská ul. (Prager Gasse), die in der Südostecke des Ringplatzes beginnt, stehen mehrere schöne *Renaissancehäuser,* z. B. das Haus Nr. 220 mit hohem Giebel und vorgekragtem Obergeschoß auf Konsolen und das Nachbarhaus Nr. 221 mit Bogengiebel. Aus wehrtechnischen Gründen ziehen alle Altstadtstraßen gekurvt zur Stadtmauer hin, die im Norden noch recht gut erhalten ist. Von der Südwestecke des Žižkaplatzes führt die Klokotská ul. (Nachtigallengasse) zur *Burg Kotnov,* an die nur noch ein wuchtiger Rundturm neben dem Bechiner Tor (Bechynská brána) erinnert.

Der *Teich Jordán* im Nordosten wurde 1492 zur Wasserversorgung der Stadt angelegt und gilt als älteste Talsperre Böhmens. In diesem Teich, im »Jordan« also, tauften die Taboriten früher ihre Kinder.

Jindřichův Hradec (Neuhaus)

Am Flüßchen Nežárka und am Vajgarsee liegt unweit der österreichischen Grenze die schöne alte Stadt **Jindřichův Hradec** mit einem mächtigen Schloß und schmucken Bürgerhäusern. In diesem Schloß, das im Gegensatz zu allen anderen böhmischen Schlössern niemals verkauft oder verpfändet wurde und seine Herren nur durch Erbschaft oder Heirat wechselte, soll noch heute die berühmte »Weiße Frau« umgehen.

Heinrich, ein Sohn des Vítek (Witigo) von Prčice, errichtete gegen 1220 eine Burg, die er *Nova domus* (Neues Haus) nannte und die von seinen tschechischen Untertanen den Namen *Jindřichův Hradec* (Heinrichsburg) erhielt. Sie war ein romanischer Steinbau mit hölzernen Aufbauten, von den Wassern des Teiches Vajgar (Weiher) umgeben und daher eigentlich eine Wasserburg. Zwischen 1260 und 1270 löste eine frühgotische Burg die romanische Feste ab. Die Herren auf Neuhaus bauten in den folgenden Jahrhunderten ständig dazu, sie stockten auf und modernisierten. In der zweiten Hälfte des 16. Jh. verwandelten italienische Baumeister die gotische Burg in ein herrliches Renaissanceschloß.

Der Burg war die Siedlung, dem Schloß die Stadt gefolgt. 1710 kam ein Graf Rechtskron mit französischen Arbeitern nach Neuhaus und gründete hier eine Spiegelfabrik, die Weltruf erlangte. Zwischen Wien und Prag wurde Neuhaus eine wichtige und beliebte Poststation, die auch der hohe Adel schätzte.

Mittelpunkt der vom Vajgar her leicht ansteigenden Stadt ist der dreieckige Marktplatz mit Bürgerhäusern im Stil des Barock und Klassizismus. In der Mitte des Platzes steht eine große *Dreifaltigkeitssäule,* die der Bildhauer M. Strahovský 1764 gestaltete. Das gotische Rathaus an der Nordseite des Platzes wurde 1801–1807 erneuert.

Nördlich des Marktplatzes entstand im 13. Jh. ein Minoritenkloster, das heute als Krankenhaus dient. Bemerkenswert ist die zugehörige *Klosterkirche Johannes' des Täufers* (Kostel sv. Jana Křtitele), die im dritten Viertel des 13. Jh. als zweischiffige Basilika entstand. Die Kirche wurde mehrmals umgebaut und nach Bränden erneuert, zuletzt 1891–1895. Im Chor überdauerten gotische Wandmalereien aus der zweiten Hälfte des 14. Jh.: Szenen aus dem Leben Christi und eine Misericordia (Darstellung Christi als Schmerzensmann) mit den Stiftern an der Nordwand sowie Heiligenbilder an der Südwand. Die »Stigmatisierung des hl. Franziskus« und die »Predigt des hl. Kapistranus« an der Nordseite des Hauptschiffs datieren aus der Zeit um 1480. Das Innere der Kirche zeigt sich barock, die gotische Kapelle neben dem Chor ist dem hl. Nikolaus geweiht. An die Nordseite der Kirche schließt sich der Kreuzgang mit spätgotischen Fresken und zwei Kapellen an: Tuchmacherkapelle (vor 1375) und Marienkapelle (1761–1778). Das Spital ist ein Renaissancebau aus den Jahren 1560/61.

Die einschiffige *Maria-Magdalenen-Kirche* stiftete der Deutschritterorden im 13. Jh., im 14. Jh. baute er sie um und übergab sie im Jahr 1594 den Jesuiten, die neben der Kirche von Antonio und Domenico Battista Cometa ein großes vierflügeliges Kolleg errichten ließen (1595–1605). Bis 1635 fügte der Orden ein Seminar hinzu. 1615 wurde die Kirche nach einem Brand im Stil der Spätrenaissance erneuert, Francesco Caratti schmückte sie barock aus. 1788 hob ein kaiserlicher Erlaß Kirche und Konvent auf, Philipp Heger verwandelte das Kolleg in eine Kaserne. Das Seminargebäude und die Kirche beherbergen heute das *Stadtmuseum* von Jindřichův Hradec. – Neben dem Museum bildet das *Nežárka-Tor* einen Teil der ehemaligen Stadtbefestigung.

Am Westrand der Altstadt erhebt sich das mächtige *Schloß,* dessen Bauteile zwischen dem 13. und 18. Jh. entstanden und die Architekturentwicklung von der Frühgotik bis zum Barock aufzeigen. Beachtenswert sind die drei Schloßhöfe, vor allem der hinterste mit dreistöckigen Renaissancearkaden des Italieners Antonio Cometa (1586–1592). Unter diesen »Großen Arkaden« öffnet sich ein Tor mit schmiedeeisernem Gitter auf den Schloßgarten, dessen Südecke ein reizvoller Gartenpavillon aus dem Ende des 16. Jh. einnimmt. – In den Sammlungen des Schlosses befinden sich Gemälde der großen Barockmaler Karel Škréta (1610–1674) und Peter Brandl (um 1630–1680) sowie die gotische »Madonna von Hradec«, außerdem Möbel und Fayencen verschiedener Epochen. In der Kapelle des Alten Palas schmückt ein frühgotischer Zyklus mit Szenen aus der Georgslegende die Wände (1338).

Noch heute erzählt man in Jindřichův Hradec Geschichten über die »Weiße Frau«, über Berta (Perchta) von Rosenberg, die, im Jahr 1430 geboren, zu einem der schönsten und reichsten Mädchen im Lande heranwuchs. (Ihr Porträt hängt in der Ahnengalerie des Schlosses.) Ihr Vater verheiratete sie mit dem Grafen Liechtenstein aus der Steiermark, aber Berta liebte den jungen böhmischen Grafen Sternberg. Bei den Hochzeitsfeierlichkeiten auf Burg Neuhaus ließ sie Sternberg in ihr Zimmer rufen und nahm betrübt von ihm Abschied. Ihr Ehemann überraschte die beiden und behandelte seine Frau fortan schlimmer als eine Magd. Erst viele Jahre später kehrte sie als Witwe nach Neuhaus zurück, verschönerte die Heinrichsburg und verteilte alljährlich am Gründonnerstag eine Speise aus gewürztem Hafergrieß, warmem Bier und Honig an die Armen des Ortes. Man sah sie nur in ihrem weißen Witwengewand und nannte sie daher die »Weiße Frau«. Nach ihrem Tod trauerte die ganze Stadt, aber da ihr Gatte ihr nie verziehen hatte, mußte sie als Geist weiterleben und in der Burg umgehen. Ihren Verwandten und den späteren Besitzern des Schlosses soll sie gute und schlechte Ereignisse, Geburt und Tod, Reichtum und Armut angezeigt haben, indem sie entweder mit weißen oder mit schwarzen Handschuhen erschien.

Etwa 12 km nordwestlich von Jindřichův Hradec steht inmitten eines von Wald umgebenen Teiches **Červená Lhota** (Rothlhota), wohl das schönste Wasserschloß Europas. Im 16. Jh. wurde die ursprünglich gotische Burg zu einem Renaissanceschlößchen umgebaut und bis heute mehrmals restauriert. Auf Rothlhota starb am 24. Oktober 1799 der deutsche Komponist Karl Ditters von Dittersdorf, der zahlreiche Singspiele (»Doktor und Apotheker«), Opern, Oratorien, Konzerte und Kammermusiken schrieb. Ein Obelisk und ein gußeisernes Kreuz bezeichnen sein Grab auf dem Friedhof des Nachbardorfes Deštna (Deschtna). Das Wasserschloß zeigt kostbare Möbel, Teppiche, Gemälde, Porzellan und Zinngeschirr.

Třeboň (Wittingau)

Anmutig zwischen welligen Hügeln, tiefen Wäldern und unzähligen Teichen liegt das mittelalterliche Wittingau, heute **Třeboň** genannt. Der historische Stadtkern steht seit 1975 unter Denkmalschutz, das einzigartige Umland mit seinen rund 270 Teichen nahm die UNESCO 1979 als geschützte Biosphäre unter ihre Obhut.

Der deutsche Ortsname Wittingau erinnert daran, daß Schloß und Stadt um die Mitte des 13. Jh. von dem Adelsgeschlecht der Witigonen gegründet wurde. Aus den Witigonen gingen die Rosenbergs hervor, die von 1366 bis 1611 in Wittingau die Herrschaft ausübten und die Stadt, das Schloß und die Landschaft formten. Peter Wok, der letzte Rosenberg, starb auf Schloß Wittingau. Er hatte darin die umfangreiche Bibliothek seines Bruders Wilhelm mit seinen eigenen Büchern und Handschriften zur berühmten »Rosenbergschen Bibliothek« vereinigt, die schwedische Landsknechte im Dreißigjährigen Krieg nach Stockholm verschleppten. Königin Christine von Schweden schenkte sie nach ihrem Übertritt zum Katholizismus im Jahr 1655 dem Vatikan.

Durch Erbvertrag kam die Herrschaft Wittingau 1611 an die Schwanbergs, aber schon 1623 ließ Kaiser Ferdinand II. den protestantischen Besitz konfiszieren, um ihn an Erzherzog Leopold Wilhelm von Österreich weiterzugeben. Der Erzherzog wiederum übereignete den Besitz im Jahr 1658 dem bayerischen Grafen Johann Adolf zu Schwarzenberg, um damit eine große Darlehensschuld zu tilgen. Mit Wittingau faßten die Schwarzenbergs erstmals in Böhmen Fuß.

Den *Hauptplatz* von Třeboň (nám. Julia Fučika, Julius-Fučik-Platz) rahmen schöne Renaissance- und Barockhäuser. Auf der Nordseite des Platzes fällt das Haus U koníčka (Zum Rössel) auf, das 1544 im Stil der Renaissance mit Lauben und einem mit winzigen Türmen versehenen Stufengiebel erbaut wurde; heute ist das Haus ein Hotel. Zu erwähnen wäre auch das

Die Teiche

Im 12. und 13. Jh. ließen sich in dem damals sumpfigen Südböhmen die ersten Kolonisten nieder und legten Kanäle und Fischteiche an. Diese Arbeiten erreichten ihren Höhepunkt im 15. und 16. Jh., als der Teichbauer Josef Štěpanek Netolický und sein Nachfolger Jakob Krčín von Jelčany mit finanzieller Unterstützung der Rosenbergs ein wasserwirtschaftliches System von solcher Vollkommenheit entwickelten, daß es bis heute kaum einer Veränderung bedurfte. Sie schufen ab 1571 den **Weltteich** (Rybník Svět) mit einer Wasserfläche von 208 ha. »Undank« nannten die Erbauer den Teich lange Zeit, weil er immer wieder versuchte, das Dammkorsett zu zerreißen. 1581 wurde der Weltteich zum ersten Mal ausgefischt. Heute hat sich an seinem Ufer ein beliebtes Heilbad entwickelt; schwefel- und eisenhaltige Torfe helfen bei Rheumatismus, Gelenk- und Nervenerkrankungen. Im Weltteich kann man baden und rudern.

Der **Rosenberger Teich** (Rožmberkský rybník) im Norden der Stadt ist mit 721 ha Wasserfläche der größte Fischteich der Tschechoslowakei. Sein 2430 m langer Damm ist am Fuß 80 m breit und bis zu 12 m hoch. Er gehört zu den wenigen Gewässern der Welt, an denen – an windstillen Tagen – die Krümmung der Erdoberfläche wahrgenommen und gemessen werden kann. Alle zwei oder drei Jahre läßt man im Herbst das Wasser ab, um die Teiche auszufischen. Dieses Ereignis lockt viele tausend Besucher an, die die »Ernte Petri« im brodelnden Restwasser beobachten. Allein vom Rosenberger Teich erwarten die Fischer an die 2000 Zentner Karpfen, die vor Silvester in alle Welt exportiert werden. Aus dem 16. Jh. stammt auch der **Goldene Kanal** (Zlatá stoka), der südlich von Třeboň von dem Flüßchen Lužnice (Lainsitz oder Luschnitz) abzweigt, zahlreiche Fischteiche miteinander verbindet und 45 km weiter unten wieder in das Flüßchen zurückkehrt.

In der näheren und weiteren Umgebung von Třeboň werden heute rund 6000 Teiche mit einer Wasserfläche von insgesamt 41 000 ha bewirtschaftet. Das jährliche ›Produktionsaufkommen‹ an Fischen beträgt im Durchschnitt 15 500 t. Neben Schleien, Maränen, Hechten, Zandern, Forellen, Welsen und Renken bilden Karpfen den Hauptanteil der »Ernte«. 15% der gefangenen Fische gehen in die Bundesrepublik Deutschland, nach Österreich, Frankreich, Italien und Belgien.

Haus des Štěpanek Netolický, der unter den Rosenbergs die böhmische Teichwirtschaft entwickelte (Gedenktafel). Das Rathaus an der Südseite des Platzes entstand 1566 und wurde 1802–1820 erneuert; sein Turm stammt aus dem Jahr 1638. Den Platz schmücken ein Brunnen (1569) und eine Mariensäule (1780).

In der Südwestecke des Fučikplatzes findet der Besucher den Eingang zum *Schloß* mit seinem schönen Renaissance-Treppenhaus und den stilvollen Höfen. Für die Öffentlichkeit ist nur ein Teil der ehemaligen Fürstenresidenz zugänglich, und zwar der Wappensaal der Rosenbergs, der Saal der Hofleute und der gepflegte Schloßpark.

Die *St.-Ägidius-Kirche* (Chrám sv. Jiljí) an der Husova třída (Husstraße), die Hauptkirche von Třeboň, gehörte zu dem dritten Kloster, das die Augustiner nach Prag und Raudnitz

(Roudnice nad Labem) in Böhmen gründeten. Eine erste Kirche entstand zusammen mit dem Kloster im dritten Viertel des 13. Jh. Nach 1367 ersetzte eine doppelschiffige Hallenkirche den inzwischen hundertjährigen Erstbau. 1781 wurde St. Ägidius barock erneuert, wobei die Kirche ihren Hauptaltar, den berühmen »Altar des Meisters von Wittingau« (um 1380/90) verlor, dessen Bilderzyklus damals auf umliegende Kirchen verteilt wurde. Drei Tafeln, »Christus am Ölberg«, »Grablegung Christi« und »Auferstehung Christi«, blieben erhalten und befinden sich heute in der Prager Nationalgalerie. Die Arbeiten des Meisters von Wittingau beeindrucken durch neuartige Licht- und Schattenwirkungen und bilden mit den gestreckten Proportionen der Figuren und dem sanften Fall der Gewänder eine Vorstufe zum »Schönen Stil«. Dem »Schönen Stil«, der um 1400 die Bildwerke in ganz Europa prägte, gehört auch die »Madonna von Wittingau« an, eine gotische Kalksteinskulptur aus der Zeit um 1390. Bemerkenswert sind ferner gotische Wandmalereien aus dem 15. Jh.: »Gründung des Klosters«, »Apostel«, »Christophorus«, »Jüngstes Gericht«.

Die *Stadtmauern* sind fast vollständig erhalten und weisen noch die drei Tore auf: das Neuhauser Tor (Hradécká brána) im Osten, das Schweinitzer Tor (Svinenská brána) und das Gratzener Tor (Novohradská brána) im Süden.

Westböhmen (Západní Čechy)

Plzeň (Pilsen)

Wer von **Pilsen** spricht, denkt an Bier, an das berühmte »Pilsner Urquell«, nie erreichtes Vorbild für fast alle hellen Biere der Welt. Aber zur sechstgrößten Stadt der Tschechoslowakei (180 000 Einwohner) wurde Pilsen nicht durch seine Brauereien, sondern durch die Škoda-Werke, einst die »böhmischen Kruppwerke« genannt. Steinkohle und Eisenerz werden hier in großen Mengen gefördert, was zur Entwicklung der mächtigen Stahlindustrie führte; reinstes Kaolin ließ eine hochqualifizierte keramische Industrie entstehen. Den ausländischen Besucher aber zieht es in den historischen Stadtkern, wo er die gotische Bartholomäuskirche, das schmuckvolle Renaissancerathaus und die prächtigen mittelalterlichen Bürgerhäuser bewundert.

Im 10. Jh. stand im Tal der Úslava auf dem Felssporn Hůrka die herzogliche Burg *Plzenec* (Pilsenetz). Daß der zugehörige Flecken nicht unbedeutend war, beweisen die drei Kirchen und fünf Kapellen, deren Mauerreste die Entstehungszeit (gegen 1266) verraten. Als im 13. Jh. die Handelswege aus Regensburg, Nürnberg, Prag und Sachsen an Bedeutung gewannen, profitierte aber nicht Plzenec davon, sondern jene Siedlung, die sich an der Kreuzung der Handelswege, am Zusammenfluß von Mies (Mže) und Radbusa (Radbuza), etwa 10 km nordwestlich der alten Burg, entwickelt hatte. 1295 erhob Wenzel II. diese Siedlung zur königlichen Stadt *Nova Plzna.* Sein Lokator Heinrich (Jindřich) siedelte in Nova Plzna bayerische Handwerker und Kaufleute an, die ihre neue Stadt in strengem Schachbrettmuster anlegten, ein Netz von Gassen, die 22 rechteckige Blöcke formten. Bald füllten an die dreihundert, meist einstöckige Fachwerk- und Steinhäuser diese Blöcke. Franziskaner und Dominikaner bauten je ein Kloster mit zugehöriger Kirche. Zwei Blöcke in der Mitte blieben als Markt- und Versammlungsplatz frei; hier wuchs die große Pfarrkirche. Wall und Mauer, Türme und die beiden kleinen Flüsse umfaßten schützend die etwa 20 ha große Stadt. Aus Nova Plzna wurde Plzeň (gesprochen »Pilsen«), während der Burgflecken an der Úslava den Namen *Starý Plzenec* (Altpilsenetz) erhielt. Der Name Plzeň kommt übrigens von dem morastigen Boden (*plzký*, schlüpfrig) im Umkreis der vier Flüsse Radbusa (Radbuza), Mies (Mže), Angel (Úhlava) und Úslava, die sich in Plzeň zur Beraun (Berounka) vereinigen.

In den Hussitenkriegen stand Pilsen anfangs auf Seiten der Hussiten. 1419 baute Jan Žižka die Stadt zu einer Festung aus und ließ alle Klöster zerstören. Im Frühjahr 1420 belagerte ein kaiserliches Heer die Stadt. Als Jan Žižka erkannte, daß er die Stadt nicht halten konnte, vereinbarte er ihre Übergabe gegen freien Abzug der Verteidiger. Pilsen war fortan ein Bollwerk

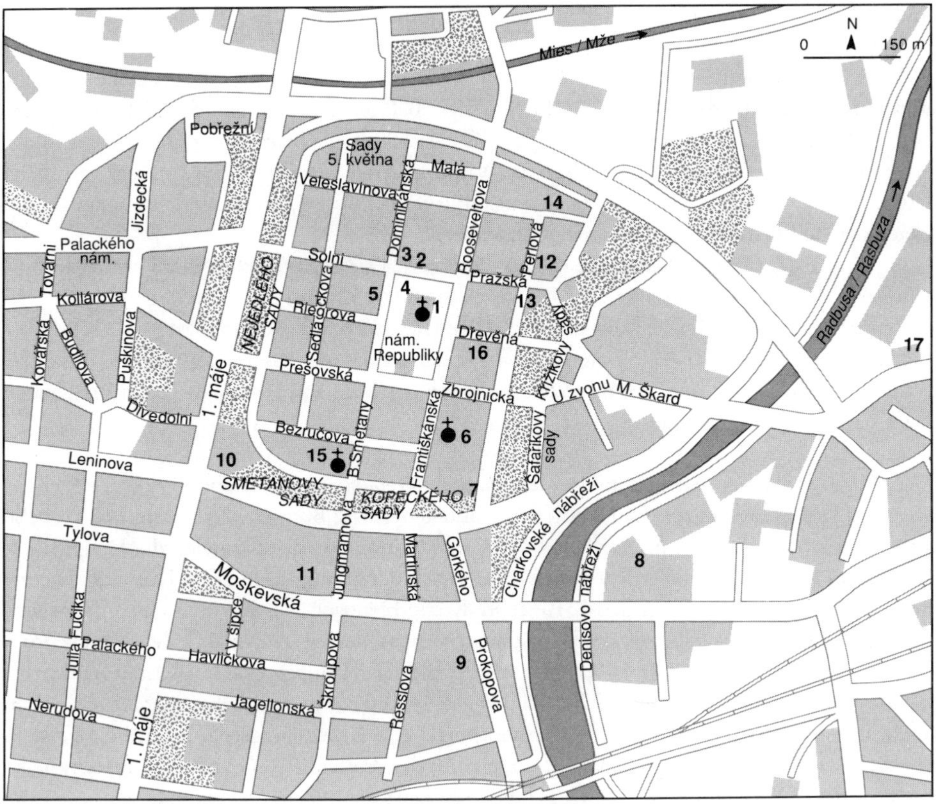

Plzeň (Pilsen)
1 St.-Bartholomäus-Kirche 2 Rathaus 3 Kaiserhaus 4 Pestsäule (Mariensäule) 5 Erzdekanei 6 Mariä-Himmelfahrts-Kirche 7 Westböhmisches Museum 8 Kulturhaus 9 Kammertheater 10 Großes Theater (Tyl-Theater) 11 Kindertheater 12 Wasserturm 13 Fleischbänke 14 Brauereimuseum 15 St.-Anna-Kirche 16 Gerlachhaus 17 Pilsner Brauerei

des Katholizismus, das die Hussiten trotz mehrmaliger Belagerung nicht mehr erobern konnten. Für ihre Treue befreite Kaiser Sigismund die Stadt von jeglichen Abgaben, was einen einzigartigen Aufschwung des Handels zur Folge hatte. Auch in den Thronkämpfen am Ende der 40er Jahre des 15. Jh. stellte sich Pilsen gegen den Utraquisten Georg von Poděbrad und erhielt dafür als »treueste katholische Stadt« von Papst Paul II. das Recht, das Stadtwappen um zwei Schlüssel und einen Ritter mit einem halben Adler zu erweitern.

Von 1496 bis 1561 unterstand Pilsen den Herren von Sternberg, danach dem König unmittelbar. Pilsens Wohlstand und Bedeutung wuchsen durch seinen florierenden Tuch- und Viehhandel. Aus den deutschen Ländern zogen Kaufleute, Handwerker und Künstler zu, norditalienische Baumeister brachten den Renaissancestil. 1599 flüchtete Kaiser Rudolf II. mit Hofstaat und ausländischen Gesandten aus Prag vor der Pest und machte Pilsen für neun Monate zum turbulenten Mittelpunkt des Heiligen Römischen Reiches Deutscher Nation.

Auch im Ständeaufstand wahrte Pilsen seine katholische und habsburgfreundliche Haltung und wurde daher im Jahr 1618 nach mehrmonatiger Belagerung von einem Ständeheer erobert. Am 26. März 1621 übernahm der kaiserliche General Tilly die Stadt. Kurz vor seiner Ermordung in Eger hatte Wallenstein in Pilsen das Winterquartier bezogen (1633/34); hier verpflichtete er seine Offiziere zu persönlicher Treue (»Pilsner Schlüsse«), was einem Verrat am Kaiser gleichkam, auf den die Offiziere ja vereidigt waren.

Im 17. und 18. Jh. war Pilsen eine ruhige Landstadt. Der tschechische Anteil an seiner Einwohnerschaft wuchs beständig und hatte gegen 1800 fast 80% erreicht. Zu Beginn des 18. Jh. entstanden die ersten Manufakturen, im 19. Jh. entwickelte sich die Industrie. 1842 schlossen sich die Pilsner Braumeister zusammen und kreierten das »Urquell«. Bereits 1861 fuhr die erste Eisenbahn von Pilsen in das bayerische Furth im Wald, ein Jahr später nach Prag, dann nach Budweis, Eger usw.

Den Mittelpunkt der Altstadt bildet der *Platz der Republik* (nám. Republiky), der frühere »Ring«, 139 m × 193 m groß und damit der größte Stadtplatz Böhmens. Auf dem Platz erhebt sich die mächtige gotische *St.-Bartholomäus-Kirche* (Chrám sv. Bartoloměje), die Hauptpfarrkirche von Pilsen. Der Hallenbau wurde gleich nach der Stadtgründung im Jahr 1297 begonnen und etwa um 1476 vollendet. 1310 stellte König Heinrich von Kärnten die emporwachsende Kirche unter das Patronat des Deutschritterordens, dessen steinerne Ordensschilde noch immer die Außenseite des Presbyteriums schmücken. Das Hauptportal im Westen flankieren zwei Türme, von denen der nördliche 103 m aufsteigt und damit der höchste Kirchturm in der Tschechoslowakei ist. 1663 erhielt das Hauptportal eine Kreuzigungsgruppe und die Fassade eine Statue des hl. Bartholomäus. Das Sterngewölbe der dreischiffigen Halle ruht auf schmucklosen Säulen. Den Hauptaltar aus dem Jahr 1883 ziert die »Pilsner Madonna«, ein um 1390 aus Tonschiefer gefertigtes Werk gotischer Bildhauerkunst im »Schönen Stil«. Anfang des 16. Jh. stifteten die Herren von Sternberg die nach ihnen benannte Kapelle, die ein unbekannter Meister an die Südseite des Presbyteriums setzte. Sie zählt zu den bedeutendsten Werken

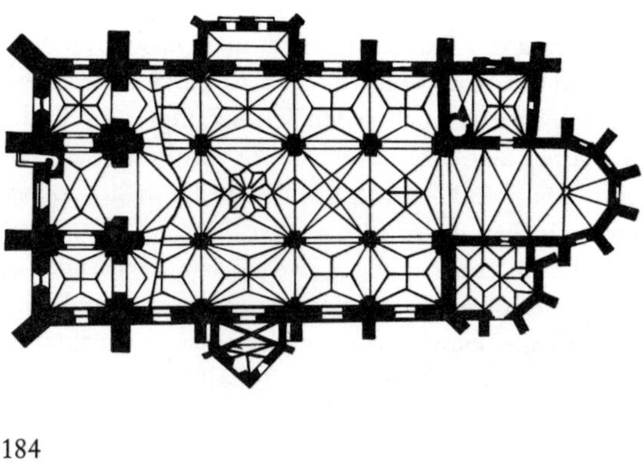

Plzeň (Pilsen), St.-Bartholomäus-Kirche, Grundriß

Plzeň (Pilsen), Stadtansicht aus der Merian-Topographie

der Spätgotik. Bemerkenswert ist das Gewölbe mit dem hängenden Sturzmittelstein, die Wandfresken stammen aus der Zeit der Renaissance (um 1600). Ein schmiedeeisernes Gitter an der Außenseite des Presbyteriums schützt das großartige Schnitzwerk »Christus am Ölberg« (16. Jh.).

Das mit reichem Sgraffitoschmuck versehene *Rathaus* (Abb. 22, 28) an der Nordseite des Ringes baute 1554–1559 der Italiener Giovanni de Statio aus Lugano. Es gehört zu den prächtigsten Renaissancebauten nördlich der Alpen, wenn auch die meisten Sgraffiti zwischen 1908 und 1912 entstanden. An das Rathaus schließt sich das *Kaiserhaus* (Nr. 290) an, in dem Rudolf II. während seines Pilsner Aufenthaltes residierte (Jahreszahl 1565 über dem Portal). An der Fassade steht der Ritter Žumbera, eine Art Roland, der früher einen Brunnen krönte. Manche sehen in ihm König Johann von Luxemburg. Das folgende *Eckhaus* (Nr. 289), nach dem großen Stadtbrand des Jahres 1507 über zwei eingeäscherten Wohnhäusern entstanden, zeigt sich im Stil des Klassizismus. Beide Häuser sind heute mit dem Rathaus, dem repräsentativen Sitz des Oberbürgermeisters, verbunden. In dem Gebäude tagt der Stadtrat, hier werden Ehen geschlossen, in dem großen Zeremoniensaal finden Promotionsfeiern, Kammerkonzerte und sonstige Veranstaltungen statt.

Die *Pestsäule* (Mariánsky morový sloup) zwischen Bartholomäuskirche und Rathaus gestaltete Christian Widemann im Jahr 1681. – An der Nord-, Ost- und Südseite des Platzes stehen mehrere gotische Häuser, die im Zeitalter der Renaissance und des Barock umgebaut wurden. Die *Erzdekanei* (Arciděkanství; Nr. 234), dem Westportal der Kirche gegenüber, ist wohl der schönste Barockbau Pilsens. Im Jahr 1344 erwarb der Deutschritterorden das Haus für den Stadtpfarrer, 1710 baute es Jakob Auguston im Barockstil um.

An der Františkánská ul. (Franziskanergasse), die von der Südostecke des Ringplatzes nach Süden führt, steht die *Mariä-Himmelfahrts-Kirche* (Kostel Nanebevzetí Panny Marie) des ehemaligen Franziskanerklosters. Die gotische Kirche (um 1340) wurde in den Hussitenstürmen und im Dreißigjährigen Krieg erheblich beschädigt und zuletzt im Barockstil erneuert. An den Ostflügel des schönen Kreuzganges schließt sich die reizvolle Barbarakapelle an; die um 1460 entstandenen Fresken zeigen Szenen aus dem Leben der hl. Barbara.

Das *Westböhmische Museum* (Západočeské muzeum) am Kopeckého sady (Kopecký-Park) zeigt Kunstwerke vom 14. Jh. bis zur Gegenwart, dazu Sammlungen von Porzellan, Keramik, Glas, Uhren, Möbeln und Waffen. Südlich des Parks an der Prokopova ul. (Prokopgasse) steht das *Kammertheater* (Komorní divadlo), das frühere »Deutsche Theater«. Im Westen setzt sich der Kopecký-Park mit dem Smetana-Park fort, der wiederum beim *Großen Theater* (Divadlo J.K. Tyla) in den Nejedleho sady (Nejedlý-Park) mündet. Vor dem Theaterbau steht ein Denkmal des Dramatikers Josef Kajetán Tyl (1808–1856), der in Pilsen starb. Das *Kindertheater* (Divadlo dětí) in der Moskevská 17 (Moskauer Straße) steht in der Tradition des großen Marionettenspielers Josef Skupa (1892–1957), der in Pilsen seine berühmten Puppen »Spejbl« und »Hurvínek« kreierte. Sein Schüler, der Buchillustrator und Filmregisseur Jiři Trnka (1912–1969), verschaffte dem tschechischen Puppenfilm Weltgeltung.

An der Pražská ul. (Prager Gasse), die von der Nordostecke des Ringplatzes ostwärts führt, stehen mehrere Renaissancehäuser gotischen Ursprungs. Der ehemalige *Wasserturm* (Stará vodárenská věž; Anfang 16. Jh.) am Ostende der Gasse mußte die Stadtmauer neben dem Prager Tor verstärken. Die gotischen *Fleischbänke* (Masné krámy) dem Turm gegenüber dienen heute als Ausstellungssaal des Westböhmischen Museums (Wechselausstellungen), aber auch als Konzertsaal. In der Veleslavínova ul. beherbergt ein spätgotisches Mälzhaus das *Brauereimuseum* (Pivorarské muzeum) mit interessanten Exponaten aus der Geschichte des Pilsner Brauwesens. Im *Gerlachhaus* (Gerlachovský dům) in der Dřevěná ul. (Holzgasse) befindet sich heute die Ethnographische Abteilung des Westböhmischen Museums. An der Fassade dieses aus zwei Bürgerhäusern hervorgegangenen Gebäudes sind Stilelemente der Gotik, der Renaissance und des Barock zu erkennen. An der ul. B. Smetany (Smetanagasse) steht die im 18. Jh. von Jakob Auguston erbaute Barockkirche *St. Anna.* Nicht zu übersehen sind schließlich die auf vielen Hauswänden prangenden wundervollen Farbsgraffiti des großen Malers und Zeichners Mikoláš Aleš.

Östlich der Altstadt führt die Straße nach Prag – jenseits der Radbusa heißt sie U Prazdroje (Zum Urquell) – zur *Západočeské pivovary* (Westböhmischen Brauerei), dem 1842 von Pilsner Braumeistern genossenschaftlich gegründeten »Bürgerlichen Brauhaus«, der ältesten, größten und berühmtesten *Pilsner Brauerei.* In der großen Bierstube neben dem prächtigen Tor zur Brauerei – es entstand 1892 aus Anlaß des 50. Firmenjubiläums – kann man sich das »Prazdroj« schmecken lassen. Der unnachahmliche Geschmack und Duft des berühmten Urquell wird der hervorragenden Qualität des Pilsner Wassers, des selbstgedarrten Gerstenmalzes, des besonders würzigen Saazer Hopfens und vor allem den mikroklimatischen Bedingungen in den 9 km langen Kellergängen, in denen das Bier heranreift, zugeschrieben. Die Brauerei erzeugt zur Zeit jährlich über 2,5 Mio. Hektoliter *Plzeňský Prazdroj* mit 12% Stammwürzegehalt.

Die *Škoda-Werke* im Norden der Stadt beschäftigen 35 000 Menschen. Die kleine Metallwarenfabrik entwickelte sich im 19. Jh. zu einem der größten Stahlkonzerne der Welt. Heute stellt das Unternehmen vor allem Kernreaktoren, Turboaggregate, Walzwerke, Anlagen für die Metallurgie, Elektromotoren, Elektrolokomotiven und automatisch gesteuerte Produktionszentren her, die in rund 70 Länder der Welt gehen.

Von der Přemyslidenburg auf dem Hůrka im heutigen **Starý Plzenec** (Alt-Pilsenetz) rund 10 km südöstlich von Plzeň blieben noch eine romanische Rotunde des hl. Petrus aus dem 10. Jh. (im 16. Jh. umgebaut) sowie Grundmauern der Burgstätte, die erstmals im Jahr 976 erwähnt wurde. Ein Naturlehrpfad verbindet die wertvollsten Sehenswürdigkeiten des nationalen Kulturdenkmals.

Klatovy (Klattau)

Duftende Nelken sind das typische Merkmal der 23 000 Einwohner zählenden Kreisstadt, dem nördlichen »Tor zum Böhmerwald«. Sie wurde als »königliche Stadt« um das Jahr 1260 von Ottokar II. Přemysl gegründet. Die Klattauer beteiligten sich später sehr aktiv an den Hussitenstürmen und zerstörten das Dominikanerkloster ihrer Stadt. Als sie 1547 Kaiser Ferdinand I. jede militärische Unterstützung versagten, verloren sie für längere Zeit ihre Privilegien. Heute leben Klatovys Bürger vorwiegend von der Textil-, Maschinenbau-, Lederwaren- und Holzverarbeitungsindustrie und von der Nelkenzucht.

Am großen Marktplatz steht das 1559 vollendete *Renaissancerathaus* mit dem 75 m hohen *Schwarzen Turm*, dessen Galerie einen eindrucksvollen Rundblick über die »Nelkenstadt« und den nahen Böhmerwald vermittelt. Am Rathaus lassen sich Reste des spätgotischen Vorgängerbaus erkennen. Den *Schwarzen Turm* mit dem Hungerverließ und der Folterkammer errichtete 1547–1557 der Klattauer Meister Anton; die Turmuhr stammt aus dem Jahr 1759, das Dach von 1872.

Neben dem Rathaus erbauten Carlo Lurago und Domenico Orsi 1654–1679 für die Jesuiten die frühbarocke zweitürmige *St.-Ignatius-Kirche.* 1717 vollendete der große Barockbaumeister Kilian Ignaz Dientzenhofer den schönen Sakralbau. Das prächtige Portal stammt aus dem Jahr 1720. In der Krypta ruhen die mumifizierten Leichname von Jesuiten, die hier bis 1674 bestattet wurden. Die gotische *Marienkirche* entstand nach 1260 und wurde in den späteren Jahrhunderten mehrfach verändert. Zu der mittelalterlichen Dekanatskirche gehört der *Weiße Turm,* ein freistehender Glockenturm. Auf dem Marktplatz sollte man einen Blick in die ehemalige *Apotheke* (Lékárna) aus der ersten Hälfte des 18. Jh. mit ihrem kostbaren Barockmobiliar werfen, das der Tischlermeister und Holzschnitzer Josef Gschwendt fertigte. – Teilweise noch gut erhalten ist die gotische *Stadtbefestigung* aus dem 14.–15. Jh.

Die von einem Hügelkranz umgebene mittelalterliche Stadt **Domažlice** (Taus), 57 km von Pilsen und 14 km von der deutschen Grenze entfernt, ist der Hauptort des Chodenlandes (Chodsko), der jahrhundertealten Heimat eines außergewöhnlichen slawischen Volksstammes mit eigener Mundart und eigenem Brauchtum. Jeweils am ersten Wochenende nach dem 10. August treffen sich auf dem 582 m hohen Svatý Vavřineček am Westrand von Domažlice die Choden aus der ganzen Umgebung, um ihr farbenfrohes Kirchweihfest mit Dudelsackmusik, Tanz und Gesang zu begehen.

Die Choden

Wer die Choden sind und woher sie kommen, weiß niemand so recht. Sie sind Slawen, das ist unstrittig, so kämpferisch und zuverlässig, daß Herzog Břetislav I., der im Jahr 1040 im nördlichen Teil des Böhmerwaldes ein eingedrungenes Heer des deutschen Königs und späteren Kaisers Heinrich III. mühsam abgewehrt hatte, sie als Wächter an der böhmisch-bayerischen Grenze ansiedelte. Damals erhielten sie ihren Namen »Choden«, der sich vom tschechischen Verb *chodit,* gehen, patroullieren, herleitet. Die Choden hatten also das Grenzgebiet zu bewachen, die wichtige Straße über den Schafberg-Paß nach Regensburg zu sichern und Handelskarawanen und Gesandtschaften zu begleiten. Als Waffe diente ihnen der *Čakan,* das slawische Kampfbeil. Für ihre schwere und verantwortungsvolle Aufgabe genossen sie besondere Privilegien. So waren sie zeitlebens freie Menschen und keinem Herrn außer dem König von Böhmen untertan, kein Adliger durfte im Chodenland Grundbesitz erwerben, Hand- und Spanndienste für die Obrigkeit war den Choden unbekannt. Die Wälder, die sie schützten, durften sie frei nutzen, durften jagen und Holz schlagen. Ihr Banner zeigte einen Hundskopf als Symbol der Treue und der Wachsamkeit; deshalb nannte man die Choden auch – weniger spöttisch als ehrfurchtsvoll – »Hundsköpfe«. Als freie Königsbauern erwähnte sie erstmals im Jahr 1325 Johann von Luxemburg. Wie gefürchtet die Choden waren, zeigte sich 1431, als sich die »böhmischen Grenzhüter« unter dem Hussitenführer Prokop dem Großen vor Domažlice dem kaiserlichen Heer entgegenwarfen. Kaum hatten die Choden das hussitische Kampflied »Die ihr Gottes Streiter seid« angestimmt, stob die zehnfache Übermacht der Kaiserlichen samt dem päpstlichen Legaten in wilder Flucht nach Bayern zurück.

1618 standen die Choden auf der Seite der Stände, daher verloren sie nach der Schlacht auf dem Weißen Berg alle ihre Privilegien. Ihr freies Land kam unter die Herrschaft des Wilhelm Lamminger von Albenreuth, genannt Lomikar, der die Choden härtester Fron unterwarf. Schließlich erhoben sie sich unter ihrem Anführer Jan Sladký Kozina. Lomikar jedoch schlug den Aufstand mit Hilfe kaiserlicher Truppen blutig nieder, und Kozina wurde 1695 zum Tode verurteilt. Unter dem Galgen auf dem Pilsner Marktplatz prophezeite er seinem Widersacher Lomikar den Tod »nach Jahr und Tag«. Als Lomikar am Jahrestag von Kozinas Hinrichtung auf seinem Schloß Trhanov ein rauschendes Fest gab und höhnisch der Prophezeiung gedachte, brach er vom Schlag getroffen zusammen. Der tschechische Schriftsteller Alois Jirásek (1851–1930) hat den erbitterten Kampf der Choden um die Rückgewinnung ihrer königlichen Privilegien in seinem historischen Roman »Psohlavci« (in deutscher Übersetzung »Die Hundsköpfe«) beschrieben.

Domažlice wurde um das Jahr 1260 von Ottokar II. Přemysl als Zollstation an der Straße von Regensburg nach Prag gegründet, mit Choden besiedelt und bald darauf zur königlichen Stadt erhoben. Aus dem dritten Viertel des 13. Jh. stammen fast alle bedeutenden Bauten der Stadt, auch die Befestigungen mit den Toren, vor allem aber die Burg. Mittelpunkt der malerischen Altstadt von Domažlice ist der langgestreckte Marktplatz, der die Stadt in eine nördliche und eine südliche Hälfte teilt. Laubenhäuser im Stil der Renaissance, des Barock und des Empire säumen den Platz, an dessen Nordseite sich die Kirche *Mariä Geburt* (Kostel Narození Panny Marie) erhebt. Die Dekanatskirche stammt aus dem 13. Jh. und wurde nach einem Stadtbrand 1747 von Kilian Ignaz Dientzenhofer barock erneuert. Ihr Glockenturm, der ebenfalls im 13. Jh. erbaut wurde, diente früher als Wachturm, heute kann man von der Galerie eine weite Aussicht genießen. Noch immer bläst ein Trompeter allabendlich ein altes Chodenlied.

Der Kirche gegenüber steht das im Stil der Neorenaissance erneuerte *Rathaus*. Die Nordwestecke des Hauptplatzes nimmt das ehemalige Augustinerkloster mit gotisch-barocker Kirche ein, im Osten reicht der Marktplatz bis zum *Unteren Tor* (Dolní brána), das zusammen mit den Stadtbefestigungen um 1270 entstand. Nahe dem Augustinerkloster erinnert die aus dem 13. Jh. stammende *Chodenburg* (Chodský hrad) mit ihrem mächtigen Rundturm an die großen Zeiten der freien Choden. Auf der Burg residierte der chodische Burggraf, außerdem wohnten dort die königlichen Chodenrichter und der Schreiber. Wenn alle vier Wochen in der Burg das Chodengericht zusammentrat, kamen die Erbrichter aus den umliegenden Chodendörfern hinzu. In der Burg wurden auch die Fahnen der Choden, ihr Petschaft und die Urkunden über die verliehenen Privilegien verwahrt. Die im Stil der Renaissance umgestaltete Burg beherbergt heute ein *Museum* mit reichhaltigen historischen und ethnographischen Sammlungen.

Cheb (Eger)

Die Kreisstadt **Cheb** (32 000 Einwohner) liegt unweit der Grenze zur Bundesrepublik Deutschland am Ufer des Flusses Eger (Ohře) und beeindruckt durch ihren mittelalterlichen Stadtkern und die Relikte ihrer Kaiserpfalz. In Eger wurde Wallenstein, der große Heerführer des Dreißigjährigen Krieges, 1634 ermordet und 1687 der große Barockbaumeister Balthasar Neumann geboren.

Spuren der Aunjetitzer Kultur weisen auf eine frühe Besiedlung des Ortes hin (1800–1600 v. Chr.). Im 10. Jh. entstand auf einem Felsen hoch über der Furt auf den Fundamenten keltischer und germanischer Wehrbauten eine slawische Burganlage. Im 11. Jh. ließen sich neben der Feste deutsche Kaufleute nieder und gründeten die Ortschaft *Egire*, die 1149 das Marktrecht verliehen bekam. Im selben Jahr vermählte sich in Eger der junge Schwabenherzog Friedrich mit Adela (Adelheid), der Tochter des Burgherrn. 1167 kam die Burg in den Besitz des Herzogs, der inzwischen Kaiser Friedrich I. Barbarossa geworden war. Er ließ die Burg großzügig ausbauen und hielt dort drei Hoftage ab. Dadurch vervielfachte sich die Einwohnerzahl des kaiserlichen Marktfleckens, der im Jahr 1179 Stadtrechte erhielt; vor dem Südtor entstand eine große Judensiedlung. Auch für Barbarossas Nachfolger war die Stadt von Bedeutung: Sein

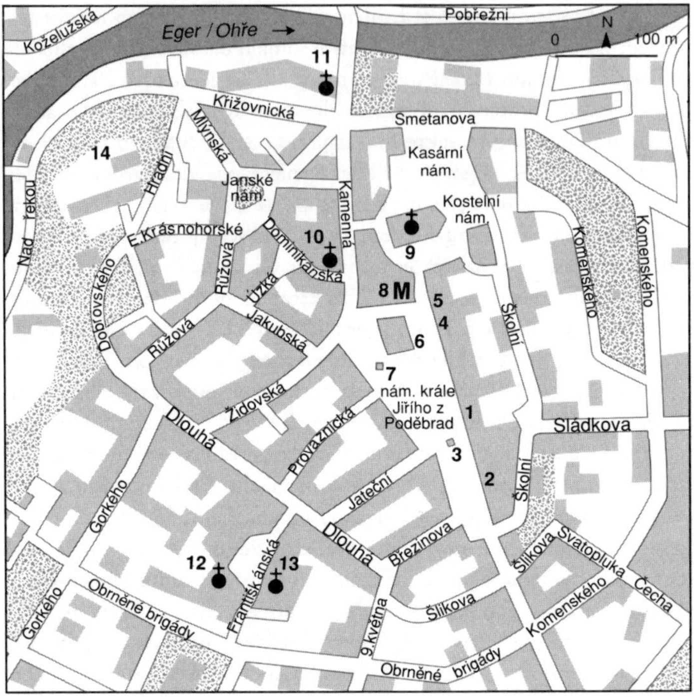

Cheb (Eger)
1 Rathaus
2 Schillerhaus
3 Rolandsbrunnen
4 Schirndinger Haus
5 Gablerhaus
6 Stöckl (Špalíček)
7 Herkulesbrunnen
8 Stadthaus (Städt. Museum)
9 Erzdekanatskirche St. Nikolaus
10 Dominikanerkirche St. Wenzel
11 St.-Bartholomäus-Kirche
12 Mariä-Himmelfahrts-Kirche
13 St.-Klara-Kirche
14 Kaiserburg

Sohn Heinrich VI. beging regelmäßig das Weihnachtsfest hier; dessen Sohn, Kaiser Friedrich II., berief fünfmal den Hoftag nach Eger. Am 12. Juli 1213 mußte Friedrich II. mit der »Egerer Goldbulle« den Bestand des Kirchenstaates garantieren und auf Einflußnahme bei den Bischofswahlen sowie auf andere Rechte in der Kirche verzichten, als Gegenleistung für die päpstliche Hilfe bei seinem Kampf um die deutsche Krone.

Mehrmals wurde Eger von den Königen Böhmens besetzt, doch erst 1322 fiel die Reichsstadt mit dem Egerland an die böhmische Krone: Für 20 000 Silbermark hatte sie der deutsche König Ludwig IV. an Johann von Luxemburg »bei Garantie der völligen Unabhängigkeit vom Königreich Böhmen« verpfändet. Eine gewisse Unabhängigkeit blieb tatsächlich bis zum Dreißigjährigen Krieg gewahrt. Danach gehörte Eger verwaltungsmäßig zu Böhmen, später zu Österreich-Ungarn, seit 1918 zur Tschechoslowakei. Der seit 1945 offizielle tschechische Name »Cheb« (Flußbiegung) war erstmals im 14. Jh. auf Urkunden erschienen und nach 1920 neben Eger zweite amtliche Bezeichnung des Ortes.

Das historische **Egerland,** gerahmt von Erzgebirge und Kaiserwald, Böhmerwald und Fichtelgebirge, reichte von Kadaň (Kaaden) und Žatec (Saaz) im Norden bis Horšovský Týn (Bischofteinitz) im Süden. Seine bis 1945 überwiegend deutschsprachige Bevölkerung pflegte uralte Traditionen mit prächtigen Trachten und typischen Fachwerkhäusern sowie einen besonderen Dialekt.

Mittelpunkt von Cheb ist der einstige Marktplatz, heute *König-Georg-von-Poděbrad-Platz* (nám. krále Jiřího z Poděbrad; Abb. 44), mit seinen schönen alten Häusern. Das ehemalige *Rathaus* an der Ostseite errichtete Giovanni Battista Alliprandi 1722–1728 im Barockstil. Im *Schillerhaus* rechts davon wohnte der Dichter 1791, während er an seiner Wallenstein-Trilogie arbeitete. Das *Schirndinger Haus* in der Nordostecke des Platzes besticht durch seinen hohen Giebel. Im *Gablerhaus* links daneben logierte 1821 Goethe; das spätgotische Bürgerhaus wurde 1783 barockisiert (Abb. 29).

Zwei Brunnen schmücken den Platz: der *Rolandsbrunnen* (»Röhrkastenwastl«; 16. Jh.) vor dem Rathaus und der *Herkulesbrunnen* (»Wilder-Mann-Brunnen«) vor dem *Stöckl* (Špalíček; Abb. 27), einer Gruppe von ursprünglich elf aus dem 13. Jh. stammenden Häusern, die damals von jüdischen Kaufleuten bewohnt waren. Sie gingen aus Verkaufsständen hervor, die zunächst in Holz, später in Fachwerk errichtet worden waren und bei Bedarf aufgestockt (»aufgestökkelt«) werden konnten. Hinter dem Stöckl versteckt sich das ehemalige *Stadthaus*, das sich zu Beginn des 17. Jh. der Bürgermeister Pachelbel erbauen ließ. In diesem Haus wurde am 25. Februar 1634 Albrecht von Waldstein (Wallenstein) im Auftrag des Kaisers Ferdinand II.

Die Ermordung Wallensteins

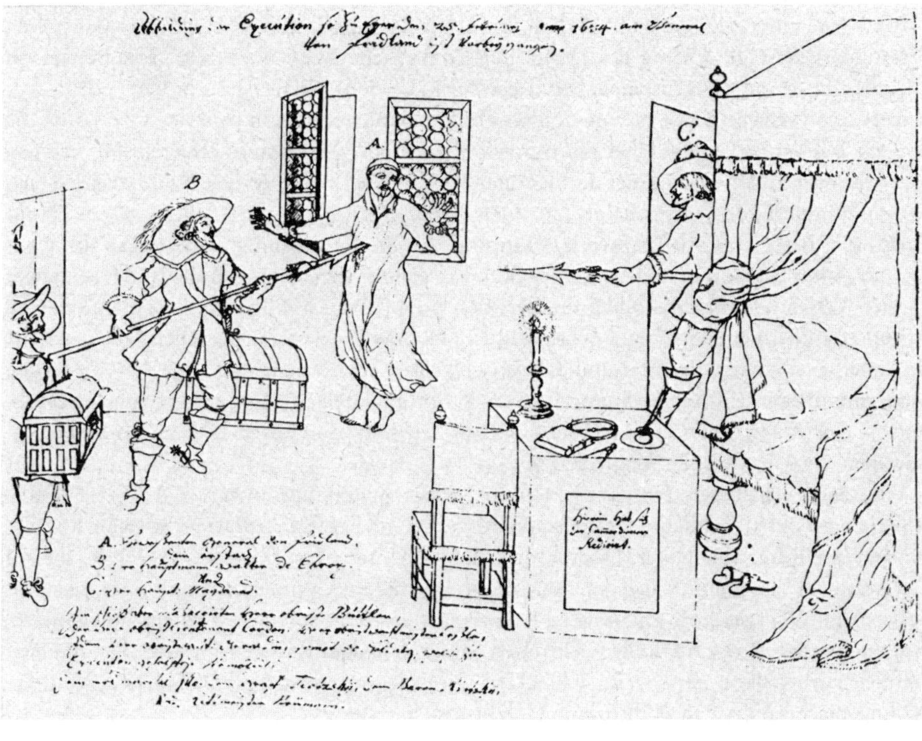

vom irischen Rittmeister Walter Devereux ermordet. Ein kaiserliches Patent vom 22. 2. 1634 hatte den Generalissimus des Hochverrats bezichtigt und befohlen, ihn tot oder lebendig zu fangen. Das Stadthaus ist heute Städtisches Museum mit einer vielseitigen, reichhaltigen Sammlung. Kostbarstes Exponat ist das »Egerer Antependium«, ein 218 × 90 cm großes Altartuch in Glasperlenstickerei auf Seide, gegen 1300 von Egerer Klarissinnen für die Burgkapelle gearbeitet.

Die Erzdekanatskirche *St. Nikolaus* (Kostel sv. Mikuláš; Abb. 26) wurde 1230–1270 in romanischem Stil erbaut. Reste aus dieser Zeit zeigen sich am Westportal und im unteren Bereich der Osttürme. Der frühgotische Chor entstand gegen Ende des 13. Jh. Im dritten Viertel des 15. Jh. wurde St. Nikolaus spätgotisch erneuert und im 18. Jh. von Balthasar Neumann im Stil des Barock verändert.

Im 13. Jh. ließen sich mehrere christliche Orden in Eger nieder: der Deutsche Ritterorden neben St. Nikolaus, die Dominikaner bei St. Wenzel (Kostel sv. Václav; heute in frühbarocker Gestalt: 1674–1689), die Kreuzherren mit dem Roten Stern bei St. Bartholomäus (1414 vollendet), die Minoriten (Franziskaner) bei der Kirche Mariä Himmelfahrt (Kostel Nanebevzetí Panny Marie; 1285 vollendet) und die Klarissinnen bei *St. Klara* (Kostel sv. Klára). Der jetzige Bau von St. Klara entstand 1708–1711 nach einem Entwurf von Christoph Dientzenhofer und zählt zu den bedeutendsten Werken böhmischer Barockarchitektur. In der Kirche finden heute Konzerte und Ausstellungen statt.

Auf einem zur Eger abfallenden Felsen thront die *Kaiserpfalz.* An der Stelle einer slawischen Befestigung entstand Anfang des 12. Jh. eine romanische Burg, die Friedrich I. Barbarossa zwischen 1167 und 1175 ausbauen ließ. Kern der kaiserlichen Pfalz ist der mächtige Palas mit dem 24,5 m langen, 12,8 m breiten und 6 m hohen Bankettsaal, von dem noch die nördliche und ein Teil der östlichen Mauer mit romanischen Rundbogenfenstern erhalten sind. An den Saal schlossen sich zwei Räume an, dahinter lag die Küche. Unter dem Saal befanden sich Vorratskammern, Bedienstetenstuben und das Gefängnis. Zwischen 1475 und 1490 erhielt der Palas ein Obergeschoß in Fachwerkausführung. An die Westwand grenzte fortan das Haus des Burgkommandanten, in dem wenige Stunden vor der Ermordung Wallensteins seine vier engsten Vertrauten, Feldmarschall Freiherr von Ilow (Illo), Graf Terzka, Baron Kinsky und Rittmeister Neumann, niedergestochen wurden. Der *Bergfried* wurde zwischen 1180 und 1190 aus Basaltlavablöcken errichtet und daher »Schwarzer Turm« genannt. Seine 3,16 m starken Mauern umfassen ein Rechteck von 9,2 m × 8,9 m und steigen 18,5 m hoch auf. Im 15. Jh. brachte eine Ziegelmauerung die Höhe auf 21 m. Die schweren Kasematten neben dem Turm stammen aus dem Dreißigjährigen Krieg.

Vollständig erhalten und sorgsam restauriert ist die romanische *Burgkapelle* (1179–1188), eine äußerlich blockhaft schlichte Doppelkapelle, wie sie in allen Kaiserpfalzen, etwa auch in der Nürnberger Burg, üblich war. Das schwere, dunkle Untergeschoß, dessen Kreuzgewölbe auf vier kräftigen Säulen mit Würfelkapitellen ruht, war für das Gesinde bestimmt. Das schmuckvolle, helle Obergeschoß mit seinem Kreuzrippengewölbe auf vier grazilen, polygonalen, von reich gearbeiteten Kapitellen gekrönten Säulen war dem Kaiser, seiner Familie und dem Gefolge vorbehalten. Eine weite achteckige Öffnung verbindet beide Geschosse. Von den Wohngemächern des Palas führte eine Holzbrücke herüber.

Cheb (Eger), Kaiserpfalz, Grundriß
1 Eingang
2 Palas
3 Schwarzer Turm
4 Burgkapelle
5 Haus des Burgkommandanten
6 Burggraben

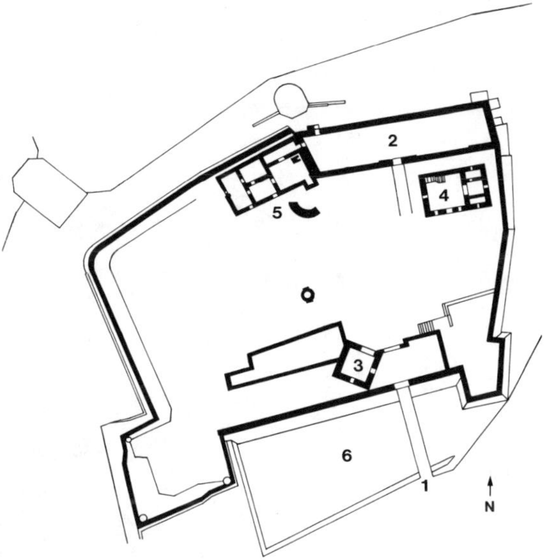

a Doppelkapelle, Längsschnitt

b Untere Kapelle, Grundriß

c Obere Kapelle, Grundriß

5 km nördlich von Cheb liegt **Františkovy Lázně** (Franzensbad), mit 5000 Einwohnern das kleinste der drei berühmten westböhmischen Bäder. 24 Mineralquellen (10,1–12,5 °C) und radioaktive Moorerde machten den Ort zu einem Herz-, Rheuma- und Frauenheilbad von Weltgeltung.

Schon im 16. Jh. war der »Egerer Säuerling« im weiten Umkreis wohlbekannt; im 18. Jh. begann der Quellwasserversand, der auch heute noch eine bedeutende Rolle spielt. Im späten 18. Jh. förderte der Egerer Stadtphysikus Dr. Bernhard Vinzenz Adler (1753–1810) die Entwicklung der kleinen Gemeinde zum Kurort (1793), 1807 wurde der Ort nach dem österreichischen Kaiser Franz I. »Kaiser Franzens Bad« oder kurz »Franzensbad« genannt. 1848 erhielt

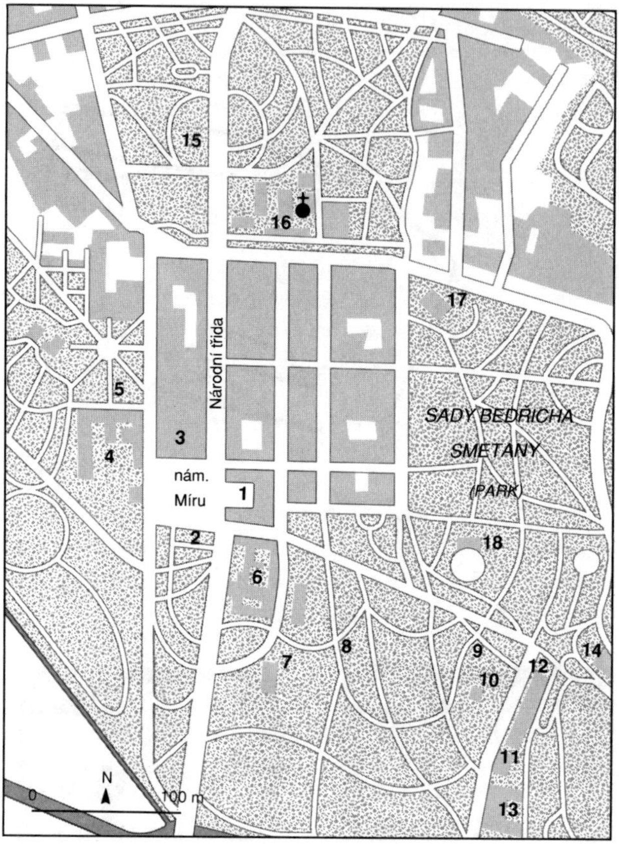

Františkovy Lázně (Franzensbad)
1 Kolonnade
2 Franzensquelle
3 Kurhaus
4 Bad I
5 Luisenquelle und Kalter Sprudel
6 Bad II
7 Halle der Glaubersalzquellen III und IV
8 Neuquelle
9 Adlerquelle
10 Dr.-Adler-Denkmal
11 Wiesenquelle
12 Salzquelle
13 Bad III
14 Bad IV
15 Musikpavillon
16 Katholische Kirche
17 Theater
18 Hotel Imperial

die Gemeinde ihre Selbständigkeit, 1865 sogar die Stadtrechte. Quellen und Kureinrichtungen jedoch gehörten bis 1914 der Stadt Eger.

Mittelpunkt von Františkovy Lázně ist der parkartige nám. Miru (Friedensplatz; früher Kurplatz) mit der Kolonnade (1912–1914), dem Gasbad (trockenes Kohlendioxyd), dem Gesellschaftshaus (Společenský dům; 1876/77) und dem *Pavillon der Franzensquelle* (Františkův pramen) aus dem Jahr 1832. Eine Skulptur zeigt Amor mit einem Fisch, dem Symbol der Fruchtbarkeit. Frauen, die den Knaben berühren, sollen bald guter Hoffnung sein.

Westlich vom Kurhaus steht das *Badehaus I* (Lázně I) aus dem Jahr 1827, an das sich der *Dvořák-Park* (Dvořákovy sady; früher Kaffeegarten) mit dem großen, runden Holzpavillon der *Luisenquelle* (Luisin pramen) und des *Kalten Sprudels* (Studený pramen) anschließt. Im Dvořák-Park entspringen außerdem die *Glaubersalzquellen I und II* (Glauberův pramen I a II) und die Sonnenquelle (Sluneční pramen). Das Glaubersalz, ein Natriumsulfat, das auch *Mira-*

bilit (von lat. *mirabilis*, wunderbar) genannt wird, trägt seinen Namen nach dem Apotheker Johann Rudolf Glauber (1604–1670); es ist ein bewährtes Abführmittel.

Neben der Franzensquelle steht das Badehaus II (Lázně II). Dahinter schmiegt sich die schöne *Halle der Glaubersalzquellen III und IV* (Dvorana Glauberových pramenů III a IV; Abb. 32) in die Parklandschaft, in der der Kurgast auch die *Neuquelle* (Nový pramen) und die *Adlerquelle* (Adlerův pramen), benannt nach Dr. Adler, dem Begründer des Kurortes, findet. Nicht weit von der Quelle steht sein Denkmal. Die Kolonnade der tschechoslowakisch-sowjetischen Freundschaft (kolonáda Československo-sovětského přátelství) enthält die *Wiesenquelle* (Luční pramen) und die in unangenehme Düfte gehüllte *Salzquelle* (Solný pramen). Die Badehäuser III (Lázně III) im Süden und IV (Lázně IV) im Norden schließen sich an.

Vom Friedensplatz führt die breite Národní třída (Nationalstraße; früher Goethestraße), überwiegend von prächtigen Häusern der Jahrhundertwende gesäumt, quer durch den kleinen, regelmäßig angelegten Ortskern. Das Haus *Zu den drei Lilien* (U tří lilií; Nr. 10) stammt noch aus dem Jahr 1794 und gehört zu den ersten in Franzensbad erbauten Pensionen. Die Národní třída mündet im Norden in den eigentlichen Kurpark mit einem besonders schönen Musikpavillon aus feingefügtem Holzwerk.

Im Osten grenzt an den Ortskern der Friedrich-Smetana-Park (Sady Bedřicha Smetany) mit dem Goethebrunnen, dem Stadttheater (1906) und dem Städtischen Museum. Das imposante Hotel Imperial zählt noch heute zu den führenden Häusern von Franzensbad.

Karlovy Vary (Karlsbad)

Karlsbad ist der bekannteste Kurort im westböhmischen Bäderdreieck oberhalb der Mündung der Tepl (Teplá) in die Eger. Genutzt wurden die heißen Quellen bereits im Mittelalter, zu Weltgeltung gelangte Karlsbad aber seit dem 18. Jh., als sich hier Kaiser, Könige und Zaren, russische Großfürsten, Politiker und Staatsmänner, türkische Prinzen, indische Maharadschas und die internationale Hochfinanz trafen.

Die Geschichte des Kurortes begann mit Karl IV., der dem Bad seinen Namen gab. Genau genommen ist es eine Sage, die den Kaiser die dampfenden Quellen entdecken ließ: Eines Tages hetzten seine Hunde einen kapitalen Hirsch, der ihnen mit einem mächtigen Sprung von einem hohen Felsen zu entkommen suchte. Die Hunde sprangen hinterdrein und begannen, schrecklich zu jaulen, weil sie in das heiße Quellwasser geraten waren. Historisch belegt ist, daß des Kaisers Leibarzt Baier das Wasser untersuchte, es heilkräftig fand und die Gründung eines Badeortes bei den Quellen empfahl. Die Siedlung erhielt 1349 den Namen »Karlsbad«. Bereits 1370 verlieh Karl IV. seinen »lieben Karlsbadern« das Elbogener Stadtrecht und kam mehrmals an die Tepl, um in dem »wundertätigen« Wasser zu baden.

Im 15. Jh. erschienen die ersten prominenten Kurgäste, darunter die Markgrafen von Kulmbach und Bayreuth, im 16. Jh. weilten die Fürsten von Brandenburg und Sachsen, der Erzherzog Ferdinand von Tirol, die Herzöge von Pommern und Mecklenburg sowie italienische und polnische Grafen in Karlsbad. Anfang des 16. Jh. führte der Arzt Dr. Wenzel Payer die Trinkkur ein, vorher wurde im Quellwasser nur gebadet.

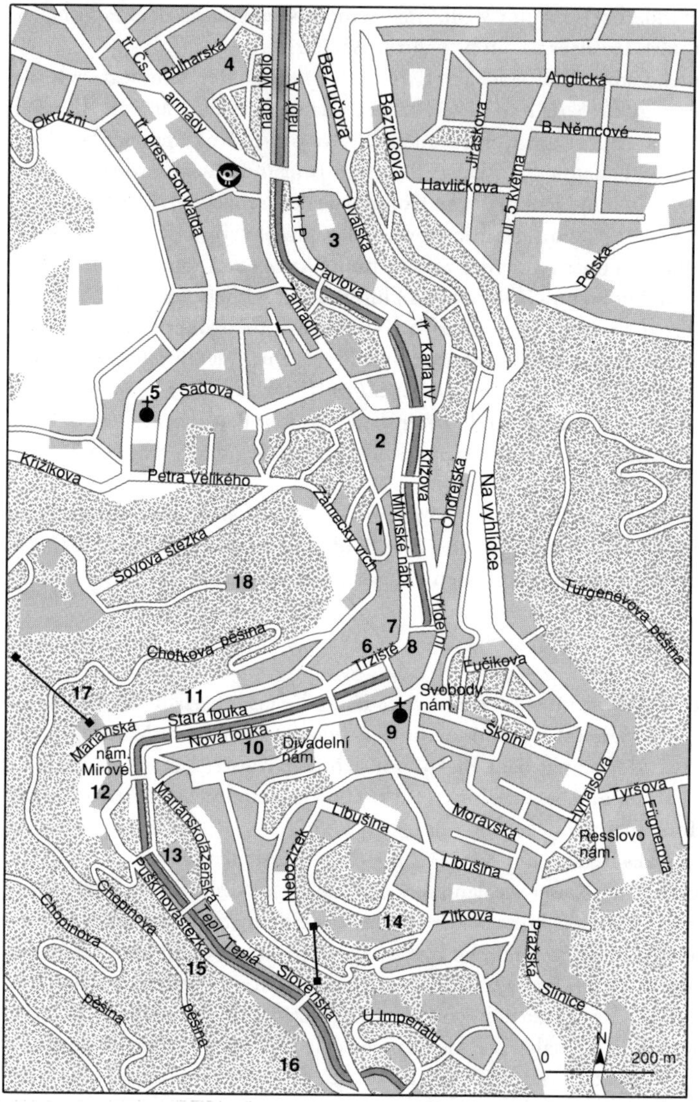

Karlovy Vary (Karlsbad)
1 *Mühlbrunnkolonnade*
2 *Bad III*
3 *Kurkomplex Termal*
4 *Bad V*
5 *Russische Kirche*
6 *Marktkolonnade*
7 *Schloßturm*
8 *Sprudel*
9 *Maria-Magdalenen-Kirche*
10 *Stadttheater*
11 *Alte Wiese*
12 *Grandhotel Pupp*
13 *Bad I*
14 *Sanatorium Imperial*
15 *Puschkinweg*
16 *Kunstgalerie*
17 *Standseilbahn zur Freundschaftshöhe*
18 *Hirschensprung*

Mit einer furchtbaren Überschwemmung begann 1582 für Karlsbad ein Jahrhundert der Not und Drangsal: 1604 vernichtete eine Feuersbrunst fast alle 162 Häuser; 1627 ließ Kaiser Ferdinand II. die Stadtgüter des protestantischen Karlsbad konfiszieren, erst als die Bürger zur katholischen Kirche zurückkehrten, bestätigte der Kaiser die alten Privilegien; 1632 plünderten polnische und kroatische Truppen die Stadt; 1640 und 1646 hausten die Schweden im Tepltal.

Gegen Ende des 17. Jh. endlich wurde der Kurort weltberühmt: 1682 kam Kurfürst Johann Georg III., ihm folgten August der Starke von Sachsen und Polen, Friedrich III. von Brandenburg und Herzog Ernst August von Hannover. 1707 erhob Kaiser Joseph I. Karlsbad zur königlichen Freistadt. 1711 und 1712 traf sich hier Zar Peter der Große mit Gottfried Wilhelm Freiherr von Leibniz, um »die Studien, Künste und Wissenschaften im russischen Reiche florieren zu lassen«. 1718 und 1720 weilte Johann Sebastian Bach im Gefolge des Herzogs von Anhalt-Köthen in dem Kurort, Kaiser Karl VI. machte das Bad 1731 fast zwei Monate lang zur Residenz des Reiches. 1732 erschien das österreichische Kaiserpaar zum Kuraufenthalt, begleitet von Prinz Eugen von Savoyen, in den folgenden Jahren kamen der preußische Reitergeneral Seydlitz und der österreichische Feldmarschall Laudon, Prinz Heinrich von Preußen, Kaiser Joseph II. und Herzog Karl August von Weimar. Feste, Konzerte, Fackelzüge sorgten für Unterhaltung. Im Juli 1798 gab der russische Generaladmiral Graf Aleksej Orlow-Tschesmenskij aus Anlaß des Namenstages seines Zaren Paul I. das grandioseste Fest aller Zeiten. Goethe besuchte zwischen 1785 und 1823 dreizehnmal Karlsbad, denn er wußte sich »keinen angenehmeren und bequemeren Aufenthalt«. An Wilhelm von Humboldt schrieb er 1812: »Weimar, Karlsbad und Rom sind die einzigen Orte, wo ich leben möchte.«

1819 lud der österreichische Staatskanzler Metternich die Vertreter »zuverlässiger« Staaten nach Karlsbad ein und verabredete mit ihnen die *Karlsbader Beschlüsse*, die eine strenge Überwachung der Universitäten, die Entlassung revolutionärer Lehrkräfte, das Verbot der Burschenschaften, eine verschärfte Zensur und die Einsetzung einer zentralen Untersuchungskommission vorsahen. Anlaß für die Beschlüsse war das Attentat des Jenaer Theologiestudenten Karl Ludwig Sand auf den Literaten August von Kotzebue am 23. März 1819.

Alles, was im 19. Jh. und zu Beginn des 20. Jh. Rang und Namen hatte, fuhr nach Karlsbad: König Gustav IV. von Schweden, Erzbischof Graf Genga, der spätere Papst Leo XII. Fürst Blücher kam 1816 in Napoleons Reisewagen, den er bei Waterloo erbeutet hatte, es kamen Friedrich von Schiller und Theodor Körner, Emanuel Geibel und Theodor Fontane, Ludwig van Beethoven, Franz Liszt, Carl Maria von Weber, Robert Schumann und Frédéric Chopin. Kein Ort schien für hochpolitische Gespräche besser geeignet als Karlsbad: 1863 kam der Preußenkönig Wilhelm I. inkognito als Graf von Zollern an die Tepl; seinen Minister Otto von Bismarck hatte er mitgebracht. 1864 trafen sich beide mit Kaiser Franz Joseph I. Karl Marx verfaßte Teile seines Werkes »Das Kapital« zwischen 1874 und 1876 in Karlsbad. Vor dem Ersten Weltkrieg sprach der französische Staatsmann Georges Clemenceau mit König Eduard VII. und mehreren seiner Berater, und im Mai 1914 trafen sich hier die beiden Generalstabschefs der Mittelmächte, Helmuth von Moltke und Conrad von Hötzendorf.

Mittelpunkt des Badeortes ist die *Mühlbrunnkolonnade* (kolonáda Mlýnská), die Wandelhalle Karlsbads, nach ihrem Erbauer auch Zítek-Kolonnade genannt (Abb. 31). Josef Zítek, der Schöpfer des Prager Nationaltheaters, errichtete die 132 m lange und 13 m breite Säulenhalle 1871–1881 im Stil der Neorenaissance. Zwölf allegorische Statuen (»Die Monate«) von Otto

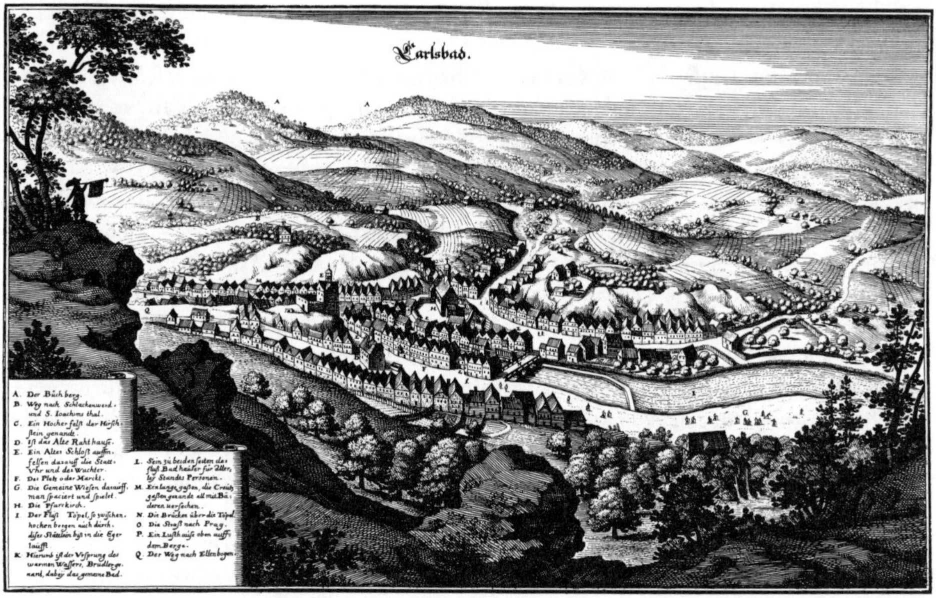

Karlovy Vary (Karlsbad), Stadtansicht aus der Merian-Topographie

Mentzel krönen die Seitenrisalite. Der Bau ersetzte ein barockes Badehaus von 1792 und eine klassizistische Kolonnade von 1811. Vier der wichtigsten Thermalquellen (42–60 °C) bieten sich hier den Kurgästen an: die Rusalka-Quelle (Rusalčin pramen), die Fürst-Wenzel-Quelle (Knížete Václava pramen), die Libussa-Quelle (Libušin pramen) und der Mühlbrunnen (Mlýnský pramen).

Nördlich der Mühlbrunnkolonnade erhebt sich das neogotische *Bad III* (Lázně III), welches 1864–1867 als Kurhaus erbaut wurde. Es folgen die *Parkquelle* (Sadový pramen) bei der grazilen gußeisernen Jugendstilkolonnade aus dem Jahr 1880 (Rest einer größeren Anlage) und der *Dvořák-Park* (Dvořákory sady) mit der Skulptur des tschechischen Komponisten Antonín Dvořák.

Kultur- und Badezentrum des modernen Karlsbad ist der eindrucksvolle *Kurkomplex Thermal,* erbaut 1967–1977 rechts der Tepl. Weiter nördlich, der Hauptpost gegenüber, steht im kleinen Smetana-Park (Smetanovy sady) das *Bad V* (Lázně V), das einstige Elisabethbad, ein mächtiger Bau in historisierendem Stil (Empire), 1906 vollendet, die größte balneotherapeutische Einrichtung der Tschechoslowakei.

Oberhalb der Mühlbrunnkolonnade entspringt die Parkquelle (Sadový pramen). Unweit davon zieht die Sadova třída (Parkstraße), von hohen Bäumen und prächtigen Villen begleitet, steil bergan zur *Russischen Kirche* in byzantinisch-historisierendem Stil (1893–1898).

Südlich der Mühlbrunnkolonnade führt die Marxova třída (Marxstraße) zum Marktplatz (Tržiště) mit der hölzernen *Marktkolonnade* (Tržní kolonáda) aus dem Jahr 1878, in der zwei weitere Thermalquellen entspringen: die Kaiser-Karl-IV.-Quelle (Pramen Karla IV) und der Marktbrunnen (Tržní pramen). Die barocke *Dreifaltigkeitssäule* gestaltete der Bildhauer Oswald Wenda 1716. In einer künstlichen Grotte oberhalb des Marktplatzes sprudelt der *Untere Schloßbrunnen* (Zámecký pramen dolní); ein Rundbau aus dem Jahr 1913 schützt den *Oberen Schloßbrunnen* (Zámecký pramen horní). Der hoch aufragende *Schloßturm* (Zámecká věž) gehörte zur Stadtburg, die Kaiser Karl IV. 1358 errichten ließ.

Die weiträumige, moderne *Vřídelní kolonáda* (Sprudelkolonnade) aus dem Jahr 1975 führt zum *Sprudel* (Vřídlo), der ältesten und heißesten Karlsbader Quelle. In armdickem Strahl und mächtigen Stößen schießt das 73 °C heiße Wasser bis zu 12 m empor: 2030 l in der Minute, rund 3 Mio. Liter jeden Tag mit 18 884 kg (!) gelösten Mineralstoffen (6,46 g je Liter). Da die Feststoffe innerhalb kurzer Zeit die Quellöffnung versintern, suchte sich der Sprudel im Laufe der Jahrhunderte immer wieder einen neuen Ausgang. Inzwischen hat man ihn durch unterirdische Bauten, Überlauftürme und jährliche Nachbohrungen gezähmt. Das Sprudelwasser wird heute überwiegend zu »Karlsbader Salz« verarbeitet, ein weltweit geschätztes Abführmittel. Beliebte Karlsbad-Andenken sind in Sprudelwasser versteinerte Blumen und Modeschmuck bzw. Mosaike aus Sprudelstein.

Die katholische *Maria-Magdalenen-Kirche* (Kostel sv. Maří Magdaleny) am nám. Svobody (Freiheitsplatz) ließ der Kreuzherrenorden 1732–1736 anstelle einer Stadtpfarrkirche aus dem Jahr 1485 errichten. Der Entwurf stammt von Kilian Ignaz Dientzenhofer und ist eine der großartigsten Schöpfungen des berühmten Baumeisters. An den längsovalen Zentralbau mit umlaufenden Emporen schließt sich ein querovales Presbyterium an. Die beiden Fassadentürme wurden 1861 erneuert. Den portalförmigen Hauptaltar schmücken Arbeiten des westböhmischen Bildhauers Jakob Eberle: Statuen der hll. Hieronymus, Augustinus, Petrus und Paulus, der in den Himmel aufgenommenen Maria und der hl. Dreifaltigkeit mit Engel (1759). Das Bildnis der hl. Maria Magdalena schuf der Wiener Maler Johann Hermann (1847). Bernard Hoffmann gestaltete die Kanzel (1751).

Das *Stadttheater* (Divadlo Vítězslava Nezvala) am Divadelní nám. (Theaterplatz; früher Dr.-David-Becher-Platz) wurde 1886 erbaut. Schon 1717 hatte Karlsbad ein eigenes Theater,

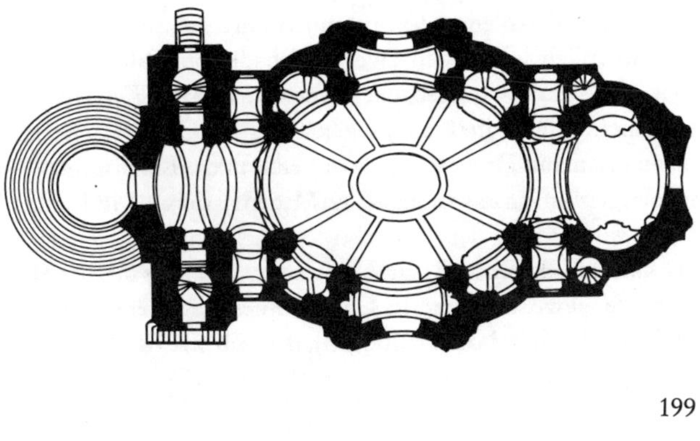

Karlovy Vary (Karlsbad), Maria-Magdalenen-Kirche, Grundriß

und erste Aufführungen sind für das Jahr 1602 bezeugt. Vítězslav Nezval (1900–1958) war ein bedeutender tschechischer Dramatiker und Lyriker.

Vom Marktplatz aus zieht die berühme *Alte Wiese* an der Tepl hinauf; heute heißt die beliebte Promenadenstraße, an der einst die vornehmsten Geschäftshäuser Europas ihre Filialen hatten, wieder Stará louka (Alte Wiese), nachdem sie einige Jahrzehnte den Helden vom Duklapaß gewidmet war. Sie mündet in den Mírové nám. (Friedensplatz, früher Goetheplatz). Hier steht das historische *Grandhotel Pupp,* bislang »Hotel Moskva« genannt. Schon um die Mitte des 18. Jh. drängten sich am Südende der Kuranlagen die großen Vergnügungsstätten Alt-Karlsbads: der Sächsische Saal (1701), das Becher'sche Lusthaus (1726) und der Böhmische Saal (1728). 1760 kam der Zuckerbäcker Johann Georg Pupp nach Karlsbad, trat bei dem Konditor Mitterbacher in Stellung, heiratete dessen Tochter und erwarb 1775 den Böhmischen Saal, aus dem im Lauf von hundert Jahren das weltberühmte »Pupp« hervorging. Der heutige Hotelkomplex stammt aus dem Jahr 1872. Dem damaligen »Pupp« schräg gegenüber bauten die Wiener Architekten F. Fellner und H. Helmer 1893–1895 das pompöse *Bad I* (Lázně I), das einstige »Kaiserbad«, im Stil der französischen Renaissance. Sehenswert sind in seinem Innern das »Fürstenbad« und der »Zandersaal«. Vom Theaterplatz wie von der Slowakischen Straße (Slovenská třída) führt je eine Standseilbahn (Lanovka) zum *Sanatorium Imperial* (1910–1912) empor, mit 320 Zimmern noch immer eines der größten Hotels Mitteleuropas. Hier traf sich einst die internationale Hochfinanz, während der Adel das »Pupp« bevorzugte.

Die Puškinova stezka (Puschkinweg; früher Goetheweg) führt an zahlreichen Gedenktafeln und Denkmälern, darunter eine Goethe-Büste von Adolf Donndorf (1883) und ein Schiller-Monument (1905), vorbei südwärts zur Kunstgalerie (Galerie umění) mit Ausstellungen moderner tschechischer Künstler.

Hinter dem Grandhotel Pupp (Hinweisschild: Lanovka) führt eine Standseilbahn zur Výšina Přatelství (Freundschaftshöhe) mit Aussichtsturm und Restaurant hinauf (Höhenunterschied: 174 m). Von der Zwischenstation führen stille Waldwege zur *Peterhöhe* (Petrova Výšina), auf die Peter der Große auf ungesatteltem Pferd geritten sein soll. Von hier aus bietet sich eine großartige Aussicht auf das Kurviertel von Karlsbad. Östlich darunter trifft der Spaziergänger auf den *Hirschensprung* (Jelení skok), einen steil aufragenden, von einem bronzenen Gemsbock (Kamzík) gekrönten Felsen. Ein weiterer Wanderweg zieht sich über die Gogolova pěšina (Gogolweg) zum Dreikreuzberg (U Tři Křížů; 551 m) und weiter zur *Goethewarte* (Goethova Rozhledna; 636 m) mit Aussichtsturm hinauf.

Schließlich seien noch zwei Karlsbader Spezialitäten erwähnt: die *Karlsbader Oblaten,* die seit Mitte des 19. Jh. gebacken werden, und der *Karlsbader Becher* (Karlovarská Becherovka), die (nicht minder heilsame) sogenannte »13. Quelle«. 1805 stellte der Apotheker Joseph Becher gemeinsam mit Dr. Frobzig, dem Leibarzt des Reichsgrafen von und zu Plettenberg-Mietingen, die Rezeptur für das einzigartige Magenelixier aus 19 Kräutern zusammen.

11 km südwestlich von Karlovy Vary und abseits der Straße 6/E 48 umfließt die Eger in enger Schleife, gewissermaßen in Gestalt eines Ellbogens, einen hohen Granitfelsen mit dem reizvollen Städtchen **Loket** (Elbogen), das sich terrassenförmig an eine prachtvolle Burg schmiegt.

Karlovy Vary (Karlsbad), Schloßbrunnen

Diese Burg (s. Farbt. 9) ließt Ottokar I. Přemysl Ende des 12. Jh. zum Schutz der böhmischen Westgrenze errichten. 1227 wurde Elbogen bereits als *Civitas* (Stadt) erwähnt. Gegen 1237 vergrößerte Wenzel I. die Feste zum Empfang des deutschen Königs Konrad IV. Um 1240 erhob er die Burgsiedlung zur königlichen Stadt, 1376 hielt Kaiser Karl IV. auf Elbogen Hof. Nach dem Dreißigjährigen Krieg verfiel die Burg, ab 1822 diente sie als Staatsgefängnis.

Goethe nannte Elbogen »ein landschaftliches Kunstwerk«. Auf seinen Reisen nach Karlsbad und Marienbad hielt er sich stets einige Tage in dem Burgstädtchen mit seinem malerischen Marktplatz auf. Am 28. August 1823 kam er zum letzten Mal und feierte hier mit Ulrike von Levetzow (s. S. 202) seinen 74. Geburtstag. Eine Gedenktafel am Gasthof U bílého koně (Zum weißen Roß) am Markt erinnert an Goethes Aufenthalte in Elbogen, sein Denkmal vor der Stadtmauer gestaltete Willy Russ im Jahr 1932.

Um den engen Marktplatz scharen sich mittelalterliche Häuser mit Fassaden im Stil der Gotik, der Renaissance und des Barock. Die spätgotische Wenzelskirche (13. Jh.) wurde im 18. Jh. umgestaltet. Das *Rathaus* ist ein Werk Abraham Leuthners (1682–1686), die 15 m hohe Dreifaltigkeitssäule schuf Oswald Wenda. Das *Markgrafenhaus* der Burg enthält heute ein Museum mit Glas-, Porzellan- und Zinnsammlungen; ein 108 kg schwerer Meteorit, den man 1775 angeblich im Burgbrunnen fand, soll der »versteinerte Burggraf« sein.

Mariánské Lázně (Marienbad)

Nicht minder bekannt als Karlsbad war im 19. und beginnenden 20. Jh. **Marienbad** (s. Farbt. 10), das jüngste der drei westböhmischen Weltbäder. In einem weiten Tal am südlichen Fuß des Kaiserwaldes (Slavkovský les) bringen 43 kalte Mineralquellen (9–12 °C) unterschiedlicher Zusammensetzung und eisensulfathaltige Moorerde Heilung bei Erkrankungen des Magens und des Darms, der Galle, Niere und Blase, der Haut, der Atemwege und der Nerven. Seine Höhenlage (628 m ü. M.) und das weite Netz gepflegter Wanderwege ergänzen die balneologische Therapie. Marienbad war im späten 19. Jh. der fortschrittlichste Kurort. Von hier ging die Anregung aus, die Balneologie (Bäderkunde) als Forschungs- und Lehrfach einzuführen; die Karlsuniversität in Prag realisierte die Anregung und richtete den weltweit ersten Lehrstuhl dieser Art ein. Auch die heute überall bekannten Moorbäder wurden erstmals in Marienbad verordnet; erst später folgten andere Badeorte.

1341 gründete das Prämonstratenserstift Tepl bei den Quellen das Dorf *Auschowitz.* 1710 ließ der Tepler Abt Raimund II. die Quellen, zu denen immer mehr Kranke und Sieche pilgerten, säubern und eine Pilgerherberge bauen. In Fässern verkaufte das Stift die heilkräftigen Quellwässer nach Wien und in andere große Städte. Um die Transportkosten zu senken, gewann der Tepler Stiftsapotheker Damian Schulz um 1749 durch Verdampfen des Quellwassers das »Tepler Salz« und errichtete neben dem »Salzigen Brunnen« ein Kreuz, weshalb dieser fortan »Kreuzbrunnen« hieß. 1791 stellte der Stiftsarzt Dr. Josef Nehr neben dem Kreuzbrunnen ein erstes, grob gezimmertes Badehaus mit vier Badestuben auf – er gilt daher als Gründer des Kurortes. Schon 14 Jahre darauf folgte ein größeres Badehaus, um die steigende Nachfrage zu befriedigen.

Nahe einer anderen Quelle hängten dankbare Badegäste ein Marienbild an einen Baum, weshalb diese Quelle »Marienquelle« genannt wurde. Das veranlaßte den Tepler Abt Chrysostomus Pfrogner, der sich stürmisch entwickelnden Badesiedlung im Jahr 1808 den Namen »Marienbad« zu geben. 1812 wurde Marienbad selbständige Gemeinde; 1818 erwarb es auf Antrag des neuen Abtes Karl Reitenberger den Rang eines »Kurortes der österreichischen Monarchie«. Reitenberger förderte den jungen Badeort mit allen Kräften, bis man ihn 1827 wegen Verschwendung abwählte, weil er »das Stiftsvermögen in den Sumpf werfe«.

Als Johann Wolfgang von Goethe im April 1820 kurz nach Marienbad kam, bestand der Kurort also offiziell erst zwei Jahre. Im August des folgenden Jahres kam Goethe wieder und begegnete der 19jährigen Baronin Ulrike von Levetzow. Die beiden waren fast täglich zusammen, auch im darauffolgenden Sommer 1822. Im August 1823 jedoch entwickelte sich die väterliche Zuneigung des 74jährigen Goethe zu Ulrike zu einer leidenschaftlichen Liebe, er bat um Ulrikes Hand, doch ihre Mutter lehnte ab. Die »Marienbader Elegie« ist ergreifender Ausdruck seines Entsagens. Goethe kam nie wieder nach Marienbad, auch Karlsbad und die anderen böhmischen Bäder mied er fortan, nur Briefe und kleine Geschenke wechselten. Ulrike blieb unverheiratet. »Es war eine schöne Zeit«, bekannte sie in hohem Alter, »welche wir mit dem liebenswürdigen Mann verlebt haben. Ich kann versichern, daß Goethe mir außer beim Abschied nie einen Kuß gegeben hat.«

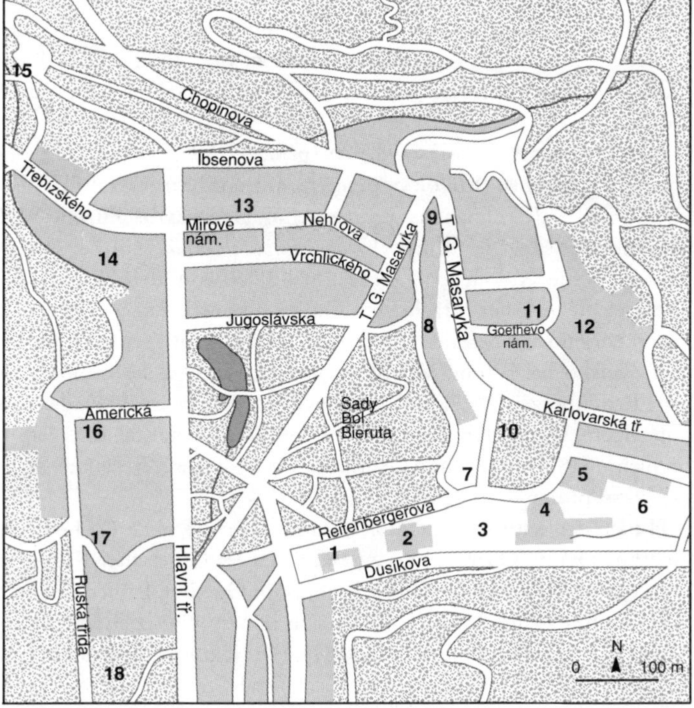

Mariánské Lázně (Marienbad)
1 Neubad
2 Casino (Kurhaus)
3 Ambrosiusquelle
4 Zentralbad
5 Moorbad
6 Marienquelle
7 Rudolfs- und Ferdinandsbrunnen
8 Hauptkolonnade
9 Kreuzbrunnen
10 Mariä-Himmelfahrts-Kirche
11 Goethehaus
12 Hotel Weimar
13 Evangelische Kirche
14 Nikolaj-Gogol-Theater
15 Waldquelle
16 Rathaus
17 Englische Kirche
18 Russische Kirche

Marienbad kam schnell zu Weltruf. Prächtige Hotelbauten lösten die bescheidenen Pensionen ab, Luxusgeschäfte etablierten sich rings um die Kuranlagen und in den Brunnenkolonnaden. 1823 kam Napoleon III., 1824 Carl Maria von Weber, 1833 komponierte Louis Spohr seinen Walzer »Erinnerung an Marienbad«. Auch Chopin, Wagner, Bruckner und Spontini standen im 19. Jh. auf der Gästeliste Marienbads. Vor dem Ersten Weltkrieg kamen Clemenceau und Iswolsky, die Außenminister Frankreichs und Rußlands, mehrmals von Karlsbad herüber, um mit Eduard VII., seinem Premierminister Lloyd George und Lord Reading, Vizekönig von Indien, zu konferieren.

Kilometerlang zieht die Hlavní třída (Hauptstraße; frühere Kaiserstraße) durch Marienbad, bis sie den schönen Kurpark (Sady Boleslava Bieruta) erreicht. Am Südrand des Kurparks zweigt die Reitenbergerova (Reitenbergerstraße) ab und führt an dem imposanten *Neubad* (Nové lázně) und am *Casino,* dem einstigen Kurhaus, vorbei. Beide Gebäude entstanden um die Jahrhundertwende im Stil der Neorenaissance; das Neubad wurde 1896, das Casino 1901 vollendet. Östlich vom Casino entspringt die *Ambrosiusquelle* (Ambrožův pramen) mit eisenhaltigem Wasser. Genau genommen findet der Besucher drei Quellen vor, von denen man scherzhaft sagt, die erste sei für ledige, die zweite für verheiratete und die dritte für geschiedene Kurgäste. Noch weiter östlich folgen das dreistöckige Zentralbad (Ústředni lázně) und das Moorbad mit der *Marienquelle* dazwischen, die mineralisierte Säuerlinge speit und wegen ihres Gehalts an Schwefelwasserstoff schon zu Goethes Zeit als »Stinkquelle« bezeichnet wurde.

Nördlich der Ambrosiusquelle entspringen in einer frisch restaurierten Kolonnade (1868) der *Rudolfsbrunnen* (Rudolfův pramen) mit erdigem, harntreibendem Wasser und der *Ferdinandsbrunnen* (Ferdinandův pramen) mit glaubersalzhaltigem Wasser gegen Verstopfung. Von hier aus steigt der Kurpark zur *Hauptkolonnade* mit der Kreuzbrunn-Rotunde an. Die einstige Neue Kolonnade wurde 1884–1889 von den Wiener Architekten Miksch und Niedzielski in einer prächtigen Gußeisenkonstruktion errichtet. Gegossen wurden die vielen tausend Streben der 120 m langen und 12 m breiten Wandelhalle in den Eisenhütten von Blansko bei Brünn. Vor der Kolonnade stehen die Bronzestatue des Tepler Stiftsabtes Karl Reitenberger (1879) und die »singende« Fontäne (1988), deren wechselnde Wasserspiele von einem Computer gesteuert werden. Die Rotunde mit dem *Kreuzbrunnen* (Křížový pramen; 1818) kannte schon Goethe; das Wasser dieser bedeutendsten Quelle Marienbads hilft bei Verstopfung.

Hinter der katholischen Mariä-Himmelfahrts-Kirche (1844–1848) steigt der gartenartige Goethovo nám. (Goetheplatz) zu einer Reihe schöner alter Kurvillen und Hotels an. Mittelpunkt dieser Reihe ist das *Goethehaus* (Dům Goethe), früher das Haus Zur Goldenen Traube (U zlatého hroznu). Heute befindet sich in dem klassizistischen Haus das Stadtmuseum von Marienbad. Das Gebäude entstand 1818, fünf Jahre später wohnte Goethe darin. In den Grünanlagen vor dem Haus ersetzt eine Gedenktafel mit mehrsprachiger Inschrift (jedoch nicht in deutsch) sein einstiges Standbild.

Die Hlavní třída mündet im Norden auf den Mirové nám. (Friedensplatz; früher Franz-Josef-Platz) mit großen Hotels und einem Brunnen (1913). Vom Stadttheater aus, das früher den Namen des russischen Schriftstellers und Dramatikers Nikolaj Gogol (Divadlo N.V. Gogola) trug, führt die Třebízského ul. (Třebízskýstraße) zur *Waldquelle* (Lesní pramen), deren alkalisches Wasser Asthma lindert.

Am Fuß des Erzgebirges (Krušné hory) liegt unterhalb seines höchsten Gipfels, des 1244 m hohen Klínovec (Keilberg), in einem romantischen Tal der langgestreckte Kurort **Jáchymov** (St. Joachimsthal), das erste Radiumbad der Welt, eine kleine Stadt mit großer Geschichte.

Schon im 14. Jh. bestand in diesem Tal *Konradsgrün,* ein Bauerngut mit Hammerwerk. Die Entdeckung gewaltiger Silberlager führte 1516 zur Gründung einer Siedlung, die man nach dem Vater der Jungfrau Maria, dem hl. Joachim, benannte. 1519 erhob Ludwig von Böhmen St. Joachimsthal zur königlichen Bergstadt und verlieh dem Reichsfreiherrn Schlick das Recht, Silbergulden zu prägen. Diese »Joachimsthaler Gulden« wurden im ganzen Römischen Reich geschätzt und gaben der späteren Münzeinheit »Taler« den Namen. (Auch der »Dollar« geht sprachlich auf den »Joachimsthaler« zurück.) Bis 1540 wuchs St. Joachimsthal zur zweitgrößten Stadt Böhmens mit 18 000 Einwohnern heran. Rund 8000 Knappen und etwa 800 Steiger

»Joachimsthaler«

arbeiteten damals in den Silberstollen. Nach dem Dreißigjährigen Krieg erschöpften sich die Minen, und St. Joachimsthal fiel in die Bedeutungslosigkeit zurück.

Abfallprodukt des Silberbergbaus war die schwarze Pechblende, ein Mineral, aus dem man im 19. Jh. Farben für Porzellan und Glas gewann. 1896 entdeckte der französische Physiker Antoine Becquerel in St. Joachimsthal, daß die Pechblende Strahlen aussendet, also radioaktiv ist, 1898 isolierte die polnisch-französische Chemikerin Marie Curie aus der Pechblende das radioaktive Element Polonium. Weitere zwei Jahre später isolierte sie mit ihrem Ehemann Pierre Curie aus Abfallstoffen der Joachimsthaler Farbfabrikation das Element Radium. Für ihre Arbeiten erhielten das Ehepaar Curie und Antoine Becquerel 1903 den Nobelpreis für Physik. Mit der Entdeckung der Radioaktivität begann für St. Joachimsthal ein neuer Aufstieg, denn schon bald erkannten Wissenschaftler die heilende Wirkung des radioaktiven Grubenwassers. Zu Beginn unseres Jahrhunderts richtete der Joachimsthaler Bäckermeister Kuhn ein erstes primitives Badehaus ein, 1906 wurde St. Joachimsthal offiziell als Badeort anerkannt.

Nach dem Zweiten Weltkrieg genoß der Uranbergbau Priorität. Doch bald waren die Erzlager erschöpft, so daß der einsam inmitten großer Wälder gelegene Ort den Kurbetrieb wiederaufnehmen konnte. Heute zählt Jáchymov mit fast 4000 Einwohnern zu den modernsten, schönsten und aufstrebendsten Kurorten der Tschechoslowakei.

Der historische Stadtkern mit einem langgezogenen Platz und sehr alten Häusern mit schönen Portalen findet sich im oberen, nördlichen Teil von Jáchymov. Das *Rathaus* mit achteckigem Turm und zwei Stufengiebeln stammt aus dem 16. Jh. Im selben Jahrhundert – 1526 – entstand auch die *Stadtkirche St. Joachim;* 1876 wurde sie erneuert. In der alten Münze hinter dem Rathaus wurden die Joachimsthaler geprägt; heute ist sie ein interessantes Bergbau- und Münzmuseum.

Die Kuranlagen liegen im südlichen Teil, abseits der Durchgangsstraße. Aus 550 m tiefen Stollen sprudelt das 26–34 °C warme, radioaktive (10,5 kBq/l) Wasser empor – 400 l pro Minute – und wird zu den Bädern geleitet, um vor allem bei Erkrankungen des Bewegungsapparates und des peripheren Nervensystems eingesetzt zu werden. Das Hauptgebäude der Anfangszeit ist das vornehme *Kurhaus Radium Palace* (heute oft als Kurhaus Madame Curie-Sklodowska bezeichnet), das 1910–1912 im Sezessionsstil mit Konzertsaal, mehreren Restaurants, Bar und Weinkeller errichtet wurde. In den Parkanlagen unterhalb des Radium Palace steht ein Denkmal für Marie Curie. Das moderne Pendant zum Radium Palace ist das 1975 eröffnete *Kurhaus Akademik Běhounek*, benannt nach František Běhounek, Schüler von Marie Curie, Physiker und Mitglied der tschechoslowakischen Akademie der Wissenschaften. Weitere Kurkomplexe sind im Bau.

Nordböhmen (Severní Čechy)

Ústí nad Labem (Aussig)

Ústí nad Labem (Aussig an der Elbe), 94 000 Einwohner, ist die Hauptstadt des Bezirks Nordböhmen. Seine Lage an der Mündung der Biela (Bílina) gab dem Ort den tschechischen Namen *Ústí* (Mündung). Chemische Industrie, Maschinenbau, Glas- und Porzellanherstellung, Textil- und Bekleidungsindustrie, vor allem aber der zweitgrößte Elbhafen (nach Hamburg) machten die Stadt zur Wirtschaftsmetropole des Nordwestens.

Aussig wurde erstmals im Jahr 993 als Zollstätte an der Elbe und an der alten Handelsstraße Prag – Meißen erwähnt. In der zweiten Hälfte des 13. Jh. wanderten deutsche Kolonisten ein, König Ottokar II. Přemysl verlieh der aufstrebenden Siedlung im Jahr 1260 das Stadtrecht. Im Frühjahr 1426 belagerten die Hussiten das von sächsischen Truppen verteidigte Aussig. Zum Entsatz der Stadt rückte ein 20 000 Mann starkes »Kreuzzugsheer« an. Ein großer Teil der 24 000 hussitischen »Gottesstreiter« unter Prokop dem Großen (dem Kahlen) bildete westlich von Aussig eine mächtige Wagenburg. Am 15. Juni kam es zur Schlacht. Die katholische Reiterei durchbrach die ersten Wagenreihen und fühlte den Sieg schon nahe, da »schossen die Ketzer (Hussiten) mit ihren Büchsen, die sie ohne Zahl hatten, unter sie und hatten lange Haken, damit sie die edlen Herren und frommen Mannen von den Pferden zogen und erschlugen«, so berichtete der Thüringer Johann Rothe 1733. Die Hussiten gingen zum Gegenangriff über, die Katholischen wandten sich zur Flucht. »Und indem sie so wegwichen, folgten die Ketzer und schlugen der Christen viele tot. Und es erstickten viele, denn das Wetter war gar heiß und großer Staub ... Und die, die davonkamen, zogen jeglicher wieder in sein Land betrüblich. Und es war viel Jammer im Lande zu Meißen, Thüringen und in Hessen ...« 10 000 Tote soll die Schlacht bei Aussig gefordert haben, und in den katholischen Ländern schreckte man noch lange Zeit nicht nur die Kinder mit dem Reim: »Prokop der Kahle frißt dich zum Mahle!«

Noch in der Nacht nach der Schlacht eroberten die Hussiten Aussig: »Im Jahre 1426 ward diese Statt von den Prägern und Taboriten belägert und den 6. Junij gestürmet, so die Teutschen entsetzen wollten; darüber den 15. Junij mit dem allerfrühisten am heyligen Sontag die erbärmliche blutige Schlacht angieng, so bis in die sinckende Nacht gewähret, da zuletzt der Teutschen Heer in die Flucht geschlagen worden. Und wurde auch noch selbige Nacht von den Böhmen diese Statt Aussig gewonnen, alles ermordet, deß Kinds in der Wiege nicht verschonet und die Statt endlich in den Grund abgebranndt« (Merian, 1650). Erst Jahre nach seiner Zerstörung durch die Hussiten wurde Aussig wieder aufgebaut, erholte sich nur mühsam und kam erst im 16. Jh. wieder zu wirtschaftlicher Blüte, so daß es 1547 einen Sitz im böhmischen Landtag erhielt. Wie alle Nordböhmen traten auch die Aussiger zum Luthertum über, wurden aber nach der Schlacht auf dem Weißen Berg (1620) rekatholisiert. 1848 nahm Aussig in der deutschböhmischen Nationalbewegung eine zentrale Stellung ein. Im späten 19. Jh. erlebten Industrie und Hafen von Aussig einen starken Aufschwung.

An der Nordseite des nam. míru (Friedensplatz), des zentralen *Hauptplatzes* von Ústí nad Labem, steht das Rathaus. Die dem hl. Antonius von Padua geweihte Säule an der Ostseite des Platzes stammt aus dem Jahr 1708. Die *Erzdekanatskirche Mariä Himmelfahrt* datiert aus dem 14. Jh. 1426 wurde sie von den Hussiten zerstört, danach wieder aufgebaut und Ende des 15. Jh. und im 16. Jh. spätgotisch umgestaltet. Sehenswert ist der Flügelaltar aus dem 15. Jh. und die Kanzel von 1574. Die *St.-Adalbert-Kirche* des Dominikanerklosters östlich der Erzdekanatskirche stammt ebenfalls aus dem 14. Jh. Um das Jahr 1731 erneuerte sie der Leitmeritzer Baumeister Ottavio Broggio im Stil des Barock. Das schöne *Stadttheater* wurde 1910 im Sezessionsstil errichtet. Aus einem alten Elbschiff entstand im Sommer 1989 das *Café Karl* (Kavárna Karla); es ankert am rechten Elbufer nahe der Nikos-Bělojannis-Brücke.

Die Überfahrt am Schreckenstein, Gemälde von Ludwig Richter, 1837

2 km elbaufwärts thront rechts des Stromes auf einem 85 m hohen Klingsteinfelsen (Phonolit), 246 m ü. M., die malerische **Burg Schreckenstein** (Střekov), erbaut im Jahr 1319 auf Veranlassung des Königs Johann von Luxemburg, um dem unbotmäßigen Adel im böhmischen Norden Einhalt zu gebieten. Der Name »Schreckenstein« leitet sich vom althochdeutschen *screckan* ab, was »gesprungen« bedeutet, und tatsächlich ist der Burgfels in zwei Teile gespalten. Zur Elbe hin stürzt der Felsen fast senkrecht hinab, was manche Sage entstehen ließ. Die Burg ging von Besitzer zu Besitzer, von Geschlecht zu Geschlecht, schließlich übertrug Kaiser Maximilian II. den Schreckenstein im Jahr 1563 an Wenzel von Lobkowitz, der die Gebäude im Stil der Renaissance erneuerte. Im 18. Jh. verließen die Lobkowitz den Schreckenstein, behielten die Burg aber bis 1945 als Eigentum.

Im Rittersaal der Ruine träumte Theodor Körner 1811 seinen poetischen Dialog »Der Schreckenstein und der Elbstrom«. 1834 malte Ludwig Richter sein berühmtes Bild »Die Überfahrt am Schreckenstein«, das schönste Bild der deutschen Spätromantik (heute in der Dresdener Gemäldegalerie), und auch Richard Wagner wurde hier, in einer Vollmondnacht des Jahres 1842, zur Musik seines »Tannhäusers« inspiriert. Der 17 m hohe Bergfried, der Palas am oberen Burghof, Reste der Kemenate und eines Verbindungsflügels, die Kapelle, ein Teil der Burgmauern mit zwei Wachttürmen sowie ein Rittersaal und die Burgküche (heute eine Gaststätte) im unteren Bereich wurden restauriert.

Litoměřice (Leitmeritz)

Die Stadt **Litoměřice** (Leitmeritz) liegt, von Weingärten und Hopfenfeldern umgeben, am Nordufer der Elbe gegenüber der Einmündung der Eger. Die etwa 20 000 Einwohner sind überwiegend in der Nahrungsmittelindustrie beschäftigt. Litoměřice besitzt das einzige katholische Priesterseminar für Böhmen und Mähren. Zu seinen berühmtesten Söhnen zählen der Slawist Josef Jungmann (1773–1847) und der expressionistische Zeichner Alfred Kubin (1877–1959).

Funde von Sicheln, Dolchen und anderen Bronzegegenständen lassen darauf schließen, daß der Domhügel schon in keltischer Zeit besiedelt war, um die wirtschaftlichen Vorteile, die der Elbübergang bot, zu nutzen und die Handelskarawanen zu kontrollieren. Auf die keltischen Bojer folgten die Markomannen, auf diese die Slawen, deren Stamm der Ludomericen im 9. Jh. die Wallstätte auf dem Hügel als Gauburg neu befestigte. Innerhalb und außerhalb der Umwallung entwickelte sich eine Siedlung. Um die Mitte des 11. Jh. stiftete der Přemyslidenherzog Spitihněv II. das Kollegiatskapitel zu St. Stephan, das im Jahr 1057 das heidnische Stammesheiligtum durch eine Kirche ersetzte. Ab 1117 ließen sich zunehmend deutsche Handwerker und Kaufleute in der Siedlung nieder. Gegen 1200 erhielt der Ort, dessen Name auf die slawischen Ludomericen zurückzuführen ist, eine königliche Münzstätte für Böhmische Groschen. 1227 wurde der Burgflecken zur zweiten Stadt Böhmens (nach Prag) erhoben und erhielt das Magdeburger Stadtrecht. In der Herrschaftszeit Karls IV. bekam Leitmeritz eine neue Stadtmauer (1377), die das heftige Wachstum der Stadt berücksichtigte, 1452 wurde die erste Elbbrücke gebaut. Obwohl in Leitmeritz Minoriten und Dominikaner starken Einfluß ausübten,

Litoměřice (Leitmeritz), Marktplatz mit Rathaus, Kirche und Kelchhaus

kam die Stadt durch kluges Paktieren mit den Utraquisten relativ gut durch die Hussitenkriege. Weniger gut erging es den Leitmeritzern im Dreißigjährigen Krieg, nach dessen Ende von 563 Häusern nur noch 68 bewohnbar waren.

Mittelpunkt von Litoměřice ist der große *Marktplatz,* der Stadtplatz oder Ring, der heutige Mirové nám. (Friedensplatz). Er zählt zu den größten und schönsten Plätzen Böhmens. Hier fanden im Mittelalter Jahrmärkte statt, die von Händlern aus Prag, Nürnberg und Sachsen beschickt wurden. Die Obst- und Getreidemärkte galten als die größten des Landes; Gerste und Linsen gingen bis nach Hamburg und Paris. Die Mitte des Marktplatzes beherrscht eine *Mariensäule,* die dankbare Bürger im Jahr nach der großen Pestepidemie von 1681 stifteten. Auf hoher korinthischer Säule thront die Gottesmutter, am Fuß der Säule wachen die vier »Pestheiligen« Bartholomäus, Sebastian, Franz Xaver und Rochus. Das Denkmal ist heute im Laub alter Linden verborgen.

Das *Rathaus* mit durchgehendem Laubengang und Rolandssäule war Ende des 14. Jh. in gotischem Stil erbaut worden. 1537–1539 erweiterten Meister Paul und Zimmermann Georg das Gebäude und gestalteten es im Stil der Renaissance um. Aus diesem Umbau stammt auch der *Roland* auf einem Strebepfeiler an der linken Rathausecke. Dieser Roland, ein kleiner, kräftiger Mann mit einer Keule in der Hand und einem Geldsack auf dem Schild, ist Symbol der königlichen Freistädte und des Stapelrechts. Den Pfeiler schmücken das Stadtwappen mit der Jahreszahl 1539 und Reliefs bedeutender Bürgermeister (Primatoren). Am Fuß des Pfeilers ist die eiserne »Leitmeritzer Elle« als Richtmaß für die Marktbeschicker angebracht. Eine eingemauerte Steinsäule an der rechten Rathausecke mit zwei schmerzverzerrten Männerköpfen erinnert an den Pranger, der einst an dieser Stelle stand.

Das Rathaus ist heute ein besuchenswertes Stadtmuseum. Beachtung verdienen die schöne Treppe und der herrlich getäfelte Ratssaal (Schöffensaal) aus dem Jahr 1542. In diesem Saal rief Ferdinand I., König von Böhmen und Ungarn, seit 1531 Römischer König, am 5. Februar 1547 die böhmischen Stände zur Waffenhilfe gegen den protestantischen Kurfürsten Johann Friedrich I. von Sachsen. Nach der siegreichen Schlacht bei Mühlberg in Sachsen erholte sich der König vier Wochen in Leitmeritz. Rund hundert Jahre später wurde im Ratssaal der »Leitmeritzer Frieden« geschlossen, ein Vorläufer des Westfälischen Friedens, der den Dreißigjährigen Krieg beendete.

Rechts vom Rathaus steht – durch die Dlouhá ul. (Lange Gasse) getrennt – seit 1235 die *Stadtkirche zu Allerheiligen.* 1570 wurde sie vergrößert und erhielt 1704–1731 von Ottavio Broggio ihr barockes Aussehen. Interessant ist das dreiteilige Zeltdach über dem langgezogenen, polygonal schließenden Chor. Der kostbarste Innenschmuck der Dekanatskirche ist das Tafelbild »Christus auf dem Ölberg« vom Meister des Leitmeritzer Altars (um 1500). Weitere Gemälde schuf Jan Čech, die Schnitzereien stammen von einem anonymen Meister aus Teplitz. Das zinnerne Taufbecken ist ein Werk des Meisters Thomas (um 1510). Der mächtige *Stadtturm* neben der Allerheiligenkirche verblieb als Rest der Stadtbefestigung aus der ersten Hälfte des 13. Jh. Bis zum Ersten Weltkrieg trug sein Glockenstuhl sechs Glocken; die schwerste, der »Wenzel«, wog 4 t und wurde um 1510 vom Meister Thomas gegossen.

Die schönsten *Bürgerhäuser* überdauerten an der Südseite des Stadtplatzes: das Eckhaus gegenüber Allerheiligen, der *Goldene Stern* (Nr. 1/9), die *Goldene Schlange* (Nr. 2/10) und der *Schwarze Adler* (Černý orel; Nr. 3/11), ein Renaissancehaus mit attraktiver Sgraffiti-Fassade, das bis Mitte des 19. Jh. eine Apotheke beherbergte. Der Gasthof *Königsburg* (Nr. 4/12) ging 1726 als Gemeindehaus an die Stadt; 1822 entstand in seinem Hof das kleine Stadttheater. In den Häusern Nr. 5/13 und 6/14 befanden sich zeitweise Fleischbänke.

Das Wahrzeichen der Stadt ist das *Kelchhaus* (Nr. 7/15; s. Farbt. 15) mit seinem kelchförmigen Turm. 1581–1584 erbaute es der Italiener Ambros Balli für den utraquistischen Patrizier Mras von Milleschau (Mráz von Milešovka), nach dem das Haus auch Mrászovský dům (Mráz-Haus) genannt wird. Der kelchförmige Turm auf dem Dach, ein Meisterstück der Zimmermannskunst, soll an das Heilige Abendmahl erinnern. Unter dem Gebäude befinden sich ausgedehnte Weinkeller, die weit unter den Stadtplatz reichen. 1655 übernahm die Stadt das Kelchhaus als Vorrats- und Salzhaus.

Die Häuser der Nordseite des Stadtplatzes fielen fast alle dem großen Brand von 1712 zum Opfer, daher datieren die Bürgerhäuser dieser Seite erst aus der Zeit danach. Beachten sollte man Bieners Haus (Nr. 33/160) und die benachbarte Goldene Krone (Nr. 34/161). Beide Häuser waren seit ihrem Bestehen brauberechtigt und bilden heute gemeinsam das Hotel *Zum Roten Krebs.* Interessant sind auch die *Alte Kamerale* (Nr. 23/150), das ehemalige Finanzamt, der *Schwarze Hund* (Nr. 27/154) und das *Haus des Stadtschreibers Paul Stransky* (Nr. 31/158), der über seine geselligen Mitbürger einmal sagte: »Der muß Glück haben, der von Saaz ohne Schimpf, von Laun ohne Prügel und von Leitmeritz ohne Rausch fortkommt.«

Die *Mariä-Verkündigungs-Kirche* südlich von Allerheiligen erbauten die Jesuiten 1689–1701. Sehenswert sind das prachtvolle Portal und das reiche Interieur, vor allem der gewaltige Hochaltar. Nach Auflösung des Jesuitenordens im Jahr 1773 übernahm die Leitmeritzer Braubürgerschaft die Kirche als Lagerhaus. Zwischen 1810 und 1918 diente Mariä Verkündigung wieder dem Gottesdienst. An den Bau grenzt das ehemalige Jesuitenkolleg. Die *St.-Ludmilla-Kirche* gehört zum Kapuzinerkloster (1647–1649). Auch die *St.-Jakob-Kirche* der Dominikaner ist eine Klosterkirche; Ottavio Broggio errichtete sie zwischen 1730 und 1740 im Stil des Barock.

Westlich der Altstadt erhebt sich auf dem ältesten Teil der Stadt, einem niedrigen, zur Elbe hin abfallenden Hügel, der barocke *St.-Stephans-Dom,* 1664–1681 von Bernardo Spineta und Giulio Broggio erbaut. Zum Inventar des Doms gehörte bis zum Umbau im 17. Jh. der leider unvollständig erhaltene Flügelaltar, ein Werk des Meisters des Leitmeritzer Altars (nach 1500), heute in der Kreisgalerie von Litoměřice zu sehen. Als berühmtestes Tafelbild des Flügelaltars gilt die »Geißelung Christi«. Zur kostbaren Innenausstattung zählen auch der »hl. Antonius« von Lucas Cranach und mehrere Gemälde von Karel Škréta.

Nordwestlich des Doms errichtete Ottavio Broggio 1714–1716 die kleine *St.-Wenzels-Kirche* (Kostel sv. Václava), einen malerischen Barockbau mit länglich-ovalem Kirchenschiff und polygonal schließendem Presbyterium. Über der bauchigen Erweiterung des Schiffes erhebt sich die Kuppel auf hohem Tambour. Den Portalgiebel schmückt ein Standbild des hl. Wenzel von F. Dollinger.

Eine Elbbrücke verbindet Litoměřice mit der spätbarocken Festungsstadt **Terezín** (Theresienstadt), die im Zweiten Weltkrieg traurige Berühmtheit erlangte, als sie Ghetto und Durchgangslager für die tschechischen Juden wurde. Die wiederholten Preußeneinfälle nach Böhmen hatten die österreichische Generalität zu dem Entschluß geführt, 3 km südlich von Leitmeritz eine Sperrfestung zu bauen. Kaiser Joseph II. legte am 10. Oktober 1780 persönlich den Grundstein, nachdem die Bevölkerung von zwei Dörfern, Trabschitz und Deutsch-Kopist, umgesiedelt worden war. Gleichzeitig gab er der neuen Stadt den Namen seiner Mutter Maria Theresia: »Theresienstadt«.

Die Festung konzipierte der Baumeister Mezières nach den damals neuesten fortifikatorischen Erkenntnissen als längliches Oktogon mit acht Bastionen, von denen jede mit einem Kavalier, einem höher gelegenen Verteidigungswerk, versehen wurde. Ein breites Glacis mit vier Toren umgab die Hauptfestung, deren Kern eine 700 m × 500 m große Stadt bilden sollte. Auf 20 Karrees verteilten sich klassizistische Häuserblocks: Kasernen, Arsenale, Magazine, Geniegebäude (für Militäringenieure), Spital, Kommandantur, Wohnungen für Handwerker und Kaufleute. Als Garnisonskirche entstand zwischen 1805 und 1810 die monumental wirkende *Kirche zur Auferstehung Christi,* ein Bauwerk im Stil des Empire. Der Appell- und Exerzierplatz in der Mitte der Festungsstadt – heute eine gepflegte Parkanlage – hatte eine Ausdehnung von 110 m × 70 m. Von der Eger zweigten die Festungsbauer einen 4 km langen und 50 m breiten Flußlauf ab, den sie vor die Hauptfestung legten. 13 km maßen die unterirdischen Gänge, die die Verteidigungswerke miteinander verbanden und auch zur vorgeschobenen Kleinen Festung sowie zu den Lünetten (Feldschanzen) führten.

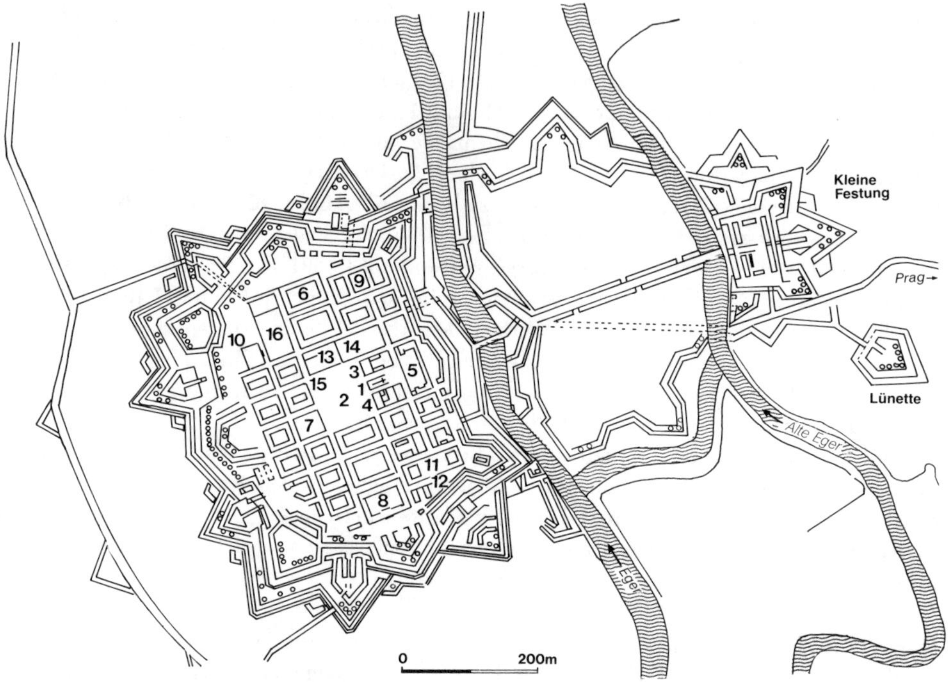

Terezín (Theresienstadt), Festung, Grundriß
1 Garnisonskirche 2 Appell- und Exerzierplatz 3 Festungskommandant 4 Offizierspavillon 5 Spital 6 Zeughaus (Artilleriekaserne) 7 Geniegebäude (Pioniere) 8 Verpflegungsdepot 9 Infanteriekasernen 10 Militärkasino 11 Kavalleriekaserne 12 Reitschule, Ställe 13 Rathaus 14 Städtische Volksschule 15 Post- und Telegraphenamt 16 Colloredo-Park

1784 waren Festung und Stadt fertiggestellt. 15000 Menschen bezogen die Wohnungen, 16000 Mann bildeten die Besatzung. Die Festung Theresienstadt, die modernste und mit die größte des 18. Jh., brauchte sich jedoch nie im Ernstfall zu bewähren: 1886, 102 Jahre nach ihrer Vollendung, wurde sie aufgelöst, die Kleine Festung diente fortan als Staatsgefängnis der österreichisch-ungarischen Monarchie, in der unter anderem der serbische Nationalist Gavrilo Princip inhaftiert war, der im Jahr 1914 in Sarajewo das Attentat auf den österreichischen Thronfolger Erzherzog Franz Ferdinand verübt hatte. Im Juni 1940 wandelte die Prager Gestapo die Kleine Festung in ein Polizeigefängnis um.

1941 siedelte die SS die Theresienstädter Bevölkerung um und richtete hier ein *Ghetto* für viele tausend jüdische Bürger aus Böhmen und Mähren ein. Anfangs gab es noch eine weitgehende Selbstverwaltung mit kulturellen Einrichtungen, Schulen und Initiativen aller Art, Theater- und Opernaufführungen usw. Ab 1944 jedoch war das streng bewachte Ghetto nur noch ein Durchgangslager, in dem die berüchtigten Selektionen für den Weitertransport in die Vernichtungslager vorgenommen wurden. Bis zum Ende des Krieges starben in Theresienstadt rund 33 000 Menschen, 87 000 wurden in die Vernichtungslager deportiert. In die ehemaligen Militärkasematten der *Kleinen Festung* (Malá pevnost) hatte die Gestapo vor allem »Staatsfeinde« gepfercht; hier fanden zahlreiche Exekutionen statt. Vor dem Tor dieser Festung erstreckt sich zwischen Eger und Alter Eger das riesige Gräberfeld der in Theresienstadt umgekommenen Juden und Gegner des Faschismus.

Der Rundgang durch die Gedenkstätte *Památník Terezín* führt an der Gefängnisverwaltung mit Geschäftszimmer, Wachstube, Amtsraum des Gefängniskommandanten und Häftlingskleiderkammer vorbei in den ersten Festungshof mit 17 Gemeinschafts- und 20 Einzelzellen. Über dem Hoftor steht noch die KZ-Parole »Arbeit macht frei«. Die vorderste Einzelzelle wurde zu einer Gedenkstätte für den Sarajewo-Attentäter Gavrilo Princip hergerichtet. Waschraum, Krankenstube und Leichenkammer folgen. Der unterirdische Gang gehört zur alten Festung. Man verläßt ihn an der Hinrichtungsstätte, an der ab Ende 1943 rund 250 Häftlinge erschossen oder gehängt wurden. (Im nahen Massengrab fand man im August 1945 die Überreste von 601 Toten.) Die zur Exekution bestimmten Häftlinge mußten durch das »Tor des Todes« gehen, um zur Hinrichtungsstätte zu gelangen.

Der vierte Festungshof an der Ostspitze der Kleinen Festung wurde 1944 mit Gefängnisräumen belegt, als die ursprünglichen Zellen die Neuzugänge nicht mehr faßten. In eine Einzelzelle preßte die SS bis zu 12 Häftlinge, in den Gemeinschaftszellen drängten sich bis zu 600 Gefangene. Die Mitte der Kleinen Festung nahm die Kaserne für die 150 Mann starke Wachmannschaft ein, im »Herrenhof« wohnten der Festungskommandant und einige Aufseher mit ihren Familien. Der zweite Festungshof enthielt die Werkstätten und die Kantine für die Wachmannschaften, im dritten Festungshof waren seit 1942 die inhaftierten Frauen untergebracht. Am 8. Mai 1945 befreiten sowjetische Panzereinheiten die Häftlinge von Theresienstadt.

Nur wenige Kilometer westlich von Terezín liegt **Lovosice** (Lobositz), eine Stadt des Weines und des Obstes, aber auch der Industrie. Hier, wo sich die Elbe in scharfem Knick nach Norden wendet und in das Böhmische Mittelgebirge (České středohoří) eintritt, an der Porta Bohemica, schlug Friedrich der Große am 1. Oktober 1756 die erste Schlacht des Siebenjährigen Krieges. Die Stadt, die aus einer vorgeschichtlichen Fischersiedlung hervorging, besitzt einen besuchenswerten *Marktplatz*, der von Bürgerhäusern im Empirestil gesäumt und von der barock umgestalteten gotischen Wenzelskirche beherrscht wird. Das frühbarocke *Schloß* wurde von den Fürsten Schwarzenberg anstelle einer früheren Anlage wieder aufgebaut.

Etwa 16 km nordöstlich von Litoměřice liegt inmitten von Hopfenfeldern und Obstgärten die Stadt **Úštěk,** das mittelalterliche Auscha. Schon im 11. Jh. wurde eine slawische Burgstätte *Husz* bzw. *Usch* erwähnt. Im 13. Jh. erhielt die zugehörige Siedlung das Marktrecht; damals gehörte sie den Grafen Michelsberg. Als ihr 1384 das Stadtrecht verliehen wurde, ging sie in den Besitz der Herren Berka von Duba über, die die Burg im 16. Jh. zu einem Renaissanceschloß umbauten. Der große Brand von 1765 legte fast die ganze Stadt in Asche.

Der Marktplatz (Marktanger) von Úštěk zieht sich wie eine Spindel durch die Altstadt. An der breitesten Stelle steht die *Pfarrkirche Peter und Paul* mitten auf dem Platz. Jesuiten haben sie 1765–1769 errichtet und ihr das Altarbild der Vorgängerkirche, ein Werk des Prager Barockmalers Karel Škréta, beigegeben. Auch das Rathaus in der Reihe alter Häuser entstand 1773 neu. Gegenüber steht die unauffällige Burg, in deren Renaissancepalas nach dem Dreißigjährigen Krieg die Jesuiten einzogen, wenige Jahrzehnte später nahm eine Brauerei darin ihren Betrieb auf. Die schönsten Bürgerhäuser, zum Teil mit hübschen Rokokostukkaturen und tiefen Lauben, rahmen die Nordseite des Marktplatzes. Den Verlauf der alten Stadtbefestigung markieren Mauerreste und Türme, darunter der *Picardenturm,* dessen Name an die Flüchtlinge aus der nordfranzösischen Picardie erinnert, die im späten 16. Jh. aus Glaubensgründen nach Böhmen kamen. Auch von den originellen Häusern, die in der Böhmischen Vorstadt (westlich des Böhmer Tors) wie Schwalbennester auf wackligen Holzstützen am Felshang kleben und zumeist jüdischen Familien gehörten, haben mehrere überdauert.

Chomutov (Komotau)

Am Fuß des Erzgebirges (Krušné hory) liegt an der Kreuzung mehrerer wichtiger Straßen die Industriestadt **Chomutov,** das alte Komotau, mit einem sehenswerten Stadtkern. 1252 kam die dörfliche Siedlung Komotau in den Besitz des Deutschen Ordens, der seine dortige Niederlassung zur bedeutendsten Komturei in Böhmen ausbaute. Dem Orden folgten Scharen deutscher Kolonisten, so daß die Tschechen in den benachbarten Ortschaften das etwas bissige Sprichwort prägten: »Überall Menschen, in Komotau Deutsche«. 1335 erhielt Komotau die Stadtrechte, 1421 vertrieben die Hussiten unter ihrem Heerführer Jan Žižka die Ordensritter und zerstörten mit der Kommende auch die Stadt; nur wenige Bürger entkamen dem Gemetzel. Knapp hundert Jahre später kam Komotau in den Herrschaftsbereich der Familie Lobkowitz, die den Jesuitenorden einlud, die vorwiegend protestantische Bevölkerung zum katholischen Glauben zurückzuführen. Das von den Jesuiten eingerichtete und geleitete Gymnasium besuchte 1724–1730 der junge Christoph Willibald Gluck; sein Vater war Forstmeister bei den Lobkowitz.

Auch in Chomutov ist der von Laubenhäusern im Stil der Spätgotik, der Renaissance und des Barock umgebene *Marktplatz* der historische Stadtkern. Die *Katharinenkirche* aus dem 13. Jh. gilt als der erste frühgotische Sakralbau Böhmens. An die Kirche lehnte sich die gotische Kommende des Deutschen Ordens, über deren Grundmauern sich die Herren von Lobkowitz um 1520 ein *Renaissanceschloß* bauten. Nachdem Komotau im Jahr 1607 königliche Stadt geworden war, diente das Schloß als Rathaus (heute Stadtmuseum). Die *Mariä-Himmelfahrts-Kirche,* die spätgotische Pfarrkirche von Komotau, erbaute Josef Schremmel 1516–1542. – Die *St.-Ignatius-Kirche* ist eine Schöpfung des großen Baumeisters Carlo Lurago (1688).

Deutsche Tuchmacher gründeten zu Beginn des 13. Jh. auf einer Terrasse am Ufer der Eger eine Siedlung, die im Jahr 1260 das Stadtrecht erhielt und befestigt wurde. In den Religionskriegen des 15. Jh. stand **Louny** (Laun) gemeinsam mit Žatec (Saaz) und Slany (Schlan) auf der Seite der Hussiten. 1517 wurde es durch eine Feuersbrunst zerstört; der berühmte Baumeister Benedikt Rieth leitete den Wiederaufbau und erstellte vor allem die Pläne für den

Chomutov (Komotau), Stadtansicht aus der Merian-Topographie

Neubau der *St.-Nikolaus-Kirche.* Fast unversehrt war allein der gotische Glockenturm geblieben, den Rieth nun – leicht gewinkelt – in den dreischiffigen Hallenbau integrierte. Die mit Zinnen versehene Turmgalerie bietet einen prächtigen Blick auf die Stadt. Die Südseite der Kirche erhielt ein Portal im Stil der »romanischen Renaissance«. Den hohen Bau krönte ein dreiteiliges, mit Schieferplatten gedecktes Zeltdach. Zweimal drei polygonale Pfeiler tragen das großartige Schleifensterngewölbe. Im Kircheninnern sind die spätgotische Steinkanzel (1540) und die prächtig geschnitzten Barockaltäre (1701–1704) der drei Schiffe sehenswert.

Auf einem Hügel am rechten Egerufer liegt die Stadt **Žatec,** das alte Saaz, berühmt durch seine Gurken und vor allem durch sein »grünes Gold«, den bitterwürzigen Hopfen, der nicht nur das Pilsner Urquell, sondern viele Biere der Welt veredelt. Noch heute sieht man in Žatec die alten Hopfendarren, und noch immer wird auf dem spätsommerlichen Volksfest eine Gurkenkönigin gewählt.

Auf der Anhöhe stand im 10. Jh. eine slawische Burg der Lutschanen, auf der im Jahr 1004 bereits ein Teilfürst der Prager Přemysliden residierte. Nur wenige Jahrzehnte später bauten die Přemysliden in dem Burgareal eine Mariä-Himmelfahrts-Kirche. Unterhalb der Burg entwickelte sich eine Siedlung, die sich zu Beginn des 13. Jh. unter Ottokar I. Přemysl mit deutschen Handwerkern und Kaufleuten füllte, 1228 die Marktrechte erhielt und 1248 zur Stadt erhoben wurde. 1266 nannte sie sich gar königliche Stadt. Spätestens im 14. Jh. begannen die

Saazer Bauern mit dem Anbau von Hopfen, der bald auch außerhalb Böhmens reißenden Absatz fand.

1378–1411 wirkte Johannes von Saaz (um 1350–1414), auch Johannes von Tepl genannt, als Stadtschreiber und Notar in Saaz und schuf hier das bedeutendste literarische Werk des Frühhumanismus in deutscher Sprache, den »Ackermann aus Böhmen«. Unter dem Eindruck des Todes seiner jungen, geliebten Frau Margarete verfaßte er um 1401 das Streitgespräch mit dem Tod, die erste neuhochdeutsche Dichtung.

Im 18. Jh. begann mit den Konzentrationen im Brauwesen die Blütezeit der Stadt als Handelsmetropole für den nord- und mittelböhmischen Hopfen. Goethe bezeichnete 1812 das alte Saaz als eine »wahrhaft schöne Stadt« und aß, wenn er durch Saaz kam, mit besonderer Vorliebe Salat aus Hopfensprossen.

Am *Marktplatz* steht das 1559 erbaute Rathaus, das 1770 einen barocken Zwiebelturm erhielt. Bürgerhäuser verschiedener Epochen mit schönen Giebeln, zum Teil auch mit Lauben, rahmen den Platz, auf dem sich eine figurenreiche Dreifaltigkeitssäule erhebt. Die im 11. Jh. entstandene *Mariä-Himmelsfahrts-Kirche* wurde um 1340 zu einer gotischen dreischiffigen Hallenkirche umgebaut. 1380 entstand der viereckige Glockenturm an der Südseite. Nach 1738 erhielt das Gotteshaus eine barocke Fassade mit zwei flankierenden Türmen und die Johann-von-Nepomuk-Kapelle. Ein romanisches Relief des hl. Petrus füllt das Tympanon des Westportals (Anfang 13. Jh.). Anton Stevens malte 1668 das Altarbild »Mariä Himmelfahrt« und Gemälde der Seitenaltäre. Den Hauptaltar schnitzte Veit Styrl, die Fresken im Presbyterium und an der Empore stammen von Leopold Reimboth. – Die *Mariensäule* vor der Kirche meißelte der Saazer Bildhauer Johann Karl Vetter 1736 in Sandstein.

Den schönsten städtischen *Wachturm* Böhmens besitzt die alte Stadt **Kadaň** (Kaaden) an der mittleren Eger (Ohře). Dieser ungewöhnliche Turm (15. Jh.) mit seinem hohen Steinquaderhelm beherrscht den großen Marktplatz mit seinen schönen mittelalterlichen Laubenhäusern und der figurenreichen Pestsäule (Mariensäule) aus dem 18. Jh. Die gotische Stadtpfarrkirche barockisierte Johann Christoph Kosch.

Vor dem *Heiligentor*, einem Teil der alten Stadtbefestigung, gründeten Franziskaner gegen 1470 bei einer gotischen Kapelle aus dem 14. Jh. ein Kloster, das 1473–1480 um eine *Kirche der Vierzehn Nothelfer* erweitert wurde. Möglicherweise entwarf der Egerer Baumeister Johann Baptist Bauer diese dreischiffige Basilika. Der spätgotische Bau enthält einen Marmorsarkophag des Johann von Lobkowitz, gestorben nach 1517.

Eine deutsch-böhmische Redensart lautete: »In Brüx ist nix, in Dux ist Jux, und in Komotau ist der Himmel blau.« In der Tat hat die 65 000 Einwohner zählende Stadt **Most** (Brüx) nichts anderes zu bieten als hochmoderne Geschäfts- und Wohnviertel am Rande des größten Braunkohlebeckens Europas. Das alte Brüx verschwand in den Schaufeln der Riesenbagger, weil es auf einem reichen Kohlenflöz stand. Daneben wuchs das neue Most, die modernste Stadt der Tschechoslowakei. Doch *ein* Bauwerk haben die Bürger von Most gerettet, ein Meisterwerk später Gotik und früher Renaissance: die *Stadtpfarrkirche Mariä Himmelfahrt,* die sie 1975 an den Rand des Kohlebeckens schoben, eine einzigartige technische Meisterleistung, über die die Medien der Welt berichteten.

Zu Beginn des 16. Jh. erhielt Jakob Heilmann aus Schweinfurt, der berühmteste Schüler von Benedikt Rieth, den Auftrag, an der Stelle der 1515 ausgebrannten gotischen Pfarrkirche eine neue Kirche zu errichten. Der Baumeister Jörg von Maulbronn führte die Pläne Heilmanns 1517–1548 aus. Die Gewölbe baute Meister Peter. Dem schlichten Äußeren des spätgotischen Gotteshauses steht das reiche Interieur der dreischiffigen chorlosen Halle gegenüber, vor allem das wundervolle Schleifensterngewölbe, das zweimal sieben polygonale Pfeiler tragen.

Die Kirche zog im September/Oktober 1975 an ihren neuen Standort. Mit einer Durchschnittsgeschwindigkeit von 120 cm/Stunde bewegte sich der 31 m hohe, 30 m breite, über 60 m lange, 12 000 t schwere, in ein Stahlkorsett gehüllte Mauerkoloß auf 53 Eisenbahntransportwagen über die 841 m lange Strecke. Die Stabilisierungs- und Restaurationsarbeiten währten bis Herbst 1988. Seither zeigt die ehemalige Stadtpfarrkirche eine Ausstellung nordböhmischer Kunst aus dem 14. bis 18. Jh.

Teplice (Teplitz)

Teplice, bis 1945 Teplitz-Schönau, am Fuß des Erzgebirges (Krušné hory) gelegen, ist das älteste Heilbad Böhmens und zugleich eine rührige Industriestadt (Textilien, Maschinenbau, Glas, keramische Erzeugnisse) mit heute 58 000 Einwohnern. Zar Peter der Große, Goethe, Beethoven, Fichte, Kleist, Clemens von Brentano, Schopenhauer, Richard Wagner, Paganini, Chopin, Liszt, die Kaiserin Marie Louise, die Herzogin von Sagan, sie alle kurten in Teplitz bzw. seinem eleganten Vorort Schönau (Šanov). Die alkalisch-salinischen, zum Teil auch radioaktiven Quellen bringen Heilung bei Gicht, Ischias, Rheumatismus, Lähmungen und äußeren Verletzungen. Nach dem großen Erdbeben von Lissabon im Jahr 1755 versiegten die heißen Quellen für kurze Zeit. Die Grubenkatastrophe von Osek/Ossegg im Jahr 1879 bewirkte ein erneutes kurzfristiges Versiegen der heißen Quellen.

Der Sage nach soll eine Schweineherde des Ritters Kolostuj im Jahr 762 die heilsamen Quellen aufgewühlt und sich darin gesuhlt haben. Historisch belegt dagegen ist, daß Königin Judith, die thüringische Gemahlin Vladislavs II., 1156 *ad calidas aquas* (bei den warmen Wassern) ein Benediktinerinnenkloster zu Ehren des hl. Johannes des Täufers gründete, ein Tochterkloster von St. Georg in Prag. Den Benediktinerinnen war damals als einzigen Ordensfrauen das Baden ausdrücklich gestattet. Bald entwickelte sich bei dem Kloster eine Siedlung, die sich »Teplitz« nannte (von *teply,* warm) und seit dem 13. Jh. den Grafen Kinsky unterstand. 1426 legten die Hussiten das Kloster in Schutt und Asche. In der zweiten Hälfte des 16. Jh. bauten die Kinskys auf den Ruinen des Klosters ein Schloß. Schon damals empfahl der große Arzt Paracelsus die Wasser von »Döpplitz«. Zu Beginn des 17. Jh. setzte ein regelrechter Kurbetrieb ein. 1607 zählte der Physikus Caspar Schwenckfeldt bereits eine lange Reihe von Bädern für »fürnehme« und für »gemeine« Personen auf, die vorwiegend die Familie Kinsky eingerichtet hatte. 1680 erstellte Teplitz die erste Kurliste, das erste Verzeichnis von Badegästen in Böhmen überhaupt. Die Blütezeit des Bades begann mit dem 19. Jh., als im Bäderbezirk prachtvolle Empirebauten entstanden. Am 9. September 1813, unmittelbar vor der Völkerschlacht bei Leipzig, schlossen Zar Alexander I. von Rußland, Franz I. von Österreich und Friedrich Wilhelm III. von Preußen auf Schloß Teplitz die »Heilige Allianz« gegen Napoleon.

Der alte *Marktplatz* in der Mitte der Stadt, heute nám. Karla Marxe (Karl-Marx-Platz), wird nur noch von wenigen historischen Häusern, zum Beispiel dem Rathaus aus dem Jahr 1545, gesäumt, das meiste wurde abgebrochen und durch Neubauten ersetzt. (Die Umgestaltung der Altstadt und ihre Anbindung an die Kuranlagen ist noch nicht abgeschlossen.) Das *Schloß* am Zámecké nám. (Schloßplatz; Abb. 38) entstand zwischen 1585 und 1634 an der Stelle des zerstörten Benediktinerinnenklosters; 1751 wurde es im Barockstil, Anfang des 19. Jh. im Stil des Empire umgebaut. An die Nordseite des Schlosses schließt sich die *Kreuzerhöhungskirche* an, ein Renaissancebau, der Ende des 19. Jh. neogotisch umgestaltet wurde. Neben der Kirche stießen Archäologen auf Mauerwerk des Benediktinerinnenklosters. Der Schloßkirche benachbart ist die *Dekanatskirche Johannes des Täufers;* sie stammt aus dem 12. Jh. und wurde 1700–1703 im Stil des Barock erneuert. Zu ihrer wertvollen Ausstattung gehören Gemälde von Peter Johann Brandl (1668–1735) und Wenzel Lorenz Reiner (1689–1743). Die *Dreifaltigkeitssäule* (Pestsäule) schuf 1718/19 der große Barockbaumeister Matthias Bernhard Braun. Im Haus *Zur alten Post* (Zámecké nám. 3/69) wohnte im Jahr 1813 Zar Alexander I., der Initiator der Heiligen Allianz. Später logierten in dem Haus Richard Wagner und Franz Liszt.

Südlich des Schlosses erstreckt sich der englische *Schloßgarten* (Zámecká zahrada) mit alten Bäumen und großen Teichen. Das Schloßtheater ließ sich Graf Franz Wenzel Clary-Aldringen 1751 im Park als Privattheater erbauen; auf dem Spielplan standen auch Stücke von Johann Wolfgang von Goethe.

Nördlich des Schloßplatzes liegt der gepflegte *Kurgarten* (Lázeňsky park) mit dem Stahlbad, dem Kurhaus, dem Erzgebirgstheater und dem Kulturhaus. Im *Stahlbad* (Lázeňské ústavy Pravřídlo a Fučík) werden täglich etwa 25 000 hl 42,8 °C warmes Wasser aus der »Urquelle« (Pravřídlo) gepumpt und an weitere Badezentren wie das Steinbad und das Schlangenbad abgegeben.

Die Lipova třída (Lindenstraße) führt ostwärts zum Park der Tschechoslowakischen Armee (Sady Československé armády), dem früheren Kaiserpark, mit dem *Steinbad* (Kamenné lázně), dem *Kaiserbad* (Cisařské lázně) und dem *Schlangenbad* (Hadí lázně). 1839 wurde hier das *Neubad* (Nové lázně) mit eigener Quelle errichtet. Diese Bäder gehören bereits zum Stadtteil Šanov (Schönau), der 1894 mit Teplitz vereinigt wurde.

Im Osten von Teplice trägt der Doubravská hora (Eichenwaldberg) die Ruine der 1478–1486 erbauten und 1644 zerstörten *Burg Doubravka.* Im 19. Jh. hat man die Burg romantisierend restauriert, der Bergfried verwandelte sich in einen Aussichtsturm.

Kaum 10 km von Teplice entfernt liegt am Rande des nordböhmischen Braunkohlereviers die alte Stadt Dux, heute **Duchcov,** eine kleine Industriestadt mit 10 000 Einwohnern und einem Schloß, das schon deshalb zum Besuch reizt, weil hier Casanova die letzten dreizehn Jahre seines Lebens verbrachte und seine berühmten Memoiren schrieb.

Die Stadt wurde gegen 1250 unter dem Namen *Hrabišín* gegründet. Ende des 16. Jh. entstand das Schloß, das im 18. Jh. an die Grafen Waldstein, eine Seitenlinie des berühmten Wallenstein, überging. Jean-Battiste Mathey erweiterte bis zum Jahr 1707 den ursprünglichen Renaissancebau im Stil des Barock, 1716–1728 entstand der prächtige französische Garten.

1785 nahm der italienische Abenteurer Giacomo Girolamo Casanova eine Anstellung als Bibliothekar beim Grafen Karl Josef Waldstein an, der in ihm allerdings mehr einen geistreichen Unterhalter seiner Gäste sah. Casanova, der selbstgeadelte Chevalier de Seingalt, war durch seine kühne Flucht aus den Bleikammern Venedigs im Jahr 1756 bekannt geworden. Er war Doktor beider Rechte, Kardinalsekretär in Rom, venezianischer Offizier, Theatergeiger, Lotterieeinnehmer des französischen Königs, Geheimagent, Salonlöwe, Hochstapler und natürlich ein Frauenliebling par excellence. Es gab kaum eine Persönlichkeit des politischen und gesellschaftlichen Lebens, mit der er nicht näher bekannt war und die sein außergewöhnliches Erzähltalent nicht schätzte. Mit Akribie schilderte Casanova in seinen Memoiren die gesellschaftlichen Verhältnisse in den Jahrzehnten vor der Französischen Revolution, bereichert durch erotische Akzente, denn »die sinnlichen Genüsse zu kultivieren, bildete die Hauptbeschäftigung meines ganzen Lebens; niemals hat es für mich etwas Wichtigeres gegeben«. Am 4. Juni 1798 starb Casanova auf Schloß Dux. Im Schloßpark erinnert ein Standbild vom Ende des 18. Jh. an den großen Beobachter und Genießer, und an der Barbarakapelle auf dem alten Friedhof trägt eine Grabplatte neben dem vermuteten Grab die Aufschrift: »Jakob Casanova Venedig 1725 – Dux 1798.«

1812–1818 ließ die Familie Waldstein das Barockschloß klassizistisch umgestalten. Aus dem herrlichen Barockgarten wurde – dem Zeitgeschmack entsprechend – ein englischer Naturpark mit mehreren Teichen und einer künstlichen Anhöhe. 1956 drang der Braunkohlentagebau bis zum Schloß Duchcov vor, verschlang einen großen Teil des Parks und einige Gebäude, darunter das barocke Hospital des Baumeisters Ottavio Broggio. Inzwischen wurde der von Kohlenbaggern ›leergefressene‹ Raum rekultiviert, der einstige Barockgarten erstand von neuem.

Das *Schloß Duchcov* präsentiert sich heute mit klassizistischer Fassade. Ein handgeschmiedeter Zaun mit Vasen und Skulpturen aus der Werkstatt Brauns (Herkules, Minerva und Mars) trennt den äußeren Schloßhof vom Ehrenhof. Die Innenausstattung des Schlosses gestalteten die größten Barockmeister des Landes: Wenzel Lorenz Reiner, Matthias Bernhard Braun und Ferdinand Maximilian Brokoff. Das Schloß zeigt heute eine interessante Ausstellung historischer Möbel von der Romantik bis zum Kubismus, ergänzt durch Gemälde der früheren Waldsteinsammlung, darunter ein Porträt des Herzogs von Friedland (Wallenstein) von Anthonis van Dyck. Einige Räume erinnern mit originalen Exponaten an Casanova.

1967/68 wurde der *Schloßgarten,* der sogenannte »Fürstengarten«, anhand alter Pläne und Stiche im Barockstil rekonstruiert. Es entstand ein französischer Garten von streng symmetrischer Komposition mit regelmäßig angelegten Blumenbeeten, grünen Hecken, rosenbewachsenen Stützmauern, Wasserbecken und zierlichen Brunnen. Eine zweiarmige Treppe führt zum Schloß hinauf. In der Nische steht Brauns Sandsteingruppe »Die Zeit raubt die Schönheit« (der Windgott Boreas entführt Oreithyia, die Tochter des Königs Erechtheus von Athen).

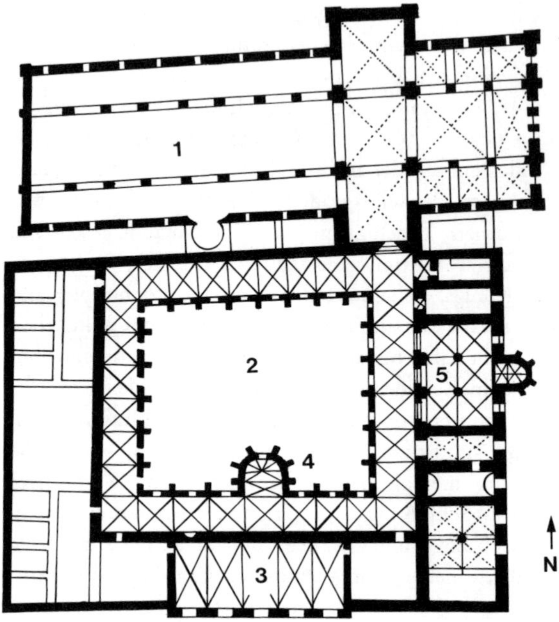

Osek (Ossegg), Zisterzienserkloster, Grundriß
1 Klosterkirche Mariä Himmelfahrt
2 Kreuzgang
3 Refektorium
4 Brunnenkapelle
5 Kapitelsaal

Eine Allee gestutzter Zierapfelbäume trennt den Barockgarten vom englischen Naturpark. Geblieben ist auch der klassizistisch umgebaute Pavillon, der heute Reiners Fresken aus der dem Kohlentagebau zum Opfer gefallenen Hospitalkapelle hütet.

Kaum 15 km von Teplice entfernt liegt das Städtchen **Osek** (Ossegg) mit einem kurz nach 1200 entstandenen Zisterzienserstift, der bedeutendsten barocken Klosteranlage Nordböhmens. Der Zisterzienserorden war Ende des 11. Jh. als Reformorden aus dem reich und üppig gewordenen Benediktinerorden hervorgegangen. Seine geistlichen Kämpfer predigten die Rückkehr zur Armut und konnten schon bis zur ersten Hälfte des 14. Jh. von Cîteaux in Burgund, dem Ursprungsort des Ordens aus, 700 (!) Klöster eröffnen. Alle diese Klöster wurden reich, doch nicht auf Grund von Stiftungen, sondern durch die intensive Bewirtschaftung der ordenseigenen Ländereien. Im Jahr 1196 ließen sich Zisterzienser vom bayerischen Kloster Waldsassen zunächst in Maštov (Maschau im Saazer Becken), kurz darauf in Rýzmburk (Riesenburg) nieder und gründeten 1199 hier das Kloster Ossegg.

1206–1220 bauten die Zisterzienser zunächst eine Kirche, eine dreischiffige Basilika in burgundisch-gotischem Stil. Nach Vollendung der Kirche ging der Orden daran, die behelfsmäßig aus Holz errichteten Klostergebäude durch Steinbauten zu ersetzen. Damals entstanden der Südflügel des Konvents mit dem Kapitelsaal (um 1230) und Teile des Kreuzganges. 1248 fügte das Heer des Königssohnes Ottokar Přemysl im Kampf gegen seinen Vater Wenzel I. dem Kloster schwere Schäden zu. 1278 raubten die siegreichen Verbündeten Rudolfs von Habsburg nach der Schlacht auf dem Marchfeld das Kloster aus. Als die Konventgebäude 1341 niederbrannten, überließ König Johann den Zisterziensern für zehn Jahre das Einziehen der königlichen Steuern in Brüx und Leitmeritz. Im 15. und 16. Jh. jedoch schwanden die finanziellen Mittel des Klosters durch Plünderungen, Hussitenstürme und Verpfändungen so vollständig dahin, daß Papst Gregor XIII. das total verschuldete Kloster 1580 aufhob.

1624 wurde Kloster Ossegg im Zuge der Rekatholisierung Böhmens restituiert. Stiftungen, Hinterlassenschaften, Erträge aus den Klostergütern und aus einer Textilmanufaktur (der ältesten Böhmens) sowie Abgaben ermöglichten 1693–1732 umfangreiche Um- und Erweiterungsbauten (Prälatur; 1710–1720) sowie die barocke Ausgestaltung der Kirche durch Ottavio Broggio. Die beiden Schlesischen Kriege (1740–1742; 1744) und der Siebenjährige Krieg (1756–1763) hinterließen zwar auch in Ossegg ihre Spuren (Schäden im Schätzwert von 200 000 Gulden), doch halfen erhöhte Abgaben der Gläubigen.

Von den Josephinischen Reformen war das Stift nicht betroffen, im Gegenteil, es erhielt Bibliotheken und Gemäldesammlungen aufgehobener Klöster. 1950 wurde es verstaatlicht, seitdem dient ein Teil seiner Gebäude als Altersheim für Nonnen verschiedener Orden. Für die Öffentlichkeit sind vorläufig nur die ehemalige Klosterkirche, in der seit einiger Zeit Orgelkonzerte stattfinden, der Kreuzgang, der Kapitelsaal und der Klosterhof zugänglich.

Die *Klosterkirche Mariä Himmelfahrt*, wie wir sie heute sehen, ist das bedeutendste Werk des Baumeisters Ottavio Broggio, der den Auftrag hatte, 1712–1718 Kirche und Kloster zu barockisieren (Abb. 41). So steigt die mächtige Hauptfassade im Westen mit schweren Voluten und weit ausladendem Portikus dreigeschossig auf. Die Fassadenfiguren (Ordensheilige, Evangelisten und böhmische Landespatrone) schuf Franz Anton Kuen; die Statue des hl. Johannes des Täufers mit den Engeln stammt von Edmund Johann Richter (1713).

Der Innenraum läßt noch den ursprünglichen Plan der dreischiffigen romanischen Basilika erkennen: das Tonnengewölbe, das Querschiff, die Pilastergliederung der Wände. Die Stukkaturen (Kartuschen, Medaillons) besorgte Giacomo Antonio Corbellini. Die Fresken stammen überwiegend von Wenzel Lorenz Reiner; die »Ausgießung des Heiligen Geistes« und andere Fresken im Mittelschiff sind Schöpfungen des Johann Jakob Steinfeld. Das Altarbild »Martyrium des hl. Sebastian« malte Michael Willmann (nach 1702), die übrigen Bilder des Hauptaltars entwarf Johann Christoph Lischka (»Enthauptung des hl. Petrus«). Die Altäre des hl. Bernhard schmückte W. L. Reiner.

Die Südseite der Kirche stößt an das vierflügelige Konventsgebäude mit dem gotisch erhaltenen *Kreuzgang* (bis 1350), an seinen Südflügel grenzt das Refektorium mit Barockstukkaturen von Corbellini; dem Refektorium gegenüber liegt die Brunnenkapelle (um 1300), die in den Klostergarten dringt. Ein Spitzbogenportal mit Maßwerk verbindet den Ostflügel des Kreuzganges mit dem frühgotischen *Kapitelsaal* (um 1230). Zwei kapitellgekrönte Säulen tragen die sechs weit herabgezogenen Kreuzgewölbe. In der Mitte des festlichen Saales steht ein spätromanisches Lesepult aus Stein mit dem Relief eines Lammes (um 1230). Die Legende der Ordensheiligen gab die Themen für die Wandmalereien des Johann Peter Molitor (1756). Der polygonale Altarraum wurde um 1520 in die Ostwand gelassen.

2 km nördlich von Osek erhebt sich die Ruine der im 13. Jh. erbauten **Riesenburg** (Rýzmburk), heute Hrad Osek (Burg Ossegg) genannt. Am Waldrand vor Osek erinnert ein Denkmal an die 142 Bergleute, die 1934 bei einem Grubenunglück im Kohlenschacht Nelson III ihr Leben ließen.

Über **Chlumec** (Kulm) und den Nollendorfer Paß (Tiské sedlo) führt die alte Heer- und Handelsstraße zwischen Böhmen und Sachsen, »Kulmer Weg«, auch »Sorbensteig« genannt. Hier, im weiten, welligen Land um Kulm, kam es daher immer wieder zu kriegerischen Auseinandersetzungen, so etwa zwischen dem böhmischen Herzog Soběslav I. und dem deutschen König Lothar von Sachsen (1126), oder die Schlacht bei Kulm (29. August 1813) zwischen den verbündeten Armeen der Preußen, Österreicher und Russen gegen die Armee des französischen Marschalls Dominique-René Vandamme, in der Vandamme mit 10 000 seiner Soldaten in Gefangenschaft geriet. Diese Schwächung des französischen Heeres trug entscheidenden Anteil an seiner Niederlage in der sechs Wochen später stattfindenden »Völkerschlacht bei Leipzig«. An die Schlacht bei Kulm erinnern mehrere Ehrenmale und eine Gedenkstätte.

Weiter in Richtung Děčín erheben sich über dem Dorf Tisá wie eine drohende Kulisse gewaltige, zerklüftete Sandsteinfelsen: die **Tyssaer Wände** (Tiské stěny). Besonders beeindrucken die Felsengruppen »Doktor« und »Bürgermeister«.

Děčín (Tetschen)

»Endlich gewahrten wir die Thürme des Tetschner Schlosses, wir kamen näher, und es stand in seiner ganzen Pracht vor uns. Auf einem hohen Felsen ragt es über die Stadt empor, die man vorher gar nicht gewahr wird. Es war ein köstlicher Augenblick, als unser Schiff um eine Felsenecke herumbog und nun all die Schönheit so offen vor uns lag«, schrieb Theodor Körner (1791–1813) in sein Tagebuch. **Děčín** (Tetschen) liegt an der Elbe (Labe), die sich hier durch hohe Felswände zu zwängen beginnt, um das Elbsandsteingebirge (Děčínské stěny) in Richtung Sachsen zu durchbrechen. Die günstige Lage der Stadt an Fluß und Eisenbahn begünstigte schon früh die Entwicklung einer vielseitigen Industrie.

1128 wurde auf dem Felsen über dem rechten Elbufer eine Přemyslidenburg erwähnt, an deren Nordseite eine Siedlung entstand, die unter dem Grafengeschlecht der Wartenberg (1305–1511) Markt- und Stadtrechte erhielt. Nach den Wartenbergs, den Salhausens und den protestantischen Bünaus, die 1620 das Land wegen ihres Glaubens verlassen mußten, kaufte 1628 die aus Südtirol stammende Grafenfamilie Thun die Herrschaft Tetschen. Auf dem gegenüberliegenden Elbufer entfaltete sich das Dorf Bodenbach (heute Podmokly) im 19. Jh. zu einer aufstrebenden Industriesiedlung, dem nach Aussig zweitgrößten Umschlagplatz für Kohle und Industriegüter Richtung Deutschland. 1851 eröffnete die Bahnlinie Dresden – Bodenbach – Prag, 1869 folgte die Strecke Wien – Tetschen – Berlin. 1943 wurden die beiden Elbstädte unter dem Namen »Tetschen-Bodenbach« zusammengeschlossen. Seit 1945 führt die Doppelstadt den Namen »Děčín«.

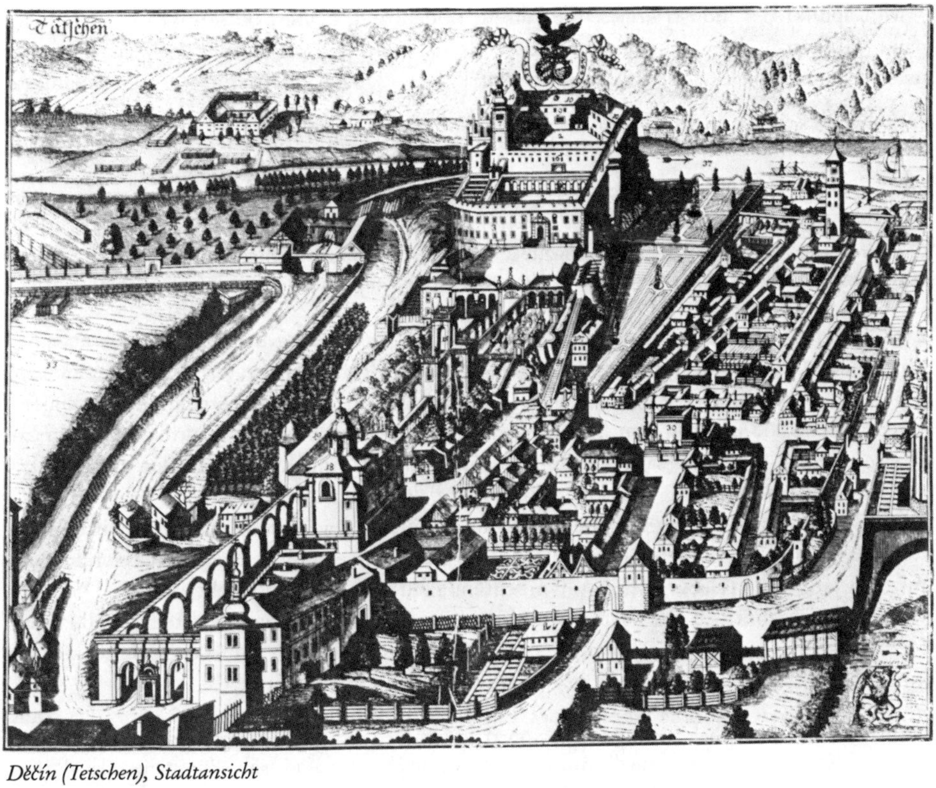

Děčín (Tetschen), Stadtansicht

50 m über der Elbe thront auf einem Sandsteinfelsen das *Schloß* der Grafen Thun-Hohenstein. Mitte des 17. Jh. ließen sie das aus einer Burg des 13. Jh. hervorgegangene Renaissanceschloß umbauen, gegen 1790 veränderte Johann Wenzel Koch den Bau im Übergangsstil vom Spätbarock zum Klassizismus. Zu dem Schloß führt eine aus dem Felsen gebrochene Rampe, die »Lange Fahrt«, empor. Östlich des Schlosses erstreckt sich der terrassierte *Rosengarten* (Růžova zahrada) mit barocken Treppenanlagen. Graf Maximilian Thun-Hohenstein bereicherte den Garten im letzten Viertel des 17. Jh. durch eine Sala terrena und eine dreistöckige Gloriette. Bei der Gloriette steigt eine doppelläufige Treppe zu einem Podest empor und erreicht über eine Mitteltreppe eine Terrasse mit allseitig offenem Pavillon. Abraham Felix Kitzinger schmückte die Gloriette 1683 mit allegorischen Figuren der Jahreszeiten, Göttinnen und Gladiatoren. Das Schloß kann z. Z. nicht besichtigt werden.

Neben der Rampe zum Schloß steht die 1687–1691 im Barockstil erbaute *Heiligkreuzkirche* (Kostel sv. Kříže) mit Wandmalereien aus dem Jahr 1792. Die *St.-Wenzels-Kirche* (Kostel sv. Václava) wurde zwischen 1754 und 1778 errichtet. Südlich davon liegt der Stadtplatz, der heutige *Leninovo nám.* (Leninplatz), mit einem Jugendstilbrunnen von 1906.

Mittelpunkt des industriereichen Stadtteils Bodenbach, heute **Podmokly,** ist der Husovo nám. (Husplatz), der ehemalige Stadtplatz. Bis 1934 war die spätbarocke St.-Wenzels-Kirche im Ortsteil Rozbělesy die katholische Pfarrkirche, danach übernahm die neoromanische St.-Franz-Seraphim-Kirche auf dem Stadtplatz diese Aufgabe. In der neogotisch erneuerten St.-Johannes-Kirche befindet sich die Familiengruft der Thun-Hohensteins.

Fährt man von Děčín nach Nový Bor, trifft man bei Kamenický Šenov (Steinschönau) auf den Basalthügel **Panská skála** (Herrnhausfelsen; Abb. 34) mit seinen 10 bis 15 m hohen Basaltkristallen, die wie Orgelpfeifen aneinandergereiht sind und heute unter Naturschutz stehen. **Nový Bor** (Haida) am Fuß eines 961 m hohen Klingsteinfelsens ist seit 1427 ein bedeutendes Zentrum der böhmischen Glasindustrie.

Zwischen den vulkanischen Kuppen des Böhmischen Mittelgebirges und den Kreidesandsteinbergen des Iserplateaus liegt am Flüßchen Polzen (Ploučnice) die Kreisstadt **Česká Lípa** (Böhmisch Leipa), eine rege Industriestadt (Textilien, Maschinen, Elektrotechnik, Musikinstrumente) mit 16 000 Einwohnern. Das bemerkenswerteste Bauwerk der Stadt ist das *Rote Haus* (Červený dům), ein Renaissanceschlößchen von 1583, geschmückt mit Arkaden und Sgraffiti; es diente den Herren Berka von Dauba und Leipa als Jagdschloß.

Die *Maria-Magdalenen-Kirche* errichteten nach 1200 Zisterzienser des Stiftes Plaß; im 16., 17. und 18. Jh. wurde diese älteste Kirche der Stadt umgebaut. Auch die *Heiligkreuzkirche* aus dem Jahr 1381 erlebte mehrere Umbauten; geblieben ist ihr gotisches Portal. Die *Allerheiligenkirche* gehört zu dem Augustinerkloster, das Albrecht von Waldstein (Wallenstein) 1627 gründete; Gemälde von Johann Georg Heintsch und anderen Künstlern schmücken den Innenraum. Die barocke *Marienkirche* stammt aus dem Jahr 1714.

Wenige Kilometer nördlich von Česká Lípa überragt inmitten einer lieblichen Landschaft mit Teichen, Wildbachtälern und Vulkankegeln die **Burgruine Sloup,** in alten Urkunden als »Bürgstein« oder »Pirkenstein« bezeichnet, einen 40 m hohen Felsstock. Im 14. Jh. von Vinzenz von Oybin erbaut, wurde die Burg im 15. Jh. ein Raubrittersitz und deshalb im Jahr 1445 von einem Heerbann des Oberlausitzer Sechsstädtebundes zerstört. Zu besichtigen sind die tief in den Felsen gehauenen Keller und Verließe, die Rüstkammer mit reliefierten Säulen (daher wohl der tschechische Name *Sloup,* Säule), der Burgbrunnen und die dreifachen Wehrgänge.

Liberec (Reichenberg)

Liberec, das Tor zum Isergebirge (Jizerské hory), liegt an der Lausitzer Neiße (Lužická Nisa). Es ist seit dem Mittelalter die nordböhmische Textilmetropole, das »böhmische Manchester«. Die alljährliche Reichenberger Messe (Liberecké výstavní trhy, abgekürzt LVT) stellt die im Umkreis produzierten Textilien, Wohnungseinrichtungen, Glas- und Schmuckwaren einem internationalen Käuferkreis vor. Die Großstadt Liberec zählt heute 105 000 Einwohner.

Gegen 1300 gegründet und 1352 erstmals als *Reychinberch* erwähnt, bekam die im Besitz der Herren von Redern (Raedern, Rödern) befindliche Siedlung schon früh Zuzug von flämi-

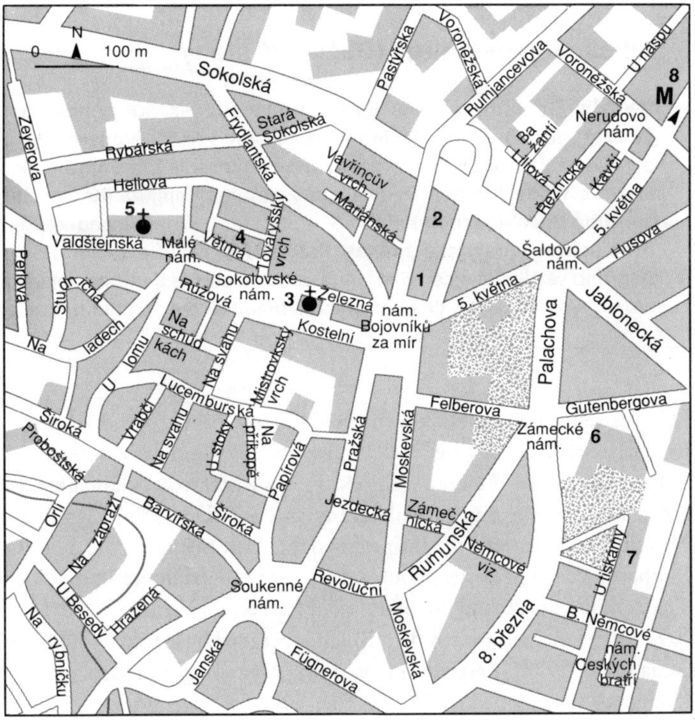

Liberec (Reichenberg)
1 Rathaus
2 Stadttheater
3 Erzdekanatskirche St. Antonius der Einsiedler
4 Wallensteinhäuser
5 Heiligkreuzkirche
6 Renaissanceschloß
7 Gemäldegalerie
8 Nordböhmisches Museum

schen Leinweberfamilien. Die Herren von Redern gaben den Webern alle nötigen Freiheiten, so daß sich die Siedlung im 14. Jh. zu einem blühenden Zentrum der Tuchmacherei entwickelte. Zu den Flamen gesellten sich deutsche Weber, Knüpfer und Färber.

1577 erhob Kaiser Rudolf II. Reichenberg zur Stadt. Am Ende des 16. Jh. gingen Reichenberger Tuche über die Landesgrenzen hinaus nach Sachsen, Bayern und Österreich. Im Dreißigjährigen Krieg litt die Stadt unter plündernden Söldnertrupps, die große Pest des Jahres 1680 schließlich förderte ihren Niedergang, von dem sie sich erst im 18. Jh. durch die Wiederbelebung des Tuchhandels erholte. Während im 19. Jh. andere europäische Weberzentren durch den Einsatz von Webmaschinen zugrunde gingen, erweiterte der Reichenberger Textilkönig Johann Liebig gar noch die Produktionsstätten, setzte modernste Maschinen ein, wobei kein Weber seinen Arbeitsplatz verlor, baute Wohnsiedlungen für seine Beschäftigten und erhöhte somit den Wohlstand der Stadt und ihrer Bürger. Er konnte freilich nicht verhindern, daß durch die wachsenden sozialen Gegensätze in der Einwohnerschaft Spannungen entstanden, die dazu führten, daß Reichenberg die Wiege der deutschen wie der tschechischen Arbeiterbewegung in Böhmen wurde.

Elbsandsteingebirge (Děčínské stěny)

Wer die Großartigkeit des Elbsandsteingebirges auf böhmischer Seite kennenlernen möchte, der fahre von Děčín rechts der Elbe nach Hřensko (Herrnskretschen) kurz vor der Grenze zur DDR und erwandere von hier aus die **Edmundsklamm** (Dolní soutěska) und die **Wilde Klamm** (Divoká soutěska) der Kamnitz (Kamenice), eines Nebenflusses der Elbe (Ausflug mit Kahnfahrt 3–4 Stunden). Eine besondere Sehenswürdigkeit ist das **Prebischtor** (Pravčická brána), das größte Naturfelsentor Europas. 20 m über dem Abgrund verbindet eine 15 m lange und 3 m starke Sandsteinplatte zwei mächtige Felsenpfeiler. Von der Höhe des Felsentores bietet sich eine atemberaubende Aussicht.

Den Mittelpunkt des Stadtkerns von Liberec bildet der *Altstädter Platz,* heute nám. Bojovníků za mír (Platz der Friedenskämpfer). In der Mitte des Platzes erhebt sich das riesige *Rathaus* (Abb. 39), das der Wiener Architekt Franz Ritter von Neumann 1888–1893 im Stil der flämischen Renaissance und in Anlehnung an das Wiener Neue Rathaus erbaute. Der 56 m hohe Mittelturm bietet eine prächtige Aussicht. Den Brunnen vor dem Rathaus gestaltete 1927 der Bildhauer Franz Metzner. Hinter dem Rathaus errichteten die beiden Wiener Spezialisten für Theaterbau, Ferdinand Fellner und Hermann Helmer, bis 1883 das *Stadttheater* (Divadlo F. X. Šaldy), benannt nach dem Reichenberger Dramatiker und Schriftsteller František Xafer Šalda (1867–1937). Fast alle Häuser der Altstadt entstanden in den Gründerjahren, also im Übergang vom 19. zum 20. Jh. Hier und da blieb noch ein schönes Bürgerhaus aus dem 18. Jh. erhalten. Besonders hübsche Stuckverzierungen an den Giebeln in Form von Blumen, Sträußen, Früchten, auch religiöse oder mythologische Motive charakterisieren einen Haustypus, den man als »Reichenberger (Liberecer) Haus« bezeichnet. Ein schönes Beispiel dieses Typus bietet das Haus Nr. 15 am Altstädter Platz; es stammt aus dem Jahr 1795.

Die Kostelní ul. (Kirchgasse) verbindet den Altstädter Platz mit dem Neustädter Platz (Sokolovské nám.). An diesem Platz steht die 1579 vollendete, 1879 neugotisch umgestaltete *Erzdekanatskirche St. Antonius der Einsiedler* (Arciděkanský chrám sv. Antonína). Einige der umstehenden Häuser zeigen sich im Stil des Empire. Drei schmale Gassen führen westwärts zum Malé nám. (Kleiner Platz). Die nördlichste Gasse, die Větrná ul. (Windgasse), säumen einige malerische Fachwerkbauten aus dem frühen 17. Jh., die *Wallensteinhäuser«* (Valdštejnské domky).

Die *Heiligkreuzkirche* (Kostel sv. Kříže) an der Nordseite der auf den Kleinen Platz mündenden Valdštejnská ul. (Waldsteingasse) ist ein Barockbau aus den Jahren 1733–1756, entworfen von Johann Josef Kunz. Im Kircheninneren beeindrucken kostbare Gemälde, darunter das Bild »Hl. Anna Selbdritt« (um 1520), das möglicherweise von Albrecht Dürer stammt. Die *Pestsäule* hinter der Heiligkreuzkirche entwarf Matthias Braun im Jahr 1719.

1582–1615 bauten sich die Grafen Clam-Gallas an der heutigen Gutenbergova ul. (Gutenberggasse) ein *Renaissanceschloß* mit der schönen Salvatorkapelle (1604–1606), deren Einrichtung zu den größten Kostbarkeiten von Liberec gehört. Hochaltar, Oratorium, Chor und Kassettendecke zeugen von dem hohen Niveau der Reichenberger Holzschnitzkunst. Als die Familie Clam-Gallas im Jahr 1779 den Park umgestaltete, zog Kaiser Joseph II. höchstpersönlich mit dem Pflug eine Furche als Symbol des bäuerlichen Ursprungs seines Geschlechts. (Auch Přemysl, der Urahn der böhmischen Herrscher, pflügte, als Libussas Abgesandte erschienen.)

Die *Gemäldegalerie* (Oblastní galerie) in der U tiskárny 1 mit Werken böhmischer, französischer und deutscher Maler stiftete der Industrielle Johann Liebig. Das 1873 gegründete *Nordböhmische Museum* (Severočeské muzeum) vermittelt einen ausgezeichneten Überblick über die Kultur und die Wirtschaft Nordböhmens. Spezielle Sammlungen widmen sich den Bereichen Glas, Porzellan, Fayencen, Textilien, Möbel, künstlerische Holz- und Metallarbeiten. 22 Gobelins wurden von flämischen Künstlern im mittelalterlichen Reichenberg gewebt. Das Museumsgebäude entstand in den Jahren 1897/98. – Die Leninova mündet in den ausgedehnten *Volksgarten* (Lidové sady Petra Bezruče), benannt nach dem tschechischen Lyriker Petr Bezruč (1867–1958) mit Kulturpark (Park kultury a oddechu), Botanischem und Zoologischem Garten (Botanická zahrada, Zoologická zahrada) und Freilichttheater (Letní divadlo). Der Botanische Garten der Stadt genießt wegen seiner besonderen Tropenflora und einer umfangreichen Orchideensammlung hohes internationales Ansehen. Der Zoo ist der älteste Tiergarten Böhmens.

Südwestlich von Liberec steigt der **Ještěd** (Jeschken) 1012 m steil empor. Seine Spitze setzt sich seit 1973 in einem 92 m hohen, sich kegelförmig verjüngenden, durch seine Aluminiumhaut weithin gleißenden Fernmeldeturm fort. Der Architekt Karel Hubáček erhielt für seinen Entwurf den Auguste-Perret-Preis der Internationalen Union der Architekten. Der futuristisch anmutende Bau enthält Restaurant, Hotel und Aussichtsterrasse. Von hier oben schweift der Blick bis zur Schneekoppe im Riesengebirge und bis nach Prag. Auf den Gipfel des Berges führen vom Stadtteil Horní Hanychov (Oberhanichen) ein Wanderweg, eine Autostraße und eine Kabinenseilbahn (Visuta lanova dráha).

23 km nördlich von Liberec erhebt sich im hügeligen Isergebirgsvorland auf einer Basaltkuppe das mächtige Burgschloß **Frýdlant,** dessen bekanntester Besitzer der berühmte Heerführer Albrecht von Waldstein war. Schillers Drama »Wallenstein« hatte das Interesse der Öffentlichkeit an dieser Burg erregt, und so wurde sie von den Grafen Clam-Gallas schon im Jahr 1801 zur Besichtigung freigegeben. Frýdlant ist somit eines der ältesten Burgmuseen Mitteleuropas.

Im Jahr 1241 gründete der Ritter Ronovec, ein Vorfahr der Herren Berka von Duba, auf hohem Basaltfelsen über dem Flüßchen Wittig (Smědá) die Burg Friedland. Ein gewaltiger Rundturm bildete den Kern. 1278 ging die Burg an das Adelsgeschlecht von Biberstein aus Meißen über. Die Bibersteins verstärkten die Burgbefestigungen Ende des 15. Jh. durch Basteien und modernisierten den Palas im Stil der Renaissance. Als die friedländische Linie ihres Geschlechts um die Mitte des 16. Jh. ausstarb, fiel die Burg der böhmischen Krone zu. 1558 kaufte der schlesische Freiherr Friedrich von Redern die Herrschaft Friedland. Sein italienischer Baumeister Marco Spatio verwandelte die gotische Vorburg in ein prachtvolles Renaissanceschloß

Albrecht von Wallenstein

(»Unteres Schloß«), fügte 1598–1602 eine Kapelle hinzu und sicherte den Burgeingang durch ein starkes Vorwerk. Des Freiherrn Familie war lutherisch und sorgte dafür, daß im Gebiet von Friedland nicht nur das Luthertum, sondern auch das deutsche Element an Boden gewann. 1619 unterstützte Christoph von Redern, der damalige Herr auf Friedland, den Aufstand der böhmischen Stände gegen Habsburg und den katholischen Klerus und entging nach der Niederlage des Ständeheeres auf dem Weißen Berg bei Prag der Hinrichtung nur durch Flucht in das benachbarte Ausland. Friedland und alle dazugehörigen Güter konfiszierte der Kaiser.

Die Nachfolge des Freiherrn trat 1620 der erfolgreiche kaiserliche Feldherr Albrecht von Waldstein (Wallenstein) an. Friedland war nur ein Bruchteil seiner Besitzungen, über die er in ganz Nord- und Ostböhmen verfügte. Doch da sich der Generalissimus auf Burg Friedland besonders gern aufhielt, machte Kaiser Ferdinand II. die Herrschaft 1624 zum erblichen Fürstentum, ein Jahr später sogar zum Herzogtum. Nach Waldsteins Sturz und Ermordung im Jahr 1634 erhielt der kaiserliche Feldherr Matthias Graf Gallas die Herrschaft Friedland. Aber Graf Gallas konnte sich seiner neuen Besitzung nur zeitweise erfreuen, denn Friedland wurde im steten Wechsel von schwedischen und kaiserlichen Truppen geplündert.

Die Schloßburg Frydlant (Friedland) befindet sich in einem hervorragenden Zustand, weil sie bis 1945 bewohnt war und Teile von ihr seit fast 200 Jahren als Museum dienen. Die mit Sgraffiti übersäten Renaissancefassaden des *Unteren Schlosses* mit seinem achteckigen, barock behelmten Treppenturm wurden bis 1960 sorgsam restauriert. Der *Rittersteg* verbindet das Untere mit dem *Oberen Schloß,* der ursprünglich gotischen Burg, deren gewaltiger Rundturm in der Renaissance zwei Oberlichttürmchen mit Kuppeldach erhielt.

Der Rundgang führt durch kostbar eingerichtete Salons, durch den Rittersaal, die Gerichtshalle und den Wappensaal, dessen bemalte Stuckdecke die Wappen sämtlicher Schloßherren schmücken. Berühmt ist die Gemäldegalerie mit Werken bedeutender Meister: die »Steinigung des hl. Stephanus« von Karel Škréta, das »Porträt des Grafen Franz Anton Sporck« von Peter Brandl, Landschaften von Wenzel Lorenz Reiner, Bildnisse des Herzogs Albrecht von Waldstein von Christian Maulpertsch und des Grafen Matthias Gallas von Franz Leux. Darüber hinaus enthalten die Burg- und Schloßräume einzigartige Waffen-, Glas und Keramiksammlungen sowie Mobiliar vieler Stilrichtungen.

Als der schwedische Kommandant 1647 Friedland verließ, brachte er am Tor der Barbakane die Inschrift an: *Pax bello potior, sequar trahentia fata! Benjamin Magnus Nortmann svaecus Capitaneus et p. trc. Friedland. Praefectus Anno 1647* (Der Friede ist stärker als der Krieg, ich folge dem mich fortziehenden Schicksal!).

Mittelpunkt der weltbekannten Gablonzer Glas- und Schmuckindustrie ist **Jablonec nad Nisou** (Gablonz an der Neiße), eine aufstrebende Stadt mit 48 000 Einwohnern. Im Jahr 1356 wurde eine Siedlung *Gablonz* erstmals erwähnt, in den Hussitenstürmen des 15. Jh. ging sie jedoch in Flammen auf. Danach blieb der Ort lange Zeit unbewohnt, bis sich im 16. Jh. deutsche Glasmacher aus dem Erzgebirge hier und in der waldreichen Umgebung niederließen, da man zur Herstellung von Glas erhebliche Mengen Holzkohle braucht. Im 18. Jh. begannen die Gablonzer, aus Glasmasse Edelsteine und Perlen zu imitieren. Damit setzte für den Ort ein stürmischer Aufstieg ein. Im Jahr 1808 erhielt Gablonz die Marktrechte, 1866 wurde es Stadt.

1945 mußten fast alle Deutschen, die weit überwiegende Mehrheit der Bevölkerung, die Stadt verlassen. Im schwäbisch-bayerischen Kaufbeuren gründeten sie den Stadtteil Neugablonz und setzten hier in modernen Anlagen die Glas- und Schmuckherstellung fort. Aber auch im nordböhmischen Jablonec nad Nisou wurde die Produktion 1948 wiederaufgenommen. Zu den traditionellen Industrien kamen der Maschinenbau und die Herstellung von Lastkraftwagen und Kunststoffen.

Daß Jablonec eine junge Stadt ist, verraten seine öffentlichen und privaten Bauten. Überall säumen mehrstöckige Wohnhäuser im historisierenden Stil des Fin de siècle oder im Stil der Wiener Sezession die Gassen, Straßen und Plätze. Das imposante *Rathaus* (Nová radnice) am nám. Jana Švermy (Jan-Švermy-Platz), dem früheren Unteren Platz, erbaute 1929–1933 der Architekt Karl Winter. Das *Stadttheater* an der Leninova (Leninstraße), heute Divadlo Julia Fučika (Julius-Fučik-Theater), errichteten 1906/07 die beiden Wiener Theaterarchitekten Ferdinand Fellner und Hermann Helmer. Sehr empfehlenswert ist ein Besuch des *Glas- und Schmuckmuseums* (Muzeum skla a bižutérie) in der Straße U muzea (Zum Museum), die vom unteren Ende des Jan-Švermy-Platzes östlich wegführt. Das Museum zeigt die Entwicklung der Glasherstellung und -bearbeitung von den ältesten mediterranen Funden bis zur Gegenwart, außerdem Werkschauen großer tschechischer Glaskünstler.

1930–1932 erbaute Joseph Zasche die hoch am nám. Rudé armády (Platz der Roten Armee) gelegene *Herz-Jesu-Kirche* (Kostel Nejsv. srdce Páně), die Gablonzer Stadtpfarrkirche; dem eleganten Ziegelbau gab er konstruktivistische Formen. Die frühere *Pfarrkirche St. Anna* (Kostel sv. Anny) am Dukelské nám. (Dukla-Platz) stammt aus dem 16. Jh. und wurde 1685–1687 im Stil des Barock erneuert.

Ostböhmen (Východní Čechy)

Hradec Králové (Königgrätz)

An der Mündung der Adler (Orlice) in die Elbe (Labe) liegt **Hradec Králové,** Verwaltungshauptstadt des Bezirks Ostböhmen. Als Industrieort und Verkehrsknotenpunkt hat es in den vergangenen Jahrzehnten sehr an Bedeutung gewonnen. Große Teile des Stadtkerns stehen unter Denkmalschutz und zeigen die urbane Entwicklung vom 14. bis zum 20. Jh. Bekannt wurde der Ort durch die »Schlacht bei Königgrätz«, in der die Preußen den »Deutschen Krieg« (1866), den Krieg um die Vorherrschaft in Deutschland zu ihren Gunsten entschieden.

Den Bergsporn zwischen Elbe und Adler krönte schon im 10. Jh. ein slawischer Burgwall, zu dessen Füßen sich eine Siedlung entwickelte, die um 1225 als eine der ersten böhmischen Gemeinden Stadtrechte erhielt. Zu Beginn des 14. Jh. erkor Elisabeth von Polen, Gemahlin Wenzels II. und Rudolfs I., die Burg zu ihrem »Wittiben-Sitz«, gab der Stadt den Namen *Gretz* (von *hrad,* Burg), woraus später »Königgrätz« wurde. Im 15. Jh. hielt Königgrätz, selbst ein Zentrum der hussitischen Bewegung, zu den Taboriten, deren großer Heerführer Jan Žižka nach seinem Pesttod im Jahr 1424 in der Heiliggeistkirche seine vorübergehende Grabstätte fand.

Nach 1620 rekatholisierten die Jesuiten die Bürger der Stadt, 40 Jahre später machte Kaiser Leopold Königgrätz zum Bischofssitz. Maria Theresia umgürtete die Stadt zwischen 1766 und 1789 mit mächtigen Bastionen; die Vorstädte wurden aus wehrtechnischen Gründen abgerissen. Eine bauliche Weiterentwicklung war daher nicht möglich.

Am 3. Juli 1866, knapp 3 Wochen nach Ausbruch des »Deutschen Krieges« (s. S. 26), prallten nordwestlich von Königgrätz 221 000 Preußen mit 702 Geschützen unter Generalstabschef Helmuth von Moltke und 206 000 Österreicher und Sachsen mit 650 Geschützen unter Feldzeugmeister Ludwig August Ritter von Benedek aufeinander. Die Preußen waren nicht nur zahlenmäßig, sondern durch ihre modernen Zündnadelgewehre gegenüber den veralteten Vorderladern der österreichischen Infanterie auch wehrtechnisch im Vorteil. So richtete sich Benedek von vornherein auf eine Defensivschlacht ein und baute seine Stellungen östlich der Bistritza-Sümpfe entsprechend aus. Dennoch gelang es den Preußen, die österreichischen Stellungen zu durchbrechen und Benedeks Truppen in die Flucht zu schlagen. Nach der Schlacht bei Königgrätz, die vielfach auch als »Schlacht bei Sadova« bezeichnet wird, kam es zu einem Friedensschluß, der die Territorien der Donaumonarchie unangetastet ließ, Preußen aber die Annexion Hannovers, Kurhessens, Hessen-Nassaus, Frankfurts und Schleswig-Holsteins erlaubte (»Prager Frieden«). 1867 übernahm Preußen die Führung des neugegründeten Norddeutschen Bundes. Die Trennung Österreichs von den anderen deutschen Staaten war damit

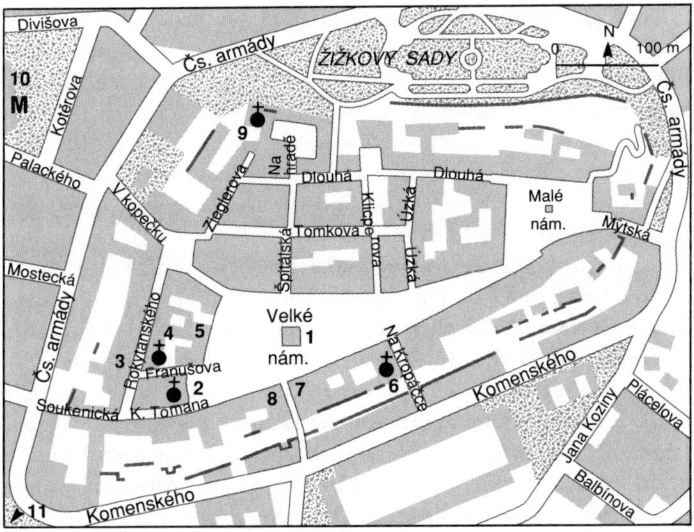

Hradec Králové (Königgrätz)
1 *Mariensäule*
2 *Heiliggeistkathedrale*
3 *Weißer Turm*
4 *St.-Klemens-Kirche*
5 *Altes Rathaus*
6 *Mariä-Himmelfahrts-Kirche mit Jesuitenkolleg*
7 *Špulakhaus*
8 *Bischöfliche Residenz*
9 *Bischöfliches Seminar und St.-Nepomuk-Kirche*
10 *Ostböhmisches Bezirksmuseum*
11 *Holzkirche des hl. Michael*

programmiert. Der Wiener Dichter Franz Grillparzer (1791–1872) rief den Siegern zu: »Ihr glaubt, ihr habt ein Reich geboren, und habt doch nur ein Volk zerstört!«

1884 endete die Geschichte der Festung Königgrätz; die Bastionen und Wälle wurden fast restlos geschleift. Die Stadt dehnte sich fortan beispiellos aus, wobei die Architekten V. Rejchl und O. Liška 1909 eine vorbildliche Stadtplanung durchsetzten. Nach dem Zweiten Weltkrieg entwickelte sich Hradec Králové zu einer der modernsten und zugleich schönsten Städte Böhmens.

Den Mittelpunkt der Altstadt von Königgrätz bildet der dreieckige Žižkovo nám. (Žižkaplatz), der einstige Marktplatz. Auf dem Platz steht eine barocke *Mariensäule* als Erinnerung an die Pestepidemie des Jahres 1714. Die 19 m hohe, von der Gottesmutter gekrönte Säule umgeben die vier Pestheiligen und die böhmischen Landespatrone. In der Südwestecke des Marktdreiecks erhebt sich der hohe Ziegelbau der gotischen *Heiliggeistkathedrale* (Katedrála sv. Ducha; Abb. 42), 1307 von der Königinwitwe Elisabeth (Eliška Rejčka) gestiftet und 1339–1360 als zweitürmige Pseudobasilika erbaut. Die Kirche wurde mehrmals umgestaltet, erneuert, 1660 zur Bischofskirche erhoben, barockisiert, im 19. Jh. regotisiert und 1934–1941 restauriert. Die Glasfenster nach Entwürfen von Josef Scheiwl und die Wandmalereien im Chor stammen aus der zweiten Hälfte des 19. Jh. Das zinnerne Taufbecken, das älteste in Böhmen, entstand im Jahr 1406. 1494 schuf der Meister des Altars von Königgrätz das spätgotische Triptychon mit Szenen aus dem Marienleben. Das Bild des hl. Antonius malte Peter Brandl (um 1730). Das spätgotische Sakramentshaus im Chor mit originalem Eisengitter ist ein Werk des Matthias Rejsek aus dem Jahr 1497.

Nördlich der Kathedrale, an der ul. Rokytanského, ragt der 68 m hohe *Weiße Turm* (Bílá věž) empor, erbaut 1574–1585, mit der Glocke »Augustinus«, der zweitschwersten Glocke Böhmens (nach der im Südturm des Veitsdoms hängenden Glocke). – An ihn ist die kleine *St.-Klemens-Kirche* (Kostel sv. Klimenta), eine Barockkirche (1714–1717) gotischen Ursprungs, angebaut. An der Westseite des Žižkaplatzes steht auch das *Alte Rathaus* (Bývalá radnice), ein zweitürmiger Renaissancebau des 16. Jh. Die frühbarocke *Mariä-Himmelfahrts-Kirche* (Kostel Nanebevzeti Panny Marie) an der Südseite des Platzes ließen die Jesuiten 1654–1666 von Carlo Lurago errichten. Ihr Inneres schmücken mehrere Gemälde von Peter Brandl. Rechts grenzt an die Marienkirche das frühere *Jesuitenkolleg* (Jezuitská kolej; 1671–1710), erbaut von Johann Santini-Aichel und Paul Ignaz Bayer. Seit der Aufhebung des Ordens im Jahr 1773 diente das Kolleg als Kaserne. Westlich davon, an der Ecke der Treppenstraße Bono Publiko, steht das *Špulak-Haus* (U Špuláků; Nr. 34), ein Renaissancebau, der um 1750 das heutige spätbarocke Aussehen erhielt.

Die *Bischöfliche Residenz* (Biskupská rezidence) jenseits der Treppenstraße stammt aus den Jahren 1709–1716 und wurde 1777 hochbarock erneuert. Heute enthält das Gebäude die Bezirksgalerie mit Werken alter Meister und eine Altertümersammlung. Die Gassen hinter der Kathedrale säumen einige alte Domherrenhäuser im Stil der Renaissance bzw. des Barock (ul. Karla Tomana Nr. 44–51). Die Špitálská ul. (Spitalgasse) und die Straße Na hradě (Zur Burg) führen vom Žižkaplatz nach Norden zum ehemaligen *Bischöflichen Seminar* und der *St.-Nepomuk-Kirche* (Kostel sv. Jana Nepomuckého) dahinter, die beide seit dem ersten Viertel des 18. Jh. die Stelle der einstigen Burg einnehmen. Die östliche Spitze des Žižkaplatzes mündet in den *Husovo nám.* (Husplatz) mit dem Brunnen des hl. Johannes Nepomuk (Kašna se sochou sv. Jana Nepomuckého; 1718) und schönen, ursprünglich gotischen Bürgerhäusern im Stil der Renaissance (Nr. 6 und 10–14).

Am Altstadtufer der Elbe erbaute Jan Kotěra 1908–1912 das *Ostböhmische Bezirksmuseum* (Krajské muzeum východnich Čech) in prächtigem Jugendstil. Die allegorischen Figuren beiderseits des Eingangs, »Geschichte« und »Industrie«, gestaltete 1912 Vojtěch Sucharda. Der Geschichte und dem Gewerbe Ostböhmens widmen sich denn auch die interessanten Exponate des Museums.

Durch das *Schlachtfeld bei Königgrätz* verläuft die Straße 35 nach Prag. Etwa 10 km hinter Hradec Králové biegt man zum heftig umkämpften Dorf **Chlum** ab (1 km), wo man ein Museum, ein Aussichtsgerüst mit Blick über das gesamte Schlachtfeld, ein Ossarium und einen kleinen preußischen Friedhof mit hohen Bäumen inmitten weiter Äcker findet, eines von zahlreichen über das Schlachtfeld verstreuten Gräberfeldern.

Pardubice (Pardubitz)

Das ostböhmische **Pardubice** ist für köstliche Lebkuchen und guten Eishockeysport bekannt. Daß hier alljährlich das Große Pardubitzer Steeplechase, das schwierigste Hindernisrennen auf dem europäischen Kontinent, stattfindet, wissen vor allem Anhänger des Pferdesports. Die aufstrebende Industriestadt (Rundfunk- und Fernsehgeräte, Chemie, Nahrungsmittel) mit ihrer

15 AD 58
BUDOVA
VYSTAVENA JEST
K SLUŽBĚ

23 Burg Karlštejn (Karlstein)

◁ 22 Plzeň (Pilsen), Rathaus

24 Burg Křivoklát (Bürglitz)

25 Kutná Hora (Kuttenberg), St.-Barbara-Kathedrale

26 Cheb (Eger), St.-Nikolaus-Kirche

27 Cheb (Eger), »Stöckl«

29 Cheb (Eger), Portal des Gablerhauses ▷

28 Plzeň (Pilsen), Sgraffito auf der Rathausfassade

POTENS VIRGO CARENS LABE. ÆDIS HUIUS CURAM HABE
505
6
507
507
Drobné
zboží
Cheb

30 KARLOVY VARY (Karlsbad), Kuranlagen

31 KARLOVY VARY (Karlsbad), Mühlbrunnkolonnade

32 FRANTIŠKOVY LÁZNĚ (Franzensbad), Glaubersalzquelle

33 FRANTIŠKOVY LÁZNĚ (Franzensbad), Kuranlage

34 Panská skála (Herrenhausfelsen) bei DĚČÍN

35 Im Riesengebirge

36 Landschaft bei SPIŠSKY HRAD

38 TEPLICE (Teplitz), Schloßplatz ▷

37 Das Riesengebirge bei PEČ

40 PARDUBICE (Pardubitz), Ostböhmisches Theater

◁ 39 LIBEREC (Reichenberg), Rathaus

41 OSEK (Ossegg), Klosterkirche Mariä Himmelfahrt

43 Jičin (Jitschin), Stadtplatz

◁ 42 Hradec Králové (Königgrätz), Heiliggeistkathedrale

44 Cheb (Eger), Marktplatz

45 An der Elbe bei Hrensko

47 Pardubice (Pardubitz), Haus am Pernsteinplatz ▷

46 Im Riesengebirge Hradec Králové

überaus sehenswerten denkmalgeschützten Altstadt liegt an der Mündung der Chrudimka in der Elbe; sie zählt 98 000 Einwohner.

1491 erwarb der mährische Feudalherr Wilhelm von Pernstein (Vilém von Pernštejn) die 1340 gegründete Stadt und baute die alte Burg zu einem repräsentativen spätgotischen Sitz um. Nach dem großen Brand von 1507 ließ er die Stadt prächtiger denn je erneuern, worauf die böhmische Redensart »es strahlt wie Pardubitz« anspielt. 1538 brannte die Stadt zum zweiten Mal, und diesmal finanzierte Wilhelms Sohn Johann (Jan) den Wiederaufbau im eleganten Stil der Renaissance. 1560 kaufte die Königliche Kammer die Stadt Pardubitz den Pernsteins ab und verwaltete sie in den folgenden rund 300 Jahren selbst. Mit dem Bau der Eisenbahn im Jahr 1845 begann das wirtschaftliche und urbane Wachstum des Gemeinwesens.

Da die Pernsteins das Gesicht des Stadtkerns von Pardubice geprägt haben, verwundert es nicht, daß der große Hauptplatz heute den Namen der Adelsfamilie trägt: *Pernštýnovo nám.* (Pernsteinplatz; s. Farbt. 13; Abb. 47). Dieser Platz entstand in seiner heutigen Form im Jahr 1507; keines seiner schmucken Bürgerhäuser ist daher älter. Da sich die Stadt erst in der zweiten Hälfte des 19. Jh. von der Königlichen Kammer lösen konnte, erhielt sie sehr spät, nämlich 1893/94, ein eigenes *Rathaus*, das im Stil der Neorenaissance mit einer Sgraffiti-Fassade nach Kartons des berühmten Zeichners Mikoláš Aleš erbaut wurde. Die Mitte des Platzes beherrscht eine *Mariensäule* aus dem Jahr 1695; 1773–1777 erneuerte Jakub Teplý die barocke Säule im Stil des Rokoko.

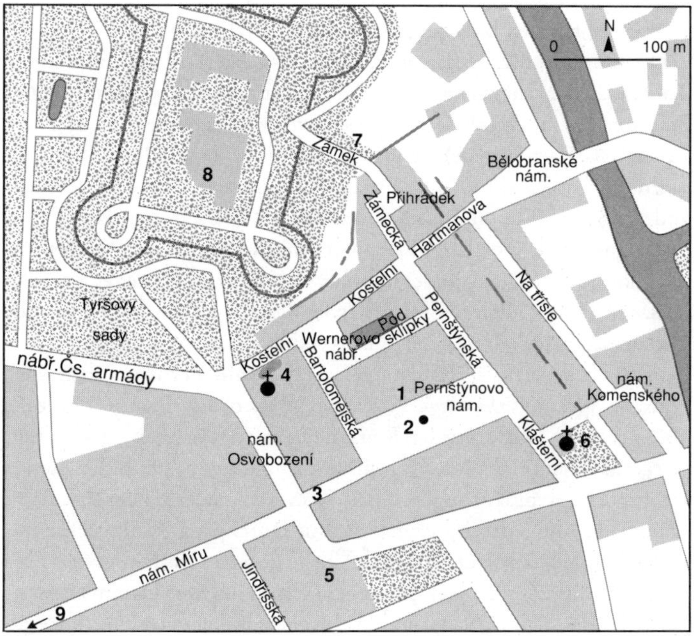

Pardubice (Pardubitz)
1 Rathaus
2 Mariensäule
3 Grünes Tor
4 St.-Bartholomäus-Kirche
5 Ostböhmisches Theater
6 Mariä-Verkündigungs-Kirche
7 Dammweg
8 Renaissanceschloß
9 Kirche Johannes' des Täufers

Pardubice (Pardubitz), Relief am Schloßportal

Am Torbogen zur Bartolomějská ul. (Bartholomäusgasse) zeigt ein *Relief*, das eigentlich zum Schloßportal gehört, die Ursprungslegende des Adelsgeschlechts Pernstein. Da führt der Köhler Věnava, der Ahnherr der Pernsteins, einen Auerochsen am Nasenstrick nach Brünn und schlägt ihm dort mit einem einzigen Hieb den Kopf ab. Der Kopf des Auerochsen mit Nasenstrick ziert das Wappen der Pernsteins. (Darstellungen dieser Legende finden sich auch in anderen Städten Böhmens, z. B. in Litomyšl.)

Das *Grüne Tor* (Zelená brána), ein 1507–1534 errichteter imposanter Torturm, früher Prager Tor (Pražská brána) genannt, verbindet den Pernsteinplatz mit dem langgestreckten Platz der Befreiung (nám. Osvobození). An seinem Nordende steht die zierliche *St.-Bartholomäus-Kirche* (Kostel sv. Bartoloměje), in ihrem Ursprung eine Klosterkirche aus dem Jahr 1295. 1421 wurde sie zerstört, 1507–1514 spätgotisch erneuert, bereits 1538 im Stil der Renaissance verändert. Bei der Restauration in den Jahren 1912/13 erhielt die Stadtpfarrkirche ein schönes Fassadenmosaik nach Entwürfen von Mikoláš Aleš. Das *Ostböhmische Theater* (Východočeské divadlo; Abb. 40) am anderen Ende des Befreiungsplatzes erbaute der Architekt Antonin Balšanek 1906–1909 im Stil der Wiener Sezession. Die beiden Fassadenmosaike von František Urban zeigen das »Urteil der Libussa« und »Žižka vor Prag«.

In der Klášterní ul. (Klostergasse), die vom Pernsteinplatz nach Süden führt, steht die gotische *Mariä-Verkündigungs-Kirche* (Zvěstování Panny Marie), erstmals 1359 erwähnt, 1507 erneuert. Nach Norden führt die Pernštýnská ul. mit zwei alten, im Kern noch gotischen Bürgerhäusern (Haus Nr. 11 und Nr. 12) und setzt sich in der Zámecká ul. (Schloßgasse) fort, die hinter einem Torbogen einen winzigen malerischen Platz erreicht, dessen einfassende Häuser die alte Vorburg ersetzten. Ein Durchgang öffnet sich auf einen Dammweg, der die frühere Brücke über den heute ausgetrockneten Graben ersetzt. Noch immer steht hier die Statue des Brückenheiligen Johannes Nepomuk. Der Damm endet vor dem Portal des *Renaissanceschlosses*, das 1529 die im 13. Jh. entstandene gotische Burg ablöste. Den relativ engen

> ### Das Pardubitzer Steeplechase
>
> Das Große Pardubitzer Steeplechase zieht in jedem Oktober, im Jahr 1990 zum hundertsten Mal, die Reiterelite der Welt nach Pardubice. Zusammen mit dem Grand National Steeplechase von Liverpool gilt es als berühmtestes, schwerstes und spannendstes Hindernisrennen. Rennen über schwere Hindernisse entwickelten sich aus den Jagdspielen zur Zeit des englischen Königs James I. (1603–1625) zum Steeplechase des 19. und 20. Jh. In gegenseitiger Verfolgung *(chase)* mußten Hecken und Gräben übersprungen werden, das Ziel war meist ein Kirchturm *(steeple)*. Seit 1856 veranstalteten die Grafen Kinský solche Rennen, und 1875 fand erstmals auf besonders trassierter Bahn bei Pardubitz ein echtes Steeplechase statt, ein Rennen über eine Strecke von 6900 m mit 31 gefürchteten Hindernissen.

Schloßhof umgeben zweigeschossige Arkaden. (Das Schloß wird zur Zeit restauriert.) Durch den ehemaligen Burggraben schlängelt sich ein Pfad an den Resten der Stadtmauer vorbei zum Tyršovy sady (Tyrš-Garten) und zum Befreiungsplatz.

Die třída míru (Friedensstraße) verbindet als Hauptgeschäftsstraße von Pardubice den historischen Stadtkern mit der neueren City. An der abzweigenden ul. bratranců Veverků (Gasse der Vettern Veverka) steht seit dem Jahr 1510 die gotische *Kirche Johannes des Täufers* (Kostel sv. Jana Křtitele). 1563–1570 wurde sie im Stil der Renaissance umgestaltet. Die Vettern Václav und František Veverka erfanden 1832 den mechanischen Pflug; in der Nähe der Johanneskirche steht ihr Denkmal, ein Werk des Bildhauers J. Strachovský aus dem Jahr 1883.

Die Staatsstraße 11 von Hradec Králové nach Prag zieht durch das Städtchen **Chlumec nad Cidlinou** (Chlumetz) mit dem *Barockschloß Karlova Koruna* (Karlskrone), einem der schönsten Schlösser Böhmens. Der Name des Schlosses geht auf Kaiser Karl VI. zurück, der hier während seiner Krönung zum König von Böhmen (1711) drei Tage gewohnt haben soll. Franz Ferdinand Graf Kinsky beauftragte den Baumeister Giovanni Battista Santini 1721, aus einer unscheinbaren mittelalterlichen Wasserburg einen repräsentativen Adelssitz zu errichten. Das Schloß zeigt anhand zahlreicher kostbarer Exponate, darunter Werke der großen Barockmeister Karel Škreta, Peter Johann Brandl, Johann Kupetzky und Matthias Bernhard Braun, die Entwicklung des böhmischen Barock von seinen Anfängen im 17. Jh. bis zu seinem Höhepunkt im ersten Viertel des 18. Jh.

Jičín (Jitschin)

Das Städtchen **Jičín** an der Cidlina, einem Nebenfluß der Elbe, Geburtsort des Schriftstellers und Literaturkritikers Karl Kraus, dient vielen Wanderern als Tor zum »Böhmischen Paradies«. Im Jahr 1293 wurde Jitschin erstmals als Eigentum der Königin Jitka, der Gemahlin Wenzels II., erwähnt; man nimmt daher an, daß der Name der Königin auf den Ort überging. Die

Königin jedoch verpfändete die Stadt, die später an die Herren von Wartenberg kam. In den Hussitenkriegen blieb die Stadt ungeschoren, denn ihre Bürger hatten sich schnell den Reformern angeschlossen. Unter den Herren Trčka von Lipa nahm Jičín im 16. Jh. einen wesentlichen Aufschwung.

Wie dramatisch die Geschichte der herrschenden Adelsgeschlechter verlaufen konnte, beweist das Schicksal der Familie Smiřický, die um die Wende zum 17. Jh. zu den vermögendsten Adelsgeschlechtern Böhmens gehörte. Zikmund von Smiřic, der damalige Besitzer von Jitschin, erfuhr eines Tages von dem Liebesverhältnis seiner Tochter Eliška Kateřina zu einem Schmied und sperrte sie in das Verließ der Burg Kumburk. Bald darauf starb er vor Gram. 1611 und 1618 starben auch seine Söhne, zwei Führer des böhmischen Ständeaufstandes gegen die Habsburger. Für den jüngsten, noch unmündigen Sohn Jindřich verwaltete nun die zweite Tochter Markéta Salomena den riesigen Besitz. 1619 überfiel Otto von Wartenberg die Kumburk, befreite Eliška aus dem Verließ und heiratete sie; zugleich übernahm er die Besitzungen der Smiřickýs. Markéta ging vor Gericht und obsiegte. Bei der anschließenden Inventur im Schloß Jitschin explodierte das Pulverlager, wobei Eliška umkam. Markéta aber konnte sich nicht lange ihres Sieges erfreuen, denn als Protestantin mußte sie 1620 das Land verlassen und lebte fortan in Hamburg. Nach der Emigration der Markéta übernahm Albrecht von Waldstein die Vormundschaft über ihren Bruder Jindřich und eignete sich nach dem plötzlichen und nie aufgeklärten Tod des jungen Jindřich fast alle Güter der Familie Smiřický an.

Albrecht von Waldstein (Wallenstein) machte Jitschin zur Hauptstadt seines Herzogtums Friedland. Er kaufte am Stadtplatz mehrere Häuser und errichtete an deren Stelle ein Schloß. Er stiftete eine neue Kirche, ein Jesuitenkolleg, ein Gymnasium, baute sich bei Valdice (Walditz) ein Lustschloß, richtete in Jitschin eine Münzstätte ein und beabsichtigte, hier sogar ein Bistum und eine Universität zu gründen. 1634, mit dem Ende der Ära Wallenstein, nahm auch die Blütezeit Jitschins ein Ende.

Als 1806 napoleonische Truppen in Österreich und Böhmen einmarschierten, brachte man die Reichsschätze in geheimer Aktion von Prag und Wien nach Jitschin, wo sie in den Kirchen der Stadt ein sicheres Versteck fanden. 1813 unterzeichneten im Konferenzsaal des Wallenstein-Schlosses Zar Alexander I. von Rußland, Kaiser Franz I. von Österreich und König Friedrich Wilhelm III. die »Heilige Allianz« gegen Napoleon I.

Die Südseite des weiten, von Laubenhäusern gesäumten Stadtplatzes (Valdstejnovo nám., Waldsteinplatz; Abb. 43) beherrscht das 1625–1633 im Stil der Spätrenaissance errichtete *Waldstein-Schloß*. Mit dem Laubengang und den beiden Eck-Erkern paßt es sich fast unauffällig den benachbarten Bürgerhäusern an. Im Schloß befinden sich heute ein Museum und eine Gemäldegalerie. Gezeigt wird auch der Konferenzsaal, in dem das »Dreikaisertreffen« stattfand.

Die frühbarocke turmlose *St.-Jakobs-Kirche* (Kostel sv. Jakuba Většího) neben dem Schloß stammt aus dem Jahr 1627 und zählt zu den ersten barocken Zentralbauten Böhmens. Den Entwurf lieferte G. B. Pierroni, das Kuppelfresko und die Altarbilder malte Josef Kramolín. Das 52 m hohe, im Stil der Renaissance gehaltene *Walditzer Tor* (Valdická brána) in der Südostecke des Waldsteinplatzes zeugt als einziger Überrest noch von der imponierenden Stadtbefestigung (1568–1570). 1768 wurde der Torturm ausgebessert, 1840 erhielt er Galerie und Dach in neogotischen Formen, 1939/40 wurde er sorgsam restauriert. Im 14. Jh. entstand die

St.-Ignatius-Kirche (Kostel sv. Ignáce) in der Südwestecke des Valdstejnovo nám. Auf dem Platz stehen eine barocke *Mariensäule* (Mariánský sloup; Pestsäule) von 1702, ein *Amphitrite-Brunnen* (Kašna se sochou Amfitrité) des Bildhauers Jan Sucharda von 1835 und der *Krönungsbrunnen* (Korunovační kašna) zu Ehren Ferdinands V., der auf seiner Krönungsreise 1836 durch Jitschin kam. Seit 1934 dient der Brunnen als meteorologische Meßstation.

Nordöstlich der Altstadt führt die unter Wallenstein angelegte vierreihige Lindenallee (Lipové stromořadí) zu dem 2,5 km entfernten Lustschlößchen *Libosad,* dessen Loggia als ein großartiges Beispiel des italienischen Manierismus gilt (Sebregondi; 1632). – Bei **Valdice** (Walditz) ließ Wallenstein von seinen Baumeistern Spezza und Sebregondi ein *Kartäuserkloster* (Kartouzy) errichten, in dem seine sterblichen Überreste 1642–1785 aufbewahrt wurden, bevor sie bei seiner ersten Gemahlin Lucretia von Landek in der Annenkapelle der Schloßkirche von Mnichovo Hradiště (Münchengrätz) ihren heutigen Platz fanden.

Kuks (Kukus)

Zwischen Trutnov (Trautenau) und Hradec Králové (Königgrätz) erstreckten sich zu beiden Seiten der Elbe die ausdrucksvollen Barockrelikte des einst berühmten **Kukus.** Bei drei Mineralquellen begann Franz Anton Reichsgraf Sporck im Jahr 1695 einen außergewöhnlichen Kurort zu schaffen: mit einem Schloß für sich und seine hohen Gäste, mehreren Bade- und Gästehäusern, einem »Comoedienhaus« und weiteren Einrichtungen für das Amüsement der Kurgäste, wie »Lusthaus«, »Vogelschießstand«, »Ringelbahn«. Der junge Tiroler Bildhauer Matthias Bernhard Braun hatte die Terrassen und Parkanlagen mit Allegorien der Tugenden und der Laster und mit zahlreichen anderen merkwürdigen Gestalten zu bevölkern. Kukus-Bad entwickelte sich schnell zu einem Zentrum des gesellschaftlichen Lebens in Nordböhmen, gar zu einem Rivalen für das renommierte Karlsbad. Feste, Jagden, Konzerte, Theateraufführungen lösten einander ab, das Quellwasser versorgte die Besucher mit neuen Kräften.

Nach dem Tod des Reichsgrafen im Jahr 1738 erlosch der Trubel, die Kuranlagen verfielen. 1740 riß ein furchtbares Hochwasser der Elbe einen Teil der Kureinrichtungen in die Fluten. Heute präsentiert sich der Park wieder in seinem barocken Ursprungszustand, geblieben sind auch einige inzwischen restaurierte Badehäuser, das älteste aus dem Jahr 1699. Über dem rechten Elbufer erhebt sich die *Dreifaltigkeitskirche* mit dem flankierenden *Spital der Barmherzigen Brüder,* erbaut 1707–1717 von Giovanni Battista Alliprandi. Die große Krypta dient als Familiengruft der Reichsgrafen. Das ehemalige Spital zu beiden Seiten der Kirche enthält ein Refektorium und eine Apotheke, die von 1740 bis 1946 ununterbrochen in Betrieb war, sowie ein Museum mit den Originalplastiken der Werkstatt Braun. Auf der Terrasse entdeckt der Besucher wiederum zahlreiche Steinfiguren, gute Kopien, wie alle im Freien stehenden bildhauerischen Werke.

Westlich von Kuks haben Braun und seine Werkstatt bei dem Dorf Stanovice (Stangendorf) mitten im Wald mehrere biblische Szenen in die natürlichen Felsen gemeißelt, darunter ein Krippenmotiv, weshalb man der Stätte den Namen **Betlehem** (Betlém) gab.

Das Böhmische Paradies

Nordwestlich von Jičín beginnt das **Böhmische Paradies** (Český ráj), ein 1300 qkm großer Naturschutzpark mit bizarren Felsformationen, Kiefernwäldern und zahlreichen Burgen. Der reizvollste Teil des Paradieses sind die **Prachower Felsen** (Prachovské skály) mit einem dichten Netz markierter Wanderwege. Einen Besuch lohnen auch die Ruinen der **Burg Trosky** (Hrad Trosky), wo auf zwei hoch aufragenden, schroffen Basaltfelsen die Türme *Panna* (Jungfrau; 57 m) und *Baba* (Großmutter; 47 m) stehen. Die Burg stammt aus dem 14. Jh., erhielt aber erst in unserer Zeit den Namen *Trosky* (Trümmer).

Die **Burg Kost** zählt zu den besterhaltenen mittelalterlichen Burgen Böhmens. Sie wurde in der zweiten Hälfte des 14. Jh. von den Herren von Wartenberg erbaut. Zu den gotischen Teilen der Burg gehören der große, viereckige *Turm* an der Südostecke des trapezförmigen Hofes, der *Alte Palas* an der Südwestseite und die *Annenkapelle* im Südosten. Im frühen 16. Jh. fügten die Herren von Schellenberg den spätgotischen *Neuen Palas* hinzu (heute am besten erhalten), um die Mitte des 16. Jh. folgte ein dritter Palas für die Herren von Biberstein. Die frühbarocke Sala terrena neben dem Hauptturm entstand 1629 unter Albrecht von Waldstein. Die Lobkowitz bauten anschließend eine Vorburg und eine Brauerei. 1635 brannte die Burg ab, 1686 stürzte der Alte Palas ein, an seine Stelle trat ein Speicher. Nach 1953 wurde die Burg stilgetreu restauriert und zeigt heute eine interessante Sammlung spätgotischer Kunst.

Als weitere Sehenswürdigkeiten des Böhmischen Paradieses sind das barocke **Jagdschloß Humprecht,** heute ein literarisches Museum, die **Burgruine Waldstein,** Stammsitz der Familie Waldstein (Wallenstein), die ›Felsenstadt‹ **Hrubá Skála** mit dem gleichnamigen Schloß und die Felsformationen der *Büttelstübchen* (Drábské světničky) zu nennen.

Trutnov (Trautenau)

Die malerische Kreisstadt **Trutnov,** Zentrum der böhmischen Flachsspinnerei, wird gern »Perle des Riesengebirges« oder »Tor zu Rübezahls Reich« genannt. Sie wurde von deutschen Kolonisten auf Veranlassung Ottokars II. Přemysl als Siedlung *Trautenau* an der Aupa, einem kleinen Nebenfluß der Elbe, gegründet. Seit dem 13. Jh. gehörte sie zum Leibgedinge der böhmischen Königinwitwen, die daraus ihre Einkünfte bezogen. Unter König Johann von Luxemburg (1310–1346) erhielt Trautenau Stadtrechte und entwickelte sich zum Hauptort des böhmischen Riesengebirges. Im Dreißigjährigen Krieg (1618–1648) wüteten mehrmals die Schweden in der Stadt, deren Bewohner auch in den drei Schlesischen Kriegen (1740–1742; 1744/45; 1756–1763) und im Bayerischen Erbfolgekrieg (1778/79) zu leiden hatten. Am 27. Juni 1866, sechs Tage vor der Schlacht bei Königgrätz (s. S. 230), schlugen die Österreicher bei Trautenau eine preußische Heeresabteilung zurück – ihr einziger Sieg im »Deutschen Krieg« von 1866. Auf dem Gablenzberg steht das monumentale Siegesmal für Feldmarschall Ludwig von Gablenz (1868).

Burg Trosky, Radierung von K. Postl nach einer Zeichnung von L. Janscha

Die Besichtigung Trutnovs kann sich auf den gemütlichen Ring, den von schönen Laubenhäusern aus der Zeit der Renaissance und des späten Barock gerahmten Hauptplatz, heute Gottwaldovo nám. (Gottwaldplatz), beschränken. Auf dem Ring steht die 11 m hohe *Dreifaltigkeitssäule* von 1704 und seit 1892 der *Rübezahlbrunnen*, der dem mächtigen Berggeist des Riesengebirges gewidmet ist. Rübezahl – die Tschechen nennen ihn *Krakonoš* – erschien der Sage nach erstmals um die Mitte des 16. Jh. auf der schlesischen Seite des Gebirges. Gutmütig und humorvoll, soll er bis heute Armen und Bedrängten helfen, doch wer ihn ärgert, muß mit derber Strafe rechnen. Im übrigen ist Rübezahl immer zu Streichen aufgelegt, was er in den nahen Adersbacher Felsen beweist. Über den bärtigen Mann kennen die Riesengebirgler Hunderte von Geschichten; der Leipziger Magister Johannes Praetorius hat sie im 17. Jh. gesammelt.

Die spätbarocke *Kirche Mariä Geburt* errichtete Leopold Niederöcker 1755–1782 anstelle einer Pfarrkirche aus dem 13. Jh. Im Stil der Neorenaissance präsentiert sich das *Rathaus*, in dessen Untergeschoß ein gemütliches Weinrestaurant untergebracht ist. Das Museum (Muzeum Podkrkonoší) mit historischen, kunsthistorischen und ethnographischen Sammlungen im Empirestil nimmt den Platz der früheren Burg, des königlichen Witwensitzes, ein.

Adersbacher und Wekelsdorfer Felsen

Von Trutnov aus windet sich eine Straße, den Schienen einer Nebenstrecke folgend, in nordöstlicher Richtung nach **Adršpach** (Adersbach; 18 km) und nach **Teplice nad Metuji** (Wekelsdorf; 24 km). Beide Dörfer sind durch ihre einzigartigen »Felsenstädte« berühmt, die **Teplicko-adršpašské skály.** Im Laufe von Jahrmillionen entstanden die bis zu 70 m hohen, seltsam geformten Gebilde – Felstürme, Felsnadeln, Felsbrücken – durch geologischen Druck, der die mächtige, auf dem Urgestein lagernde Sandsteinplatte hob und zum Bersten brachte; Wasser und Wind, Frost und Hitze modellierten das aufragende Gestein.

Die Adersbacher Felsen wurden 1734 entdeckt, die Wekelsdorfer Felsen kamen erst nach einem großen Waldbrand im Jahr 1824 zum Vorschein. Seit 1933 stehen beide Felsenstädte, vor allem wegen ihrer seltenen Flora und Fauna, unter Naturschutz. Durch die Skály führen markierte Rundwege von je 2 bis 3 Stunden Dauer. Wer sich mit *einer* Felsenstadt begnügen möchte, wähle die Adersbacher Felsen mit ihren besonders bizarren Formen, dem traumhaft schönen Felsensee und dem Rübezahl-Wasserfall.

Die **Felsenstadt von Adersbach** (Adršpašské skály; s. Farbt. 16) umfaßt rund sechzig bezeichnete Felsgebilde, wie den *Zuckerhut* (Homole cukru), *Rübezahls Zahn* (Krakonošův zub), das *Liebespaar* (Milenci), das *Krokodil* (Krokodýl), den *Russischen Kosaken* (Kozák), *Bürgermeister und Bürgermeisterin* (Starosta a Starostová), den *Schweidnitzer Turm* (Svidnická věž) und *Rübezahls Lehnsessel* (Krakonošova lenoška). Über den märchenhaften Adersbacher See, in dem sich die Felskulisse spiegelt, kann man sich mit dem Boot staken lassen. Bei dem Felsen *Goethova deska* erinnert eine Gedenktafel an Goethes Besuch. Vor dem Wasserfall (Vodopád) ein Stück weiter rufen Kinder dreimal laut »Krakonoš! Krakonoš! Krakonoš!«; Rübezahl antwortet auf den herausfordernden Ruf, indem er das spärlich herabfließende Wasser zu einer donnernden und gischtenden Kaskade anschwellen läßt, vor der die Jungen und Mädchen schreiend auseinanderstieben. (Natürlich betätigt ein Aufseher den Wasserschieber am Auslauf des Sees.) Vom Echoplatz (Ozvěna) aus kehrt der Ruf in vielfachem Widerhall zurück.

Riesengebirge (Krkonoše)

Seit 1963 sind rund 385 qkm des böhmischen Riesengebirges Nationalpark. Zusammen mit dem 55 qkm großen Riesengebirgspark jenseits der Grenze bildet er das größte zusammenhängende Naturschutzgebiet Mitteleuropas (Abb. 35, 37, 46). Tiere, Pflanzen und Steine sind geschützt, jedes Verlassen der hervorragend markierten Wanderwege wird mit Geldbuße geahndet. Daß man ein solches Naturparadies nicht mit Abfällen belastet, versteht sich von selbst. Trotzdem führt die jährlich wachsende Schar von Wanderern zu derartigen Schäden, daß manche besonders beliebte Routen ein volles Jahr gesperrt werden müssen, damit sich die Natur regenerieren kann.

Das Riesengebirge besteht in seinem böhmischen Teil aus zwei Kämmen: dem Haupt- oder Grenzkamm und dem Böhmischen Kamm. Der Hauptkamm beginnt im Westen mit der Veilchenspitze (Violík;

1471 m), zieht über das Hohe Rad (Vysoké Kolo; 1506 m) zur Großen Sturmhaube (Velký Šišák; 1424 m), senkt sich zu den Mann- und Mädelsteinen (Mužské a Dívčí kameny; 1416 m und 1414 m) und dem Spindlersattel (Špindlerovo sedlo; 1198 m), hebt sich zur Kleinen Sturmhaube (Malý Šišák; 1440 m) und zum Lahnberg (Stříbrný hřbet; 1490 m), erreicht die höchste Erhebung des Riesengebirges, die Schneekoppe (Sněžka; 1602 m), und sinkt zu den Grenzbauden (Pomezní Boudy; 1050 m) herab. – Der Böhmische Kamm steigt über den Pleßberg (Plešivec; 1210 m) und den Kahleberg (Lysá hora; 1344 m) zur Kesselkoppe (Kotel; 1435 m) und zur Goldhöhe (Zlaté návrší; 1333 m) hinauf, wird hinter dem Schüsselberg (Medvědín; 1235 m) durch das tiefe Elbtal (Labský důl) unterbrochen, um sich jenseits des Tales mit dem Ziegenrücken (Kozí hřbety; 1389 m) bis zur Vereinigung mit dem Hauptkamm fortzusetzen. Der Böhmische Kamm greift mit einigen Ausläufern südwärts: mit dem Heidelberg (Přední Žalý; 1019 m) bei Vrchlabí; dem Bönischberg, auch Hirschberg (Jelení; 1024 m) bei Černý Důl (Schwarzental) und dem Schwarzen Berg (Černá hora; 1299 m) bei Janské Lázně. Zwischen Hauptkamm und Böhmischem Kamm liegen die beiden schönsten Riesengebirgstäler: der Elbgrund (Labský důl) mit den Wasserfällen der Elbe (Labe) und der Pantsche (Pancava) und der Weißwassergrund (Důl Bílého Labe).

Eine Besonderheit des Riesengebirges sind die *Bauden (Boudy),* malerische alte, aber auch hochmoderne Raststätten, die dem Wanderer Getränke aller Art, kräftiges und schmackhaftes Essen und meist auch eine bescheidene Übernachtungsmöglichkeit bieten (vorherige Anmeldung ratsam). Die Bauden haben ihren Ursprung in den Schutzhütten für das Vieh. Die meisten von ihnen behielten ihre Bescheidenheit, manche aber wuchsen zu vielstöckigen Superhotels, wie die neue Elbfallbaude (Labská bouda). Ausgangspunkt für Wanderungen sind die kleinen Städte Rokytnice nad Jizerou und Vrchlabí am Südfuß des Riesengebirges sowie die Gebirgsorte Harrachov, Špindlerův Mlýn, Pec pod Sněžkou und Janské Lázně.

Vrchlabí (Hohenelbe) wurde bereits im 13. Jh. gegründet und 1534 zur Bergstadt erhoben. Zum Bergbau traten später Weberei und Holzverarbeitung als kärgliche Einkommensquellen; erst das Erwachen des Tourismus verbesserte die wirtschaftliche Lage der Hohenelber. 1886 gründete Guido Rotter hier die erste Jugendherberge der Welt. Sehenswert ist das *Rathaus* von Vrchlabí, das 1581 im Stil der Renaissance erbaut und 1732–1735 barockisiert wurde. An der Durchgangsstraße nach Špindlerův Mlýn stehen noch einige schöne alte *Holzlaubenhäuser* des 17. und 18. Jh. Das *Schloß* der Grafen Czernin-Morzin entstand 1546–1614. Hier kam der Architekt des Schlosses, Christoph von Gendorf, königlich böhmischer Berghauptmann, der Vorliebe des Grafen für Zahlensymbolik entgegen: Die vier Türme symbolisieren die vier Jahreszeiten, die zwölf Tore die Monate, die 52 Räume die Wochen und die (angeblich) 365 Fenster die Tage des Jahres. Im Schloß residiert heute die Verwaltung des Riesengebirgsnationalparks. Das seit 1705 bestehende *Augustinerkloster* in der Husova ul. (Husgasse) nahm 1941 die seit 1883 aufgebauten natur- und kulturgeschichtlichen Sammlungen des Deutschen Riesengebirgsvereins auf und zeigt sie heute unter dem Thema »Stein und Leben« in moderner Darstellungsweise (Riesengebirgsmuseum, Krkonošské muzeum).

Harrachov (Harrachsdorf) liegt inmitten schöner Nadelwälder am Südwestfuß des Riesengebirges im Tal der Mummel (Mumlava). Das »Dörfl« wurde im 17. Jh. gegründet und erhielt im 18. Jh. den Namen der herrschenden Grafen Harrach. Im Nachbardorf Neuwelt, heute als **Nový Svět** eingemeindet, richtete der Graf 1712 eine Glashütte ein, deren Erzeugnisse auch außerhalb Österreich-Ungarns begehrt waren. In Neuwelt begann der berühmte Glasschleifer

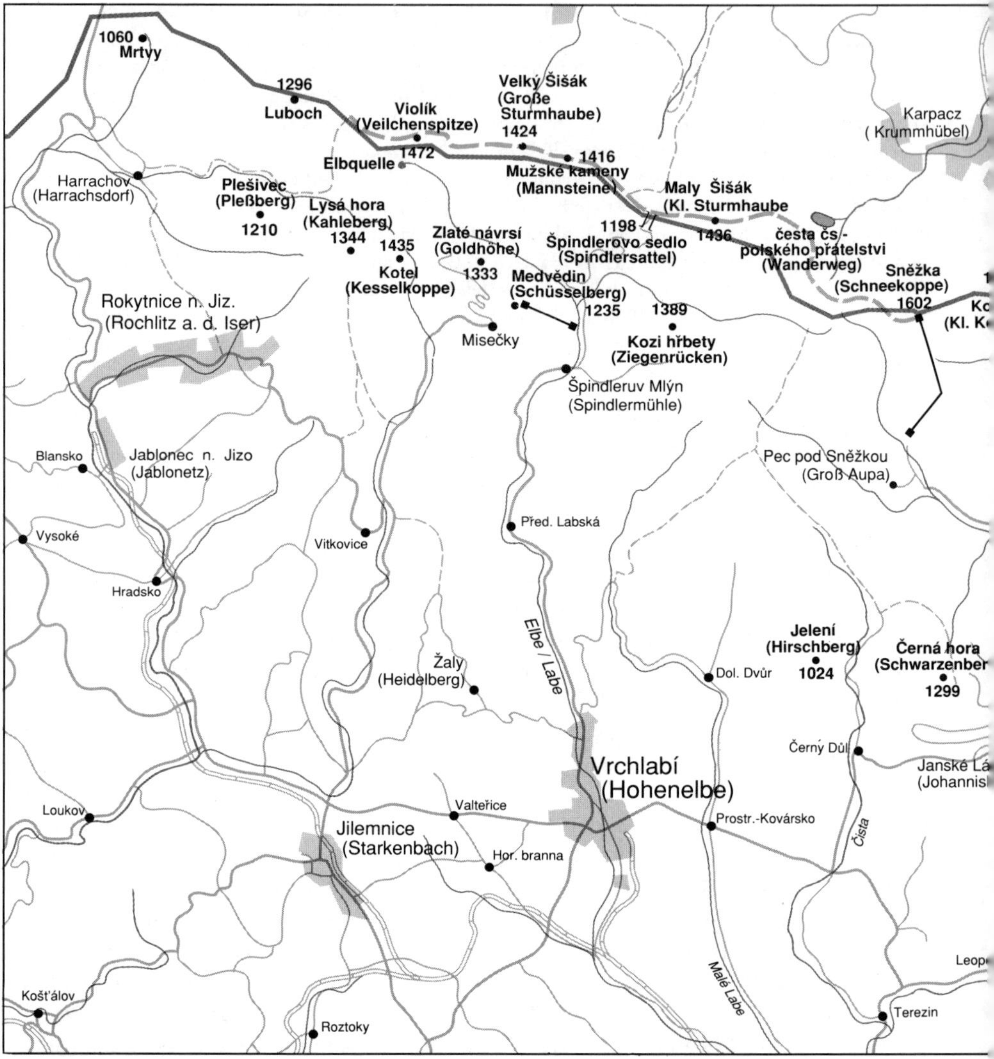

Das Riesengebirge

Dominik Biemann (1800–1857) seinen Weg; später ging er nach Prag und schließlich nach Franzensbad, wo er Porträts von Goethe, Beethoven und Mitgliedern des Kaiserhauses und des Hochadels in Glas schnitt. Seine Arbeiten sind in vielen Museen Europas zu sehen. Noch heute schleifen in der Glashütte Harrachov hochqualifizierte Handwerker auf den alten,

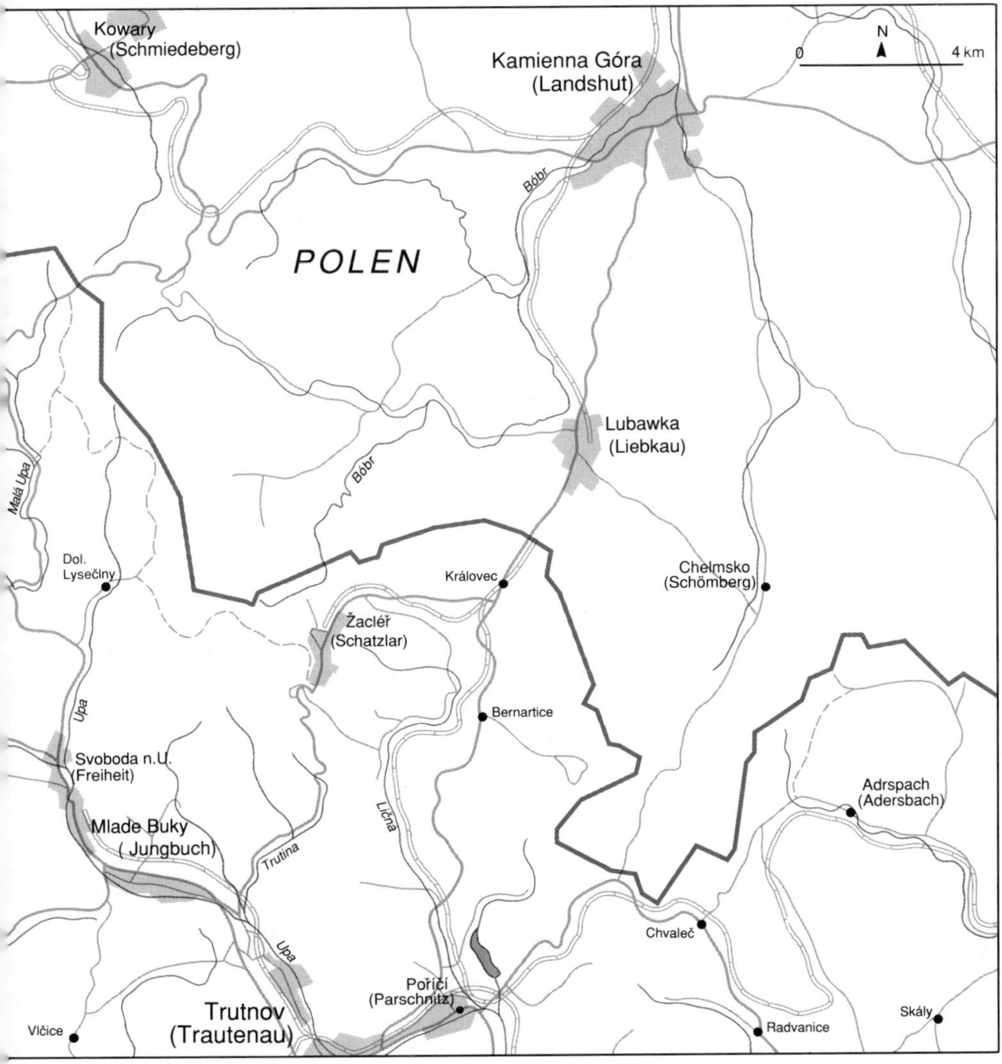

aber bewährten Schleifbänken edelstes Kristallglas. Ein Glasmuseum und eine Verkaufsstelle für böhmisches Glas erinnern an die jahrhundertealte Harrachsdorfer Tradition. Als Sommerfrische, mehr noch als Wintersportort mit Sprungschanzen, zahlreichen Skilifts und Abfahrtshängen ist Harrachov heute ein international besuchter Ort.

Špindlerův Mlýn (Spindlermühle), einen Luftkurort in 750–850 m Höhe, gründeten im 17. Jh. Tiroler Waldarbeiter. Der Name der Ortschaft geht auf die Wassermühle eines gewissen Spindler zurück. Bis 1630 holte man hier Silber und Kupfer aus dem Berg. Heute ist Špindlerův Mlýn der Mittelpunkt des Fremdenverkehrs im Krkonoše. **Janské Lázně** (Johannesbad), das »Badgastein des Riesengebirges«, gründete 1677 Johann Adolf Fürst Schwarzenberg im Tal der Aupa (Úpa). In diesem Badeort mit seiner Thermalquelle (29,6 °C) und mehreren eisenhaltigen Quellen lassen sich bei Nervenkrankheiten und Erkrankungen des Bewegungsapparates die Kuranwendungen hervorragend mit Wanderungen und Wintersport verbinden. Wanderwege und eine Kabinenseilbahn führen zum Schwarzenberg (Černá hora; 1299 m) empor. Wer den Höhenunterschied von 550 m zu Fuß überwinden möchte, folge dem Lobkowitzweg zu den Spiegelbauden (Zrcadlovky) und von dort zum Gipfel mit der Sokol-Baude (Sokolská bouda) und dem Berghotel (Horský hotel). Von hier geht es weiter zum Schwarzenbergtorf (Černohorská rašelina), dem höchsten, unter Naturschutz stehenden Hochmoor des Riesengebirges. Ein 4 km langer Lehrpfad führt durch das Reservat.

Die **Schneekoppe** (Sněžka), den mit 1602 m höchsten Berg des Riesengebirges, erreicht man am besten von Pec pod Sněžkou aus, wo beim Parkplatz im Riesengrund (Obří důl) oberhalb des Ortes der Sessellift beginnt. Auf dem Gipfel, über den die tschechoslowakisch-polnische Staatsgrenze verläuft, steht die 1868 erbaute *Böhmische Baude* (Česká bouda). Auf polnischer Seite schwankt die im Jahr 1900 aus Holz gezimmerte ehemalige *Wetterwarte* mit ihrem 15 m hohen Turm im Wind. Ebenfalls aus Holz ließ der schlesische Graf Schaffgotsch 1665–1681 die runde *Laurenzikapelle* auf die Koppe setzen. Die Stelle der früheren Schlesischen Koppenbaude nimmt heute ein modernes *Berghotel* mit integrierter meteorologischer Station ein. Die Aussicht von der Schneekoppe ist berühmt, sie reicht an klaren Tagen bis zum Fernsehturm von Liberec, zum schlesischen Zobten, sogar bis zum Weißen Berg bei Prag.

Nordöstlich von Hradec Králové liegt die kleine Industriestadt **Náchod** (Nachod), deren Stadtbild von dem mächtigen Schloß der Piccolomini beherrscht wird. Der Florentiner Ottavio I. Piccolomini-Pieri (1599–1656) war 1627 als Leibwächter in die Dienste Albrechts von Waldstein (Wallenstein) getreten. 1632 wurde er Offizier in dessen Heer, verriet jedoch Wallensteins geheime Pläne an Ferdinand II. Der Kaiser beauftragte ihn mit der Festnahme. 1634 wurde Wallenstein in Eger im Verlauf der Festnahme erstochen (s. S. 191f.). Ferdinand II. ernannte Ottavio Piccolomini zum kaiserlichen Feldmarschall und beschenkte ihn mit der Herrschaft Nachod.

Das imposante *Schloß*, das aus einer Grenzburg (gegen 1250) des Grafen Hron von Nachod hervorgegangen ist, wurde 1554–1614 im Renaissancestil umgebaut. Dabei entstand das sogenannte *Smiřický-Schloß* im Süden des Areals. Aus gotischer Zeit blieb allein der mächtige Rundturm erhalten. Piccolomini ließ das Schloß von Carlo Lurago 1650–1659 erneuern und durch den *Piccolomini-Bau* ergänzen. Dieser Bau enthält eine *Marienkapelle* mit großartigen frühbarocken Stukkaturen von Domenico Rossi und Andrea Cyrus. 1729–1731 fügte Anton Brath im Norden zwei Amtsgebäude an den Schloßkomplex. Das prachtvolle Piccolomini-Portal entwarf Severin Stolař. Die Nordseite schließt seit dem 17. Jh. eine runde Bastei ab. Der

Ausflug zu Elbquelle und Elbfall

Mit dem Wagen fährt man von der Abzweigung Jilemnice (Starkenbach) in nördlicher Richtung bis Mísečky (Schüsselbauden), läßt den Wagen am Ende der Straße auf dem großen Parkplatz stehen und steigt in den Bus um, der die Wanderer zur Vrbatabaude (Vrbatova bouda) bringt. Von hier aus führt ein markierter Weg zum Pantschefall (Vodopad Pančavy), dem höchsten Wasserfall des Riesengebirges (130 m), und weiter zur **Elbfallbaude** (Labská bouda) am Steilabfall der Elbwiese (Labská louka), einem mit Latschen besetzten Hochmoor (1386 m), in dem die Elbe entspringt. Eine eigentliche Quelle gibt es nicht, vielmehr vereinigen sich von der Elbwiese abfließende Wasser zu einem kleinen Bach. Der **Elbbrunnen** (Labská studanka bzw. pramen Labe) symbolisiert die Quelle. Eine Bronzetafel ist Jan Buchar, dem großen Förderer des Wanderns im böhmischen Riesengebirge, gewidmet. Schließlich stehen zwei Reihen von Wappen für alle Städte, die die Elbe auf ihrem Weg zur Nordsee begleiten. Nordöstlich der Elbfallbaude zieht der Weg zum 40 m hohen **Elbfall** (Labský vodopád), von dem aus die junge Elbe durch den 8 km langen **Elbgrund** (Labský důl), das romantische Gebiet der »Sieben Gründe«, rauscht, wo im Jahr 1762 der letzte Bär des Riesengebirges geschossen wurde. In Höhe des Restaurants Myslivna (= Forsthaus) vereinigt sich die Elbe mit der Weißen Elbe (Bílé Labe) und nähert sich dem Ort Špindlerův Mlýn (Spindlermühle). Den begleitenden **Harrachweg** schuf 1879 Graf Harrach, der die 260 ha des Elbgrundes schon im Jahr 1904 zum Naturschutzgebiet erklärte.

von Lurago im Smiřický-Schloß eingerichtete *Spanische Saal* wurde um die Mitte des 18. Jh. im Stil des Rokoko renoviert; Felix A. Scheffler schuf das Fresko »Verherrlichung des Ottavio I. Piccolomini«.

Bemerkenswert ist die Ausstattung des Schlosses mit einer Serie von Brüsseler Wandteppichen nach Vorlagen von Jakob Jordaens (erste Hälfte 17. Jh.). 1792 kaufte Herzog Peter von Kurland Schloß und Herrschaft Nachod. Nach dem Verlust seiner baltischen Provinz ließ er sich als vermögender und sachkundiger Kunstmäzen in Böhmen nieder und ergänzte die Sammlung der Piccolomini durch kostbare Gemälde.

Am Nordwestfuß des Adlergebirges (Orlické hory) liegt auf einem von der Mettau (Metuje) umflossenen Bergsporn die Stadt **Nové Město** (Neustadt), deren Besuch allein des Schlosses wegen lohnt. Über die Entstehungszeit des Ortes ist wenig bekannt. Im Jahr 1501 erhielt die Siedlung Stadtrechte, fiel 1526 einer Feuersbrunst zum Opfer und wurde unter der neuen Herrschaft der Grafen Pernstein in den Formen der Renaissance wiederaufgebaut. Die mittelalterliche Feste verwandelten die Pernsteins in ein prächtiges Schloß, das noch heute beherrschend die Stadt überragt.

Den *Marktplatz* umschließen schöne Laubenhäuser aus dem 16. Jh., darunter das prächtige *Rathaus* mit Lauben und Giebelkranz. Auch die Pfarrkirche entstand im frühen 16. Jh. Vom

Zwerg im Schloßpark von Nové Město

Markt aus überquert eine Brücke den einstigen Burggraben zum *Renaissanceschloß* mit seinem hohen, runden, überkuppelten Turm, dem *Máselnice* (Butterfaß). 1655–1661 gab Carlo Lurago dem Schloß ein frühbarockes Aussehen. Im 19. Jh. war das Schloß verlassen und verfiel, bis es 1908 der Textilindustrielle Josef Bartoň kaufte und von Dušan Jurkovič im Geist des späten Jugendstils restaurieren ließ. Ein Teil der Innenräume bekam dadurch ein völlig neues Gesicht. Die Schloßterrassen verband Jurkovič 1910 durch eine verspielte Holzbrücke mit den Gärten unterhalb des Schlosses. Auch die Garten- und Parkanlagen wurden auf eindrucksvolle Weise umgestaltet. Die Terrassenmauer schmücken 24 Zwerge, die die Werkstatt des Matthias Bernhard Braun nach Zeichnungen des Franzosen Jacques Callot fertigte. Auch vor dem Graben beiderseits der Brücke stehen Brauns originelle Zwerge, die Bartoň 1932 für sein Schloß erwarb.

Das Schloß bewahrt wertvolle Sammlungen, darunter einige flämische Meister, vor allem aber Werke der tschechischen Kunst des 19. und 20. Jh., Gemälde von Julius Mařák, Max Švabinský, Antonín Hudeček u. a., Plastiken von Josef Václav Myslbek, Jan Štursa, František Úprka u. a., Gobelins und Keramik.

Litomyšl (Leitomischl)

Ähnlich wie in Nové Město gilt auch der Besuch von Litomyšl hauptsächlich dem Schloß, das in seinem prachtvollen Renaissancegemäuer das Museum der tschechischen Musik beherbergt, da Leitomischl der Geburtsort des größten tschechischen Komponisten, Friedrich (Bedřich) Smetanas, ist.

Im 10. Jh. errichtete die Dynastie der Slawnikinger auf dem heutigen Schloßhügel eine Burg und eine Kirche. Vor 1150 gründeten die Prämonstratenser neben der Burgstätte ein Kloster, das sie im 14. Jh. in ein Domkapitel umwandelten. Von 1344 bis zu den Hussitenkriegen war Leitomischl Bischofssitz. Seine Bischöfe besiedelten den Schönhengstgau (s. S. 294) mit deutschen Bauern und Handwerkern. 1568 bauten die Pernsteins die Burg in ein monumentales Renaissanceschloß um.

Mittelpunkt von Litomyšl ist der langgestreckte Gottwaldovo nám. (Gottwaldplatz), der einstige Marktplatz von Leitomischl mit dem Smetana-Denkmal. Ihn säumen wohlerhaltene Bürgerhäuser im Stil der Renaissance und des Barock mit Lauben und schönen Giebeln. Die *Pfarrkirche zur Kreuzerhöhung* stammt aus dem dritten Viertel des 14. Jh. und wurde im 17. Jh.

Bedřich Smetana

erneuert. Die barocke *Piaristenkirche zur Kreuzauffindung* errichtete Giovanni Battista Alliprandi 1714–1726. An die Kirche schließt sich das *Piaristenkolleg* aus dem 17. Jh. an, in dem heute Trauungen und andere Feierlichkeiten stattfinden und in dem das kleine, liebevoll eingerichtete *Stadtmuseum* untergebracht ist; sein kostbarstes Exponat ist ein Graduale (Kirchengesangbuch) von 1563. Beachtung verdient auch das Portal des Kollegs aus dem Jahr 1681 mit den beiden Wappen der Trauttmansdorffs (Blüte und Stern) und der Pernsteins (Kopf eines Auerochsen mit Nasenseil).

Das *Schloß* von Litomyšl, dessen Außenwände mit naiv-figürlichen Sgraffiti überzogen sind, ließ sich der Hochkanzler Vratislav von Pernstein 1568–1573 von den Brüdern Giovanni Battista und Udalrico Aostali im Stil der Renaissance erbauen. Der Südflügel mit dem Hauptportal enthält im zweiten Stockwerk einen beidseitig offenen Arkadengang. Dieser Gang ist Teil des großen Arkadenhofs, um den sich die Schloßtrakte gruppieren. Im letzten Jahrzehnt des 18. Jh. ließ der neue Schloßherr Graf Georg Josef von Waldstein-Wartenberg das Interieur klassizistisch umgestalten. Lediglich die Schloßkapelle, der große Speisesaal und der »Schlachtensaal«, den sich Graf Trauttmansdorff um 1730 mit Bildern der Schlachten des Prinzen Eugen von Savoyen ausschmücken ließ, blieben im alten Zustand.

Im Erdgeschoß des Westflügels entstand 1796/97 ein neues *Theater,* nachdem zwei ältere im Abstand von nur wenigen Jahren durch Feuer vernichtet worden waren. Dieses Theater gehört mit dem von Český Krumlov (s. S. 142) zu den ältesten noch erhaltenen Schauspielstätten Mitteleuropas. Dominik Dvořák, der schon die klassizistisch veränder-

Litomyšl (Leitomischl)
1 Smetana-Denkmal 2 Pfarrkirche zur Kreuzerhöhung 3 Piaristenkirche zur Kreuzauffindung 4 Stadtmuseum 5 Jirásek-Denkmal 6 Schloß 7 Geburtshaus Smetanas 8 Interhotel Dalibor

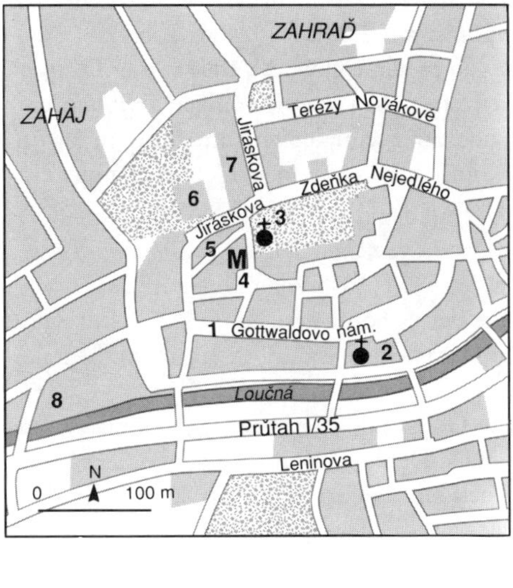

Litomyšl (Leitomischl), Stadtansicht

ten Palasträume ausgemalt hatte, schmückte auch das Theater. Die Kulissen entwarf der damals berühmteste Theatermaler des Habsburgerreiches, Josef Platzer. Von seinen Wiener und Prager Dekorationen blieben nur die Entwürfe erhalten; Litomyšl dagegen besitzt alle Bühnenbilder im Original.

Außer dem Theater ist in den Repräsentationsräumen des Schlosses das *Museum der tschechischen Musik* zu besichtigen. Das Museum ist dem Nationalmuseum Prag angeschlossen und zeigt die Entwicklung der tschechischen Musikkultur vom frühen Mittelalter bis zur Gegenwart. Für jede Epoche kann der Besucher Musikbeispiele über Tonband abfordern.

Dem Schloß gegenüber steht das schlichte Gebäude der Schloßbrauerei, das *Geburtshaus von Friedrich Smetana,* mit einer kleinen Gedenkstätte. In dem mehrfach dem Stil der Zeit angepaßten Renaissancegebäude wurde der Komponist am 2. März 1824 als Sohn des Braumeisters geboren, im Leitomischler Schloßtheater gab er sein Debüt. Ab 1866 war er Dirigent am Prager Nationaltheater, mußte diese Tätigkeit aber 1874 wegen völliger Taubheit aufgeben. Am 12. Mai 1884 starb Smetana in Prag und fand seine letzte Ruhestätte im Slavín, dem Prager Ehrenfriedhof. Die Porträtbüste des Komponisten in seinem Geburtszimmer entwarf Otakar Španiel (1924).

Südmähren (Jižní Morava)

Brno (Brünn)

Brno (Brünn), die alte Kapitale Mährens, ist heute Verwaltungshauptstadt des Südmährischen Bezirks. Die drittgrößte Stadt der Tschechoslowakei (395 000 Einwohner) liegt am Fuß des Spielbergs (Špilberk) und am Zusammenfluß von Schwarzawa (Svratka) und Zwittawa (Svitava). Als eine der bedeutendsten Industriestädte des Landes (Textil-, Maschinen-, elektrotechnische, chemische Industrie) veranstaltet Brünn die größte Industriemesse der Tschechoslowakei. Die von breiten Ringstraßen umgebene Altstadt konnte noch viele mittelalterliche Bauten bewahren.

Bereits vor 30 000 Jahren siedelten im Brünner Raum Menschen der paläolithischen Brünn-Rasse (Homo fossilis), die man der Aurignacien-Kultur zuordnet. Gegen 400 v. Chr. gaben Kelten der Siedlung den Namen *Brynn*, die im 6. Jh. den Quaden nachfolgenden Slawen formten ihn in *Brno* um. Gegen 800 erbauten sie auf dem Petrov (Petersberg) eine Burg, die 1091 erstmals als Sitz des Markgrafen von Mähren erwähnt wurde. Im 12. und 13. Jh. ließen sich größere Gruppen deutscher und wallonischer Siedler in dem Burgflecken nieder, den sie *Brünn* nannten. 1243 erhob König Wenzel I. die Siedlung zur Stadt, Ottokar II. Přemysl und Wenzel II. bestätigten und erweiterten die Privilegien Brünns.

Im 14. Jh. errichteten die Markgrafen von Mähren auf dem Spielberg eine neue Residenz, in der auch Karl IV. vor seiner Krönung zum König seinen Sitz hatte. In den Hussitenkriegen blieb Brünn dem Kaiser treu; zwar wurde es 1428 und 1430 von den Taboriten belagert, aber nicht erobert. 1642 erlangte Brünn anstelle von Olmütz den Rang der Hauptstadt von Mähren. Verwüstungen durch die Schweden (1645) und die Türken (1663) führten zum Bau mächtiger Stadtbefestigungen, an denen auch Friedrich der Große 1742 scheiterte. Am 2. Dezember 1805 nahm Napoleon vor der Schlacht bei Austerlitz (s. S. 271) in Brünn Quartier; 1809 ließ er die Zitadelle auf dem Spielberg schleifen. 1860 fielen auch die Stadtmauern; an ihre Stelle traten Parkanlagen und Boulevards. Einzig das Měnín-Tor blieb erhalten. Im späten 18. und vor allem im 19. Jh. förderten Steinkohleabbau und Schafzucht in der Umgebung die Entwicklung Brünns zu einer Industriemetropole, zum »mährischen Manchester«.

Die Altstadt von Brünn besitzt mehrere zentral gelegene Plätze, von denen der Zelný trh (Krautmarkt), früher auch Oberring (Horní trh) genannt, am Fuß der alten Burg, der größte, älteste und volkstümlichste ist. In der Mitte des Platzes erhebt sich in schäumender Pracht der *Parnaß-Brunnen*, eine Schöpfung des Barockmeisters Johann Bernhard Fischer von Erlach (1693–1695) mit Steinmetzarbeiten von Adam Tobias Kracker und Bernhard Höger: Allegorien

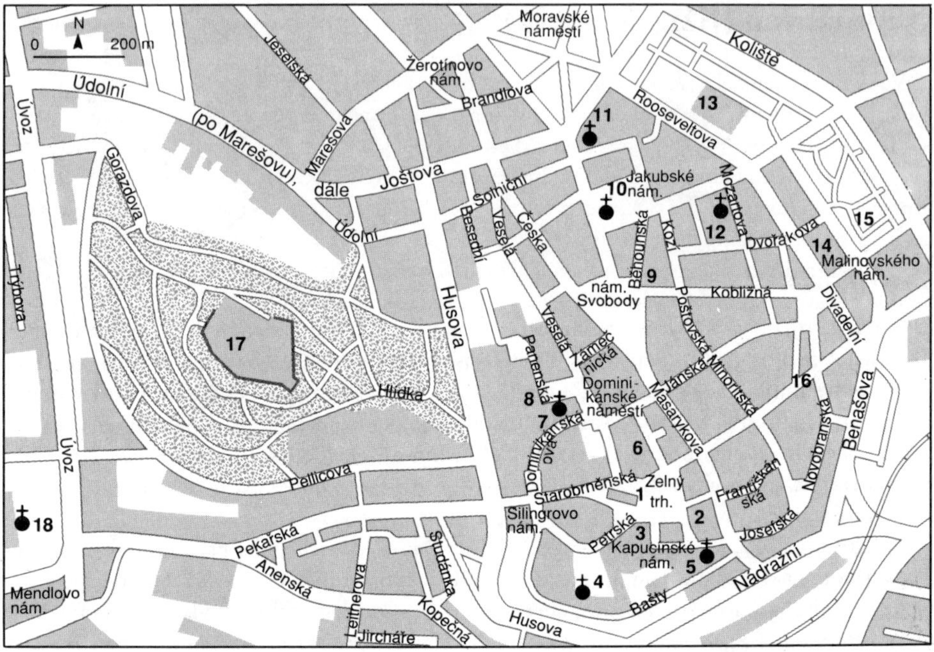

Brno (Brünn)
1 Parnaß-Brunnen 2 Redoute 3 Mährisches Museum 4 Petersdom 5 Kirche der Auffindung des heiligen Kreuzes 6 Altes Rathaus 7 Dominikanerkirche St. Michael 8 Neues Rathaus 9 Volkskundemuseum 10 St.-Jakobs-Kirche 11 St.-Thomas-Kirche 12 Jesuitenkirche Mariä Himmelfahrt 13 Janáček-Theater 14 Mahen-Theater 15 Künstlerhaus 16 Měnín-Tor 17 Spielberg 18 Augustinerkirche Mariä Himmelfahrt

der vier Jahreszeiten, Herkules im Kampf mit dem Höllenhund Zerberus, Amphitrite und verschiedene Tierfiguren. Obst- und Gemüsestände bestätigen noch heute den einstigen Namen des Platzes. Die *Dreifaltigkeitssäule* entstand 1729–1733. Die *Redoute* (Reduta) in der Südostecke des Platzes ist das älteste Theater Brünns, 1670 gegründet und zwischen 1918 und 1945 als deutschsprachige »Kammerspiele am Krautmarkt« bekannt.

Die Südwestecke des Krautmarktes beherrscht das *Mährische Museum* (Moravské muzeum), das im Jahr 1818 als Franzensmuseum aus dem Dietrichstein-Palais (17. Jh.) und dem benachbarten Alten Bischöflichen Palais (15./16. Jh.) hervorging. Von diesem Palais aus leitete Kardinal Fürst Franz von Dietrichstein nach der Schlacht am Weißen Berg (1620) die Rekatholisierung Mährens ein. Das Museum ist berühmt für seine archäologischen und naturwissenschaftlichen Sammlungen, darunter die steinzeitliche »Venus von Věstonice (Westonitz)« (s. S. 12) und die größte Zikadenkollektion der Welt. Die Gemäldegalerie des Museums zeigt Werke von Cranach, Rubens, Teniers, Maulpertsch, Hugo Lederer und modernen mährischen Malern sowie einen Bilderzyklus aus der ersten Hälfte des 15. Jh. Ein schönes Beispiel mittelalterlicher Bebauung bietet der *Špaliček,* eine Gruppe zusammengedrängter Bürgerhäuser, die man 1969–1973 rekonstruierte.

Vom Platz steigt die Petrská ul. (Petergasse; Domstiege) zum Hügel Petrov (Petersberg, auch Franzensberg) empor. Hier erhebt sich auf den Fundamenten einer altslawischen Burgstätte und einer nachfolgenden romanischen Kirche (1131) der *Petersdom* (Dóm na Petrově, auch St.-Peter-und-Paul genannt). Der im 15. Jh. errichtete hochgotische Bau wurde 1645 bei einem Bombardement der Schweden schwer beschädigt, in den 40er Jahren des 18. Jh. von dem bayerischen Baumeister Mauritz Grimm im Barockstil erneuert und zu Beginn des 20. Jh. regotisiert und mit zwei neogotischen Türmen versehen. Die Außenkanzel an der Nordseite des Doms (»Capestranskanzel«) erinnert an den Franziskaner Johannes Capestrano, den großen Wanderprediger des 15. Jh.

Daß die Mittagsglocke des Brünner Doms schon um 11 Uhr statt um 12 Uhr läutet, hat folgenden Grund: Viele Wochen des Jahres 1645 hatten die Schweden die Stadt belagert, als ihr Feldherr entschied, die Belagerung aufzugeben, wenn die Stadt nicht bis Mittag des folgenden Tages erobert wäre. Das hatte der Domglöckner erfahren und läutete, als die angreifenden Schweden schon einzudringen drohten, die Mittagsglocke eine Stunde früher. Sofort brachen die Schweden ihren Angriff ab und zogen von dannen. Aus Dankbarkeit erklingt das Mittagsgeläut seitdem jeweils um 11 Uhr.

Den *Merkurbrunnen* im Domhof stifteten Brünner Kaufleute im Jahr 1693 für den Unteren Markt; 1867 kam er auf seinen heutigen Platz.

Die *Kirche der Auffindung des hl. Kreuzes* (Kostel Nalezení sv. Kříže) am Kapucinské nám. (Kapuzinerplatz), dem früheren Kohlenmarkt, war Teil des ehemaligen Kapuzinerklosters; Baumeister Otto Erna ließ sie 1648–1651 erstehen. Ihre Giebelfassade schmückt ein Bild der Kreuzauffindung. (Nach der Legende fand die Kaiserin Helena um das Jahr 320 auf Golgatha das Kreuz Christi und verwahrte es in der von ihrem Sohn Konstantin dem Großen gestifteten Auferstehungskirche zu Jerusalem.) In der Krypta der Kirche sind etwa fünfzig wohlerhaltene Mumien von Mönchen und Wohltätern des Klosters zu sehen; in einem gläsernen Sarg ruht der Pandurenoberst Franz Freiherr von der Trenck (1711–1749).

Zwei Gassen ziehen vom Platz nach Norden: die Mečová ul. (Schwertgasse) und die Radnická ul. (Rathausgasse). Zwischen ihnen steht das *Alte Rathaus* (Stará radnice), das seine heutige Gestalt nach dem Brand von 1311 erhielt. Vom 13. Jh. bis zum Jahr 1945 residierte hier fast ununterbrochen der Stadtrat von Brünn. Von 1489 stammt der stattliche Turm, dessen Galerie eine großartige Aussicht bietet, etwa 20 Jahre später entstand die prächtige Renaissanceloggia im Rathaushof.

Das Hauptportal zur Radnická hin schmückte der Brünner Meister Anton Pilgram, der Baumeister des Wiener Stephansdomes, im Jahr 1511 mit einem eleganten spätgotischen *Portalaufsatz* (Abb. 49). Eine fragile Sandsteinarchitektur mit fünf Skulpturen (zwei Waffenträger, zwei Bürger und in der Mitte eine Allegorie der Gerechtigkeit), jede für sich in einem Fialengeäst, rahmt das gotisch aufsteigende Tor. Die oberste Fiale aber krümmt sich und scheint jeden Augenblick herabzustürzen. Die Sage weiß, warum: Meister Pilgram hatte nur einen Teil seines Vorschusses für den Kauf von Materialien verwendet, das meiste Geld aber in Wein verwandelt. Wen wundert es also, wenn die Fialen auf den Entwürfen zu torkeln begannen. Die Steinmetzen, die nach den Entwürfen meißelten, wagten nicht, den Meister auf die Merkwürdigkeiten hinzuweisen. Die Ratsherren tobten, als sie das fertige Werk sahen, und lehnten die Restzahlung des Honorars ab. Meister Pilgram verbesserte das Tor auf eigene Kosten, aber der Stadtrat lenkte nicht ein. Da packte den Künstler die Wut, und er verfluchte das Portal, dessen Mittelfiale sich daraufhin wieder bog. (Der aufmerksame Betrachter wird übrigens entdecken, daß auch zwei weitere Fialen leichte Krümmungen aufweisen.) Meister Pilgrams Fluch soll noch heute wirken und jeden treffen, der es wagt, die Fialen zu begradigen.

Im Durchgang zum Rathaushof hängt der »Brünner Drache«, auch »Lindwurm« genannt, ein Krokodil oder – zoologisch exakt – ein Alligatorweibchen, um das sich ebenfalls viele Sagen ranken. Da wütete zum Beispiel der Drache vor den Mauern Brünns, verschlang das Vieh der Bauern und die Kinder der Städter, und keinem gelang es, die Bestie zu töten. Endlich hatte ein junger Maurergeselle die rettende Idee: Er füllte einen Sack mit ungelöschtem Kalk in die Haut einer frisch geschlachteten Ziege und legte diesen Köder aus. Der Drache fraß die Haut samt eingenähtem Kalksack, und als er in der nahen Schwarzawa seinen Durst stillte, löschte das Wasser den Kalk, und er zerbarst. Noch heute zeigen die Fremdenführer die Narbe auf dem Alligatorbauch.

Wer es lieber historisch genau wissen möchte, dem sei verraten, daß im Jahr 1608 Erzherzog Matthias in Brünn weilte, um den mährischen Adel gegen seinen Bruder, den Kaiser Rudolf II., aufzuwiegeln. Zur gleichen Zeit zeigte ein venezianischer Schausteller einen ausgestopften Alligator, der das Interesse des Erzherzogs erregte. Man schenkte dem Erzherzog die Alligatorhaut, dieser reichte sie als Ausdruck seiner Dankbarkeit für die erwiesene Gastfreundschaft an die Stadt weiter, die mit dem »Brünner Drachen« den öffentlichen Durchgang des Rathauses schmückte, wo er nun schon bald vierhundert Jahre hängt. Außerdem ist hier noch das »Wagenrad« zu sehen, »vier Schuh und zehn Zoll hoch, welches der Wagenmeister Georg Birk in Folge einer Wette um 12 Reichsthaler von 6 Uhr morgens an aus frisch gefälltem Holz nicht nur verfertigt, sondern auch desselben Tags von Eisgrub (Lednice) bis hieher (5 Meilen) vor sich hertreibend gebracht hat.«

Die Mečová führt zum Dominikánské nám. (Dominikanerplatz, einst auch Fischmarkt) mit der *Dominikanerkirche St. Michael* (Dominikánský chrám sv. Michala), die nach 1655 als doppeltürmiger Barockbau aus einer gotischen Kirche des 13. Jh. hervorging. Das Dominikanerkloster dient heute mit Anbauten aus dem 19. Jh. als *Neues Rathaus* (Nová radnice). Schon 1582 wurde über dem Kreuzgang des Klosters das Gebäude der mährischen Landesselbstverwaltung im Stil der Renaissance erbaut, wo bis 1784 die Stadträte und Gerichte tagten. Im 17. Jh. folgte der sogenannte Sonnenuhr-Trakt. 1726–1733 gab Mauritz Grimm dem Rathaus sein barockes Aussehen und schuf den großartigen Ständesaal. – In der Dominikánská ul. (Dominikanergasse) überdauerte ein mittelalterliches Kaufhaus: das *Schmetterhaus.*

Das Gegenstück zum Krautmarkt oder Oberring ist der dreieckige *nám. Svobody* (Freiheitsplatz) mit der frühbarocken Mariensäule (1680), der einstige Untere Markt, auch Großer Platz oder Viktoriaplatz genannt. Von den schönen Bürgerhäusern am Rand dieses ältesten Platzes der Stadt blieb nur das vierstöckige Renaissancehaus des Kaufmanns Karl Schwarz (Nr. 17 in der Südwestecke), erbaut 1589–1596, erhalten. Besonders bemerkenswert sind das Portal des Hauses und die Loggia im Hof.

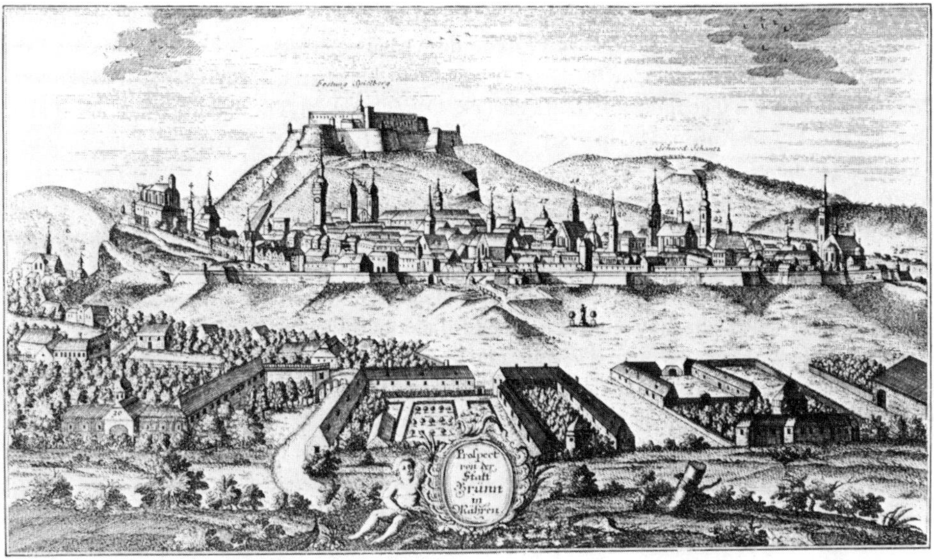

Ansicht von Brno (Brünn), Radierung nach F. B. Werner

An die Minoritská grenzt das Minoritenkloster mit der Barockkirche *Zu den beiden hll. Johannes* (1723–1733) und einer schönen Loretokapelle.

Das Stift für adlige Damen und vornehme Bürgermädchen in der Kobližná wurde in den 70er Jahren des 17. Jh. erbaut. Heute zeigt in dem Gebäude das *Volkskundemuseum* (Národopisné muzeum; Ethnographische Abteilung des Mährischen Museums) kunstgewerbliche Arbeiten, darunter ein wundervolles spätgotisches Meßgewand aus dem Brünner Dom, datiert von 1495.

Im Norden des Freiheitsplatzes führt die třída 9. května (Straße des 9. Mai) an der *St.-Jakobs-Kirche* (Chrám sv. Jakuba) vorbei, der Stadtpfarrkirche mit schlankem, 92 m hohem Turm. Der im Jahr 1220 von Fürst Vladislav veranlaßte frühgotische Bau fiel im 15. Jh. einer Feuersbrunst zum Opfer. Das heutige spätgotische Langhaus mit drei Schiffen entstand in der ersten Hälfte des 16. Jh. Meister Anton Pilgram wirkte zeitweise an dem Bau mit (Sakristei mit Erker). Den Turm errichtete um 1590 der Zimmermeister Simon Tauch; 1901 wurde der Holzturm durch eine Eisenkonstruktion ersetzt. Das prachtvolle Netzgewölbe im Innern tragen 18 schlanke, 22 m hohe Bündelpfeiler. Die Einrichtung ist bis auf die spätgotische steinerne Kanzel (1526) und das frühbarocke Chorgestühl (1707) neogotisch. Ein Grabmal hinter dem Hauptaltar erinnert an Raduit Graf von Souche, den Verteidiger Brünns im Kampf gegen die Schweden. An der Südwand des Turmes streckt das »unartige Männlein« seinen nackten Hintern in Richtung Dom. Erst kürzlich entdeckte ein Fotograf, daß das Männlein in Wirklichkeit eine schöne Bürgerin umarmt, was der fromme Kirchgänger von der Straße aus gar nicht wahrnehmen kann.

Die třída 9. května mündet bei der *St.-Thomas-Kirche* (Kostel sv. Tomáše) auf den Moravské nám. (Mährischer Platz). Die Konventkirche des Augustinerordens gründete im Jahr 1350 Markgraf Johann, die Parlersche Bauhütte war mit den Arbeiten betraut. Um 1737 veränderte Mauritz Grimm das Gebäude im Stil des Barock. Das Bild des hl. Thomas über dem Hochaltar malte 1764 Franz Anton Maulpertsch. Die zur Thomaskirche gehörenden Klosterbauten beherbergen heute die Bezirksverwaltung Südmähren.

Die Mariä Himmelfahrt zugedachte *Jesuitenkirche* (Kostel Nanebevzetí P. Marie) wurde 1589–1602 an Stelle einer gotischen Kirche aus dem 13. Jh. errichtet und 1734 von dem Wiener J. G. Schauberger zur schönsten Barockkirche Brünns umgebaut.

An der Rooseveltova třída (Rooseveltstraße) steht das 1965 eröffnete *Janáček-Theater* (Janáčkovo divadlo), ein Haus für Opern- und Ballettaufführungen. Südlich davon erbauten die Wiener Architekten Ferdinand Fellner und Georg Helmer in der zweiten Hälfte des 19. Jh. am Malinovského nám. (Malinovski-Platz) das *Mahen-Theater* (Mahenovo divadlo) im Stil der französischen Renaissance, die erste europäische Bühne, die elektrisch beleuchtet war. Kaum 100 m östlich errichtete Heinrich Ried bis 1911 im Grün der ehemaligen Wallanlagen das *Künstlerhaus* (Dům umění).

Auf dem 56 m hohen *Spielberg* (Špilberk, 288 m ü. M.) westlich der Altstadt errichtete König Ottokar II. Přemysl um 1270 eine Burg, deren Lage strategisch vorteilhafter war als die der alten Burgstätte auf dem Petersberg. Nach 1640, noch während des Dreißigjährigen Krieges also, bauten die Italiener Giovanni B. Pierroni und Andrea Erna die Burg zu einer mächtigen Zitadelle aus, die sogar dem Ansturm der Schweden standhielt. In den berüchtigten unterirdischen Kerkern der Festung schmachteten zahllose Gegner der Habsburger, etwa der Pandurenoberst Freiherr von der Trenck (1746–1749) und der italienische Dichter und Führer des Geheimbundes der »Carbonari«, Graf Silvio Pellico (1822–1830). 1783 ließ sich Kaiser Joseph II. eine Stunde lang in den tiefsten und dunkelsten Keller sperren. Anschließend sagte er: »Ich war der letzte Mensch in diesen Räumen. Von nun an soll kein Mensch mehr diese Schwelle überschreiten.« Doch schon 1820 wurde die gesamte Spielberg-Zitadelle in ein Staatsgefängnis der österreichisch-ungarischen Monarchie umgewandelt. Heute kann man die Reste der alten Fortifikationen, die Napoleon 1809 schleifen ließ, und die unterirdischen Kerker besichtigen.

Am Südwestfuß des Spielbergs liegt das ehemalige *Augustinerkloster*, eine Stiftung der Königin Elisabeth (1323). In diesem Kloster führte der Prälat Gregor Johann Mendel (1822–1884) seine berühmten Kreuzungsversuche an Erbsen und Bohnen durch und leitete davon die später nach ihm benannten Vererbungsgesetze, die »Mendelschen Gesetze«, ab. Ein Denkmal aus dem Jahr 1910 ist dem großen Pater gewidmet. Die zum Kloster gehörende Mariä-Himmelfahrts-Kirche, eine dreischiffige Basilika, stiftete 1356 der Markgraf Johann Heinrich, ein Bruder Karls IV. Giovanni B. Pierroni barockisierte den Ziegelbau 1661–1666, wobei er das gotische Mauerwerk bis auf die Fassade im alten Zustand beließ; in die Nischen der Fassade stellte er Statuen der Ordensheiligen. Die größte Kostbarkeit des Interieurs ist eine Pietà (um 1385), die man Heinrich Parler d. J. zuschreibt.

Stilrein in gotischem Backstein überdauerte die *Klosterkirche Maria Saal* im Stadtteil Staré Brno (Altbrünn). Elisabeth, die Witwe Wenzels II., stiftete im Jahr 1323 den Zisterzienserinnen die Kirche nebst Kloster und wurde 1335 hier auch beigesetzt. Die Kirche, den Ordensregeln entsprechend ohne Turm, ist der erste Backsteinbau der Tschechoslowakei. Das Tafelbild auf dem Augsburger Silbertabernakel, die »Schwarze Muttergottes«, ist eine byzantinische Arbeit aus der zweiten Hälfte des 13. Jh. Daß die Ikone aus dem 9. oder gar 8. Jh. stammt und bei der Zerstörung Mailands in die Hände des Kaisers Barbarossa fiel, der sie Vladislav II. schenkte, ist Legende. Tatsächlich erwarb sie Kaiser Karl IV., überließ sie seinem Bruder Johann Heinrich, der sie dann dem Augustinerkloster St. Thomas schenkte. Als die Augustiner 1783 nach Altbrünn übersiedelten, nahmen sie die Holztafel mit, die in Brünn große Verehrung genoß.

21 km östlich von Brno liegt das Städtchen **Slavkov u Brna** (Austerlitz) mit einem großen Barockschloß der Grafen Kaunitz. Bei Austerlitz fand am 2. Dezember 1805 die »Dreikaiserschlacht« statt, in der die Franzosen unter Napoleon I. die verbündeten Armeen der Österreicher unter Franz II. und der Russen unter Alexander I. vernichtend schlugen. Für die in der Schlacht gefallenen Soldaten errichtete man 9 km westlich von Slavkov auf dem Mohyla míru, der am heftigsten umkämpften Höhe, ein Ehrenmal in Gestalt einer altslawischen Grabstätte (1910/11).

Moravský kras (Mährischer Karst)

Etwa 30 km nördlich von Brno beginnt bei dem Städtchen **Blansko** das reizvolle Karstgebiet **Moravský kras,** ein wildromantisches, zerfurchtes Terrain innerhalb des Drahaner Berglandes mit großartigen Schluchten, Abgründen und Tropfsteinhöhlen. Für eine Rundtour durch den unter Naturschutz stehenden Karst (ab Blansko 35 km) sollte man einen ganzen Tag ansetzen.

Von Blansko aus folgt man auf der Straße 380 dem Tal der Punkva (Punkevní udolí) flußabwärts bis zur *Punkva-Höhle* (Punkevní jeskyně) mit den schönsten und größten Stalaktiten (Abtropfsteine) und Stalagmiten (Auftropfsteine) des Mährischen Karstes. Die Besichtigung – zum größten Teil mit Booten – beansprucht etwa zwei Stunden. Die Straße windet sich nun in zahllosen Kurven durch das wasserlose Pustý žleb (Ödes Tal) und durchzieht anschließend das fruchtbare Tal von Sloup. Rechts passiert man eine 50 m hohe Kalkwand, die prähistorische Wohnhöhle Kůlna (Schuppen), den mächtigen Hřebenáč (Teufelsfelsen) und die ausgedehnten Tropfsteinhöhlen von Sloup und Šošůvka (Sloupsko-šošůvské jeskyně). Die Rückfahrt führt über das Dorf Ostrov u Macochy zur Balcar-Höhle (Jeskyně Balcarka) am Fuß des klotzigen Balcar-Felsens. 1 km weiter zweigt eine Stichstraße nach rechts zur *Mazocha* ab, einem 281 m langen, 126 m breiten und 138 m tiefen Kessel mit fast senkrechten Wänden. Auf dem Grund des Kessels, der durch den Einsturz einer gewaltigen Karsthöhle entstanden ist, schimmern zwei kleine Seen. Ein markierter Weg führt zum Boden der Mazocha (von *macecha,* Stiefmutter) hinab (etwa ½ Stunde). Die Strecke nach Blansko durchzieht nun das Suchý žleb (Dürres Tal) und erreicht die Katharinen-Höhle (Kateřinská jeskyně) mit einem Wäldchen hauchdünner Stalagmiten. Auf der Straße 380 kehrt man zurück nach Blansko.

Am Südfuß der Pollauer Berge (Pavlovské vrchy), wo die berühmte 25 000jährige »Venus von Věstonice« gefunden wurde, liegt nahe der österreichischen Grenze an der Thaya, inmitten von Obstplantagen, Weinhängen und Gemüsefeldern, die kleine Kreisstadt **Mikulov** (Nikolsburg). Erstmals erwähnt wurde der Ort im Jahr 1173, 1362 ist diese Ortschaft bereits eine Stadt. 1526 brachte Balthasar Hubmaier die Wiedertäufer, eine reformatorische Christengemeinschaft, aus der Schweiz nach Nikolsburg, wo sie unter dem Schutz der Liechtensteins bis 1622 missionierten und eine Druckerei betrieben.

Mikulov wird von dem mächtigen *Barockschloß* beherrscht, das mit seinen Gebäuden und Türmen die Stadt überragt. Ursprung des Schlosses war eine gotische Burg der Grafen Liechtenstein aus der ersten Hälfte des 13. Jh. 1611–1618 ließ Adam von Dietrichstein die Burg in ein Renaissanceschloß umbauen, nach 1719 gab Gustav Oedtel dem Schloß barocke Formen. 1945 ging es während der letzten Kampfhandlungen auf mährischem Boden in Flammen auf, wurde aber zwischen 1948–1961 wiederaufgebaut. Das Schloß zeigt heute kunstgeschichtliche Sammlungen und ein Weinbaumuseum. Das interessanteste Objekt ist ein Weinfaß aus dem Jahr 1643 mit einem Fassungsvermögen von über 101 000 l (das bekannte Heidelberger Faß hat ein Volumen von 100 000 l); es war das »Fruchtzehnt-Faß« für die Naturalabgaben der Weinbauern. Unterhalb des Schlosses liegt der jüdische Friedhof mit Gräbern aus dem 18. und 19. Jh.

Auf dem kleinen Hauptplatz von Mikulov steht eine barocke *Dreifaltigkeitssäule,* errichtet 1723 nach einem Entwurf des Wieners Anton Josef Preuner. Die *St.-Anna-Kirche,* die Grabkirche der Dietrichsteins, wendet ihre prunkvolle Westfassade dem Platz zu. Seit 1623 stand hier eine Loretokapelle des benachbarten Kapuzinerklosters, das erste Loretoheiligtum Mährens. Mitte des 17. Jh. erweiterte Giovanni Jacopo Tencalla das Loretoheiligtum zu einer Hallenkirche mit Seitenkapellen. 1704–1710 ließ Kardinal Leopold von Dietrichstein die Kirche barock umgestalten und die mächtige Westfassade errichten. Josef Kässmann entwarf den Christus und die Engel; Antonia Riga, Giovanni Mangoldi und Ignaz Lengelacher schufen die anderen Fassadenfiguren. 1784 brannte die Halle nieder und wurde 60 Jahre später von Heinrich Koch klassizistisch erneuert. 1845–1852 erfuhr St. Anna ihre bisher letzte Umgestaltung.

Bei der spätgotischen *Stadtpfarrkirche St. Wenzel* begründete Kardinal Franz von Dietrichstein um die Mitte des 17. Jh. ein Kollegiatskapitel. 1631 berief er Piaristen nach Nikolsburg, die bei der *St.-Johannes-Kirche* (Piaristenkirche) in der Unterstadt ihr erstes Kolleg in Mähren eröffneten. 1671 wurde die spätgotische Kirche barockisiert und 1768 durch Franz Anton Maulpertsch mit Deckenfresken ausgestattet. Nordöstlich der Stadt führt ein Kreuzweg zum *Heiligen Berg* (Kopeček; 363 m) mit der frühbarocken St.-Sebastians-Kapelle (1679) hinauf.

Znojmo (Znaim)

Die hoch über der Thaya (Dyje) gelegene Kreisstadt **Znojmo** (Znaim) ist das Zentrum des südmährischen Wein-, Obst- und Gemüsebaus. Zu den größten Sehenswürdigkeiten der alten Stadt zählen die romanische Rotunde, der gotische Rathausturm und die mächtige Pfarrkirche St. Nikolai. Znojmo zählt über 37000 Einwohner.

Im 11. Jh. errichtete der Přemyslidenfürst Břetislav I. auf dem Felsen über der Thaya eine Grenzburg, unterhalb der sich im 12. Jh. deutsche Siedler niederließen. 1226 erhielt Znaim als erster Ort Mährens die Stadtrechte. Johann von Luxemburg förderte den Weinbau durch Sonderprivilegien, sein Sohn Karl IV. unterstützte den Export des Weines in das Ausland. Vom 15. bis 17. Jh. entstanden unter dem Marktplatz und den angrenzenden Häusern große Weinkeller. Im 19. Jh. trat neben den Wein eine andere Frucht, die die Stadt noch berühmter machte: die Znaimer Gurke. Ihr pikanter Geschmack machte sie vor allem als Pfeffergurke zum begehrtesten Gemüse Mährens.

Ihre Lage auf dem Hügel über der Thaya und ihre allmähliche Entwicklung als Burgsiedlung brachten den unregelmäßigen Grundriß der Stadt hervor. Mitten auf dem Marktplatz, dem Masarykovo nám. (Masarykplatz), steht ein modernes Kaufhaus, auf das sich der schönste *Rathausturm* Mährens stützt. Das um die Mitte des 15. Jh. erbaute Rathaus wurde 1945, kurz vor Kriegsende, zerstört, geblieben ist nur der 80 m hohe spätgotische Turm, ein Werk des Baumeisters Nikolaus von Edelspitz (1445–1448). Die über Eck gestellte zweistufige Turmspitze

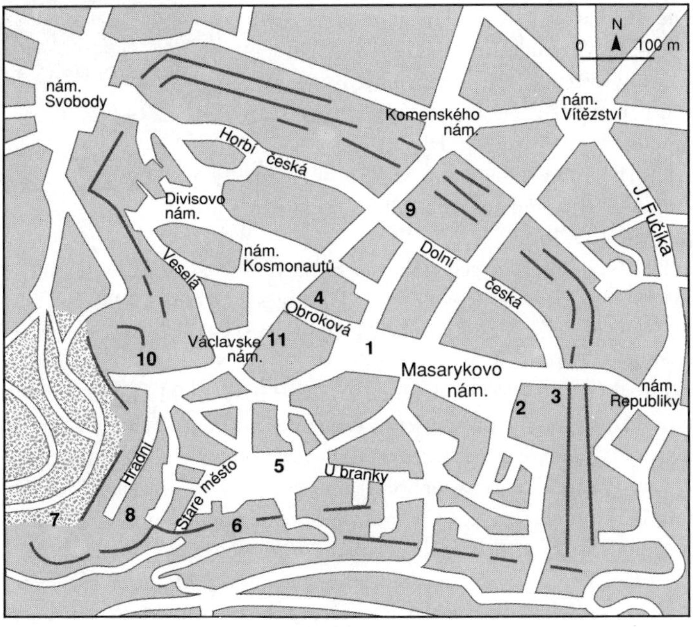

Znojmo (Znaim)
1 *Rathausturm*
2 *Kirche Johannes' des Täufers*
3 *Wolfstorturm*
4 *Goltzsches Palais*
5 *St.-Nikolai-Kirche*
6 *St.-Wenzels-Kirche*
7 *Südmährisches Museum*
8 *Rotunde*
9 *Heiligkreuzkirche*
10 *Mariä-Himmelfahrts-Kirche*
11 *St.-Michaels-Kirche*

stellt die reifste gotische Dachkonstruktion dar. Der Turm wurde 1951–1953 rekonstruiert. Das untere Ende des Platzes begrenzt die *Kirche Johannes' des Täufers* (1628–1632). Östlich davon, neben dem Kapuzinerkloster, steht der mittelalterliche *Wolfstorturm* (Vlková věž). – Das *Goltzsche Palais* (1606) in der Obroková ul. (Füttergasse) Nr. 10 beherbergt heute die Stadtverwaltung.

Die *St.-Nikolai-Kirche* (Kostel sv. Mikuláše) ersetzte 1338 eine ältere Pfarrkirche. Die dreischiffige hochgotische Halle erhielt ein Netzrippengewölbe auf Rundpfeilern. Der viereckige Turm mußte 1837 abgetragen werden; dafür entstand 1848–1851 ein neogotischer Turm. Das Bild des Hauptaltars (1759), »Apotheose des hl. Nikolaus«, und mehrere Bilder der Seitenaltäre malte Josef Daysinger. Das spätgotische Sakramentshaus stammt aus der Zeit um 1500; das eiserne Gitterwerk des Schreins zeigt Szenen aus der Marienlegende. Die spätbarocke Kanzel gleicht einer Erdkugel; als Schalldeckel fungiert das Schnitzwerk »Gottvater mit Adam und Eva«, vermutlich eine Arbeit der Werkstatt von Josef Winterhalter (Mitte 18. Jh.). Im Chor erhielten sich Wandfresken mit Szenen aus dem Leben Christi und aus dem Alten Testament (2. Hälfte 15. Jh.).

Znojmo (Znaim), Ansicht aus Merians Topographie

Der Nikolaikirche gegenüber steht die *St.-Wenzels-Kirche* (Kostel sv. Václava), eine Doppelkirche vom Ende des 15. Jh., deren Untergeschoß dem hl. Martin, und deren Obergeschoß der hl. Anna geweiht war. Zwischen 1500 und 1521 erhielt das obere Stockwerk ein spätgotisches Netzgewölbe.

Die aus dem 11. Jh. stammende *Znaimer Burg* der Markgrafen von Mähren wurde im 13. Jh. durch eine gotische Burg ersetzt. Daraus entwickelte sich im 17. Jh. ein Barockschloß, in dem heute das *Südmährische Museum* (Jihomoravské muzeum) untergebracht ist.

Zur Přemyslidenburg gehörte eine romanische *Rotunde*, die vor dem Jahr 1037 erbaut und 1134 mit einzigartigen Wandmalereien versehen wurde. Vier unbekannte Künstler schufen hier ein Werk, in dem sich geistliche und weltliche Thematik auf wundervolle Weise verknüpfen. Die unterste Freskenreihe zeigt einen Marienzyklus, die beiden Reihen darüber widmen sich der Legende der Richterin Libussa und der Přemyslidendynastie. Ganz oben im

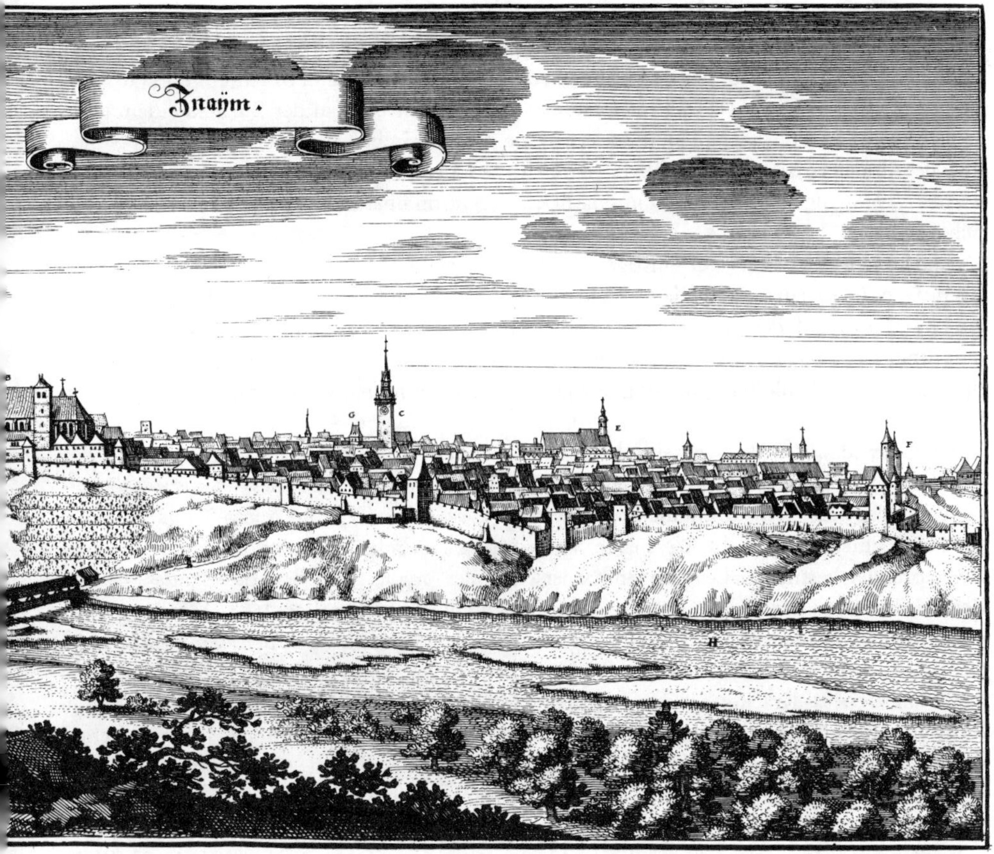

Gewölbe erscheinen Cherubim, vier Engel, die vier Evangelisten und im Triumphbogen das Stifterehepaar Markgraf Konrad II. von Mähren und seine Gemahlin Maria. Das Apsisgewölbe läßt Jesus, Maria, Johannes den Evangelisten und einige Apostel erkennen. Die Rotunde (auf dem Gelände einer Brauerei) wird zur Zeit restauriert.

Beachtenswert sind in Znojmo noch die *Heiligkreuzkirche* (1653–1677) der Dominikaner mit einem Hochaltarbild von Franz Anton Maulpertsch; die *Mariä-Himmelfahrts-Kirche* mit dem Doppelkloster der Minoriten und Klarissinnen, gegründet von Wenzel I. in der ersten Hälfte des 13. Jh., und die *St.-Michael-Kirche,* die 1624 die Jesuiten übernahmen und frühbarock umbauten.

Das auf einem 60 m hohen Felsen über der Thaya (Dyje) thronende **Schloß Vranov** (Frain) zählt zu den schönsten und prächtigsten Barockschlössern Mährens (s. Umschlagvorderseite).

Sie wurde von Břetislav I. (1034–1055) als südliche Grenzfeste des Přemyslidenreiches auf dem mächtigen Felsen über der Thaya errichtet. Nach 1323 kam die inzwischen gotisierte Burg nacheinander als Lehen in den Besitz mehrerer Adelsfamilien, u. a. der Lichtenbergs (ab 1421) und der Althanns (ab 1618), die im späten 17. Jh. mit dem Umbau der Burg zu einem großartigen Barockschloß begannen. 1799 erwarben die polnischen Grafen Mniszek das Schloß und begründeten jene Steingutfabrik, deren Erzeugnisse als »Frainer Wedgwood« bekannt wurden. 1948 ging Schloß Vranov in staatliches Eigentum über und wurde 1972–1979 vorbildlich restauriert.

Eine hohe Brücke führt zur einstigen Vorburg aus der Zeit der Renaissance mit dem wuchtigen viereckigen Turm. Teile der gotischen Burgbefestigungen, darunter ein Wasserturm und ein Wachturm auf der Ostseite, der sogenannte »Krähenturm«, sind noch erhalten. Der ursprüngliche Palas mit dem runden Bergfried stand an der Stelle des heutigen Ehrenhofes. Hier beginnt die Schloßbesichtigung, die zum Teil auch mit deutschsprachiger Führung stattfindet.

Zum *Ahnensaal* an der Ostseite des Ehrenhofes führt eine mächtige Freitreppe mit den Kolossalstatuen »Herkules und Antäus« sowie »Äneas und Anchises« des Wiener Bildhauers Lorenzo Mattielli, ein Geschenk Kaiser Karls VI. an seine Geliebte Maria Anna Althann, geborene Fürstin Pignatelli; eigentlich waren die gigantischen Standbilder für die Wiener Reichskanzlei bestimmt. Der Ahnensaal ist einer der prächtigsten Säle des Landes. Johann Bernhard Fischer von Erlach hat den 13 m hohen elliptischen Saal ab 1688 als selbständiges Bauwerk hart an den Rand des Felsens gesetzt. In den Nischen zwischen den Fenstern des Saales stehen Statuen der Ahnen des Bauherrn, des Grafen Johann Michael II. von Althann; der Wiener Tobias Kracker hat die Skulpturen 1694 gestaltet. Das von ovalen Fenstern durchbrochene kuppelförmige Gewölbe des Saales bedecken Fresken des Salzburgers Johann Michael Rottmayer (1695); sie stellen überwiegend mythologische Szenen dar (»Arbeiten des Herkules«, »Odysseus blendet den Polyphem«, »Sturz der Giganten«) und gipfeln in einer Apotheose des Adelsgeschlechts Althann.

Fischer von Erlach entwarf auch die der hl. Dreifaltigkeit geweihte *Schloßkirche* (1698–1700). Dieses ebenfalls hart am Abgrund plazierte Gebäude besteht aus einem runden Zentralbau mit Kuppel, umgeben von sechs elliptischen Kapellen. Nach 1730 fügte A. E. Martinelli die beiden Türme hinzu. Fischer von Erlach entwarf auch den Altar und die Orgel. Die Gewölbefresken »Himmel«, »Hölle« und »Paradies« stammen von Ignaz Crinitz. Der West- und der Südflügel des Schlosses entstanden in spätbarock-klassizistischen Formen zwischen 1779 und 1787. Die interessantesten Räume darin sind der Gesellschaftssaal, der Napoleonische Salon, das Freimaurerzimmer, die Gemäldegalerie, das Schlafzimmer der Fürstin Pignatelli und ihr Bad im Stil des Empire.

Das prächtige Barockschloß mit seinem schönen Park inmitten des Städtchens **Jaroměřice** (Jarmeritz) wird alljährlich im Sommer zum Mittelpunkt eines Festivals klassischer Musik. Das Schloß geht auf eine gotische Burg zurück, die die Herren Lichtenberg im 14. Jh. errichtet hatten und die für die Grafen Meziříčtí von dem Brünner Baumeister Giovanni Battista Erna

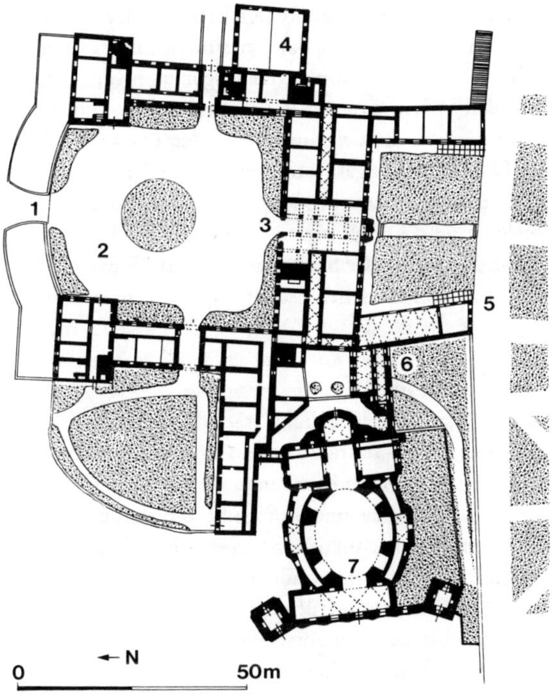

Jaroměřice (Jarmeritz), Schloß, Grundriß
1 Hauptportal
2 Ehrenhof
3 Vestibül
4 Schloßtheater
5 Schloßpark
6 Sala terrena
7 Kirche der hl. Margarete

im 16. Jh. in ein prächtiges Renaissanceschloß umgewandelt wurde. 1708 gab Graf Johann Adam Questenberg den Umbau im Stil des Barock in Auftrag, Domenico d'Angeli verwirklichte seine Entwürfe zwischen 1711 und 1737.

Das dreiflügelige Gebäude wendet sich mit seiner Hauptfassade und dem Ehrenhof dem Hauptplatz des Städtchens zu. Die beiden Seitenflügel umfassen eine Blumenterrasse. An die Ostseite des Ehrenhofes grenzt das 1722–1730 erbaute Theater. Ein kurzer Gang verbindet den Hauptflügel mit der *Schloßkirche,* die zugleich als Pfarrkirche diente und der hl. Margarete geweiht war (1715–1739). Den elliptischen Zentralbau mit Kuppel, Emporen und zwei Türmen entwarf der große Barockbaumeister Lucas von Hildebrandt, dessen anspruchsvolle Umbaupläne für das Schloß aber wegen fehlender finanzieller Mittel nicht realisiert werden konnten.

Beachtenswert ist der Innenausbau des Schlosses, die Gestaltung der Räumlichkeiten durch Konrad Adolf Albrecht von Albrechtsburg (1728). Der Festsaal des Schlosses mit dem Deckenfresko »Verherrlichung von Jarmeritz« nimmt beide Stockwerke des Hauptflügels ein. Auch der Musik- und Tanzsaal im Westflügel präsentiert sich mit großartigem Decken- und Wandschmuck (1731). Das Chinesische Kabinett entwarf Tomasso Bella um 1731. In der *Schloßgalerie* finden sich Gemälde von Veronese, van Honthorst, Bol, Rubens, Kupecký, Brandl u. a.

Den *Schloßpark* gestaltete der Franzose Jean Trehet im Stil des Barock; von den steinernen Gottheiten, die ihn bevölkerten, sind nur noch sechs erhalten. Den Übergang vom Schloß zum Park bildet eine illusionistisch ausgemalte Sala terrena am Westflügel.

Johann Adam Graf Questenberg, Reichshofrat und Kämmerer, machte sein Schloß zu einer Hochburg der Barockmusik. Aus der Dienerschaft stellte er ein Orchester zusammen, dessen Leitung der begabte Kammerdiener František Václav Miča (1694–1744) übernahm. Miča gestaltete die Konzertprogramme des Schlosses, studierte italienische Opern und Wiener Singspiele ein und komponierte die erste tschechische Oper, »L'origine de Jarmeriz en Moravie« (»Vom Ursprung der Stadt Jarmeritz in Mähren«), 1730 im Schloßtheater uraufgeführt, noch im selben Jahr in tschechischer Übersetzung erschienen.

Telč (Teltsch)

Die schönste mittelalterliche Stadt der Tschechoslowakei, eine »Stadt wie im Märchen« gewissermaßen, ist das südmährische **Telč.** Von Teichen umgeben, träumt der historische Stadtkern mit seinen schlichten Kirchen und dem schmucken Schloß von alten, sicher nicht allzu geruhsamen Zeiten. Nur eine einzige Straße durchbricht die fast unversehrten Befestigungen und führt den Besucher auf den langgestreckten Marktplatz, den ein Kranz bunter Bürgerhäuser mit durchgehenden Lauben und reizvollen Giebeln umgibt. Seinem malerischen Stadtbild verdankt es Telč, daß es schon früh unter Denkmalschutz gestellt und nach 1950 liebevoll restauriert wurde. Die neue Stadt entwickelte sich jenseits der Teiche und hat heute 7000 Einwohner.

Mitten in Sümpfen ließen sich im 12. Jh. Siedler nieder. Sie faßten das Wasser in drei Teiche und bauten dazwischen ihre Häuser. Zu Beginn des 13. Jh. errichtete der Markgraf von Mähren in Teltsch eine Burg. Um die Mitte des 14. Jh. erhielt der Ort Stadtrechte und kurz vor dem Jahr 1400 einen stattlichen Adelssitz, vor dem sich der langgestreckte Marktplatz mit seinen Häuserreihen formierte. Nach dem großen Brand des Jahres 1530 erneuerten die Bürger ihre Häuser im Stil der Renaissance und des Frühbarock, der Adelssitz verwandelte sich in ein prächtiges Renaissanceschloß. Seitdem hat Teltsch sein Aussehen kaum mehr verändert.

Einige der Laubenhäuser am nám. Míru (Friedensplatz; s. Farbt. 18), dem früheren Markt, tragen Sgraffito-Schmuck, besonders das Eckhaus Nr. 15, das um die Mitte des 16. Jh. mit Renaissance-Elementen versehen wurde. Der spätromanische Turm der *Heiliggeistkirche* (Kostel sv. Ducha) stammt aus dem ersten Viertel des 13. Jh. und war der Bergfried der landesfürstlichen Burg. Auf den Grundmauern dieser Burg wuchsen Kirchenschiff und Presbyterium. Die *Pfarrkirche St. Jakob* (Chrám sv. Jakuba) entstand im dritten Viertel des 14. Jh.; um die Mitte des 15. Jh. nahm der zweischiffige Hallenbau spätgotische Formen an. Neben der Jakobskirche befinden sich das Jesuitenkolleg aus dem 17. Jh. und die *Mariä-Himmelfahrts-Kirche* (Kostel Nanebevzeti Panny Marie) aus dem 14. Jh., Mitte des 17. Jh. barockisiert.

Das *Schloß* in der Westecke des Marktes ging aus einem gotischen Adelssitz des 14. Jh hervor, den Antonio Vlach 1553–1556 und Baldassare Maggi da Arogno 1566–1568 zu einem prunkvollen Renaissanceschloß umbauten; der weitgereiste und kunstverständige Zacharias von Hradec (Neuhaus) und sein Sohn Adam waren die Bauherren. In den 60er und 70er Jah-

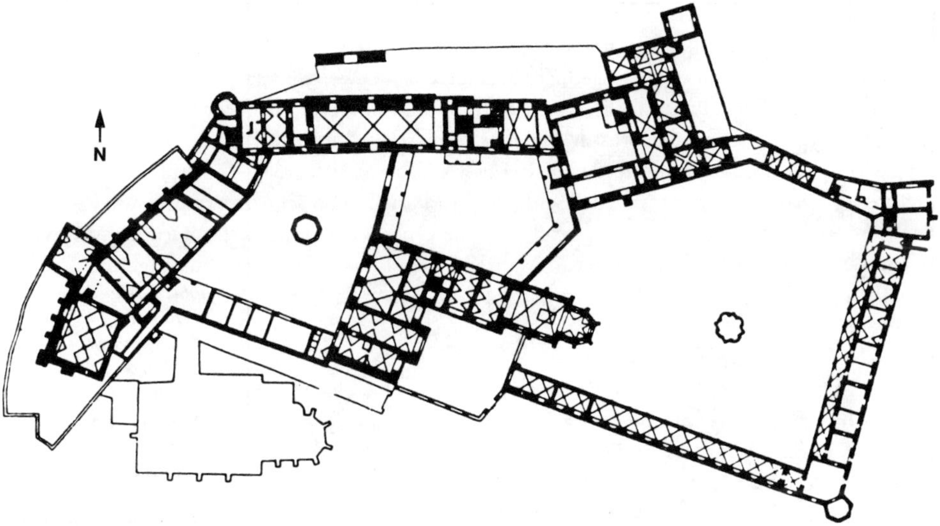

Telč (Teltsch), Schloß, Grundriß

ren des 16. Jh. entstanden der Nord- und der Südflügel des Schlosses, die beiden Arkadenhöfe und die Allerheiligenkapelle, in der Zacharias († 1589) und seine Gemahlin Katharina von Waldstein († 1571) ihre letzte Ruhestätte fanden (Marmorsarkophag hinter handgeschmiedetem Gitter). Die prächtigen manieristischen Interieurs des Teltscher Schlosses entsprachen dem Reichtum italienischer Paläste.

Zu den interessantesten Räumen des Schlosses gehören die »Schatzkammer« mit üppigen Sgraffiti (perspektivische Architekturen; 1553), der *Speisesaal,* ebenfalls mit Sgraffiti (Jagdszenen, Allegorien der sieben Todsünden), die *Rüstkammer* (Marmorsaal mit Facettengewölbe und Chiaroscuro-Malerei), der *Goldene Saal* mit reich geschnitzter Kassettendecke (1561), der *Blaue Saal* mit prächtigen Gobelins und das *Zeughaus* mit Sterngewölbe. Während der Führung bekommt der Besucher auch das Bett der »Weißen Frau«, der historischen Berta (Perchta) von Rosenberg, ihr Porträt und auch das ihres Mannes Hans von Liechtenstein (s. S. 178 f.) gezeigt. Im Schloß Teltsch erhielt Franz Grillparzer (1791–1872) die erste Anregung für sein Trauerspiel »Die Ahnfrau« (1817).

Jihlava (Iglau)

Am gleichnamigen Fluß – früher hieß er Igel bzw. Iglawa – liegt die mittelalterliche Stadt **Jihlava,** die älteste Bergstadt der böhmischen Krone. Deutsche Bergleute erschlossen die Silberminen, deutsche Rechtsgelehrte gestalteten das »Iglauer Bergrecht«, dessen Normen später sogar in Südamerika galten. Bis zum Zweiten Weltkrieg war Iglau der Hauptort einer deutschen

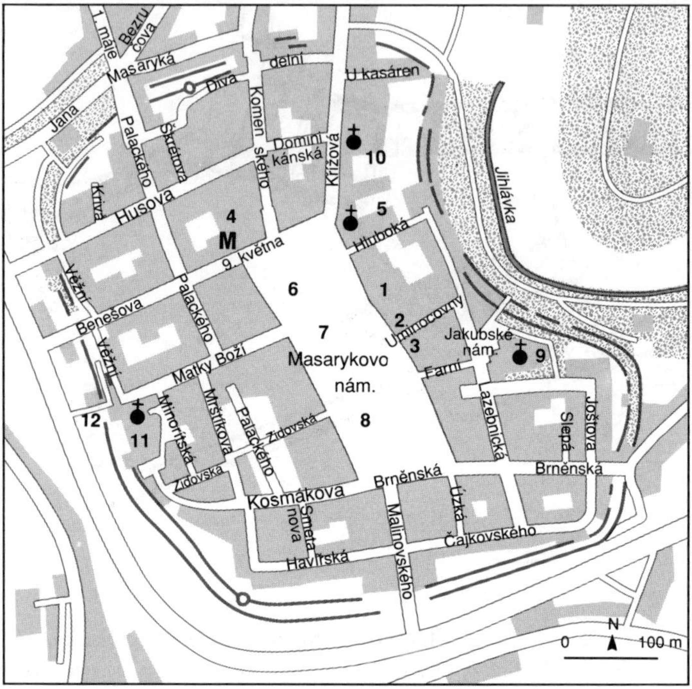

Jihlava (Iglau)
1 *Rathaus*
2 *Berggericht*
3 *Münze*
4 *Museum*
5 *St.-Ignaz-Kirche*
6 *Mariensäule*
7 *Poseidon-(Neptun-) Brunnen*
8 *Amphitrite-Brunnen*
9 *St.-Jakobs-Kirche*
10 *Dominikanerkirche zum Heiligen Kreuz*
11 *Minoritenkirche (Marienkirche)*
12 *Muttergottestor*

Sprachinsel, die sich rautenförmig in Nordsüdrichtung 43 km, in Ostwestrichtung 18 km erstreckte; von den fast 80 Gemeinden hatten mehr als die Hälfte eine deutschsprachige Mehrheit. Großartige Bauwerke aus Gotik, Renaissance und Barock, darunter die einzigartigen, mit Wandmalereien geschmückten Laubenhallen der Bürgerhäuser, und wohlerhaltene Stadtbefestigungen machen Jihlava zu einem interessanten Freilichtmuseum.

Im Jahr 1233 verkaufte Herman Balk, Komtur des Deutschen Ordens, die bei Iglau und Humpoletz gelegenen Güter sowie den »Zehent« von 13 Dörfern für 100 Silbermark an das Prämonstratenserkloster Selau (Želiv). Im Jahr darauf schenkte Wenzel I. das Dorf Iglau dem Nonnenkloster zu Tischnowitz. Unerwartete Silberfunde bewogen den König jedoch, Iglau im Jahr 1238 der königlichen Kammer unmittelbar zu unterstellen und mit der Ausbeutung der Silbergruben zu beginnen. Die Bergleute kamen aus Sachsen, die Handwerker und Bauern aus dem Bayerischen, hauptsächlich aus der Oberpfalz. 1249 erhob Wenzel I. Iglau zur Stadt, 1269 verlieh ihr Ottokar II. Přemysl das Stapelrecht. 1275 kaufte Iglau vom König des Recht, eigene Münzen zu prägen, 1294 übernahm die bedeutendste Silberstadt Mitteleuropas, das sächsische Freiberg im Erzgebirge, das »Iglauer Bergrecht«, wie es »von den burgern von der Ygla und von den edelsten bergluten bestetiget unde beschriben« und mit der Stadt und der Bürger Siegel bekräftigt wurde. 1304 überarbeitete Gozzius von Orvieto, Rechtsgelehrter am Hof Wenzels II., dieses Recht zum »Jus regale montanorum«, das sich in weiten Teilen Europas durchsetzte und Bergmaß und Bergverleihung, Schürfen und Stollenbau, Wasserschutz und die Berufung der Schöffen regelte. 1345 wurde der Iglauer Oberhof als höchste Instanz in allen Bergsachen des Heiligen Römischen Reiches eingeführt.

1421 schloß sich Iglau dem Städtebund von Olmütz, Brünn und Znaim gegen die Hussiten an. Im Jahr darauf erschien Jan Žižka mit seinem Hussitenheer vor Iglaus Mauern, konnte die Stadt aber nicht erobern. 1436 führten Verhandlungen zwischen Katholiken und Hussiten zum »Iglauer Frieden«. 1458 lehnte es Iglau als einzige Stadt ab, den utraquistischen König Georg von Poděbrad anzuerkennen. Erst nach fünfmonatiger Belagerung und schwerer Beschießung setzte der König die Anerkennung durch. Als aber 1467 Georg von Poděbrad der päpstliche Bannstrahl traf, fiel Iglau gemeinsam mit Olmütz, Brünn und Znaim wieder von ihm ab. 1471 wählten die katholischen Stände, der »Grünberger Bund«, in der Iglauer Pfarrkirche den Ungarnkönig Matthias Corvinus zum König von Böhmen und Mähren, während der Utraquistenbund in Prag den Polenprinzen und Jagiellonen Vladislav zum König kürte. 1486 schlossen die Könige Vladislav II. Jagiello und Matthias Corvinus in Iglau einen gegenseitigen Erbvertrag; der Unterzeichnung folgten zehntätige Festlichkeiten.

Allmählich versiegten die Silberadern, doch die Iglauer verstanden es, mit einem neuen Gewerbe die Blüte der Stadt fortzusetzen: Seit dem 15. Jh. entstanden die Walken und Färbhäuser der tüchtigen Tuchmacher- und Leineweberzünfte; flandrische Weber und Färber hatten dieses Gewerbe nach Iglau gebracht. Nun eroberte das nach einem besonderen Verfahren gefärbte, hochwertige Iglauer Tuch die Märkte Mittel- und Südosteuropas. Trotz Feuer (1523) und Pest (1541) brachten die hundert Jahre von 1520 bis 1620 den wirtschaftlichen Höhepunkt der Stadt, die sich zu einer der prunkvollsten in den Ländern der böhmischen Krone entwickelte, in der sich Luthers Reformation bereits 1525 durchgesetzt hatte. Die Schlacht auf dem Weißen Berg bei Prag im Jahr 1620 beendete die Blütezeit Iglaus. Noch im selben Jahr wüteten kaiserliche Truppen in der Stadt. 1625 stellte der Brünner Kardinal Fürst Dietrichstein den Iglauern eine Frist von sechs Wochen, um zum katholischen Glauben zurückzukehren oder das Land zu verlassen; die meisten Bürger zogen die Emigration vor. Jesuiten übernahmen das 1561 gegründete Gymnasium und die anderen Schulen der Stadt. 1645 besetzten die Schweden Iglau, zwei Jahre darauf rückten wieder die Kaiserlichen ein. Von den einst 13 000 Einwohnern blieben am Ende des Dreißigjährigen Krieges nur noch 299 übrig.

Im späten 17. Jh. lebte der Bergbau vorübergehend wieder auf. Doch das in die Stollen eindringende Wasser erhöhte die Betriebskosten dermaßen, daß sich ein Abbau nicht mehr lohnte; 1783 wurde das kaiserlich-mährische Bergamt zu Iglau geschlossen und der Bergbau eingestellt. Die Tuchmacherei aber blühte nach wie vor, und so stieg die Einwohnerzahl von 6246 im Jahr 1719 auf 10 786 im Jahr 1798. Heute ist Jihlava eine Kreisstadt mit 54 000 Einwohnern.

Der Hauptplatz von Jihlava, der Masarykovo nám. (Masarykplatz), ist 328 m lang und 114 m breit, er nimmt eine Fläche von 3,7 ha ein und ist damit der größte Marktplatz im Lande. Nur Köln, Breslau und Krakau besaßen im 13. Jh. größere Marktplätze. An der Ostseite des Platzes steht seit 1426 das *Rathaus;* es wurde mehrmals umgebaut und erweitert und erhielt 1786 ein zweites Obergeschoß, den behelmten Uhrturm und eine Barockfassade. Unter dem Platz und den umliegenden Häusern erstreckt sich seit dem 16. Jh. ein Labyrinth von Gängen, die als Vorratsräume angelegt wurden, der Bevölkerung in Kriegszeiten aber auch zum Schutz dienten. Ein Teil der »Katakomben« ist vom Rathaus aus zugänglich. Die über 25 km langen unterirdischen Gänge, die alle Häuser der Altstadt miteinander verbinden, dienen heute als Zubringer für Wasser, Strom, Gas, Fernwärme, Telefon usw., so daß ein Aufreißen des Straßenpflasters bei Erweiterungen oder Instandsetzungen nicht erforderlich ist.

Zwei- und dreistöckige Patrizierhäuser mit herrlich bemalten Lauben umgeben den Platz. Eines der ältesten (1260) ist das in seinem Kern gotische Haus Nr. 31/305; sogenannte »Briefchen-Sgraffiti« schmücken seine Renaissancefassade. Das Haus Nr. 44/371 besaß im Erdgeschoß eine 500 qm große Halle, in der 1585 der Landtag zusammentrat. Bis 1825 war hier der bekannte Gasthof Zum wilden Mann, bis 1850 diente das Haus dann als Theater. In dem Eckhaus Nr. 7/63, *U Mincovny* (Bei der Münze), tagte das alte Berggericht; der dreistöckige Erker ruht auf einem Pfeiler mit reich profiliertem Kapitell. Das Eckhaus gegenüber war die mittelalterliche *Münzstätte.* Das Haus Nr. 57/488 mit der Meisterstube im ersten Stock war seit 1636 das Zunfthaus der Tuchmacher. Zusammen mit dem Nachbarhaus bildet es heute das *Museum* von Iglau. Den Gasthof Zum goldenen Löwen (Haus Nr. 14/83) schmückt ein Löwenhaupt mit Ring im Maul. 1796–1919 fungierte es als Erbpostamt und ist noch immer als »Alte Post« bekannt. Das Renaissanceportal in der spätbarocken Fassade stammt vom Ende des 16. Jh., der Balkon aus der Zeit des Rokoko.

In der Nordostecke des Hauptplatzes steht die *St.-Ignaz-Kirche* (Kostel sv. Ignáce), eine Jesuitenkirche, die Giovanni Jacopo Brasca 1680–1689 im italienischen Barock erbaute. Der kaiserliche Feldmarschall Graf von Althann hatte dem Orden 23 konfiszierte Hausgrundstücke protestantischer Bürger zur Errichtung eines Kollegiums mit Kirche geschenkt. Karl Töpper schuf bis 1717 die prachtvollen Fresken. Kostbarster Ausstattungsgegenstand ist das »Přemyslidenkreuz«, ein gotisches Kruzifix, angeblich gestiftet von Ottokar II. Přemysl. Gotisch ist auch die Pietà aus dem Ende des 14. Jh. Die Ignazkirche wechselte mehrmals ihren Besitzer: Auf die Jesuiten folgten die Dominikaner, auf die Dominikaner die Prämonstratenser. Bis 1918 diente sie als Garnisonskirche, seitdem steht sie der Tschechoslowakischen Nationalkirche zur Verfügung. Das benachbarte Jesuitenkolleg aus dem Jahr 1699 ist heute Stadtbibliothek.

Die 1679 als Dank für die Verschonung vor der Pest gestiftete *Mariensäule* ist ebenfalls ein Werk des Italieners Giovanni Jacopo Brasca. Die Figuren der 15 m hohen Säule, Maria ganz oben, Joseph, Jakob, Sebastian und Franz Xaver am Fuß des Monuments, gestaltete Antonio Laghi. Den *Poseidon-* und den *Amphitrite-Brunnen* auf dem Hauptplatz schuf 1799 der Iglauer Bildhauer Wenzel Prchal. Das moderne Textilkaufhaus in der Mitte des Masarykplatzes wirkt wie ein Fremdkörper, aber vielleicht dachten die heutigen Stadtplaner an die mittelalterlichen Stapelhäuser, die ebenfalls die Mitte des Marktplatzes beherrschten und in denen vor allem Textilien angeboten wurden.

Die Farní ul. (Pfarrgasse) endet vor der *St.-Jakobs-Kirche* (Kostel sv. Jakuba), der gotischen Pfarrkirche mit dem ungleichen Turmpaar. Kurz nach 1250 begann der Bau einer romanischen

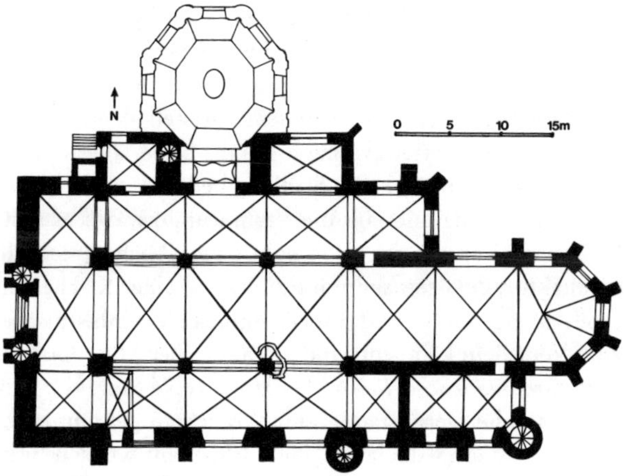

Jihlava (Iglau), St.-Jakobs-Kirche, Grundriß

Basilika, schon drei Jahre später war der Chor vollendet und wurde vom Olmützer Bischof Bruno von Schaumburg in Anwesenheit des Königs Ottokar II. Přemysl geweiht. Anschließend wuchs die dreischiffige Halle mit den beiden Fassadentürmen in frühgotischem Stil empor, in der zweiten Hälfte des 14. Jh. war der Bau abgeschlossen. Die Inneneinrichtung ist barock: Den Hauptaltar gestaltete 1771 der Bildhauer Wenzel Kowanda, das Altarbild »Enthauptung des hl. Jakob« malte der Iglauer Johann Nepomuk Steiner, Hofmaler der Kaiserin Maria Theresia. Gotisch sind eine Madonna (Mitte 14. Jh.) und die großartige Statue der hl. Katharina (Ende 14. Jh.). Ein Meisterwerk der Renaissance schuf der Nürnberger Goldschmied Hans Hirtz 1599 mit seinem großen Taufbecken, dessen acht Wandungen den Sündenfall, Mariä Verkündigung, Christi Geburt, Beschneidung, Taufe, den Weg nach Golgatha, Auferstehung und Himmelfahrt zeigen. 1702 stiftete der aus Iglau stammende Wiener Arzt Jakob Kielmann eine frühbarocke Marienkapelle, um darin eine überlebensgroße Pietà des frühen 14. Jh. aufzustellen. Mit ihrem polygonalen Grundriß fügt sich das reizvolle Bauwerk nahtlos zwischen zwei spätgotische Kapellen ein. Bemerkenswerter noch als die Pietà ist das schmiedeeiserne Abschlußgitter der Marienkapelle.

Die *Dominikanerkirche zum Hl. Kreuz* (Kostel sv. Kříž) in der Křížová (Kreuzstraße) wurde um 1240 gegründet und bis 1410 vollendet. 1784 hob Joseph II. Kloster und Kirche auf und funktionierte sie zur Kaserne bzw. Garnisonskirche um. Seit 1949 gehört die Heiligkreuzkirche der Tschechoslowakischen Nationalkirche. Auch die *Minoritenkirche* (Minoritský kostel) in der Matky Boží (Muttergottesgasse, Frauengasse) gehört zu den drei ältesten Kirchen von Iglau. Sie entstand um die Mitte des 13. Jh. als dreischiffige Basilika. Der Turm mit dem achtseitigen steinernen Helm über der Galerie wurde 1412 vollendet. Der Chor zeigt sich in spätgotischer Gestalt (1499–1508), die Fassade wurde im 18. Jh. barockisiert.

Die Matky Boží endet vor dem *Muttergottestor* (Frauentor; Brána Matky boží) aus dem 14. bzw. 16. Jh., das als einziges von fünf Stadttoren erhalten blieb. Südlich des wuchtigen

Torturms haben sich Reste der Stadtbefestigungen erhalten, die noch aus dem 13.–15. Jh. stammen und im 16. und 17. Jh. durch Bastionen verstärkt wurden.

In **Staré Město** (Altstadt), einem Ortsteil der Kreisstadt **Uherské Hradiště** (Ungarisch-Hradisch), entdeckten Archäologen die bisher älteste slawische Siedlung auf dem Territorium der Tschechoslowakei. Die Siedlung bedeckte zusammen mit Nachbarsiedlungen eine Fläche von rund 700 ha und läßt die Vermutung zu, daß es sich hier um *Velehrad,* die bisher nicht lokalisierte Kapitale des Großmährischen Reiches (9.–10. Jh.), handelt. Über der ältesten Steinarchitektur, dem gemauerten Fundament einer Kirche, und mehreren Gräbern, in denen eine große Menge Gold- und Silberschmuck aus einheimischen und byzantinischen Werkstätten zum Vorschein kam, entstand ein moderner Museumsbau, die *Nationale Kultur- und Gedenkstätte Großmährisches Reich* (Památník Velké Moravy). Bereits 1863 waren in Staré Město erste frühslawische Gegenstände zum Vorschein gekommen, die systematische Erforschung des Terrains begann jedoch erst 1948. Insgesamt wurden bislang mehr als 2000 Urnengräber des 6.–7. Jh. allein in der Lage *Na Valách* (Auf den Schanzen) untersucht. Das größte der freigelegten Bauwerke ist der zweistöckige Dom in Sady (Derfle) am gegenüberliegenden Ufer der March (Morava) aus dem 8. Jh.

Mit dem Großmährischen Reich erblühte auch das vermutete Velehrad, die Stadt am Kreuzungspunkt der Bernsteinstraße, die hier dem rechten Marchufer folgt, mit dem slowakisch-böhmischen Handelsweg. Schon die Römer unterhielten an der Furt einen Stützpunkt, dessen Mauerwerk die Mähren zum Bau ihrer Kirchen verwendeten. Auf der Landseite schützten sich die Bewohner von Velehrad durch den Bau einer 4650 m langen Umwallung. Nach dem Zusammenbruch des Großmährischen Reiches schmolz die Stadt zu einer dörflichen Siedlung. Im ersten Viertel des 13. Jh. erhielt dieses nunmehr vor allem von Deutschen bewohnte Dorf die Stellung eines Marktes. Der damalige Marktplatz entsprach dem heutigen Dorfanger von Staré Město. Die spätromanische Pfarrkirche St. Michael ersetzte die frühromanische Michaelsrotunde.

Uherské Hradiště (Ungarisch-Hradisch), Stadtansicht

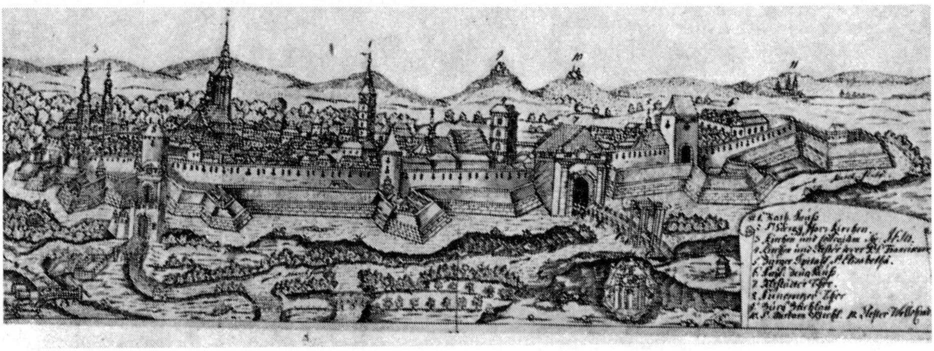

1257 wurde jenseits der March die königliche Stadt *Nova Veligrad* gegründet, die bald den Namen *Redisch,* später *Hradiště* annahm, während der Marktflecken Velehrad im Jahr 1321 den Namen *Antiqua civitas* bzw. *Staré Město* erhielt. Hradiště, offiziell **Uherské Hradiště** (Ungarisch-Hradisch), ist heute eine Kreisstadt mit 32 000 Einwohnern und Mittelpunkt der »Mährischen Slowakei« (Moravské Slovácko). Zu den sehenswertesten Bauten der Stadt zählen die spätgotische *Franziskanerkirche zu Mariä Verkündigung,* 1491 gegründet, im 17. Jh. barock umgestaltet, die frühbarocke *Jesuitenkirche St. Franziskus Xaver,* erbaut 1670–1687, das spätgotische *Rathaus* und eine *Apotheke* im Stil des Rokoko am Hauptplatz von Ungarisch-Hradisch. Das *Museum der Mährischen Slowakei* (Slovácke muzeum) zeigt interessante volkskundliche und archäologische Sammlungen.

5 km von Staré Město entfernt gründete Vladislav Jindřich, Markgraf von Mähren und Bruder des Königs Ottokar I. Přemysl, im Jahr 1205 das **Zisterzienserkloster Velehrad,** zu dem alljährlich am 5. Juli eine farbenfrohe Wallfahrt stattfindet. Die zweitürmige Klosterkirche, eine 1218–1238 erbaute Basilika, ist den beiden Slawenaposteln Kyrill und Method geweiht. 1684–1689 wurde die Kirche barock erneuert. Beachtenswert sind die Deckengemälde im Hauptschiff von Paolo Pagani und Franz J. Eckstein, die Statuen Johannes des Täufers und Johannes des Evangelisten auf dem Hauptaltar von Johann Josef Winterhalter (um 1770) und die Statuengruppe Kyrill und Method vor der Bernhardkapelle von Josef Max (um 1840). Unter der Kirche kamen romanische Krypten zum Vorschein. In dem südlich anschließenden Kreuzgang des Klosters haben sich Reste der spätromanischen Architektur erhalten: Palmettenkapitelle an den Fenstern und Pfeilerbündel. Das Kloster dient heute als Pflegeheim. Am 22. April 1990 kündigte Papst Johannes Paul II. in Velehrad eine Bischofskonferenz zur Einigung Europas im Zeichen des Kreuzes an.

Zlín

Das inzwischen fast zur Großstadt (90 000 Einwohner) gediehene Zlín hat seinen Aufstieg dem Schuh zu verdanken. Im Jahr 1894 nämlich begann Tomáš Bat'a (1876–1932), Sohn eines Schuhmachers, am Marktplatz des Städtchens *Zlín* (1949 bis 1990 hieß es Gottwaldov) mit der Produktion von *Batovky,* leichten Leinenschuhen, die sich jeder leisten konnte. Bald stellte Bat'a seine Schuhe fabrikmäßig her, mechanisierte die Produktion (Fließbandverfahren) und beteiligte seine Mitarbeiter am Gewinn. So entstand innerhalb weniger Jahre die größte Schuhfabrik der Welt. Als Tomáš Bat'a 1932 bei einem Flugzeugabsturz starb, fertigten in seinem Werk 23 000 Menschen täglich 176 000 Paar Schuhe. Bat'a beeinflußte die internationale Schuhmode, diktierte die Preise und prägte die Stadt Zlín. Berühmte Architekten, darunter Le Corbusier und der Prager Franz Gahura, entwarfen die modernen Industrie-, Wohn- und Geschäftsviertel aus Beton, Ziegel und Glas. Nach der Verstaatlichung der Bat'a-Werke im Jahr 1947 leitete Tomáš' Bruder Antonín (1898–1965) die ausländischen Niederlassungen von Brasilien aus weiter.

Nordmähren (Severní Morava)

Ostrava (Ostrau)

Ostrava, mit 380 000 Einwohnern die viertgrößte Stadt der Tschechoslowakei, ist Verwaltungssitz des Bezirks Nordmähren. Von der alten Stadt an der Mündung der Ostrawitza (Ostravice) in die Oder (Odra) ist kaum etwas geblieben. Fördertürme, Abraumhalden, Hochöfen und Fabriken beherrschen seit anderthalb Jahrhunderten das Stadtbild. Dennoch lohnt es, die bedeutendste Industriestadt des Landes zu besuchen, der wenigen, aber interessanten altertümlichen Relikte wegen oder um die ersten unter Denkmalschutz stehenden Industriebauten zu bewundern oder auch, um zu sehen, wie sich ein gewaltiges Kohle-Stahl-Zentrum angesichts neuer Techniken und Bedürfnisse zu wandeln beginnt.

1267 gründete der Olmützer Bischof Bruno von Schaumburg die Stadt als mährische Grenzfeste. Die Stadt erwarb bald einen Ruf als Tuchmacherstadt und stand in den Hussitenkriegen auf der Seite der »Gottesstreiter«. Im Jahr 1767 entdeckte man im benachbarten Schlesisch-Ostrau Kohle, »schwarzes Gold«, und schon bald begann der einheimische Adel, die Steinkohle mit primitiven Mitteln abbauen zu lassen. Schließlich fand man auch Eisenerz, und 1828 nahm im nahen Witkowitz die erste Eisenhütte Mährens, die »Rudolfshütte« des Olmützer Bischofs und der Grafen Wlczek, den Betrieb auf. Der große Wandel zur Industriestadt begann aber erst, als 1847 die Bahnlinie Wien–Brünn bis Ostrau weitergeführt wurde. Der Bankier Samuel Rothschild baute eine Anschlußbahn zu den Gruben und Hütten, erwarb die meisten Kohlenzechen und Stahlwerke und veränderte das Gesicht der Stadt innerhalb weniger Jahrzehnte. Von den 97 Webereien im Jahr 1834 arbeitete 1880 nur noch eine. Alles setzte auf Kohle und Stahl.

Mittelpunkt des alten Stadtkerns von Ostrava ist der nám. Lidových milicí (Platz der Volksmilizen), der Hauptplatz von Moravská Ostrava, geschmückt mit gepflegten Grünanlagen und gesäumt von schönen Bürgerhäusern des 16. Jh. und modernen Geschäftshäusern. An der Südseite des Platzes steht das *Alte Rathaus* (Stará radnice), das, wie der zugehörige Barockturm, aus dem 17. Jh. stammt. Im Rathaus ist heute das Stadtmuseum (Městské muzeum) untergebracht, dessen Sammlungen sich vor allem auf die industrielle Entwicklung der Region beziehen.

Am Kostelní nám. (Kirchplatz) östlich vom Alten Rathaus erhebt sich das älteste noch bestehende Bauwerk von Ostrava: die *St.-Wenzel-Kirche* (Kostel sv. Václava), erbaut in der ersten Hälfte des 14. Jh. Aus dieser Zeit stammt noch das Presbyterium mit seinem polygonalen Abschluß. Die dreischiffige Halle entstand in der zweiten Hälfte des 15. Jh. Auf achteckigen

Pfeilern ruht ein prächtiges Netzgewölbe. Im 17. Jh. kamen zwei Barockkapellen hinzu: die Marien- und die Schutzengelkapelle.

Jahr für Jahr rückt der Industriemoloch Ostrava näher an das Städtchen **Hlučín** (Hultschin), den Hauptort des oft umkämpften **Hultschiner Ländchens** im Nordwesten der nordmährischen Metropole. Die Siedlung Hultschin hatte König Ottokar II. Přemysl vor 1278 gegründet, im Jahr 1303 wurde sie bereits als Stadt erwähnt. Stadt und umliegendes Hügelland wechselten häufig die Herrschaft, so gehörte die *Provincia Holacensis* im Laufe ihrer Geschichte zum Herzogtum Troppau, zum Herzogtum Ratibor, zu Böhmen und zu Preußen. Durch den Versailler Vertrag (1919) fiel das Hultschiner Ländchen an die Tschechoslowakei, gehörte von 1938 bis 1945 zur Provinz Oberschlesien und seither wieder zur Tschechoslowakei.

In einem Park des Städtchens **Rožnov pod Radhoštěm** an der E442 zwischen Olomouc und Žilina wurde 1925 die *Walachische Siedlung* (Valašské přírodní muzeum), das erste und inzwischen bedeutendste Freilichtmuseum der Tschechoslowakei mit ländlichen Holzbauten aus der gesamten Mährischen Walachei (Valašsko) eröffnet. Man findet hier z. B. ein Bürgermeisterhaus (1770), ein Gasthaus (1660), eine hundertjährige Dorfschmiede, eine Sattlerei, eine Pfeifenmacherwerkstatt und rund achtzig weitere dörfliche Gebäude.

Olomouc (Olmütz)

In den fruchtbaren Niederungen der mittleren March (Morava), die Haná (Hanna) genannt werden, liegt zu beiden Seiten des Flusses die Stadt **Olomouc,** vor Brünn einst Kapitale Mährens, eine der ältesten und schönsten Stadtgemeinden der Tschechoslowakei, bedeutendes Zentrum des Katholizismus, daher auch »Mährisches Salzburg« genannt.

Auf dem Fürstenberg, den heute der Wenzelsdom krönt, ist schon im 8. Jh. eine slawische Burgstätte belegt, die im 10. Jh. die Přemysliden übernahmen. Zu Füßen der Burg wuchs eine Siedlung, deren Name *Olmuts* erstmals im Jahr 1055 in Urkunden auftauchte. 1063 wurde *Olmütz* zum Bistum erhoben, das ganz Mähren und Sudetenschlesien umfaßte. Die Bischöfe von Olmütz besaßen zeitweise mehr Einfluß am Hofe als ihre Prager Kollegen. Bischof Heinrich Zdik (1126–1150) rief den Kolonisierungsorden der Prämonstratenser nach Mähren, 100 Jahre später zog Bischof Bruno von Schaumburg (1246–1281) deutsche Bauern, Handwerker und Kaufleute ins Land und vor allem nach Olmütz, das er mit deutschem Stadtrecht ausstattete. Etwas südwestlich des Fürstenbergs bildete sich das neue urbane Zentrum mit Stapelhof und Marktplätzen. Die alte Burgsiedlung wich einer Anhäufung klerikaler Bauten.

In den Hussitenkriegen stand die Bischofsstadt Olmütz naturgemäß auf katholischer Seite. 1642–1650 hielten die Schweden die Stadt besetzt, was zur Verlegung der mährischen Landesverwaltung nach Brünn führte; damit hatte Olmütz seine Eigenschaft als Hauptstadt Mährens für immer eingebüßt.

Maria Theresia schmückte Olmütz im 18. Jh. mit prächtigen Bauten. Als 1777 das Bistum Brünn entstand, dessen Diözese Südmähren umfaßte, wurde Olmütz mit dem Sitz eines Erz-

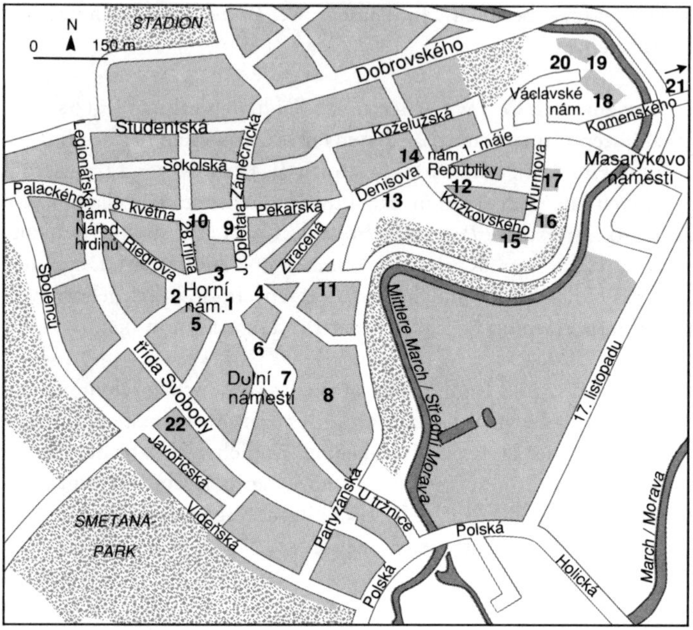

Olomouc (Olmütz)
1 Rathaus
2 Dreifaltigkeitssäule
3 Herkulesbrunnen
4 Cäsarbrunnen
5 Theater
6 Neptunbrunnen
7 Jupiterbrunnen
8 Kapuzinerkirche
9 St.-Mauritius-Kirche
10 Merkurbrunnen
11 St.-Michaels-Kirche
12 Tritonbrunnen
13 Maria-Schnee-Kirche
14 Städtisches Museum
15 Universität
16 Staatsarchiv
17 Erzbischöfliches Palais
18 Wenzelsdom
19 Přemyslidenpalast
20 Domdekantei
21 Kloster Hradisko
22 Theresientor

bischofs entschädigt. Doch schon ein Jahr darauf konnten weder Erzbischof noch Stadtrat verhindern, daß auch die 1573 aus einem Jesuitenkolleg hervorgegangene Universität nach Brünn zog. Während der Revolution von 1848 floh die kaiserliche Familie von Wien in das habsburgtreue Olmütz, wo Kaiser Ferdinand am 2. Dezember seinen Verzicht auf die Krone verkündete und seinen Neffen Franz Joseph inthronisierte.

Den Mittelpunkt von Olomouc bildet der Horní nám., der Oberring. In seiner Mitte steht das schöne *Rathaus* (Abb. 48), das in seinem Kern auf einen gotischen Kauf- und Stapelhof zurückgeht. Der Turm entstand nach 1378; seine bis zur Höhe von 70 m aufsteigende Spitze erhielt er 1443. Die große astronomische Uhr wurde 1420–1422 installiert, die modernen Mosaiken und die Figuren des Spiels entwarf Karel Svolinsky (1945–1948). Die Ostseite des Rathauses erhielt 1564 eine Außentreppe mit Loggia im Stil der Spätrenaissance; Wappen der böhmisch-mährischen Länder schmücken die Treppe, unter der man durch ein prächtiges Renaissanceportal eintritt. Im Innern beeindrucken ein schönes Renaissancetreppenhaus, ein gotischer Festsaal mit Szenen aus der Stadtgeschichte und die spätgotische Hieronymuskapelle (1488–1491) mit einem Netzgewölbe über figürlichen Konsolen. Der aus der Südfassade des Rathauses tretende Erker gehört zu dieser Kapelle.

In der Nordwestecke des Oberringes erhebt sich die 36 m hohe *Dreifaltigkeitssäule,* das größte und prächtigste Barockmonument dieser Art in der Tschechoslowakei, im 18. Jh. von Wenzel Reder und Andreas Zahner erbaut. Der Sockel umschließt eine winzige Kapelle, auf der

Spitze thront eine Gruppe der Dreifaltigkeit aus 18 Figuren. Der *Herkulesbrunnen* im bewegten Stil Lorenzo Berninis ist ein Werk des Michal Mandík aus Znaim (1687). Den ebenfalls barocken *Cäsarbrunnen* in der Südostecke des Oberringes gestaltete 1724 der Olmützer Bildhauer Hans Georg Schauberger, das Brunnenbecken entwarf Wenzel Reder.

An den Horní nám. schließt sich im Süden der Dolní nám., der Niederring, mit zwei schönen Brunnen an: dem *Neptunbrunnen* im Norden (1695) und dem *Jupiterbrunnen* im Süden (1707); beide Brunnen gestaltete Wenzel Reder. In der Mitte des Platzes steht eine Pestsäule aus dem Jahr 1720. Die Südostseite des dreieckigen Platzes nimmt die schlichte *Kapuzinerkirche* mit ehemaligen Klostergebäuden ein.

Die *St.-Mauritius-Kirche* (Kostel sv. Mořice) mit ihrem klotzigen Zinnenturm war bereits im frühen Mittelalter die Hauptkirche der Olmützer Bürgerschaft. Der heutige dreischiffige Hallenbau wurde 1412 begonnen und kurz vor seiner Vollendung im Jahr 1453 durch Feuer schwer beschädigt, danach bis 1483 wieder instand gesetzt. Schon 1492 zerstörte ein zweiter Brand einen Teil der Kirche, der aber innerhalb der ersten Hälfte des 16. Jh. neu erstand. An die Nordseite des Chors lehnt sich die Grabkapelle des Wenzel Edelmann im Stil der Renaissance. Die Barockorgel, mit 2311 Pfeifen die größte des Landes, schuf zwischen 1740 und 1745 der Breslauer Meister Michael Engler. Westlich der Kirche trifft der Besucher auf den schönen *Merkurbrunnen,* den Philipp Sattler um 1730 entwarf. Gotischen Ursprungs ist auch die *St.-Michael-Kirche* (Kostel sv. Michala), die 1674–1700 im Barockstil verändert wurde und drei auffallende Kuppeln erhielt.

Olomouc (Olmütz), Stadtansicht, Radierung von F. B. Werner

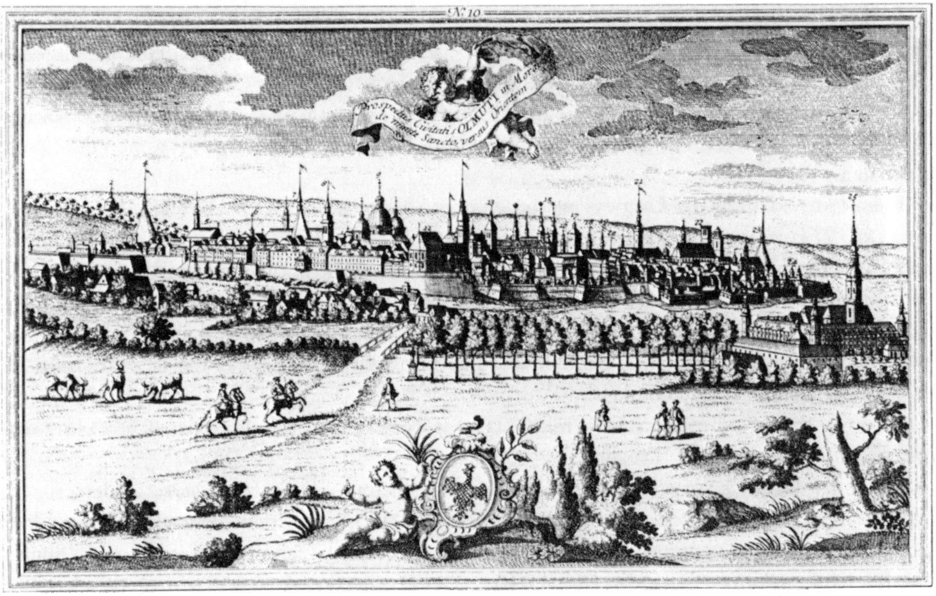

Die Pekařská ul. (Bäckergasse) und die anschließende Denisova ul. (Denisgasse) bilden die Hauptverkehrsachse der Stadt, die auf den kleinen nám. Republiky (Platz der Republik) mit dem reizvollen *Tritonbrunnen* von Wenzel Reder (1709) zuläuft. Die *Maria-Schnee-Kirche* (Kostel Panny Marie Sněžné) setzten die Jesuiten mit Hilfe des Baumeisters Johannes Pirner 1712–1719 an die Stelle einer älteren Kirche. Das *Städtische Museum* (Městské muzeum) benutzt die Räume des einstigen Klarissinnenklosters und dessen große Kirche. Hier findet der interessierte Besucher reiche ägyptologische, numismatische, ethnographische, mineralogische, zoologische und botanische Sammlungen.

Auf dem Fürstenberg erhebt sich der *Wenzelsdom* (Chrám sv. Václava), 1107–1131 als romanische Basilika erbaut, im 13., 14. und 16. Jh. gotisch erweitert. 1617 erhielt die Bischofskathedrale einen neuen Chor mit darunterliegender Krypta, 1883–1890 wurde sie von Gustav Meretta neugotisch umgestaltet und mit zwei Westtürmen und einem 100 m hohen Ostturm versehen. Beachtenswert sind die Bischofsgräber, besonders die bronzene Grabplatte des Bischofs Markus Kuen (1565). Der kostbare Domschatz wird in der Krypta gezeigt. Links vom Westportal schmiegt sich die St.-Anna-Kapelle an den Dom. Hier schließt sich der gotische Kreuzgang an, für dessen Bau Ende des 13. Jh. Teile der Přemyslidenburg verwendet wurden. Die großartigen Wandmalereien im Kreuzgang schufen um 1500 drei deutsche Künstler, darunter auch der berühmte Augsburger Meister Jörg Breu d. Ä. (um 1475–1537), von dem man annimmt, daß er aus der Dürerschen Schule hervorging. Bei den Erneuerungsarbeiten im letzten Viertel des 19. Jh. kamen prächtige Fenster (zwei- und dreifache Rundbogen auf korinthischen Kapitellen) des romanischen Přemyslidenpalastes zum Vorschein.

In der *Domdekantei* (Domské děkanství) neben dem Wenzelsdom lag im Herbst 1767 der elfjährige Wolfgang Amadeus Mozart sechs Wochen pockenkrank danieder. Heute ist in dem arkadenreichen Bau aus dem 17. Jh. das Historische Institut der Palacky-Universität untergebracht. Eine Inschrift erinnert an die unrühmliche Ermordung des sechzehnjährigen Königs Wenzel III., des letzten Přemysliden, am 4. August 1306 in den damaligen Räumen des Domdekanten.

Etwa 1 km nördlich des Domes liegt jenseits der March (Morava) das ehemalige *Prämonstratenserkloster Hradisko*. Der 1726–1737 entstandene Barockbau wird dem italienischen Architekten Domenico Martinelli zugeschrieben. 1078 von einem Přemysliden gegründet, ging das Benediktinerkloster 1150 an die Prämonstratenser über. 1241 wurde das Kloster durch die Tataren, 1643 durch die Schweden zerstört, aber immer wieder aufgebaut. 1783 wurde es aufgehoben; seither dient es als Krankenhaus. Die künstlerische Ausstattung des Hradisko ist noch immer einzigartig. Reliefs und Plastiken von Baldassare Fontana, Georg A. Heinz und Josef Winterhalter schmücken die Prälatur. Das Fresko »Die Speisung in der Wüste« im Großen Saal stammt von Paul Troger.

Wer über Olmütz spricht, wird auch an die berühmten *Olmützer Quargeln* denken, an jene kleinen, runden, stark duftenden Käschen, die erstmals in dem deutschen Bauerndorf Nebotein bei Olmütz erzeugt wurden und heute gelegentlich auch in bundesdeutschen Supermärkten auftauchen.

In mittelalterlicher Pracht präsentiert sich **Hrad Bouzov**, die Burg Busau des Deutschen Ordens. Trotz mancher romantisch-historisierenden Verzerrungen vermag keine andere Stätte in Europa die Tradition dieses Ritterordens besser darzustellen. Kurz nach 1300 erbauten die Herren von Kunstadt die Burg Busau zur Verteidigung ihrer umfangreichen Besitzungen. Im 16. Jh. bauten sie die frühgotische Feste im Stil der Renaissance um, im Dreißigjährigen Krieg (1618–1648) wurde Busau stark verwüstet und verfiel. 1696 übernahm der Deutsche Orden zusammen mit riesigen Ländereien in Nordmähren auch diese Burg. 1895–1912 gestaltete Georg Hauberisser, der Architekt des Münchner Rathauses, die Burg unter Verwendung vorhandener Bauteile in den Formen der späten romantischen Neogotik, zum Teil auch im Stil der Neorenaissance, völlig neu. Die Innenräume zeigen hier und da Anklänge an die Wiener Sezession. Auftraggeber der Restaurierung war das Oberhaupt des Ordens, der Hochmeister Erzherzog Eugen, der von Burg Busau aus den Deutschen Orden angemessen zu repräsentieren gedachte. So entstand ein prächtiges Zeremonienschloß, ausgestattet mit Fahnen, Bildern, Emblemen und edelstem Mobiliar aus den inzwischen säkularisierten Ordensniederlassungen im ganzen Heiligen Römischen Reich. 1938 kam Busau zum Reichsgau Sudetenland. Hitler überließ die Ordensburg dem Reichsführer SS Heinrich Himmler zur freien Verfügung; dieser soll sich jedoch nur wenige Tage hier aufgehalten haben. 1945 wurde Bouzov zum Nationalen Kulturdenkmal erklärt und restauriert.

Den Deutschen Orden hatten Lübecker und Bremer Kaufleute 1190 in Palästina als Krankenpflegeorden gegründet und 1198 in einen geistlichen Ritterorden umgewandelt. Im 13. und 14. Jh. kam der Orden, sei es durch Eroberung, sei es durch Schenkung, in den Besitz weiter Gebiete von Danzig bis zum Estland, die er kolonisierte und christianisierte und zum »Deutschordensstaat« ausbaute. Nach der Niederlage von Tannenberg (1411) gegen ein polnisch-litauisches Heer mußte er jedoch seine Besitzungen im Baltikum weitgehend aufgeben. 1809 verbot Napoleon den Deutschen Orden, schon 1834 erneuerte ihn Kaiser Franz I. in Österreich; als Hochmeister fungierte der jeweilige Erzherzog. Nach dem Zusammenbruch der Habsburger Monarchie (1918) blieb nur der priesterliche Zweig des Deutschen Ordens bestehen, der sich seit 1929 zu den klerikalen Bettelorden zählt. 1938–1945 wurde die Vereinigung von den Nationalsozialisten unterdrückt, lebte jedoch nach 1945 in Österreich wie in der Bundesrepublik wieder auf. Sitz des Hochmeisters ist Wien.

Von den rund 150 überwiegend original eingerichteten Räumen bekommen die Besucher die interessantesten zu sehen, z. B. den Säulensaal, den Jagdsaal, den Rittersaal, das fürstliche Schlafgemach, den Waffensaal, die Burgkapelle mit den Grabsteinen von Hochmeistern.

Das Tor zum Altvatergebirge (Hruby jeseník), früher auch Hohes Gesenke genannt, dem Ostteil der Sudeten, ist **Šumperk** (Mährisch-Schönberg), eine lebhafte Kreisstadt mit einem Schloß aus dem 16. Jh. Das waldreiche Gebiet rings um den 1492 m hohen **Altvater** (Praděd) schätzen Wanderer wie Wintersportler. Den Gipfel krönt ein Fernsehturm mit Restaurant; der mächtige steinerne »Altvaterturm« stürzte 1958 ein.

Opava (Troppau)

Die heutige Kreisstadt **Opava** war die alte Residenzstadt des Herzogtums Troppau, später Landeshauptstadt des österreichischen Schlesiens. Trotz schwerer Zerstörungen in den letzten Tagen des Zweiten Weltkrieges haben sich interessante Bauwerke erhalten. Im Schutz einer altslawischen Wasserburg entstand in den Auen der Oppa (Opava), eines Nebenflusses der Oder, im 10. Jh. eine erste Siedlung, in der sich im letzten Drittel des 12. Jh. deutsche Kaufleute und Handwerker von der Donau und aus Niedersachsen niederließen. Eine Urkunde des Papstes Innozenz III. von 1204 erwähnt die Herrschaft Troppau als Kommende des Deutschen Ordens. 1222 bestätigte König Ottokar I. Přemysl die Schenkung und erhob Troppau 1224 zur Stadt. In der Obhut des mächtigen Ordens gedieh das städtische Gemeinwesen trotz ausgedehnter Stadtbrände, verheerender Überschwemmungen und entsetzlicher Seuchen. Vor den Mongolen und den Hussiten schützten die Stadtmauern, den wechselnden Besetzungen durch Schweden und Kaiserliche war die Stadt dagegen hilflos ausgeliefert.

1318 wurde Troppau Hauptort des gleichnamigen Herzogtums. Unter Herzog Nikolaus II., zugleich Kämmerer der Krone Böhmens, löste sich das Herzogtum von Mähren und wandte sich Schlesien zu, ohne seine rechtlichen Bindungen an Prag aufzugeben. So fanden schlesische Fürstentage ab und zu auch in Troppau statt. Durch die Schlesischen Kriege fielen 1742 Niederschlesien, die Grafschaft Glatz und ein großer Teil von Oberschlesien an Preußen. Der südliche Teil des alten Oberschlesien, also das Herzogtum Troppau, blieb als »österreichisches Schlesien« habsburgisch. Die Stadt Troppau erfreute sich nun der herausragenden Bedeutung einer Landeskapitale, doch Joseph II. reduzierte ihre Rechte schon bald. Einen glanzvollen

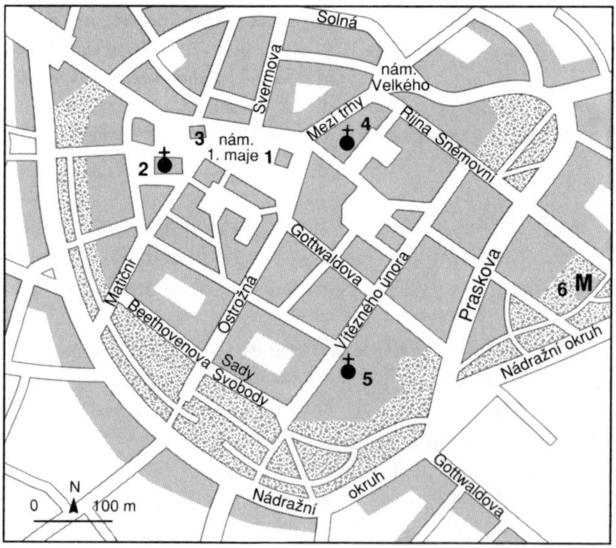

Opava (Troppau)
1 Schmetterhaus
2 Propsteipfarrkirche
3 Theater
4 St.-Adalbert-Kirche
5 Minoritenkirche
6 Schlesisches Museum

Opava (Troppau), Gemüsemarkt, nach einem Holzschnitt von Erwin Ziegler

Höhepunkt erlebte die Stadt, als Fürst Metternich 1820 Vertreter aus fast allen Staaten Europas zum »Troppauer Kongreß« lud, um die Aufstände in Italien unter Kontrolle zu bekommen.

1928 wurde das nunmehr tschechische Schlesien verwaltungsmäßig mit Mähren zu einem Land vereinigt, aber schon 10 Jahre später dem »Reichsgau Sudetenland« zugeschlagen. Nach dem Ende des Zweiten Weltkriegs erhielt das heutige Opava den Status einer Kreisstadt innerhalb des Bezirks Nordmähren.

Mittelpunkt von Opava ist der nám. 1. máje (Platz des 1. Mai), der einstige Oberring (Horní nám.), mit dem 72 m hohen *Stadtturm* am sogenannten *Schmetterhaus* (Městská věž), einem Stapelplatz für durchfahrende Fernhandelsleute, die hier für drei Tage ihre Waren – vor allem flandrisches Tuch – zum Kauf anbieten mußten. Das Schmetterhaus beherbergte auch die Ratsstuben und später die Stadtwaage. Der ursprünglich gotische Turm erhielt bis 1618 seine heutige Gestalt. Die Kaufhalle wurde immer wieder umgebaut und durch Anbauten ergänzt, zuletzt 1902/03 durch einen hohen Neorenaissancebau.

Die *Propsteipfarrkirche zu Mariä Himmelfahrt* entstand zwischen 1360 und 1370 im Stil der norddeutschen Backsteingotik. Den mächtigen Südturm krönt eine achteckige Renaissance-Glockenstube mit Haube. Der Nordturm blieb unvollendet. Das Kircheninnere wurde im 17. und 18. Jh. von Hans Georg Hausrucker und Jordan Zeller barockisiert, ohne die gotische

Hochräumigkeit zu beeinträchtigen. Johann Schubert gestaltete den spätbarocken Hochaltar. Neben der Propsteikirche errichteten die Troppauer 1882/83 am Oberring ihr neues *Theater,* das 1909 ausbrannte, aber schon nach wenigen Monaten in neubarocker Ausstattung weiterspielte. Am Troppauer Theater debütierten unter anderem Leo Slezák, Lotte Lehmann, Emil Jannings, Rudolf Forster und Paul Richter.

An der Südostseite des Dolní nám. (Unterer Platz), des Niederrings, steht die *Jesuitenkirche* mit dem Jesuitenkolleg. Ab 1675 errichteten die Jesuiten an der Stelle der gotischen St.-Adalbert-Kirche eine neue Kirche im Stil des Barock, der berühmten Il Gesù in Rom nachempfunden. Am 30. März 1945 zerstörten Brandbomben die Fresken und Altarbilder. Inzwischen wurde die Kirche restauriert und 1960 wieder dem hl. Adalbert geweiht. – Das *Jesuitenkolleg* mit Gymnasium erbauten Hans Georg Hausrucker und Josef Rieth 1711–1723. Nach der Aufhebung des Ordens trat hier der Schlesische Landtag zusammen. Bis 1945 nannte man das Gebäude daher »Altes Landhaus«. Vor der Jesuitenkirche ließ Georg Stephan Reichsgraf von Würben 1674 eine *Mariensäule* nach dem Vorbild der Wiener Säule »Am Hof« aufstellen.

Schon vor der Mitte des 13. Jh. gründeten Franziskaner ein *Minoritenkloster* mit Kirche. Seine heutige Gestalt erhielt das Kloster im 18. Jh. Hier fand vom 20. Oktober bis 23. Dezember 1820 der »Troppauer Kongreß« statt. Heute ist im Kloster ein Teil des Schlesischen Archivs untergebracht, nachdem das prächtige Interieur und die kostbare Bibliothek 1945 weitgehend vernichtet wurden.

Der Schönhengstgau (Hřebečsko)

Der Schönhengstgau war bis 1945 die größte deutsche Sprachinsel im böhmisch-mährischen Grenzbereich. Der Olmützer Bischof Bruno von Schaumburg (um 1205–1281) holte im Auftrag des Königs deutsche Siedler aus Bayern, Franken, Schwaben und Sachsen ins Land: Bauern vor allem, aber auch Handwerker und Kaufleute. Mehrere Siedlertrupps ließen sich rings um einen langgestreckten Höhenzug nieder, den sie *Sintenhengst* nannten, von *sinten* (schinden, sich abmühen) und *hengst* (Hang, Berghang). Daraus wurde später »Schönhengst«, was also nichts mit prächtigen Rössern zu tun hat. Im Tschechischen heißt der Höhenzug *Hřebec* (Hengst).

1930 lebten in den sechs Städten und 142 Dörfern des 1180 qkm großen Schönhengstgaues rund 126000 Deutsche und 6000 Tschechen. Auf böhmischem Gebiet lagen die Städte Mährisch-Trübau, Brüsau, Zwittau und Landskron, auf mährischer Seite die Städte Müglitz und Hohenstadt. Davon sind heute die interessantesten **Moravská Třebová** (Mährisch-Trübau) mit schönen Bürgerhäusern der Spätgotik, der Renaissance und des Barock (Vorhallen), einer gotisch-barocken Pfarrkirche Mariä Himmelfahrt, der spätgotischen Friedhofskirche der Kreuzauffindung, die mit der alten Stadt durch eine schindelgedeckte Totenstiege (1575) verbunden ist, und dem Renaissanceschloß der Liechtensteins mit prächtigem Arkadenhof sowie **Svitavy** (Zwittau) mit der gotischen St.-Ägidius-Kirche (13. Jh.), der Kirche Mariä Heimsuchung (18. Jh.), einem Rathaus im Renaissancestil und schönen Laubenhäusern aus dem 16. Jh.

Das Kuhländchen (Kravařsko)

Am Oberlauf der Oder (Odra) erstreckt sich um die beiden Städte Fulnek und Nový Jičín (Neutitschein) das **Kuhländchen,** ein deutsches Sprachgebiet, das vom 11. Jh. bis 1945 bestand. Der Name des Gebiets weist auf die blühende Rinderzucht hin. Hauptort des Kuhländchens ist **Nový Jičín** (Neutitschein), das schon 1313 Stadt- und Mautrechte erhielt. Sehenswert ist der Marktplatz mit seinen Laubenhäusern, der Mariensäule (1710) und dem köstlichen Bauernbrunnen des Bildhauers Franz Barwig (18. Jh.). Das Schloß (16.–19. Jh.) enthält ein interessantes Hutmuseum, denn die im Jahr 1799 gegründete Firma Hückel (heute Tonak) gehörte im 19. Jh. mit über 2000 Arbeitskräften zu den größten Hutfabriken der Welt.

Fulnek in der Nordwestecke des Kuhländchens besaß bereits im Jahr 1293 Stadtrecht. Zu Beginn des 17. Jh. bildete sich hier das Zentrum der »böhmischen Brüdergemeine«. In der spätgotischen Pfarrkirche (um 1407; 1612 und 1748–1760 umgebaut) befindet sich eine Gedenkstätte für Johann Amos Comenius (Komenský; 1592–1670), der 1618–1621 in dieser Kirche predigte und später (1632) Bischof der »böhmischen Brüder« wurde. Beachtenswert sind auch die Dreifaltigkeitskirche von 1760 und der gotische Bau des Augustinerklosters (15. Jh.).

Die *Minoritenkirche zum Heiligen Geist* ist ein dreischiffiger gotischer Hallenbau mit einem schlichten Turm, der 1827 einen neugotischen Helm erhielt. Die Kirche, die als Begräbnisstätte der schlesischen Přemysliden und der nachfolgenden Troppauer Herzöge diente, wurde im 18. Jh. barock umgestaltet; eine besondere Wirkung strahlt die prächtige Fassade mit Vorhalle aus. Zu erwähnen sind noch die Stadtpaläste wie das *Palais Larisch* (oder Palais Blücher), das benachbarte *Palais Gostheimb* und das *Palais Sobek-Skal* gegenüber der Minoritenkirche. Das *Schlesische Museum* (Slezské muzeum) in der Komenského ul. (Comeniusgasse) enthält reichhaltige archäologische, kunstgewerbliche und naturkundliche Sammlungen.

Das **Schloß Hradec** (Grätz), etwa 10 km südlich von Opava am Flüßchen Mohra (Moravice), geht auf eine im 10. Jh. entstandene slawische Wallburg zurück. Daraus entwickelte sich im 13. Jh. eine gotische Burg, in der Kunigunde, die Witwe des Königs Ottokar II. Přemysl, ihren Hof hielt. Um 1600 wurde die Burg in ein Renaissanceschloß umgewandelt und nach dem Brand von 1796 im Stil des Empire wiederaufgebaut *(Weißes Schloß).* Nach 1880 entstanden pseudogotische Zusatzbauten aus Backstein: ein Turm, eine Reithalle, eine Toranlage *(Rotes Schloß).* 1971 brannte das Rote Schloß aus. Schloß Hradec wird zur Zeit restauriert.

Schloß Grätz hat oft seinen Besitzer gewechselt, den stärksten Einfluß aber übten seit 1777 die Fürsten Lichnowsky aus. Sie waren Gastgeber der berühmtesten Komponisten ihrer Zeit, so gaben etwa Paganini und Franz Liszt auf Einladung des Schloßherrn hier Konzerte. Vor allem aber weilte Beethoven zweimal, 1806 und 1811, auf Schloß Grätz. An ihn erinnern der Beethoven-Raum mit dem Flügel, auf dem er spielte, eine Plakette im Schloßhof und vor allem die alljährlich stattfindenden Beethoven-Wochen.

Westslowakei (Západní Slovensko)

Bratislava (Preßburg)

Bratislava, Hauptstadt der Slowakei und Verwaltungszentrale des Westslowakischen Bezirks, liegt am nördlichen Ufer der Donau (Dunaj) zu Füßen der Kleinen Karpaten (Malé Karpaty), nahe der Grenze zu Österreich und zu Ungarn, nur 60 km von Wien entfernt. In Bratislava hat die Slowakische Akademie der Wissenschaften ihren Sitz; die Comenius-Universität, zahlreiche Hoch- und Fachschulen, Nationalgalerie und Nationalmuseum machen die Stadt zu einer kulturellen Metropole. Die 420000 Einwohner der zweitgrößten Stadt der Tschechoslowakei leben vorwiegend von der Industrie (Chemie, Maschinenbau, Lebensmittel); daß Bratislava darüber hinaus mit mehr als 1000 ha Rebland an den Hängen der Kleinen Karpaten die größte Weinbaugemeinde der Tschechoslowakei ist, dürfte nur wenigen bekannt sein.

Die sogenannte »Thebener Pforte«, der Donaudurchgang zwischen Alpen und Karpaten, war schon in prähistorischer Zeit ein Kreuzungspunkt großer Handelsstraßen: des Wasserweges auf der Donau und des Landweges zwischen Ostsee und Mittelmeer. Befestigte Höhensiedlungen auf den heutigen Burghügeln von Bratislava und Devín sicherten die Wege. Um 15 v. Chr. erreichten die Römer nach der Eroberung von Rätien und Pannonien die mittlere Donau und errichteten zum Schutz der Großstadt *Carnuntum* beim heutigen Deutsch Altenburg in Niederösterreich zahlreiche Kastelle, davon einige im Raum des heutigen Bratislava. Nach dem Zerfall der Römerherrschaft an der Donau kamen Goten, Heruler, Hunnen, Awaren und im 6. Jh. schließlich Slawen.

Im 9. Jh. oblag der Burg auf dem Devín der Schutz des Großmährischen Reiches vor Angriffen der Franken. Auch auf dem Burgberg von Bratislava errichtete der großmährische Fürst Breslaw in der zweiten Hälfte des 9. Jh. eine mächtige Burganlage, die er zu seinem Sitz erkor. 892 besiegten die Magyaren gemeinsam mit Arnulf von Kärnten das Großmährische Reich und besetzten Bratislava und den Devín. In einer Urkunde des Jahres 907 wurde der Ort *Brezalauspurc* genannt, was vom Fürstennamen Breslaw herstammen könnte. Die deutschen Einwohner machten daraus *Preßburg*, die slawischen *Bratislava.* Nach dem Untergang des Großmährischen Reiches gehörte der Ort vorübergehend zum Reich der Přemysliden, bis es der Ungarnkönig Stephan I. (997–1038) seinem Reich einverleibte.

1217 erhielt Preßburg die Stadtrechte, einige Jahrzehnte später sogar die Privilegien einer königlich-ungarischen Freistadt. Bereits um das Jahr 1000 hatte König Stephan hier bayerische Kolonisten angesiedelt, nach dem Tatareneinfall im 13. Jh., dem die Stadt selbst standgehalten hatte, rief der ungarische König Béla IV. deutsche und italienische Siedler in das entvölkerte Land.

49 Brno (Brünn), Rathaus, Portal

◁ 48 Olomouc (Olmütz), Rathaus mit Mariensäule

50 Trnava (Tyrnau), St.-Nikolaus-Dom

51 Bratislava (Preßburg), die viertürmige Stadtburg

53 Bratislava (Preßburg), Altstadt

52 Bratislava (Preßburg), Altstadt mit Michaelertor

Vinarek
pod
Bastou

57 BETLIAR, Herrenhaus

58 PIEŠT'ANY (Pistyan)

59 Piešťany (Pistyan), Kurhaus Thermia Palace

60 Wallfahrtskirche St. Ladislaus bei Spišský Štvrtok (Donnersmarkt) in der Zips ▷

61 Im Goralendorf Ždiar am Fuß der Hohen Tatra

62 Bauerndorf im Slowakischen Erzgebirge

63 Košice (Kaschau), Staatstheater

64 Košice (Kaschau), Marktplatz (Freiheitsplatz) ▷

DOM NÁBYTKU
KAVIAREŇ

65 Košice (Kaschau), St.-Elisabeth-Dom, Nordportal

1541–1784 war Preßburg, ungarisch *Pozsony*, die Hauptstadt Ungarns, 1563–1830 sogar die Krönungsstätte der ungarischen Könige, weil Ofen (Budapest) in die Hände der Türken gefallen war. Am 1. Januar 1919 kam die Stadt als Bratislava an den neugegründeten Staat Tschechoslowakei und wurde 1939 Kapitale der selbständigen Slowakischen Republik, 1945 die Hauptstadt der Slowakei.

Am Mierové námestie (Friedensplatz; früher Grassalkowich-Platz) steht gegenüber dem neuen Interhotel Forum das *Palais Grassalkowich* (Grasalkovič palác), zwischen 1760 und 1765 als Sommerresidenz für den Fürsten Anton Grassalkowich, den Präsidenten der ungarischen königlichen Kammer, erbaut. Die Pläne für den schönen Rokokobau entwarf A. Mayerhoffer. Sehenswert sind der prachtvolle Treppenaufgang mit vier Sandsteinplastiken, die den Frühling und den Sommer, David und Salomo darstellen, und der im zweiten Stockwerk gelegene Spanische Saal, in dem 1772 Franz Joseph Haydn mit seinem Orchester Konzerte gab.

Die Suché mýto (Dürre Maut) verbindet den Mierové nám. mit dem Hurbanovo nám. (Hurban-Platz). An der Westseite des Platzes steht die *Dreifaltigkeitskirche* (Kostol Najsvätejšej Trojice), ein Barockbau mit elliptischem Grundriß und zwei abgeflachten Türmen, erbaut zwischen 1717 und 1727 für die Trinitarier. Sie ist innen mit illusionistischen Fresken des italienischen Malers Antonio Galli Bibiena ausgemalt, die den Raum optisch ausweiten. 1844 baute Ignaz Feigler das anschließende Trinitarierkloster zu einem Komitatshaus um, das die Nordseite des Októbrové nám. (Oktoberplatz; früher Komitatsplatz) beherrscht. In der Mitte des Platzes steht eine *Pestsäule* von 1723, die Südwestecke des Platzes füllt der Barockbau der *Kapuzinerkirche* (Kostol kapucínov) aus dem Jahr 1717.

Vom Hurbanovo nám. führt der 500 m lange *Krönungsweg* der ungarischen Könige quer durch die Altstadt über Michalská, Ventúrska und Strakova ulica zum Hviezdoslavovo nám. Zunächst quert eine Brücke mit den Statuen des hl. Johannes von Nepomuk (links) und des Erzengels Michael (rechts) den Stadtgraben, dahinter sicherte eine Barbakane, ein vorgeschobenes Bollwerk mit Vortor aus der Mitte des 15. Jh., den Eintritt in die mittelalterliche Stadt durch das *Michaelertor* (Michalská brána; s. Farbt. 19, Abb. 52), das einzig erhaltene von ursprünglich drei Stadttoren. Der gotische Torturm stammt aus dem 14. Jh., der achteckige Aufbau wurde 1511–1517, das zwiebelförmige Barockdach mit einer Statue des Erzengels erst 1757 aufgesetzt; die Statue fertigte der Kupferschmied Peter Eller. In dem Torturm befindet sich eine Ausstellung zur Entwicklung der Stadtbefestigung von Bratislava.

Noch im Bereich der Barbakane beherbergt die ehemalige *Apotheke Zum roten Krebs* (Lekáreň U Cerveného raka) ein *Pharmazeutisches Museum* (Farmaceutické múzeum) mit originalem Mobiliar, Geräten, Apparaturen und Gefäßen aus den vergangenen 700 Jahren. Das Gebäude wurde Ende des 18. Jh. an der Stelle der einstigen Stadtmauer errichtet.

Vom Michaelertor führt die belebte Michalská ul. (Michaelergasse) mit zahlreichen Geschäften und einigen interessanten Häusern in das Zentrum der Altstadt (Staré mesto). Haus Nr. 7, das *Segnerhaus* im Renaissancestil, ließ sich der wohlhabende Kaufmann Andreas Segner 1648 erbauen. Eine Rautenarchivolte, plastisches Gesims und ein Fries mit Wappen und Inschrift schmücken das steinerne Portal. Die beiden breiten Erker ruhen auf Maskaronenkonsolen.

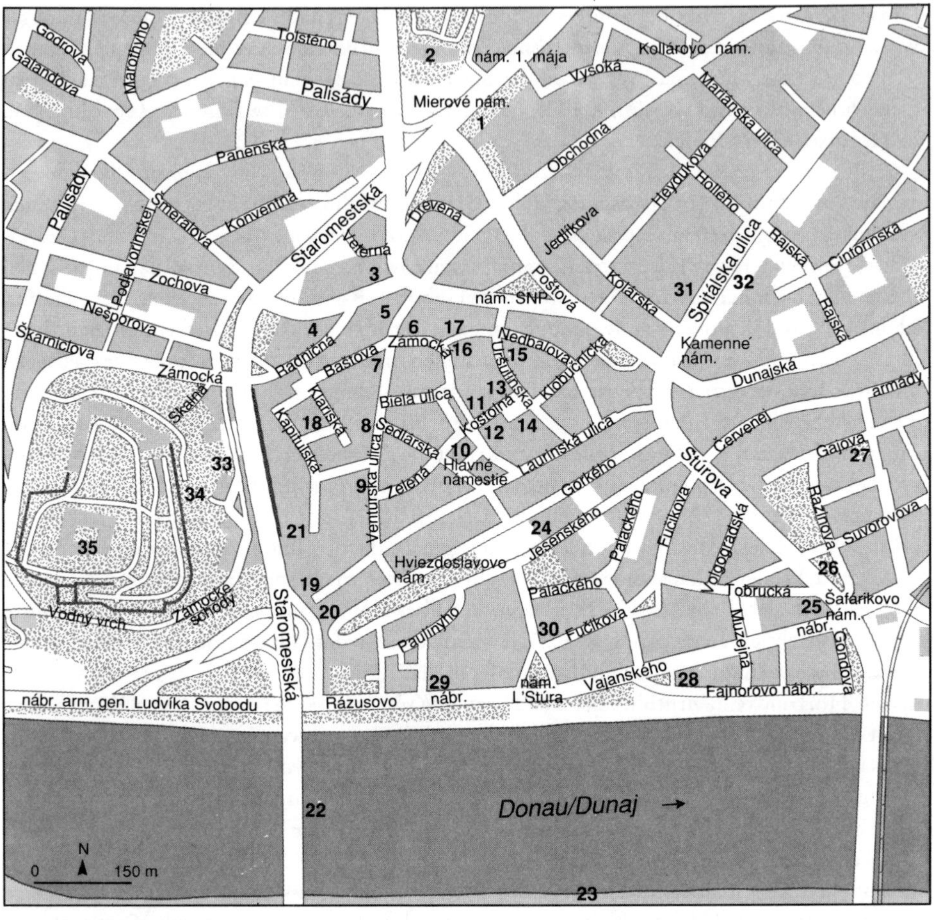

Bratislava (Preßburg)
1 Interhotel Forum 2 Palais Grassalkowich 3 Dreifaltigkeitskirche 4 Kapuzinerkirche 5 Michaelertor 6 Pharmazeutisches Museum 7 Segnerhaus 8 Universitätsbibliothek 9 Academia Istropolitana 10 Rolandsbrunnen 11 Jesuitenkirche 12 Altes Rathaus 13 Neues Rathaus 14 Primatialpalais 15 Ursulinenkirche 16 Franziskanerkirche 17 Palais Mirbach 18 Klarissinnenkirche 19 St.-Martins-Dom 20 Dreifaltigkeitssäule 21 Jesuitenkolleg und Propstpalais 22 SNP-Brücke 23 Janko-Král'-Park 24 Slowakisches Nationaltheater 25 Comenius-Universität 26 Entenbrunnen 27 St.-Elisabeth-Kirche 28 Slowakisches Nationalmuseum 29 Slowakische Nationalgalerie 30 Redoute 31 Kirche der Elisabethinerinnen 32 Sommerpalais Aspremont 33 Haus zum guten Hirten 34 St.-Nikolaus-Kirche 35 Burg

Die unauffällige *Katharinenkapelle* (Kaplnka sv. Kataríny; Nr. 6) mit einer Fassade von 1840 stammt aus dem Jahr 1311. 1753–1756 errichtete Giovanni Battista Martinelli die *Königliche Kammer*. 1772 wurde das Barockpalais nach Plänen von Franz Anton Hillebrandt erweitert.

1802–1848 tagte hier der ungarische Ständerat, weshalb es auch »Landhaus« genannt wurde. Seit 1953 ist in dem Palais die *Universitätsbibliothek* (Univerzitná knižnica) untergebracht.

Die Michalská setzt sich in der von mehreren Stadtpalais gesäumten Ventúrska ulica fort. Das *Palais Leopold de Pauli* (Nr. 15) und das *Palais des Marschalls Pálffy* (Nr. 12) stammen aus der ersten Hälfte des 18. Jh. Die *Academia Istropolitana* (Nr. 7) gründete König Matthias I. Corvinus 1467 als erste ungarische Universität. Sie wurde schon 1490 wieder geschlossen, das Gebäude diente danach als Arsenal, Münzamt, Wohnhaus, ab 1918 als Arbeiterakademie, seit 1975 als Akademie der Musischen Künste.

Zwei mittelalterliche Gassen, die Zelená ul. (Grünstüblgasse) und die Sedlárska ul. (Sattlergasse), verbinden die Ventúrska ulica mit dem Hlavné námestie, dem Hauptplatz der Altstadt, der bis 1990 den Namen nám. 4. apríla (Platz des 4. April) trug. Die Mitte des üppig begrünten Platzes markiert der *Rolandsbrunnen* (Rolandova fontána), 1572 von Andreas Luttringer als Löschwasserreservoir konzipiert. Die *Jesuitenkirche* (Kostol jezuitov) in der Nordecke des Platzes hatten deutsche Protestanten 1636–1638 im Stil der Spätrenaissance errichtet. 1672 übernahmen die Jesuiten das turmlose Gotteshaus und statteten es prachtvoll aus. Die Kanzel von Ludwig Gode (1753) zählt zu den großartigsten Rokokokanzeln Mitteleuropas. Vor der Jesuitenkirche stellte Leopold I. 1675 eine *Mariensäule* auf.

Das *Alte Rathaus* (Stará radnica) an der Ostseite des Hauptplatzes entwickelte sich im 14., vielleicht auch schon im ausgehenden 13. Jh. aus mehreren Bürgerhäusern zum einheitlich gotischen »Haus mit dem Turm«. Die heutige Bedachung stammt von 1496/97, die Fassadenfresken malte 1533 Hans Thiergarten. Als Fremdkörper wirkt der barock veränderte Turm. Die rippengewölbte spätgotische Durchfahrt (1452) mündet in einen prachtvollen Hof mit Renaissancearkaden, Attika und Giebelchen. Die gotische Kapelle aus dem 14. Jh. wurde 1967–1969 wieder in ihren Ursprungszustand versetzt. Zusammen mit dem benachbarten *Palais Appónyi* (1761/62) beherbergt das Rathaus seit 1948 das *Städtische Museum* (Mestské múzeum).

Zwischen Altem Rathaus und Jesuitenkirche verbindet die Kostolná ul. (Kirchgasse) den Hauptplatz mit dem *Primaciálne nám.* (Primatialplatz). An der Nordseite steht seit 1947 das *Neue Rathaus* (Mestský národný výbor), die Westseite nimmt die Rückfront des Alten Rathauses ein. Die Ostseite beherrscht das *Primatialpalais* (Primaciálne palác), das Melchior Hefele 1777–1781 für den Erzbischof Batthyányi erbaute. Der klassizistische Bau diente dem in Tyrnau residierenden Erzbischof von Gran (Esztergom) und Fürstprimas, dem höchsten kirchlichen Würdenträger Ungarns, als Winteraufenthalt. Dem Mosaik im Tympanon über dem Haupteingang liegt ein Fresko von Franz Anton Maulpertsch zugrunde, ihm wird auch das Fresko »Der hl. Ladislav tränkt sein Pferd« in der Palastkapelle zugeschrieben. Skulpturen und Gemälde italienischer, spanischer und flämischer Meister sowie sechs englische Gobelins (um 1630) mit Szenen aus der Sage von Hero und Leander schmücken die erzbischöflichen Repräsentationsräume. Im Spiegelsaal des Primatialpalais wurde am 26. Dezember 1805 nach der Schlacht bei Austerlitz der »Friede von Preßburg« zwischen der Habsburger Monarchie (Franz II.) und Frankreich (Napoleon I.) unterzeichnet. 1903 kaufte der Stadtrat das Palais für den örtlichen Nationalausschuß, heute gehört das frisch restaurierte elegante Gebäude der *Städtischen Galerie* (Mestská galéria).

Die *Ursulinenkirche* (Kostol uršulínok) an der Ecke Nedbalova ul. (Nedbalgasse; früher Hummelgasse) zur Uršulinska ul. (Ursulinergasse) entstand um das Jahr 1640 als Bethaus der slowakischen und ungarischen Protestanten. 1676 wurde sie den Ursulinerinnen zugewiesen, die hier ein Kloster mit Schule errichteten. Im 18. Jh. ließ der Orden das Innere der einschiffigen Kirche erneuern.

Am 26. August 1278 besiegten ungarische und habsburgische Truppen in der Schlacht auf dem Marchfeld das Heer des Böhmenkönigs Ottokar II. Přemysl. Zum Dank für den Sieg stiftete der Ungarnkönig Ladislaus IV. (1272–1290) die *Franziskanerkirche* (Kostol františkánov) am Františkánské nám. (Franziskanerplatz). 1280–1297 wurde die Kirche in frühgotischem Stil erbaut. 1361 stiftete der Bürgermeister Jakub eine dem hl. Johannes Elemosinarius (dem Evangelisten) geweihte hochgotische Kapelle, 1502 folgte der Stadtrat mit der Sebastianskapelle. Im 18. Jh. wurde die Kirche teilweise barockisiert, aus dieser Zeit stammt auch die Lorettokapelle. Nach einem Erdbeben 1897 trug man den einsturzgefährdeten Kirchturm ab und ersetzte ihn durch eine stabile Kopie. Den alten gotischen Turm baute man im Janko-Král'-Park wieder auf. Von dem zugehörigen Kloster, das ebenfalls auf eine Stiftung Ladislaus' IV. zurückgeht, sind nur noch der Kreuzgang und die Kapelle der hl. Rosalia erhalten. Der Franziskanerkirche gegenüber steht das schöne *Palais Mirbach* (Mirbachov palác), ein Rokokobau, den Matthias Höllriegl 1768–1770 für den Brauereibesitzer Michael Speck (Spech) erbaute. Sehenswert sind die Pawlatschen im Hof des Gebäudes. Das Palais wurde 1972–1976 restauriert und zeigt heute Kunstwerke der *Städtischen Galerie* (Mestská galéria). Die gotische *Klarissinnenkirche* (Kostol klarisiek) entstand im 13. Jh. und gehörte zu einem Kloster vom Anfang des 13. Jh., das im Laufe der Jahrhunderte mehrmals umgebaut wurde und heute die Slowakische Pädagogische Bibliothek beherbergt. Die 1966–1973 restaurierte Kirche dient als Ausstellungsraum der Städtischen Galerie und als Kammerkonzertsaal.

In der Südwestecke der Altstadt ragt der *St.-Martins-Dom* (Dóm sv. Martina) mit seinem 85 m hohen Turm empor, dessen glasierte Dachziegel im Sonnenlicht farbig funkeln. Die Bauarbeiten an dem dreischiffigen Hallendom unmittelbar an der Stadtmauer zogen sich vom beginnenden 13. Jh. bis zur Mitte des 15. Jh. hin. Die spätgotische Gestaltung der Gewölbe durch Hans Puchspaum läßt Verbindungen zur Wiener Dombauhütte erkennen. 1452 wurde St. Martin geweiht. 1563–1830 war der Dom Krönungskirche der Könige von Ungarn, eine Tafel an der Nordwestwand des Domsanktuariums führt die Krönungen auf. 1835–1847 erhielt die Turmspitze ein steinernes Kissen mit einer vergoldeten Krone als Symbol der Krönungsstätte. 1732–1734 baute Georg Raphael Donner für den Erzbischof Emmerich Esterházy an das nördliche Seitenschiff die Kapelle des hl. Johannes des Evangelisten mit der knienden Figur des Stifters. Die Gebeine des Heiligen hatte König Matthias Corvinus vom türkischen Sultan Mahmud I. zum Geschenk erhalten, sie fanden nun im Martinsdom ihre letzte Ruhestätte. Zu den bemerkenswertesten Ausstattungsstücken des Doms gehört die Reiterstatue des hl. Martin von G. R. Donner (1734/35), einst das Mittelstück einer bleigegossenen Figurengruppe, die den Hauptaltar schmückte, sowie eine spätgotische Monstranz (1449) im Domschatz.

An der Ecke zur Kapitulská ul. (Kapitelgasse) errichtete Jacopo Rava 1628–1635 das im Stil der Spätrenaissance gehaltene *Jesuitenkolleg* (Jezuitské kolégium), in dem seit 1936 die nach

Bratislava (Preßburg), Burg und Palais Palffy

den Slawenaposteln Kyrillos und Methodios benannte römisch-katholische Theologische Fakultät ihren Sitz hat. Gegenüber entstand um 1632 das *Propstpalais* (Prepoštský palác) mit einem prachtvollen Renaissanceportal zum Vorgarten, in dem ein Monument der hl. Elisabeth von Thüringen gedenkt.

Die neue Hauptverkehrsader Staromestská (Altstädter Straße) bewältigt den Österreichverkehr und verbindet über die 1972 fertiggestellte Donaubrücke die Innenstadt von Bratislava mit dem südlichen Stadtteil Petržalka, dem früheren Audorf oder Engerau. Die 432 m lange und 21 m breite *Most SNP* (Most Slovenského národného povstania; Brücke der Slowakischen Volkserhebung) hängt an 72 mm dicken Stahlseilen, die an einem vom Südufer schräg aufragenden Pylon befestigt sind. Ein Schnellaufzug gleitet zu dem Aussichtsrestaurant an der Spitze des Pylons empor.

In dem zwischen Altstadt und Donau gelegenen Viertel trifft man auf viele repräsentative Bauten, etwa das *Slowakische Nationaltheater* (Slovenské národné divadlo) am langgestreckten Hviezdoslavovo nám. (Hviezdoslav-Platz), der im 19. Jh. als Parkanlage den Stadtgraben ersetzte. Den Theaterbau errichteten die Wiener Architekten Ferdinand Fellner und Hermann Helmer 1884–1886 an der Stelle des ersten Ständetheaters (1776) im Stil der Neorenaissance.

Heute werden hier Opern und Ballette aufgeführt. Den *Ganymedbrunnen* (Ganymedova fontána; 1888) vor dem Theater schuf V. O. Tilgner, ebenso das weiter westlich stehende *Hummel-Denkmal* (1887) für den Preßburger Komponisten. Den Platz umrahmen weiterhin das *Carlton-Hotel,* das *Palais Csomo* (Nr. 13) von 1778, das *Palais Pálffy* (Nr. 18) von 1885 und das *Rokokopalais Illésházy* (Nr. 23) von 1769. Die *Comenius-Universität* (Univerzita Komenského), ein mächtiger, 1936 vollendeter Bau, beherrscht den Šafárikovo nám. (Šafárik-Platz) und das Ostende des Vajanského nábrežie (Vajanský-Kai). Sie wurde 1914 als Nachfolgerin der *Academia Istropolitana* (s. S. 315) wiedergegründet. Im Stil der Wiener Sezession ist die kleine *St.-Elisabeth-Kirche* (Kostol sv. Alžbety; auch »Blaues Kirchlein«) 1906–1908 an der Bezručova ul. gehalten.

Das *Slowakische Nationalmuseum* (Slovenské národné múzeum) am Vajanského nábrežie Nr. 2 (Vajansky-Kai) zeigt reiche naturgeschichtliche und archäologische Sammlungen. Am westlich anschließenden Rázusova nábrežie Nr. 2 (Rázus-Kai) befindet sich in einem Gebäude der einstigen Wasserkaserne (1759–1763) die *Slowakische Nationalgalerie* (Slovenská národná galéria) mit Werken in- und ausländischer Künstler des 19. und 20. Jh. Die *Redoute* (Reduta) an der Mostová ul. (Brückengasse) entstand 1912–1914 im neobarocken Stil und ist die Wirkungsstätte der Slowakischen Philharmonie.

Die nördlichen Stadtbefestigungen ersetzte der langgestreckte *nám. SNP* (nám. Slovenského národného povstania, Platz der Slowakischen Volkserhebung; früher Marktplatz). Von ihm aus zieht die Spitálska ul. (Spitalstraße) nach Nordosten und passiert die *Kirche der Elisabethinerinnen* (Kostol alžbetíniek) links der Straße. Die schöne Barockkirche erbaute Franz Anton Pilgram 1739–1742, der Tiroler Maler Paul Troger schmückte sie mit Deckenfresken, Franz Xaver Palko mit Altarbildern. Ein Stück weiter steht das *Sommerpalais Aspremont* (Aspremontov letný palác) aus der zweiten Hälfte des 18. Jh., heute Dekanat der Medizinischen Fakultät der Comenius-Universität. Unweit des Hotels Kyjev lockt die *Alte Mälzerei,* mit mehr als 1000 Sitzplätzen das zweitgrößte Bierlokal Europas.

Vom Martinsdom aus steigt die malerische *Schloßstiege* (Zamocke schody) durch ein spätgotisches Tor (1480) zur Burg empor. Ein Abstecher zur Židovská ul. Nr. 1 (Judengasse, früher Schloßgrundgasse) Ecke Mikulášska ul. (Nikolausgasse) läßt den Besucher das *Haus zum guten Hirten* (Dom U Dobrého pastiera) entdecken. Das kleine Haus, das um 1760 in reinem Rokokostil erbaut wurde, zählt zu den wenigen Beispielen dieses reizvollen Stils in Mitteleuropa. Jedes Stockwerk besteht nur aus einem Raum, an der Hausecke erscheint die Figur des Guten Hirten. Nicht weit entfernt klettert ein Stufenweg von der Mikulášska zur kleinen russisch-orthodoxen *St.-Nikolaus-Kirche* (Pravoslávný chrám sv. Mikuláša) aus dem 17. Jh. hinauf.

Die *Burg* (Hrad), das viertürmige Wahrzeichen von Bratislava, erhebt sich in majestätischer Schönheit 74 m über der Donau (Abb. 51). Eine slawische Grenzfeste bestand hier schon im 9. Jh. Die Ungarn bauten die Feste aus, Kaiser Sigismund ließ sie um 1430 vergrößern, die Habsburger verstärkten sie zu einem Bollwerk gegen die Türkenangriffe auf Wien. 1635–1649 gab der Obergespan (Statthalter des Königs) Paul Pálffy der Burg durch Giovanni Battista Carlone ihre heutige quadratische Form mit vier Ecktürmen. Maria Theresia ließ ›ihre Burg‹, die die

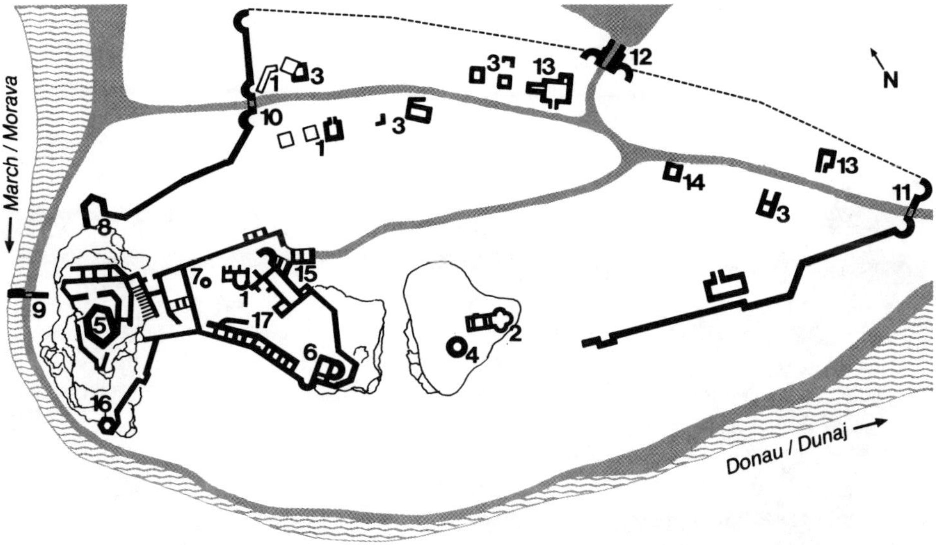

Devín (Theben), Burgruine, Grundriß
1 Römische Bauten 2 Kirche (9. Jh.) 3 Slawische Siedlung (10.–12. Jh.) 4 Kapelle (10.–12. Jh.) 5 Wohnturm (13. Jh.) 6 Palast des Palatins Nikolaus von Gara 7 Burgbrunnen 8 Bastei 9 Pforte 10 Westtor 11 Osttor 12 Nordtor (heutiger Eingang) 13 Wachstube (15. Jh.) 14 Gebäude (15. Jh.) 15 Renaissancepalast (16. Jh.) 16 Wachtturm »Die Nonnen« (16. Jh.) 17 Wirtschaftsgebäude (17.–18. Jh.)

ungarischen Kronjuwelen verwahrte, nach 1761 zu einer prunkvollen Residenz ausbauen, doch ihre Nachfolger wußten ihre Vorzüge nicht zu schätzen. So richtete sich 1784 auf dem Berg ein Priesterseminar ein, ab 1802 dienten die Gebäude als Kaserne, wurden 1811 durch Feuer zerstört und blieben 140 Jahre lang eine Ruine, bis man 1953 die Wiederherstellung der Burg begann. Heute hat in der Burg der Slowakische Nationalrat seinen Sitz. In den restaurierten Räumen zeigt das *Nationalmuseum* interessante Beispiele slowakischer Kultur.

In der Nähe des nábrežie armádneho generála Ludvíka Svobodu (Ludvík-Svoboda-Kai) dokumentiert der *Wasserturm* fast zwei Jahrtausende Geschichte. Die Mauerfundamente stammen aus dem 1. bzw. 2. Jh. und gehören zu einem römischen Wachturm, der die strategisch wichtige Furt über die Donau und damit die Bernsteinstraße kontrollierte. Im 13. Jh. erneuerten die Zisterzienser den Turm als Mautstelle. Im 18. Jh. verschwand das Turmgemäuer zwischen armseligen Wohnhäusern und wurde erst in den 60er Jahren des 20. Jh. beim Abriß baufälliger Gebäude wiederentdeckt.

Die nördliche Uferstraße umzieht den Burgberg, passiert den Kultur- und Erholungspark (Park kultúry a oddychu) sowie den Botanischen Garten (Botanická zahrada) und zweigt in Karlova Ves (Karldorf) nach links in Richtung **Devín** (Theben) ab. Der kleine Ort Devín liegt

Burgruine Devín (Theben)

an der Einmündung der March (Morava) in die Donau. Beide Flüsse bilden hier die Grenze zwischen Österreich und der Tschechoslowakei.

Der 212 m hohe Burgfelsen war seit dem 5. Jahrtausend v. Chr. ununterbrochen besiedelt. Im 9. Jh. erlangte Devín unter dem Fürsten Rastislav als Grenzfeste des Großmährischen Reiches gegen die Franken seine größte Bedeutung. In einem Bericht aus dem Jahr 864 heißt es (in Übersetzung): »König Ludwig brach im Monat August mit seinem großen Heer hinter die Donau auf, belagerte Rastislav in einer Stadt, die in der Sprache jenes Landes Dowina, d. h. Mädchen, genannt wird.« Nach der Legende wurde die Burg von einer mährischen Herzogstochter namens Devoina gegründet. Aus *Dowina* bzw. *Devoina* wurde Devín. Die mächtigen Schutzwälle der Burg des Rastislav sind im Norden des Areals noch erhalten geblieben.

Im 13. Jh. entstand auf dem steilen Felsen ein polygonaler Wohnturm, aus dem sich bis zum 15. Jh. die umfangreiche gotische Burg entwickelte. 1527 kam Devín in den Besitz des ungarischen Magnaten Stephan Bathory, der den Palasttrakt im Stil der Renaissance erneuern und am Südabfall zur Donau kleine Wachtürme, wie z. B. die »Nonne«, errichten ließ. 1809 sprengten Soldaten Napoleons die Burg in die Luft. Seitdem verfiel sie. Heute ist die Burg Devín ein Symbol der slawischen Eintracht. Seit 1945 findet hier alljährlich im Juli das »Friedensfest« statt.

Trnava (Tyrnau)

Eine Autobahn verbindet die Landeshauptstadt Bratislava mit der 45 km entfernten Stadt **Trnava,** die ihre deutschen Bewohner Tyrnau und ihre ungarischen Nagyszombat nannten. Inmitten riesiger Weinberge und fruchtbarer Äcker feierte die Stadt an der Trnávka 1988 ihr 750jähriges Bestehen. Als religiöses und geistiges Zentrum Ungarns während der Türkenzeit brachte die Stadt so viele interessante Bauwerke hervor, daß man sie nicht zu Unrecht als das »slowakische Rom« bezeichnete. Maschinenbau und Nahrungsmittelproduktion sind heute die beiden bedeutendsten Industriezweige der 70 000 Einwohner zählenden Kreisstadt. Seit 1989 ist der Stuhl des Metropolitanerzbischofs der Slowakei in Trnava wieder besetzt.

Im Jahr 1238 erhob der Ungarnkönig Béla IV. die Ortschaft *Zumbothel* zur kronunmittelbaren Stadt und verlieh ihr zugleich das Recht, an jedem Sonnabend Markt zu halten. Die Bewohner dieser nur dem König unterstellten Stadt konnten Magistrat und Richter frei wählen, brauchten keine Kriegsdienste zu leisten und durften nach Belieben über ihr Vermögen verfügen, was im Mittelalter nicht überall gewährleistet war. An der Kreuzung zweier europäischer Handelsstraßen gediehen und blühten Handwerk und Handel. 1543 nahm der Erzbischof von Gran (Esztergom) und Primas von Ungarn mit dem Graner Domkapitel seinen Sitz in Tyrnau, weil seine Stadt, wie der größte Teil Ungarns, von den Türken besetzt war. 1635 gründete der Primas eine Universität nach dem Vorbild der seit 1586 bestehenden Universität Graz mit einer theologischen und philosophischen Fakultät; 1667 kamen eine juristische und 1669 eine medizinische Fakultät hinzu. Tyrnau entwickelte sich zum geistigen Zentrum Ungarns und zählte schon im 17. Jh. mehr als 40 Druckereien. 1777 verlegte Maria Theresia die Universität nach Buda (Ofen), einem Teil des späteren Budapest, 1820 kehrte der Primas nach Gran zurück. Tyrnau wäre ins Provinzielle zurückgesunken, hätten slowakische Intellektuelle 1792 die Stadt nicht zum Sitz einer »Gelehrten Genossenschaft« (Učené tovarišstvo) gemacht, der bis dahin bedeutendsten wissenschaftlichen und literarischen Vereinigung des Landes, was das Nationalgefühl der Slowaken außerordentlich stärkte. Schließlich bestimmte der Vatikan Tyrnau zur Residenzstadt eines Metropolitanerzbischofs, also eines Repräsentanten der römisch-katholischen Kirche in der Slowakei.

Mächtige Hauben krönen die beiden Türme des *St.-Nikolaus-Domes* (Abb. 50). Die dreischiffige gotische Basilika mit dem langgestreckten Presbyterium entstand 1380 an der Stelle einer romanischen Basilika aus der Zeit vor 1210. Im Jahr 1629 traten barocke Seitenkapellen hinzu und zu Beginn des 18. Jh. noch eine zentrale Kapelle nach dem Entwurf des Baumeisters Franz Anton Hillebrandt. Im 18. Jh. erhielt die Domkirche die beiden charakteristischen Turmhauben. 1906 wurde das Kircheninnere renoviert.

Italienische Meister bauten 1629–1637 für die Jesuiten die frühbarocke *Universitätskirche Johannes' des Täufers*, den größten Sakralbau der Slowakei. Pietro und Antonio Spazzio lieferten den Entwurf für das einschiffige Langhaus, das sie an der Stelle eines Dominikanerklosters aus dem 13. Jh. errichteten. Die Stuckarbeiten des Innenraums besorgten Giovanni Battista Rosso, Giacomo Tornini und Pietro Antonio Conti, die Holzarbeiten und Gemälde stammen von einheimischen Meistern. Die der Jesuitenkirche benachbarten Gebäude des Rektorats und

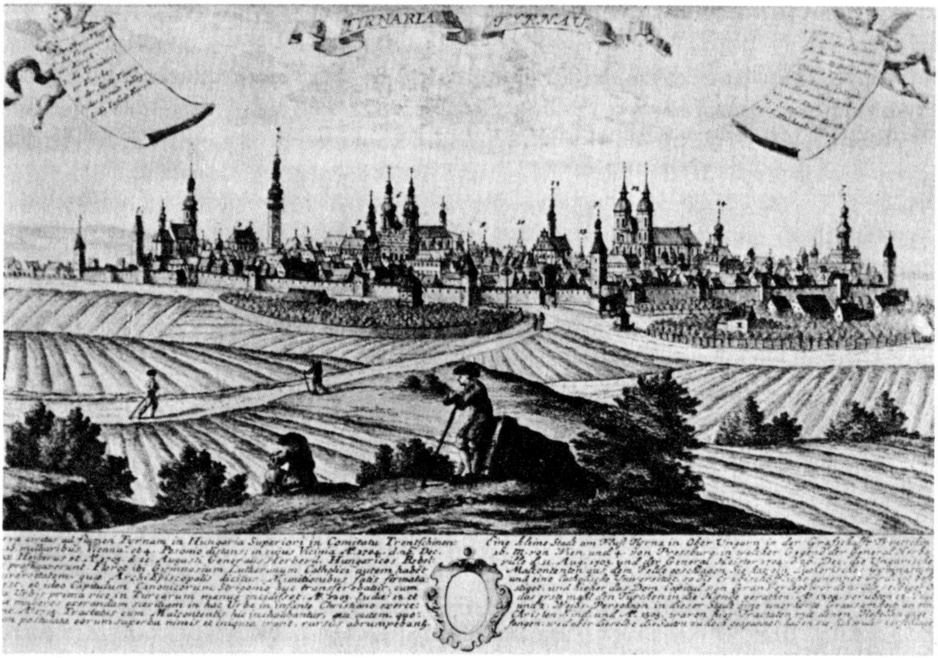

Ansicht von Trnava (Tyrnau)

der medizinischen Fakultät konzipierte F. A. Hillebrandt. Weitere Gebäude der Universität sowie das *Erzbischöfliche Palais* von 1562 säumen den Univerzitné nám. (Universitätsplatz). Zu erwähnen sind noch die *St.-Elisabeth-Kirche* aus der Mitte des 14. Jh., die *Klosterkirche der Trinitarier* aus dem 18. Jh. und die *Klosterkirche der Franziskaner* aus dem Jahr 1363; der gotische Bau wurde im 17. Jh. barock erneuert.

Frisch restauriert erstrahlt das klassizistische *Rathaus* am langgestreckten Hauptplatz; es wurde 1793 erbaut und zeigt an seinem Giebel das Wappen der Stadt. Der 69 m hohe *Stadtturm* entstand 1574 im Stil der Spätrenaissance und wurde rund hundert Jahre später barockisiert. Schöne alte Bürgerhäuser findet der Besucher von Trnava z. B. in der Hollého ul. (Barockhäuser Nr. 1, 2 und 3) und in der Kapitulská ul. (Renaissancehäuser Nr. 8, 16 und 31). In der Seminárská ul. zeigt das *Westslowakische Museum* (Západoslovenské múzeum) im ehemaligen Klarissinnenkloster interessante heimatkundliche Sammlungen und eine Gedenkstätte für den in Trnava geborenen slowakischen Komponisten Mikuláš Schneider-Trnavský (1881–1958). Das *Stadttheater* wurde 1831 im Stil des Empire erbaut und gilt als ältestes Theatergebäude der Slowakei.

Nicht zu übersehen sind im Westen und Osten des historischen Stadtkerns die mächtigen gotischen *Stadtmauern*, die im letzten Drittel des 13. und im 14. Jh. ältere Steinmauern verstärkten bzw. ablösten und die Bedeutung der mittelalterlichen Stadt bezeugen. Aus Backsteinmauerwerk bestehen auch die vorgeschobenen Turmbasteien, die jedem Angriff trotzten. Ausgebaut wurden die Befestigungen 1435, also in den Hussitenkriegen, und 1553–1556, nachdem die Türkenkriege erneut ausgebrochen waren und osmanische Spähtrupps vor den Mauern Trnavas erschienen.

Piešťany (Pistyan)

Die Autobahn von Bratislava setzt sich hinter Trnava fort und erreicht nach 33 km das weltberühmte Rheumabad **Piešťany.** Zwischen den Kleinen Karpaten (Malé Karpaty) und den Inovec-Bergen (Považský Inovec) erstreckt sich der stattliche Kurort entlang dem Ufer der Waag (Váh) und des Slňava-Stausees mit seinen modernen Wassersportanlagen und dem Yachthafen. Radioaktive Thermalquellen mit einer Wassertemperatur von 67–69 °C und einem hohen Gehalt an Mineralstoffen sowie schwefelhaltiger Heilschlamm (Sedimentmasse aus einem toten Arm der Waag) lassen gute Erfolge besonders bei Rheumatismus, Gicht, Ischias und organischen Nervenleiden erzielen. Ein besonderes Ereignis ist das alljährliche Musikfestival, bei dem Interpreten aus allen Erdteilen auftreten.

Vielleicht nutzten schon Menschen vom Typus des Neandertalers die heißen Quellen, denn sie hinterließen hier primitive Waffen und Werkzeuge, Artefakte der paläolithischen Moustérien-Kultur. Im Ortsteil Banka stieß man 1941–1943 auf Spuren der bisher ältesten Hütten Mitteleuropas (etwa 36 000 v. Chr.). In Moravany, heute ebenfalls ein Ortsteil von Piešťany, fand ein Bauer 1939 eine 7,5 cm große Frauenstatuette, geschnitzt vor 23 000 Jahren aus einem Mammutzahn: die berühmte »Venus von Moravany«. Im 4. Jh. v. Chr. ließen sich Kelten an den Quellen von Piešťany nieder. Quaden verdrängten sie zu Beginn unserer Zeitrechnung; im 5. Jh. verließen auch sie das Land. Hundert Jahre später besiedelten Slawen die Ufer der Waag. Sie gerieten im 10. Jh. für rund tausend Jahre unter die Herrschaft der Ungarn.

Als Kurbad wurde Pistyan erstmals 1549 erwähnt und zwar in dem Buch »De admirandis Hungariae aquis« (Über die wunderbaren Heilquellen Ungarns) von Georg Wernher, Basel. Der Verfasser rühmte die heißen Quellen wegen ihrer außergewöhnlichen Heilkraft, die weitaus wirkungsvoller sei als die der übrigen Thermalquellen Ungarns, und schrieb, wer im Thermalwasser von Pistyan baden wolle,

Die »Venus von Moravany«

müsse sich am Waagufer eine Vertiefung graben, die sich dann mit heißem Wasser fülle. Am Boden der Grube quelle immer neues Wasser hervor, daher kühle das Wasser in der Grube nie ganz ab, und so legten sich diejenigen, die hineinstiegen, den Boden mit Moos oder Zweigen aus. 1599 überfiel eine türkische Abteilung das Bad, erschlug die Kranken, verschleppte die Gesunden und brannte die Häuser nieder. Besitzstreitigkeiten der ungarischen Feudalherren, Ständerevolten gegen Habsburg und die ständige Türkengefahr prägten das 17. Jh. Und doch kamen immer mehr Badegäste zu den heißen Quellen. 1682 stellte Kaiser Leopold I. den Kurort Pistyan unter seinen Schutz.

1778 ließ Graf Johann Nepomuk Erdödy, dessen Familie den Ort von 1720 bis 1940 besaß, ein erstes Badehaus errichten, ein Holzgebäude für Wannenbäder; nach wie vor aber mußten sich die meisten Kurgäste mit offenen Erdgruben begnügen. Zu Beginn des 19. Jh. setzte eine lebhaftere Entwicklung ein: Wohnhäuser und Hotels entstanden, die Kuranlagen wurden ausgebaut, Handwerker und Geschäftsleute kamen. 1801 schrieb Ludwig van Beethoven von Pistyan aus seinen Brief »An die unsterbliche Geliebte«. 1821 begann Graf Josef Erdödy mit dem radikalen Ausbau des Badeortes: Neue Badehäuser in klassizistischem Stil wuchsen aus dem Boden, dazu ein Kasino und eine Apotheke. Auch ein Kurpark wurde angelegt. In den 50er Jahren kamen mehrere Kurmittelhäuser, darunter das heutige Napoleonbad, dazu, man erschloß eine zweite Quelle, erweiterte die Parkanlagen durch einen Musikpavillon und ein Freilufttheater und setzte einen Kurarzt ein.

1889 übernahm die Firma Alexander Winter als Generalpächter sämtliche Kureinrichtungen und schuf aus Pistyan ein Weltbad, das im Wettbewerb mit den berühmten westböhmischen Bädern durchaus bestehen konnte, auch, was den Besuch von prominenten Gästen betraf. 1893 gründete Winter ein »Arbeiterpensionat«, in dem erstmals in der Geschichte eine Kran-

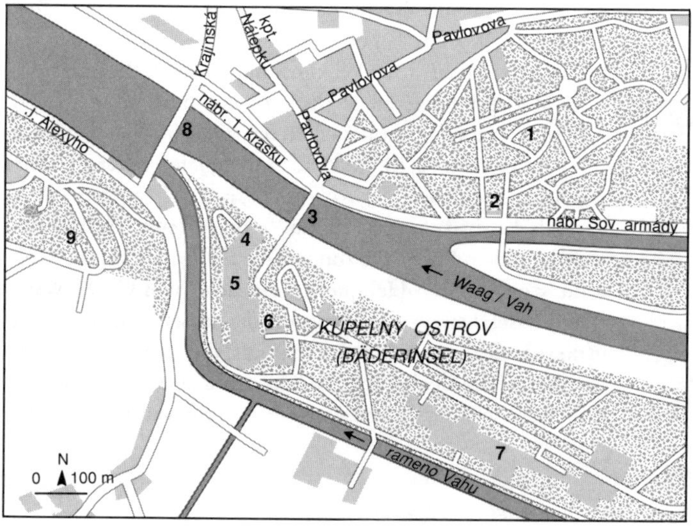

Piešťany (Pistyan)
1 Kurpark
2 Haus der Kunst
3 Kolonnadenbrücke
4 Thermia Palace
5 Irma
6 Napoleonbad
7 Balnea
8 Krajinský-Brücke
9 Roter Turm

kenkasse die Kuren finanzierte. 1899 registrierte die Kurverwaltung bereits über 6000 Gäste, 1912 waren es schon 17000. Nach dem Ersten Weltkrieg erholte sich Pistyan nur langsam von den politischen und wirtschaftlichen Folgen des Krieges. Als Graf Viliam Erdödy 1940 den Grundbesitz, praktisch den ganzen Badeort, einem deutschen Konsortium zum Kauf anbot, enteignete der Slowakische Staat sowohl die Heilquellen als auch den Kurbetrieb der Firma Winter & Söhne. Nach Ende des Zweiten Weltkrieges erhielt der Kurort Piešt'any den Status einer Stadt. Mit dem modernen Ausbau der Kureinrichtungen verbindet sich seit 1958 die Gründung neuer Industrien, die sich vor allem dem medizinisch-technischen Bereich und der Elektronik zuwenden.

Die Pavlovova ul. ist die Hauptstraße des alten Kerns von Piešt'any; sie säumen die Hotels Magnolia, Eden, Lipa und Victoria Regia. Östlich schließt sich der große *Kurpark* (Gottwaldove sady, Gottwald-Park) mit Freilichttheater (Amfiteater), Balneologischem Museum (Balneologické múzeum) und Musikpavillon (Hudebný pavilón) an. An der Uferpromenade steht das moderne *Haus der Kunst* (Dom umenia) ganzjährig der Slowakischen Philharmonie, Bratislava, zur Verfügung, von Mitte Juni bis Ende Juli aber ist es Mittelpunkt des internationalen Musikfestivals. Ferdinand Milučký baute das Haus 1974–1979. Die Plastik vor dem monumentalen Treppenaufgang entwarf E. Venkov. Das Kurhaus Slovan südlich davon stammt aus dem Jahr 1907 und war damals als Hotel Royal die größte und repräsentativste Einrichtung des Bades.

Eine *Kolonnadenbrücke* (Kolonádový most) für Fußgänger verbindet den Kernort mit dem Badezentrum auf der Waaginsel. An ihrem Eingang steht der »Mann, der seine Krücke zerbricht«, das Wahrzeichen von Piešt'any, eine überlebensgroße Bronze des Bildhauers Robert Kühmayer von 1933. Die schöne Bronzeskulptur der »Liebenden« ganz in der Nähe blieb von der ersten Freiluftausstellung im Jahr 1967 in Piešt'any zurück; Alexander Trizuljak hat sie geschaffen.

Den Bereich der Kuranlagen der *Bäderinsel* (Kúpelní ostrov) eröffnen zwei mondäne Sanatorien, die die beiden Budapester Architekten Armin Hegedüs und Heinrich Böhm 1910–1912 im Stil der Wiener Sezession errichteten: das *Thermia Palace* (Abb. 59) und das *Irma*. Den bildhauerischen Schmuck lieferte der Budapester Alexander Krisztián; im Fries erkennt man ein Bild des großen Jugendstilmeisters Alfons Mucha. In einer Außennische des Sanatoriums Irma steht ein Marmorbildnis der Kaiserin Elisabeth (»Sissi«), Königin von Ungarn (1837–1898). Den kleinen Park vor dem Thermia Palace bevölkern griechisch-römische Gottheiten. Der älteste heute noch erhaltene Teil des Kurorts ist das *Napoleonbad* (Napoleonské kúpele), früher Franz-Joseph-Bad oder kurz Franzensbad genannt, eine dreiflügelige klassizistische Anlage von 1822–1862, hinter der die Hauptquelle (Pramen Adam Trajan) liegt. Die anderen Gebäude in diesem Bereich stammen aus den 20er und 30er Jahren unseres Jahrhunderts. Weiter die Insel hinauf erreicht man die modernsten Kureinrichtungen Piešt'anys: das *Balnea-Palace* (1968), das *Balnea-Grand*, das *Balnea-Splendid* (beide 1971) und das *Balnea-Esplanade* (1980). Werke moderner Bildhauer schmücken – jeden Sommer neu – die Grünanlagen der Bäderinsel; es ist die größte Freiluftausstellung bildender Kunst in der Welt.

Trenčín (Trentschin)

Zwischen den waldreichen Stražovská-Höhen (Stražovská vrchy) und dem Fluß Waag (Váh) liegt die lebhafte Kreisstadt **Trenčín,** überragt von einer mächtigen Burg, die einst die Handelsstraße durch das Waagtal an der alten ungarisch-mährischen Grenze kontrollierte. Bekannt ist die Stadt vor allem durch das nahe Thermalbad Trenčianske Teplice.

Im Verlauf der Markomannenkriege kamen im Jahr 179 römische Soldaten in das heutige Trenčín, wo sie nach einem Sieg über die germanischen Quaden das befestigte Militärlager *Laugaricio* errichteten, in dem sie über den Winter blieben. Es waren 855 Soldaten der II. Hilfslegion unter ihrem Befehlshaber Marcus Valerius Maximianus, die zum Lager *Aquincum* (Budapest) gehörten, wie eine römische Inschrift auf dem Trenčíner Burgfelsen berichtet, übrigens das älteste schriftliche Zeugnis auf dem Boden der Tschechoslowakei.

Seit dem 6. Jh. siedelten Slawen an der Waag. Auf dem hohen Felsen errichteten sie eine Burg, die im 11. Jh. als königliche Wachtburg diente. An ihrem Fuß entwickelte sich im frühen 12. Jh. eine Marktsiedlung, die 1412 Stadtrechte verliehen bekam. Im Jahr 1302 übernahm der ungarische Magnat Matúš Čák (Matthias Czaky) die Herrschaft und baute auf dem Burgfelsen einen repräsentativen, aber mit Schießscharten versehenen Palast. 1321 kam die Burg in königlichen Besitz und wurde mehrmals Schauplatz wichtiger Begegnungen: 1335 verhandelten hier Johann von Luxemburg und sein Sohn Karl mit den Königen Kasimir III. dem Großen von Polen und Karl I. Robert von Ungarn; 1362 trafen sich auf Burg Trentschin Karl IV. und Ludwig I. von Ungarn, später der Große genannt.

Ab 1387 ließ König Sigismund die Burg so mächtig ausbauen, daß sie jedem Ansturm der Hussiten aus dem benachbarten Mähren widerstand. Nach Sigismunds Tod im Jahr 1437 wechselte Trentschin mehrmals den Herrn, bis es 1477 in den Besitz des Wojwoden von Siebenbürgen, Štefan Zápolya (Zápol'sky), kam. Als der Habsburger Ferdinand I. 1526 zum König von Böhmen und Ungarn gewählt wurde, erhob der ungarische Adel Štefans Enkel Johann Zápolya (1487–1540) zum Gegenkönig. Im Verlauf der Kämpfe zwischen Ferdinand und Johann Zápolya zerstörten die Habsburger 1528 die Stadt und zwangen die Burgbesatzung zur Kapitulation. Mit türkischer Hilfe brachte Zápolya zwar den größten Teil Ungarns in seinen Besitz, doch nach seinem Tod im Jahr 1540 fiel die ungarische Krone endgültig den Habsburgern zu.

1594 gab Kaiser Rudolf II. die Herrschaft Trentschin einschließlich Burg und benachbartem Kurort *Aqua Teplica* (heute Trenčianske Teplice) den Grafen Illésházy zunächst zu Lehen, doch bald schon als Erbbesitz. Die Illésházys bauten die Burg nach den neuesten fortifikatorischen Erkenntnissen aus, fügten Geschützbasteien hinzu und verstärkten das Mauerwerk. 1835 verkaufte der letzte Sproß der Illésházy die Herrschaft Trentschin an den griechischen Geschäftsmann Georg Sina, der sich vor allem um den Ausbau des Kurortes kümmerte. Seine Enkelin Iphigenie d'Harcourt schenkte die Burg der Stadt Trentschin, weil die Sicherung der Ruine viel Geld kostete. Auch sie bemühte sich um die Verschönerung von Bad Teplitz. Nach dem Zweiten Weltkrieg begann für die Kreisstadt Trenčín eine außergewöhnliche Blütezeit. Die Werke für Maschinenbau und Textilfertigung florierten, Trenčín wurde »Stadt der Mode«, Trenčianske Teplice zählt heute zu den bedeutendsten Kurorten der Tschechoslowakei.

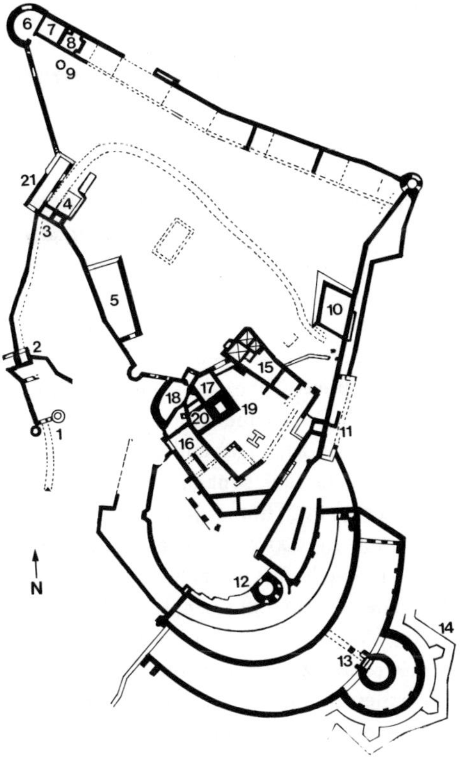

Trenčín (Trentschin), Burg, Grundriß
1 Vortor 2 Erstes Burgtor 3 Zweites Burgtor 4 Uhrturm 5 Unterkünfte der Burgbesatzung 6 Geschützbastei 7 Wirtschaftsgebäude (Mühle) 8 Kapelle 9 Brunnen 10 Geschützbastei 11 Tor zur Vorburg 12 Jeremias-Turm 13 »Hungerturm« 14 Barockbefestigungen 15 Barbara-Palast 16 Zápolya-Palast 17 L'udovít-Palast 18 Große Bastei 19 Matúš-Turm 20 Burgkapelle 21 heutige Verwaltung

Den langgestreckten Mierové nám. (Friedensplatz; Abb. 54), den Hauptplatz des alten Trentschin mit der Pestsäule von 1713, säumen schöne Bürgerhäuser im Stil der Renaissance (spätes 16. und frühes 17. Jh.), oft mit barockisierten Fassaden, aber auch zahlreiche Häuser aus dem 19. Jh. Dazwischen erhebt sich die doppeltürmige frühbarocke *St.-Franziskus-Kirche* der Piaristen (1653–1657) mit Fresken des Wiener Malers Christoph Tausch (1712), die zu den schönsten Werken der Barockkunst in der Slowakei gehören. Das 1761 errichtete spätbarocke Gebäude der einstigen Trentschiner Gespanschaft (Verwaltungskreis) beherbergt die interessanten heimatkundlichen Sammlungen des *Kreismuseums* (Trenčianske múzeum). Zu beachten ist weiterhin der schmucke, oben achteckige *Stadtturm* mit seiner Tordurchfahrt sowie gleich dahinter der wuchtige Bau einer *Synagoge* aus dem 19. Jh.

An den Fuß des Burgfelsens lehnt sich die gotische *Stadtpfarrkirche* aus dem Jahr 1324, 1528 im Stil der Renaissance verändert. In der angebauten barocken Grabkapelle der Illésházy befindet sich ein prächtiger Alabasteraltar, der dem Bildhauer Georg Raphael Donner zugeschrieben wird, vermutlich aber ein Werk von L. Gode ist (1750–1753), sowie ein frühbarockes Epitaph für Kaspar Illésházy aus schwarzem Marmor nach einem Entwurf des Augsburgers Kaspar Menneler (1649). Der *Karner* (Beinhaus) neben der Pfarrkirche aus der Mitte des 15. Jh. ist das einzige rein gotische Bauwerk der Stadt. Im Pfarrhaus wird eine gotische Monstranz aufbewahrt, die Karl IV. im Jahr 1362 dem ungarischen König Ludwig I. dem Großen zum Geschenk machte.

Die gewaltige *Burg* (Trenčiansky hrad) hoch über der Stadt Trenčín hat ihren Ursprung im 11. Jh. Aus dieser Zeit stammen Teile des 33 m hohen Hauptturms, den Matúš Čák im 13. Jh. ausbauen ließ und der daher den Namen des ungarischen Magnaten trägt. Ebenfalls dem 11. Jh. gehört die erst im Jahr 1973 entdeckte romanische *Rotunde*, eine Burgkapelle, an. Im 15. und 16. Jh. wurde die Burg erheblich vergrößert und verstärkt. Der Weg zur Burg führt steil aufwärts durch das Vortor im Stil der Renaissance (16. Jh.) und das erste Burgtor (15. Jh.). Hinter dem zweiten Burgtor mit dem angrenzenden Uhrturm (15. Jh., erneuert 17. Jh.) befanden sich die Unterkünfte für die Burgbesatzung (15. und 16. Jh.). Die vorgeschobene Geschützbastei stammt aus dem 16. Jh.; zu ihr gehören eine Kapelle und Wirtschaftsgebäude. Der 142 m tiefe Brunnen soll der Sage nach im 15. Jh. von einem türkischen Prinzen in den Felsen geschlagen worden sein, um damit seine vom Burgherrn gefangengehaltene Braut freizukaufen; daher heißt er »Brunnen der Liebenden«. Um 1430 baute König Sigismund für seine Frau Barbara (Barbora Celjská) den mit einem Bogenfries geschmückten Barbara-Palast, der Zapolya-Palast entstand im 16. Jh.; aus dem 14. Jh. stammt der L'udovit-Palast, der Palast Ludwigs des Großen, den man im 16. Jh. erneuerte.

Etwa 15 km nordöstlich von Trenčín liegt im malerischen Tal der Teplička, inmitten der bewaldeten Stražovská-Hügel, der Kurort **Trenčianske Teplice,** früher als Trentschin-Teplitz oder ungarisch Trencsénteplic in ganz Mitteleuropa bekannt. Die warmen Schwefelkalkquellen werden besonders gegen Rheumatismus, Gicht und Nervenleiden angewendet.

Eine Urkunde des ungarischen Königs Béla IV. aus dem Jahr 1247 benannte die Heilquellen bereits als *Aqua Teplica.* 1579 beschrieb der mährische Landarzt Thomas Jordan das Heilbad, das damals nur aus »einigen verwahrlosten Holzhütten und zwei kleinen Thermalseen« bestand, der eine war als »Herrschaftsbad« der adligen Gesellschaft vorbehalten, der andere stand als »Armenbad« dem Volk zur Verfügung. Im späten 17. Jh. schützten dann Holzhäuser die Quellen, und ein Bademeister führte die Aufsicht. Doch erst als um 1729 der ungarische Magnat Joseph Illésházy an der Teplička seine Sommerresidenz errichtete, trat das Bad in das Gesichtsfeld der großen Gesellschaft. Bei den Quellen entstand ein prächtiges »Castellum«; Hotels, Kur- und Gasthäuser folgten. Nachdem die Einrichtungen mehr als hundert Jahre lang durch die Hände von Privatleuten und Handelsgesellschaften gegangen waren, wurden 1948 alle Heilquellen und Kureinrichtungen des Landes verstaatlicht. Von da an begann für den Kurort, der 1957 den Status einer Stadt erhielt, eine beispiellose Aufwärtsentwicklung.

Insgesamt sprudeln in Trenčianske Teplice elf *Mineralquellen,* davon zehn alkalisch-muriatische und eine schwefelhaltige. Am bekanntesten sind die Vinzenzquelle, der Aloisbrunnen, der Ottobrunnen, die Amantquelle, der Johannisbrunnen und die Elektraquelle. Das reizvollste Bauwerk des Ortes ist der *Hammam.* Iphigenie d'Harcourt, Eigentümerin des Kurortes, sah auf der Pariser Weltausstellung des Jahres 1878 den Entwurf des Architekten Franz Schmoranz und war davon so begeistert, daß sie ihn in Trentschin-Teplitz verwirklichen wollte. So entstand 1886–1888 an der Teplička das luxuriös ausgestattete orientalische Bad im maurischen Stil. Eine doppelte Säulenreihe trennt die zentrale Halle von den 33 fliesengeschmückten, ursprünglich mit Thermalwasserbecken ausgestatteten Kabinen. Beleuchtet wird das Bad durch die verglasten Öffnungen der drei Kuppeln. Heute dient der Hammam dem angrenzenden Kurhaus Sina als Umkleideraum für Männer.

Das *Schloß* (Kaštiel') ließ Graf Joseph Illésházy nach dem Vorbild italienischer Renaissanceschlösser um das Jahr 1750 erbauen. Hier wohnten einst die vornehmsten Gäste des Kurortes; heute beherbergt der Komplex die drei Hauptquellen sowie Kureinrichtungen.

Nitra (Neutra)

Eine weite Schleife der Neutra (Nitra), eines Nebenflusses der Waag, umfängt den uralten Kern von **Nitra,** der wohl ältesten Stadtanlage der Tschechoslowakei. Weit überragt wird sie von einer mittelalterlichen Burg, deren früheste Ursprünge mit Sicherheit bis in das 11., vermutlich sogar bis in das 9. Jh. zurückreichen. Im Jahr 828 (830) weihte Erzbischof Adalram von Salzburg die Hofkirche des Přibina, Fürst von Neutra. Doch schon wenige Jahre darauf vertrieb Fürst Mojmir I. den Přibina und bezog Neutra in sein Großmährisches Reich ein. 880 erhob Papst Johannes VIII. die Stadt *Nitrava* zum ersten Bischofssitz auf slowakischem Boden. In Neutra blühten Handwerk und Handel; Keramik, Schmiedearbeiten, Gläser und Schmuck waren über die Landesgrenzen hinaus begehrt.

Nach dem Untergang des Großmährischen Reiches geriet Neutra abwechselnd unter die Herrschaft der tschechischen Přemysliden und der polnischen Piasten. Erst unter den Ungarnkönigen Béla I. (1060–1063) und Geza I. (1074–1077), als seine Bischöfe zugleich Komitatsherren, erlebte Neutra wieder eine Blütezeit. In der Burg residierte der Bischof mit seiner Verwaltung, die Oberstadt zu Füßen der Burg war eine befestigte Patriziersiedlung, in der offenen Unterstadt lebten slawische Handwerker und jüdische Kaufleute.

Vom Ende des 13. bis zum Anfang des 18. Jh. stagnierte die Entwicklung Neutras, es geriet in den Schatten anderer Städte und verlor nach und nach auch die Privilegien einer freien

Nitra (Neutra), Stadtansicht des 19. Jh.

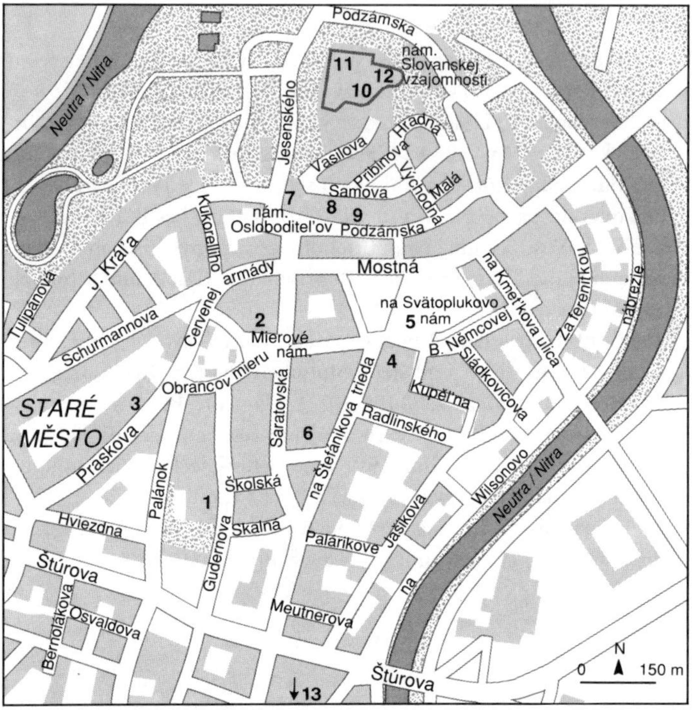

Nitra (Neutra)
1 Piaristenkirche und -gymnasium
2 St.-Michael-Kapelle
3 St.-Stephan-Kapelle
4 Regionalmuseum
5 Andrej-Bagar-Theater
6 Synagoge
7 Nitranska-Štatná-Galerie
8 Franziskanerkirche
9 Slowakisches Landwirtschaftsmuseum
10 Mariensäule
11 Burg
12 Kathedrale mit Kirche des hl. Emmeram
13 Rathaus

königlichen Stadt. Plünderungen und Brände bestimmten das 14. und 15. Jh., nach der Eroberung von Buda durch die Türken im Jahr 1526 wurde Neutra zur ständig bedrohten Grenzstadt und zu Beginn des 18. Jh. schließlich Schauplatz der Kämpfe zwischen kaiserlichen Truppen und aufständischen ungarischen Magnaten unter dem Fürsten Franz II. von Rákóczi.

Die Altstadt (Staré mesto) von Nitra bildet ein harmonisches Ensemble von historischen Bauten und Gebäuden unserer Zeit. Nicht zu übersehen sind die beiden Türme der barocken *Piaristenkirche* in der Gudernova ul. (Gudernagasse) und das benachbarte Gymnasium aus derselben Zeit. Die heutige Pfarrkirche der Piaristen wurde zwischen 1742 und 1748 erbaut und 1940 restauriert. In diesem Jahr schuf Edmund Massányi auch die Fresken, die die Christianisierung Nitras zum Thema haben.

Mitten auf dem Mierové nám. (Friedensplatz) gedenkt die kleine *St.-Michael-Kapelle* (1739) der Toten der beiden Choleraepidemien von 1710 und 1739. In dem gemütlichen *Gartenlokal* des Hotels Slovan treffen sich die Studenten der Hochschule.

Die einschiffige *St.-Stephan-Kapelle* in der Párovská ul. in Höhe des neuen Gymnasiums stammt aus dem 11. Jh. Die Hauptstraße der Unterstadt von Nitra, die na Štefánikova trieda, früher Dlhá ul. (Lange Gasse), zieht vom Svätoplukovo nám. aus südwärts. Dieser Platz war im Mittelalter der Hauptplatz von Nitra, hier stand bis 1786 die Pfarrkirche St. Jakob. Das *Rathaus*

(Mestský národný výbor, Nationalausschuß der Stadt) entstand im historisierenden Stil bis zum Jahr 1912. In dem Gebäude befindet sich heute das *Regionalmuseum* mit einer bemerkenswerten archäologischen Sammlung, die Verwaltung ist in den Süden außerhalb des Stadtzentrums umgezogen. Der imposante Bau in der Mitte des Platzes ist das *Andrej-Bagar-Theater* (Divadlo Andrej Bagara), errichtet bis 1990 vom Architektenteam J. Hlavica, Š. Rosincová und M. Žitňanský. Tíbor Bártfay, J. Marth, K. Šujanová und andere besorgten die künstlerische Ausgestaltung. Der Bühnenvorhang zeigt eine »Vision des Großmährischen Reiches«, gearbeitet nach einem Entwurf von M. Peršnajder.

Die *Synagoge* in der Gorazdova ul., erbaut 1910/11, soll nach Abschluß der Restaurierungsarbeiten (vermutlich 1993) als Konzertsaal mit hervorragender Akustik dienen. An der Štúrova trieda, der Hauptverkehrsstraße von Nitra, steht der düstere Bau des früheren *Zhupa-Tribunals* (1902/03), heute mit Gericht, Staatsanwaltschaft und der Zentralbibliothek für Landwirtschaft belegt.

Die Saratovská ul. führt zur Oberstadt und zur Burg hinauf. Sie endet auf dem nám. Osloboditel'ov (Platz der Befreier), wo früher ein Stadtgraben die ummauerte Oberstadt schützte. Die Unterführung bei der heutigen Nitranska-Štatná-Galerie und Kunstakademie, dem ehemaligen Amtshaus des Župan, des Leiters der Verwaltung, war das einzige Tor zur Festung Nitra. Das Amtshaus wurde 1823 im Stil des späten Barock erbaut und 1903–1908 historisierend erweitert.

Die Samova ul. beginnt mit *Kloster und Kirche der Franziskaner* aus der Zeit um 1630. Beachtenswert sind die 33 Holzreliefs in der Kirche mit Szenen aus dem Leben des Ordensgründers, des hl. Franziskus. Über dem Portal der St.-Anton-Kapelle zeigt ein Relief aus dem 16. Jh. die Auferstehung Christi. Ein zweites Relief in der Nähe des Portals ist den Aposteln Peter und Paul gewidmet. (Die zweite Hälfte dieses Reliefs befindet sich im Nationalmuseum von Budapest.) Seit 1960 beherbergt das Kloster das *Slowakische Landwirtschaftsmuseum*. Ein Stück weiter steht das *Große Seminar*, 1770 erbaut und 1876–1878 erweitert. Das Gebäude im Übergangsstil vom Spätbarock zum Klassizismus enthält die Diözesan-Bibliothek mit 78 kostbaren Inkunabeln und zahlreichen Handschriften, darunter der berühmten Nitra-Codex aus dem 11. Jh. Gegenüber steht ein dreistöckiges klassizistisches *Chorherrenhaus* (1818–1821) mit einem muskelstrotzenden Atlanten an der Ecke. Man nennt ihn *Corgoň*, Schelm, denn diese Hausecke bedarf – statisch gesehen – keiner Unterstützung. Samova, Přibinova und die von der Burg herabkommende Východná ul. (Ostgasse) bilden einen dreieckigen Platz, dessen Mitte ein moderner Brunnen schmückt.

Zur *Burg* führen die Vasilova, die Východná und die Hradná ul. empor. Sie alle münden auf den nám. Slovanskej vzájomnosti (Platz der slawischen Zusammenarbeit), auf den der österreichische Bildhauer Martin Vogerl im Jahr 1750 eine *Mariensäule* im Stil des Rokoko stellte. Das Monument erinnert an die beiden großen Choleraepidemien der Jahre 1710 und 1739; es wurde 1989/90 restauriert. Über eine Steinbrücke mit Heiligenfiguren aus dem 18. Jh. kommt der Besucher der Burg zum ersten Tor, dessen lateinische Inschrift an die Bauherren erinnert. Das zweite Tor, das der Besucher durchschreitet, gehört zum Mosóczi-Palast, dem Sitz des Festungskommandanten (18. Jh.). Der runde Turm ist ein Überbleibsel der mittelalterlichen

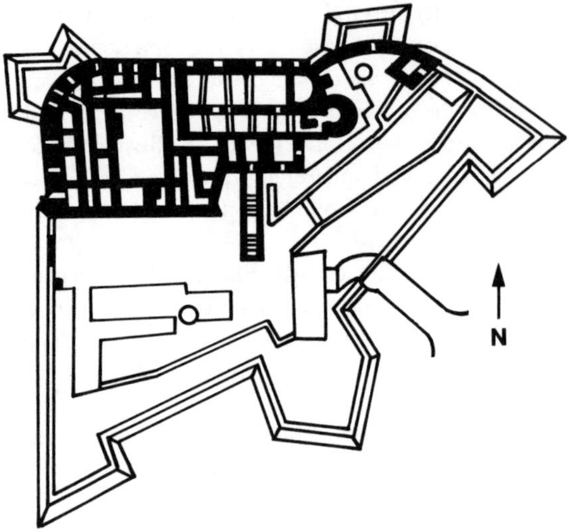

Nitra (Neutra), Burg, Grundriß

Befestigungen; er wurde 1857 neogotisch restauriert. Eine breite Treppe führt zur *Kathedrale* empor, die zwischen 1333 und 1355 als einschiffige gotische Kirche entstand und 1622–1642 umgebaut und erweitert wurde. Der berühmte italienische Baumeister Domenico Martinelli leitete 1710–1718 die Barockisierung der Kathedrale. Die Fresken der Kirche stammen von Gottlieb Anton Galliardi aus dem Jahr 1720.

Mit der Kathedrale verbunden ist die *Kirche des hl. Emmeram* aus dem späten 11. Jh. Sie wurde als einschiffige romanische Kirche erbaut und war außer Emmeram auch den Heiligen Svorad und Benediktus geweiht. Als Matúš Čák 1317 Stadt und Burg verwüstete, trug auch sie Schäden davon. Beim Bau der gotischen Kathedrale bezog man das Kirchlein in den neuen Bau mit ein, wo man es erst 1930/31 wieder entdeckte.

Zwei Hügel bieten dem Besucher eine prachtvolle Aussicht auf die Stadt: der Zobor und der Kalvarienberg. Der *Zobor* (588 m) bildet den Südostrand der Tribeč-Höhen, eines berühmten Weinbaugebiets. Gemütliche Weinlokale erwarten hier oben den Wanderer, der den wohl schönsten Blick vom Lokal Zoborská perla hat. Den *Kalvarienberg* (Kalvária; 213 m ü. M.) 1,5 km südlich der Altstadt krönt eine Kapelle des Heiligen Kreuzes. Etwa 300 m nördlich steht eine kleine Kirche aus dem 14. Jh., deren Pietà seit dem 18. Jh. Ziel von Wallfahrten ist.

Im Stadtteil *Dražovce* hat sich eine frühromanische Kirche aus dem Anfang des 12. Jh. erhalten. Sie läßt vor allem in der Grundrißgestaltung noch großmährische Bautraditionen erkennen und entstand an der Stelle einer altslawischen Burgstätte. Im Stadtteil *Párovské Háje* steht die kleine, ebenfalls vorromanische Kirche St. Stefan aus dem 11. Jh.; ursprünglich war sie der Jungfrau Maria geweiht, im Verlauf der Jahrhunderte hat man sie mehrmals umgebaut.

Mittelslowakei (Střední Slovensko)

Banská Bystrica (Neusohl)

In herrlicher Lage zwischen die Ausläufer der Niederen Tatra (Nízké Tatry), des Slowakischen Erzgebirges (Slovenské rudohorie), der Großen Fatra (Vel'ká Fatra) und des Kremnitzer Gebirges (Kremnické pohorie) gebettet, liegt **Banská Bystrica** an der Mündung der Bistritz (Bystrica) in die Gran (Hron), einen Nebenfluß der Donau. An die berühmte Bergstadt, deren Kupferhandel um 1500 die Fugger kontrollierten, erinnern zahlreiche heute unter Denkmalschutz stehende Bauwerke. Banská Bystrica ist heute die Verwaltungshauptstadt der mittleren Slowakei (85 000 Einwohner), eine aufstrebende Industriestadt (Maschinenbau, Textil- und pharmazeutische Industrie) und ein Kulturzentrum mit Hochschule, Rundfunksender und Theater. Im Winter bieten nicht nur die Hänge des 556 m hohen Turíčka im Süden der Stadt ideale Möglichkeiten für Ski- und Rodelsport (Skilifte, Sprungschanzen).

Als zu Beginn des 13. Jh. im Umland des slawischen Dorfes *Bystrica* reiche Silberminen und Kupfererzlager entdeckt wurden, zogen deutsche Bergleute – ausgestattet mit königlichen Privilegien – aus dem nahe gelegenen Altsohl an die Bistritz, um die kostbaren Erze abzubauen. Sie ließen sich in Bystrica nieder und nannten den Ort »Neusohl«. Zu den Altsohlern gesellten sich Bergleute und Handwerker aus Thüringen, die Andreas II. ins Land gerufen hatte. Im Jahr 1255 erhielt Neusohl die Stadtrechte. Seine höchste Blüte erreichte es zu Beginn des 16. Jh., als der Augsburger Fugger Jakob II. der Reiche (1459–1525) die meisten Gruben in der Umgebung von Neusohl erwarb und ein europäisches Kupfermonopol errichtete, an dem auch das ungarische Magnatengeschlecht der Thurzo beteiligt war. Neusohls Reichtum resultierte allerdings weniger aus dem Bergbau unmittelbar als aus dem Handel mit den begehrten Metallen; die Stadt war Verwaltungszentrale der Bergunternehmen, Mittelpunkt der Erzverarbeitung und Handelsmetropole.

Der lebhafte Mittelpunkt des Stadtkerns von Banská Bystrica ist sein großer brunnen- und blumengeschmückter Marktplatz, der nám. Slovenského národného povstania (Platz des Slowakischen Nationalaufstandes), kurz nám. SNP genannt (Abb. 55). Der Platz entstand im 13. Jh., und von den prächtigen Bürger- und Patrizierhäusern, die ihn säumen, sind nur wenige jünger. Sie entstanden in gotischer Zeit, wurden zwischen 1480 und 1520 im Stil der Renaissance umgebaut und im 19. und 20. Jh. mit Elementen des Jugendstils versehen.

Das *Thurzohaus* auf der Südostseite des Platzes ließ die Familie Thurzo im Jahr 1495 aus zwei älteren Bürgerhäusern im spätgotischen Stil zusammenfügen. Es sollte der allmächtigen Fugger-Thurzo-Bergwerks- und Hüttengesellschaft zu Repräsentationszwecken dienen. Im frü-

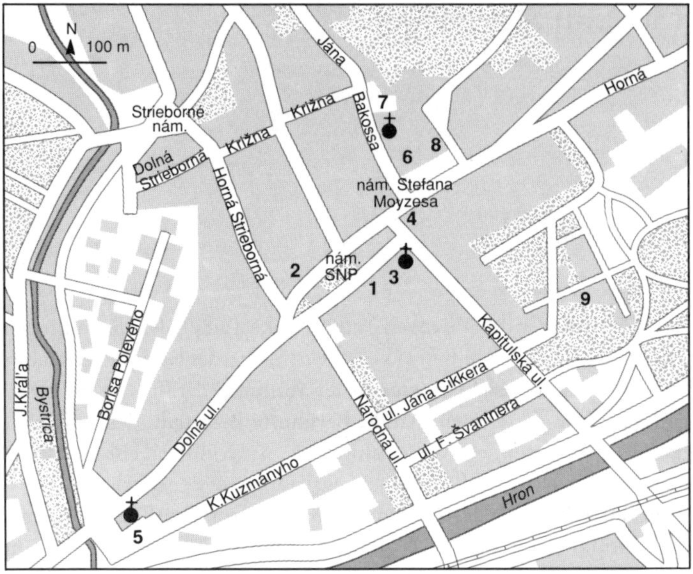

Banská Bystrica (Neusohl)
1 Thurzohaus
2 Benickyhaus
3 Protestantische Kirche
4 Uhrturm
5 Elisabethkirche
6 Stadtburg
7 Marienkirche
8 Rathaus
9 Pamätník SNP

hen 16. Jh. gab Meister Oswald dem Gebäude eine Renaissancefassade mit reichem Sgraffitoschmuck. Das Thurzohaus beherbergt heute als *Museum* stadtgeschichtliche und volkskundliche Sammlungen. Besonders beachtenswert ist der *Grüne Saal* mit seiner dekorativen spätgotischen Ausmalung, die Motive aus den Fabeln des Äsop, das Jüngste Gericht, Susanna im Bad, die Legende vom Bergmann Knapius usw. zeigt. Im Gewölbe erscheinen die Königswappen der Familien Anjou und Hunyadi, deren Geschlecht die Ungarnkönige Ludwig I. der Große (1342–1382) und Matthias I. Corvinus (1458–1490) angehörten.

Auch das *Benickyhaus* entstand aus zwei gotischen Bürgerhäusern. Im letzten Drittel des 16. Jh. wurden sie im Stil der Renaissance vereint. Die Arkadenloggia mit ihren dekorativen toskanischen Säulen fügte im 17. Jh. der italienische Baumeister Jacob di Pauli hinzu. Eine längere Betrachtung lohnt auch der prachtvolle Erker des *Hauses Nr. 22.* 1636 schuf ihn der Bildhauer Johann Weinhardt aus Wallendorf (heute Spišské Vlachy). Im späten 19. Jh. erhielt das Bürgerhaus ein romantisches Gepräge. Das *Bischöfliche Palais* entstand als Barockbau im ausgehenden 18. Jh.

An der Ecke zur Kapitulská ul. steht die *Protestantische Kirche* der Augsburger Konfession. 1803–1807 errichtete der Ofener (Budapester) Baumeister Michael Pollack den klassizistischen Bau. Die Nordostseite des langgestreckten Marktplatzes beherrscht der *Uhrturm* (Hodinová veža) aus dem Jahr 1567. – Am Ende der vom nám. SNP südwärts laufenden Dolná ul. steht die kleine gotische *Elisabethkirche* aus dem Jahr 1303 mit einem Schnitzaltar des 14. Jh.

Der nám. Štefana Moyzesa, früher nám. Červenej armády (Platz der Roten Armee), der sich jenseits des Marktplatzes nach Norden zieht, steigt leicht zur *Stadtburg* an, einer für alle slowakischen Bergbaustädte typischen Anlage. Man muß schon genau hinsehen, um in den unauffälligen Gebäuden Teile einer mittelalterlichen Burg zu erkennen. Im 13. Jh., als in Neusohl das erste Silber- und Kupfererz gewonnen wurde, standen hier nur eine romanische Pfarrkirche und das Haus des königlichen Beamten, dem die Aufsicht über den Bergbau und das Einziehen der Naturalsteuer für die geförderten Erze oblag. Die Kirche wuchs in den folgenden Jahrhunderten und nahm zunächst gotische, dann barocke Formen an. Auch das Haus des königlichen Beamten, das zugleich als Lagerplatz für das Schürfgut diente, gewann an Höhe, bis es schließlich fünf Stockwerke hoch war. Seit dem späten 15. Jh. nannte man es *Matthiashaus,* weil hier der ungarische König Matthias I. Corvinus zu residieren pflegte, was heute noch sein Wappen an der Hauswand neben dem Stadtwappen dokumentiert. Zu dieser Zeit entstanden innerhalb der Burganlage der gotische Torturm und die Heilig-Kreuz-Kirche für die Bergleute, die heutige *Slowakische Kirche.* 1521, als schwere Steinmauern die Palisaden und Schutzwälle aus Holzbalken, Bruchsteinen und Erdreich ablösten, entstand die Barbakane. Nach dem Stadtbrand von 1761 wurde der Torturm um ein Stockwerk erhöht und mit Barockhaube und Laterne versehen. In dem Gebäude der Barbakane, die man zusammen mit dem Torturm »Petermann-Bastion« nannte, wohnte der Burgvogt.

Die *Marienkirche,* Stadtpfarrkirche von Neusohl, entstand vor 1255 als romanischer Bau. Relikte aus dieser Zeit entdeckt der Besucher am Turm und an den Umfassungsmauern. In der ersten Hälfte des 14. Jh. hat man die Kirche im Stil der Gotik vergrößert, 1473 kamen die Andreaskapelle und die Fronleichnamskapelle, 1457 die Antoniuskapelle und 1478 die Barbarakapelle hinzu. Der spätgotische Altar der *St.-Barbara-Kapelle* (1478) ist ein Werk des Meisters Paul von Leutschau, der auch den berühmten Hochaltar der Jakobskirche in Levoča (Leutschau; s. S. 358f.) schuf. In Lebensgröße erscheinen hier die Gottesmutter mit dem Kind, die hl. Barbara und der hl. Hieronymus (nach 1500). Nach 1500 stiftete der reiche Grubenbesitzer Michael Königsberger die *Kapelle Johannes des Evangelisten.* Das Oratorium der Kapelle mit seinem spätgotischen Rundstabgewölbe und den Plastiken an den Stützpfeilern entwarf Anton Pilgram, der Erbauer des Wiener Stephansdomes. An einem Pfeiler lehnt der Meister selbst, das Winkeleisen in der Hand, und schaut zufrieden auf sein Werk.

Nach dem Stadtbrand von 1761 baute man das Innere im Stil des Barock um und stattete die Kirche neu aus. Den Hochaltar errichtete der Baumeister Peter Großmann, die Figuren schnitzte Joseph Hebenstreit, Johann Lucas Kracker malte das Altarbild, die »Himmelfahrt Mariens« (1774).

Am Rand des Burgareals ließ Veit Mühlstein, Grubenbesitzer und Gespan von Neusohl, 1510 das *Rathaus* (Bývalá radnica), damals *Prätorium* genannt, im Mischstil von Gotik und Renaissance errichten. Das kubische Gebäude ragte über die Burgmauer und diente in Kriegszeiten als Bastion. Die der Burg zugewandten Seiten besaßen eine offene Arkadenloggia im Stil der italienischen Renaissance. Heute beherbergt das Rathaus die *Bezirksgalerie* (Oblastná galéria).

Ein Bau von eigenwilliger Schönheit ist das hochmoderne *Pamätník SNP* (Múzeum SNP), die Gedenkstätte des Slowakischen Nationalaufstandes (s. S. 30) in der Š. Moyzesa 23. Die Entwürfe zu der 1969 fertiggestellten Anlage lieferten der Architekt Dušan Kuzma und der Bildhauer Jozef Jankovič.

Im Ortsteil *Sásová* 2,5 km nördlich des nám. SNP steht die kleine gotische *Kirche der hl. Einsiedler Anton und Paul* aus der ersten Hälfte des 14. Jh. Ihren spätgotischen Umbau in der ersten Hälfte des 16. Jh. leitete der große Meister Anton Pilgram; von ihm stammt das wundervolle Gewölbe des Kirchenschiffes und des Presbyteriums. Der spätgotische Hauptaltar ist ein Gemeinschaftswerk des Bildhauers Meister Paul und des Malers Meister Mikuláš, beide aus Leutschau (um 1500).

Zvolen (Altsohl)

18 km südlich von Banská Bystrica liegt inmitten der Berge, an der Mündung der Slatina in die Gran (Hron), die Kreisstadt **Zvolen,** die einstige Komitatshauptstadt Altsohl mit der Sommerresidenz der ungarischen Könige. Schon im 12. Jh. war Altsohl eine deutsche Bergwerkssiedlung, in der vor allem Silber geschürft wurde. 1244 verlieh der Ungarnkönig Béla IV. der wachsenden Siedlung Stadtrechte. Zwischen 1370 und 1382 baute sich König Ludwig I. (L'udovít) der Große auf dem Hügel über der Slatina ein prächtiges Jagdschloß im Stil italienischer Castelli. Burg Altsohl (Zvolenský zámok) wurde zur Lieblingsresidenz des Königs Matthias Corvinus (1458–1490). Nach dessen Tod übernahm Johann Thurzo, ungarischer Magnat und Bergwerksbesitzer, das *Castello* und ließ es mit schweren Außenmauern und Ecktürmen zu einer Festung ausbauen; im Innern richtete er eine spätgotische Kapelle ein. Angesichts der Türkengefahr wurden die Befestigungen der Burg um die Mitte des 16. Jh. nochmals verstärkt und mit den Stadtbefestigungen vereinigt. Im Jahr 1628 erwarb die Adelsfamilie Esterházy die Burg und baute sie zu einem wohnlichen und zugleich repräsentativen Schloß um. Sgraffitoausschmückungen ersetzten die gotischen Quaderfassaden, Schwalbenschwanzzinnen schlossen die Mauern nach oben ab. 1712 versahen die Esterházy einen

Zvolen (Altsohl), Burg

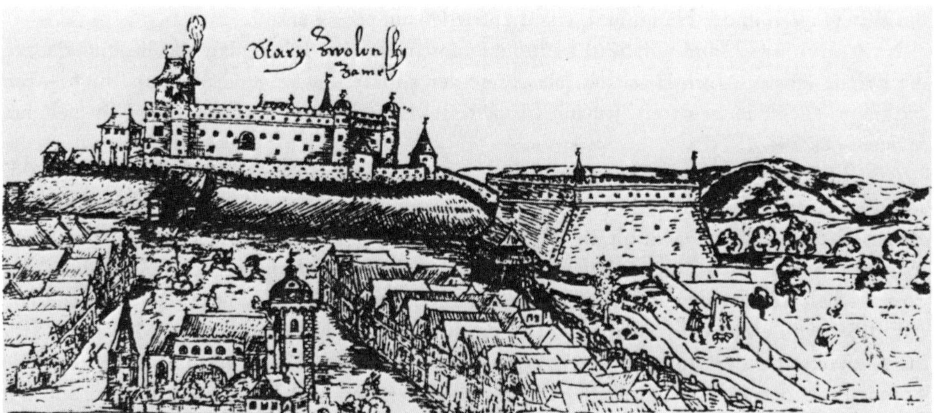

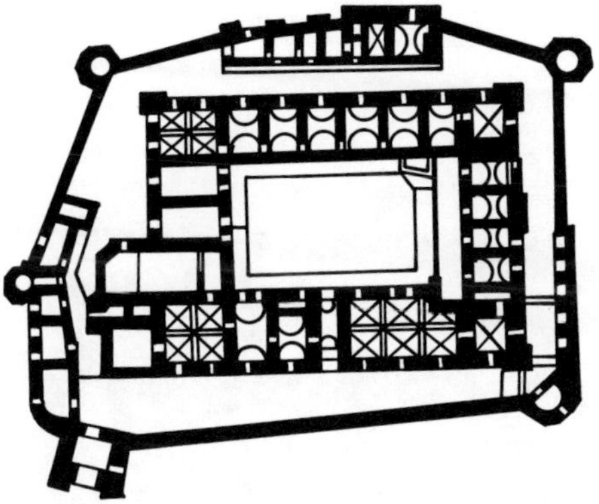

Zvolen (Altsohl), Burg, Grundriß

zentralen Saal im Westflügel mit einer Kassettendecke, deren 78 Felder mit Porträts der römischen Kaiser bis zu Karl VI. ausgefüllt waren. 1784 erhielt die Kapelle eine barocke Ausstattung, 1956–1971 wurde die Burg gründlich restauriert und bewahrt seitdem eine kostbare Sammlung mittelalterlicher slowakischer Kunst.

In der gepflegten Grünanlage westlich der Burg erinnert ein *Panzerzug* an den slowakischen Nationalaufstand vom 29. August 1944. Damals stellten Zvolener Arbeiter und Eisenbahner drei Panzerzüge zusammen, die die Landung sowjetischer Transportflugzeuge auf dem Flugplatz Tri Duby sicherten. Auf dem Hauptplatz von Zvolen, dem langgestreckten nám. SNP (Platz des Slowakischen Nationalaufstandes), steht ein weiteres Denkmal, das der Erhebung des slowakischen Volkes gewidmet ist. Die gotische *St.-Elisabeth-Kirche* stammt aus den Jahren 1381–1390 und wurde nach 1500 umgebaut. Beachtenswert ist das Kircheninnere, das den Stil der Renaissance bewahrt hat.

Kremnica (Kremnitz)

Zu den mittelalterlichen Gold- und Silberstädten Oberungarns gehörte auch **Kremnica** (Kremnitz) inmitten der Kremnitzer Berge (Kremnické pohorie). Seit über 650 Jahren werden in der hiesigen Münze Geldstücke und Medaillen geprägt. Das Stadtbild des alten Kremnitz ist noch weitgehend erhalten und steht unter Denkmalschutz. Edelmetalle fördert heute allerdings nur ein einziger Schacht. Dafür blüht die Herstellung von Spitzen und keramischen Erzeugnissen.

Im Schnittpunkt zweier Gebirgstäler entstand im frühen 12. Jh. die slawische Siedlung *Kremnychbana.* Schon bald ließen sich hier Bergleute aus Thüringen und Schlesien nieder, um Gold und Silber zu schürfen. 1328 verlieh der Ungarnkönig Karl I. Robert dem Ort die Privilegien einer freien königlichen Stadt, die ihre höchste Blüte vom 14. bis 16. Jh. erlebte, als der ursprünglich in Banská Štiavnica (Schemnitz) residierende Kammerhof (s. S. 340) hier für über zweieinhalb Jahrhunderte (1328–1587) seinen Sitz nahm. 1335 erhielt Kremnitz sogar das Recht, Golddukaten und Silbergroschen zu prägen.

Kern des alten Kremnica ist der *nám 1. mája* (Platz des 1. Mai). Dieser große, rechteckige, zum Tal hin abfallende, mit einer Dreifaltigkeitssäule und Grünanlagen geschmückte Platz besteht in seiner heutigen Form seit Gründung der Stadt im frühen 14. Jh. Gotische Häuser von Grubenbesitzern und Kaufleuten rahmen den Platz; im Lauf der Jahrhunderte nahmen sie Elemente der Renaissance und des Barock auf. Gleich dahinter verläuft die Stadtmauer. Das Haus Nr. 1 ist das *Rathaus.* Im 18. Jh. wurde es mit einem benachbarten spätgotischen Bürger-

Kremnica (Kremnitz), Stadtansicht

haus verbunden, dessen Durchgang zum Innenhof mit einem eigenwilligen Gewölbe versehen ist, das sich aus raffiniert verzahnten, halbierten Kreuzgratgewölben zusammensetzt, deren Scheitelpunkte jeweils tief in die gegenüberliegende Gewölbehälfte eindringen. Das Haus Nr. 7 ist heute das *Stadtmuseum*. Die *Dreifaltigkeitssäule* entstand 1765–1772.

An die oberste Ecke des Platzes stößt das Areal der seit dem 13. Jh. bestehenden *Stadtburg*, Lagerplatz der geschürften Edelmetalle und Sitz der königlichen Kammer, ab dem 15. Jh. auch der städtischen und kirchlichen Verwaltung. Im 14. Jh. verstärkten ein viergeschossiger Torturm, ein Zwinger und drei Basteien (Pfarrbastei, Bergwerksbastei, Uhrturm) den doppelten, bis zu 12 m hohen Mauerring mit einem Wassergraben dazwischen. Der runde romanische Karner aus dem 13. Jh. neben dem Torturm besteht aus einem Ossarium mit sechsteiligem Gewölbe und einer darüberliegenden Kapelle des hl. Andreas, die im 14. Jh. gotisch verändert wurde. Zur Pfarrbastei führt eine gedeckte Stiege empor. Ein unterirdischer Gang verbindet die Burg mit mehreren Bürgerhäusern der Stadt. Um den mächtigen Bergfried, einen Wohnturm des 13. Jh., wuchs in gotischer Zeit eine *Kirche*, die anfangs dem hl. Michael, seit 1488 der hl. Katharina geweiht war. Die zweischiffige Hallenkirche mit zwei Mittelpfeilern steht auf quadratischem Grundriß. Im Osten schließt sich ein weiträumiges Presbyterium an, an der Westseite ragt der einstige Bergfried als Glockenturm empor. Im

16. und 17. Jh. gehörte die Kirche den Protestanten, im 18. Jh. kam mit der Restitution die Barockisierung. Inzwischen hat der Innenraum sein ursprüngliches gotisches Aussehen zurückerhalten.

Die *Stadtbefestigungen* stammen aus der Zeit vor 1441. Von den drei Toren ist nur das *Untere Tor* (Dolná brána) geblieben, das ab 1539 von einer Barbakane (Außenwerk), die ebenfalls aus einem Torturm bestand, verstärkt wurde. Ein halbrunder Renaissance-Erker und eine Wappennische schmücken ihre Torfassade. Von den Wehrtürmen der Mauer überdauerten vier, darunter der *Rote Turm* (Červená veža) im Südosten der Stadt. Der Turm diente lange Zeit als städtischer Kerker. Die seit dem Jahr 1335 bestehende *Münze* prägt noch heute Hartgeld, Medaillen und Plaketten. Der Münzbetrieb kann in der Horná ul. (Obere Gasse) besichtigt werden.

Banská Štiavnica (Schemnitz)

Inmitten des Schemnitzer Gebirges (Štiavnické pohorie) liegt überaus malerisch auf etlichen Terrassen die alte Bergbaustadt Schemnitz, das heutige **Banská Štiavnica.** Im 14.–16. Jh. war sie die bedeutendste Grubenstadt Ungarns, eine Gold- und Silberquelle der Magyarenkönige und der Augsburger Fugger. Heute sorgen der Fremdenverkehr und ein paar mittlere Textil-, Leder- und Nahrungsmittelunternehmen für den Lebensunterhalt der Einwohner.

Gold und Silber schürfte man im Schemnitzer Gebirge, einem Teil des Slowakischen Erzgebirges (Slovenské rudohorie), sicher schon in frühgeschichtlicher Zeit, urkundlich erwähnt wurde die Bergbausiedlung erstmals im Jahr 1075. Damals gab es hier bereits eine von Erdwällen umgebene Burganlage. Im 12. Jh. kamen deutsche Bergleute in den Ort und ersetzten den bis dahin üblichen Tagebau durch Stollenbau. Noch gegen Ende des 12. Jh. erhielt Schemnitz von Béla III. Stadtrechte, 1244 wurde es königliche Freistadt. Seit 1217 galt das Schemnitzer Bergrecht, Jahrzehnte, bevor Iglau (s. S. 279, 280 f.) sein berühmtes Bergrecht kodifizierte. Das Schemnitzer Recht wurde für alle ungarischen Bergbaustädte verbindlich. Ihre Blütezeit erlebte die Stadt vom 14. bis 16. Jh., als hier anfangs Gold, später vor allem Silber zum Abbau kam. Im 16. Jh. pachteten die Fugger die ertragreichen Minen. 1627 trieben Schemnitzer Bergleute ihre Stollen erstmals in der Welt mit Schießpulver vor. Auch der Einsatz von Dampfmaschinen zum Herauspumpen des Wassers geschah erstmals in Schemnitz (1732); das herausgepumpte Wasser floß in 40 große Becken, wo man es verdunsten ließ, damit es nicht wieder im Boden versickerte. In der zweiten Hälfte des 18. Jh. hatte die Stadt 20 000 Einwohner und war damit die drittgrößte Stadt in Ungarn. Ab 1735 besaß sie eine Bergbauschule, aus der 1763 eine Akademie für Bergbau und Hüttenwesen hervorging. 1918, als die Förderung von Edelmetallen zum Erliegen gekommen war, wurde sie geschlossen.

Über der Altstadt von Banská Štiavnica thront das *Alte Schloß* (Starý zámok), das aus einer mittelalterlichen Kirche hervorging. Zu Anfang des 13. Jh. wurde eine dreischiffige romanische Basilika mit zweigeschossigem Karner neben dem Eingang errichtet und 1497–1515 als spätgotische Hallenkirche erneuert. Angesichts der Türkengefahr bauten die Schemnitzer diese der Gottesmutter geweihte Kirche 1546–1559 in eine Renaissancefestung mit verstärkten

Außenmauern und kleinen Ecktürmen um. Aus dem Mittelschiff wurde ein offener Burghof, das Ganze umgab eine mächtige Mauer mit fünf Türmen. In der Burg lagerte das geförderte Edelmetall, außerdem bot sie der Bevölkerung Schutz bei Angriffen der Türken. 1717 erhielt der hohe Ostturm ein barockes Kupferdach. Heute beherbergt das Alte Schloß die Abteilung Geschichte und Kunst des Slowakischen Bergbaumuseums. Beachtung verdient eine spätgotische Statue der hl. Katharina aus dem Anfang des 16. Jh. Sie gehört in den Kreis der »Schönen Madonnen« und zeigt in der Kleidung bereits Einflüsse der aufkommenden Renaissance.

Der kleine Trojičné nám. (Dreifaltigkeitsplatz) ist der Hauptplatz des historischen Stadtkerns. Hier standen die Häuser der reichen Bürger, der »Waldbürger«, denen die Wälder und damit die Schätze darunter gehörten. Einige von ihnen, wie z. B. das Haus Nr. 27 an der Ecke Leninova ul., zeigen noch romanische Mauerreste; die meisten aber entstanden im 14. und 15. Jh. als gotische Bauten und wurden in der Zeit der Renaissance und des Barock umgestaltet. Alle Häuser der Waldbürger zeigten sich von außen schlicht und bescheiden, die Innenräume jedoch waren prunkvoll ausgestattet. Das Renaissancehaus Nr. 47 war einst das *Berggericht.* Heute zeigt hier eine Abteilung des *Slowakischen Bergbaumuseums* mineralogische Sammlungen und Modelle von Erzlagerstätten; von hier aus führt ein im Originalzustand belassener mittelalterlicher Stollen ohne jede Stufe 76 m weit in den Berg. – Die *Dreifaltigkeitssäule* in der Mitte des Platzes gestaltete Dionysius Stanetti in den Jahren 1755–1764.

Die dritte Abteilung des Slowakischen Bergbaumuseums widmet sich im *Kammerhof* (Leninova ul. 18) der Bergbautechnik. Um die Mitte des 16. Jh. kaufte die königliche Bergwerkskammer mehrere romanische Wohnhäuser und vereinigte sie zu einem repräsentativen Verwaltungszentrum im Stil der Renaissance mit schönen Arkaden im mittleren Hof. Die Bergwerkskammer, deren Aufgabe vor allem die Überwachung der geförderten Erzmengen in allen umliegenden Gruben war, hatte ihren Sitz vom frühen 13. Jh. bis 1328 in Schemnitz, sie ging dann nach Kremnitz und kehrte 1587 wieder nach Schemnitz zurück.

Beachtenswerte Kirchen sind die *Stadtpfarrkirche St. Nikolaus,* erbaut im 13. Jh. als spätromanische Basilika und im 18. Jh. klassizistisch umgestaltet, und die spätgotische *Katharinenkirche,* erbaut 1488–1491, früher »Slowakische Kirche« genannt, weil die Pfarrer hier slowakisch predigten. Das *Alte Rathaus* entstand in gotischer Zeit und wurde im 16. Jh. im Stil der Renaissance erneuert. Überdauert hat auch das *Piargische Tor* (Piargská brána), ein Stadttor mit Stilelementen der Renaissance und des Barock. Vom turmartigen *Klopačka* aus dem Jahr 1681 wurden die Bergleute durch Klopfen auf eine Holzplatte zur Schicht gerufen. Noch heute schallt es in den Sommermonaten täglich um 10 Uhr vom Turm.

Das *Neue Schloß* (Nový zámok) auf dem Jungfrauenberg wurde 1554–1571 als Wachfestung gegen die Türken angelegt. Die Ecken der sechsgeschossigen Festung auf quadratischem Grundriß verstärken runde Bastionen. Heute beherbergt das Neue Schloß ein Museum der Türkenkriege (16. und 17. Jh.).

Etwa 2 km östlich vom Stadtkern erhebt sich der *Kalvarienberg* (Kalvária; 727 m) mit einer Gruppe von sakralen Bauten aus der Zeit zwischen 1744 und 1751. Siebzehn Kreuzwegstationen verbinden eine Kapelle am Fuß des Scharffenbergs über eine Heilige Stiege mit der Kirche auf dem Berg. – Bei einem der mittelalterlichen Wasserbecken, dem *Klingersee,* hat man den oberirdischen Teil einer alten Erzmine rekonstruiert.

5 km südlich von Banská Štiavnica erhebt sich über dem Dorf **Antol** das *Herrenhaus St. Anton,* ein prächtiges Barockgebäude inmitten eines gepflegten Parks, angefüllt mit einzigartigem Inventar und überaus interessanten Sammlungen. 1744 hatte der ungarische Obergespan (Vertreter des Königs) General Andreas J. Kohary das Herrenhaus an der Stelle einer mittelalterlichen Fliehburg, die noch im 16. Jh. den Türken den Zugang zur Bergbaustadt Schemnitz versperrte, errichten lassen. Vier Gebäudeflügel umschließen den Innenhof; sie symbolisieren die vier Jahreszeiten. Zwölf Schornsteine stehen für die Monate, 52 Räume versinnbildlichen die Wochen des Jahres, 365 (?) Fenster die Tage des Jahres. Dem Hauptportal gegenüber steht die Schloßkapelle mit illusionistischen Fresken von Anton Schmidt (spätes 18. Jh.) und barockem, schindelgedecktem Glockenturm. Alle Räume und Gänge schmücken Werke niederländischer, französischer und deutscher Meister, kostbare alte Stiche, Farblithographien, Daguerreotypien und rund 2000 Jagdtrophäen. Die interessantesten, weitgehend original eingerichteten Räume sind der große Audienzsaal im Stil Ludwigs XVI., der chinesische Salon mit einer Rokokogarnitur aus der ersten Hälfte des 18. Jh., der kleine Spielsalon mit einem Spieltisch des Augsburger Meisters Johann Mann, der Blaue Salon. In dem 30 ha großen *Park,* der nahtlos mit den umliegenden Wäldern verschmilzt, steht ein Mammutbaum, den Herzog Philipp von Sachsen-Coburg und Gotha im Jahr 1878 aus Anlaß der Geburt seines Sohnes Leopold pflanzen ließ.

Wenige Kilometer westlich von Prievidza (Priewitz) erhebt sich inmitten weiter Wälder über dem kleinen Kurort **Bojnice** einer der ältesten, schönsten und bedeutendsten Wehrbauten der Slowakei: *Burg Bojnice* (Bojnický hrad). Weder von der ersten hölzernen Burgstätte (1113) noch von dem Steinbau des Ungarnkönigs Matúš Čák (1321) blieb etwas erhalten. Dagegen läßt die heutige neugotische Anlage noch die mächtigen Befestigungen des 15. und 16. Jh. erkennen. 1899–1910 ließ der weitgereiste Graf Johann Pálffy, dessen Familie den Besitz 1649 von der Familie Thurzo übernommen hatte, die Burg von Josef Hubert im Stil der französischen Gotik umbauen, wodurch ein romantisches ›Märchenschloß‹ entstand, das 1938 an den Schuhfabrikanten Ján Bat'a überging. Heute zeigt Schloß Bojnice dem Besucher eine umfangreiche Sammlung von Inneneinrichtungen und Kunstwerken verschiedener Stilepochen, die im wesentlichen der letzte Graf Pálffy zusammengetragen hatte.

Žilina (Sillein)

Die von Höhen umgebene Kreisstadt **Žilina** an der Mündung der Kysuca in die Waag (Váh) besticht durch die gelungene Mischung von mittelalterlichen und modernen Gebäuden in ihrem Stadtkern. Žilina ist das wirtschaftliche und kulturelle Zentrum der nördlichen Slowakei, Standort wichtiger Industrien (Holz, Textilien, Maschinenbau, chemische Produkte), größter Eisenbahnknotenpunkt der Slowakei und Sitz der Hochschule für Verkehrswesen.

Schon im 12. Jh. war Žilina als slawische Siedlung bekannt. Unter König Béla IV. kamen zahlreiche deutsche Siedler in den Ort, der 1312 als *Sillein* das Stadtrecht erhielt. 1378 begannen die deutschen Ratsherren mit der Zusammenstellung des berühmten »Silleiner Buches« (Žilinká kniha), Aufzeichnungen juristischer Richtlinien. 1381 erwirkten die slowakischen Bürger ein Edikt des Königs, das ihnen Gleichberechtigung im Stadtparlament garantierte *(Privilegium pro Slavis).* Seit 1451 wurde das »Silleiner Buch« zweisprachig, bald darauf nur noch slowakisch geführt.

Laubenhäuser im Stil der Renaissance, zum Teil auf gotischen Fundamenten, säumen den *nám. Dukla* (Duklaplatz), das Zentrum des von Ringstraßen umzogenen historischen Stadtkerns. Das Haus Nr. 1 an der Ecke Radničná ul. (Rathausgasse) ist das *Alte Rathaus* (Stará radnica). In der Südwestecke des Platzes dominiert das ehemalige *Jesuitenkloster* mit einer Kirche von 1743. Die barocke Marienstatue auf dem Platz stammt aus dem Jahr 1738. Nordöstlich des Marktplatzes, an der Fučikova ul. (Fučikgasse), steht die ehrwürdige *Stadtpfarrkirche.* Sie wurde um die Mitte des 13. Jh. als romanische Basilika erbaut, gegen 1400 frühgotisch erneuert und erhielt 1540 einen freistehenden Glockenturm im Stil der Renaissance. Die *Dreifaltigkeitskirche* (Kostol sv. Trojice) an der Dolný val (Untere Schanze) stammt aus gotischer Zeit. Den nördlichen Altstadtrand, den die Marxa Engelsa trieda (Marx-Engels-Straße) streift, markiert die barocke *Franziskanerkirche* (Františkánsky kostol) aus den Jahren 1723–1730.

An der Mündung der Kysuca in die Waag steht die mittelalterliche Zollfestung *Budatín* (Budatínsky zámok). In der ersten Hälfte des 13. Jh. wurde sie als romanische Wasserburg erbaut. 1545–1551 ergänzte der ungarische Magnat Georg Sunyog den ursprünglichen Wohnturm durch einen dreiflügeligen Renaissancepalast. 1713 im Stil des Barock verändert, beherbergt die Feste heute ein Museum des Waaggebietes (Považské múzeum) mit Gemäldesammlung und einer Dokumentation alter Handwerkstechniken (Holzschnitzen, Rastelbinden usw.).

Die kleine *Wehrkirche St. Stephan* (Kostol sv. Štefana) an der Závodská cesta (Závodier Weg) jenseits des Flüßchens Rajčanka stammt aus dem 13. Jh. Sie gehört zu den ältesten romanischen Bauten der Slowakei und könnte die Stelle der ersten slawischen Ansiedlung einnehmen. Berühmt ist die Kirche wegen ihrer Fresken aus dem 14. Jh.

Eines der reizvollsten touristischen Gebiete der Tschechoslowakei ist die Region **Orava** (Arva), der nördlichste Zipfel der mittleren Slowakei. Durch zahlreiche Bergzüge schlängelt sich die Weiße Arva (Biela Orava), um sich in dem 35 qkm großen Stausee Vodná nádrž Orava mit der aus Polen kommenden Schwarzen Arva (Czerna Orawa) zu vereinigen und in Südwestrichtung der Waag (Váh) zuzustreben. Der fischreiche Stausee mit künstlicher Insel, Bootsverkehr und zahlreichen Campingplätzen bildet ein einziges großes Erholungsgebiet.

Touristische Dominante der Region ist die *Burg Orava,* die bei dem kleinen Ort Oravský Podzámok seit mehr als 700 Jahren auf 122 m hohem Kalkfelsen über dem Fluß zu schweben scheint, eine der schönsten Grenzfesten der Slowakei. Die Burg entstand vermutlich schon zu Beginn des 13. Jh., 1267 wurde sie erstmals als *Castrum Arva* und Eigentum des Königs Béla IV. urkundlich erwähnt. Damals diente sie dem Schutz des Handelsverkehrs und der

Burg Orava

Grenze zu Polen. 1532 ging sie nach häufigem Besitzerwechsel an Jan Dubova (Dubovec) über, der angesichts der Türkengefahr die Verteidigungsanlagen modernisierte und verstärkte und einen neuen, fünfstöckigen Palast baute. Schließlich machte der mächtige Magnat und reiche Bergwerksbesitzer František Thurzo die Burg zu seinem Eigentum. Er und sein Sohn Juraj intensivierten 1556–1574 und 1606–1611 den fortifikatorischen Ausbau, wobei Bastionen für schwere Geschütze hinzukamen und alle Gebäude im Stil der Renaissance verändert wurden. Graf Edmund Zichy (1842–1894) und nach ihm Ján Pálffy (1895–1904) verwandelten die Feste in ein heimatkundliches Museum. 1953–1968 wurde Oravský hrad vollständig restauriert und zeigt seitdem Sammlungen zur Geschichte der Region Orava.

Kleine Fatra (Malá Fatra)

Von Žilina führt eine Nebenstraße ostwärts über Teplička nad Váhom (Teplitz an der Waag) und Belá nach **Terchová**, dem Geburtsort des slowakischen Volkshelden Juro Jánošík (1688–1713). Hier biegt man südwärts ab und erreicht nach wenigen Kilometern das von der Vrátnanka durchflossene, bezaubernde **Vrátna-Tal** (Vrátna dolina), Mittelpunkt des beliebten Wintersport- und Wandergebietes der Kleinen Fatra. Ein Sessellift endet vor dem Gipfel des 1709 m hohen Veľký Kriváň, der höchsten Erhebung des Gebirges.

Ostslowakei (Východní Slovensko)

Košice (Kaschau)

Nur etwa 25 km von der ungarischen Grenze entfernt liegt im weiten Tal des Hornád (Kundert; ungarisch Hernad) die Großstadt **Košice,** die Verwaltungszentrale des Bezirkes Ostslowakei. Die mit fast 240 000 Einwohnern zweitgrößte Stadt der Slowakei und fünftgrößte Stadt der Tschechoslowakei besitzt eine Universität, eine Technische Hochschule und ein gewaltiges Eisenhüttenkombinat. Košice ist Bischofssitz und war über viele Jahrhunderte eine überwiegend deutsche Stadt unter ungarischen Königen (ungarisch Kassa).

Die ersten Hinweise auf einen Ort *Kaschau* bzw. *Kassa* stammen aus den Jahren 1216, als hier ein Kloster gegründet wurde, 1230, als die Pfarrkirche der *villa* (Gemeinde) entstand, und 1244, als der Ungarnkönig Béla IV. den »Gästen von Kaschau« *(hospites nostri de Cassa),* also den sächsischen Kolonisten, besondere Privilegien verlieh. 1261 belohnte König Štefan V. die beiden Deutschen Samphleben und Obel für ihre treuen Dienste mit der alten Burgstätte von Kaschau und den zugehörigen Ländereien, wenn »sie dem König alljährlich ein halbes Ferton in gutem Gold immer auf den hl. Georg (23. April) bezahlen würden«. Etwa um das Jahr 1290 erhob König Andreas (Ondrej) III. Kaschau zur Stadt, 1342 bekam sie von König Ludwig I. den Rang einer königlichen Freistadt, was mit weiteren Vorrechten verbunden war: mit dem Recht, den Richter und auch den Pfarrer frei zu wählen, nach eigenem Gutdünken innerhalb der Stadtmauern Jahrmärkte abzuhalten, den Verkauf von fremdem Wein in Kaschau zu verbieten, mit der Befreiung vom Zehnt usw. 1369 erteilte Ludwig I. der Stadt ein Wappen, das erste Stadtwappen in Europa.

Noch im 14. Jh. war Kaschau durch den Fernhandel zwischen Ungarn und Polen zur (nach Ofen [Buda]) zweitgrößten Stadt Ungarns aufgestiegen und bildete mit vier weiteren ostslowakischen königlichen Freistädten (Leutschau, Bartfeld, Preschau und Sabinov) die sogenannte *Pentapolis,* eine lose Vereinigung mit dem Zweck, Erfahrungen auszutauschen und gemeinsame Beschlüsse zu fassen. Ab 1459 durfte Kaschau eigene Münzen prägen, vorerst nur sporadisch, von 1511 an regelmäßig. Gegen Ende des 15. Jh. hatte die Stadt 635 Häuser und über 4000 Einwohner.

1657 gründete Leopold I., König von Ungarn und Böhmen, später auch römisch-deutscher Kaiser, die Universität Kaschau *(Academia Cassoviensis),* die bis 1921 bestand. 1674 nahm die Universitätsdruckerei den Betrieb auf, die später den berühmten »Kaschauer Kalender« in vier Sprachen (deutsch, ungarisch, slowakisch, lateinisch) herausgab. Doch dann führten Türkenkriege, Ständerebellionen und Bauernrevolten zum wirtschaftlichen Verfall der Stadt, und im

Ansicht von Košice (Kaschau)

18. Jh. verlor Kaschau jegliche Bedeutung im Außenhandel Ungarns. Erst mit dem Bau der Eisenbahn (1860) bekam die örtliche Wirtschaft wieder bescheidenen Auftrieb.

Von 1918 an gehörten Kaschau und die ostslowakischen Gebiete für zwei Jahrzehnte zur Tschechoslowakei, bis der »Wiener Schiedsspruch« vom 2. November 1938 das überwiegend von Magyaren bewohnte Kaschauer Gebiet wieder zu Ungarn schlug, wo es aber zu einer bedeutungslosen Grenzstadt ohne Hinterland herabsank. Am 19. Januar 1945 marschierten sowjetische Truppen in Kassa ein, 11 Tage später nahm der Slowakische Nationalrat seinen Sitz in Kassa/Košice. Das am 5. April verkündete »Kaschauer Programm« wurde Grundlage für eine neue tschechoslowakische Verfassung. – In den folgenden Jahrzehnten verfünffachte die Stadt ihre Einwohnerzahl, Košice wurde eine Großstadt. 1952 nahm die Technische Hochschule ihren Lehrbetrieb auf, 1959 folgte die Pavol-Jozef-Šafárik-Universität. Heute studieren an den Hochschulen von Košice nahezu 20 000 Studenten.

Die ul. V. I. Lenina (Leninstraße) folgt dem uralten Handelsweg und verbreitert sich im Zentrum spindelförmig zum nám. Slobody (Freiheitsplatz; Abb. 64). An der Südseite des Platzes steht der *St.-Elisabeth-Dom* (Dóm sv. Alžbety), die größte Kirche der Slowakei und eine der bemerkenswertesten gotischen Kirchen Europas. Von den beiden Westtürmen, die die Hauptfassade des Doms flankieren, ist der nördliche 59 m hoch, der südliche blieb unvollendet. Die Bischofskirche ersetzte um die Wende zum 15. Jh. eine romanische Pfarrkirche, die zwischen 1380 und 1385 gotisch umgebaut worden war und im Jahr 1420 schließlich abgerissen wurde. Der Bau des Domes erfolgte in mehreren, zeitlich versetzten Abschnitten; jedesmal änderten die neuen Baumeister die Planungen. Die letzte Bauphase lag zwischen 1504 und 1508, endgültig vollendet wurde der Dom jedoch erst 1877–1896.

Besonders beeindruckt das großartige Nordportal des Domes, das »Goldene Tor« *(porta aurea)* aus dem Jahr 1460 (Abb. 65). Zwischen den beiden Türflügeln steht die hl. Elisabeth, der die Kathedrale geweiht ist. Sie half nach dem Kreuzfahrertod ihres Mannes, des Landgrafen

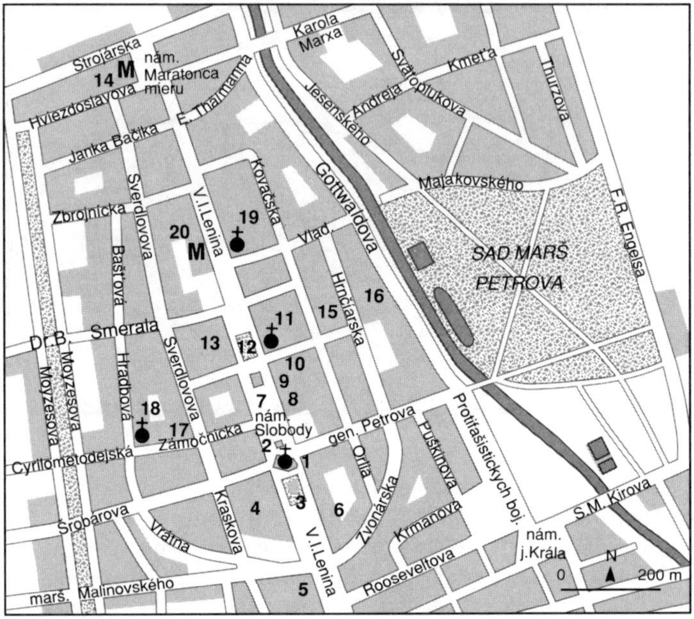

Košice (Kaschau)
1 *St.-Elisabeth-Dom*
2 *Urbanturm*
3 *Michaelskapelle*
4 *Bischöfliches Palais*
5 *Palais Forgách*
6 *Schwarzer Adler*
7 *Staatstheater*
8 *Komitatshaus*
9 *Café Slávia*
10 *Leutschau-Haus*
11 *Prämonstratenserkirche*
12 *Mariensäule*
13 *Ostslowakische Galerie*
14 *Ostslowakisches Museum*
15 *Henkerbastei*
16 *Nikolausgefängnis*
17 *Ursulinenkloster*
18 *Dominikanerkirche*
19 *Franziskanerkirche*
20 *Technisches Museum*

Ludwig IV. von Thüringen, Kranken, Armen und Alten. 1235, nur vier Jahre nach ihrem Tod, wurde sie heiliggesprochen. Ihre barmherzigen Taten veranschaulichen die beiden unteren Reliefs der Bildpyramide über dem Tor. Im Bogenfeld dazwischen erkennt man das Jüngste Gericht.

Den Innenraum der fünfschiffigen Kirche beherrscht der 11 m hohe und 8 m breite Altar der hl. Elisabeth, einer der größten Tafelaltäre Europas (1474–1477). Die 48 Tafelbilder, von denen zwölf Bilder das Leben der Heiligen beschreiben, werden den Meistern Stefan und Alexander aus Kaschau zugeschrieben. Die bildhauerischen Teile des Altars, je eine überlebensgroße Statue der Madonna, der hl. Elisabeth und der biblischen Elisabeth, der Mutter Johannes' des Täufers, stammen vom Meister Erhard aus Ulm. 1906 wurden die sterblichen Überreste von Franz II. Rákóczi (1676–1735) aus der türkischen Stadt Tekirdağ am Marmara-Meer, wo der große Kämpfer für die Freiheit Ungarns die letzten 18 Jahre seines Lebens verbrachte, nach Kaschau heimgeführt und zusammen mit den Gebeinen seiner Mitstreiter in einer für diesen Zweck errichteten Krypta beigesetzt. – Beachtenswert sind auch die Stephanskapelle links von der Sakristei und die Johanneskapelle.

Neben dem Dom erhebt sich der freistehende *Urbanturm* (Urbanova věža), ein Glockenturm aus dem 14. Jh., den Martin Lindner bis 1628 im Stil der Renaissance umbaute. 1912 ersetzten Arkaden die alten Verkaufsstände am Turm. Grabplatten vom Friedhof am Dom, zum Teil aus dem 14. Jh. stammend, bedecken heute die Arkadenwände. Jenseits des Doms steht die *Michaelskapelle* (Kaplnka sv. Michala; 1260). Etwa seit dem Jahr 1400 diente der Bau als Friedhofskapelle. Ein Relief im Wimperg des etwa zu dieser Zeit gestalteten Portals zeigt den Erzengel Michael, der die Seelen der Verstorbenen wiegt.

Westlich der Michaelskapelle versucht das *Bischöfliche Palais* (1901/02), sich mit seinem historisierenden Stilgemisch den mittelalterlichen Bauten des Hauptplatzes anzupassen. Die prunkvolle Palastfassade ahmt barocke Formen nach, aber auch Elemente der Wiener Sezession tauchen hier und da in den Stukkaturen auf. Südlich davon entstand in den 30er Jahren des 19. Jh. das klassizistische *Palais Forgách* des ungarischen Magnatengeschlechts Forgács. Auf der gegenüberliegenden Seite des Platzes steht das berühmte *Hotel Zum schwarzen Adler* (U Čierneho orla), ein klassizistisches Gebäude aus dem Jahr 1782.

Die zweite Dominante des Hauptplatzes bildet das imposante *Staatstheater* (Štátne divadlo; Abb. 63), erbaut 1897–1899 von Adolf A. Lany im historisierenden Mischstil von Renaissance und Barock. Das erste feste Theatergebäude hatte Kaschau im Jahr 1789 erhalten; damals wurden hier Schauspiele und Opern in deutscher oder italienischer Sprache aufgeführt.

Im *Komitatshaus* (Dom Košického vládneho programu oder Bývalý župný dom) proklamierte die provisorische tschechoslowakische Regierung am 5. April 1945 das »Kaschauer Programm«. Das spätbarock-klassizistische Gebäude mit seinem prächtigen Mittelrisalit errichtete Johann Langer 1779 als Residenz des ungarischen Obergespans. Ein Relief an der Hauswand erinnert an den Aufenthalt des russischen Marschalls Michail I. Kutusow in diesem Haus vom 30. 12. 1805 bis zum 4. 1. 1806; am 2. Dezember 1805 hatte Kutusow in der Schlacht bei Austerlitz (s. S. 271) das österreichisch-russische Heer befehligt.

Neben dem hohen Jugendstilhaus mit den pastellfarbenen Bildern, heute das *Café Slávia* (Kaviareň Slávia), steht das spätgotische *Leutschau-Haus* (Levočský dom), das der ungarische Magnat Alexius Thurzo 1442 der Zipser Hauptstadt Leutschau als repräsentatives Kaschauer Quartier für ihre Abgesandten und Kaufleute schenkte. 1469 erwarb der Kaschauer Stadtrat das Haus und richtete es als vornehmen Gasthof ein, der bis heute ein beliebter Treffpunkt geblieben ist. Die *Prämonstratenserkirche* (Kostol Premonštrátov; 1671–1684) mit ihrer wuchtigen doppeltürmigen Quadersteinfassade gehörte ursprünglich zu einem Jesuitenkloster und diente bis zum Verbot des Ordens als Universitätskirche. 1773 ging sie in den Besitz der Prämonstratenser über. Die *Mariensäule* nördlich des Theaters stammt aus dem Jahr 1723.

Die *Ostslowakische Galerie* (Východoslovenská galéria) in einem alten Palais an der Leninova ist eine Abteilung des *Ostslowakischen Museums* (Východoslovenské múzeum), dessen Hauptgebäude am nám. Maratónu mieru (Platz des Friedensmarathonlaufs) interessante volkskundliche und kunstgewerbliche Sammlungen, darunter den sogenannten »Kaschauer Goldschatz«, zeigt.

Rechts von der ehemaligen Jesuitenkirche kommt man zur *Henkerbastei* (Katova bašta), einem Relikt der alten Stadtbefestigung aus dem 13. Jh. – Ein Stück weiter östlich wurden im 16. Jh. zwei spätgotische Bürgerhäuser zum *Nikolausgefängnis* (Miklušova veznica) umgebaut, in dem noch bis zum Jahr 1909 Gefangene schmachteten. Heute kann man die Gefängniszellen, die unterirdischen Gänge und die Folterkammern besichtigen.

Knapp 30 km nordöstlich von Košice zieht der Geysir von **Herl'any** jedes Jahr unzählige Besucher an. Alle 32 bis 34 Stunden beginnt es unter einem Betonpilz zu brodeln und zu rumoren, dann steigt ein Wasserstrahl aus der Öffnung des Pilzes und schießt unter gewaltigem Tosen 40 000–60 000 l 14 °C warmes Wasser bis 35 m hoch in die Luft. Das dauert ungefähr eine halbe Stunde. Danach müssen sich erst wieder Wasser und Kohlendioxyd bis zum nächsten Ausbruch sammeln. Im 18. Jh. war Herl'any (Herlein) ein beliebter Kurort mit Heilerfolgen bei den unterschiedlichsten Leiden; doch die Quelle sprudelte zu spärlich. Bohrungen in den 70er Jahren des 19. Jh. weckten zwar den ungewöhnlichen Geysir, führten aber auch zu der Erkenntnis, daß das Heilwasser für einen ökonomischen Kurbetrieb niemals ausreichen würde. Unter der Telefonnummer Košice 116 erfährt man die jeweils nächsten Eruptionstermine.

Etwa 25 km westlich von Košice liegt inmitten einer landschaftlich reizvollen Gegend der kleine Ort **Jasov** (Jossau) mit einem ehemaligen *Prämonstratenserkloster,* dem größten Kloster der Slowakei und einem der schönsten Barockbauten der ganzen Tschechoslowakei. Schon an der Wende vom 11. zum 12. Jh. ist hier ein romanisches Kloster überliefert, das im 14. Jh. gotisch umgebaut und im 15. Jh. befestigt wurde. Um die Mitte des 18. Jh. ließ der Abt Andreas Schauberer das alte Kloster abreißen und 1750–1766 nach Plänen von Anton Pilgram einen spätbarocken Neubau mit einer Kirche Johannes' des Täufers errichten. Johann Lucas Kracker schuf die illusionistischen Wandmalereien und das beeindruckende Deckenfresko »Allegorie der Künste und der Wissenschaften« in der berühmten Klosterbibliothek. Die Stuckarbeiten fertigte Johann Hennevogel, die bildhauerische Ausgestaltung oblag Johann Anton Krauss. Krauss modellierte auch das äußerst ausdrucksstarke Standbild des Bischofs Friedrich sowie die Statuen des Apostels Philippus und des hl. Gilbert in der Kirche. Das riesige Kloster beherbergt heute ein Altersheim und ein Museum mit kunsthandwerklichen Arbeiten, ist zur Zeit aber wegen Restaurierung geschlossen. Hinter dem Kloster erstreckt sich der französische Barockgarten mit einem Gewächshaus im Übergangsstil vom Rokoko zum Klassizismus.

Ein hoher Felsen am Ufer des Flusses Bodva am Nordrand von Jasov zeigt die **Karsthöhle Jasovská jaskýňa** an, die bereits in neolithischer Zeit bewohnt war. Während der Mongoleneinfälle und der Hussitenstürme versteckten sich die Bewohner von Jasov in dem verzweigten Höhlensystem. Von den 2122 m bisher erforschter Gesamtlänge sind 618 m zur Besichtigung freigegeben.

8 km östlich der Stadt Rožňava (Rosenau) erhebt sich auf einem felsigen Bergkegel die **Burg Krásna Hôrka.** Graf Detrich, genannt Bebek, ließ im 13. Jh. einen ersten Wohnturm mit Wehrmauern errichten, um die Straßen zwischen der Zips, der Landschaft Gemer (Gömer) und dem Kaschauer Becken zu überwachen. 1318 ging dieser befestigte Sitz an die Adelsfamilie Mariássy über, die einen Palas baute und den Burghof vergrößerte. 1352 kehrte die Burg in den Besitz der Bebeks zurück, für die der italienische Baumeister Alessandro da Vedano das Anwesen 1539–1545 in eine schwere Renaissancefestung umwandelte. Da die Familie Bebek aber Falschmünzerei betrieb, konfiszierte König Maximilian die Feste und übergab sie Peter Andrássy. Die Andrássys fügten noch mehrere Wohngebäude hinzu, modernisierten die Befestigungen und richteten 1903 sogar ein reich ausgestattetes Familienmuseum ein, das sie

für Besichtigungen freigaben. Seit 1945 gehört Krásna Hôrka dem Staat, der die Burg 1961 zum nationalen Kulturdenkmal erklärte. – Viele Räume enthalten noch ihre ursprüngliche Einrichtung, so die Burgküche, der Speisesaal, die Wohnräume, das Musikzimmer, der Sitzungssaal. Interessant ist auch die Geschützbastei und die reiche Waffensammlung.

In Sichtweite der Burg steht bei Krásnohorské Podhradie, an der Straße nach Košice, ein *Mausoleum*, das Denkmal einer großen Liebe, das der ungarische Graf Dénes Andrássy 1903/04 für seine 1902 verstorbene Gemahlin Franziska Hablawetz (Františka Hablavcová) aus Böhmen errichten ließ. Ihre Ehe galt als Mesalliance, denn die schöne Franziska war eine gefeierte Sängerin an der Wiener Oper, und dazu noch eine Bürgerliche. Der Graf wurde von seiner Familie verstoßen und folgte seiner Frau durch die großen Städte der Welt. In dem Grabbau, entworfen und ausgeführt hauptsächlich von Münchner Künstlern, verbanden sich edelste Materialien – verschiedenfarbiger Marmor aus aller Welt, geschliffener Achat, venezianisches Glas – zu einem Meisterwerk des Jugendstils.

Bald jedes landschaftlich reizvoll gelegene Dorf im einstigen Oberungarn, der heutigen Slowakei, hat sein mehr oder weniger gut erhaltenes Herrenhaus, eine Art Nebenwohnsitz des ungarischen Hochadels, oft ein Jagdhaus, kleiner zumeist als ein Schloß. Viele Herrenhäuser wurden inzwischen sozialen Zwecken zugeführt, sie dienen als Altersheim, Jugendherberge, Ferienheim der Gewerkschaften, Heim für Körperbehinderte oder Geisteskranke. Die schönsten und interessantesten Herrenhäuser wurden sorgsam restauriert und mit ihrem Inventar, oft bereichert durch zusätzliche Exponate, zur Besichtigung freigegeben.

Eines dieser Herrenhäuser ist **Betliar,** das am Rande eines Dorfes mit 2000 Einwohnern steht (Abb. 57). Das Haus, zunächst ein mittelalterliches Kastell, kam im 16. Jh. in den Besitz der Familie Andrássy und wurde erst dem Geschmack der Renaissance, dann dem des Barock angepaßt, 1792–1795 klassizistisch verändert und 1880–1886 historisierend umgestaltet. Die zum Teil original vorhandenen Einrichtungsgegenstände in den repräsentativen Räumen, wie dem Musiksalon, dem Spielzimmer, dem Jagdsalon, dem Speisesaal, der Bibliothek und dem großen Vestibül, z. B. eine wundervolle Hochzeitstruhe aus der Zips (1653), stammen aus dem 17.–20. Jh.; die Bibliothek umfaßt etwa 20 000 Bände. Der zum Herrenhaus gehörende englische Park wurde um die Jahrhundertwende angelegt und mit Springbrunnen (z. B. Psyche-Brunnen vor dem Haus), Pavillons und Skulpturen belebt. Betliar wird zur Zeit restauriert.

Die wohl schönste Tropfsteinhöhle der Slowakei, vielleicht sogar der ganzen Tschechoslowakei, ist die **Domica-Höhle** (Domica jaskyňa) an der Grenze zu Ungarn (von Plešivec 10 km Richtung ungarischer Grenze). Das Höhlensystem mit seinen einzigartigen Tropfschilden, Sintertrommeln und Wasserkaskaden ist 21 km lang und zieht sich weit nach Ungarn hinein, immer dem unterirdischen Lauf des Flusses Styx folgend. Beim Kauf der Eintrittskarte sollte der Besucher darauf achten, daß er einen Rundgang einschließlich Kahnfahrt auf dem Styx bucht.

Spiš (Zips)

Die historische Landschaft, die sich von der Hohen Tatra bis zum Slowakischen Erzgebirge erstreckt, nannten ihre deutschen Bewohner *Zips,* die slowakischen Mitbürger *Spiš* und die ungarischen Magnaten *Szepes.* Die Herkunft des Namens ist umstritten: Die einen glauben in dem Wort einen Hinweis auf die ostgermanischen *Gepiden* zu erkennen, die hier vor den Slawen siedelten, andere leiten den Namen vom lateinischen *saepes* (Zaun) ab, und slowakische Forscher sehen die Wurzel in dem slawischen Wort *zepish* für das »Eintreiben des Zehnten«.

Der Ungarnkönig Géza II. (1141–1162) förderte die Ansiedlung deutscher Kolonisten in der Zips, und bereits 1249 übertrug König Béla IV. den beiden größten Zipser Gemeinden, Leutschau und Käsmark, die Rechte freier königlicher Städte. Von da an befanden sich diese beiden Städte in ständiger Konkurrenz zueinander, in einem unblutigen Krieg um die führende wirtschaftliche Stellung innerhalb der Zips, wobei Leutschau meistens die Nase vorn hatte. 1271 ließen sich die »Zipser Sachsen«, wie sich die deutschen Siedler nannten, ihre Privilegien von König Stephan V. bestätigen. Zugleich schlossen sie sich zum »Bund der 24 freien Städte der Zips« zusammen, der einen eigenen Grafen wählte, eigene Gerichtsbarkeit hatte, das Jagd-, Fischerei-, Rodungs- und Schürfrecht selbständig wahrnahm und Richter und Pfarrer wählte. Zum Sitz des Grafen und damit zum Hauptort der Zips erkor der Bund – sehr zum Ärger der Käsmarker – die Königsstadt Leutschau (heute Levoča). Im Jahr 1370 kodifizierte der Bund ein eigenes Recht, die »Zipser Willkür«, in 95 Artikeln, die sich vom deutschen Sachsenspiegel wie vom ungarischen Recht ableiteten. Ein zweiter Städtebund bildete sich im Jahr 1276 in der unteren Zips, im »Gründner Boden« des Zipser Erzgebirges (heute Slovenské rudohorie). Dort scharten sich sechs Bergwerksstädte um die freie königliche Stadt Göllnitz und proklamierten den »Bund der sieben Zipser Bergstädte«.

1412 verpfändete Kaiser Sigismund, zugleich König von Ungarn, 13 Zipser Städte für 37 000 böhmische Silbergroschen an seinen Schwager Wladislaw Jagiello von Polen, weil er Geld für seinen Krieg gegen Venedig brauchte. Die 13 verpfändeten und nun zu Polen gehörenden Städte schlossen sich mit drei weiteren Städten zum »Bund der 16 Städte« zusammen, der zwar einem Starosten, einem königlichen Statthalter, unterstellt war, aber die alten Zipser Privilegien weiterhin genoß. In Ungarn blieb der »Bund der elf Städte« zurück.

In den folgenden Jahrhunderten verschlechterte sich die Situation der Zipser Städte. Aufstände des ungarischen Adels gegen die Habsburger und Türkenkriege brachten den Handel oft zum Erliegen, der Bergbau ging zurück. Nach dem Dreißigjährigen Krieg vertrieb die rigorose Rekatholisierung zahlreiche Deutsche. Die Städte der ungarischen Zips wurden vom magyarischen Adel immer härter bedrängt und gerieten zunehmend unter den Einfluß der Magnatenfamilien Zápolya, Thurzo, Csáky, Thököly usw. Schlimmer erging es den verpfändeten Städten, in denen die polnischen Starosten eine Willkürherrschaft ausübten. Auf ihre Bitten hin besetzten schließlich die Österreicher 1769 unter Graf Imre Eszterházy die an Polen verpfändeten Städte, wodurch die Zips nach 357 Jahren wieder in einem Staat vereint war.

Die als »besonderes Krongut« zurückgekehrten Städte bildeten fortan eine eigene Provinz der 16 Zipser Kronstädte mit dem Hauptort Neudorf (ungarisch Igló; heute Spišská Nová Ves). Unter eigenem Recht standen weiterhin die sieben Zipser Bergstädte mit ihrem Hauptort Göllnitz. Auch die beiden königlichen Freistädte Leutschau und Käsmark behielten zunächst ihre Vorrechte. Der »Bund der elf Städte« war inzwischen zerfallen; hier herrschte der ungarische Hochadel.

1876 verloren auch die letzten Zipser Städte ihre Selbständigkeit und die Reste ihrer Privilegien. Sie alle wurden dem neugeschaffenen Zipser Komitat zugeordnet. Proteste gab es kaum, denn die meisten Zipser Sachsen unterstützten die Bestrebungen der Ungarn um einen einheitlichen Staat. An den Oberschulen wurde fortan nur noch ungarisch gesprochen. Wer der Magyarisierung entgehen wollte, wanderte in die USA aus. Wo die Deutschen abwanderten, zogen Slowaken zu. Nach dem Ersten Weltkrieg und damit dem Zusammenbruch der Habsburger Monarchie wurde Ungarn selbständig, verlor aber die oberungarischen Gebiete an die Tschechoslowakei. Die tschechoslowakische Regierung beendete den Prozeß der Magyarisierung, die Deutschen erhielten wieder eigene Schulen, 1920 wurde die »Zipser Deutsche Partei« zugelassen. Die Zips galt weiterhin als deutsche Sprachinsel, obwohl der Bevölkerungsanteil der Deutschen zwischen 1847 und 1919 von 33% auf 23% zurückgegangen war. 1944/45 wurden nahezu alle Zipser Sachsen aus dem Land gewiesen.

Während die Zips im 11. Jh. noch ein Teil des königlichen Lehens der Torner Gespanschaft war, entstand in der ersten Hälfte des 12. Jh. das königliche Komitat Zips. Administratives Zentrum des Komitats wurde eine frühslawische Burgstätte, aus der sich allmählich die **Zipser Burg (Spišský hrad),** die größte Burganlage auf slowakischem Gebiet und eine der größten Adelsburgen Europas, entwickelte.

Den Mittelpunkt der frühmittelalterlichen Burganlage bildete ein großer runder Wohnturm, dessen Fundamente erst kürzlich wieder zum Vorschein kamen. Ende des 12. Jh. stürzte er auf Grund tektonischer Veränderungen ein. Zu Beginn des 13. Jh. entstand der romanische Palas mit einem repräsentativen Saal im ersten Stock und privaten Räumen im zweiten Geschoß.

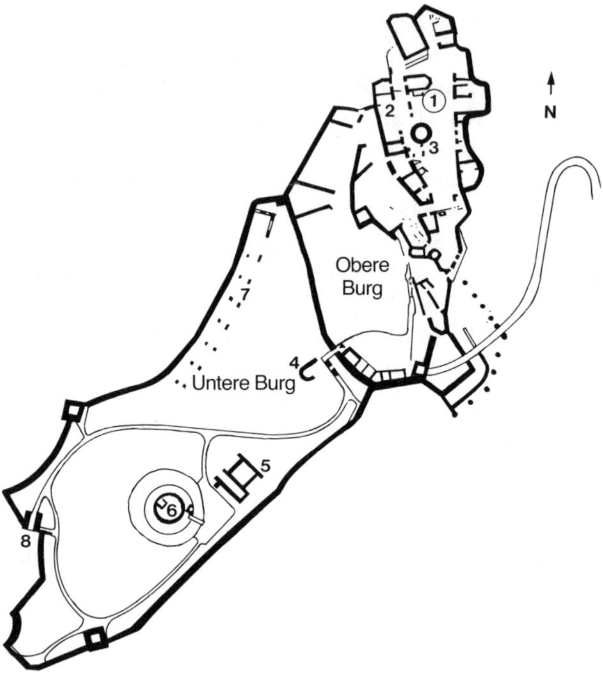

Spišský hrad (Zipser Burg), Grundriß

1 Fundamente eines Wohnturms (11. Jh.)
2 Romanischer Palast (13. Jh.), Museum
3 Rundturm (13. Jh.)
4 Barbakane (15. Jh.)
5 Keltischer Kultbau (2. Jh.)
6 Festung des Ján Jiskra (15. Jh.)
7 Wirtschaftsgebäude (17. Jh.)
8 Unteres Tor (15. Jh.)

Den eingestürzten Turm ersetzte ein neuer Rundturm in der Art lombardischer Bauwerke. In dem Palas residierte seit 1209 der Gespan der Zips. Nach dem Mongolensturm im 13. Jh., den die Zipser Burg einigermaßen heil überstanden hatte, erhielt sie als zusätzliche Bauten eine Vorburg mit dem Palas des Kapitelpropstes und eine romanische Burgkapelle. Ihren wesentlichen Ausbau erfuhr die Burg um die Mitte des 15. Jh. unter Ján Jiskra, der den westlichen Hang, ein 285 m × 115 m großes Areal, mit einer starken Mauer umgeben ließ und in die Mitte dieses Militärlagers eine selbständige Festung baute. Dieses Lager unterhalb der Burg (daher »Untere Burg« genannt) hatte ein eigenes, von mächtigen Türmen geschütztes Tor in Richtung zur nahen Stadt Kirchdrauf (heute Spišské Podhradie).

Bald nach Jiskras Tod fiel die Zipser Burg in den Besitz des ungarischen Königs Matthias I. Corvinus, der sie den Brüdern Štefan und Imre Zápolya (Zápol'ský) schenkte. Diese bauten den romanischen Palas gotisch um und errichteten eine neue Kapelle sowie mehrere Wohngebäude. 1540 ging die Burg an die Familie Thurzo über, die sie im Stil der Renaissance verändern und zugleich nach den neuesten militärischen Erkenntnissen verstärken ließ. Im Jahr 1710 erzwangen Habsburger Truppen die Kapitulation der Burg, die sich in den Händen der Rákóczi-Rebellen befand.

1945 übernahm der Staat Spišský hrad und begann 1969 mit langjährigen Forschungs- und Konservierungsarbeiten. Heute kann der Besucher die umfangreichen Befestigungen und

Räumlichkeiten besichtigen. Ein kleines Museum zeigt Waffen und Rüstungen aus der Vergangenheit der Zips sowie Gerätschaften des mittelalterlichen Strafvollzugs. Eindrucksvoller noch als die gewaltigen Ruinen ist der Ausblick auf das Städtchen Spišské Podhradie am Fuß der Burg, auf die Ortschaft Spišská Kapitula mit dem romanischen Doppelturm der bischöflichen Kathedrale und auf die großartige Landschaft der Zips.

In unmittelbarer Nachbarschaft zur Zipser Burg etablierte sich im Jahr 1202 auf dem Hügel Pažit' die Zipser Propstei, die Kirchenverwaltung der Zips, heute eine Diözese. Die Grundmauern eines Augustinerklosters aus dem 11. Jh. waren das Fundament für die neuen Bauten, die der Kapitelpropst auf Anweisung des Erzbischofs von Gran um das Jahr 1209 errichten ließ. Es handelte sich um die Propstresidenz und die Kapitelkirche in Form einer romanischen Rotunde. Um diesen Kern wuchs eine kirchliche Siedlung, die den Namen **Zipser Kapitel (Spišská Kapitula)** erhielt. Ebenfalls im Jahr 1209 schlossen sich die 24 Pfarrer der Zipser Städte zu einer Bruderschaft zusammen. 1569 trat das Zipser Kapitel geschlossen zur Lehre Luthers über.

Wichtigstes Bauwerk des mauerumschlossenen Städtchens ist der *Martinsdom,* die Hauptkirche des Zipser Kapitels, errichtet 1245–1273 im spätromanischen Stil, im 15. Jh. zu einer spätgotischen dreischiffigen Hallenkirche umgestaltet. 1488–1493 entstand an der Südseite des Doms die gotische Grabkapelle der Familie Zápolya. Zwei rotmarmorne Grabplatten im Renaissancestil gedenken der Zipser Komitatsherren und ungarischen Palatine Emmerich (Imre; †1487) und Stefan (Štefan; †1499) Zápolya. Am Nordportal des Doms zeigt ein gotisches Fresko (1317) die Krönung Karl Roberts von Anjou zum König von Ungarn am 20. August 1310. Der Zipser Propst hatte dieses wohl früheste Wandgemälde der Zips von einem jener italienischen Maler ausführen lassen, die bereits für die Familie Anjou in Neapel tätig waren. Am Portal wacht ein Löwe aus der zweiten Hälfte des 13. Jh. Beachtenswert ist auch der Altar der Marienkrönung mit mehreren restaurierten Tafelbildern (Ende 15. Jh.), Meisterwerken der europäischen Gotik. 1989 genehmigte der Staat die Neubesetzung des seit Jahrzehnten verwaisten Stuhles des Bischofs der Zips.

In der heutigen Kreisstadt **Spišská Nová Ves** (Neudorf) verdient vor allem die gotische Pfarrkirche der Stadt, die *Mariä-Himmelfahrts-Kirche,* Beachtung. Sie wurde in der zweiten Hälfte des 14. Jh. an der Stelle eines romanischen Vorgängerbaus errichtet; aus dieser Zeit stammt auch das Relief der Marienkrönung im Tympanon des Südportals. Nach einem Erdbeben erhielten die drei Schiffe um 1445 ein neues Kreuzrippengewölbe. Der neogotisch veränderte Turm erreichte erst im ausgehenden 19. Jh. seine heutige Höhe von 86 m. – Die Kalvariengruppe im Kircheninnern gestaltete Meister Paul aus Leutschau, den Schmerzensmann schuf Meister Nikolaus aus Leutschau, und das gotische Reliquienkreuz ist ein Werk des Neudorfer Goldschmieds Mikuláš Galica.

Das *Zipser Haus,* heute Museum, in der Riadok Kl. Gottwalda 58 war der Verwaltungssitz des 16-Städte-Bundes der Zips. Das in seinem Kern gotische Haus entstand im 14. Jh., wurde im 17. Jh. umgebaut und 1763–1765 im Stil des Rokoko verändert. Prächtige Stuckornamente schmücken seine Fassade. In herber Schönheit präsentiert sich die *Redoute*, heute das Theater, ein Juwel der Wiener Sezession, erbaut zwischen 1900 und 1905 von Kálmán Gerster. Das klassizistische *Rathaus* von Spišská Nová Ves entstand im 18. Jh.

Wer von Levoča nach Poprad fährt, kommt zwangsläufig an dem winzigen Städtchen **Spišský Štvrtok** (Donnersmarkt) vorbei, das dem Bund der 24 Zipser Städte angehörte. Etwas abseits des Ortes, inmitten fruchtbarer Felder, erhebt sich die im Jahr 1263 geweihte *Kirche St. Ladislaus*, ein gotischer Bau mit romanischen Bauteilen. Daneben steht die spätgotische *Grabkapelle* des Palatins Štefan Zápolya, die der Meister Hans Puchsbaum, einer der Erbauer des Wiener Stephansdoms, errichtete. Das zugehörige Kloster stammt aus dem Jahr 1668. In der Nähe der Kirche entdeckten Archäologen die befestigte bronzezeitliche Siedlung *Mysia Hôrka* (1500 v. Chr.), deren Fundgegenstände Beziehungen zur mykenischen Kultur erkennen lassen.

An der Popper (Poprad), die über den Dunajetz (Dunajec) zur Weichsel fließt, liegt **Poprad,** das »Tor zur Hohen Tatra«, eine Industriestadt (Waggonfabrik) mit 38 000 Einwohnern. Mitteldeutsche Siedler gründeten es als »Deutschendorf« im 12. Jh. 1221 erhielt es Stadtrechte, fünfzig Jahre später trat es dem »Bund der 24 freien Städte der Zips« bei.

Poprads Hauptplatz hat die Form einer Spindel, was darauf hinweist, daß der Ort an einer wichtigen Fernstraße gegründet wurde. Die frühgotische *St.-Ägidius-Kirche* entstand im 13. Jh. und erhielt, wie auch der freistehende Glockenturm mit seiner ausdrucksvollen Bekrönung, im 15. Jh. Formen der Renaissance. Den mit Putz verdeckten Sgraffitoschmuck der Turmfassaden wollen Restauratoren demnächst wieder freilegen.

Zur Kreisstadt Poprad gehört auch das mittelalterliche *Forum Sabathi* oder *Georgenberg*, heute **Spišská Sobota,** ebenfalls eine der 24 Städte des Zipser Bundes. Die ursprünglich spätromanische *Kirche des hl. Georg* (Mitte 13. Jh.) wurde 1460–1464 vom Baumeister Josef Steinmetz gotisch umgestaltet. Meister Paul von Leutschau schnitzte 1516 den Flügelaltar, Meister Johann aus Neusohl schuf die Gemälde. Die deutsche Handwerkerstadt hat noch weitgehend

Slowakisches Paradies (Slovenský raj)

Südwestlich von Spišská Nová Ves erstreckt sich das **Slowakische Paradies,** ein 16 km langes, wildromantisches Durchbruchtal des Hornád und seines Nebenflusses Hnilec mit bis zu 150 m steil aufragenden Felswänden. Stege und Tritteisen sorgen für die Bewältigung der steilsten Abschnitte. 1988 wurde das Slowakische Paradies zum Nationalpark erklärt.

Ein touristischer Höhepunkt des Slowakischen Paradieses ist die **Dobschauer Eishöhle** (Dobšinská ľadová jaskyňa) an der Straße Poprad–Rožňava. Bizarre Eisgebilde bedecken eine unterirdische Fläche von etwa 7000 qm. Während der fast einstündigen Gruppenbesichtigung sollte man warme Kleidung tragen, denn die Temperatur in der Höhle beträgt selbst in den Sommermonaten minus 7 °C.

»Erdbeben auf dem Schneegebürg 1660«, verzeichnet in der »Leutschauer Chronik«

ihren Zipser Charakter bewahrt, wie z. B. fünf nebeneinanderstehende Bürgerhäuser auf dem Hauptplatz mit ihren weit vorkragenden Schindeldächern zeigen, die Mitte des 16. bis Anfang des 17. Jh. entstanden.

Seiner historischen Bedeutung wegen sei noch das Städtchen **Gelnica** (Göllnitz) in der Südostecke der Zips, dem sogenannten »Gründner Boden«, erwähnt. Die von bayerischen Bergleuten gegründete Siedlung im Slowakischen Erzgebirge (Slovenské rudohorie, früher Zipser Erzgebirge) erhielt im Jahr 1264 ein Bergbauprivileg und richtete daraufhin einen bergrechtlichen Oberhof für die umliegenden sechs Bergstädte ein. Seit 1276 war Göllnitz königlich ungarische Freistadt und Hauptort der »Sieben Zipser Bergstädte« Göllnitz, Jekelsdorf, Kochseifen, Margaretendorf, Einsiedel, Wagendrüssel und Krompach. Das Göllnitzer Bergrecht aus der ersten Hälfte des 15. Jh. galt für den gesamten ungarischen Bergbau. Sehenswert sind die gotische *Pfarrkirche* aus dem 14. Jh., die königliche *Burg* aus dem 13.–15. Jh. (seit 1527 Ruine), das *Alte Rathaus,* Bürgerhäuser im Stil des Barock und des Klassizismus, typische Bergmannshäuser und das Bergbaumuseum.

Levoča (Leutschau)

Hauptort der Zips und am besten erhaltene mittelalterliche Stadt der Slowakei ist die 80 km nordwestlich von Košice gelegene Stadt **Levoča**, die »Königin der Zips« (Abb. 56). Die mauerumschlossene Altstadt gleicht einem großartigen Museum, weshalb man Leutschau auch das »Nürnberg der Slowakei« oder das »Rothenburg der Zips« nannte, aber keiner der beiden Vergleiche wird dieser reizvollen slowakischen Stadt wirklich gerecht, die einmal europaweites Ansehen als Handelszentrum genoß.

Eine slawische Siedlung an der Kreuzung zweier bedeutender Handelswege zwischen Krakau, Ungarn, Nürnberg, Prag und Wien bestand wohl schon im 12. Jh. Zu Beginn des 13. Jh. ließen sich deutsche Kaufleute und Handwerker in der Siedlung nieder und führten sie schnell zu wirtschaftlicher Blüte. Nach der Chronik des Caspar Hain (s. S. 360) soll der Ortsname 1245 entstanden sein, als vereinzelte Mongolentrupps die Zips durchstreiften und Wachposten die Menschen im Ort warnten: »Leuth schaut, gebt achtung, stellet euch zur Wehre, der Feind kombt!« Bereits im Jahr 1249 besaß Leutschau die Rechte einer Stadt und genoß alle Privilegien, die einem Handelszentrum nützlich sein konnten. 1271 wählten die Zipser Sachsen die Stadt zum Hauptort ihres 24-Städte-Bundes, zur Kapitale der Zips.

Im 16. Jh. hemmten weder Türkenkriege noch Thronstreitigkeiten die wirtschaftliche und kulturelle Blüte von Leutschau. In dieser Zeit der Renaissance entstanden die prächtigsten Bauten. 1550 jedoch fiel fast die ganze Stadt, auch das Rathaus mit dem Zipser Archiv, einer Feuersbrunst zum Opfer, die Seuche des Jahres 1600 raffte die Hälfte der Einwohnerschaft dahin. Im 17. Jh. schließlich minderten Ständeverschwörungen die politische Bedeutung der Stadt.

Im 19. Jh. war Leutschau das administrative Zentrum der Zips, die Residenz des Zipser Komitats, jedoch kein wirtschaftlicher Schwerpunkt mehr. Seine konservativen Einwohner verhinderten die Gründung neuer Wirtschaftsunternehmen, seine Stadträte widersetzten sich dem Anschluß an das Eisenbahnnetz. Auch das heutige Levoča hat keine nennenswerte Industrie aufzuweisen, seine Bewohner leben vorwiegend vom Fremdenverkehr.

Der »Ring« des alten Leutschau ist der Mierové nám. (Friedensplatz) des heutigen Levoča. Er ist so groß, daß mehrere öffentliche Gebäude auf ihm Platz fanden: die Pfarrkirche, das Rathaus, ein Kauf- und Zollhaus und in jüngerer Zeit noch eine zweite Kirche für die Protestanten. Ein Kranz prächtiger Patrizier- und Bürgerhäuser umgibt den »Ring«, der zu den schönsten Haupt- und Marktplätzen der Tschechoslowakei zählt. Einen weiteren Superlativ kann das *Rathaus* (s. Farbt. 21) für sich in Anspruch nehmen: Mit seinen Laubengängen, Arkaden, Ziergiebeln und dem mächtigen Uhrturm sieht man es als eines der schönsten Renaissance-Rathäuser der Welt an. Erbaut wurde es 1551–1559, nachdem der Vorgängerbau niedergebrannt war. Die Fresken an der Fassade stellen die Bürgertugenden dar (1615). 1656–1661 erhielt das Rathaus seinen wuchtigen Glockenturm. Die Turmuhr, ein Werk des

Levoča (Leutschau), Martyrium des hl. Johannes, Relief am Hauptaltar der St.-Jakobs-Kirche ▷

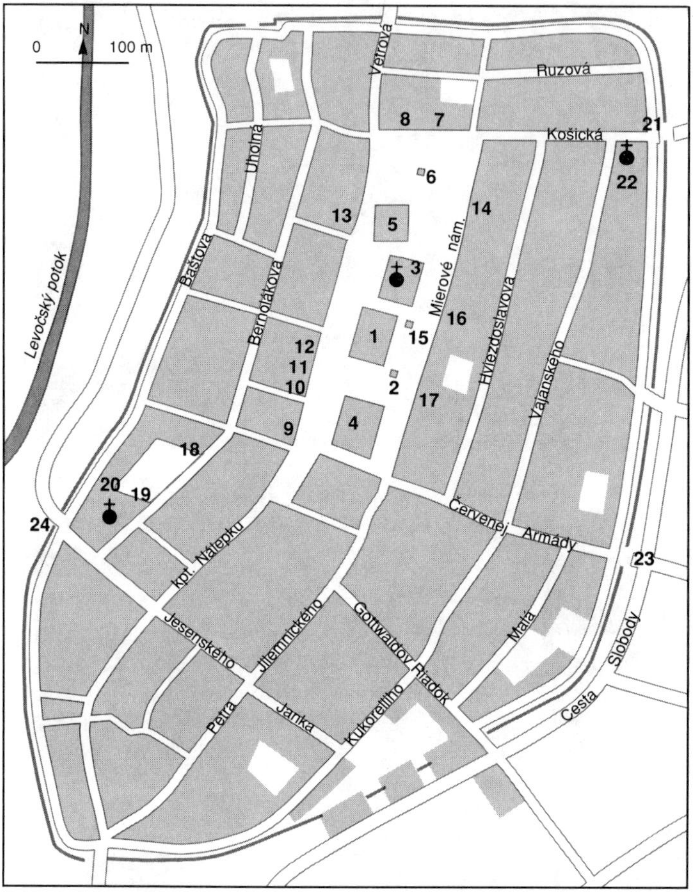

Levoča (Leutschau)
1 Rathaus
2 Pranger
3 Jakobskirche
4 Evangelische Kirche
5 Stadtschule
6 L'udovít-Štúr-Denkmal
7 Kleines Komitatshaus
8 Großes Komitatshaus
9 Bürgerhaus Nr. 40 (Lyzeum)
10 Mariássyhaus
11 Krupekhaus
12 Spillenberghaus
13 Stadtwirtshaus
14 Thurzohaus
15 Denkmal der Sowjetarmee
16 Haus des Meisters Paul
17 Breuers Druckerei
18 Gymnasium
19 Minoritenkloster
20 Gymnasialkirche
21 Kaschauer Tor
22 Neue Minoritenkirche
23 Menharder Tor
24 Polnisches Tor

Meisters Nikolaus, gilt als die älteste auf damaligem ungarischem Territorium. Der repräsentative Ratssaal mit geschnitzter und farbig bemalter Balkendecke und holzgetäfelten Wänden bewahrt Bildnisse der Leutschauer Richter. Das *Zipser Museum* (Spišské múzeum) zeigt Dokumente (meist in deutscher Sprache) der politischen, wirtschaftlichen und kulturellen Entwicklung der Stadt. Vor dem Rathaus steht das *Kettenhäuschen,* ein Pranger für Frauen (*Klietka hanby,* Käfig der Schande) aus der zweiten Hälfte des 16. Jh.

Die *Jakobskirche* (Kostol sv. Jakuba), ein gotischer Hallenbau aus dem 14. Jh. (1332–1342), wurde im 15. Jh. erneuert. Ihr hervorragendstes Ausstattungsstück ist der spätgotische Hauptaltar, der höchste gotische Altar der Welt, zugleich aber auch einer der schönsten und kunstvollsten, den berühmten Altären eines Michael Pacher, Veit Stoß und Tilman Riemenschneider an Großartigkeit der architektonischen Gestaltung wie der Ausschmückung nicht nachstehend. Meister Paul aus Leutschau (Pavol z Levoče), dessen Werke zahlreiche Kirchen der Slowakei und Ungarns schmücken, war sein Schöpfer. Der hohe künstlerische Rang des Altars innerhalb der europäischen Spätgotik beweist die Stellung, die Leutschau als Handelszentrum zwischen Krakau und Ofen (Budapest), Kiew und Nürnberg im mittelalterlichen Europa innehatte.

Mittelpunkt des fast 19 m hohen Jakobsaltars ist der 6 m × 4 m große Schrein mit den überlebensgroßen Statuen der Jungfrau Maria, des hl. Jakob und des hl. Johannes. Die Innenseiten der beiden Flügel zeigen vier Reliefs mit Szenen aus dem Leben des hl. Jakob und des hl. Johannes, die Außenseiten tragen acht Tafelbilder mit dem Passionszyklus, gemalt vermut-

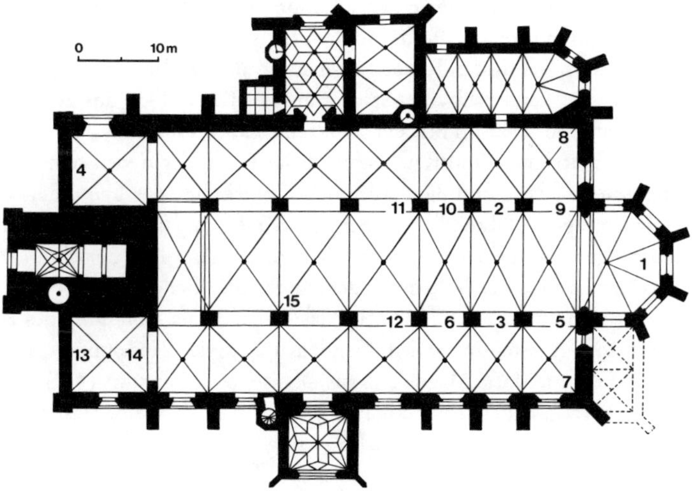

Levoča (Leutschau), St.-Jakobs-Kirche, Grundriß
1 Hauptaltar 2 Altar des hl. Nikolaus 3 Altar der hl. Anna 4 Altar der Geburt Christi 5 Altar der vier hll. Johannes 6 Altar der hl. Katharina 7 Altar des Vir dolorum 8 Altar der Maria im Schnee 9 Altar der hll. Peter und Paul 10 Altar der 14 Nothelfer 11 Altar des guten Hirten 12 Altar des Erzengels Michael 13 Altar der hl. Elisabeth 14 Gotisches Taufbecken 15 Renaissancekanzel

lich von Hans Moler aus Leutschau oder Theophil Stanzel aus Bartfeld; als Vorlage dienten Holzschnitte von Lucas Cranach d. Ä. und Hans Schäufelein. Meister Paul werden auch Schnitzarbeiten an den Altären des hl. Nikolaus, der hl. Anna, der Geburt Christi und der vier hl. Johannes zugeschrieben. Das gotische Taufbecken aus Bronze goß gegen Ende des 14. Jh. eine Gießerei in Zipser Neudorf. Die Renaissancekanzel gestaltete 1626 der Leutschauer Holzschnitzer Karl Kollmitz. Beachtung verdienen schließlich noch die Altäre der hl. Katharina (um 1460), des Vir dolorum (1480) und der Maria im Schnee (1494) sowie die Orgel aus dem 16. Jh. und Grabsteine der Magnatenfamilie Thurzo.

Südlich des Rathauses baute Anton Povolný 1825–1837 an die Stelle eines hölzernen Vorgängerbaus die klassizistische *Evangelische Kirche* (Evanjelický kostol), deren Grundriß die Form eines griechischen Kreuzes hat. Den Zentralraum überwölbt eine gewaltige Kuppel.

Die reiche Ausstattung der Holzkirche ging auf die neue Kirche über, die heute eine umfangreiche kunsthandwerkliche Sammlung und die kostbare Zipser Bibliothek beherbergt.

Das Gebäude nördlich der Jakobskirche hatte man gegen 1588 aus mehreren Lagerhäusern zu einem großen Kaufhaus bzw. Arsenal zusammengefügt. In diesem Gebäude befanden sich damals die Stadtwaage und das Finanzamt. Das Stadtwappen über dem Eingang bezeugt die einstige Bedeutung des Bauwerks, das 1810 und 1858–1862 modernisiert wurde und heute als *Stadtschule* dient. Am Nordende des Platzes erinnert inmitten einer Grünanlage ein Denkmal an den Schriftsteller L'udovít Štúr (1815–1856), der den slowakischen Aufstand des Jahres 1848 anführte und die slowakische Schriftsprache begründete. Dem Denkmal gegenüber steht das *Kleine Komitatshaus* (Malý župný dom; Nr. 60) mit dem Wappen der Zips in Sgraffito-Technik. Das *Große Komitatshaus* (Veľký župný dom; Nr. 59) daneben errichtete Anton Povolný in der ersten Hälfte des 19. Jh. im klassizistischen Stil.

Eines der prächtigsten Renaissancehäuser, die den Friedensplatz säumen, ist das *Bürgerhaus Nr. 40.* Es entstand nach dem Stadtbrand des Jahres 1431 aus zwei gotischen Wohngebäuden und wurde um 1530 im Stil der Frührenaissance umgebaut. Im 17. Jh. gehörte es dem Leutschauer Stadtrichter und Ratsherrn Caspar Hain, der neben seinem Richteramt die deutsche Lateinschule leitete und die berühmte »Zipserische oder Leutscherische Chronika undt Zeitbeschreibung« verfaßte, die von den Wirren der ungarischen Adelsverschwörungen gegen die Habsburger und der Gegenreformation unter Leopold I. berichtet. Hains Sohn schenkte das Haus der evangelischen Kirchengemeinde, die hier in der zweiten Hälfte des 18. Jh. ihr Lyzeum einrichtete. Seit 1982 zeigt das Gebäude als Abteilung des Zipser Museums die sehr sehenswerte Ausstellung »Die bildende Kunst in der Zips« mit Exponaten aus dem 14.–19. Jh., darunter die hl. Maria Magdalena aus Danišovce (Holz; um 1410).

Das *Thurzohaus* (Turzov dom; Nr. 7; s. Farbt. 22) mit seiner fast exotischen Renaissanceattika entstand im 16. Jh. durch Verschmelzung von zwei spätgotischen Bürgerhäusern. 1903/04 schmückten der Budapester Kunstprofessor István Groh und seine Schüler die Hausfassade mit hübschen, der Renaissance nachempfundenen Sgraffiti.

Im *Haus des Meisters Paul* (Dom Majstra Pavla; Nr. 20) lebte und wirkte der Künstler, der den großartigen Hauptaltar der Jakobskirche schnitzte; zwischen 1515 und 1525 war er sogar Stadtrat von Leutschau. Das Haus gibt mit seinen Ausstellungsstücken (meist Kopien und Fotografien) einen Überblick über sein Schaffen.

In der Bernolákova ul. (Bernolákgasse) besticht das *Gymnasium* (Gymnázium) aus dem Jahr 1913 durch seine großzügige Architektur. Das anschließende *Minoritenkloster* (Starý kláštor minoritov) mit dem gotischen Kreuzgang geht auf eine Gründung des Adligen Dončo zurück (1309). Es wurde im Lauf des 14. Jh. errichtet und zu Beginn des 16. Jh. umgebaut. Im 16. und 17. Jh. gehörte es den Protestanten, bis es 1671 die Jesuiten für kurze Zeit übernahmen. Die gotische *Gymnasialkirche* (Gymnaziálny kostol), erbaut zwischen 1310 und 1320, wurde im 14. Jh. erneuert und 1671 barockisiert. Die *Stadtbefestigungen* aus dem 14. und 15. Jh. sind weitgehend erhalten. Von den etwa 13 Basteien bestehen noch fünf, von den drei Stadttoren immerhin zwei, das Menharder Tor (Menhardská brána) und das *Kaschauer Tor* (Košická brána), der Haupteingang zur Stadt. Vom *Polnischen Tor* (Poľská brána) sind noch Reste erhalten.

Kežmarok (Käsmark)

Am rechten Ufer der Popper (Poprad), zu Füßen der Hohen Tatra, liegt **Kežmarok,** eine Gründung der Zipser Sachsen und Hauptort der Oberzips mit seinem mittelalterlichen, unter Denkmalschutz stehenden Stadtkern. Kežmarok dient als Basis für Ausflüge in die Hohe Tatra (s. S. 363 f.) und in die Spišská Magura (s. S. 366).

Um die Mitte des 12. Jh., vermutlich unter König Géza II., gründeten deutsche Kolonisten den Ort Käsmark, der im 14. Jh. freie königliche Stadt wurde. 1433 brachten die Hussiten die Stadt in ihren Besitz und blieben hier, bis sie 1460 von Matthias I. Corvinus vertrieben wurden. Wie Leutschau genoß auch Käsmark die Privilegien einer nur dem König unterstellten, ansonsten aber unabhängigen Stadt inmitten der Zipser Städtebünde. Die Rechtsnormen der »Zipser Willkür« (s. S. 350) galten nicht für die beiden Königsstädte; sie hatten ihr eigenes Recht und kämpften miteinander um die Führung in der Zips, wobei Leutschau meistens die Sache des Kaisers vertrat und Käsmark auf der Seite der Aufständischen stand. Im 17. und 18. Jh. gingen fast alle Revolten von Käsmark aus. So führte Imre Thököly, Burgherr von Käsmark, den großen Aufstand 1678–1686 (s. S. 362) an. 1876 unterstellte die Krone sämtliche Städte der Zips, also auch Käsmark, dem Zipser Komitat, das seinen Sitz in Leutschau hatte.

Der alte Stadtplatz von Käsmark, heute der nám. Sovietskej armády (Platz der Sowjetarmee), erweitert sich keilförmig nach Süden und mündet beim *Rathaus* in die breite Dukelská ul. (Duklagasse). Nach einem Brand wurde das ursprünglich gotische Gebäude 1515 und 1541–1553 im Stil der Renaissance erneuert, 1799 schließlich um ein Stockwerk erhöht und klassizistisch umgeformt. Bis 1799 entstanden auch der Uhrturm und der Mittelrisalit. Am Stadtplatz stehen einige schöne, alte *Bürgerhäuser* mit gotischem Kern und Gepräge der Renaissance. Ihre typischen Holzgiebel mit vorspringenden Walmdächern und die rundbogigen Toreinfahrten erinnern an ländliche Hausformen.

Der langgestreckte Platz endet im Norden vor der *Stadtburg* (Tökölyho hrad), dem Schloß der ungarischen Grafen Thököly. Hier, an der Mündung des Tvarožniansky potok in die

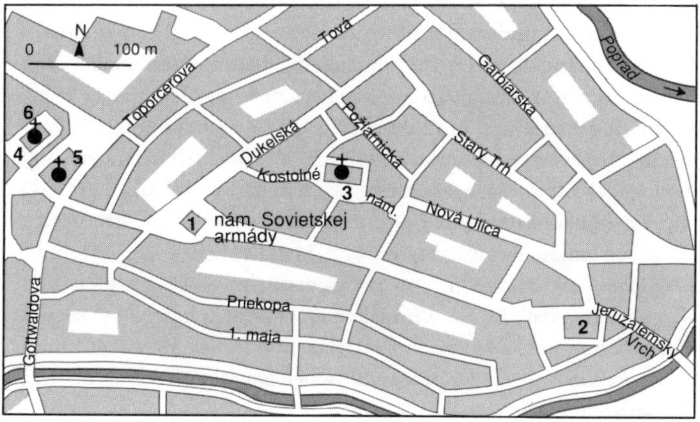

Kežmarok (Käsmark)
1 Rathaus
2 Stadtburg
3 Pfarrkirche zum Heiligen Kreuz
4 Artikularkirche
5 Evangelische Kirche
6 Lateinschule

Popper, entstand gegen 1348 aus einem Nonnenkloster des 12. Jh. eine gotische Burg, deren Mauern an die steinernen Stadtwälle anschlossen. 1433–1460 war die Feste ein Stützpunkt der Hussiten, dann zog Imre Zápolya, der Obergespan der Zips, ein. Ende des 16. Jh. übernahm Graf Sebastian Thököly den Hrad und baute ihn zu einem repräsentativen Renaissanceschloß nach Art italienischer Palazzi um. Die Außenmauern erhielten üppige Bekrönungen und reiche Sgraffitodekorationen. Kunstvolle Stukkaturen und erlesenes Mobiliar schmückten die Räumlichkeiten. 1657/58 nahm die gotische Schloßkapelle ein frühbarockes Aussehen an.

1678 erhoben sich hier die ungarischen Stände unter Führung des Grafen Imre Thököly (1656–1705) gegen die Habsburger Herrschaft, um einen freien ungarischen Staat zu schaffen. Mit seinen Kuruzen (von ungarisch *Kuruczok,* Freiheitskämpfer) eroberte Thököly bis 1682 ganz Oberungarn (also die heutige Slowakei) und wurde von Sultan Mehmed IV. zum Fürsten von Oberungarn und später von Siebenbürgen ernannt. Die Türken unterstützten den Freiheitskampf der Ungarn gegen Habsburg natürlich in eigenem Interesse, denn 1683 standen sie zum zweiten Mal vor Wien. Mit der Niederlage am Kahlenberg zerbrach jedoch die Macht der Osmanen, und Ungarn fiel endgültig an Habsburg. Damit war auch der Aufstand der Kuruzen zusammengebrochen. Eine großzügige Amnestie ließ den ungarischen Adel straffrei, nur ihr Anführer, Imre Thököly, sollte hingerichtet werden. Doch der ging ins Exil, wo er 1705 im türkischen Izmit starb. Seine Stadtburg wurde vom kaiserlichen Hof konfisziert und ging später in den Besitz der Stadt Käsmark über. Sie verfiel mehr und mehr, diente im 19. Jh. als Kaserne, 1902 sogar als Textilmanufaktur. Die inzwischen restaurierten Räume der Thököly-Burg werden abschnittweise der Öffentlichkeit als Museum übergeben.

Am Kostolné nám. (Kirchplatz) steht die römisch-katholische *Pfarrkirche zum Heiligen Kreuz* (Kostol sv. križa), eine gotische Hallenkirche vom Anfang des 15. Jh. Ein großartiges Netzgewölbe überspannt das Langhaus der Kirche und den Chor. Meister Ulrich Materer aus Käsmark versah die Kirche 1589–1591 mit Stilelementen der Renaissance und errichtete 1586–1591 den wuchtigen Glockenturm, dessen Zinnenbekrönung und Sgraffitodekors für die Zipser Türme charakteristisch sind (»Zipser Renaissance«).

Nach den Artikularien (glaubenseinschränkenden Verfügungen) des Ödenburger (ungarisch Soproner) Landtages von 1681 durften die Protestanten im damaligen Ungarn wieder Kirchen bauen, doch nur außerhalb der Stadtmauern und völlig aus Holz, ohne Steinfundamente. In Käsmark erbaute der Zimmerer Georg Müttermann aus Deutschendorf im Jahr 1717 eine solche *Artikularkirche* aus Rotfichte und Eibe. Altar, Kanzel und die vier Säulen, die das Tonnengewölbe tragen, schnitzte der Käsmarker Johann Lerch. Die Bank rechts vom Altar war für höhere Geistliche bestimmt, auf den mit Holzgittern versehenen Bänken unter den Emporen saßen die Ratsherren und Handwerksmeister. Als im Jahr 1922 die Häuser der Nachbarschaft brannten, goß die Feuerwehr vorbeugend so viel Wasser auf das hölzerne Kirchendach, daß die Deckenmalereien erheblich beschädigt wurden. Die Kirche ist eine von vier erhalten gebliebenen Artikularkirchen in der Slowakei und das bedeutendste Denkmal dieser Art im Bereich der protestantischen Sakralarchitektur überhaupt. (Zur Zeit ist sie wegen Restaurierung geschlossen.)

Neben der Artikularkirche baute der Wiener Architekt Theophil Hansen 1879–1892 eine neue *Evangelische Kirche* der Augsburger Konfession. Das in einer historisierenden Stilmischung von Renaissance und maurischen Formen gehaltene Gotteshaus ist 80 m lang, 20 m breit und 30 m hoch. Arabesken schmücken die Decke. Über dem schlichten hölzernen Altar erhebt sich der segnende Christus, darüber wölbt sich die hohe Kuppel. An die Südseite der Kirche ist das Mausoleum des Imre Thököly angebaut, dessen sterbliche Überreste 1906 hierher überführt worden waren. – Das schlichte Haus hinter der Artikularkirche ist die berühmte *Lateinschule* von Käsmark, die schon vor 400 Jahren begründet wurde und heute eine Bibliothek mit über 100 000 Bänden hütet.

Hohe Tatra (Vysoké Tatry)

Das bedeutendste Fremdenverkehrsgebiet der Tschechoslowakei und ›kleinste‹ Hochgebirge der Erde (26 km Kammlänge, max. 17 km breit) ist die Hohe Tatra im nördlichen Grenzgebiet der Slowakei – ein Fünftel liegen auf polnischem, vier Fünftel auf tschechoslowakischem Territorium. Rund 20 Gipfel überragen die Höhe von 2500 m ü. M., die höchste Erhebung ist der Gerlachovský štít (Gersdorfer Spitze). Eiszeitliche, inzwischen geschmolzene Gletscher haben die Täler und Schluchten geformt, die Seen gefüllt. Die 35 Bergseen *(pleso)* auf slowakischer Seite nennt der Volksmund »Meeraugen« *(Morské oko),* weil man früher

Hohe Tatra

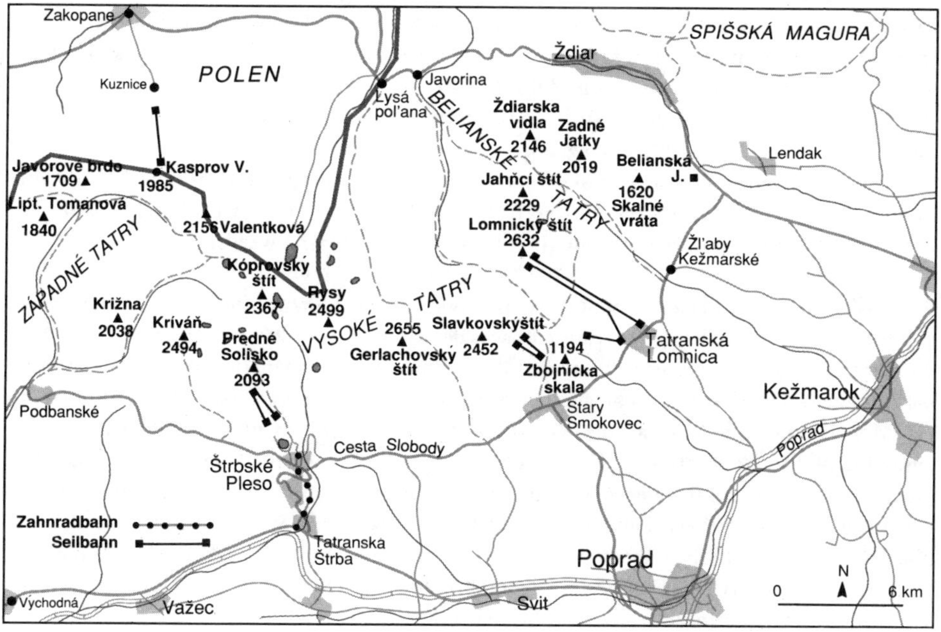

an eine unterirdische Verbindung mit dem Meer glaubte. »Wer darin badet, dessen Blick wird hell und klar, die ganze Welt ist ihm erschlossen; er kann durchschauen Tür und Mauer, selbst des Menschen Herz liegt offen vor ihm da«, heißt es im Märchen. »Doch wessen Herz von Sünden unrein, dessen Augen decken Blindheit dann.« Ob man an Märchen glaubt oder nicht, das Wasser ist sehr kalt und tief. Das größte und tiefste slowakische Meerauge, des Veľké Hincovo pleso (Großer Hinzensee) in 1946 m Höhe, nimmt eine Fläche von 20 ha ein und ist über 53 m tief.

In seinem 1639 erschienenen Buch »Medulla Geographiae practicae« pries der Käsmarker David Fröhlich das »Schneegebirge«, das »an Wildheit und Steilheit die Alpen Italiens, der Schweiz und Tirols übertreffe«. Als 15jähriger Bursche hatte er im Jahr 1615 mit zwei Klassenkameraden die 2634 m hohe Lomnitzer Spitze erstiegen, aber erst 1870 gelang es dem Zipser Lehrer Otto Still, die schwer zu erkletternde Gersdorfer Spitze, die höchste Erhebung der Tatra, zu bezwingen. Die ersten Touristen erschienen an der Wende zum 18. Jh.; 1797 wurde der Kurort Schmecks (heute Starý Smokovec) am dortigen Sauerbrunnen gegründet. 1820 eröffnete Graf Stephan Csáky in Schmecks ein erstes »Touristenheim als Standquartier für gelehrte Forscher und rüstige Bergsteiger«. Mit dem Bau der Eisenbahnlinie in die Hohe Tatra 1871 entstanden neben Schmecks (Altschmecks) weitere Zentren des Fremdenverkehrs: 1875 Neuschmecks (heute Nový Smokovec), 1877 Tschirmer See (heute Štrbské Pleso), 1892 Tatra-Lomnitz (heute Tatranská Lomnica). In den 70er Jahren des 19. Jh. begann man, die Hohe Tatra durch Wanderwege und Schutzhütten zu erschließen. 1885–1893 entstand die Tatragürtelstraße, die nach dem Zweiten Weltkrieg zur Cesta Slobody (Straße der Freiheit), einer 71 km langen Autostraße, ausgebaut wurde. Sie verbindet die Fremdenverkehrszentren zwischen Podbanské im Westen und Lysá Poľana im Osten mit herrlichen Ausblicken auf die Gipfel der Tatra. Inzwischen ist die Zahl der Wanderer und Bergsteiger, der Skiläufer und Rodler so angestiegen, daß der Slowakische Nationalrat den *Tatra-Nationalpark* schuf, der ein Gebiet von 50 965 ha einschließlich größerer Teile der Westlichen Tatra (Západné Tatry) und der gesamten Weißen Tatra (Belianske Tatry) unter Schutz stellte. Obwohl rund 300 km vorbildlich markierte Wanderwege zur Verfügung stehen, müssen manche beliebte Wege im Interesse des Naturschutzes zeitweilig (meist bis 30. Juni) gesperrt werden.

Tatranská Lomnica (Tatra-Lomnitz) ist das touristische Zentrum der Hohen Tatra. Hier befindet sich die Verwaltung des Nationalparks der Tatra (Tatranský národný park, TANÁP), die Zentrale des Bergrettungsdienstes und das hochinteressante Museum des Tatra-Nationalparks, in dem der Besucher ein großes Herbarium mit Pflanzen der Zipser Magura findet, die der Mönch und Arzt Cyprian des Roten Klosters (s. S. 366) im vergangenen Jahrhundert zusammenstellte. Von Tatranská Lomnica führen zwei Kabinenseilbahnen zum *Skalnaté pleso* (Steinbachsee; 1750 m) mit Berghotel Encián und Observatorium hinauf. Hier kann man die Fahrt mit einer Schwebeseilbahn zur *Lomnický štít* (Lomnitzer Spitze; 2632 m), dem zweithöchsten Gipfel der Hohen Tatra, oder mit einem Sessellift zum *Lomnický hrebeň* (Lomnitzer Kamm; 2200 m) fortsetzen. Im Sommer 1989 nahm zusätzlich eine Kabinenseilbahn vom Steinbachsee zur Lomnitzer Spitze den Betrieb auf.

Starý Smokovec (Altschmecks)

Starý Smokovec (Altschmecks) liegt am Fuß des *Slavkovský štít* (Schlagendorfer Spitze; 2452 m) inmitten stiller Nadelwälder. Zum *Hrebionok* (Kämmchen; 1280 m), einem mächtigen Moränenwall, führt eine Standseilbahn hinauf. Von dort aus empfiehlt sich der Wanderweg durch die *Malá studená dolina* (Kleines Kohlbach-Tal) zu den *Päť Spišských plies* (Fünf Zipser Seen) in einem von steil aufragenden Berggipfeln gerahmten Talkessel (5–6 Stunden hin und zurück).

Štrbské Pleso (Tschirmer See) ist die höchstgelegene Gemeinde der Tschechoslowakei: 1335 m ü. M. Ihr Name leitet sich von dem bekanntesten und meistbesuchten Meerauge ab. 1875 erbaute der kaiserlich-königliche Karpaten-Verein hier eine Wanderherberge, der bald weitere Hotels und Pensionen folgten, bis 1877 die Gemeinde Tschirmer See gegründet wurde. Bereits 1896 verband eine Zahnradbahn den Ort mit der Eisenbahnstation Tschirm (heute Štrba). Zu den schönsten Wanderrouten der Hohen Tatra zählen der Weg durch die *Mengusovská dolina* (Mengsdorfer Tal) zum märchenhaften *Popradské pleso* (Poppersee; 1513 m; s. Farbt. 23) und weiter auf den 2499 m hohen *Rysy* (Meeraugspitze), der die prächtigsten Ausblicke des Gebirges bietet (6–7 Stunden hin und zurück).

Die **Weiße Tatra** (Belianske Tatry) schließt sich im Nordosten mit mehreren Zweitausendern an die Hohe Tatra an; die höchste Erhebung ist der Havran (2152 m). Hauptort ist das 500jährige Goralendorf **Ždiar** (Abb. 61). *Goralen* nennen sich die polnischen Bergbewohner, aber die 1600 Einwohner von Ždiar fühlen sich längst als Slowaken. Nur ihre schönen alten Trachten tragen sie noch immer, nicht nur bei Folkloreveranstaltungen für die Touristen, sondern auch an Sonn- und Feiertagen und bei festlichen Anlässen. Neuerdings entstehen neben den schindelgedeckten schwarzen Katen auch neue Holzhäuser im traditionellen Stil. Das Innere vieler Häuser gleicht ethnologischen Museen, überall blühen erneut die alten Handwerkstechniken: Im Haus Nr. 328 z.B. kann der Besucher eine Sammlung schöner Volkstrachten bewundern, sie auch anprobieren und sich darin fotografieren lassen.

Nordöstlich der Belianske Tatry erstreckt sich längs der Grenze zu Polen die **Spišská Magura** (Zipser Magura) mit dem 423 ha großen Nationalpark *Pieniny* (Pieninský národný park). Durch gigantische Kalksteinklippen zwängt sich hier der Dunajetz (Dunajec), ein Nebenfluß der Weichsel. Interessantester und beliebtester Punkt des Felsengebietes des Penin (Pieninen) ist das *Červený Kláštor* (Rotes Kloster), wo eine amüsante Floßfahrt über 8,5 km längs der Grenze zu Polen beginnt. Zurück geht man zu Fuß und besichtigt das restaurierte Karthäuserkloster aus dem frühen 14. Jh.

Bardejov (Bartfeld)

Hoch im Norden der Ostslowakei, am Fuß der Ostbeskiden, liegt die alte Tuchmacherstadt **Bardejov** (Bartfeld), heute ein lebendiges Städtchen mit dem besterhaltenen mittelalterlichen Stadtkern der Slowakei. Deutsche Weber hatten sich hier im 12. Jh. neben einem slawischen Dorf an der Topľa niedergelassen und ihre Siedlung binnen weniger Jahrzehnte zu einem bedeutenden Handelsplatz für Leinen und Wein zwischen Ungarn und Polen ausgebaut, der Ende des 14. Jh. eine königlich ungarische Freistadt wurde.

Mitten auf dem großen, nach Norden leicht abfallenden Marktplatz, dem nám. Osloboditeľov (Platz der Befreier), steht das zweigeschossige *Rathaus.* Meister Alexander baute 1505 das Erdgeschoß mit den beiden gotischen Portalen, der Italiener Alexius setzte die Bauarbeiten im Geist der Renaissance fort; von ihm stammen der Treppenaufgang und der Erker an der Südmauer sowie die figurengeschmückten, steilen Giebel. Die Spitze des Südgiebels krönt ein bronzener Roland. (Das Original befindet sich heute im Rathausmuseum.)

Den »Ring« beherrscht die stattliche *Pfarrkirche des hl. Ägidius* (Kostol sv. Egidia), eine dreischiffige Basilika, die bis 1415 an der Stelle einer Klosterkirche der Zisterzienser errichtet wurde. Meister Nikolaus (Mikuláš) von Bartfeld baute 1448–1458 das polygonale Presbyterium sowie die Sakristei mit dem Oratorium und der Katharinenkapelle darüber. Das Netzgewölbe des Hauptschiffes ist ein Werk des Meisters Urban, der auch die Kapellen der Jungfrau Maria, des hl. Andreas und der hl. Elisabeth an der Südseite entwarf. Den Turm vollendete 1486/87 Meister Johann Stelmasshek aus Anspach. Der neogotische Hauptaltar von Moritz Hölzel entstand zugleich mit der regotisierenden Restaurierung der Kirche zwischen 1886 und 1899. Von kunsthistorischer Bedeutung sind vor allem die elf spätgotischen Seiten-

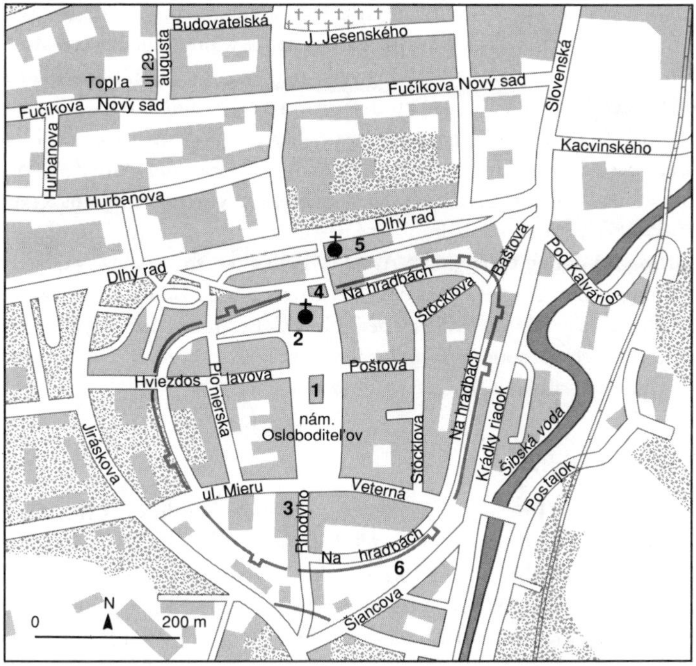

Bardejov (Bartfeld)
1 Rathaus
2 Pfarrkirche des hl. Ägidius
3 Rhodysches Haus
4 Gymnasium
5 Franziskanerkirche
6 Stadtbefestigungen

altäre, alle aus der Zeit zwischen 1460 und 1510, vor allem der berühmte Altar der Geburt Christi (um 1480–1490) von Meister Stefan Tarner, der Altar Vir dolorum (um 1500–1510; s. Farbt. 24) und der Altar der hl. Barbara (um 1450–1460). Die Kreuzigungsgruppe über der Vierung wird Veit Stoß (1447/48–1533) zugeschrieben.

Die *Bürgerhäuser* rings um den Platz der Befreiung stammen größtenteils aus dem ersten Viertel des 14. Jh. Die ursprünglich gotischen Häuser wurden nach Stadtbränden im 17. und 18. Jh. im Stil der Renaissance bzw. des Barock wiederaufgebaut. Der letzte große Brand des Jahres 1878 zerstörte fast alle Dächer und Giebel, die aber seit 1953 nach alten Stichen und Radierungen wiederhergestellt werden. Zu den wenigen Häusern, die zumindest die letzten Brände heil überstanden haben, gehört das Haus Nr. 13 von 1566. Eine architektonische Kostbarkeit ist das *Rhodysche Haus* in der benachbarten Rhodyho ul. 1 und 2 (Rhodygasse). Das in seinem Kern gotische Haus wurde zu Beginn des 17. Jh. der Renaissance angepaßt; es bewahrt heute als Museum die heimatkundlichen Sammlungen der Landschaft Šariš (Scharosch). Hervorragend erhalten sind die mittelalterlichen *Stadtbefestigungen* von Bartfeld. Sie wurden zwischen 1352 und 1376 mit drei Stadttoren und 23 Basteien angelegt. Das *Horná brána* (Obere Tor) erneuerte der Nürnberger Baumeister Matthias 1405–1407. Im 15. und 16. Jh. folgte Umbau auf Umbau. Von den Basteien sind noch acht vorhanden, hauptsächlich an der Ost- und Südumwallung.

Etwa 5 km nördlich von Bardejov erwartet der Kurort **Bardejovské Kúpele** (Bad Bartfeld) in einem malerischen Waldtal seine Badegäste. Erwähnt wurden die Mineralquellen von Bardejov schon in einer Urkunde des Ungarnkönigs Béla IV. (1247), in voller Blüte stand das Bad aber erst gegen Ende des 18. und zu Beginn des 19. Jh. und dann wieder zur nächsten Jahrhundertwende. Zu dieser Zeit entstand das neobarocke *Kurhaus Alžběta* (Elisabeth) als zentrales Bauwerk des Kurortes (heute Haus Branisko). 1893 fuhr der erste Zug von Preschau nach Bartfeld, so daß Bad Bartfeld zu einem der beliebtesten Kurorte Ungarns avancierte. Seit den 70er und 80er Jahren unseres Jahrhunderts bestimmen modernste Kuranlagen das Bild des gepflegten Ortes, der seinen Gästen alle Annehmlichkeiten sowie eine waldreiche Umgebung zu bieten vermag. Einen Besuch lohnt das 1964 eingerichtete *Museum der volkstümlichen Architektur,* ein Freilichtmuseum mit zahlreichen Holzhäusern aus der oberen Šariš (Scharosch), darunter eine russisch-orthodoxe Holzkirche von 1766 mit einer Sammlung ostslowakischer Ikonen (s. Umschlagrückseite).

Prešov (Preschau)

Die Kreisstadt **Prešov** an der Torysa, einem Nebenfluß des Kundert (Hornád) ist der Mittelpunkt der ostslowakischen Landschaft Šariš (Scharosch) und das kulturelle und kirchliche Zentrum der ruthenischen (ukrainischen) Minderheit. Der Stadtkern mit seinen schönen Kirchen und prächtigen Bürgerhäusern steht unter Denkmalschutz. Prešov ist Sitz eines katholischen und eines uniert-ruthenischen Bischofs sowie der Philosophischen und Pädagogischen Fakultät der Universität Košice. Neben dem Jonáš-Záborsky-Theater findet auch das Ukrainische Nationaltheater mit seinem Volkskunstensemble regen Zuspruch.

Das Gebiet von Prešov ist seit dem Neolithikum bewohnt, Funde aus dem 9. Jh. n. Chr. weisen auf eine slawische Siedlung hin. Zu Beginn des 13. Jh. gründeten deutsche Kolonisten an der Handelsstraße zwischen Ostsee und Schwarzem Meer einen Markt, dem sie in Abwandlung des ungarischen *Eperjes* den Namen *Eperies* gaben. 1247 stattete König Béla IV. seine deutschen Bewohner mit Besitz und einträglichen Privilegien aus, 1299 wurde der Marktflecken Stadt nach Zipser Recht, 1374 königlich ungarische Freistadt. Damit begann ihr wirtschaftlicher und kultureller Aufschwung zu einem Zentrum Oberungarns. Im 17. und 18. Jh. gingen von hier Aufstände gegen die Habsburger aus. Nachdem der kaiserliche General Antonio Caraffa den Thököly-Aufstand (s. S. 362) niedergeschlagen hatte, hielt er am 3. März 1687 das berüchtigte »Eperieser Blutgericht«, als dessen Folge er die 24 protestantischen Stadträte hinrichten ließ. Blutig niedergeschlagen wurde auch ein Aufstand der oberungarischen Bauern gegen den Adel, dem sich die arme Einwohnerschaft der nun *Preschau* genannten Stadt anschloß. Am 16. Juni 1919 wurde in Prešov die Slowakische Räterepublik proklamiert, drei Wochen später jedoch wieder aufgelöst, da Tschechen und Slowaken inzwischen einen gemeinsamen Staat, die Tschechoslowakei, gebildet hatten.

Den Mittelpunkt des historischen Stadtkerns von Prešov bildet der alte, spindelförmige Hauptplatz, der nám. Slovenskej republiky rád, kurz nám. SRR (Platz der Slowakischen Räterepublik) mit einer Mariensäule (17./18. Jh.) und einem Neptunbrunnen (19. Jh.). Hier steht

Prešov (Preschau)

auch die *Pfarrkirche St. Nikolaus* (Kostol sv. Mikuláš). Der in seinem Ursprung einschiffige romanische Bau wurde 1347 in gotischem Stil vollendet und 1501–1515 zur Südseite hin um zwei Schiffe spätgotisch erweitert. Als Architekten wirkten Meister Nikolaus aus Leutschau, Stadtrat in Eperies (Preschau), und Meister Peter aus Leutschau. Meister Johann aus Preschau (Ján Brengisejn) schuf das Blendmaßwerk der Fenster und die eindrucksvollen Stern- und Netzgewölbe. 1642 erhielt die Kirche eine Renaissance-Empore, 1788 das klassizistische Südportal und zu Beginn des 19. Jh. die klassizistische Loggia an der Nordseite.

Eine nähere Betrachtung verdient der barocke Hauptaltar von 1696 mit Statuen des Holzbildhauers Josef Hartmann. Der Schrein des Hauptaltars ist gotischen Ursprungs (1490–1506), seine Figuren schnitzte Johann Weiß. Die Skulpturen auf dem Altargesims entstammen der Werkstatt des Meisters Paul aus Leutschau. Einige Statuen, wie Mariä Verkündigung, hl. Michael und Kalvarienberg, fertigte der Meister Paul persönlich.

Von den Bürgerhäusern, die den Platz einfassen, reichen mehrere in die Zeit der Gotik zurück. Sie wurden im 16. Jh. dem Renaissancestil angepaßt und im 18. Jh. mit Elementen des Klassizismus angereichert. Besonders bemerkenswert ist z. B. das frisch restaurierte *Rákóczi-Haus* (Rákócziho dom), ein Stadtpalast, den sich Fürst Sigmund Rákóczy Ende des 16. Jh. durch Zusammenlegung zweier Bürgerhäuser errichten ließ. Die dekorative Attika ist charakteristisch für die oberungarischen (ostslowakischen) Renaissancebauten. Seit 1955 befindet sich in dem Haus das Museum der Slowakischen Räterepublik (Haus Nr. 86). Einen Blick sollte man auch auf die Bürgerhäuser Nr. 75 und Nr. 107 werfen, die beide im Stil der ostslowakischen Renaissance gehalten sind. Das *Rathaus* auf dem nám. SNP (nám. Slovenského národného povstania, Platz der Slowakischen Volkserhebung) erbauten Johann aus Preschau,

Der Dukla-Paß (Dukelský priesmyk)

36 km windet sich die Straße von Bardejov durch die Ostbeskiden (Vichodné Beskydy) bis **Svidník,** einer kleinen Stadt, die 1944 bei den Kämpfen um den Dukla-Paß zerstört und später neu aufgebaut wurde. Ein gewaltiges Ehrenmal bei der Ortseinfahrt gedenkt der gefallenen Sowjetsoldaten. Durch das Ladomirka-Tal zieht die Straße nordwärts dem **Dukla-Paß,** dem Grenzpaß zu Polen, entgegen. Fast jedes Dorf hat hier eine hübsche Holzkirche, und immer wieder tauchen Gedenkstätten auf: »Sowjetpanzer blockiert deutschen Panzer«, »Flugzeug wartet auf den Einsatz«, »Geschütze richten ihre Rohre auf die Straße«. Schließlich weist ein mächtiges Steinmal auf den großen tschechoslowakischen Soldatenfriedhof hin. Gemeinsam mit den Sowjets kämpfte hier ein tschechoslowakisches Korps unter General Ludvík Svoboda, dem späteren Staatspräsidenten der ČSSR. Am 29. August 1944 stand die Rote Armee an der Grenze zur Slowakei. Gleichzeitig wurde die Slowakische Volkserhebung ausgerufen, die zum Zusammenbruch der faschistischen slowakisch-deutschen Front führen sollte. Doch die deutschen Truppen leisteten am Dukla-Paß erbitterten Widerstand und schlugen die Erhebung blutig nieder. So verzögerte sich der Einmarsch der Sowjettruppen um Wochen.

sein Bruder Albert und Meister Nikolaus aus Leutschau in den Jahren 1511–1520. Noch im selben Jahrhundert wurde der spätgotische Giebel durch eine Renaissanceattika ersetzt; 1788 erhielt das Gebäude nach einem Brand drei Barockfenster. Seine heutige Gestalt nahm es 1887 an. Am 16. Juni 1919 rief Antonin Janoušek, Vorsitzender des Revolutionären Regierungsrates, vom Balkon des Rathauses die Slowakische Räterepublik aus. Seither nennen die Prešover ihr Rathaus »Haus der Slowakischen Räterepublik«.

Im Stadtteil Solivar befindet sich das mittelalterliche *Salzbergwerk Schacht Leopold,* das noch im 19. Jh. in Betrieb war und mit seinen einzigartigen Holzbauten heute als Freilichtmuseum dient. Salz wurde hier schon im 13. Jh. aus der Erde geholt. Im 17. Jh. war das Bergwerk voll Wasser gelaufen, so daß neue technische Anlagen und Bauten errichtet werden mußten: der Turm (klopačka), das Göpelwerk (gápel), die Auffangbecken für die Sole (četerna) von 1815, die Siederei mit den Salzpfannen und die sogenannten Kammern, ein riesiges Lagerhaus aus dem Jahr 1674 im Stil des Barock. 1780 wurde das Gebäude aufgestockt und erhielt eine Arkadenhalle zum Verladen des Salzes. Der Turm entstand 1810. (Das Werk wird bis 1991 restauriert.)

Zeittafel zur Geschichte der Tschechoslowakei

623 (624) Samo, ein fränkischer Kaufmann, gründet das erste Slawenreich

833 Die mährischen Fürsten Mojmir I. und Rastislav schaffen das Großmährische Reich

um 879 Der tschechische Herzog Bořivoj und seine Frau Ludmila (später die Heilige) lassen sich von dem Slawenapostel Methodios taufen

907 Die Ungarn besiegen bei Bratislava das verbündete bayerisch-mährische Heer; Ende des Großmährischen Reiches

921–929 Herzog Wenzel I. der Heilige christianisiert Böhmen

972 Boleslav II. gründet das Bistum Prag

1029 Herzog Břetislav I. vereinigt Mähren mit Böhmen

1085 Kaiser Heinrich IV. krönt Vratislav II. in Mainz zum ersten König von Böhmen

1173 Soběslav II. gewährt deutschen Siedlern besondere Rechte

1198–1230 Deutsche Stadtgründungen unter König Ottokar I. Přemysl

nach 1241 Deutsche Kolonisierung der Slowakei (Zips)

1306 Ende der Přemysliden-Dynastie

1346 Karl IV. wird zum König des Heiligen Römischen Reiches gewählt

1348 Karl IV. gründet in Prag die erste Universität Mitteleuropas

1355 Papst Innozenz VI. krönt Karl IV. zum Kaiser

1356 Karl IV. erläßt ein Reichsgrundgesetz (»Goldene Bulle«), das bis 1806 gilt

1415 Jan Hus, tschechischer Reformator und Nationalist, wird als Ketzer auf dem Scheiterhaufen verbrannt

1419–1435 Hussitenkriege

1439 Georg von Poděbrad, Führer der hussitischen Utraquisten, wird Reichsverweser (1439–1458), danach König (1458–1471) von Böhmen

1526 Mit Ferdinand I. beginnt die Dynastie der Habsburger, die außer der böhmischen auch die deutsche Königskrone und sogar den Kaiserpurpur tragen

1576–1612 Kaiser Rudolf II. macht die Reichshauptstadt Prag zur künstlerischen Schatzkammer Europas

1618 Der Zweite Prager Fenstersturz löst den Böhmischen Krieg aus, der in den Dreißigjährigen Krieg übergeht

1634 Albrecht von Waldstein (Wallenstein), kaiserlicher Oberbefehlshaber, wird in Eger als Hochverräter ermordet

1648 Der Westfälische Frieden beendet den Dreißigjährigen Krieg

1743 Maria Theresia läßt sich in Prag zur Königin von Böhmen krönen

1782 Joseph II. erläßt das »Toleranzedikt«, hebt zahlreiche Klöster auf und führt die deutsche Sprache als alleinige Amtssprache im Habsburgerreich ein

1805 In der »Dreikaiserschlacht« bei Austerlitz in Südmähren besiegt Napoleon I. die Truppen des russischen Zaren Alexander I. und des österreichischen Kaisers Franz I.

1848 Die neue österreichische Verfassung »gewährleistet allen Volksstämmen die Unverletzlichkeit ihrer Nationalität und Sprache«

1866 Bei Königgrätz in Ostböhmen besiegen preußische Truppen unter Helmuth von Moltke die Österreicher. Der »Deutsche Krieg« von 1866 bewirkt Österreichs Ausscheiden aus dem Deutschen Bund und stärkt Preußens Stellung

1867 Österreich bildet die Doppelmonarchie Österreich-Ungarn; entsprechende Ansprüche der Tschechen weist die Wiener Regierung zurück

1876 Ungarn hebt die Selbstverwaltung der deutschsprachigen Zipser Städte auf und magyarisiert die deutsche Bevölkerung

1882 Die Universität Prag wird in eine deutsche und eine tschechische Hochschule gespalten

1908 Karel Kramář, Führer der Jungtschechen, fordert einen tschechischen Staat und die Vereinigung mit der zu Ungarn gehörenden Slowakei

1916 Tomáš Garrigue Masaryk und Edvard Beneš gründen einen tschechoslowakischen Nationalrat

1918 Der »Pittsburgher Vertrag« sieht den Zusammenschluß von Tschechen und Slowaken in einem gemeinsamen Staat vor.

28.10.1918 In Prag wird die Tschechoslowakische Republik (ČSR) ausgerufen

29.9.1938 Eingliederung der deutschsprachigen Gebiete der Tschechei in das Deutsche Reich aufgrund des »Münchener Abkommens«; gleichzeitig ›korrigieren‹ Polen und Ungarn ihre Grenze zur ČSR

6.10.1938 Die Slowakei wird autonomer Teilstaat der »Tschecho-Slowakei«

14.3.1939 Die Slowakei proklamiert ihre volle Autonomie; Jozef Tiso wird Staatspräsident

15.3.1939 Das »Reichsprotektorat Böhmen und Mähren« wird errichtet

Herbst 1939 Edvard Beneš bildet in London ein »Tschechoslowakisches Nationalkomitee« als provisorische Regierung

26.5.1942 Attentat auf den »stellvertretenden Reichsprotektor« Reinhard Heydrich durch tschechische Emigranten

5.4.1945 Der Tschechoslowakische Nationalrat proklamiert das »Kaschauer Programm«

1946 Die Kommunistische Partei der Tschechoslowakei (KPČ) erzielt bei Wahlen die meisten Stimmen

9.5.1948 Die Verfassung schreibt die ČSR als eine »einheitsstaatliche volksdemokratische Republik« fest; Ministerpräsident Klement Gottwald wird Staatspräsident

11.6.1960 Durch Verfassungsänderung wird die Volksrepublik zu einer Sozialistischen Republik (ČSSR)

1968 Reformer wie Alexander Dubček, Ludvík Svoboda und Oldřich Černik legen ein neues Aktionsprogramm der KPČ vor, das einen »Sozialismus mit menschlichem Antlitz« verspricht (»Prager Frühling«). Aufgrund der Breschnew-Doktrin marschieren am 20. und 21. August Truppen des Warschauer Paktes in die ČSSR ein und zwingen die tschechoslowakische Staats- und Parteiführung, alle Reformen rückgängig zu machen

1969 Die Reformer werden durch orthodoxe Kommunisten ersetzt

1973 Die Bundesrepublik Deutschland schließt mit der ČSSR einen Vertrag über die gegenseitigen Beziehungen

1977 Gründung der Bürgerrechtsbewegung »Charta 77«

1988 Beginn der Studentendemonstrationen

19.11.1989 Gründung des »Bürgerforums«, einer Vereinigung aller demokratischen Gruppen; Sprecher: Václav Havel

9.12.1989 Marián Čalfa bildet eine Regierung, in der die Kommunisten erstmals in der Minderheit sind; zugleich tritt Staatspräsident Husák zurück, sein Nachfolger wird Václav Havel

20.4.1990 Umbenennung der ČSSR in Tschechische und Slowakische Föderative Republik (ČSFR)

8./9.6.1990 Wahlen bestätigen das tschechische »Bürgerforum« und die slowakische »Öffentlichkeit gegen Gewalt« als stärkste Parteigruppierungen der ČSFR. Marián Čalfa bleibt Ministerpräsident

5.7.1990 Die Föderative Versammlung wählt Václav Havel erneut zum Staatsoberhaupt

Die Tschechoslowakei in Stichwörtern

Staatsgebiet 128 000 qkm (Bundesrepublik Deutschland: 357 000 qkm). Größte Länge: 767 km, größte Breite: 276 km. Die Tschechoslowakei grenzt an fünf Staaten: Bundesrepublik Deutschland (815 km), Polen (1391 km), UdSSR (98 km), Ungarn (679 km), Österreich (570 km).
Einwohner 15,56 Mio. (Bundesrepublik Deutschland: 79 Mio.)
Bevölkerungsdichte 121 Einwohner je qkm (Bundesrepublik Deutschland: 221 je qkm)
Hauptstadt Prag

Wirtschaft
Die Tschechoslowakei ist zu den Industrienationen zu zählen; so ist die Industrie am produzierten Nationaleinkommen mit rund 60% beteiligt, das Baugewerbe mit rund 11% und die Landwirtschaft mit nur 8%. Die wichtigsten Industriestandorte befinden sich in Nord- und Südmähren sowie im Großraum Prag. Unter den Industriebetrieben sind die des Maschinenbaus mit 25% am stärksten vertreten, danach folgen mit 14% die Nahrungs- und Genußmittelhersteller, mit 12% die elektrotechnischen und mit 10% die Textil-, Bekleidungs- und Lederunternehmen.

Von der Gesamtfläche der Tschechoslowakei sind 6,8 Mio. ha, also die größere Hälfte, landwirtschaftliche Nutzfläche, davon 4,8 Mio. ha Ackerland, 1,6 Mio. ha Weiden und Wiesen, 48 000 ha Rebland und 13 000 ha Hopfengärten. Zu dem Agrarland kommen 4,6 Mio. ha Wald und 53 000 ha Teiche.

Verwaltung

	Verwaltungssitz	**Fläche (qkm)**	**Einwohner (Mio.)**
Tschechische Republik	Praha (Prag)	78 864	10,4
Prag	Praha (Prag)	496	1,3
Mittelböhmen	Praha (Prag)	10 994	1,1
Südböhmen	České Budějovice (Budweis)	11 345	0,7
Westböhmen	Plzeň (Pilsen)	10 875	0,9
Nordböhmen	Ústí nad Labem (Aussig)	7 819	1,2
Ostböhmen	Hradec Králové (Königgrätz)	11 240	1,2
Südmähren	Brno (Brünn)	15 028	2,0
Nordmähren	Ostrava (Ostrau)	11 067	2,0
Slowakische Republik	Bratislava (Preßburg)	49 036	5,2
Bratislava	Bratislava	367	0,5
Westslowakei	Bratislava	14 492	1,7
Mittelslowakei	Banská Bystrica (Neusohl)	17 986	1,6
Ostslowakei	Košice (Kaschau)	16 191	1,4
Tschechoslowakei gesamt:		127 900	15,6

Landschaften

Das **Böhmische Becken** im Westen der Tschechoslowakei wird vom Böhmerwald (Šumava), dem Erzgebirge (Krušne hory), dem Isergebirge (Jizerské hory) und dem Riesengebirge (Krkonoše) mit der 1602 m hohen Schneekoppe (Sněžka) umschlossen und von der Elbe (Labe) mit ihren Nebenflüssen Iser (Jizera), Moldau (Vltava) und Eger (Ohře) zur Nordsee hin entwässert. Das östlich anschließende **Mähren** bildet die Wasserscheide zwischen Ostsee und Schwarzem Meer: die Oder (Odra) fließt nach Norden, die March (Morava) nach Süden zur Donau (Dunaj). Die **Slowakei** steigt vom pußtaähnlichen Süden zum Hochgebirge der Hohen Tatra (Vysoké Tatry) mit Erhebungen bis 2655 m im Norden an. Dazwischen liegen die Kleinen Karpaten (Malé Karpaty), die Weißen Karpaten (Bílé Karpaty), die Kleine und die Große Fatra (Malá Fatra, Vel'ká Fatra), das Slowakische Erzgebirge (Slovenské Rudohorie) und die Niedere Tatra (Nízke Tatry). Bis auf die Popper (Poprad), die über den Dunajec der Weichsel zustrebt, strömen alle slowakischen Flüsse, wie Waag (Váh), Neutra (Nitra), Gran (Hron) und Kundert (Hornád), zur Donau (Dunaj), die auf einer Länge von 172 km die Grenze zu Ungarn bildet.

Klima

Während Böhmen und Mähren mehr unter dem Einfluß des mitteleuropäischen Seeklimas mit milden Wintern und regenreichen Sommern stehen, wird die Slowakei vom osteuropäischen Kontinentalklima mit kalten Wintern und trockenen Sommern beherrscht.

Der Juli ist der wärmste, aber auch der regenreichste Monat des Jahres. Während in Prag im langjährigen Mittel 476 mm Niederschlag pro Jahr fallen, mißt das Observatorium auf der Lomnitzer Spitze der Hohen Tatra 1665 mm. Der geringste Niederschlag fällt in den Monaten Januar bis März.

Vegetation

35% des Staatsgebietes der Tschechoslowakei bedeckt Wald, der im Nordwesten Böhmens wegen der zahlreichen Braunkohlekraftwerke besonders starke Schäden zeigt (70% kranke Bäume).

Tierwelt

In den Nationalparks der Fatra und der Weißen Karpaten, der Hohen und der Niederen Tatra leben Wölfe, Luchse, Fels- und Waldmarder, Gemsen und Murmeltiere, Fischotter, Uhus, Auer- und Birkhühner und etwa 700 Braunbären. Gerade die Bären haben sich in den vergangenen Jahrzehnten so stark vermehrt, daß sie zu den Berghütten und Hotels kommen, um in den Müllcontainern nach Nahrung zu suchen. Alljährlich wird daher eine festgesetzte Stückzahl zum Abschuß freigegeben.

Durchschnittliche Lufttemperaturen in °C (Monatsmittel/mittlere tägliche Maxima)

	Januar		Juli	
Karlovy Vary	−2,1	0,2	16,9	23,4
Praha	−0,9	1,1	19,0	24,8
České Budějovice	−2,1	0,6	17,4	24,1
Brno	−2,1	0,2	18,4	25,3
Bratislava	−1,6	0,6	20,1	26,6
Zvolen	−4,0	−0,6	18,8	26,0
Košice	−3,4	−0,7	19,1	26,0
Starý Smokovec	−5,2	−1,0	14,3	19,5

Bevölkerung

Die Bevölkerung der Tschechoslowakei setzt sich aus folgenden Nationalitäten zusammen:

Tschechen	9 805 000	(63,0%)
Slowaken	4 924 000	(31,6%)
Ungarn	593 000	(3,8%)
Deutsche	56 000	(0,4%)
Ukrainer und Russen	56 000	(0,4%)
Polen	74 000	(0,5%)
Sonstige	52 000	(0,3%)
	15 560 000	

Die rund 380 000 Zigeuner (Sinti und Roma) werden offiziell den Volksgruppen zugeordnet, zu denen sie sich bekennen.

Religion

Die Verfassung garantiert Religionsfreiheit, dennoch verließ nach 1945 ein großer Teil der Bevölkerung die religiösen Gemeinschaften. Die stärkste religiöse Gruppe bildet die römisch-katholische Kirche (etwa 8,7 Mio Gläubige), die ihre meisten Anhänger im tschechisch-mährischen Raum hat. In der Slowakei überwiegen die Protestanten (etwa 1,2 Mio), die sich aus Lutheranern Augsburger Bekenntnisses (etwa 550 000), aus Böhmischen Brüdern (etwa 425 000) und Reformierten (etwa 215 000) zusammensetzen. Die aus dem Hussitentum hervorgegangene Tschechoslowakische Kirche gilt als drittstärkste Religionsgemeinschaft (etwa 700 000). Eine Minderheit im äußersten Osten der Slowakei bilden die orthodoxen Christen.

Erklärung historischer und kunsthistorischer Fachbegriffe

Almemor Tribüne in der Synagoge, von der die Thora verlesen wird

Apsis halbrunder, auch mehreckiger, mit einer Halbkuppel überwölbter Raumteil

Architrav den Oberbau tragende Steinbalkenlage, meist über Stützen

Arkade Aneinanderreihung von Bogen, die auf Pfeilern oder Säulen ruhen

Atlant Stützpfeiler in Gestalt einer kraftvollen männlichen Figur, benannt nach dem Riesen Atlas, der das Himmelsgewölbe trägt

Attika fensterloser Aufbau über dem Hauptgesims eines Gebäudes, um das Dach zu verdecken, oft mit Steinvasen oder Skulpturen besetzt

Barbakane ein dem Festungs- oder Stadttor vorgelagertes Außenwerk

Basilika Kirchenbauform mit überhöhtem Mittelschiff

Bergfried Hauptturm der mittelalterlichen Burg

Chiaroscuro Helldunkelmalerei

Chor erhöhter Kirchenraum mit Altar

Dormitorium Schlafsaal in Klöstern, auch der Trakt mit den Mönchszellen

Fiale schlankes, spitzes Türmchen als Bekrönung von Strebepfeilern

Fresko Malerei auf frischem, noch feuchtem Kalkmörtel

Glacis flach abfallende Erdaufschüttung vor Festungsanlagen

Gloriette offener Pavillon oder Rundtempel in barocken oder klassizistischen Parks

Inkunabeln die frühesten Erzeugnisse der Buchdruckerkunst (vor 1500)

Kalvarienberg Darstellung der Kreuzigungsgruppe als Abschluß eines Kreuzweges

Kapitel Priesterkollegium an einer Dom- oder Stiftskirche

Kapitelsaal Ort, an dem sich die führenden Mitglieder eines Klosters oder Ordens beraten

Kapitell der oberste Teil einer Säule, eines Pfeilers oder eines Pilasters (Wandpfeilers)

Karner zweigeschossige Friedhofskapelle, deren Untergeschoß zur Aufbewahrung der Gebeine dient, die bei der Anlage neuer Gräber zum Vorschein kommen

Kenotaph Grab- oder Gedächtnisstätte für einen Toten, den man aus irgendwelchen Gründen gar nicht oder nur an anderer Stelle begraben konnte

Konsole aus Wand oder Pfeiler vorspringender Tragstein für Bogen, Figuren u. a.

Kreuzgewölbe zwei sich rechtwinklig durchdringende Tonnengewölbe

Landtafeln amtliche Bücher (Register), in denen wichtige Landtagsbeschlüsse sowie Änderungen in den Besitzverhältnissen des Hochadels, des Klerus und der Städte aufgezeichnet wurden

Lokator im Mittelalter mit dem Anwerben von Siedlern und der Gründung von Dörfern und Städten beauftragter, meist adliger Unternehmer

Maskaron Maske als dekoratives Bauelement, besonders in der Renaissance und im Barock

Minoriten der Erste Orden der Franziskaner

Monstranz (Ostensorium) liturgisches Hostiengefäß

Oktogon Achteck

Ossarium Beinhaus auf Friedhöfen

Palas Hauptwohngebäude der mittelalterlichen Burg

Palatin Bezeichnung für den Stellvertreter des Königs von Ungarn (bis 1848)

Pawlatsche offener Gang an der Hofseite eines Hauses

Pietà Darstellung der trauernden Maria mit dem Leichnam Christi

Pilaster Wandpfeiler

polygonal vieleckig

Presbyterium Chorraum einer Kirche

Risalit Gebäudeteil, der in ganzer Höhe aus der Fluchtlinie einer Gebäudefront vorspringt

Rotunde Rundbau

Rustika Quadermauerwerk, bei dem die Vorderseite der Quader nur roh bearbeitet wird

Sala terrena Gartensaal eines Barockschlosses, meist unter dem Festsaal gelegen

Sanktuarium Altarraum der katholischen Kirche, Reliquienschrein

Schöner Stil (Weicher Stil) spätgotische Stilrichtung der Plastik und Malerei mit weich fließenden Formen und lieblicher Physiognomie (Schöne Madonnen; um 1400)

Schwibbogen frei gespannter stützender Mauerbogen zwischen Gebäuden, vor allem in engen mittelalterlichen Gassen

Sezessionsstil (Wiener Sezession) österreichische Variante des Jugendstils

Sgraffito Fassadenmalerei, bei der die Zeichnung in verschiedenfarbige, noch feuchte Putzschichten gekratzt wird

Triforium Laufgang unterhalb der Chorfenster mit nach innen gerichteten offenen Arkaden

Triptychon dreiteiliges Altarbild, bestehend aus dem Mittelbild und zwei Seitenflügeln

Tympanon Giebelfeld, Bogenfeld über dem Portal, meist reliefgeschmückt

Vir dolorum Schmerzensmann, Darstellung des leidenden Heilands

Wimperg Ziergiebel über Portalen und Fenstern

Zwinger Umgang zwischen innerer und äußerer Mauer der mittelalterlichen Burg oder der zur Vorburg gehörende freie Platz

Praktische Reisehinweise

Anreise

Pauschalreisen in die Tschechoslowakei vermitteln alle Reisebüros über Čedok, das staatliche tschechoslowakische Verkehrsbüro. Das Angebot umfaßt drei- bis achttägige Flug-, Bahn- oder Busreisen nach Prag, Bratislava oder Brno, nach Karlsbad oder Pilsen sowie große zwei- bis vierwöchige Rundreisen durch Böhmen, Mähren und die Slowakei. In jedem größeren Ort werden wiederum Halb- und Ganztagesfahrten zu besonderen Sehenswürdigkeiten angeboten.

Auskünfte erteilen *Čedok Reisen GmbH* in

Kaiserstr. 54
6000 Frankfurt a. M. 1
✆ 0 69/2740170

Parkring 12
1010 Wien 1
✆ 02 22/51 20 19 90

Uraniastr. 34/2
8001 Zürich
✆ 01/2 11 42 45/46

Na příkopě 18
11 135 Praha 1
✆ 22 42 51-9

Divadelní 3
Brno

Štúrova 13
Bratislava

sowie alle von Čedok autorisierten Reisebüros.

Individualreisen unterliegen keinerlei Beschränkungen; sie sind mit dem Flugzeug, der Eisenbahn, dem Bus oder dem eigenen Wagen möglich. Čedok stellt auch Mietwagen mit und ohne Fahrer zur Verfügung.

Grenzübergänge (für PKW-Verkehr)
Die wichtigsten Grenzübergänge zur ČSFR sind

in Österreich:
Berg/Petržalka Wien–Preßburg (Bratislava)
Reinthal
Drasenhofen Wien–Brünn (Brno)
Laa an der Thaya
Kleinhaugsdorf Wien–Prag (Praha)
Retz
Hardegg
Riegersburg
Thürnau
Fratres
Grametten
Neu-Nagelberg Wien–Prag (Praha)
Gmünd
Wullowitz Linz–Budweis (Č. Budějovice)
Weigetschlag Linz–Vyšší Brod

in der Bundesrepublik Deutschland:
Bayern:
Philippsreut
Bayerisch Eisenstein
Eschlkam
Furth im Wald Regensburg - Pilsen (Plzeň)
Waldmünchen
Waidhaus Nürnberg - Pilsen (Plzeň)
Mähring
Waldsassen
Schirnding Bayreuth - Karlsbad (Karlovy Vary)
Selb
Sachsen:
Schönberg Plauen - Eger (Cheb)
Johanngeorgenstadt
Oberwiesenthal Chemnitz - Karlsbad (Karlovy Vary)
Reitzenhain
Zinnwald - Georgenfeld Dresden - Prag (Praha)
Hellendorf
Schmilka Dresden - Tetschen (Děčín)
Sebnitz
Seifhennersdorf
Großschönau

Ärztliche Hilfe

Bei Unfällen oder plötzlicher Erkrankung stehen jedem ausländischen Gast die Ambulatorien oder Kliniken, neuerdings auch niedergelassene Ärzte, zur Verfügung. Die ärztliche Versorgung entspricht unserem Standard. Die Ärzte verstehen Englisch, zum großen Teil auch Deutsch.

Impfungen sind nicht vorgeschrieben. Gewohnte Medikamente sollten Sie mit sich führen, sonst erhalten Sie alle notwendigen Arzneien in den Kliniken *(Klinika)* oder Apotheken *(Lékárna)*.

Entfernungen in Straßenkilometern

	Praha	Karlovy Vary	Plzeň	České Budějovice	Liberec	Špindlerův Mlýn	Brno	Olomouc	Ostrava	Bratislava	Banská Bystrica
Karlovy Vary	126										
Plzeň	88	79									
České Budějovice	148	216	137								
Liberec	109	213	197	257							
Špindlerův Mlýn	139	257	227	283	83						
Brno	226	352	292	190	248	232					
Olomouc	254	380	342	267	255	239	77				
Ostrava	343	469	431	358	343	317	168	99			
Bratislava	364	490	430	322	386	370	138	213	277		
Banská Bystrica	499	625	565	463	514	498	273	259	216	205	
Poprad	539	665	627	545	540	524	386	285	242	329	124

Auskünfte

Jegliche touristische Auskunft erteilt das staatliche Reisebüro Čedok, das auch sämtliche Reisen bucht. Auskünfte erhält man außerdem in den meisten Reisebüros, die zum Teil eigene Fahrten, sogar kombinierte Fahrrad-Bus-Reisen, veranstalten.

Reisebüro Čedok
Kaiserstr. 54
6000 Frankfurt a. M. 1
✆ 069/2740170

Autofahren

Autofahren ist in der Tschechoslowakei ein Genuß, denn die Straßen sind in hervorragendem Zustand und noch relativ leer. In allen kleineren Städten kann man den Wagen auf dem riesigen Hauptplatz (Marktplatz) oder doch in seiner Nähe parken. Nur in den Großstädten wird die Parkplatzsuche wie bei uns zu einem Problem. Bewachte City-Parkplätze dienen meist dem Kurzparker, denn schon nach ein oder zwei Parkstunden steigen die Gebühren progressiv an.

Die **Höchstgeschwindigkeit** in Ortschaften beträgt 60 km/h. Außerhalb geschlossener Ortschaften gilt ein Tempolimit von 90 km/h, auf Autobahnen 110 km/h. Motorräder und Pkw mit Anhänger dürfen nur bis 90 km/h (auch auf Autobahnen) gefahren werden. Vor Bahnübergängen besteht für alle Fahrzeuge ein Tempolimit von 30 km/h. Die Verkehrspolizei überwacht das Einhalten der Höchstgeschwindigkeiten mit Radar. Sicherheitsgurte sind anzulegen (ab 150 cm Körpergröße).

Beim **Parken** muß mindestens ein 3 m breiter Fahrstreifen für jede Fahrtrichtung frei bleiben, in Straßen mit Gegenverkehr also ein 6 m breiter Fahrstreifen. – 15 m vor und hinter Bahnübergängen ist das Parken verboten. Zwischen parkenden Kraftfahrzeugen und Straßenbahngleisen ist ein Abstand von mindestens 3,5 m einzuhalten. Für Kraftfahrzeugführer besteht absolutes **Alkoholverbot.** Sollte Ihr Wagen mit Zusatzbremsleuchten ausgestattet sein, so müssen Sie diese spätestens am Grenzübergang abdecken oder außer Betrieb setzen.

Bei **Pannen** hilft die Straßenwacht *(Silniční Služba)*, die über den **Polizeinotruf 158** tagsüber erreichbar ist. Im Großraum Prag leistet die Straßenwacht täglich rund um die Uhr Hilfe; Anforderung über ✆ 02/773455. Bei Vorlage eines Automobilclub-Schutzbriefes ist die Pannenhilfe kostenlos.

Kraftfahrzeuge mit erkennbarem **Blechschaden** dürfen nur mit einer polizeilichen Schadensbestätigung das Land wieder verlassen. Diese Bestätigung wird am Unfallort erteilt. Wer mit einem Wagen mit Karosserieschaden in die ČSFR einreist, sollte sich die Bestätigung an der Grenze ausstellen lassen.

Kraftfahrzeugunfälle sind unverzüglich der Polizei zu melden; am Unfallort ist alles unverändert zu belassen.

Kraftstoff-Gutscheine für Spezial (90 Oktan), Bleifrei (95 Oktan) und Super (96 Oktan) erhält man bei Čedok, bei der Alimex Handelsgesellschaft mbH, Rosenheimer Str. 30, 8000 München 80, ✆ 089/483071, in der ČSFR an den Grenzübergängen und bei den Tschechoslowakischen Staatsbanken. Touristen können Diesel-Kraftstoff allerdings vorläufig nur an bestimmten Tankstellen mit dem Hinweisschild »TT-Diesel« erhalten. Nicht verbrauchte Kraftstoff-Gutscheine werden nicht zurückgenommen.

Bei der Einreise ist Kraftstoff in Kanistern zollfrei; bei der Ausreise darf Kraftstoff in Kanistern nur bis zu 10 Litern ausgeführt werden und unterliegt außerdem der Verzollung.

Bleifreies Benzin ist in allen größeren Orten erhältlich. Beachten sollten Sie, daß die meisten Tankstellen ihre Dienste schon am frühen Abend einstellen und an Sonn- und Feiertagen geschlossen sind. In jeder größeren Stadt hat jedoch mindestens eine Tankstelle rund um die Uhr geöffnet.

Kraftstoffpreise	(Gutscheinpreise/Liter)
Spezial (benzin)	etwa 1,42 DM
Bleifrei (natural)	etwa 1,50 DM
Super (super)	etwa 1,50 DM
Diesel (nafta)	etwa 1,32 DM

Bergsteigen

Tschechoslowakische Bergsteiger nehmen an Himalaya-Expeditionen teil und besteigen Berge jeden Schwierigkeitsgrades in aller Welt. Ihre Kenntnisse erwerben sie an heimatlichen Trainingsfelsen im Böhmischen Paradies (Český raj), in der Böhmischen Schweiz (České Švýcarsko), im Slowakischen Paradies (Slovensky raj), in der Kleinen Fatra (Malá Fatra) und natürlich in der Hohen Tatra (Vysoke Tatry). Alle diese Gebirge stehen auch ausländischen Bergsteigern zur Verfügung.

Camping

An den schönsten Plätzen der Tschechoslowakei, an Flüssen, Seen, in Gebirgstälern, findet der Reisende rund 250 Campingplätze, die in zwei Ausstattungskategorien (A und B) eingeordnet sind. Die meisten Plätze haben auch Bungalows, die allerdings für die Hauptreisezeit vorzubestellen sind. Einige Plätze sind ganzjährig geöffnet, die meisten von Anfang/Mitte Mai bis Mitte/Ende September. Ein ausführliches Campingverzeichnis mit Karte hält Čedok bereit.

Diplomatische Vertretungen

in der Tschechoslowakei:

Botschaft der Bundesrepublik Deutschland
Vlašská 19 (Palais Lobkowitz)
Praha 1 (Malá Strana)
✆ 02/53 72 63

Botschaft der Republik Österreich
ulice Viktora Huga 10
Praha 5 (Smíchov)
✆ 02/54 65 57

Botschaft der Schweiz
Pevnostní 7
Praha 6 (Střešovice)
✆ 02/32 04 06

der Tschechoslowakei in

der Bundesrepublik Deutschland:
Botschaft der ČSFR
Ferdinandstr. 27

5300 Bonn 1
✆ 02 28/28 52 87

Österreich:
Botschaft der ČSFR
Penzinger Str. 11–13
1140 Wien
✆ 01/8 94 62 36

der Schweiz:
Botschaft der ČSFR
Muristr. 53
3006 Bern
✆ 0 31/44 36 45

Einkauf und Souvenirs

Mit tschechoslowakischen Kronen (Kčs) kann man das relativ reichhaltige Angebot der Geschäfte und Kaufhäuser ungehindert nutzen. Käuferschlangen sind außerhalb der Haupteinkaufszeit am späten Nachmittag selten.

Die beliebtesten Mitbringsel sind **böhmische Glaswaren** in traditionellen oder modernen Formen, prächtige Stücke aus den renommierten Glashütten des Böhmerwaldes und des Isergebirges. Besonders schöne Glasobjekte bekommen Sie gegen Westwährung (jede beliebige frei konvertierbare Währung, auch Reiseschecks und Kreditkarten) in den *Tuzex-Läden;* der Kassenbeleg gilt gegenüber dem tschechoslowakischen Zoll als Ausfuhrgenehmigung.

Begehrt ist auch das weiße **Porzellan** mit dem berühmten kobaltblauen Dekor, dem klassischen Zwiebelmuster. Im Jahr 1864 gründete die Meißner Ofen- und Porzellanfabrik, vormals C. Teichert, in Dubí bei Teplice (Teplitz-Schönau) wegen der nahen Kaolinvorkommen eine Zweigfabrik. So kommt handgearbeitetes Zwiebelmuster-Porzellan heute nicht nur aus Meißen, sondern auch aus Dubí.

Schließlich zählen **Granatschmuck** und andere Bijouterien aus Jablonec nad Nisou, dem alten Gablonz an der Neiße, zu den beliebten Souvenirs. Darüber hinaus lohnen Spitzen, Lederwaren, Metall- und Holzarbeiten sowie Keramik, Schallplatten und deutschsprachige Bücher, vor allem Kunstbücher. Und noch immer lohnt es, in einem der zahlreichen Antiquariate zu stöbern.

Öffnungszeiten

Die Geschäfte haben montags bis freitags von 8.30 bzw. 9.00 Uhr bis 18.00 Uhr, samstags bis 12.00 Uhr (Kaufhäuser bis 16.00 Uhr) geöffnet. Einige große Kaufhäuser schließen an bestimmten Tagen erst um 20.00 Uhr. Lebensmittelgeschäfte öffnen meist schon um 6.00 Uhr. Kleinere Geschäfte schließen mittags für zwei Stunden.

Ein- und Ausreiseformalitäten

Für den Besuch der Tschechoslowakei ist der **Reisepaß** oder der **Personalausweis** erforderlich. Personen unter 16 Jahren benötigen einen Kinderausweis (ab 4 Jahren mit Lichtbild) oder müssen im Elternpaß eingetragen sein.

Für das Auto braucht man **Führerschein** und **Fahrzeugschein.** Die **Internationale Grüne Versicherungskarte** wird bei Schadensfällen verlangt.

Für **Hund** und **Katze** sind ein tierärztliches Gesundheitszeugnis, das nicht älter als zwei Tage sein darf, und eine Tollwutimpfbescheinigung vorzulegen.

Essen und Trinken

Die böhmische Küche ist seit den Zeiten der k. und k. Monarchie berühmt für ihre deftigen und außerordentlich schmackhaften Gerichte. Semmelknödel, Schweinebraten und Sauerkraut beherrschen noch heute die Speisekarten fast aller Restaurants zwischen Aš und Znojmo. Aber es gibt auch leckeren Gänsebraten, Sauerbraten, Rahmbeuschel (Lungenhaschee in Sahnesauce) usw. Fast das Köstlichste sind die unzähligen Suppen. Knödel erscheinen in vielerlei Gestalt auf dem Tisch. Sie sind aus rohen oder gekochten Kartoffeln zubereitet und mit Zwetschgen, Aprikosen oder anderen Früchten gefüllt. Gerichte der slowakischen Küche verleugnen ihren ungarischen Charakter nicht, sie sind pikanter, paprikageschärft, aber deshalb nicht weniger wohlschmeckend.

Hier eine kleine Auswahl von Spezialitäten der tschechoslowakischen Küche, die man probieren sollte, wenn sie auf der Speisekarte *(Jídelní lístek)* erscheinen. Voran die unvergleichlichen Suppen, die *Polévký: Bramborová polévka* (Kartoffelsuppe mit Pilzen), *Zelná polévka* (Weißkohlsuppe), *Hrachová polévka* (knoblauchwürzige Erbsensuppe), *Ledvinková polévka* (pikante Nierensuppe), *Rybi polévka* (Fischsuppe mit Karpfenrogen). Dann die Hauptgerichte: Mährische *Klobasen* (Bratwürste) mit sauren Linsen, Bierfleisch aus magerer Schweinekeule mit Kümmel in Biersauce, *Zadéjávané drsky* (Kaldaunenstreifen mit Schinkenhack), Znaimer Gulyas mit nudelig geschnittenen Gewürzgürkchen, Karpfenfilets Abbé Tucka auf Spargelspitzen. Schließlich die einzigartigen Mehlspeisen: Böhmische *Dalken, Powideldatschgerl, Kolatschen* und *Liwanzen,* die gefüllten Palatschinken nicht zu vergessen. In der Slowakei lokken die *Haluški,* Nockerl mit Quark aus Schafsmilch und gebratenen Speckwürfeln. Zum Kaffee erscheinen – vor allem im Westen des Landes – die köstlichsten Gebäcke, Kuchen, Torten, Soufflés, Strudel. Von besonderer Berühmtheit sind die Karlsbader Oblatentorte, die Prager Nußtorte, die böhmische *Bublanina,* ein unvergleichlicher Kirschauflauf, und noch manche andere süße Spezialität.

Einem Ondit zufolge gibt es in Böhmen das beste Bier, in Mähren den besten Wein und in der Slowakei den besten Schnaps der Welt. Über Wein und Schnaps ließe sich streiten, nicht aber über das Bier, über das weltberühmte Pilsner Urquell *(Plzeňský Prazdroj)* vor allem, der Königin der Biere. Außer dem Prazdroj brauen die Tschechen und Slowaken Hunderte anderer Biere, helle und dunkle, herbe und liebliche, die in allen Städten und Dörfern der Tschechoslowakei schon am frühen Morgen die Männer in die Gaststätten ziehen, allein in Prag in über 1300 Bierlokale. Eines davon, das »U Fleků«, zapft jährlich mehr als 20 000 Hektoliter!

Im Ausland weniger bekannt sind die köstlichen Weine von Mělník, die Weißen und Roten aus Südmähren und aus der Gegend von Bratislava.

Wer stärkere Getränke schätzt, der greife zum *Slivovice,* am besten zu »Jelineks«, dem aromatischen Zwetschgenwasser aus dem mährischen Vizovice. Oder zum slowakischen *Borovička,* dem mildwürzigen Wacholderbranntwein aus der Zips. Oder – zwecks Verhütung von Verdauungsbeschwerden bei dem üppigen Essen – zum böhmischen *Becherovka,* dem weltberühmten Karlsbader Kräuterelixier.

Feiertage

Gesetzliche Feiertage sind der 1. Januar (Neujahrstag), Ostermontag, der 1. Mai (Internationaler Arbeiterfeiertag), der 5. Juli (Tag der hll. Kyrillos und Methodios), der 6. Juli (Märtyrertod des Jan Hus), der 28. Oktober (Tag der Republik), der 25. und der 26. Dezember (Weihnachten).

Festspiele

Anfang Januar *Prager Winter* (Musik- und Theaterfestival); Prag

Mai/Juni *Prager Frühling* (Musikfestival mit Konzerten, Opern- und Ballettaufführungen); Prag

Juni *Kmochs Kolín* (Festival internationaler Blasmusikorchester); Kolín, Mittelböhmen

Letztes Wochenende im Juni *Jánošík-Fest* in der Malá Fatra (Kleinen Fatra; das Fest erinnert an den legendären slowakischen Räuberhauptmann und Volkshelden Juro Jánošík; 1688–1713); Terchová, Mittelslowakei

Ende Juni *Ungarisches Folklorefestival;* Gombasek (ungar.: Gombaszög) bei Rožňava (Rosenau), Ostslowakei

Ende Juni *Ukrainisches Festival;* Svidník, Ostslowakei

Ende Juni *Folklorefestival;* Strakonice (Strakonitz), Böhmerwald

Ende Juni/Anfang Juli *Strážnicer Folklorefestival* (Treffen in- und ausländischer Trachtengruppen); Stražnice (Straßnitz), Südmähren

Juli *Marionettenfestival;* Chrudim, Ostböhmen

Mitte Juli *Folklorefestival;* Železný Brod (Eisenbrod), Ostböhmen

Mitte Juli *»Königliches Festmahl«* (historische Ritterspiele); Znojmo (Znaim), Südmähren

Juli/August *Folklorefestival* (bedeutendstes Trachtenfest der Slowakei mit Volksmusik, Gesang und Tänzen); Východná, Mittelslowakei

Juli/August *Sommerkonzerte;* Jaroměřice nad Rokytnou (Jarmeritz), Südmähren

Mitte August *Fest der Choden* (mit Trachten, Volkstänzen und Dudelsackspiel); Domažlice (Taus), Westböhmen

Mitte September *Hopfenfest;* Žatec (Saaz), Nordböhmen

September/Oktober *Hannakisches Erntefest* (Hanácké dožinky); Náměšť na Hané (Namiescht), Nordmähren

Oktober *Großer Pardubitzer Steeplechase* (Schweres Hindernis-Pferderennen mit internationaler Besetzung); Pardubice (Pardubitz), Ostböhmen

Ende Oktober *Internationales Jazzfestival;* Bratislava

Nähere Auskünfte über die jährlichen Termine sowie über weitere folkloristische Festlichkeiten erteilt Čedok, das auch die Buchungen (Hotel, ggf. Eintrittskarten) vornimmt.

Fotografieren und Filmen

Überall, wo es nicht durch Hinweisschilder mit den üblichen Symbolen ausdrücklich verboten ist, darf man fotografieren und filmen. Von dieser Regel ist der grenznahe Bereich ausgenommen. Fotografierverbot besteht auch in einigen Museen, Burgen, Schlössern, Galerien, sogar in etlichen Kirchen (auch außerhalb des Gottesdienstes). Filmmaterial sollte man in ausreichender Menge mitnehmen, denn nur selten führen die Fotogeschäfte Filme der bevorzugten westlichen Marke.

Geld

Die tschechoslowakische Währung ist die **Krone** (Kčs). 1 Krone *(Koruna)* hat 100 Heller *(Haléřů)*. Es gibt Münzen zu 5, 10, 20, 50 Heller und zu 1, 2 und 5 Kronen sowie Scheine zu 10, 20, 50, 100, 500 und 1000 Kronen. Tschechoslowakische Kronen dürfen weder ein- noch ausgeführt werden. Das gilt auch für Zahlungsmittel anderer Staaten Osteuropas. Sonstige Währungen unterliegen keinen Beschränkungen.

Geldwechsel ist nur bei den offiziellen Stellen erlaubt, also in Banken, staatlichen Wechselstuben, den Wechselschaltern der Hotels. Hier werden auch Reiseschecks (American Express, Visa usw.) eingelöst und Kreditkarten (Access, American Express, Carte Blanche, Diners Club, Eurocard, JCB, Master Card, Visa) anerkannt. Eurocheques löst nur die Staatsbank ein.

Geld sollte man trotz verlockender Angebote niemals auf der Straße wechseln, sondern nur bei offiziellen Stellen. Inoffizieller Geldwechsel verstößt auch heute gegen die Gesetze des Landes und kann polizeilich verfolgt werden. Außerdem kommt es immer wieder vor, daß der ausländische Tourist beim inoffiziellen Wechseln betrogen wird und für seine gute Währung längst ungültige Banknoten oder wertlose Noten anderer Währungen (Dinare, Zloty, usw.) erhält.

Ein **Wechselkurs** läßt sich nicht nennen, da die tschechoslowakische Krone gegenüber den Westwährungen ständig an Wert verliert.

Heilbäder

Ein außergewöhnlicher Reichtum an Naturheilquellen, Mineralwässern, Heilschlamm, Moor und Quellgas, dazu eine jahrhundertealte Kurtradition, das günstige Klima und eine abwechslungsreiche, reizvolle Landschaft haben die Tschechoslowakei zu einem Land der Heilkuren werden lassen. Von den 57 Heilbädern befinden sich 36 in Böhmen und Mähren, 21 in der Slowakei. Hier eine Auswahl:

Bardejovské Kúpele (Bad Bartfeld), Ostslowakei Krankheiten des Verdauungstraktes, Diabetes

Františkovy Lázně (Franzensbad), Westböhmen Frauenleiden, Unfruchtbarkeit, Herzkrankheiten

Jáchymov (St. Joachimsthal), Westböhmen Erkrankungen des Bewegungsapparates, Nervenkrankheiten, Stoffwechselkrankheiten

Janské Lázně (Johannesbad), Nordböhmen Nervenleiden, Erkrankungen des Bewegungsapparates

Karlovy Vary (Karlsbad), Westböhmen Krankheiten des Verdauungsapparates und Stoffwechselstörungen

Luhačovice (Luhatschowitz), Südmähren Erkrankungen der Atemwege und der Verdauungsorgane, Diabetes

Mariánské Lázně (Marienbad), Westböhmen Nierenleiden, Erkrankungen der Atemwege, Hautkrankheiten, Stoffwechselstörungen

Nový Smokovec (Neuschmecks in der Hohen Tatra), Ostslowakei Störungen der inneren Sekretion und des Stoffwechsels

Piešťany (Pistyan), Westslowakei rheumatische Erkrankungen, Nervenleiden

Poděbrady, Mittelböhmen Herzkrankheiten

Štrbské Pleso (Tschirmer See in der Hohen Tatra), Ostslowakei Asthma, Vergiftungen durch Industriegiftstoffe

Teplice (Teplitz), Nordböhmen Erkrankungen des Bewegungsapparates, Gefäßkrankheiten

Třeboň (Wittingau), Südböhmen Erkrankungen des Bewegungsapparates

Trenčianske Teplice (Trentschin-Teplitz), Westslowakei Erkrankungen des Bewegungsapparates, rheumatische Erkrankungen

Nähere Auskünfte erteilen die einzelnen Kurverwaltungen sowie für Heilbäder in Böhmen und Mähren *Balnea,* 110 01 Praha 1, Pařížská 11, und für Heilbäder in der Slowakei *Slovakoterma,* 881 41 Bratislava, Radlinského 13, sowie *Čedok-Reisen,* Kaiserstr. 54, 6000 Frankfurt/Main 1.

Jagen

Wer in der Bundesrepublik Deutschland, in Österreich oder in der Schweiz einen Jagdschein besitzt, darf damit auch über Čedok eine Jagderlaubnis für bestimmte jagdbare Tiere (Rothirsche, Damhirsche, Rehe, Mufflons, Wildschweine, Fasane, Hasen, Wildenten, sogar Braunbären) erwerben. Neben den nicht unbeträchtlichen Gebühren sind die Kosten für einen Jagdbegleiter, ggf. auch für einen Dolmetscher, zu tragen. Bei erfolgreicher Jagd kommt noch die Trophäengebühr dazu, die sich auf etliche Tausend DM belaufen kann. Die Jagdgäste übernachten in Berghotels oder in Forsthäusern.

Kleidung

Da das Klima im großen und ganzen unseren heimischen Witterungsverhältnissen entspricht, trägt man die gleiche Kleidung wie bei uns, wobei man die tieferen Temperaturen der Gebirge (Hohe Tatra, Riesengebirge) berücksichtigt. Wegen der hohen Niederschlagsmengen sollte der Reisende selbst im Juli und August wetterfeste Kleidung, auch einen Regenschirm, nicht vergessen.

Öffentliche Verkehrsmittel

Wegen der hohen Benzinpreise benutzen die Tschechoslowaken in den Städten vorwiegend öffentliche Verkehrsmittel, also Bahn,

Bus, in Prag auch die U-Bahn, die flächendeckend und in kurzen Abständen verkehren. Der Fahrpreis für die Benutzung öffentlicher Verkehrsmittel beträgt im Stadtbereich seit Jahrzehnten unverändert 1 Kčs.

Öffnungszeiten

Museen, Burgen, Schlösser, Gemäldegalerien usw. haben dienstags bis sonntags überwiegend von 10.00 bis 17.00 Uhr geöffnet, zum Teil auch von 8.00 bis 12.00 Uhr sowie von 13.00 bis 17.00 Uhr. Montags und an den Tagen, die auf einen gesetzlichen Feiertag folgen, ist geschlossen. Die meisten Burgen und Schlösser sind von November bis März nicht zugänglich, im Oktober und im April öffnen viele nur an Wochenenden.

Banken haben nur montags bis freitags von 9.00 bis 14.00 Uhr geöffnet. Die Wechselstuben der Interhotels sind im allgemeinen täglich tagsüber geöffnet. Öffnungszeiten der Geschäfte und Kaufhäuser siehe unter »Einkauf und Souvenirs«.

Postgebühren

Für Postkarten in die Bundesrepublik Deutschland, nach Österreich, in die Schweiz usw. beträgt die Beförderungsgebühr zur Zeit 3 Kčs und für Standardbriefe (bis 20 Gramm) 4 Kčs. Luftpostzuschlag ist nur für Briefsendungen nach Übersee zu zahlen.

Reisezeit

Jede Jahreszeit hat in der Tschechoslowakei ihre Reize. Ab Mitte April lockt das böhmische Hügelland mit Millionen blühender Obstbäume. Die Zeit von Mitte Mai bis Mitte September gilt in allen Landesteilen als Hauptreisezeit, vor allem aber die beiden Ferienmonate Juli und August, die wärmsten, sonnigsten, gewitterreichsten und überlaufensten Monate des Jahres. Lange Schönwetterperioden, die sich bis in den November hinein auswirken können, zeichnen den farbenfrohen Herbst aus. Von Januar bis Ende März ist die Zeit des Wintersports in den Mittelgebirgen. In den slowakischen Bergen, in der Hohen Tatra vor allem, hält sich der Schnee bis in den Mai hinein, in den hohen Lagen bis in den Juni oder gar Juli. Die Heilbäder haben das ganze Jahr über Saison, die großen Städte, Prag, Bratislava und Brünn, ebenfalls.

Sportangeln

Fast eine halbe Million tschechoslowakischer Bürger frönen an Flüssen, Bächen, Seen und Teichen dem Angelhobby. Für ausreichenden Nachschub sorgt die Fischbrutanlage in der südböhmischen Stadt Tábor, die alljährlich allein 50 Mio. Hechtbruten für das In- und Ausland produziert. Die Revierpflege betreiben die örtlichen Anglerverbände. Angelberechtigungen sind über Čedok zu beziehen. Geangelt werden Karpfen, Schleien, Brassen, Döbel, Barben, Plötze, Hechte, Barsche, Welse, Aale und Forellen.

Sprache

Amtssprachen in der Tschechoslowakei sind Tschechisch und Slowakisch, zwei nah verwandte westslawische Sprachen, die in mehrere Dialektgruppen zerfallen.

Aussprache:

c	wie	ts	ř	wie	rsch
č	wie	tsch	s	wie	ß in naß
ch	wie	ch in hoch	š	wie	sch
ď	wie	dj	ť	wie	tj
ě	wie	je	ů	wie	langes u
ľ	wie	lj	z	wie	s in sehen
ň	wie	nj	ž	wie	j in Journalist

Alle Wörter werden grundsätzlich auf der ersten Silbe betont. Der Akzent auf einem Vokal bedeutet, daß die Silbe lang ausgesprochen wird.

Die wichtigsten Wörter

	tschechisch	**slowakisch**
bitte	prosím	prosím
danke	děkuji	ďakujem
Guten Tag	dobrý den	dobrý deň
Auf Wiedersehen	na shledanou	do videnia
ja	ano	áno
nein	ne	nie
wo	kde	kde
Straße	třída	trieda
Gasse	ulice	ulica
Platz	náměstí	námestie
Kirche	kostel	kostol
Rathaus	radnice	radnica
Schloß	zámek	zámok
Burg	hrad	hrad
Theater	divadlo	divadlo
Museum	muzeum	múzeum
Haus	dům	dom
Brücke	most	most
Tor	brána	brána
Turm	věž	věža

Park	sady	sady
Hotel	hotel	hotel
Restaurant	restaurace	rěstaurácia
Gasthaus	hostinec	hostinec
Toilette	záchod	záchod
Apotheke	lékárna	lekáreň
Arzt	lékař	lekár
Eingang	vchod	vchod
Ausgang	východ	východ
Speisekarte	jidelní listek	jedalny listok
Kaffee	káva	káva
Tee	čaj	čaj
Wasser	voda	voda
Bier	pivo	pivo
Weißwein	bílé víno	bílé víno
Rotwein	červené víno	červené víno
Suppe	polévka	polievka
Fleisch	maso	mäso
Huhn	kuře	kurča
Fisch	ryba	ryba
Karpfen	kapr	kapor
Brot	chléb	chlieb
Butter	máslo	maslo
Salz	sůl	soľ
Zucker	cukr	cukor
Glas	sklenice	pohár
Teller	talíř	tanier
Gabel	vidlička	vidlička
Löffel	lžíce	lyžica
Messer	nůž	nôž
Serviette	ubrousek	servítka
eins	jeden, jedna, jedno	jeden, jedna, jedno
zwei	dva, dvě, dvě	dva, dve, dvaja
drei	tři	tri, traja
vier	čtyři	štyri
fünf	pět	päť
sechs	šest	šesť
sieben	sedm	sedem
acht	osm	osem
neun	devět	deväť
zehn	deset	desať

Telefon

Ferngespräche ins Ausland können von fast allen Telefonzellen aus geführt werden. Als Zahlungsmittel dienen 1-Kčs-Münzen. Die Vorwahl für die Bundesrepublik lautet 90 49, dann folgt die Vorwahlnummer des gewünschten Ortsnetzes (ohne Anfangsnull).

Trinkgeld

Trinkgelder gibt es offiziell nicht, denn das Bedienungsgeld in Restaurant und Hotel ist in den Preisen enthalten. Wer jedoch mit der Bedienung zufrieden ist, rundet den Rechnungsbetrag um 5 bis 10% auf. Über ein Trinkgeld freuen sich auch Garderobenfrau, Taxifahrer und Gepäckträger.

Unterkunft

Dem Westtouristen vermittelt Čedok Unterkunft in **Interhotels** der höchsten Kategorien (3 bis 5 Sterne), wie das *Inter-Continental* (*****), das *Palace* (****), das *Forum* (****), das *Paříž* (****) und das *Evropa* (***) in **Prag,** das *Forum* (****) und das *Kyjev* (****) in **Preßburg** (Bratislava), das *International* (****) in **Brünn** (Brno), das *Grandhotel Pupp* (*****) in **Karlsbad** (Karlovy Vary), aber auch Ferienwohnungen und Privatzimmer. Wer seine Rundreise selber gestalten möchte, kann sich überall einmieten. Außerhalb der Sommerferien (Juli und August) und der touristischen Zentren wird er immer eine Bleibe zu angemessenem Preis finden.

Über **Jugendherbergen** erteilt das »Reisebüro der tschechoslowakischen Jugend« (CKM SSM), Praha 2, Žitná 12, Auskunft.

Campingplätze, s. S. 379 f., »Camping«.

Wandern

Die Tschechoslowakei ist ein Paradies für Wanderer. 50 000 km markierte Wanderwege durch die unterschiedlichsten Landschaften, vom Mährischen Karst bis zur Hohen Tatra, laden zu kürzeren oder längeren Trips ein. Eine Auswahl der schönsten Rund- und Streckenwanderungen beschreibt Otakar Mohyla in seinem Kompaß-Wanderführer »Tschechoslowakei«.

Zollbestimmungen

Einfuhr

Der Reisebedarf für den persönlichen Gebrauch ist zollfrei, muß aber wieder ausgeführt werden. Es liegt im Interesse des Reisenden, sich die Einfuhr von Wertsachen (Schmuck, Fotoapparate, Videogerät usw.) durch die Einreise-Grenzzollstelle bestätigen zu lassen. Der Verlust dieser Gegenstände (z. B. durch Diebstahl) ist unverzüglich der Polizei, danach der Zollbehörde anzuzeigen. Zollfrei zum Verbrauch bleiben 3 kg Lebensmittel, 250 Zigaretten oder 250 g andere Tabakwaren, 2 l Wein, 1 l Spirituosen. Reiner Alkohol darf nicht eingeführt werden.

Geschenke für Verwandte oder Bekannte dürfen insgesamt den Wert von 1000 Kčs (tschechoslowakischer Kleinhandelswert) pro einreisende Person nicht überschreiten. Über die Mitnahme von CB-Funkgeräten und Autotelefonen geben die ausländischen Automobilclubs aktuelle Auskunft. Die Mitnahme von Jagdwaffen und der zugehörigen Munition ist nur mit Waffenbegleitschein möglich (Auskunft bei Čedok).

Alle Wertgegenstände (wie Kameras, Videogeräte, Campinggerät, etc.) sind bei der Einreise zu deklarieren. Der Verlust (z. B. durch Diebstahl) ist unverzüglich bei der Polizei anzuzeigen und danach der zuständigen Zollbehörde zu melden.

Ausfuhr

Ohne besondere Ausfuhrgenehmigung dürfen folgende Sachen außer Landes verbracht werden: Reisebedarf in angemessener Menge, jedoch höchstens 250 Zigaretten oder andere Tabakerzeugnisse in entsprechender Menge, 2 l Wein und 1 l Spirituosen, Gegenstände im Gesamtwert von 500 Kčs, alle Waren, die in den Geschäftsstellen der Tuzex oder Artia gegen Zahlung ausländischer Devisen erworben wurden (Belege!), Glas- und Porzellanwaren sowie Souvenirs und andere Geschenke.

Für bestimmte Waren, z. B. Lederhandschuhe, Sportartikel, ist eine Ausfuhrgenehmigung und die Bezahlung einer Gebühr in Höhe von 100% des Warenpreises erforderlich. Verboten ist die Ausfuhr von Lederbekleidung, Pelzwaren aus Naturfellen und Schuhen, Kaffee und Tee, Gold- und Silberwaren sowie Antiquitäten, sofern sie nicht im Wege eines Devisen-Einkaufes erworben wurden. Nähere Auskünfte erteilen die Zollbehörden der ČSFR und Čedok.

Abbildungsnachweis

Farbabbildungen
Christel Gorys, Krefeld Umschlagvorder- und -rückseite, Umschlaginnenklappe, 1–22, 24
Werner Neumeister, München 23

Schwarzweißabbildungen
Jiři Doležal, Prag 1–4, 8, 11, 14, 17–20
Erhard Gorys, Krefeld 5–7, 9–10, 12–13, 15–16, 21, 24, 29, 31–33, 40–42, 47–51, 57, 59, 61, 63, 65
Max Grönert, Köln 22–23, 25–28, 30, 34–39, 43–46, 52–56, 58, 60, 62, 64

Abbildungen im Text
Archiv für Kunst und Geschichte, Berlin S. 18, 62, 73, 207
Erhard Gorys, Krefeld S. 31, 128, 250, 262
Max Grönert, Köln S. 40, 49, 53
Ullstein Bilderdienst, Berlin S. 20, 23, 25, 27, 171, 228, 263

Karten
Berndtson und Berndtson, Fürstenfeldbruck

Grundrisse
DuMont Buchverlag, Köln

Prager U-Bahn, Übersichtsplan

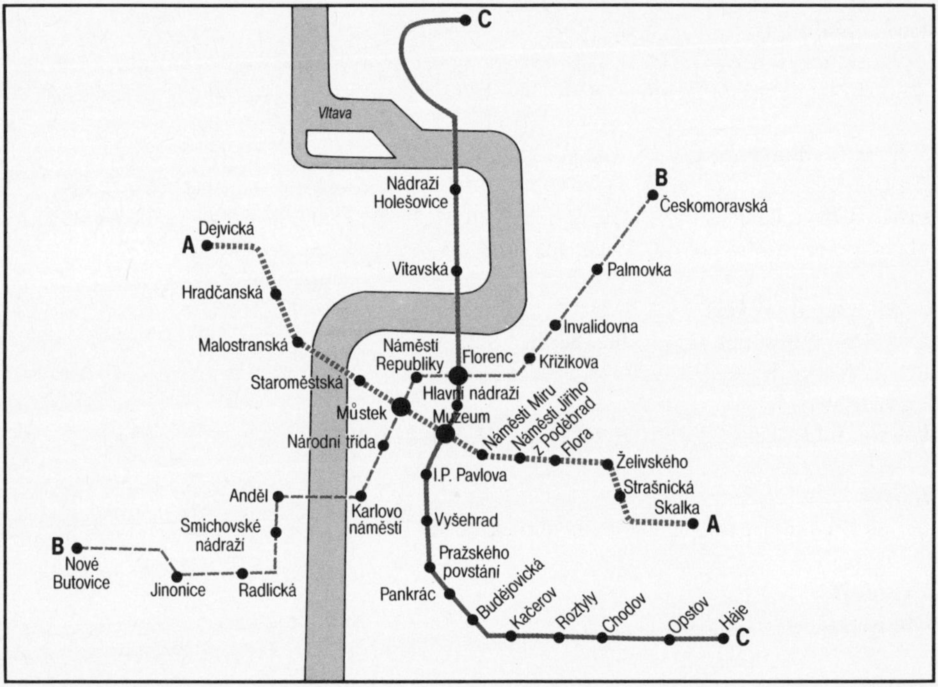

Literaturverzeichnis

Allgemeine Werke

Čapek, K.: Aus der einen Tasche in die andere. Anti-Detektivgeschichten. Darmstadt 1986

Casanova, G. G. Chevalier de Seingalt: Aus meinem Leben. Stuttgart 1989

Cibula, V.: Prager Sagen. Hanau 1982

Comenius, J. A.: Orbis sensualium pictus. Dortmund [3]1985

Cosmas von Prag: Chronik Böhmens, Teil 1 und 2. Essen/Stuttgart 1987

Froidl, I.: Böhmische Küche. München [14]1987

Göres, J. (Hrsg.): »Was ich dort gelebt, genossen ...« Goethes Badeaufenthalte 1785–1823. Königstein i. T. 1982

Hašek, J.: Die Abenteuer des braven Soldaten Schwejk. Berlin/Weimar [11]1988

Havel, V.: Briefe an Olga. Identität und Existenz. Betrachtungen aus dem Gefängnis. Reinbek 1984

Hrabal, B.: Erzählungen. Frankfurt a. M. 1982

Kisch, E. E.: Gesammelte Werke in Einzelausgaben. Berlin/Weimar 1986, 1987

Klostermann, K.: Böhmerwaldskizzen. Berlin 1987

Kohout, P.: Wo der Hund begraben liegt. München 1987

Kratochvil, M. V.: Comenius. Roman eines Lebens. Prag 1984

Meyrink, G.: Der Golem. München 1984

Mörike, E.: Mozart auf der Reise nach Prag. Frankfurt a. M. 1979

Neruda, J.: Bilder aus dem alten Prag. Berlin/Weimar [5]1988

Neruda, J.: Kleinseitner Geschichten. Aus dem alten Prag. München [2]1986

Serke, J.: Böhmische Dörfer. Wanderungen durch eine verlassene literarische Landschaft. Hamburg/Wien 1987

Sirovátka, O. (Hrsg.): Tschechische Volksmärchen. München 1988

Statistisches Bundesamt Wiesbaden (Hrsg.): Länderbericht Tschechoslowakei 1988. Wiesbaden 1988

Stifter, A.: Meistererzählungen. Zürich 1988

Stifter, A.: Witiko. München 1986

Urzidil, J.: Goethe in Böhmen. Zürich 1962

Geschichte

Aschenbrenner, V.: Sudetenland. Ein Überblick über seine Geschichte. Bad Reichenhall o. J.

Bretholz, B.: Geschichte Böhmens und Mährens. 4 Bde. Reichenberg 1925 ff.

Dekan, J.: Moravia Magna. Das Großmährische Reich und seine Kunst. Hanau 1983

Franzel, E.: Die Sudetendeutschen. Siedlungsraum, Wesen und Geschichte. München 1980

Grothe, H.: Siebenhundert Jahre deutschen Lebens in der Zips. Crimmitschau 1927

Herrmann, J.: Zwischen Hradschin und Vineta. Frühe Kulturen der Westslawen. München 1971

Hoensch, J. K.: Geschichte Böhmens. Von der slawischen Landnahme bis ins 20. Jahrhundert. München 1987

Hoensch, J. K.: Geschichte der Tschechoslowakischen Republik 1918–1978. Stuttgart [2]1978

Kaiser Karl IV. 1316–1378. An der Schwelle zur Neuzeit. Ausstellungskatalog. Nürnberg 1978

Karl IV.: Selbstbiographie. Vita Karoli Quarti. Hanau 1979

Käubler, R.: Das Alter der deutschen Besiedlung des Egerlandes. Ein Beitrag zur frühgeschichtlichen Geographie. Göttingen 1958

Kern, K.: Pilsen im Mittelalter. Prag 1930

Mally, F.: Die Leutschauer Chronik des Caspar Hain. Prag 1943

Neubert, K., Stejskal, K.: Karl IV. und die Kultur und Kunst seiner Zeit. Prag [2]1978

Neumann, J.: Rudolfínská Praha (Prag zur Zeit Rudolfs II.). Prag 1984

Seibt, F.: Karl IV. o. O. 1978

Srbik, H. Ritter von: Wallensteins Ende. Ursachen, Verlauf und Folgen der Katastrophe. Salzburg [2]1952

Sturm, H.: Eger. Geschichte einer Reichsstadt. 2 Bde. Augsburg 1951, 1952
Zachar, L.: Keltische Kunst in der Slowakei. Bratislava 1987

Kunst

Autorenkollektiv: Die Kunst am Hofe Rudolfs II. Prag 1988
Brucker, J., Vilimková, M.: Dientzenhofer. Eine bayerische Baumeisterfamilie in der Barockzeit. Rosenheim 1989
Franz, M. G.: Dientzenhofer und »Hausstätter«. Kirchenbaumeister in Bayern und Böhmen. Zürich 1985
Hasalová, V., Vajdiš, J.: Die Volkskunst in der Tschechoslowakei. Prag 1974
Mayer, V.: Holzkirchen. Neuentdeckte Baukultur in Böhmen, Mähren, Schlesien und der Slowakei. Wien 1986
Pešatová, Z., Brok, J.: Böhmische Glasgravuren. Prag 1968
Spiegl, W.: Böhmische Gläser. München 1976
Swoboda, K. M. (Hrsg.): Barock in Böhmen. München 1964
Swoboda, K. M. (Hrsg.): Gotik in Böhmen. München 1969
Urban, S.: 20 Let Muzea Skla a Bižuterie v. Jablonci nad Nisou 1961–1981 (20 Jahre Glas- und Bijouteriemuseum Gablonz). Jablonec nad Nisou 1982
Výtvarná kultúra na spiši (Kunst und Kultur der Zips). Katalog des Museums Levoča. Košice 1985

Prag

Burian, J., Svoboda, J.: Die Prager Burg. Prag 1973
Doležal, J.: Das goldene Prag. Prag 1971
Flegl, M.: Prag. Prag 1988
Halamičková, J.: Prag. Ein Lesebuch. Frankfurt a. M. 1988
Kunstgewerbemuseum in Prag 1885–1985. Ausstellungskatalog. Prag 1985
Lion, J., Lukas, J.: Das Prager Ghetto. Prag 1959
Lion, J., Lukas, J.: Der alte jüdische Friedhof in Prag. Prag 1960
Lorenc, V.: Das Prag Karls IV. Die Prager Neustadt. Stuttgart 1982
Maria-Loreto in Prag. Prag 1987
Neubert, K.: Prag. Seine Geschichte und Architektur. Prag und Hanau 1983
Neumann, J.: Rudolfínská Praha (Das rudolfinische Prag). Prag 1984
Prag um 1600. Kunst und Kultur am Hofe Rudolfs II. Ausstellungskatalog Kulturstiftung Ruhr, Villa Hügel. Freren/Emsland 1988
Volavka, V.: Kunstwanderungen durch Prag. Prag 1966
Wirth, Z.: Prag in Bildern aus fünf Jahrhunderten. Prag 1954

Städte, Stätten, Landschaften

Achatzi, J.: Iglauer Heimatbuch. Heidelberg 1962
Altrichter, A.: Heimatbuch der Iglauer Volksinsel. Iglau 1940
Andráši, J., Bohaš, I.: Hohe Tatra. Touristenführer. Bratislava 1986
Ankert, H.: Ein Rundgang durch Leitmeritz an der Elbe. Troisdorf b. Köln 1952
Arnold, F.: Unser Marienbad. Geschichte und Bedeutung eines Weltkurortes 1808–1958. Marburg a. d. Lahn 1958
Autorenkollektiv: Krkonoše. Reiseführer durch das größte Gebirge Böhmens. Prag 1985
Autorenkollektiv: Terezín. Ústí nad Labem 1988
Bergmann, W.: Das heutige Egerland. München 1957
Bilkovi, E. und K.: Jičín. Prag 1988
Brosche, W.: Leitmeritz und das böhmische Mittelgebirge. Stuttgart 1970
Chropowsky, B.: Nitra. Bratislava 1961
Doležal, J. und I., Mohyla, O.: Im Böhmerwald. Leipzig 1986
Dugas, D., Rozman, L.: Prešov. Martin 1980
Einhorn, M. und E.: Země Má (Mein Heimatland). Prag 1987
Engel, H.-U.: Burgen und Schlösser in Böhmen. Frankfurt a. M. 1961
Eschborn, M.: Karlstein. Stuttgart 1971
Fausel, E.: Das Zipser Deutschtum. Jena 1927
Fiala, A. u. a.: Spišský hrad (Zipser Burg). Martin 1988
Galandauer, J., Kusák, D.: Konopiště. Prag 1988

Gloser, H. und Kollektiv: Plzeň (Pilsen). Prag 1986

Gréb, J.: Zipser Volkskunde. Kesmark/Reichenberg 1932

Hemmerle, R.: Sudetenland-Lexikon. Mannheim ²1985

Hochmuth, Z.: Niedere Tatra. Touristenführer. Bratislava 1988

Jiroušek, A.: Košice. Košice 1983

Karell, V.: Das Egerland und seine Weltbäder. Frankfurt a. M. 1966

Karell, V.: Karlsbad von A bis Z. Ein Stadtlexikon. München 1971

Karell, V.: Karlsbad im Wandel der Jahrhunderte. Marburg a. d. Lahn 1958

Kusák, D.: Brno a Okolí (Brünn und Umgebung). Prag 1981

Kusák, D.: Státní zámek Hluboká (Staatsschloß Hluboká). Prag 1983

Kusák, D.: Státní zámek Vranov nad Dyji (Staatsschloß Vranov an der Thaya). Prag 1988

Kubitschek, R.: Pilsen. Vergangenheit und Gegenwart. Pilsen ²1941

Medzihradský, V.: Orava. Touristenführer. Bratislava 1982

Mohyla, O.: Tschechoslowakei (Kompaß-Wanderführer). Stuttgart 1979

Neubert, L., Černý, B.: Karlštejn. Prag 1973

Novak, V.: Terezín. Prag ⁴1987

Paule, L.: Zvolen. Martin 1980

Rokyta, H.: Die böhmischen Länder. Handbuch der Denkmäler und Gedenkstätten europäischer Kulturbeziehungen in den böhmischen Ländern. Salzburg 1970

Rozman, L.: Košice. Košice 1979

Schejbal, J.: Jihomoravský Kraj (Südmährischer Bezirk). Brno 1988

Schellin, G.: Das Hultschiner Ländchen. Eine Landeskunde. Dramburg 1933

Schremmer, E.: Sudetenland in Farbe. Mannheim 1985

Schwab, E.: Die Iglauer Sprachinsel. o. O. 1919

Šípoš, J., und Kollektiv: Piešťany. Ein Führer durch den Kurort und seine Umgebung. Bratislava 1987

Strecker, L.: Riesengebirge Tschechoslowakei (Kompaß-Wanderführer). Stuttgart 1979

Weiß, A.: Die Heilquellen von Karlovy Vary. Prag 1967

Zemek, M.: Mikulov. Prag 1983

Zenkner, K.: Die alten Glashütten des Isergebirges. Schwäbisch Gmünd 1968

Zerlik, O.: Karlsbad. Durch 600 Jahre deutscher Kurort. Geislingen a. d. Steige 1961

Register

Orte

Personen

Prag

Kultur und Geschichte der ›Goldenen Stadt‹

429 Seiten mit 24 farbigen und 156 einfarbigen Abbildungen sowie etwa 100 Zeichnungen, Karten und Plänen, 24 Seiten praktischen Reisehinweisen, Glossar, Register (DuMont Kunst-Reiseführer)

Warum Prag die ›Goldene Stadt‹ genannt wird, hat bisher noch niemand überzeugend darlegen können. Aber daß sie für den Kunstinteressierten eine goldene Stadt ist, steht außer Zweifel. Nirgendwo sonst finden sich die denkmalgeschützten Objekte aus verschiedensten Epochen so dicht beieinander: Von der Romantik bis hin zum Jugendstil und Konstruktivismus spannt sich der Bogen außergewöhnlicher Bauwerke.

Doch es sind nicht nur die einzelnen Kirchen, Palais oder Skulpturen, derentwegen sich die ›magische Hauptstadt Europas‹, wie André Breton Prag nannte, so vieler Besucher erfreut; vielmehr ist es die Stadt als Ganzes, mit den verwinkelten Gassen der Altstadt, den verschwiegenen Plätzen der Kleinseite und der geheimnisvollen Atmosphäre des alten Judenviertels.

Der Kunst-Reiseführer Prag bietet eine umfassende Würdigung dieses einmaligen urbanen Ensembles; er läßt die Kulturgeschichte der Metropole aufleben und beschäftigt sich mit ihrer Bedeutung für die deutschsprachige Literatur.

Von Erhard Gorys sind in unserem Verlag erschienen:

Das Heilige Land

Historische und religiöse Stätten von Judentum, Christentum und Islam in dem zehntausend Jahre alten Kulturland zwischen Mittelmeer, Rotem Meer und Jordan

494 Seiten mit 64 farbigen und 108 einfarbigen Abbildungen, 126 Zeichnungen und Plänen, 25 Seiten praktischen Reisehinweisen, Register, kartoniert (DuMont Kunst-Reiseführer)

Moskau und Leningrad

Kunst, Kultur und Geschichte der beiden Metropolen, des Goldenen Rings, Nowgorods

408 Seiten mit 26 farbigen und 133 einfarbigen Abbildungen, 149 Zeichnungen und Plänen, 18 Seiten praktischen Reisehinweisen, Glossar, Register, kartoniert (DuMont Kunst-Reiseführer)

Bitte beachten Sie auch folgende Veröffentlichungen aus unserem Verlag:

Polen

Geschichte, Kunst und Landschaft einer alten europäischen Kulturnation

Von Ivan Bentchev, Dorota Leszczyńska, Michaela Marek und Reinhold Vetter. 632 Seiten mit 26 farbigen und 119 einfarbigen Abbildungen, 190 Zeichnungen, Karten und Plänen, 21 Seiten praktischen Reisehinweisen, Glossar, Register, kartoniert (DuMont Kunst-Reiseführer)

Sachsen

Kultur und Landschaft zwischen Dresden, Leipzig und Chemnitz

Von Walter Fellmann. Etwa 430 Seiten mit 28 farbigen und 90 einfarbigen Abbildungen, etwa 100 Zeichnungen, Karten und Plänen, praktischen Reisehinweisen, Literaturverzeichnis, Glossar, Register, kartoniert (DuMont Kunst-Reiseführer)

Franken

Kunst, Geschichte und Landschaft
Entdeckungsfahrten in einem schönen Land – Würzburg, Rothenburg, Bamberg, Nürnberg und die Kunststätten ihrer Umgebung

Von Werner Dettelbacher. 408 Seiten mit 52 farbigen und 122 einfarbigen Abbildungen, 28 Zeichnungen, 2 Karten, 14 Seiten praktischen Reisehinweisen, Namenverzeichnis, Orts- und Sachregister, kartoniert (DuMont Kunst-Reiseführer)

Oberpfalz, Bayerischer Wald, Niederbayern

Regensburg und nordöstliches Bayern
Kunst, Kultur und Landschaft

Von Werner Dettelbacher. 352 Seiten mit 42 farbigen und 113 einfarbigen Abbildungen, Übersichtskarten, Stadtplänen und Zeichnungen, 15 Seiten praktischen Reisehinweisen, Orts- und Namenregister, kartoniert (DuMont Kunst-Reiseführer)

DuMont Kunst-Reiseführer

Alle Titel in dieser Reihe:

- Ägypten und Sinai
- Albanien
- Algerien
- Belgien
  - Die Ardennen
- Bhutan
- Brasilien
- Bulgarien

Bundesrepublik Deutschland
  - Das Allgäu
  - Bayerisch Schwaben
  - Das Bergische Land
  - Bodensee und Oberschwaben
  - Bonn
  - Bremen, Bremerhaven und das nördliche Niedersachsen
  - DDR
  - Düsseldorf
  - Die Eifel
  - Franken
  - Hamburg
  - Hannover und das südliche Niedersachsen
  - Hessen
  - Hunsrück und Naheland
  - Köln
  - Kölns romanische Kirchen
  - Die Mosel
  - München
  - Münster und das Münsterland
  - Zwischen Neckar und Donau
  - Der Niederrhein
  - Oberbayern
  - Oberpfalz, Bayerischer Wald, Niederbayern
  - Osnabrück, Oldenburg und das westliche Niedersachsen
  - Ostfriesland
  - Der Rhein von Mainz bis Köln
  - Das Ruhrgebiet
  - Sachsen
  - Sauerland
  - Schleswig-Holstein
  - Der Schwarzwald und das Oberrheinland
  - Sylt, Helgoland, Amrum, Föhr
  - Thüringen
  - Der Westerwald
  - Östliches Westfalen
  - Württemberg-Hohenzollern
- Volksrepublik China
- Dänemark
- Die Färöer

Frankreich
  - Auvergne und Zentralmassiv
  - Die Bretagne
  - Burgund
  - Côte d'Azur
  - Das Elsaß
  - Frankreich für Pferdefreunde
  - Frankreichs gotische Kathedralen
  - Romanische Kunst in Frankreich
  - Korsika
  - Languedoc – Roussillon
  - Das Tal der Loire
  - Lothringen
  - Die Normandie
  - Paris und die Ile de France
  - Führer Musée d'Orsay, Paris
  - Périgord und Atlantikküste
  - Das Poitou
  - Die Provence
  - Drei Jahrtausende Provence
  - Savoyen
  - Südwest-Frankreich

Griechenland
  - Athen
  - Die griechischen Inseln
  - Tempel und Stätten der Götter Griechenlands
  - Korfu
  - Kreta
  - Rhodos
- Grönland

Großbritannien
  - Englische Kathedralen
  - Die Kanalinseln und die Insel Wight
  - London
  - Die Orkney- und Shetland-Inseln
  - Ostengland
  - Schottland
  - Süd-England
  - Wales
- Guatemala
- Holland
- Indien
  - Ladakh und Zanskar
- Indonesien
  - Bali
- Irland
- Island

Israel
  - Das Heilige Land

Italien
  - Die Abruzzen
  - Apulien
  - Elba
  - Emilia-Romagna
  - Das etruskische Italien
  - Florenz
  - Gardasee, Verona, Trentino
  - Latium
  - Lombardei und Oberitalienische Seen
  - Die Marken
  - Der Golf von Neapel
  - Piemont und Aosta-Tal
  - Die italienische Riviera
  - Rom – Ein Reisebegleiter
  - Rom in 1000 Bildern
  - Das antike Rom
  - Sardinien
  - Südtirol
  - Toscana
  - Die Villen der Toscana und ihre Gärten
  - Umbrien
  - Venedig
  - Das Veneto
  - Die Villen im Veneto
- Japan
- Der Jemen
- Jordanien
- Jugoslawien
- Karibische Inseln
- Kenya
- Luxemburg
- Malaysia und Singapur
- Malta und Gozo
- Marokko
- Mexiko
  - Mexico auf neuen Wegen
- Namibia und Botswana
- Nepal
- Norwegen

Österreich
  - Burgenland
  - Kärnten und Steiermark
  - Salzburg, Salzkammergut, Oberösterreich
  - Tirol
  - Vorarlberg und Liechtenstein
  - Wien und Umgebung
- Pakistan
- Papua-Neuguinea
- Polen
- Portugal
  - Madeira
- Rumänien
- Die Sahara
- Sahel: Senegal, Mauretanien, Mali, Niger

Schweden
  - Gotland
- Die Schweiz
  - Tessin
  - Das Wallis
- Skandinavien

Sowjetunion
  - Georgien und Armenien
  - Moskau und Leningrad
  - Sowjetischer Orient

Spanien
  - Die Kanarischen Inseln
  - Katalonien
  - Mallorca – Menorca
  - Nordwestspanien
  - Spaniens Südosten – Die Levante
  - Südspanien für Pferdefreunde
- Sudan
- Südamerika
- Südkorea
- Syrien
- Thailand und Burma
- Tschechoslowakei
  - Prag

Türkei
  - Istanbul
  - Ost-Türkei
- Ungarn
- USA – Der Südwesten
- Zypern

Alle Bände mit vielen, zum Teil farbigen Abbildungen; dazu Zeichnungen, Karten, Grundrisse, praktische Reisehinweise.

»Richtig reisen«

- Ägypten
  - Kairo
  - Sinai und Rotes Meer
- Algerische Sahara
- Arabische Halbinsel
- Bahamas
- Belgien
  - Belgien mit dem Rad

Bundesrepublik Deutschland
  - Berlin
  - München
- China
- Cuba
- Dänemark
  - Bornholm
- Ferner Osten
- Finnland

Frankreich
  - »Richtig wandern«: Bretagne
  - »Richtig wandern«: Burgund
  - Elsaß
  - Korsika
  - Paris
- Griechenland
  - Kreta
  - »Richtig wandern«: Kykladen
  - »Richtig wandern«: Nordgriechenland
  - »Richtig wandern«: Rhodos
- Großbritannien
  - London
  - »Richtig wandern«: Nord-England
  - »Richtig wandern«: Schottland
- Guadeloupe – Martinique
- Holland
  - Amsterdam
- Hongkong mit Macau und Kanton

Indien
  - Nord-Indien
  - Süd-Indien
- Indonesien
  - Von Bangkok nach Bali
- Irland
- Italien
  - Friaul – Triest – Venetien
  - Neapel
  - Oberitalien
  - Rom
  - Sizilien
  - Süditalien
  - »Richtig wandern«: Südtirol
  - Toscana
  - »Richtig wandern«: Toscana und Latium
  - Venedig
- Jamaica
- Kanada und Alaska
  - Ost-Kanada
  - West-Kanada und Alaska

Luxemburg
  - Belgien und Luxemburg
- Madagaskar – Komoren
- Malediven
- Marokko
- Mauritius
- Mexiko
- Nepal
- Neuseeland
- Norwegen

Österreich
  - Graz und die Steiermark
  - Wien
- Ostafrika
- Philippinen
- Portugal
- Réunion
- Schweden
- Die Schweiz und ihre Städte
- Seychellen

Sowjetunion
  - Moskau
- Spanien
  - Andalusien
  - Gran Canaria
  - Ibiza/Formentera
  - Lanzarote
  - Madrid und Kastilien
  - »Richtig wandern«: Mallorca
  - Teneriffa

Südamerika
  - Argentinien – Chile – Paraguay – Uruguay
  - Peru und Bolivien
  - Venezuela, Kolumbien und Ecuador
- Thailand
  - Von Bangkok nach Bali
- Türkei
  - Istanbul
- Tunesien

USA
  - Florida
  - Hawaii und Südsee
  - Kalifornien
  - Los Angeles
  - Neu-England
  - New Orleans und die Südstaaten
  - New York
  - Texas
  - Südwesten – USA
- Zentralamerika
- Zypern